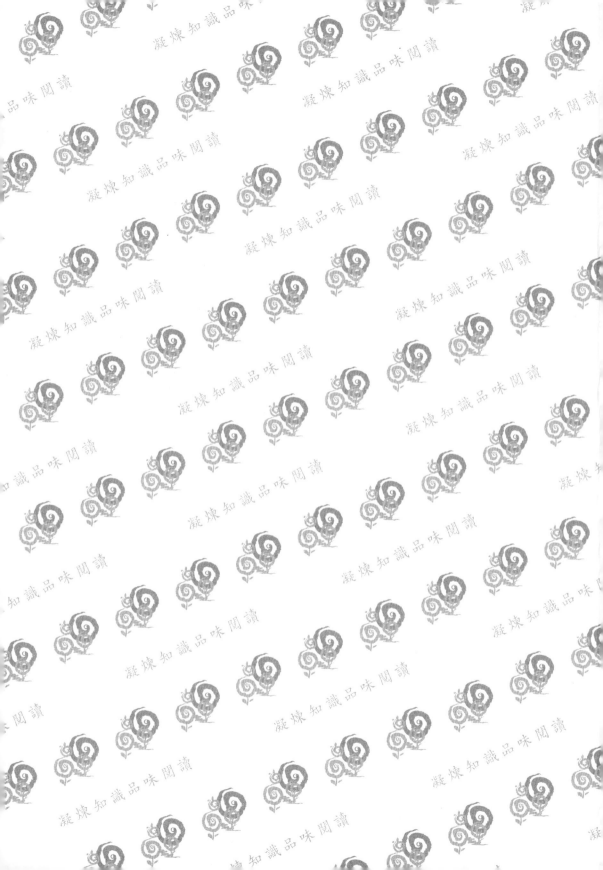

親屬案例式

增訂第十六版

———————— 郭欽銘 著

五南圖書出版公司 印行

霍 序

　　自民國75年間，個人早與郭君在部隊中結識，其能運用公暇之餘，自我進修，勤勉用功，於民國88年間考上國立政治大學法律學系民法組博士班，在攻讀博士學位期間，孜孜不倦，努力用功，除榮獲行政院國科會獎助學金外，去年7月間以優異之畢業成績取得該校法學博士學位，而且榮獲本部部頒一等績學獎章，這可說是軍旅生涯中之治學成就殊榮。

　　郭君因有志於教學研究，故現於國防大學國防管理學院法律研究所擔任助理教授，並在該系所教授民法學之課程，又以其在碩、博士期間，努力攻讀民法，及鑑於郭君長期在民間大學和軍事院校擔任民商法之講授，故應瞭解學生心中希望採用何種教科書之教學經驗。余觀郭君撰寫本書之內容，係羅列法律條文及採用淺顯易懂之文字說明，並舉出日常生活中，較常發生之案例解說分析，且附上法院實務見解，此對於非法律人有心吸收法律知識而言，實為一大福音，得以藉由本書，在最短時間內，瞭解我國民法親屬編與繼承編之內涵，故可以說是一本增進日常生活法律常識的好書。

　　郭君除平時致力於教學外，不忘以著作推動法治教育，此舉當受肯定，個人以曾任郭君之長官為榮，在拜讀本書之餘，除予嘉勉外，並樂為作序。

國防部副部長

霍守業 謹識

2005年4月

萬　序

　　國防大學國防管理學院法律系、法律研究所之教學任務，係培養國軍法律專精人員為主要目標。且在兼顧社會多元化發展與個人學習志向之意願下，亦培養民事法律專業人才。

　　現任本院法律研究所助理教授郭欽銘，自民國83年8月1日至85年7月27日間，在本院就讀法律研究所時，認真鑽研民事法律並撰寫碩士論文，以第一名佳績畢業，而且榮獲國防部部頒二等績學獎章，是時已肯定其學習成果。郭老師於研究所畢業後，先後服務於憲兵學校、憲兵司令部，擔任教官、主任軍事審判官等職務，仍能一本初衷，自我進修不懈，於民國88年間順利考上國立政治大學法律學系民法組博士班，及取得國防部全時進修之資格後，終在去年7月間，順利取得博士學位，由於成績優異亦榮獲國防部部頒一等績學獎章，這可說是送訓單位和郭老師他個人努力所獲得之殊榮。

　　郭老師在教學與公務繁忙之餘，仍能潛心「立言」之工作，現以淺顯易懂之文字著述本書，為我國民法親屬編及繼承編之法律條文，一一詳細解說，使一般讀者及初學者能輕易瞭解複雜之法律條文規定，對本院法律系、所之教學貢獻卓著，個人除表示欽佩外，也期許郭老師能秉持這般精神為本院樹立優良的教育典範，特此為序。

國防大學國防管理學院院長

萬英豪　謹識

2005年4月

林　序

　　民事身分法制之學術研究，在我國日漸蓬勃發展，學說與實務見解不斷推陳出新。然不論見解如何高超，法仍須落實於人民日常生活中，蓋法律若與日常生活距離過於遙遠，勢將脫節而流於不切實際，其規範功能亦不免受限。

　　現任職於國防大學國防管理學院法律研究所助理教授郭欽銘博士，係本人指導之第一位博士生，其在學期間品學兼優，勤奮研究，除於知名法學期刊發表多篇法學著作外，並以撰寫「我國通常法定夫妻財產制之變革與展望」之博士論文，榮獲本校法學博士學位，其所提之理論見解精闢湛深，誠為不可多得之研究人才。難能可貴者，是郭助理教授不因具有學術理論背景，在著作本書時，流於空談高論，而能以平易近人之文字及案例著成本書，協助法律初學者瞭解我國親屬法及繼承法之法律規定與實務見解，對法律教育之普及和法治社會之建造，應有一定助益。

　　本書付梓前夕，一睹著作，爰提筆為之作序，並期許郭博士在爾後的作品上，能貢獻所長，百尺竿頭，更進一步。

國立政治大學法學院院長

林秀雄　謹識

2005年4月

十六版序

　　本次改版係因中華民國111年1月13日總統華總一義字第11000001891號令修正公布第12、13、973、980、1049、1077、1091、1127、1128條等九條條文；刪除第981、990條等二條文；並自112年1月1日施行，以及將最近實務相關資料增入本書之中，以利參考。

　　本次改版修正得以順利完成付梓，感謝莊惟元同學校對等事宜，本書如有謬解之處，懇請各方先進不吝指教賜正，以為爾後改版之依據與檢討，十分感謝。

郭欽銘 謹識

陽明山中國文化大學

2024年7月1日

自 序

　　本書承蒙國防部副部長　霍守業上將、本院院長　萬英豪將軍及恩師　林秀雄教授，肯賜敝人初出第一本法律書籍，而作序嘉勉，此對個人在爾後撰寫學術著作與論文，有莫大之激勵，在此深表由衷感激之至。

　　憶起民國88年僥倖考取國立政治大學法律學系民法組博士班後，即追隨恩師　林秀雄先生作民法親屬、繼承之法學研究，尤其在順利取得國防部核定全時進修期間四年中，使個人在攻讀學位時，在學習研究上無後顧之憂，有充足的時間修畢學分，發表文章，加強語文閱讀能力及思考寫作方向，並能與恩師及其他教授們，深入探討民法親屬、繼承領域方面之爭點研究方法與思考方向，故可謂在我一生追求法學領域之學問裡，係受益最多之期間。

　　民國90年5月間，恩師將敝人在學習期間所提出之研究報告「民法親屬編施行法第6條之1溯及效力之理論與實務」一文，收錄至其所主編「民法親屬繼承實例問題分析」書中，而該書係由五南圖書出版有限公司負責印製，故在此因緣際會下，結識前總編李純聆小姐（現任考用出版社總經理），李總編希望敝人完成博士畢業論文時，能夠贈送予她，這是我個人之榮幸，所以就當場允諾。去年7月間，順利取得學位後，同年9月23日親赴五南圖書公司，一履先前對李總編之承諾，李總編則在當時詢及是否能將在學期間所學，作一番整理，試寫一般人與初學者能夠容易看得懂的民法親屬、繼承之著作，余則欣然答應，並自我期許，能將所學有所回饋。

　　撰寫本書期間，感謝苗栗地方法院法官伍偉華之賜教和景文技術學院財務金融系夜二技學生周惠玲、蔡曉萍、吳書嫻、董欣、葉麗秋、陳亭如、蔡燕如、李雅芬及非法律人柯佩瑄等人就本書閱讀後，提供讀後心得之寶貴意見以及完稿後本院法律系學生鍾昀庭熱心協助校稿；又本書有一半以上內容完成，

係敝人任職國防部軍法司軍法官期間中所撰寫，故感謝司長　許和平中將、副司長　謝添富將軍、處長　江一龍將軍、副處長　張裕國上校與同仁們之照顧與栽培，深表謝意。今年2月16日調任國防大學國防管理學院法律研究所擔任助理教授並兼任法律研究所助理，承蒙院長　萬英豪將軍、副院長　楊承亮將軍、教育長　朱豔芳上校、教學部部主任　傅敬群上校、系主任兼法研所所長李維宗學長、助教　張家玉小姐在教學行政與生活上之指導與關懷，始能在撰寫本書之後半階段，得以順利完成，於此亦表謝忱。

　　寫作期間謝謝敬愛的師丈海基會董事長　劉德勳先生、老師涂春金女士、本系系主任兼法研所所長　李維宗學長，摯友吳應平、唐祥雲、林宗鈞、曾秋玉、何淑峰、伍偉華、陳旭昇、鄭先良、謝奇晃、沈世偉、劉興浚、何政憲、劉遵萱、邱貞慧、楊仕瑜、陳泳羚、李昀和姊姊翁數惠、姊夫蔡銘賦等人，經常幫我加油鼓勵。本書能夠順利付梓，感謝五南圖書出版有限公司前總編李純聆小姐、現任副總編王俐文小姐之熱誠幫忙及本書出版等事宜。

　　撰寫本書期間，加上工作繁忙之關係，雖然每個禮拜例假日一如往常返回台中探視家人，然因付稿期限迫在眉睫，故只得一股作氣將其完稿，甚少陪同家人出外踏青及談心，於此深表歉意。謹以此書，敬呈父親大人並告慰先母在天之靈，以表追思之情。最後，感恩上蒼對我的眷顧與厚愛！並謝謝永遠支持我的師長、親戚、朋友與家人。

郭欽銘　謹識

天籟雍觀

2005年5月1日

目 錄 CONTENTS

第一章 通 則

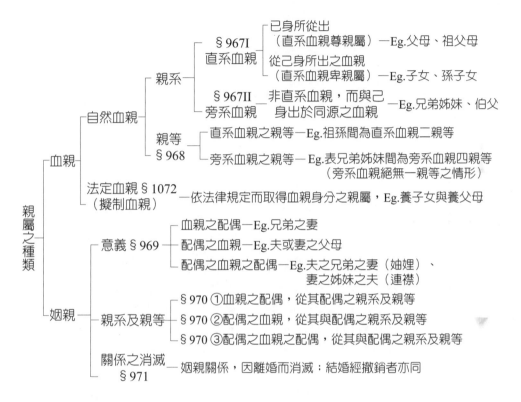

❖ 民法第967條

稱直系血親者，謂己身所從出或從己身所出之血親。

稱旁系血親者，謂非直系血親，而與己身出於同源之血親。

案 例

甲男與乙女結婚後，生了兒子丙、女兒丁，丙男後來又與戊女結婚，生了女兒己，請問：乙與己是直系血親還是旁系血親？丙與丁是直系血親還是旁系血親？

一、思考焦點

什麼是血親？什麼是直系血親？什麼是旁系血親？

圖示：

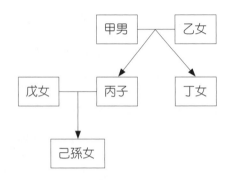

二、問題論述

「家事事件法」於民國101年6月1日正式施行，此法第1條：「為妥適、迅速、統合處理家事事件，維護人格尊嚴、保障性別地位平等、謀求未成年子女最佳利益，並健全社會共同生活，特制定本法。」家事事件法係統合了民法總則編、親屬編、繼承編、非訟事件法、民事訴訟法、兒童及少年福利與權益保障法（舊名：兒童及少年福利法—民國100年11月修正）、兒童及少年性交易防制條例、家庭暴力防治法等法律，故同學於研讀民法親屬編時，必須將家事事件法一併研讀比較。

（一）血親

血親分成自然血親及擬制血親，自然血親是指有血緣關係，大家都出自於同一祖先。而擬制血親又叫法定血親，是指本來沒有父母子女之自然血緣關係，但是因為法律的規定，而發生血親關係，例如：養父母和養子女，雖然不是出自於同一祖先而不是自然血親，但是法律上仍然看成是跟自然血親一樣的關係。

（二）直系血親

直接或間接，被別人生出來，或是生別人出來，就是「己身所從出」或「從己身所出」。例如：自己雖然不是祖父（俗稱阿公）直接生的，但是祖父生爸爸，爸爸生我，所以祖父間接生我，祖父是我的直系血親。

（三）旁系血親

不是直接或間接被別人生出來，也不是直接或間接生別人出來的直系血親，但是彼此間有間接血緣關係的人。例如：自己與叔叔就是旁系血親，因為自己與叔叔緣自於同一血緣係祖父母，但從自己或叔叔之立場，我並非直接或間接為叔叔所

生;而從叔叔之立場,亦並非直接或間接生我,故為旁系血親。

三、案例結論

甲與乙生丙,丙與戊生己,己算是甲與乙間接生出來的,所以甲與乙跟己是直系血親。

丙與丁都是甲與乙生的親兄妹,有血緣關係,但是丙不是丁直接或間接生的,丁也不是丙直接或間接生的,所以不是直系血親,丙與丁都是出自於相同的來源,就是父親甲及母親乙,所以丙及丁是旁系血親。

四、相關實例

甲與乙結婚後,生了兒子丙、女兒丁,丙生了女兒己,請問:丁與己是直系血親還是旁系血親?

五、重要判解

最高法院41年台上字第1151號民事判決(例)

血親關係原非當事人間所能以同意使其消滅,縱有脫離父子關係之協議,亦不生法律上之效力。

本判例係屬習慣法,所謂習慣法構成要件有五:(一)法律所未規定者;(二)日常生活不斷反覆實施之行為;(三)不違反公序良俗;(四)一般人確信且遵守者;(五)最高法院判例所確認者。

❖ 民法第968條

血親親等之計算,直系血親,從己身上下數,以一世為一親等;旁系血親,從己身數至同源之直系血親,再由同源之直系血親,數至與之計算親等之血親,以其總世數為親等之數。

案 例

甲男與乙女結婚後,生了兒子丙、女兒丁,丙後來又與戊結婚,生了女兒己,請問:乙與己之間是幾親等?丁與己之間是幾親等?

一、思考焦點

什麼是親等?血親的親等,要怎麼算?(參照民法第967條圖示)

二、問題論述

（一）親等

用來區分親屬關係到底有多近，也就是測量親屬間距離的單位。

（二）親等的計算

計算直系血親的親等，要看中間隔了幾代；而計算旁系血親的親等，則要先算到共同的祖先，再從共同的祖先算到對方，看看總共是幾親等。

三、案例結論

甲與乙生了丙，丙與戊生了己，己是甲與乙間接生出來的直系血親，中間隔了兩代，所以是二親等。

甲與乙生了丙、丁，丙與戊又生己，己不是丁直接或間接生出來的，但是彼此間有血緣關係（姑姑與姪女），都是出自於同源的甲及乙，丁是甲及乙的女兒，距離甲及乙一親等，己是甲及乙的孫女，距離甲及乙二親等，所以丁與己之間，是三親等。

四、相關實例

甲與乙結婚後，生了兒子丙、女兒丁，丙生了女兒己，己生了兒子庚，請問：丁與庚之間是幾親等？

五、重要判解

（一）最高行政法院89年度判字第637號判決

所得稅法施行細則第16條第2項規定「直系親屬」，並未限定為直系血親，參照民法親屬編關於親屬之規定，所謂「直系親屬」，除直系血親外，自應包括直系姻親在內。

（二）法務部97年9月11日法律決字第0970027430號書函

關於戶籍登記之稱謂欄，可否無須區分祖父母或外祖父母，按民法採男女平等原則，對於血親之規定僅有直系、旁系之分，並無內、外之別。故民法上所稱祖父母包括祖父母與外祖父母在內。

❖ 民法第969條

稱姻親者，謂血親之配偶、配偶之血親及配偶之血親之配偶。

案 例

甲男及乙女是夫妻，甲與前妻Y生了兒子丙，乙與前夫X生了兒子丁，丁又娶了戊。請問：甲與丁之間，是不是有姻親關係？甲與戊之間，是不是有姻親關係？丙與丁之間，是不是有姻親關係？

一、思考焦點

什麼是姻親？

圖示：

二、問題論述

（一）配偶：就是夫妻。

（二）姻親：是指因為結婚而發生的親屬關係，包括三種：血親之配偶、配偶之血親、配偶之血親之配偶。

三、案例結論

甲男及乙女是夫妻，甲雖然與前妻Y已經沒有婚姻關係，但是丙仍然是甲的兒子，同樣的道理，乙雖然與前夫X已經沒有婚姻關係，但是丁仍然是乙的兒子，所以就甲觀之，丁是甲的配偶乙的血親（配偶之血親），然就丁觀之，甲是丁的血親乙的配偶（血親之配偶），故甲、丁之間有姻親關係。而丁又娶了戊，是甲配偶乙的血親丁的配偶（配偶之血親之配偶），故甲、戊之間有姻親關係。然而，丙是甲的血親，不是乙的血親，而丁是乙的血親，不是甲的血親，所以，丙與丁之間是（血親之配偶之血親），故丙與丁彼此間沒有姻親關係。

四、相關實例

甲的女兒乙嫁給丙為妻，甲與丙的父親丁之間（俗稱「親家」），有無姻親關係？

五、重要判解

司法院30年院字第2209號解釋

　　血親之配偶之血親，不在民法第969條所定姻親範圍之內，甲之女乙嫁與丙爲妻，甲與丙之父丁，自無姻親關係。

❖ 民法第970條

　　姻親之親系及親等之計算如左：
　　一、血親之配偶，從其配偶之親系及親等。
　　二、配偶之血親，從其與配偶之親系及親等。
　　三、配偶之血親之配偶，從其與配偶之親系及親等。

案例

　　甲男及乙女是夫妻，甲與前妻生了兒子丙，乙與前夫生了兒子丁，丙娶了戊，丁又娶了己。請問：乙與己之間的親系及親等？戊與甲之間的親系及親等？戊與乙之間的親系及親等？

圖示：

一、思考焦點

　　姻親的親系及親等，應該要如何計算？

二、問題論述

（一）血親之配偶之親系及親等

　　一個人和他血親的配偶，其間的親系及親等之計算，是和他血親的關係相同。上例中，丁是乙的直系血親卑親屬（兒子與母親之關係，而且是直系血親一親等），己是丁配偶的關係，依民法第970條第1款規定，己從其配偶丁之親系及親

等計算，故乙與丁是直系血親一親等，因此乙與己是直系姻親一親等。

（二）配偶之血親之親系及親等

一個人和配偶的血親，其間的親系及親等之計算，是和配偶與他血親的關係相同。上例中，戊與甲之間的親系及親等，是和配偶丙與甲的關係相同。丙是甲的直系血親卑親屬，戊因為是丙配偶，依民法第970條第2款規定，戊從其與配偶丙之親系及親等計算，故丙是甲的直系血親一親等，因此戊是甲的直系姻親一親等。

（三）配偶之血親之配偶之親系及親等

一個人和配偶之血親之配偶，其間的親系及親等，是和配偶與他姻親的關係相同。上例中，乙是戊配偶丙的血親甲的配偶，戊和乙的關係，與丙、乙之間的關係一樣，依民法第970條第3款規定，戊從與配偶丙之親系及親等計算，都是直系姻親一親等。

以上姻親親系及親等之計算，是把夫妻看成一體的緣故。

三、案例結論

乙與己之間、戊與甲之間、戊與乙之間，都是直系姻親一親等。

四、相關實例

甲生了女兒乙後，太太病逝，再娶丙，乙和丙（俗稱「繼母」）之間，是不是姻親？她們之間的親系及親等，又是什麼？

五、重要判解

最高法院28年渝上字第2400號民事判決

父所娶之後妻為父之配偶，而非己身所從出之血親，故在舊律雖稱為繼母，而在民法上則為直系姻親而非直系血親。

❖ 民法第971條

姻親關係，因離婚而消滅；結婚經撤銷者亦同。

案 例

甲男及乙女是夫妻，乙與前夫生了兒子丁。請問：甲與乙離婚後，甲與丁之間的姻親關係是否消滅？

一、思考焦點

姻親關係在什麼情況下會消滅？

圖示：

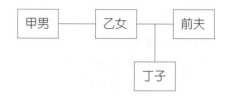

二、問題論述

姻親關係是因為結婚關係而發生，如果一對夫妻離婚，離婚有4種方式：1.兩願離婚（民法第1049條、第1050條）；2.判決離婚（民法第1052條）；3.調解離婚（民法第1052條之1）；4.和解離婚（民法第1052條之1）。結婚撤銷有5種方式：1.結婚違反法定年齡之撤銷（民法第989條）；2.監護關係存續中結婚，未得受監護人父母同意之撤銷（民法第991條）；3.結婚時不能人道之撤銷（民法第995條）；4.結婚時係在無意識或精神錯亂中之撤銷（民法第996條）；5.被詐欺或被脅迫結婚之撤銷（民法第997條），姻親關係就消滅了。

三、案例結論

甲之所以會和丁發生姻親關係，是因為丁是甲配偶乙的兒子，係依民法第970條之規定，將夫妻看成是一體，所以丁是甲的直系姻親一親等，但是甲、乙離婚後，甲、丁之間的姻親關係就沒有了橋樑，因此姻親關係就消滅了。

四、相關實例

甲男及乙女是夫妻，乙與前夫生了兒子丁。請問：乙死亡後，甲與丁之間的姻親關係是否消滅？

五、重要判解

最高法院105年度台抗字第802號民事裁定

准許離婚判決一經確定，婚姻關係即因該確定判決所生之形成力而解消，此與夫妻一方死亡，婚姻關係當然解消者，在身分法上效果未盡一致，此觀民法第971條規定，姻親關係因離婚而消滅，不及於因夫妻一方死亡者自明。而家庭婚姻制度為憲法所保障之基本人權，夫妻之一方如非本於自由意思予以解消（兩願離婚），或

因有法定事由並經法院依法定程序強制解消（判決離婚），均應受法律制度之持續性保障。倘合法成立之婚姻關係，因法院離婚確定判決解消，而當事人之一方，主張於該訴訟程序進行中，有未受充足程序權保障之法定再審事由者，即應賦與其提出再審訴訟以求救濟之權利，且不應因他方是否於判決確定後死亡，而有不同，俾保障該一方之訴訟權、身分權及財產權。惟查，夫妻之一方，於准許離婚判決確定後死亡，囿於民法第1052條有關當事人適格之規定，且家事事件法復無關於由他人承受訴訟之明文，倘生存之一方認該確定判決有法定再審事由，致其身分上或財產上之重大利益，受到損害，竟因現有法律並無得適用再審程序之明文規定，復無其他足以有效救濟其身分權、財產權之途徑，使其不能享有糾正該錯誤裁判之機會，自係立法之不足所造成之法律漏洞。為保障生存配偶一方之再審權及基於法倫理性須求（如身分權關係），法院就此有為法之續造以為填補之必要。復由於離婚訴訟係以合法成立之婚姻關係，是否將因具有法定事由而應予解消之判斷為目的，且因夫妻可兩願離婚，當事人就夫妻身分關係，具有一定程度之處分權，與親子關係之身分訴訟，具有高度公益及維護未成年子女權益之目的者，尚屬有間，故無從類推適用家事事件法第63條、第64條、第65條有關以檢察官為被告或由繼承人承受訴訟之規定，而有由法院為法律外之程序法上法之續造必要。爰審酌相對人主張原確定判決有再審事由而提起再審之訴，與於該判決確定後死亡之辛○○繼承人，在財產權（繼承權）或身分權（姻親關係）均有重大關聯，本院認由辛○○繼承人承受該離婚再審訴訟之再審被告地位，最能兼顧相對人、被繼承人、繼承人之利益，可使再審程序之進行及判決結果獲得正當性。

第二章　婚　姻

第一節　婚　約

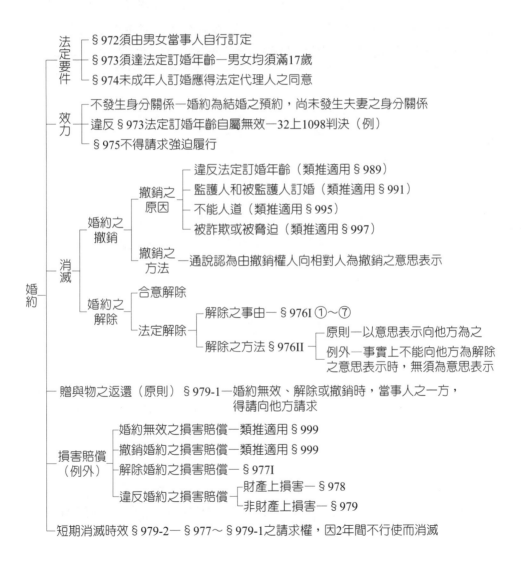

法定要件
　┬ §972須由男女當事人自行訂定
　├ §973須達法定訂婚年齡—男女均須滿17歲
　└ §974未成年人訂婚應得法定代理人之同意

效力
　┬ 不發生身分關係—婚約為結婚之預約，尚未發生夫妻之身分關係
　├ 違反§973法定訂婚年齡自屬無效—32上1098判決（例）
　└ §975不得請求強迫履行

消滅
　婚約之撤銷
　　撤銷之原因
　　　┬ 違反法定訂婚年齡（類推適用§989）
　　　├ 監護人和被監護人訂婚（類推適用§991）
　　　├ 不能人道（類推適用§995）
　　　└ 被詐欺或被脅迫（類推適用§997）
　　撤銷之方法—通說認為由撤銷權人向相對人為撤銷之意思表示
　婚約之解除
　　┬ 合意解除
　　└ 法定解除
　　　┬ 解除之事由—§976I ①～⑦
　　　└ 解除之方法§976II
　　　　┬ 原則—以意思表示向他方為之
　　　　└ 例外—事實上不能向他方為解除之意思表示時，無須為意思表示

婚約

贈與物之返還（原則）§979-1—婚約無效、解除或撤銷時，當事人之一方，得請向他方請求

損害賠償（例外）
　┬ 婚約無效之損害賠償—類推適用§999
　├ 撤銷婚約之損害賠償—類推適用§999
　├ 解除婚約之損害賠償—§977I
　└ 違反婚約之損害賠償
　　┬ 財產上損害—§978
　　└ 非財產上損害—§979

短期消滅時效§979-2—§977～§979-1之請求權，因2年間不行使而消滅

❖ 民法第972條

婚約，應由男女當事人自行訂定。

甲男的父親和乙女的父親是好朋友，甲、乙還在搖籃裡時，兩人的父親就約定將來甲、乙要成為夫妻，後來甲、乙成年後，甲覺得不喜歡乙，想要解除婚約，乙是不是可以依照民法第979條的規定，向甲要求損害賠償？

一、思考焦點

婚約是不是可以由父母親代為訂立？

圖示：

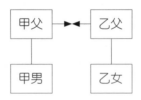

二、問題論述

我國民法強調人格獨立自主，而婚姻是一個人的終身大事，自己的幸福應該自己來掌握，尤其不能讓別人來決定結婚的對象。

三、案例結論

甲、乙之間的婚約，不是自己訂的，依照民法第972條的規定，以及後述的最高法院33年上字第1723號判決（例）、33年上字第6127號判決（例），應該是無效的，所以甲可以不要和乙結婚，乙也不能向甲要求賠償。

四、相關實例

甲男的父親和乙女的父親是好朋友，甲、乙還在搖籃裡時，兩人的父親就約定將來甲、乙成為夫妻，後來甲、乙成年後，感情很好，就承認兩人父親先前代訂的婚約，那麼甲、乙之間算不算已經訂婚了？

五、重要判解

（一）最高法院32年上字第38號民事判決（例）

婚約為男女當事人約定將來應互相結婚之契約，非由男女當事人自行訂定固不生效力，惟提起確認婚約無效之訴，僅得於結婚前為之，若已結婚則除有撤銷結婚或離婚之法定原因時，得請求撤銷結婚或請求離婚外，不得以結婚前之婚約有無效之原因，訴求確認，以消滅其婚姻關係。

（二）最高法院33年上字第1723號民事判決（例）

婚約應由男女當事人自行訂定，民法第972條定有明文，其由父母代為訂定者當然無效。且婚約為不許代理之法律行為，縱令本人對於父母代訂之婚約為承認，亦不適用關於無權代理行為得由本人一方承認之規定，如由當事人雙方承認，應認為新訂婚約。

（三）臺北高等行政法院101年度訴字第1631號判決

按締結婚姻為雙方合意行為，除具備結婚之形式要件外，尚須雙方俱有結婚之真意，亦即有共同生活經營婚姻家庭之真意，始生效力。再者，衡酌外籍配偶申請來臺居留，非僅關涉本國人一己之家庭生活，將影響及於國家人口政策、就業市場、資源分配及社會秩序等諸多層面，為維護我國國家利益，外國護照簽證條例第12條既明文規定外交部及駐外館處處理來臺簽證申請案件時，應予衡酌國家利益，該管機關自得本於職權審查申請人結婚之真意及來臺之目的，依據規範意旨適用法律為准駁之決定。是以，若單從結婚之形式要件，並不足以判定雙方是否具有結婚之真意，主管機關審認雙方對於結婚重要事實陳述不一或作虛偽不實之陳述，而依同條第1項第4款規定，以原處分拒發來臺依親居留簽證，認事用法，並無違誤，訴願決定予以維持，亦無不合。

案 例

依民法體例婚姻是否包括訂婚及結婚？又依家事事件法之體例是否有不同之定義？

解析

民法親屬編第二章「婚姻」顯然將第一節「婚約」即「訂婚」，與第二節「結婚」包括在內，故在法體系上解釋二者，係均包括之。但從家事事件法之立法體例觀之，對於「婚姻」及「婚約」之定義，已明顯看出「婚姻」

係指「結婚」，而不包括「訂婚」。其理由如下：家事事件法第3條第3項第1款係指丙類事件之「因婚約無效（參照民法第973、974條）；『最高法院32年上字第1098號判決（例）、最高法院23年上字第3187號判決（例）』、解除（民法第976條）、撤銷（類推適用民法第989條、991條、995條至997條）、違反婚約之損害賠償（民法第978條）、返還婚約贈與物事件（民法第979條之1）」；而家事事件法第3條第3項第2款係為「因婚姻無效（民法第988條）、撤銷婚姻（民法第989條、991條、995條至997條）、離婚（民法第1052條、第1052條之1）、婚姻消滅之損害賠償事件（民法第1056條）」，綜上所述，家事事件法對於「婚約」及「婚姻」之定義與民法大不相同，故須特別注意！

❖ 民法第973條

男女未滿十七歲，不得訂定婚約。

（民國112年1月1日施行）

舊民法第973條

男未滿十七歲，女未滿十五歲者，不得訂定婚約。

（民國19年12月26日之舊法）

案 例

甲男十六歲，與十四歲的乙女訂立婚約，因為甲、乙兩個人是青梅竹馬，所以雙方的法定代理人，也就是甲的父、母親，以及乙的父、母親都表示同意，但是後來乙反悔，不願意嫁給甲，甲是不是可以向乙請求損害賠償？

一、思考焦點

男生不到十六歲，女生不到十四歲，兩人就訂婚，婚約的效力如何？

圖示：

二、問題論述

　　民法第973條規定，男生不滿十七歲，女生不滿十五歲或是男女未滿十七歲者，彼此間不可以訂婚，是怕一個人太年輕，思想不夠成熟，容易衝動或感情用事，不適合過早就決定了終身大事。但是如果年齡不夠，還是訂婚了，婚約的效力如何？依照後述的最高法院32年上字第1098號民事判決（例），這個婚約應該是無效的。

　　民國110年1月13日修正民法第973條規定，男未滿十七歲，女未滿十五歲者，不得訂定婚約。係因本次立法院修正條文第980條，修正男女最低結婚年齡均為十八歲，爰修正男女最低訂婚年齡均為十七歲。然本條之施行日期為民國112年1月1日，在此之前仍適用現行民法第973條規定，男未滿十七歲，女未滿十五歲者，不得訂定婚約。

三、案例結論

　　甲十六歲，乙十四歲，兩人就訂婚，他們的婚約是無效的，跟沒有訂婚一樣，所以不會有違反婚約的問題發生。甲不可以向乙請求賠償。

四、相關實例

　　成年的甲男與不到十四歲的乙女訂婚，但是乙的法定代理人，也就是乙的父、母親都表示同意，後來乙反悔，不願意嫁給甲，甲是不是可以向乙請求賠償？

五、重要判解

（一）最高法院32年上字第1098號民事判決（例）

　　依民法第973條之規定，男未滿十七歲女未滿十五歲者不得訂定婚約，訂定婚約違反此規定者自屬無效。

（二）最高法院33年上字第2016號民事判決（例）

　　男女為未成年人者，其訂定婚約，除依民法第974條應得法定代理人之同意

外，應依民法第973條之規定，並須男已滿十七歲女已滿十五歲。

❖ 民法第974條

未成年人訂定婚約，應得法定代理人之同意。

案 例

> 十六歲的甲男與十六歲的乙女訂婚，但是雙方的法定代理人，也就是甲的父、母親，以及乙的父、母親，都認為兩人太年輕，不適合太早訂婚，所以都不同意，後來乙反悔，不願意嫁給甲，甲是不是可以向乙請求賠償？

一、思考焦點

甲男、乙女已經滿十六歲，都符合民法第973條的訂婚年齡，但是他們的婚約，沒有得到雙方法定代理人（各自父、母親）的同意，是不是發生效力？

圖示：

二、問題論述

未成年人訂立婚約，必須經過法定代理人的同意，例如：甲男、乙女已經滿十六歲，因爲都是未成年人（二十歲以下），思想不夠成熟，假如一時感情上的衝動就訂了婚，將來如果發現兩人合不來，又後悔不想結婚，對雙方都會造成傷害，所以要經過法定代理人的同意，法定代理人通常是父、母或長輩，思考比較周密，而且不是當事人，比較能冷靜、理性思考該未成年人是不是適合訂婚。

三、案例結論

甲、乙已經滿十六歲，但是他們的婚約，都沒有得到雙方法定代理人的同意，仍然不發生效力，所以沒有違反婚約的問題，甲不可以向乙請求賠償。

四、相關實例

成年的甲男想要與十六歲的乙女訂婚，但是乙認為自己還太年輕，不想訂婚，然而乙的法定代理人，也就是乙的父、母親都認為甲事業有成、溫柔多金，所以都向甲表示同意乙與甲訂婚，那麼甲、乙之間，是不是有婚約存在？

五、重要判解

最高法院29年上字第1193號民事判決（例）

民法第972條所稱婚約，應由男女當事人自行訂定，並非專指男女當事人已成年者而言，未成年人訂定婚約依民法第974條之規定，雖應得法定代理人之同意，然此不過規定未成年人自行訂定婚約，以得法定代理人之同意為要件，非認法定代理人有為未成年人訂定婚約之權。

❖ 民法第975條

婚約，不得請求強迫履行。

案 例

> 甲男與乙女訂婚後，乙後悔不想嫁給甲，甲向法院起訴請求乙應該要遵守婚約，也就是請求乙一定要嫁給他，是不是有理由？

一、思考焦點

婚約是不是可以強迫履行？法院是不是可以強制婚約的一方一定要和另一方結婚？

圖示：

二、問題論述

依照民法第975條的規定，婚約不可以請求強迫履行，因為婚姻與當事人的人格非常有關係，也影響一個人一輩子的幸福，所以應該要尊重當事人的自由意願，不能夠強迫他（她）非要履行不可。

三、案例結論

依照民法第975條的規定,婚約不可以請求強迫履行。所以甲向法院起訴請求乙履行婚約,是沒有理由的。

四、相關實例

甲男與乙女訂婚之後,乙反悔不想與甲結婚,但是甲也沒有民法第976條第1項各款所列的情形,那麼乙是不是可以解除她與甲之間的婚約?

五、重要判解

最高法院33年上字第3971號民事判決(例)

婚約雖不得請求強迫履行,而解除婚約,仍非有民法第976條第1項所列情形之一,不得為之。

❖ 民法第976條

婚約當事人之一方,有下列情形之一者,他方得解除婚約:

一、婚約訂定後,再與他人訂定婚約或結婚。

二、故違結婚期約。

三、生死不明已滿一年。

四、有重大不治之病。

五、婚約訂定後與他人合意性交。

六、婚約訂定後受徒刑之宣告。

七、有其他重大事由。

依前項規定解除婚約者,如事實上不能向他方為解除之意思表示時,無須為意思表示,自得為解除時起,不受婚約之拘束。

(民國108年4月24日生效)

案 例

甲男與乙女訂婚後,乙後悔不想嫁給甲,另外又與丙男訂婚,那麼甲是不是可以解除他與乙之間的婚約?

一、思考焦點

婚約在什麼情形下可以解除？

圖示：

二、問題論述

民法第976條第1項規定，婚約在下列情形之下，才可以解除：

（一）婚約訂定後，再與他人訂定婚約或結婚（第1款）

例如：甲男與乙女訂婚之後，乙又去和丙男訂婚，或與丙結婚，因為訂婚就是預備要結婚，乙既然另外和人結婚或訂婚，甲又不能強迫乙履行婚約，那麼甲和乙之間的婚約，就沒有意義了，所以甲就可以解除他和乙之間的婚約。

（二）故違結婚期約（第2款）

例如：甲男與乙女，於民國94年1月1日訂立婚約，約定兩人於同年7月1日結婚，但是到了7月1日，乙反悔不想嫁給甲，而故意拖延不結婚，她既然不想和甲結婚，甲又不能強迫乙履行婚約，那麼甲和乙之間的婚約，就沒有意義了，所以甲就可以解除他和乙之間的婚約。

（三）生死不明已滿一年（第3款）

例如：甲男與乙女訂婚後二天就出海捕魚，不幸掉到海中，不知道是生是死，已經一年了，乙如果等待太久，也會耽誤她和其他人結婚的機會，所以乙就可以解除她和甲之間的婚約。

（四）有重大不治之病（第4款）

例如：甲男與乙女訂婚後不久，醫生發現乙居然已經是癌症末期，沒有辦法救治了，如果強迫甲一定要娶一個垂死的病人，影響他終生的幸福，所以甲就可以解除他和乙之間的婚約。

（五）婚約訂定後與他人合意性交（第5款）

兩個人訂立婚約，就是預備要結婚，但是雖然還沒有正式結婚，仍然應該要忠實對待對方，如果其中一方和第三人發生性行為，對婚約的另外一方不忠實，會影響將來兩個人婚姻的互相信賴及幸福，所以婚約的另外一方，就可以解除婚約

（六）婚約訂定後受徒刑之宣告（第6款）

訂立婚約後，如有一方因犯罪受有期徒刑、無期徒刑、死刑之宣告判決確定，甚至連緩刑判決確定，訂立婚約之一方則對於另一方構成本款之一方，則可請求解

除婚約。

（七）有其他重大事由（第7款）

　　就是其他足以讓將來的婚姻不幸福，或是讓將來的婚姻沒有意義的情形。什麼情形才算，什麼情形不算，怎麼樣去解釋才是公平合理，是由法院來解釋〔最高法院63年台再字第67號民事判決（例）〕。

（八）解除婚約的意思表示

　　如果婚約的對象，有前述情形之一，而事實上沒有辦法向他（她）表達解除婚約的意思時，就可以不用表達，從前述第1項各款的情形發生，而可以解除婚約的時候，就可以不用受到婚約之拘束（第2項），例如：婚約的對方生死不明已經一年的情形。

三、案例結論

　　甲與乙訂婚後，乙後悔不想嫁給甲，另外又與丙訂婚，因此乙屬於前述民法第976條第1項第1款「婚約訂定後，再與他人訂定婚約或結婚者」的情形，甲可以解除他與乙之間的婚約。

四、相關實例

　　甲男與乙女訂婚後不久，醫生發現乙已經是癌症末期，沒有辦法救治了，甲是不是可以解除他和乙之間的婚約？

五、重要判解

最高法院63年台再字第67號民事判決（例）

　　關於民法第976條第1項第9款，所謂「有其他重大事由」之認定及應如何解釋始公平合理，或為事實審法院認定事實之職權，或為法律審法院就該法律規定事項所表示之法律上之意見（通稱法律見解），無適用法規顯有錯誤之可言。

❖ 民法第977條

　　依前條之規定，婚約解除時，無過失之一方，得向有過失之他方，請求賠償其因此所受之損害。

　　前項情形，雖非財產上之損害，受害人亦得請求賠償相當之金額。

　　前項請求權不得讓與或繼承。但已依契約承諾，或已起訴者，不在此限。

案 例

> 甲男與乙女訂婚後，乙後悔不想嫁給甲，另外又與丙訂婚，甲依照民法第976條第1項第1款的規定，對乙表示解除婚約之後，是不是可以請求乙賠償訂婚請客所花費的新台幣20萬元，以及因為乙反悔不嫁，造成甲心情痛苦的慰撫金？

一、思考焦點

婚約依照民法第976條的規定解除之後，對於發生民法第976條第1項所列的情形沒有過失的一方，是不是可以向有過失的一方請求賠償？

二、問題論述

（一）依民法第976條解除婚約之損害賠償

婚約的一方因為有民法第976條第1項所列出來的情形，而他方解除婚約後，解除婚約的一方如果沒有過失，卻平白失去了一個結婚的機會，之前因為訂婚支出的花費，以及心靈上的傷痛，應該可以向他方請求損害賠償，所以民法第977條規定，可以向發生民法第976條第1項所列出來這些事情的一方，請求賠償，除了賠償因為訂婚所支出的金錢以外（第1項），還可以請求賠償金錢，用來安慰心靈上的傷痛，這個心靈上的傷痛，並不是財產上的損害，所以叫做「非財產上之損害」，又叫「慰撫金」（第2項）。

（二）賠償請求權的性質

前述非財產上的賠償請求權，是賠償權利人心靈上的痛苦，所以和權利人的人格密切相關，是別人沒有辦法代為行使的權利（一身專屬權），但是如果他方已經承諾要賠償，或是已經起訴要求他方賠償的話，就變成只是金錢給付的問題，也就可以將賠償請求權轉讓給別人來行使，或是由繼承人把這個權利當作財產來繼承（參照民法第977條第3項）。

三、案例結論

甲與乙的婚約依照民法第976條的規定解除之後，對於乙發生有民法第976條第1項第1款「婚約訂定後，再與他人訂定婚約」的情形，沒有過失的甲，可以向有過失的乙請求賠償訂婚請客所花費的新台幣20萬元，以及因為乙反悔不嫁，造成甲心靈上痛苦的非財產上損害賠償，此賠償可以請求金錢上之賠償。

四、相關實例

　　甲男與乙女訂婚，乙收到甲給的聘金新台幣30萬元後，故意延誤約定的結婚日期，不與甲結婚，希望甲知難而退，用意在貪圖那新台幣30萬元的聘金，甲依照民法第976條第1項第2款的規定，解除他與乙之間的婚約之後，是不是可以請求乙賠償新台幣30萬元的聘金？

五、重要判解

（一）最高法院56年台上字第3380號民事判決（例）

　　民法上所謂詐欺，係欲相對人陷於錯誤，故意示以不實之事，令其因錯誤而為意思之表示，收受聘禮後故延婚期，迫使相對人同意退婚，雖志在得財，但不得謂為詐欺，僅屬民法第976條違反婚約，及同法第977條損害賠償問題。

（二）（77）廳民一字第458號

座談機關：臺灣高等法院花蓮分院。

法律問題：某甲係未成年人，與某乙訂婚後，甲反悔，並求得其父某丙之同意再與
　　　　　他人訂婚約，並與某乙解除婚約。事過年餘，某甲已成年，某乙心有未
　　　　　甘，訴請某丙與某甲連帶賠償非財產上之損害有無理由？

討論意見：

　　甲說：依民法第976條之規定，婚約解除時，無過失之一方，得向有過失之他方，請求賠償其因此所受之損害，或非財產上之損害，固為同法第977條第1、2項所明定，惟某丙對於其子之再訂婚約，不過係基於同法第974條規定，行使意思表示之補充權而已，難指其係共同侵權行為人，故某丙應不負賠償責任，某之訴為無理由。

　　乙說：某丙造意其子與他人再訂婚約，為共同侵權行為人，某乙訴請其連帶賠償損害，非無理由。

　　丙說：乙依民法第977條第1項之規定，固得向甲請求賠償因此所受之損害，但對丙則無此請求權，蓋1.民法第977條第1項所指之「他方」應係指訂婚人。2.非財產上損害之請求賠償，應以法有明文者為限。3.親屬編有關此解除婚約之請求賠償，並無準用債編總則之規定。

臺灣高等法院審核意見：以丙說為當。

司法院第一廳研究意見：按婚約之解除有當事人雙方合意解除，或婚約當事人之一方有民法第976條第1項各款情形之一者，他方當事人得解除婚約。本題意旨，究係指甲、乙雙方合意解除婚約，抑或乙依照民法第976條解除婚約，語意不明，如係甲乙雙方合意解除婚約時，除當事人附有賠償損害金之條件者外，既無民法

第977條之適用，亦不得再引同法第978條之規定為賠償之依據，即乙嗣後既不得向甲請求損害賠償，亦不得向丙請求賠償。如乙係依民法第976條之規定解除婚約時，依同法第977條之規定，亦僅得向甲請求賠償，而不得向丙請求賠償，縱令甲曾得丙之同意與他人訂婚，亦雖認丙為共同侵權行為人，乙自不得請求甲丙連帶賠償非財產之損害。

❖ 民法第978條

　　婚約當事人之一方，無第九百七十六條之理由而違反婚約者，對於他方因此所受之損害，應負賠償之責。

案 例

　　甲男與乙女訂婚後，甲男知悉乙女係非處女，後悔不想娶乙女，乙是不是可以請求甲賠償因訂婚請客所花費的新台幣20萬元？

一、思考焦點

　　婚約的一方，如果拿不出民法第976條第1項各款所列的理由，但是卻違反婚約，他方是不是可以請求賠償？
圖示：

二、問題論述

　　婚約的一方，如果拿不出民法第976條第1項各款所列的理由，但是無緣無故違反了婚約，致使他方受到財產上的損害，於此違反婚約的人，應該要負起責任，他方可以依據民法第978條的規定，請求財產上的損害賠償。

　　而民法第977條第1項與第978條規定之區別，最主要在於民法第977條第1項依據民法第976條解除婚約後，請求財產上之損害賠償；而民法第978條係未解除婚約而請求財產上之損害賠償〔參照最高法院27年渝上字第695號民事判決（例）〕。

三、案例結論

　　甲如拿不出民法第976條第1項各款所列的理由，就無緣無故違反與乙的婚約，乙可以依照民法第978條的規定，向甲請求賠償訂婚請客所花費的新台幣20萬元。

四、相關實例

　　甲男與乙女達成協議，雙方都願意無條件解除先前的婚約，乙是不是仍然可以依據民法第978條的規定，請求甲賠償訂婚請客所花費的新台幣20萬元？

五、重要判解

（一）最高法院27年渝上字第695號民事判決（例）

　　婚約不得請求強迫履行，民法第975條定明文，故婚約當事人之一方違反婚約，惟無民法第976條之理由，他方亦僅得依民法第978條之規定，請求賠償因此所受之損害，不得提起履行婚約之訴。

（二）最高法院57年台上字第428號民事判決（例）

　　合意解除婚約時，除附有賠償損害金之條件者外，既與違反婚約而應負賠償責任之情形有間，即無民法第978條之適用。

❖ 民法第979條

　　前條情形，雖非財產上之損害，受害人亦得請求賠償相當之金額。但以受害人無過失者為限。

　　前項請求權，不得讓與或繼承。但已依契約承諾或已起訴者，不在此限。

案 例

　　甲男與乙女訂婚後，乙後悔不想嫁給甲，另外與丙男訂立婚約，甲不願意與乙計較，仍願意娶乙，無奈乙不領情，還是不願意與甲結婚，甲是不是可以請求乙賠償用來安慰甲心靈痛苦的慰撫金新台幣20萬元？如果甲已經與乙達成協議，由乙賠償甲新台幣20萬元，之後甲就死了，甲的繼承人，也就是甲與前妻所生的兒子丁，是不是可以依照那個契約，請求乙給付新台幣20萬元？

一、思考焦點

　　婚約的一方，如果拿不出民法第976條第1項各款所列的理由，卻無緣無故違反婚約，他方是不是可以請求賠償慰撫金？而在什麼情形下，這個賠償的權利可以讓給第三人，或由繼承人繼承？

圖示：

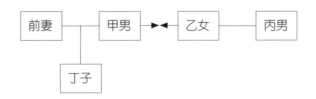

二、問題論述

　　婚約的一方，如果拿不出民法第976條第1項各款所列的理由，卻無緣無故違反婚約，應該要負起責任，對於因此所造成他方心靈上的傷害，負非財產上的損害賠償責任，他方可以依照民法第979條的規定，請求賠償慰撫金。這個非財產上的賠償請求權，是賠償權利人心靈上的痛苦，所以和權利人的人格密切相關，是別人沒有辦法代為行使的權利（一身專屬權），但是如果他方已經承諾要賠償，或是已經起訴要求他方賠償的話，就變成只是金錢給付的問題，也就可以將賠償請求權轉讓給別人來行使，或是由繼承人把這個權利當作財產來繼承。

三、案例結論

　　甲可以依照民法第979條的規定，請求乙賠償用來安慰甲心靈痛苦的慰撫金新台幣20萬元，甲的這個權利，和甲的人格密切相關，是別人沒有辦法代為行使的。但是如果甲已經與乙達成協議，由乙賠償甲新台幣20萬元，之後甲就死了，就變成只是金錢給付的問題，甲的繼承人，也就是甲與前妻所生的兒子丁，可以依照那個契約，請求乙給付新台幣20萬元。

四、相關實例

　　甲男為成年人，乙女年僅十七歲，乙女之父丙、母丁未經乙女之同意，擅自替乙與甲訂立婚約，乙女故意違反結婚日期，甲痛苦不已，甲可否依民法第979條第1項向乙請求精神上之損害賠償？

五、重要判解

最高法院33年上字第6127號判決（例）

民法第979條第1項所謂前條情形，即第978條所定婚約當事人之一方，無解除婚約之理由，而違反婚約之情形，父母爲未成年子女訂定之婚約本屬無效，其子女否認該項婚約並不發生違反婚約之問題。他方自無援用民法第979條第1項請求賠償之餘地。

❖ 民法第979條之1

因訂定婚約而爲贈與者，婚約無效、解除或撤銷時，當事人之一方，得請求他方返還贈與物。

案 例

> 甲男與乙女訂婚後，甲後悔不想娶乙，再去和丙女訂婚，乙解除和甲之間的婚約後，是不是可以請求甲交還訂婚時，所送給甲的車子？

一、思考焦點

因爲訂定婚約的緣故，而送給對方一些禮物，在婚約無效、解除或撤銷的時候，是不是可以請求對方返還那些東西？

圖示：

丙女 ◄►◄ 甲男 ►◄ 乙女

二、問題論述

（一）無效婚約

例如：訂婚時，訂婚的人心神喪失，也就是失去意識的情形、或弄錯訂婚對象的情形、或兩個人講好表面上假訂婚，實際上沒有眞的要訂婚的情形、或民法第973條所規定不可以結婚的人訂婚的情形、或已經有配偶的人，再去和第三人訂婚的情形、或一個人同時與二個以上的人訂婚的情形，都是無效的婚約，無效的意思，就是對任何人而言，這個婚約從頭到尾都是無效的（自始、客觀無效），不需要等待法院判決才無效（當然無效），而且沒有復活變成有效的機會（確定無效），就跟沒有訂過這個婚約是一樣的。

（二）撤銷婚約

如同前面所敘述的，沒有達到民法第973條所規定的年齡就訂婚，以及沒有得到法定代理人的同意就訂婚，這兩種情形，最高法院的判例，以及學說上看法不一樣。

另外，監護人和被他（她）監護的人訂婚的情形（類推適用民法第991條），訂婚的一方，在訂婚時沒有辦法和別人發生性行為（不能人道）的情形（類推適用民法第995條）、訂婚是被詐欺、脅迫的情形（類推適用民法第997條），都是可以撤銷婚姻的。

（三）返還贈與物

因為當初送給對方禮物，是因為訂婚的緣故，現在婚約既然沒有了，當初送東西的結婚目的，也就沒有了，而對方還保有那些禮物，也就失去了意義，所以就應該要把訂婚時所收的禮物歸還。

三、案例結論

甲男與乙女訂婚後，甲後悔不想娶乙，再去和丙女訂婚，乙依照民法第976條第1項第1款的規定，解除她和甲之間的婚約後，可以依照民法第979條之1的規定，請求甲返還訂婚時乙送給甲的車子。亦可依照民法第412條第1項之規定撤銷贈與，再依同法第767條之規定所有物返還請求權，請求返還。

四、相關實例

十四歲的甲男與十三歲的乙女訂婚，甲是不是可以請求乙把訂婚時送給乙的訂婚鑽石戒指歸還？

五、重要判解

（一）司法院21年院字第838號解釋

男女訂婚後未及成婚而有一方死亡者，依從前律例，固有不追財禮之明文，若依現行民法親屬編之規定，訂定婚約無須聘財，縱使事實上付有財禮，亦只為一種贈與，不得因贈與人或受贈人死亡而撤銷贈與請求返還贈與物。

（二）最高法院100年度台上字第130號民事判決

贈與附有負擔者，如贈與人已為給付而受贈人不履行其負擔時，贈與人得請求受贈人履行其負擔，或撤銷贈與。結婚之法律行為，並不違反國家社會一般利益及道德觀念，而附負擔之贈與行為，亦無悖於公共秩序或善良風俗，凡以預想他日結婚而為之附負擔贈與，倘受贈人不履行其負擔時，基於身分行為之特性，贈與人固

不得請求受贈人履行其負擔，但非不得撤銷贈與，請求返還贈與物。

❖ 民法第979條之2

　　第九百七十七條至第九百七十九條之一所規定之請求權，因二年間不行使而消滅。

案例

> 　　甲男與乙女訂婚後，甲後悔不想娶乙，再去和丙女訂婚，乙於民國92年7月1日解除和甲之間的婚約，但於民國94年8月1日，才依照民法第979條之1的規定，請求甲交還訂婚時所送的車子，甲卻說乙的請求權已經兩年沒有行使，所以可以不用還給乙，到底甲是不是真的可以不還？

一、思考焦點

　　民法第979條之1請求權的消滅時效期間是多久？超過消滅時效期間才行使權利，會有什麼效果？

圖示：

```
┌──────┐     ┌──────┐     ┌──────┐
│ 丙女 │◄──►│ 甲男 │◄──►│ 乙女 │
└──────┘     └──────┘     └──────┘
```

二、問題論述

（一）消滅時效

　　因為請求權人一直不行使他的權利，達到一定的時間，好像在權利上面睡覺一樣，所以法律就規定在一定的期間內不行使權利的話（消滅時效），被請求的人就可以拒絕給付（時效抗辯權）。

（二）短期消滅時效期間

　　請求權的消滅時效，一般的情形，是民法第125條規定的十五年，但是法律另外有規定比較短的時間，就以那個比較短的時間為準。例如民法第979條之1的規定，就是屬於二年的短期消滅時效期間。目的在於儘早解決婚約消滅後，所留下來的問題。包括婚約解除後的損害賠償（民法第977條）、違反婚約的財產上損害賠償（民法第978條）、違反婚約的非財產上損害賠償（民法第979條）以及訂婚時

贈與物的返還（民法第979條之1），都如同前面所敘述的。這使得男女雙方可以儘早揮別過去，自己去尋找新的幸福、過自己的生活，不會在事隔二年之後，還一直受到困擾，影響正常生活。

（三）消滅時效開始起算的時間

依照民法第128條的規定，消滅時效，從請求權可以行使的時候，就開始起算了。例如：乙在民國92年7月1日解除和甲之間的婚約，就已經可以請求甲歸還訂婚時所送的車子，所以請求權消滅時效，從這個時候就開始起算了。

三、案例結論

乙於民國92年7月1日解除和甲之間的婚約時，就可以請求甲返還訂婚時所送的車子，但是乙一直拖到超過兩年後的民國94年8月1日，才請求甲交還車子，甲說乙的請求權已經兩年沒有行使，而行使時效抗辯權，這是有理由的，因為民法第979條之2規定民法第979條之1的請求權，是兩年的短期消滅時效，所以甲可以不用還給乙訂婚車子。

四、相關實例

甲男與乙女訂婚後，甲後悔不想娶乙，再去和丙女訂婚，乙於民國92年7月1日解除和甲之間的婚約，並於民國94年8月1日請求甲交還訂婚時所送的車子，甲也交還給乙了，但是甲事後聽人家說，乙的請求權消滅時效是二年，又跑回去，用這個理由向乙要回那台車子，乙不肯給，到底誰有理由？

第二節　結　婚

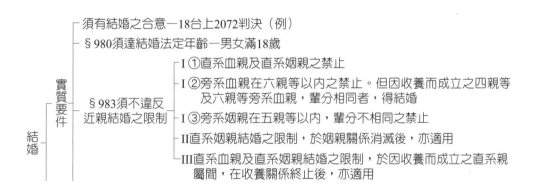

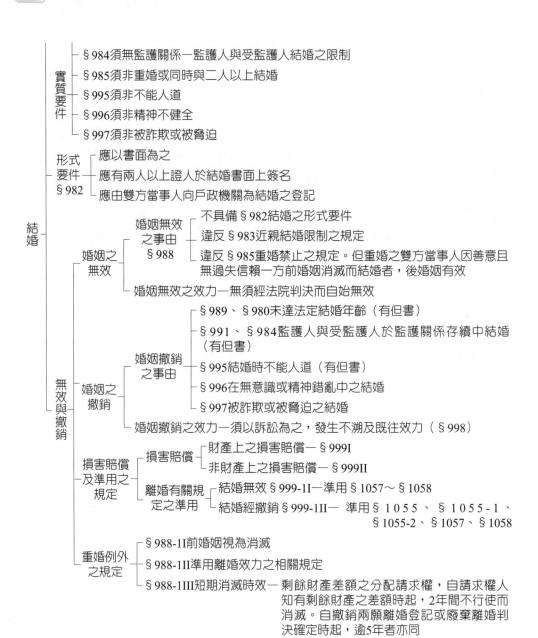

結婚
├─ 實質要件
│   ├─ §984須無監護關係—監護人與受監護人結婚之限制
│   ├─ §985須非重婚或同時與二人以上結婚
│   ├─ §995須非不能人道
│   ├─ §996須非精神不健全
│   └─ §997須非被詐欺或被脅迫
├─ 形式要件 §982
│   ├─ 應以書面為之
│   ├─ 應有兩人以上證人於結婚書面上簽名
│   └─ 應由雙方當事人向戶政機關為結婚之登記
└─ 無效與撤銷
    ├─ 婚姻之無效
    │   ├─ 婚姻無效之事由 §988
    │   │   ├─ 不具備§982結婚之形式要件
    │   │   ├─ 違反§983近親結婚限制之規定
    │   │   └─ 違反§985重婚禁止之規定。但重婚之雙方當事人因善意且無過失信賴一方前婚姻消滅而結婚者，後婚姻有效
    │   └─ 婚姻無效之效力—無須經法院判決而自始無效
    ├─ 婚姻之撤銷
    │   ├─ 婚姻撤銷之事由
    │   │   ├─ §989、§980未達法定結婚年齡（有但書）
    │   │   ├─ §991、§984監護人與受監護人於監護關係存續中結婚（有但書）
    │   │   ├─ §995結婚時不能人道（有但書）
    │   │   ├─ §996在無意識或精神錯亂中之結婚
    │   │   └─ §997被詐欺或被脅迫之結婚
    │   └─ 婚姻撤銷之效力—須以訴訟為之，發生不溯及既往效力（§998）
    ├─ 損害賠償及準用之規定
    │   ├─ 損害賠償
    │   │   ├─ 財產上之損害賠償—§999I
    │   │   └─ 非財產上之損害賠償—§999II
    │   └─ 離婚有關規定之準用
    │   ├─ 結婚無效§999-1I—準用§1057～§1058
    │   └─ 結婚經撤銷§999-1II—準用§1055、§1055-1、§1055-2、§1057、§1058
    └─ 重婚例外之規定
        ├─ §988-1I前婚姻視為消滅
        ├─ §988-1II準用離婚效力之相關規定
        └─ §988-1III短期消滅時效—剩餘財產差額之分配請求權，自請求權人知有剩餘財產之差額時起，2年間不行使而消滅。自撤銷兩願離婚登記或廢棄離婚判決確定時起，逾5年者亦同

❖ 民法第980條

男女未滿十八歲者，不得結婚。

（民國112年1月1日施行）

舊民法第980條

男未滿十八歲者，女未滿十六歲者，不得結婚。

（民國19年12月26日之舊法）

> 甲男十七歲，是否可以娶十五歲的乙女？

一、思考焦點

男生未滿十八歲，女生未滿十六歲，是不是可以結婚？

二、問題論述

民法第980條規定，男生不滿十八歲，女生不滿十六歲的話，就不可以結婚。原因在於，男生、女生假如還沒有達到這個年齡，生理、心理都還不夠成熟，如果太早結婚，所生出來的小孩容易病弱，將來彼此發現個性不合、婚姻出現裂痕的機會也比較高，但因立法院於民國（以下同）110年1月13日修正本條文為「男女未滿十八歲者，不得結婚」，自112年1月1日生效施行。

其立法理由認為，依消除對婦女一切形式歧視公約（CEDAW）第15條第1項規定：「締約各國應給予男女在法律面前平等的地位。」第16條第1項（a）款及第2項規定：「締約各國應採取一切適當措施，消除在有關婚姻和家庭關係的一切事務上對婦女的歧視，並特別應保證婦女在男女平等的基礎上：（a）有相同的締結婚約的權利；」「童年訂婚和結婚應不具法律效力，並應採取一切必要行動，包括制訂法律，規定結婚最低年齡，並規定婚姻必須向正式機構登記。」復依消除對婦女一切形式歧視公約（CEDAW）第21號一般性建議，該公約第16條第2項和兒童權利公約均規定防止締約國允許未成年者結婚或使該等婚姻生效。根據兒童權利公約，兒童係指十八歲以下的任何人，除非對其適用之法律規定成年年齡低於十八歲。又未成年人，尤指少女結婚生育，對其健康會造成不利影響，同時妨礙其學業，導致其經濟自立也受到侷限。不僅影響婦女本身，還限制其能力發展和獨立

性，減少其就業機會，從而對家庭和社區皆造成不利影響。是為保障兒童權益及男女平等，以符合消除對婦女一切形式歧視公約第15條、第16條規定，爰修正男女最低結婚年齡為十八歲。

三、案例結論

甲不可以娶乙，因為兩人都還沒有達到民法第980條規定的最低結婚年齡，故得依民法第989條規定，請求撤銷之。

四、相關實例

甲男二十歲，是否可以娶十五歲的乙女？

五、重要判解

司法院32年院字第2468號解釋

甲女與乙男均未達民法第980條所定結婚年齡，由雙方法定代理人主持結婚者，如甲女以此為理由向乙男提起離婚之訴，應認為依同法第989條請求撤銷結婚，惟雙方如均已達結婚年齡，即應受同條但書之限制。

❖ 民法第981條（刪除）

舊民法第981條

未成年人結婚，應得法定代理人之同意。
（民國19年12月26日之舊法）

❖ 民法第982條

結婚應以書面為之，有二人以上證人之簽名，並應由雙方當事人向戶政機關為結婚之登記。
（民國96年5月23日公布）

舊民法第982條

結婚，應有公開儀式及二人以上之證人。
經依戶籍法為結婚之登記者，推定其已結婚。
（民國96年5月23日修正前之舊法）

民國96年5月23日公布之民法第982條規定，結婚形式要件為何？

一、思考焦點

結婚的要件是什麼？要符合哪些條件才算是已經結婚了？

二、問題論述

我國舊民法第982條是採取「儀式婚」的規定，就是結婚必須要舉行公開的結婚典禮，讓大眾都有可能看得見，並且要有二個人以上的證人，證明兩個人要結婚，這樣就是正式結婚了，即使沒有去戶政事務所辦理結婚登記，也不會影響結婚的效力。但是如果有戶政事務所的結婚登記，會先認定兩個人已經結婚了（推定婚姻存在），除非有證據證明兩個人並沒有真正的結婚，也就是除非有證據證明兩個人從來沒有舉行過公開的結婚典禮，或沒有兩個以上的證人證明兩個人結婚，才例外地認定兩個人還沒有結婚。

如果只有在戶政事務所登記為夫妻，但是兩個人從來沒有舉行過公開的結婚典禮，或沒有兩個人以上的證人證明兩個人結婚，都不算是已經結婚，即使兩個人同居再久、生再多小孩，也是一樣。

民國96年5月23日公布之民法第982條規定，結婚形式要件由儀式婚改為登記婚，舊民法第982條係採儀式婚之立法例，登記僅有推定效果。而新法則要求婚姻須有書面，有兩人以上證人之簽名，並應由雙方當事人向戶政機關為結婚之登記，婚姻方有效力，而修正條文將於總統公布一年後施行。此一修法之緣由，乃因舊法儀式婚之要件規定較簡略，在實務上容易生爭議，且在兩願離婚時，依照民法第1050條規定，應向戶政機關為離婚登記始有效成立，而結婚卻不需要向戶政機關踐履登記，顯然在法理上有欠妥適，故在此次修法上，改採登記婚之規定。

民法第四編親屬第二章婚姻規定，為使相同性別二人，得為經營共同生活之目的，成立具有親密性及排他性之永久結合關係，於此範圍內，與憲法第22條保障人民婚姻自由及第7條保障人民平等權之意旨有違。有關機關應於本解釋公布之日起二年內，依本解釋意旨完成相關法律之修正或制定。至於以何種形式達成婚姻自由之平等保護，屬立法形成之範圍。逾期未完成相關法律之修正或制定者，相同性別二人為成立上開永久結合關係，得依上開婚姻章規定，持二人以上證人簽名之書面，向戶政機關辦理結婚登記。

三、案例結論

　　民國96年5月23日公布之民法第982條規定，結婚形式要件由儀式婚改為登記婚，依照該法條之規定，結婚應以書面為之，有二人以上證人之簽名，並應由雙方當事人向戶政機關為結婚之登記。

四、相關實例

　　甲男與乙女結婚時之證人丙、丁，均未親到場親聞親見，僅憑甲男提供甲、乙簽名、蓋章之結婚證書，即在該結婚證書內，簽名、蓋章為證人。試問：甲、乙之間婚姻是否有效？

五、重要判解

（一）司法院26年院字第1701號解釋

　　1.男女二人，約證婚人二人及親友數人，在旅館之一房間內舉行結婚儀式，其結婚既係在旅館之一房間內，自須有足使一般不特定之人均可知悉之表徵而得共見者，始得認為公開。

　　2.男女二人，約證婚人二人及親友數人，在旅館之宴會廳置酒一席，如其情狀無從認為舉行結婚儀式，雖其主觀以為舉行婚禮，仍不得謂有公開之儀式。

　　3.男女二人，在某一官署內舉行婚禮，如無足使一般不特定之人均可知悉之表徵而得共見者，縱有該署之長官及證婚人二人在場，仍不得謂有公開之儀式。

　　4.結婚時之證人，無論是否簽名於結婚證書之人，均以曾經到場者為限，若未親到，雖委託他人在結婚證書內代表簽名、蓋章，仍不得認為證人。

　　5.結婚證書列名之證人二人，僅有一人到場者，其未到場之一人，不得認為證人。

　　6.前開未到場之一人，雖於事後自稱曾經到場證婚，亦不得認為證人。

（二）最高行政法院103年度判字第521號民事判決

　　按我國雖無直接明文規範結婚對象必須是一男一女，惟依司法院大法官釋字第365號解釋內容及最高法院32年上字第130號民事判例意旨，均認婚姻係以終生共同生活為目的之一男一女結合關係，尚不含同性結婚。又公民與政治權利國際公約第23條規定男女已達結婚年齡者，其結婚及成立家庭之權利應予確認，其所保障之結婚權適用對象，亦僅於異性之間，自難謂我國僅承認異性婚姻有牴觸該公約規定。至結婚當事人須一男一女始得結婚之規定，乃立法者就婚姻及家庭制度所為之價值判斷，尚難認有違憲之虞。

（三）司法院大法官釋字第748號解釋

爭　點：民法親屬編婚姻章，未使相同性別二人，得為經營共同生活之目的，成立具有親密性及排他性之永久結合關係，是否違反憲法第22條保障婚姻自由及第7條保障平等權之意旨？

解釋文：民法第四編親屬第二章婚姻規定，未使相同性別二人，得為經營共同生活之目的，成立具有親密性及排他性之永久結合關係，於此範圍內，與憲法第22條保障人民婚姻自由及第7條保障人民平等權之意旨有違。有關機關應於本解釋公布之日起二年內，依本解釋意旨完成相關法律之修正或制定。至於以何種形式達成婚姻自由之平等保護，屬立法形成之範圍。逾期未完成相關法律之修正或制定者，相同性別二人為成立上開永久結合關係，得依上開婚姻章規定，持二人以上證人簽名之書面，向戶政機關辦理結婚登記。（解釋日期：民國106年5月24日）

（四）臺灣高等法院暨所屬法院103年法律座談會刑事類提案第6號

法律問題：甲與大陸女子乙於100年6月10日（改採登記婚制度後）在大陸地區虛偽辦理結婚登記，於同年9月10日持結婚公證書等相關文件，共同前往臺南市安平區戶政事務所申請結婚登記，使承辦人員於審查相關文件後將兩人結婚之不實事項輸入電腦處理，登載該不實事項於職務上所掌戶籍登記簿等公文書，足以生損害於戶政機關管理維護戶籍資料之正確性。

　　　　試問，甲是否構成刑法第214條之使公務員登載不實罪？

討論意見：

　　甲說：否定說。

　　1.按刑法第214條所謂使公務員登載不實事項於公文書罪，須一經他人之聲明或申報，公務員即有登載之義務，並依其所為之聲明或申報予以登載，而屬不實之事項者，始足構成，若其所為聲明或申報，公務員尚須為實質之審查，以判斷其真實與否，始得為一定之記載者，即非本罪所稱之使公務員登載不實（參照最高法院73年台上字第1710號判例）。

　　2.次按97年5月28日修正公布戶籍法第33條第1項規定：「結婚登記，以雙方當事人為申請人。但於中華民國九十七年五月二十二日以前（包括九十七年五月二十二日當日）結婚，或其結婚已生效者，得以當事人之一方為申請人」，第2項則規定：「前項但書情形，必要時，各級主管機關及戶政事務所得請相關機關協助查證其婚姻真偽，並出具查證資料」，依其修正理由說明：「為利各級主管機關及戶政事務所釐清修正條文第1項但書婚姻之真偽，爰增列修正條文第2項，明文規定

於必要時，得請相關機關協助查證婚姻之眞僞，該等機關並應出具查證資料。」等語，顯係爲配合民法親屬編第982條將儀式婚修正爲登記婚，將本可由當事人一方申辦理結婚登記（按修正前戶籍法第35條規定結婚登記，以當事人之一方爲申請人），修正爲應由雙方當事人申請辦理結婚登記，並賦予戶政事務所得請相關機關協助查證其婚姻眞僞。且依戶籍法施行細則第13條、第14條規定，申請人於申請結婚戶籍登記時，應提出證明文件，經戶政事務所查驗後，得以影本或正本留存，是關於結婚戶籍登記，於97年5月28日修正前，因民法採儀式婚，戶政機關無實質查驗結婚眞僞之必要，得由當事人之一方爲申請即可，戶政機關斯時僅爲形式審查而非實質審查，而於97年5月28日戶籍法修正後，戶政機關關於結婚登記則爲實質審查。

3.從而，甲係於100年6月10日與大陸女子乙前往臺南市安平區戶政事務所爲結婚登記，是時戶籍法已經修正，故縱使甲與乙無結婚之實，而使戶政機關公務員爲結婚之登記，惟因戶政機關對於結婚登記事項，本有實質之審查權，以判斷其眞實與否，始得爲一定之記載者，揆諸前揭最高法院判例意旨，自難論以刑法第214條之罪。

乙說：肯定說。

1.按刑法第214條所謂使公務員登載不實事項於公文書罪，須公務員經他人聲明或申報即有登載之義務，依其所爲聲明或申報予以登載而屬不實之事項者，始足構成；若公務員尙須就其聲明或申報爲實質之審查，以判斷其眞實與否始得爲一定之記載者，即非本罪所稱之使公務員登載不實（參照最高法院73年台上字第1710號民事判例）。

2.戶籍法於97年5月28日修正公布前，我國實務多認申請人於申請結婚登記時應提出證明文件，而戶政事務所查驗後即應將受理登記資料登載於電腦系統，故戶政機關就結婚登記對申請人提出之申請文書，僅有爲形式審查之權而無實質審查權；苟行爲人故意使承辦公務員將結婚之不實事項登載於職務上所掌公文書，仍應構成刑法第214條之使公務員登載不實罪（參照臺灣高等法院暨所屬法院100年法律座談會刑事類提案第3號研討結果）。

3.我國民法第982條於96年5月23日修正公布後固將儀式婚修改爲登記婚，戶籍法及戶籍法施行細則亦配合修正，惟該關於配合將儀式婚修改爲登記婚所爲之修正，並未賦予戶政機關就登記婚之結婚登記申請爲實質審查之權。

茲析述如下：

(1)戶籍法第35條雖從原規定：「結婚登記，以當事人之一方爲申請人」，於97年1月9日修正爲「結婚登記，以雙方當事人爲申請人。但於中華民國九十七年

五月二十三日前結婚或其結婚已生效者，得以當事人之一方為申請人」，於97年5月28日又修正為「結婚登記，以雙方當事人為申請人。但於中華民國九十七年五月二十二日以前（包括九十七年五月二十二日當日）結婚，或其結婚已生效者，得以當事人之一方為申請人。前項但書情形，必要時，各級主管機關及戶政事務所得請相關機關協助查證其婚姻眞偽，並出具查證資料。」並移列條文為第33條。然該結婚登記以雙方當事人為申請人之修正，係為配合民法第982條：「……應由雙方當事人向戶政機關為結婚之登記。」規定所為之修正，此參戶籍法於97年1月9日之修正理由：「配合民法親屬編第982條將儀式婚修正為登記婚，將本可由當事人一方申請辦理結婚登記，修正為應由雙方當事人申請辦理結婚登記。另依其施行法第4條之1第1項規定，將自公布後一年施行，為配合其施行，爰增訂但書有關過渡條款之規定。」足明，係屬配合結婚形式要件所為之修正而非賦予實質審查權。

(2)其中戶籍法第33條第2項規定則是針對同條第1項所為之規定，戶政事務所對「於九十七年五月二十二日以前結婚或其結婚已生效者，得以當事人之一方為申請人」之情形，於必要時始得請相關機關協助查證其婚姻眞偽並出具查證資料，審查客體不包含「於九十七年五月二十三日以後結婚而由雙方當事人申請結婚登記」之情形，此有戶籍法第33條第2項於97年5月28日增列之立法理由：「為利各級主管機關及戶政事務所釐清修正條文第1項但書婚姻之眞偽，爰增列修正條文第2項，明文規定於必要時，得請相關機關協助查證婚姻之眞偽，該等機關並應出據查證資料。」可佐，自不能據以認為該規定賦予戶政事務所對改採登記婚後之結婚登記申請有實質審查權（戶政事務所僅對戶籍法第33條第1項但書情形有實質審查權）。

(3)戶籍法施行細則第13條雖從原規定：「下列登記，申請人應於申請時提出證明文件正本：……結婚登記。但結婚雙方當事人及證人二人親自到場辦理登記者，得免提結婚證明文件。……前項證明文件經戶政事務所查驗後，除出生、死亡及初設戶籍登記之證明文件應留存正本外，其餘登記之證明文件得以影本留存」，於98年1月7日修正為「下列登記，申請人應於申請時提出證明文件正本：結婚、離婚登記。但於中華民國九十七年五月二十二日以前（包括九十七年五月二十二日當日）結婚，結婚雙方當事人與二人以上親見公開儀式之證人親自到場辦理登記者，得免提結婚證明文件」，並將原第2項規定作部分文字修正後移列為第14條第1項，惟對照前後條文內容可知該規定應係隨同戶籍法第33條所為之修正，並未賦予戶政事務所對於結婚登記申請有實質審查之權。

(4)再就對結婚登記申請有無實質審查之必要性予以觀察，儀式婚相對於登記婚更有眞偽不明之風險而具有較高之實質審查必要性，此參民法第982條於74年6月3日修正之立法理由：「……實務上當事人對於曾否舉行公開儀式，如有爭議，

舉證殊爲困難……」足佐，復觀戶籍法第33條第2項係賦予對儀式婚而非登記婚有實質審查權，益徵戶政機關對儀式婚具有較高之實質審查必要性。

綜上，戶籍法配合民法第982條由儀式婚改採登記婚所爲之修正，係賦予戶政事務所對儀式婚之結婚登記申請有實質審查權，並未賦予戶政事務所對登記婚之結婚登記申請有實質審查權。依現行戶籍法及戶籍法施行細則相關規定（戶籍法第33條、第76條及戶籍法施行細則第13條第1項、第14條第1項、第21條第2項）並參酌上開實務見解，戶政事務所承辦人員對甲乙共同所爲之結婚登記申請無實質審查權，甲上開行爲應構成刑法第214條之使公務員登載不實罪。

初步研討結果：採乙說。

審查意見：採乙說。

研討結果：照審查意見通過。

相關法條：刑法第214條，民法第982條，戶籍法第33條、第76條，戶籍法施行細則第13條、第14條、第21條。

（五）最高法院108年度台上字第769號民事判決

民法第982條所謂公開儀式，只須結婚當事人舉行之禮儀，使不特定人得以共見共聞，認識其爲結婚爲已足，至於結婚是否與訂婚同日或舖排穿戴爲何，在非所問。而宴客如係爲表達雙方結爲夫婦之意義而舉行，此意義又爲與宴者所了解，即不失爲公開之結婚儀式。

（六）111年公證實務研討會法律問題提案第1號

法律問題：當事人持臺灣清眞寺核發之結婚證書，結婚之一方爲本國人，他方爲外籍人士，可否辦理認證？

研究意見：

甲說：應拒絕辦理認證。

理由：涉外民事法律適用法第46條規定：「婚姻之成立，依各該當事人之本國法。但結婚之方式依當事人一方之本國法或依舉行地法者，亦爲有效。」當事人一方既爲本國人，且在臺灣結婚，結婚自應適用我國民法等相關規定。我國民法第982條規定：「結婚應以書面爲之，有二人以上證人之簽名，並應由雙方當事人向戶政機關爲結婚之登記。」係採登記婚；當事人雖於清眞寺舉行結婚儀式，如未至戶政機關登記，其結婚仍不生效力。且清眞寺核發之結婚證書，結婚日期若與戶政機關登記之日期不同，該內容顯與公文書記載事項相反，公證人自應依公證法施行細則第51條第4款等規定，拒絕辦理認證。

乙說：可辦理認證，惟應爲適當之註記。

理由：臺灣清眞寺發給之結婚證書，其證明內容除特定宗教儀式之舉行外，亦

包括當事人結婚真意之表示。當事人持該結婚證書請求公證人辦理認證，與結婚登記前先請求公證人就結婚書約辦理公證（或併舉行結婚儀式），在法律上並無二致，若認公證人得辦理結婚書約之公證，則似無拒絕認證清真寺核發之結婚證書之理。如當事人尚未於戶政機關辦理結婚登記，公證人應依公證法施行細則第58條第2項、第80條第2項準用第60條第3項規定，於認證書註記「未向戶政機關辦妥結婚登記前，其結婚尚不生效力」之旨；即若當事人已至戶政機關辦妥結婚登記，公證人似得於認證書載明：依我國涉外民事法律適用法第46條及民法第982條等規定，當事人之結婚業已於向戶政機關完成登記日生效等旨，應不致有破壞我國公文書公信力而有違反公證法施行細則第51條第4款規定之虞。

初步研討結果：

　　採乙說。

審查意見：

　　臺灣苗栗地方法院：採乙說。

　　臺灣臺南地方法院：採甲說。

理由：同研究意見甲說。

研討結論：多數採乙說（表決結果：實到45人，採甲說8票，採乙說33票，棄權4人）。

❖ 民法第983條

　　與左列親屬，不得結婚：

　　一、直系血親及直系姻親。

　　二、旁系血親在六親等以內者。但因收養而成立之四親等及六親等旁系血親，輩分相同者，不在此限。

　　三、旁系姻親在五親等以內，輩分不相同者。

　　前項直系姻親結婚之限制，於姻親關係消滅後，亦適用之。

　　第一項直系血親及直系姻親結婚之限制，於因收養而成立之直系親屬間，在收養關係終止後，亦適用之。

案例

　　甲男與太太生了乙女，甲的太太死了後，收養丙男為養子，乙與丙情投意合，是否可以結婚？

一、思考焦點

結婚的對象，如果和自己有親屬關係，是不是會受到限制？有什麼樣的限制？哪些親屬之間是不能夠結婚的？

圖示：

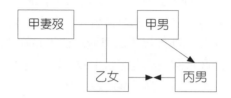

二、問題論述

有血緣關係的近親之間相互結婚，經常會生出不良的胎兒，從這個優生學的觀點，法律規定一定親等以內的近親不能結婚。又無論是有血緣關係的近親，或是雖然沒有血緣關係的近親，因為收養的緣故，或是姻親的緣故，而結成的近親，如果彼此之間相互結婚，會有不道德、違反倫常的情形發生，所以法律也規定在一定範圍之內的養親及姻親，不得結婚（禁婚親）。

進一步說明，就血親而言：

（一）直系親屬

不論是直系血親或直系姻親，不論親等是遠、還是近，也不論是在婚姻關係中所生的子女（婚生子女），或是在沒有婚姻關係的情形下，所生的子女（非婚生子女），都不可以結婚，這是因為如果和長輩或晚輩有性關係，在倫理道德上令人噁心，直系血親結婚，也容易生出不良的胎兒，所以法律禁止直系親屬之間結婚（民法第983條第1項第1款）。直系姻親的關係，後來雖然沒有了（民法第971條），但是因為彼此曾經是直系姻親的長輩及晚輩，倫理關係的感覺還在，仍然不可以結婚（民法第983條第2項）。因為收養而成立的直系血親關係，在收養關係終止（民法第1080、1081條）後，同樣因為彼此曾經是直系血親的長輩及晚輩，倫理關係的感覺還在，仍然不可以結婚（民法第983條第3項）。

（二）旁系血親

旁系血親，如果在六親等以內的話，不論輩分比自己高或低、不論是表兄弟姊妹，或是堂兄弟姊妹，也不論半血緣（例如：同父異母、同母異父）或全血緣（例如：同父同母），都不可以結婚，避免生出不良胎兒。但是因為收養關係，而成立的四親等及六親等旁系血親中，輩分相同的，仍然可以結婚，這是因為被收養的人，和養父、母及養父、養母的親屬之間，本來就沒有血緣關係，沒有生出不良胎

兒的問題，而且如果大家眞的感情很好，法律還是禁止他們結婚，很可能小孩只有媽媽沒有爸爸（非婚生子女），造成小孩的不幸福，因此法律還是准許他們結婚，例如：一個人的養孫子女之間，還有養子女的小孩和親生子女的小孩相互之間，都可以結婚。至於因爲收養而成立的二等親之間，大家稱呼爲兄弟姊妹，如果彼此結婚，和倫理道德的感覺不符，所以法律禁止結婚，例如：一個人如果收養兩個以上的養子女，養子女之間不可以結婚；養子女和養父、養母的親生子女之間不可以結婚（民法第983條第1項第2款）。如果是因爲收養的關係，而成立的旁系血親，在收養關係終止後，則可以自由結婚（民法第983條第3項反面解釋）。

（三）旁系姻親

旁系姻親如果在五親等內，而且輩分不相同的，才禁止結婚（民法第983條第1項第3款），例如：哥哥死了，弟弟娶哥哥的太太，或是弟弟死了，哥哥娶弟弟的太太，法律都不禁止。因爲都是同輩。如果媽媽的弟弟（舅舅）死了，我要娶舅媽，或是爸爸的弟弟（叔叔）死了，我要娶嬸嬸，法律就予以禁止，這是因爲彼此之間仍然是長輩及晚輩的姻親關係，倫理道德上不容許結婚，但是如果婚姻關係沒有了，例如：媽媽的弟弟（舅舅）與舅媽離婚，我要娶以前的舅媽，或是爸爸的弟弟（叔叔）與嬸嬸離婚，我要娶以前的嬸嬸，法律仍然是准許（民法第983條第2項反面解釋、民法第971條前段）。

另外，如果是因爲收養的關係，而成立的旁系血親、旁系姻親，在收養關係終止後，則可以自由結婚（民法第983條第3項反面解釋）。

三、案例結論

甲收養丙之後，在法律上看成是親生的父子，而乙本來就是甲的女兒，所以乙、丙是親兄妹關係，屬於旁系血親二親等，如果兄妹相互結婚，違反倫理的感覺，依照民法第983條第1項第2款的規定，在六等親內的旁系血親是不能結婚的，因爲收養關係而成立的旁系血親，也要因收養而成立之四親等及六親等旁系血親輩份相同者，才可以結婚，所以乙、丙是不可以結婚的，如果結婚的話，依照後面所說的民法第988條第2款的規定，這個婚姻是無效的。

四、相關實例

甲男收養乙女爲養女，甲的哥哥丙，有一個兒子丁，丁和乙以堂兄妹相稱，情投意合，想要結婚，法律是不是禁止他們結婚？

五、重要判解

（一）司法院大法官釋字第32號解釋

本院釋字第12號解釋所謂將女抱男之習慣，係指於收養同時以女妻之，而其間又無血統關係者而言。此項習慣實屬招贅行為，並非民法上之所謂收養，至被收養為子女後而另行與養父母之婚生子女結婚者，自應先行終止收養關係（解釋日期：民國43年3月26日）。

（二）臺灣高等法院臺南分院106年度家上字第87號民事判決

四親等旁系血親之表兄妹關係，其二人之結婚自屬無效。此外，訴之預備合併，必先位之訴無理由，法院始應就備位之訴為裁判；如先位之訴有理由，法院即無庸就備位之訴為裁判。

❖ 民法第984條

監護人與受監護人，於監護關係存續中，不得結婚。但經受監護人父母之同意者，不在此限。

案 例

> 甲男、乙女居住於美國做生意，女兒丙十七歲，一個人在臺灣念高中，甲、乙覺得在美國工作太忙，有關於丙的學業、在外打工、生活起居等事情，沒有辦法一一照料，所以就委託在臺灣的好朋友丁男為監護人。丙和丁每天早晚相處，產生了感情，想要結婚，是不是受到法律的禁止？如果甲、乙都同意丙和丁結婚，法律是不是仍然禁止？

一、思考焦點

監護人可不可以和被他監護的人結婚？

圖示：

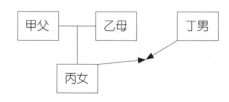

二、問題論述

　　民法第984條規定監護人不能和被他（她）監護的人結婚，是因爲有需要被監護的人，本身思想不夠成熟，不適合讓他（她）太早決定自己的終生大事，但是如果連被監護人的父親及母親，都覺得被監護人與監護他（她）的人結婚沒有問題，那麼法律也例外准許他們的婚姻。

三、案例結論

　　被監護人丙不可以和她的監護人丁結婚，但是丙的父親甲、母親乙如果都同意丙和丁結婚，法律例外是准許的。

❖ 民法第985條

　　有配偶者，不得重婚。
　　一人不得同時與二人以上結婚。

案 例

> 　　甲男因為太太乙女和丙男通姦，所以就向法院起訴，請求判決離婚。法院判決確定後，甲就和丁女談戀愛，甲和丁，都以為甲和乙離婚判決已經確定、沒有婚姻關係了，所以就結婚，結果沒有想到，甲和乙的離婚判決，因為再審而被撤銷，甲和乙就回復先前沒有離婚的狀態，甲一下子變成有兩個太太，請問：甲算不算重婚？

一、思考焦點

　　如果相信法院的離婚判決，相信自己或別人已經是單身的身分，就和其他人結婚，而結婚的對象也以爲對方已經是單身身分，後來因爲確定的判決被撤銷，結婚的對象回復和以前配偶的婚姻關係，這算不算有重婚的情形？
圖示：

二、問題論述

我國是採取「一夫一妻」的婚姻制度,也就是一個男人只能娶一個女人,一個女人也只能嫁給一個男人,這是為了維護婚姻的和諧與幸福,避免關係複雜造成社會問題。所以一個人結過婚之後,不可以再和另外一個人結婚(民法第985條第1項,不得重婚),一個人也不可以同時和兩個以上的人結婚(民法第985條第2項),所以在正常的情況下,甲不可以一次和兩個以上的人結婚,若已經有了配偶乙,就不可以再娶丁。但是有的時候,重婚的男女雙方,都不是故意的,也沒有過失,如果把後面的婚姻,依照民法第988條第3款的規定,當作無效,對後面婚姻的配偶不公平,也容易製造非婚生子女,所以司法院大法官就透過解釋的方法,將甲、丁婚姻的這種情形,例外地承認為有效。

三、案例結論

甲、丁因為相信法院的確定判決才結婚,應該要受到保護,依照後述的司法院釋字第362號解釋,甲雖然已經有了配偶乙,但是甲和丁的重婚,仍然是有效的,所以甲有乙和丁兩個太太,乙可用甲重婚作為理由,請求法院再度判決甲和乙離婚。但是有學者批評,司法院釋字第362號解釋是在破壞「一夫一妻」制度。但依司法院釋字第552號解釋須甲和丁二人均須善意且無過失(民法第988條第3款但書),後婚姻效力始能維持。

四、相關實例

甲、乙為兄弟,僅弟乙生一子丙。甲恐絕後,與乙、丙商妥,由丙兼祧兩房,因此甲、乙各為丙娶一妻。問:丙來能否繼承甲之財產?(民國75年高考)

五、重要判解

(一)司法院大法官釋字第242號解釋

中華民國74年6月3日修正公布前之民法親屬編,其第985條規定:「有配偶者,不得重婚」;第992條規定:「結婚違反第九百八十五條之規定者,利害關係人得向法院請求撤銷之。但在前婚姻關係消滅後,不得請求撤銷」,乃維持一夫一妻婚姻制度之社會秩序所必要,與憲法並無牴觸。惟國家遭遇重大變故,在夫妻隔離,相聚無期之情況下所發生之重婚事件,與一般重婚事件究有不同,對於此種有長期實際共同生活事實之後婚姻關係,仍得適用上開第992條之規定予以撤銷,嚴重影響其家庭生活及人倫關係,反足妨害社會秩序,就此而言,自與憲法第22條保障人民自由及權利之規定有所牴觸(解釋日期:民國78年6月23日)。

（二）司法院大法官釋字第362號解釋

民法第988條第2款關於重婚無效之規定，乃所以維持一夫一妻，婚姻制度之社會秩序，就一般情形而言，與憲法尚無牴觸。惟如前婚姻關係已因確定判決而消滅，第三人本於善意且無過失，信賴該判決而與前婚姻之一方相婚者，雖該判決嗣後又經變更，致後婚姻成為重婚；究與一般重婚之情形有異，依信賴保護原則，該後婚姻之效力，仍應予以維持。首開規定未兼顧類此之特殊情況，與憲法保障人民結婚自由權利之意旨未盡相符，應予檢討修正。在修正前，上開規定對於前述因信賴確定判決而締結之婚姻部分，應停止適用。如因而致前後婚姻關係同時存在，則重婚者之他方，自得依法請求離婚，併予指明（解釋日期：民國83年8月29日）。

（三）司法院大法官釋字第552號解釋

本院釋字第362號解釋謂：「民法第988條第2款關於重婚無效之規定，乃所以維持一夫一妻婚姻制度之社會秩序，就一般情形而言，與憲法尚無牴觸。惟如前婚姻關係已因確定判決而消滅，第三人本於善意且無過失，信賴該判決而與前婚姻之一方相婚者，雖該判決嗣後又經變更，致後婚姻成為重婚，究與一般重婚之情形有異，依信賴保護原則，該後婚姻之效力，仍應予以維持。首開規定未兼顧類此之特殊情況，與憲法保障人民結婚自由權利之意旨未盡相符，應予檢討修正。」其所稱類此之特殊情況，並包括協議離婚所導致之重婚在內。惟婚姻涉及身分關係之變更，攸關公共利益，後婚姻之當事人就前婚姻關係消滅之信賴應有較為嚴格之要求，僅重婚相對人之善意且無過失，尚不足以維持後婚姻之效力，須重婚之雙方當事人均為善意且無過失時，後婚姻之效力始能維持，就此本院釋字第362號解釋相關部分，應予補充。如因而致前後婚姻關係同時存在時，為維護一夫一妻之婚姻制度，究應解消前婚姻或後婚姻、婚姻被解消之當事人及其子女應如何保護，屬立法政策考量之問題，應由立法機關衡酌信賴保護原則、身分關係之本質、夫妻共同生活之圓滿及子女利益之維護等因素，就民法第988條第2款等相關規定儘速檢討修正。在修正前，對於符合前開解釋意旨而締結之後婚姻效力仍予維持，民法第988條第2款之規定關此部分應停止適用。在本件解釋公布之日前，僅重婚相對人善意且無過失，而重婚人非同屬善意且無過失者，此種重婚在本件解釋後仍為有效。如因而致前後婚姻關係同時存在，則重婚之他方，自得依法向法院請求離婚，併此指明（解釋日期：民國91年12月13日）。

（四）臺灣高等法院102年度家上字第199號民事判決

1.外國法院對被告為敗訴之判決，倘已於外國法院應訴，因已保障其程序權，故原則上應承認其效力。惟被告未應訴者，則必於相當時間內在該國國內對該被告合法送達其開始訴訟之通知或命令，或依我國制度協助在該國國外為送達，給予相

當期間準備行使防禦權，始得承認其判決效力。

2.有配偶者，不得重婚。違反者，其結婚無效。但重婚之雙方當事人因善意且無過失信賴一方前婚姻消滅之兩願離婚登記或離婚確定判決而結婚者，不在此限。又因信賴國家機關之行為而重婚有效之情形，應僅限縮於信賴兩願離婚登記或離婚確定判決兩種情形，以避免例外情形無限擴大，而違反一夫一妻制度。重婚相對人有善意且無過失時，仍不足以維持其後婚姻之效力，須重婚之雙方當事人均係善意且無過失時，始能維持。

❖ 民法第986條（刪除）

❖ 民法第987條（刪除）

❖ 民法第988條

結婚有下列情形之一者，無效：

一、不具備第九百八十二條之方式。

二、違反第九百八十三條規定。

三、違反第九百八十五條規定。但重婚之雙方當事人因善意且無過失信賴一方前婚姻消滅之兩願離婚登記或離婚確定判決而結婚者，不在此限。（民國96年5月23日公布）

舊民法第988條

結婚，有左列情形之一者，無效：

一、不具備第九百八十二條第一項之方式者。

二、違反第九百八十三條或第九百八十五條之規定者。

（民國96年5月23日修正前之舊法，依民法親屬編施行法第4條之1，於民國97年5月23日修正前重婚者，仍有適用）

案 例

> 甲男與乙女結婚後，因甲、乙之間感情不睦，甲想和乙離婚，甲遂經常對乙暴力相向，乙迫於無奈，只好簽下離婚協議書後，甲遂找其好友丙、丁在甲、乙離婚協議書上簽名當證人（丙、丁二人未親聞親見甲、乙雙方是否有真正離婚之意思），甲男持該離婚協議書向戶政機關，完成甲、乙離婚登記後，戊女信賴甲、乙確已離婚，故與甲男完成終身大事，試問：甲男與戊女之結婚是否有效？

一、思考焦點

　　甲男與戊女之結婚是否符合民法第988條第3款但書之規定？

二、問題論述

　　違反民法第982條（結婚形式要件）、第983條（禁止近親結婚）、第985條（重婚禁止）的規定，依照民法第988條的規定，婚姻無效，無效的意思，就是對任何人而言，這個婚姻從頭到尾都是無效的（自始、客觀無效），不需要等待法院判決才無效（當然無效），而且沒有復活變成有效的機會（確定無效），就跟沒有結過婚是一樣的。

　　鑑於釋字第362、552號解釋均肯認重婚有效的例外情況，而釋字第552解釋更明確指出，於重婚雙方當事人均屬善意無過失之情形，後婚仍爲有效，故此次增訂民法第988條第3款但書之規定，肯認於「但重婚之雙方當事人，因善意且無過失信賴一方前婚姻消滅之兩願離婚登記或離婚確定判決而結婚者，不在此限」情形，後婚仍爲有效。

三、案例結論

　　依照民國96年5月23日公布之增訂民法第988條第3款但書之規定：「但重婚之雙方當事人，因善意且無過失信賴一方前婚姻消滅之兩願離婚登記或離婚確定判決而結婚者，不在此限」。甲男與戊女之結婚，不生效力，因甲知道甲、乙離婚的證人丙、丁沒有親眼見到甲、乙表示離婚，不算民法第1050條規定的證人，所以甲明知甲、乙的離婚無效，甲並非善意，不符合民法第988條第3款但書之規定。

四、相關實例

甲男與乙女結婚後,甲男因搭機赴外經商,因不幸發生空難,經法院死亡宣告後,乙女和丙男結婚,十年後,甲男生還返家,並主張與乙女必須履行同居義務之訴,是否有理由?

五、重要判解

(一)法務部民國87年5月16日(87)法律字第018198號

要　　旨:撤銷死亡宣告及回復配偶姓名疑義。

主　　旨:關於王○娟女士撤銷死亡宣告及回復配偶姓名疑義乙案,復如說明,請查照參考。

說　　明:一復貴部86年12月26日台(86)內戶字第8607048號函。

　　　　　二案經轉准司法院秘書長87年5月12日(87)秘台廳民1字第09592號函略以:「一、……二、按撤銷死亡宣告之判決,係屬形成判決,有溯及既往之效力,一經確定,應視與自始未為死亡之宣告同。是以死亡宣告經判決確定撤銷後,原婚姻關係依前揭說明自應回復,惟依民事訴訟法第640條第1項但書之規定,於判決確定前,因信賴原宣告死亡判決所為之善意行為,並不因撤銷死亡宣告判決有溯及效力而受影響。以上意見,僅供參考。至於死亡宣告撤銷後,戶籍資料中配偶部分,應如何登記,則宜由權責機關參酌上開原則依法認定之。」

註:請一併研讀家事事件法第154條至第163條。

(二)最高法院93年度台上字第116號民事判決

司法院大法官會議釋字第362號解釋意旨,係指民法第988條第2款關於重婚無效之規定,未兼顧類似「前婚姻關係已因確定判決而消滅,第三人本於善意且無過失,信賴該判決而與前婚姻之一方相婚,該判決嗣後又經變更,致後婚姻成為重婚」之特殊情況,與憲法保障人民結婚自由權利之意旨未盡相符,應予檢討修正。在修正前,上開重婚無效之規定「對於前述因信賴確定判決而締結之婚姻部分」,應停止適用。該解釋並非指上開民法第988條第2款關於重婚無效之規定「對於類似前述因信賴確定判決而締結之婚姻部分」,應停止適用。原審認依前開大法官會議解釋,本件係類似前述因信賴確定判決而締結婚姻之情形,不適用民法第988條第2款規定,因而為上訴人不利之判決,其見解自有可議〔按:本件是協議離婚的證人,並沒有到場親自聽到、看到協議離婚的事實,因此沒有民法第1050條規定離婚的實質要件,因此離婚不成立,但是離婚的男方,以為自己已經真的離婚了,所以又和另外一個女人結婚,這個後婚的女方,也以為男方已經離婚了,才會和他結

婚，最高法院認為這種情形，不是司法院釋字第362號所講的「信賴確定判決」的情形，所以後婚仍然是重婚，依照民法第988條第2款的規定（新法第988條第3款本文），是無效的〕。

（三）行政院民國101年9月21日臺訴字第1010140411號

要　　旨：因朱○永君申請來臺團聚事件提起訴願。

事　　實：朱○永君係大陸地區人民，99年11月8日與訴願人在大陸地區結婚，朱○永君101年1月10日申請來臺團聚，原處分機關內政部以訴願人與朱○永君之婚姻，因重婚無效，乃依大陸地區人民進入臺灣地區許可辦法（以下簡稱進入許可辦法）第4條第1項及第15條第3項規定，以101年5月25日內授移服北市興字第1010910692號處分書予以駁回。訴願人不服，以其依規定在臺申請單身證明，才赴大陸地區與朱○永君登記結婚，嗣朱○永君申請來臺團聚，始知其與前妻王○君之婚姻仍存在，經訴請與王○君離婚，業經臺灣桃園地方法院（以下簡稱桃園地院）判決離婚，於100年12月8日確定，其將該判決書補送原處分機關，朱○永君仍遭否准來臺團聚，惟倘其前段婚姻仍有效存在，爲何得申請單身證明赴大陸地區結婚云云，提起訴願。

理　　由：按臺灣地區與大陸地區人民關係條例（以下簡稱兩岸人民關係條例）第52條第1項、第53條規定：「結婚或兩願離婚之方式及其他要件，依行爲地之規定。」、「夫妻之一方爲臺灣地區之人民，一方爲大陸地區人民者，其結婚或離婚之效力，依臺灣地區之法律。」兩岸人民關係條例第10條第3項授權訂定之進入許可辦法第4條第1項規定：「大陸地區人民爲臺灣地區人民之配偶，申請進入臺灣地區團聚，主管機關經審查後得核給一個月停留期間之許可……。」第15條第3項規定，大陸地區人民申請進入臺灣地區，應備申請文件不全，得補正者，應通知申請人於接到通知之翌日起二個月內補正，屆期不補正或補正不全者，駁回其申請；不能補正者，逕駁回其申請。次按民法第985條規定「有配偶者，不得重婚。一人不得同時與二人以上結婚。」第988條第3款規定「結婚有下列情形之一者，無效：……三、違反第985條規定。但重婚之雙方當事人因善意且無過失信賴一方前婚姻消滅之兩願離婚登記或離婚確定判決而結婚者，不在此限。」

查訴願人94年12月8日與王○君（大陸地區人民）在大陸地區結婚，在臺未辦理結婚登記，迨100年間向桃園地院請求判決離婚，經桃園地院以100年9月19日100年度婚字第156號民事判決准與王○君離婚，100年

12月8日判決確定，有財團法人海峽交流基金會驗證94年12月8日結婚公證書、戶籍謄本及上開桃園地院100年度婚字第156號民事判決影本附原處分卷可稽。訴願人與王○君婚姻存續期間，另與朱○永君於99年11月8日在大陸地區結婚，違反民法第985條不得重婚之規定，依同法第988條規定，重婚者，結婚無效。朱○永君以上述結婚文件申請進入臺灣地區，惟朱○永君結婚無效，朱○永君不具臺灣地區配偶身分，且無效婚姻屬不能補正事項，原處分機關不予許可朱○永君申請來臺團聚，揆諸首揭規定，並無不合。

又訴願人94年12月8日與王○君在大陸地區結婚，婚姻關係已成立，依96年5月23日修正前民法第982條規定，婚姻不以在臺辦理結婚登記始生結婚效力，訴願人明知與王○君之婚姻關係仍存續，卻向戶政事務所申請戶籍謄本，申辦單身證明，另與朱○永君在大陸地區結婚，婚姻自屬無效，所訴核不足採。原處分應予維持。

據上論結，本件訴願為無理由，爰依訴願法第79條第1項決定如主文。

（四）法務部民國101年9月26日法律決字第10100077750號

臺灣地區與大陸地區人民關係條例第52、53條及民法第985、988條等規定參照，倘大陸地區人民女子假冒他人身分與不知情臺灣地區人民男子結婚，如依行為地法已具備結婚形式及實質要件，雖假冒他人之名，如雙方本於自主意思且就當事人同一性彼此認識無誤，其婚姻應仍屬有效存在，又該女嗣後於婚姻關係存續中以真實姓名與另名臺灣地區人民男子結婚，如屬依法有效成立婚姻，則應屬重婚而無效。

（五）法務部民國102年12月4日法律字第10203513270號

涉外民事法律適用法第46條規定參照，我國國民與外籍人士於國外結婚，只要婚姻成立實質要件分別符合我國法律及該外國法律規定，而結婚方式符合當事人一方之本國法或舉行地法規定者，婚姻即為有效成立，又所謂婚姻成立實質要件依各該當事人本國法，於各不發生婚姻障礙而分別具備婚姻成立要件時，該婚姻始屬有效成立。

❖ 民法第988條之1

前條第三款但書之情形，前婚姻自後婚姻成立之日起視為消滅。

前婚姻視為消滅之效力，除法律另有規定外，準用離婚之效力。但剩餘財產已為分配或協議者，仍依原分配或協議定之，不得另行主張。

依第一項規定前婚姻視為消滅者，其剩餘財產差額之分配請求權，自請求權人

知有剩餘財產之差額時起，二年間不行使而消滅。自撤銷兩願離婚登記或廢棄離婚判決確定時起，逾五年者，亦同。

前婚姻依第一項規定視為消滅者，無過失之前婚配偶得向他方請求賠償。

前項情形，雖非財產上之損害，前婚配偶亦得請求賠償相當之金額。

前項請求權，不得讓與或繼承。但已依契約承諾或已起訴者，不在此限。

案 例

> 甲男與乙女結婚後，因甲、乙之間感情不睦，甲和乙簽下離婚協議書，在離婚協議書中並敘明夫妻剩餘財產分配事項，甲母遂找其好友丙、丁在甲、乙離婚協議書上簽名當證人，丙、丁二人如未親聞親見甲、乙離婚，則甲及乙二人協議離婚無效。（參照司法院26年院字1701號解釋及釋字552號前之最高院判決，並符合民法協議離婚之規定），甲男及乙女持該離婚協議書向戶證機關完成甲、乙離婚登記後，甲男與戊女均信賴甲、乙確已離婚，故甲與戊乃完成終身大事，乙女事後後悔先前與甲男在離婚協議書中之剩餘財產分配，乙女是否可具狀向法院請求重新主張與甲男之剩餘財產分配，法院是否應當允許？

一、思考焦點

甲和乙簽下離婚協議書，在離婚協議書中並敘明夫妻剩餘財產分配事項，乙女事後後悔剩餘財產分配之金額時，乙女是否可具狀向法院請求重新主張與甲男之剩餘財產分配，法院是否應當允許？

二、問題論述

本條係民國96年5月23日公布新增之條文，緣於因應司法院大法官會議釋字第362號及第552號，有關重婚之雙方當事人因善意且無過失信賴離婚確定判決及兩願協議離婚登記，而致前後婚姻關係同時存在時，為維護一夫一妻之婚姻制度，究應解消前婚姻或後婚姻，增訂本條規定。至於究應解消前婚姻或後婚姻，經審酌婚姻之本質重在夫妻共同生活，認前婚姻已無共同生活之事實，且前婚姻之夫妻雙方，曾達成離婚協議或一方請求裁判離婚，其婚姻已出現破綻，基於安定性之要求，認以維持後婚姻為宜，以符婚姻生活之本質。又由於後婚姻依民法第988條第

3款但書規定而有效時，前婚姻仍為有效，爰於本條第1項明定前婚姻自後婚姻成立時視為消滅。所稱「消滅」，乃向後發生效力，此係參酌臺灣地區與大陸地區人民關係條例第64條第2項規定。故前婚姻依本條第1項規定視為消滅，將涉及贍養費給與、對未成年子女權利義務之行使或負擔之酌定及夫妻剩餘財產分配等事項，爰於本條第2項規定前婚姻視為消滅之效力，除法律另有規定外，準用離婚之效力（參照民法第1055條「離婚夫妻對未成年子女權義之行使或負擔」、民法第1057條「贍養費之給與」、民法第1058條「財產之取回」等規定）。又所稱「法律另有規定」，係指本條第3項至第6項關於夫妻剩餘財產分配請求權之時效起算點以及前婚配偶之損害賠償請求權等規定。前婚姻自後婚姻成立時視為消滅，此時發生剩餘財產分配之問題，而應適用本法第1030條之1以下有關夫妻剩餘財產分配之規定。惟在後婚成立五年後，前婚之兩願離婚登記、離婚判決始被廢棄之情形，前婚配偶已逾本法第1030條之1第3項所定時效而不及行使權利，如仍適用其規定，顯有未當，爰於本條第3項明定剩餘財產分配請求權，自請求權人知有剩餘財產之差額時起，二年間不行使而消滅。自「撤銷兩願離婚登記或廢棄離婚判決確定」時起，逾五年者，亦同，以保障前婚配偶之權益，並兼顧安定性之要求。為貫徹一夫一妻制度，使前婚姻自後婚姻成立時視為消滅，此時前婚配偶可能受有財產及非財產上之損害，惟因後婚雙方當事人均為善意且無過失，故不能準用本法第1056條規定向有過失一方請求損害賠償，然為保障前婚配偶之權益，爰參酌第1056條規定，於本條第4項至第6項明定重婚配偶雖無過失，無過失之前婚配偶（如前婚配偶對於兩願離婚登記知有瑕疵，則非無過失）亦得向其請求賠償，以符合釋字第552號保障婚姻被解消者之意旨。

三、案例結論

甲和乙簽下離婚協議書，且在合法離婚協議書中並敘明夫妻剩餘財產分配事項，乙女事後後悔剩餘財產分配之金額時，依照民法第988條之1第2項但書規定，乙女不得具狀向法院請求重新主張與甲男之剩餘財產分配，法院亦不應允許之。

四、相關實例

甲男與乙女於96年8月1日結婚後，因甲、乙之間感情不睦，甲和乙於同年10月31日簽下離婚協議書，在離婚協議書中未敘明夫妻剩餘財產分配事項，甲母遂找其好友丙、丁在甲、乙離婚協議書上簽名當證人，但丙、丁二人並未親聞親見甲、乙雙方是否有真正離婚之意思（並未符合民法第988條第3款但書之規定），甲男及乙女持該離婚協議書向戶證機關完成甲、乙離婚登記後，甲男與戊女均因信賴甲、

乙確已離婚而結婚，乙女應於何時具狀向法院主張與甲男之剩餘財產分配？

五、重要判解

法務部民國100年1月24日法律決字第1000001155號

民法第988條之1規定無溯及適用之效力，於96年5月編修正前之重婚，倘前後婚關係同時存在，重婚之一方僅得依法向法院請求離婚，尚不得主張前婚姻自後婚姻成立之日起視為消滅（本函釋係強調民法親屬編施行法第1條之不溯及既往之規定）。

❖ 民法第989條

結婚違反第九百八十條之規定者，當事人或其法定代理人得向法院請求撤銷之。但當事人已達該條所定年齡或已懷胎者，不得請求撤銷。

案 例

> 甲男十七歲，與十五歲的乙女結婚，甲的父、母親反對，是不是可以向法院起訴請求撤銷甲、乙的婚姻？如果乙已經懷有甲的胎兒，是不是仍然可以撤銷？

一、思考焦點

男生未滿十八歲，女生未滿十六歲就結婚，是不是可以撤銷？在什麼情形下例外地不可以撤銷？

圖示：

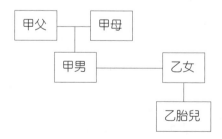

二、問題論述

民法第980條規定，男生不滿十八歲，女生不滿十六歲的話，就不可以結婚。

如果還是結婚了，雙方的父親、母親以及雙方當事人，都可以請求撤銷，請求撤銷不只是表達撤銷的意思而已，而是必須要請求法院用判決來撤銷婚姻，這是因為要撤銷一個婚姻，要非常地慎重，尤其是要注意，向法院起訴時，婚姻的當事人，如男生已經滿十八歲，而且女生已經滿十六歲時，婚姻當事人已經沒有年齡不足而不成熟的問題，或是女方已經懷胎了，如果撤銷婚姻，會製造非婚生子女，在這兩種情形之下，婚姻是不可以撤銷的，以免胎兒將來成為非婚生子女。惟立法院於110年1月13日修正本條文為「男女未滿十八歲者，不得結婚」，自112年1月1日生效施行。

三、案例結論

甲十七歲，乙女十五歲就結婚，因為兩人都還沒有達到民法第980條規定的最低結婚年齡，所以甲的父親、母親可以向法院請求撤銷甲、乙的婚姻，以免因為甲、乙的不成熟，造成往後婚姻的不幸福。但是如果在起訴之前，乙已經懷胎的話，依照同條但書規定是不可以撤銷甲、乙之間的婚姻。

四、相關實例

甲男十七歲，與十五歲的乙女結婚，甲的父親、母親反對，於是向法院起訴請求撤銷甲、乙的婚姻，但是在起訴之前，甲已經滿十八歲，而且乙也已經滿十六歲，是不是仍然可以請求法院撤銷？

五、重要判解

（一）最高法院29年渝上字第555號民事判決

結婚違反民法第980條之規定者，除當事人已達該條所定年齡或已懷胎者外，當事人或其法定代理人得向法院請求撤銷，此在民法第989條規定甚明，是未達結婚年齡人之結婚，雖曾得法定代理人之同意，當事人亦得請求撤銷。

（二）最高法院31年度民刑事庭會議決議

民法規定在某期間內，得向法院請求撤銷結婚者，如其向法院起訴，為此請求時，尚在期間之內，雖在言詞辯論中期間屆滿，亦不得據此駁回其訴。民法規定在某時期得向法院請求撤銷結婚者，其理亦同。故民法第989條所謂已達結婚年齡，同條及第990條（現行法已刪除）、第994條（現行法已刪除）所謂已懷胎，第992條（現行法已刪除）所謂前結婚關係消滅，均須請求撤銷結婚之訴提起時，其情形業已存在，撤銷權始為消滅。至起訴後發生此種情形者，其已行使之撤銷權，不因此而受影響。

❖ 民法第990條（刪除）

舊民法第990條

結婚違反第九百八十一條之規定者，法定代理人得向法院請求撤銷之。但自知悉其事實之日起，已逾六個月，或結婚後已逾一年，或已懷胎者，不得請求撤銷。

（民國19年12月26日之舊法）

❖ 民法第991條

結婚違反第九百八十四條之規定者，受監護人或其最近親屬得向法院請求撤銷之。但結婚已逾一年者，不得請求撤銷。

案　例

甲男、乙女委託丁男作為女兒丙的監護人，丁近水樓台，與丙情投意合，乃於民國92年10月1日和丙結婚，甲、乙是不是可以在民國93年9月1日向法院請求撤銷丙、丁之間的婚姻？

一、思考焦點

監護人和被他監護的人結婚，誰可以撤銷他們的婚姻？

圖示：

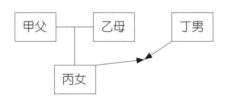

二、問題論述

（一）監護人與被監護人結婚的撤銷

民法第984條規定監護人不能夠和被他（她）監護的人結婚，是因為有需要被監護的人，本身思想不夠成熟，不適合讓他（她）太早決定自己的終生大事，以免影響畢生的幸福，但是如果還是結婚了，民法第991條規定受監護的人，還有他（她）的最近親屬，可以向法院請求撤銷婚姻，然而法律規定除斥期間是一年，結

婚一年時，就可以撤銷甲及乙二人婚姻關係。

民法第991條規定監護人與被他（她）監護的人結婚，是要向法院起訴，請求法院來撤銷這個婚姻，由法官來判斷撤銷是不是有道理，原因是，要是把一個婚姻撤銷掉，關係著結婚兩個人的終生幸福，需要非常謹慎小心，所以必須由法官來判斷撤銷是不是有理由，而不是把撤銷的意思表示向對方表達就夠了。

（二）最近親屬

一般來講，是和被監護的人親等最近的人，不一定是民法第1131條所規定親屬會議的成員。如果親等最近的人有兩個人以上，那麼每一位都有撤銷權。例如前面的例子中，和丙親等最近的人，是父親甲和母親乙，所以甲、乙、丙對於丙、丁之間的婚姻，都各自有撤銷權。

三、案例結論

甲、乙是丙的直系一親等尊親屬，因此是丙的最近親屬，而且甲、乙起訴也在一年的除斥期間以內，所以甲、乙可以請求法院撤銷丙、丁之間的婚姻。

四、相關實例

甲男、乙女委託丁男作為女兒丙的監護人，丙於民國92年10月1日和丁結婚後，覺得非常後悔，丙是不是可以在民國93年9月1日向法院起訴請求撤銷與丁之間的婚姻？

五、重要判解

司法院76年4月14日（76）廳民一字第2069號函

最近親屬，不論血親或姻親、直系或旁系均無不可。親屬以親等最近者為優先，如親等相同時，血親較姻親為近，直系較旁系為近。

❖ 民法第992條（刪除）

❖ 民法第993條（刪除）

❖ 民法第994條（刪除）

❖ 民法第995條

當事人之一方，於結婚時不能人道而不能治者，他方得向法院請求撤銷之。但

自知悉其不能治之時起已逾三年者，不得請求撤銷。

> 甲男與乙女結婚後半年，乙發現甲根本沒有辦法進行性行為，而且沒有辦法醫治，於是向法院起訴請求離婚，是不是有理由？

一、問題焦點

　　結婚雖然是以男女雙方的精神結合為中心，假如因為生理上的關係，在身體上沒有辦法結合，而且沒有辦法醫治，難免在彼此心理上造成很大的遺憾，而影響雙方的感情。但是男女常常在結婚之後，才能發現對方不能夠進行性行為（不能人道），這時依照後面所述的最高法院37年上字第7832號民事判決（例），並不算是民法第1052條第1項第7款所規定沒有辦法治療而且令人嫌惡的疾病（不治的惡疾），所以不能人道的另外一半，並不可以用1052條第1項第7款的規定，向法院起訴請求離婚，只能依照民法第995條的規定，向法院起訴，請求法院把婚姻撤銷掉，民法第995條並規定除斥期間是從知道自己的配偶不能進行性行為開始之後三年，因為夫妻結婚之後三年內沒有性生活，就代表配偶已經可以容忍這種婚姻，為了安定婚姻，法律就規定不可以再撤銷這個婚姻了。假如向法院起訴請求離婚，那麼應該要解釋成是要向法院起訴請求撤銷婚姻。

二、案例結論

　　乙於結婚後，在發現甲根本沒有辦法進行性行為之後三年以內，向法院起訴請求離婚，應該要解釋成是要請求法院撤銷和甲之間的婚姻，依照民法第995條的規定，是有理由的，法院應該要撤銷甲、乙之間的婚姻。

三、相關實例

　　甲男與乙女結婚當天晚上洞房花燭夜，乙就發現甲根本沒有辦法進行性行為，而且沒有辦法醫治，但是一直拖到結婚後三年半，乙才向法院起訴，請求撤銷和甲之間的婚姻，是不是有理由？

四、重要判解

最高法院29年渝上字第1913號民事判決（例）

　　夫妻之一方有不治之惡疾者，依民法第1052條第7款之規定，他方固得隨時請

求離婚，惟一方於結婚時不能人道而不能治者，非同條款所謂不治之惡疾，他方僅得依民法第995條於知悉其不能治之時起，三年內請求撤銷結婚。

❖ 民法第996條

當事人之一方，於結婚時係在無意識或精神錯亂中者，得於常態回復後六個月內向法院請求撤銷之。

案例

乙女戀愛失敗，受到很大的打擊，整天精神恍惚，別人講什麼話，只會呆呆的一直點頭，因此住進精神病院。乙的看護工甲男非常同情乙，照顧乙久了，對乙產生愛情，進而與乙結婚。但是乙和甲結婚當時，神智並不清楚，也沒有辦法瞭解結婚的意義是什麼，後來經過醫院仔細的治療，終於完全康復，康復後突然發現自己已經結婚了，驚訝之餘，不想和甲同居，自己一個人搬出去外面住了半年，無論甲怎麼規勸，也不肯回家與甲一起住，乙是不是有理由？

一、問題焦點

結婚時，若是處於沒有意識或是精神狀況混亂的情形下，結婚的男女，是不是可以拒絕承認這個婚姻，而且不履行夫妻應該要盡的義務？

二、問題論述

（一）無意識

完全沒有意思能力，而意思能力，又稱為識別能力，係指於精神上能判斷自己行為，將產生何種法律效果之能力。例如：睡夢中、泥醉中、疾病昏沉中。

（二）精神錯亂

精神的狀態不正常，即欠缺意思能力，例如：罹患精神病之後，仍然會對別人講話有反應，但是沒有辦法真正瞭解別人所講的意思，也沒有辦法很清楚表達自己的意思。參照民法第14條第1項之規定，對於因精神障礙或其他心智缺陷，致不能為意思表示或受意思表示，或不能辨識其意思表示之效果者，係與民法第996條規定之「無意識」或「精神錯亂」之意思同。

（三）無意識或精神錯亂結婚的撤銷

結婚時，若是處於沒有意識或是精神狀況混亂的情形下，這個婚姻並不是當然就沒有效力，結婚的男女，也不可以隨便就拒絕承認這個婚姻，而且不履行夫妻應該要盡的義務，而是要在回復正常意識狀態之後的六個月以內，向法院請求撤銷這個婚姻，否則這個婚姻還是有效的，在法院撤銷判決確定以前，婚姻還是有效的，結婚的男女雙方還是要忠實履行夫妻應該要盡的義務，例如：民法第1001條所規定的夫妻同居義務。

民法第996條規定，如果是在沒有意識或精神狀況混亂的情形下結婚，在精神回復以後六個月以內，可以請求法院來撤銷這個婚姻，由法官來判斷撤銷是不是有道理，原因是，要是把一個婚姻撤銷掉，關係著結婚兩個人的終生幸福，需要非常謹慎小心，所以必須由法官來判斷撤銷是不是有理由，而不是把撤銷的意思表示向對方表達就夠了。

民法第996條規定六個月的除斥期間，也是希望讓甲、乙儘早把心安定下來，好好來經營婚姻。

三、案例結論

乙結婚時，雖然是處於精神混亂的情形下，但是她的婚姻並不是當然就沒有效力，乙在回復正常意識狀態後六個月以內，並沒有向法院請求撤銷這個婚姻，所以她的婚姻還是有效的，所以仍然要履行夫妻同居的義務。

四、相關實例

乙女戀愛失敗，受到很大的打擊，因此住進精神病院。乙的看護工甲男非常同情乙，並且產生愛情，進而與乙結婚。乙康復後發現自己已經結婚了，就在康復的第二個月，向法院起訴請求撤銷和甲之間的婚姻，是不是有理由？

❖ 民法第997條

因被詐欺或被脅迫而結婚者，得於發見詐欺或脅迫終止後，六個月內向法院請求撤銷之。

案 例

甲男雖然出生在富貴之家，但是看起來呆呆的，每天都瘋瘋癲癲到處亂走，並且嘴角流著口水，他的父親說：那是這幾天被車撞到的緣故，醫生說過幾天就會好了等等的話，乙女因此相信了，以為真的是這樣，覺得甲家世背景不錯，而且體格很壯，不久之後就會恢復非常健康，因此就和甲結婚了，結果發現甲根本就是天生智能不足的重度智能障礙，乙就在發現之後的第二個月向法院起訴，請求撤銷和甲之間的婚姻，是不是有理由？

一、問題焦點

甲男的父親對乙女說：甲男之異常行為，係因這幾天被車撞到的緣故，醫生說過幾天就會好了等等的話，使乙女信以為真，甲男與乙女果真結婚，婚後乙女發現甲根本就是天生智能不足的重度智障，乙女在婚姻上，如何主張其權利？

二、問題論述

詐欺就是被人家欺騙的情形，不是一般人所講的欺騙感情，而是對於結婚有重要關係的事情，被人家欺騙，如果當事人知道事情的真相，就不會結婚了。例如：前面案例中所講乙的情形。脅迫就是別人表示如果不結婚，將會做出對他（她）很不利的事情，例如：甲男的父親向乙女表示，如果不和甲結婚，就要讓妳斷手斷腳等等的話，乙害怕被對手斷腳，不得已就和甲結婚了，乙就是受到脅迫而和甲結婚的。被詐欺或脅迫而結婚，婚姻不當然是無效的，而是被詐欺或脅迫的一方，可以在發現被詐欺或脅迫六個月之內，向法院起訴請求撤銷婚姻，這是因為婚姻牽涉到當事人的終生幸福，必須要謹慎的緣故，所以必須由法院來判斷撤銷婚姻是不是有理由。

民法第997條規定六個月的除斥期間，也是希望結婚的男女儘早把心安定下來，好好來經營婚姻。

三、案例結論

乙因為受到甲的父親的欺騙，就和甲結婚了，如果乙知道甲是重度智能殘障，就不會和甲結婚，乙在發現之後第二個月，就向法院起訴，請求撤銷和甲之間的婚姻，依照民法第997條的規定，是有理由的，法院應該要撤銷甲、乙之間的婚姻。

四、相關實例

　　甲男有癲癇病，大約每個月發作一次，並且已經被醫生用藥物控制了病情，甲和乙女結婚，並沒有向乙坦承自己有癲癇病症，乙是不是可以在發現甲有癲癇病之後六個月以內，向法院起訴，請求撤銷和甲之間的婚姻？如果甲有重度精神病，卻隱瞞沒有老實告訴乙，乙是不是可以在發現甲有重度精神病之後六個月以內，向法院起訴，請求法院撤銷和甲之間的婚姻？

五、重要判解

（一）最高法院69年度台上字第641號民事判決

　　婚姻係男女終身之結合，關於身體健康上之種種情事，諸如生殖能力、遺傳病、傳染病、精神病、精神耗弱、神經質（歇斯底里）等疾病之存在，均有告知對方之義務，使對方有衡量是否允婚之機會。如恐對方知其情事而不允婚，遂隱蔽其情使對方陷於錯誤而允婚者，即屬民法第997條之詐欺。

（二）最高法院70年台上字第880號民事判決（例）

　　身心健康為一般人選擇配偶之重要條件，倘配偶之一方患有精神病，時癒時發，必然影響婚姻生活，故在一般社會觀念上，應認有告知他方之義務，如果被上訴人將此項婚姻成立前已存在之痼疾隱瞞，致上訴人相信被上訴人精神正常，而與之結婚，即難謂上訴人非因被詐欺而為結婚。

（三）最高法院82年度台上字第2228號民事判決

　　被上訴人所患癲癇症，僅係腦部異常放電現象，並非精神病，且依長庚紀念醫院檢查結果，被上訴人除計算能力較差外，餘皆正常，腦波檢查亦正常，顯見被上訴人之癲癇症已有效控制。又被上訴人所患癲癇症，於病情十分嚴重，每天發作次數很多時，才會影響婚姻生活，且並無研究報告指出嚴重癲癇會影響生育能力，足見被上訴人癲癇症之病情，尚不足以影響婚姻生活。是縱被上訴人於婚前未具體告知上訴人病名，仍難謂上訴人係因被詐欺而結婚。

（四）最高法院92年度台上字第212號民事判決

　　所謂因被詐欺而結婚者，係指凡結婚當事人之一方，為達與他方結婚之目的，隱瞞其身體、健康或品德上某種缺陷，或身分、地位上某種條件之不備，以詐術使他方誤信自己無此缺陷或有此條件而與之結婚者而言。是所謂因被詐欺而結婚，仍須詐欺行為人之詐欺與被詐欺人之陷於錯誤，以及雙方之結婚，三者間有因果關係存在，始足成立。至於行為人單純未告知，與故意隱瞞病情之詐欺仍屬有間，自難援引比附。原判決認定被上訴人婚前未主動告知上訴人病史，係單純之沉默，難謂有詐欺之故意，於法自無不合，殊無牴觸本院70年台上字第880號民事判例所示之

情形。

（五）最高法院96年度台上字第1515號民事裁定

依民法第997條規定，得提起撤銷婚姻訴訟者，以被詐欺或脅迫而結婚之人爲限。該實行詐欺或脅迫行爲之結婚者或其他第三人，均不得依本條規定提起撤銷婚姻之訴。否則即非適格之當事人。且此項撤銷訴權屬身分上之專屬權，亦不得爲繼承之標的。

❖ 民法第998條

結婚撤銷之效力，不溯及既往。

案 例

> 乙女因爲受到甲父親的詐欺，就和甲男結婚了，法院撤銷甲、乙之間的婚姻，但是甲、乙已經生了小孩丙。請問：丙是不是私生子（非婚生子女）？

一、思考焦點

婚姻撤銷的效力，是不是溯及既往？

圖示：

二、問題論述

民法第114條第1項規定：「法律行爲經撤銷者，視爲自始無效」，意思就是法律行爲如果被撤銷，就跟從來沒有發生過這個法律行爲，是一樣的，但是這個民法總則的規定，並不能用於撤銷婚姻的情形，因爲男女結婚之後，會發生很多身分上及財產上的行爲，其中最重要的，是如果婚姻撤銷的效力，是跟沒有這個婚姻一樣，會造成這個婚姻所生的小孩，本來有爸爸及媽媽，因爲爸爸和媽媽之間的婚姻被撤銷，突然之間，就變成了私生子，影響小孩的利益很大，所以民法第998條就

規定，結婚撤銷的效力，是從撤銷時開始沒有效力，撤銷以前的那段婚姻，還是有效的（不溯及既往），嚴格地講，是要法院判決確定的時候，婚姻才開始沒有效力，這是民法第114條第1項規定的例外特別規定，因此在結婚撤銷的情形，應該要優先適用民法第998條。

三、案例結論

乙因為受到甲父親的詐欺，法院撤銷甲、乙之間的婚姻，但是甲、乙所生了小孩丙，仍然是婚生子女，因為撤銷婚姻的效力，是不溯及既往的。

四、相關實例

甲男娶了自己的親表妹（媽媽的妹妹的女兒）乙女，生了小孩丙。請問：丙是不是非婚生子女？

五、重要判解

（一）法務部民國101年11月21日法律字第10100154100號

修正前民法第985、992、998條及民法親屬編施行法第1條等規定參照，於74年民法修正施行前重婚，利害關係人得向法院訴請撤銷婚姻，且結婚撤銷效力不溯及既往，非婚姻無效，又婚姻經撤銷後與同一人再結婚時，仍須依法定要件辦理結婚後，始成立婚姻關係並辦理登記。

（二）臺灣高等法院102年度家上字第140號民事判決

按民國74年6月3日修正前之民法第982條規定，結婚，應有公開儀式及二人以上之證人；而參最高法院51年台上字第551號民事判例意旨，所謂結婚應有公開之儀式，指結婚之當事人應行定式之禮儀，使不特定人得以共聞共見其為結婚者以足，而二人以上之證人，只須有行為能力之人在場而願證明即可，不以證婚人為限；次按74年6月3日修正前同法第992條之規定，若有重婚，利害關係人得向法院請求撤銷之；同法第998條則規定結婚撤銷之效力，不溯及既往；故有配偶者重婚時，在後婚未經利害關係人請求法院撤銷前，不得否認後婚配偶之身分；本件雖於民國四十年間有重婚之事實，然該重婚符合行為時民法規定之法定要件，且未經利害關係人向法院訴請撤銷重婚，後婚仍屬有效。

❖ 民法第999條

當事人之一方，因結婚無效或被撤銷而受有損害者，得向他方請求賠償。但他方無過失者，不在此限。

前項情形，雖非財產上之損害，受害人亦得請求賠償相當之金額，但以受害人無過失者爲限。

前項請求權，不得讓與或繼承。但已依契約承諾或已起訴者，不在此限。

甲男不知道自己的父親脅迫乙女要乙女跟自己結婚，後來乙向法院起訴請求撤銷和甲之間的婚姻，並且要求賠償乙給甲的嫁妝禮品價值共新台幣50萬元，還有因為婚姻撤銷的關係，乙被附近鄰居、親戚朋友、同事指指點點的，精神上感到痛苦的慰撫金20萬元，乙總共要求甲賠償新台幣70萬元，有沒有理由？如果是甲自己脅迫乙，但是乙起訴要求甲賠償後，還沒有判決下來，乙就死了，甲是不是要賠給乙的繼承人？

一、思考焦點

結婚無效或被撤銷的情形，如果受到了損害，在什麼情形下可以向他方請求賠償？如果可以請求賠償，是不是只有受害者本人可以請求（一身專屬性）？

二、問題論述

（一）結婚無效

民法第988條規定結婚無效的情形，包括沒有具備民法第982條規定，結婚應以書面爲之，並有二人以上之證人簽名，且雙方當事人向戶政機關爲結婚之登記、違反民法第983條禁止近親結婚的規定、民法第985條規定有配偶的人重婚，以及一個人同時與二個以上的人結婚等等的情形。

另外，沒有結婚意思的虛僞結婚、弄錯結婚對象的婚姻（當事人同一性錯誤）、附有解除條件或終期的婚姻等等情形，都是屬於婚姻無效。

（二）撤銷婚姻

只限於法律規定可以撤銷的情形，包括：民法第989條所規定還沒有到結婚年齡就結婚的情形、民法第990條所規定未成年人沒有得到法定代理人的同意就結婚的情形、民法第991條所規定監護人與被監護人結婚的情形、民法第995條所規定結婚時不能人道而且不能治療的情形、民法第996條所規定無意識或精神錯亂中結婚的情形、民法第997條所規定被詐欺或脅迫而結婚的情形，總共有六種情形。

（三）結婚無效或撤銷婚姻的損害賠償

包括財產上受到損害的財產上損害賠償（民法第999條第1項），例如因爲結婚所給對象的聘金、嫁妝等等，以及精神上（非財產上）的損害賠償（民法第999條第2項），例如：因爲婚姻無效或撤銷婚姻，精神上感到相當痛苦的損害賠償（慰撫金）。但是必須要對方有過失，才可以請求財產上及非財產上的損害賠償，而請求非財產上的損害賠償，條件更是嚴格，必須要自己沒有過失才行。如果自己有過失，就不可以向對方請求非財產上的損害賠償，例如：甲男與乙女因皆開車，不愼發生車禍相撞而結識，進而相愛而結婚，但是乙婚後發現，甲因爲那次車禍受傷，和乙結婚時，已經沒有辦法進行性行爲，而且也沒有辦法治療，那次車禍的過失責任，甲、乙各有一半。後來乙向法院請求撤銷和甲之間的婚姻，那麼乙即使可以向甲請求嫁妝禮品價值的賠償（因爲甲有過失），也不能向甲請求賠償慰撫金，因爲乙對於婚姻被撤銷的原因，自己也有過失。

（四）損害賠償的一身專屬性

結婚無效和被撤銷，可以請求非財產上的損害賠償請求權，和受害人的精神、人格息息相關，因爲痛苦的是那個受害人，別人不能分擔他（她）的痛苦，所以除了受害人本人以外，別人不可以行使這個權利，但是如果受害人已經向法院起訴請求賠償，或是和加害人達成協議（契約），由加害人來賠償，就變成只是單純金錢的問題，和受害人的精神及人格，就不再那麼有關係了，這個時候，這個非財產上的損害賠償請求權，就跟一般的金錢債權一樣，可以轉讓給別人，也可以像一般的動產、不動產一樣，變成繼承的標的（民法第999條第3項）。

三、案例結論

甲不知道自己的父親脅迫乙要乙跟甲結婚，所以甲沒有過失，雖然後來乙向法院起訴請求撤銷和甲之間的婚姻，乙仍然不可以要求甲賠償嫁妝禮品及精神上感到痛苦的慰撫金。

如果是甲自己脅迫乙，這個婚姻之所以被撤銷，是甲有過失而乙沒有過失，乙就可以向甲請求賠償財產上的嫁妝損害，以及精神上遭受痛苦的慰撫金，其中慰撫金的權利，原則上不能轉讓或繼承，但是乙既然已經起訴，就變成只是金錢方面的問題，這時的慰撫金請求權，例外地是可以繼承的，所以甲仍然要賠給乙的繼承人。

四、相關實例

甲男明知自己已經有配偶，仍然和不知道甲已經有配偶的乙結婚，甲和乙重

婚，造成乙婚姻無效，乙是不是可以請求甲賠償結婚所付給甲的嫁妝禮品價值新台幣30萬元，以及精神上痛苦的慰撫金10萬元？

❖ 民法第999條之1

第一千零五十七條及第一千零五十八條之規定，於結婚無效時準用之。

第一千零五十五條、第一千零五十五條之一、第一千零五十五條之二、第一千零五十七條及第一千零五十八條之規定，於結婚經撤銷時準用之。

案例

> 　　甲男不知道自己的父親脅迫乙女，要乙女跟甲結婚，後來法院判決撤銷甲、乙之間的婚姻，但是甲、乙已經生了小孩，分別是丙三歲、丁一歲，乙本來每月會拿到甲所給的3萬元家庭生活費用，因為婚姻被撤銷，甲就沒有給乙了，乙因此生活相當的困難。請問：應該要由甲或乙行使對丙、丁的權利，並負擔對丙、丁的義務？乙是不是可以向甲請求支付每月新台幣1萬元的生活費？除了生活費以外，乙可不可說婚姻被撤銷以前，還是有效的時候，女主內，男主外，都是乙在負擔家務，所以甲在婚姻生活當中所增加的財產，也就是甲在婚姻還有效的時候，在外面工作賺錢的一半應該要分給乙（民法第1030條之1條剩餘財產分配請求權）？

一、思考焦點

　　結婚無效或撤銷婚姻後，婚姻中已經生的小孩，應該要由誰行使權利、負擔義務？一方因為婚姻被撤銷之後，生活變得很困難，是不是可以請求他方給付生活費（贍養費）？是不是可以請求剩餘財產的分配？

圖示：

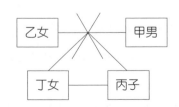

二、問題論述

民法第999條之1，須與家事事件法第3條第5項第1款：「戊類事件：一、因婚姻無效、撤銷或離婚之給與贍養費事件」，一併研讀。

（一）婚姻無效的準用規定

婚姻無效時，是從頭到尾根本沒有這個婚姻，本來彼此之間就沒有什麼權利義務關係，但是男女兩個人如果像夫妻一樣生活在一起（事實上的夫妻關係）一段時間，會發生很多身分上及財產上的關係，需要解決，依照民法第999條之1第1項的規定，對於婚姻無效沒有過失的一方，因為婚姻的無效，兩個人不再住在一起，而生活變得很困難的一方，不論對方有沒有過失，都可以請求生活費（民法第1057條贍養費），但是婚姻無效的男女如果生了小孩，仍然是非婚生子女，在成年以前，由母親行使權利及負擔義務（見民法第1084條至第1090條），除非經過父親認領，才會有爸爸（見民法第1065條第1項、第1067條），但是，即使經過父親認領，小孩的父親和母親之間，仍然沒有婚姻關係，小孩依然是非婚生子女，他（她）權利義務的行使及負擔，依照民法第1069條之1的規定，要準用民法第1055條及第1055條之1、第1055條之2的規定來決定人選。

（二）撤銷婚姻的準用規定

婚姻被撤銷時，因為撤銷的效力不溯及既往，與離婚相類似，所以也準用民法第1057條贍養費的規定，以及民法第1058條剩餘財產分配的規定，而且婚姻中所生的小孩是婚生子女，要準用民法第1055條至第1055條之2的規定，決定由誰行使、負擔對於小孩的權利及義務。

三、案例結論

甲男不知道自己的父親恐嚇乙女要乙跟甲結婚，後來法院判決撤銷甲、乙之間的婚姻，已經生了小孩丙三歲、丁一歲權利義務的行使及負擔，依照民法第999條之1第2項的規定，是要準用民法第1055條至第1055條之2的規定來決定人選，而乙因為婚姻被撤銷，生活相當困難，也可以依照民法第999條之1第2項準用的規定，向甲請求支付民法第1057條的贍養費，並且可以準用第1058條，向甲請求分配剩餘財產。

四、相關實例

甲男和乙女結婚以後，又和丙女結婚，並且和丙生下小孩丁，丁應該由誰來行使權利及負擔義務？

五、重要判解

（一）最高法院79年度台上字第1906號民事判決

結婚無效，乃結婚自始，當然、絕對、確定不生效力，並非經法院判決始歸無效。當事人間不發生身分關係，其所生子女為非婚生子女。原審以陳○○係於被上訴人與雲○○之婚姻經法院判決無效前所生出，應為被上訴人與雲○○之婚生子女，不因其父母之婚姻嗣後經法院判決無效而受影響云云，其法律上之見解尚有可議。

（二）法務部民國100年11月14日法律決字第1000017884號

要　　旨：參酌民法第1055、1089條等規定，未成年子女父母離婚後再婚，已辦理廢止未成年子女權利義務行使負擔登記，其權利義務行使或負擔原則由父母共同為之，嗣後父母第二次婚姻撤銷時，仍應由父母依協議由一方或雙方共同行使或負擔未成年子女之權利義務。

主　　旨：關於撤銷廢止未成年子女權利義務行使負擔登記乙案，復如說明參考。

說　　明：按民法第1055條第1項規定：「夫妻離婚者，對於未成年子女權利義務之行使或負擔，依協議由一方或雙方共同任之。未為協議或協議不成者，法院得依夫妻之一方、主管機關、社會福利機構或其他利害關係人之請求或依職權酌定之。」準此，夫妻關係因離婚而消滅，父母不再共同生活而須約定對於未成年子女親權之行使，以盡其對未成年子女保護教養之任務（戴炎輝、戴東雄、戴瑀如合著，親屬法，2010年9月，第262至264頁參照）。本件來函所詢未成年子女之父母離婚後再婚，已辦理廢止未成年子女權利義務行使負擔登記，故未成年子女權利義務之行使或負擔原則由父母共同為之（民法第1089條第1項規定參照）；嗣後父母第二次婚姻撤銷時，依民法第998條規定，婚姻撤銷之效力，不溯及既往，故撤銷前之婚姻仍屬有效。至撤銷後父母對於未成年子女權利義務之行使或負擔，依民法第999條之1第2項準用第1055條第1項規定仍應由父母依協議由一方或雙方共同行使或負擔未成年子女之權利義務。

第三節　婚姻之普通效力

```
　　　┬─ §1000夫妻之冠姓
　　　├─ §1001同居義務之履行與別居之正當理由
　　　├─ §1002婚姻住所之決定─原則由雙方共同協議，無法協議，推定夫妻共同戶籍地
婚　　│　　　　　　　　　　　　　為其住所
姻　　├─ §1003日常家務之代理─夫妻之一方濫用日常家務代理權時，他方得限制之。
之　　│　　　　　　　　　　　　　但不得對抗善意第三人
普　　├─ §1003-1I家庭生活費用之負擔（內部責任）
通　　│
效　　├─ §1003-1II家庭債務之清償責任（外部責任）
力　　│
　　　└─ 互負貞操義務─50台上2053判決（例）、大法官釋字第147號解釋
```

❖ 民法第1000條

夫妻各保有其本姓。但得書面約定以其本姓冠以配偶之姓，並向戶政機關登記。

冠姓之一方得隨時回復其本姓。但於同一婚姻關係存續中以一次為限。

案例

女子陳阿花與男子李二結婚後，和李二用白紙黑字（書面）約定要冠夫性，名字要變成「李陳阿花」，並且到戶政事務所辦理登記，後來因為和李二兩個人感情不好，回復了「陳阿花」的名字。之後，「陳阿花」為了表示與李二和好，又和李二第二次用書面約定要冠夫姓，並且又到戶政事務所登記名字為「李陳阿花」，但是兩個人感情時好時壞，某天兩人又吵架，「李陳阿花」一氣之下，又跑到戶政事務所說不想再冠夫姓，要登記回「陳阿花」的名字，戶政事務所是不是可以准她登記？

一、思考焦點

太太是不是可以冠夫姓？要具備哪些條件？如果冠夫姓以後又後悔，可以後悔幾次？

二、問題論述

我國傳統社會是男尊女卑，太太當然要冠上夫姓，以表示先生地位較高，先生入贅的，則冠太太的姓氏。因為兩性平等的觀念漸漸落實，而且太太在外面工作賺錢的情形很多，如果太太一定要冠夫姓，會在戶籍登記、身分證件及印章的使用上，都非常不方便，所以民法在民國87年6月17日修正為太太原則上不用冠夫姓，但是如果夫妻之間感情很好，太太想要冠夫姓，夫妻也可以用書面約定冠夫姓，再向戶政事務所辦理登記，在和同一個配偶婚姻關係（同一婚姻關係）還在的時候，冠夫姓的太太如果要回復本來的姓氏，隨時可以向戶政事務所辦理回復本姓，但是只能反悔一次，以免她的姓氏變來變去，對和她接觸的人造成困擾。

三、案例結論

在同一婚姻關係還在的時候，冠夫姓的太太如果要回復自己本來的姓氏，只能後悔一次，所以「李陳阿花」第二次要改回「陳阿花」的本姓，依照民法第1000條的規定，是不能准許的。

四、相關實例

女子陳阿花與男子李二結婚後，和李二用書面約定要冠夫性，名字要變成「李陳阿花」，並且到戶政事務所辦理登記，後來因為和李二兩個人感情不好，想要回復了「陳阿花」的名字，是不是可以准許？

五、重要判解

（一）法務部民國101年11月06日法律字第10100119090號

民法第1000、1002條等規定參照，現行民法親屬編既未區別招贅婚或普通婚，則當事人申請將原約定「招贅婚」改依現行婚姻制度申請修正登載文字，如基於尊重當事人權益，內政部擬予同意所請，法務部敬表同意。

（二）法務部民國102年09月06日法律決字第10203509470號

民法第1000條規定參照，夫妻得書面約定以其本姓冠以配偶之姓，並向戶政機關登記，故約定時間並不限於結婚時，又夫妻冠姓之涵義，妻僅得以其本姓冠以夫姓，但不得去己姓而從夫姓。

❖ 民法第1001條

夫妻互負同居之義務。但有不能同居之正當理由者，不在此限。

案　例

　　甲男與乙女結婚後就失業了，每天晚上都跑出去喝酒，每次喝酒回來就打乙出氣，乙已經忍受了半年，受不了就逃回娘家去了，甲因此向法院起訴要求乙回家一起住，是不是有理由？

一、思考焦點

　　夫妻有義務要住在一起，如果沒有正當理由故意不和配偶住在一起，甚至會成立離婚的理由（見民法第1052條第1項第5款的惡意離棄），但是在什麼情形下，可以有正當理由，而不用住在一起？

二、問題論述

　　民法第1001條（夫妻同居之義務），須與家事事件法第3條第5項第2款：「戊類事件：二、夫妻同居事件」，一併研讀。

　　夫妻共同經營感情生活，是精神上及身體上的結合，如果沒有住在一起，就和婚姻的本質有所違背。但是，因為各種因素的關係，夫妻也不是非要住在一起不可，例如：前面的例子所講的甲經常毆打妻子乙，一般人都沒有辦法忍受長期性的毆打，乙當然可以不用和甲住在一起。

三、案例結論

　　乙有正當理由可以不用和甲住在一起，所以甲起訴要求乙同居，是沒有理由的。

四、相關實例

　　甲男與乙女結婚後，甲的母親重視傳統觀念，對乙要求非常嚴格，不但要求乙做所有的家事，而且乙一旦出了一點小錯，就會罵她一整天，而且罵人所用的字眼非常難聽，夾雜著粗話，是一般人都沒有辦法忍受的，積年累月下來，出生書香世家、從小教養很好並且研究所畢業的乙，就受不了逃回娘家，那麼乙是不是有不和甲同居的正當理由？

五、重要判解

（一）最高法院32年上字第1411號民事判決

上訴人與被上訴人結婚時，雖未達結婚年齡，然在未經訴請法院判決撤銷其結婚以前，其夫妻關係仍屬存在，不得拒絕與被上訴人同居。

（二）最高法院49年台上字第990號民事判決

夫妻之一方於同居之訴判決確定或在訴訟上和解成立後，仍不履行同居義務，在此繼續狀態存在中，而又無不能同居之正當理由者，即與民法第1052條第5款所定之離婚要件相當，所謂夫婦互負同居之義務，乃指永久同居而言，要非妻偶爾一、二日或十數日住居夫之住所，即屬已盡同居之義務。

（三）最高法院92年度台上字第1356號民事判決

婚姻以夫妻之共同生活為目的，夫妻應以誠摯相愛為基礎，相互尊重、忍讓與諒解，共同建立和諧美滿幸福之家庭。倘其一方予他方以身體上或精神上不可忍受之痛苦，致無從繼續保持共同生活之圓滿、安全及幸福，而生婚姻之破綻，即屬不堪同居之虐待。又是否為夫妻間不堪同居之虐待，應自兩性平等之地位，維持人性之尊嚴，並斟酌當事人之地位、教育程度及其他情事而定之。

（四）最高法院106年度台簡抗字第112號民事裁定

按民法第1001條所謂「有不能同居之正當理由」，係指按其情形要求同居為不合理，或有不堪同居或不宜同居之事由而言，如不堪同居之虐待、納妾、正當旅行、服役等。至於談判離婚屬解決紛爭之過程，與是否有不能同居之正當事由無關。實務上，當事人聲請履行同居事件，目的在證明對造有違背同居義務之客觀事實，且有拒絕同居之主觀情事，自不生欠缺權利保護必要或違反誠信原則問題。

（五）最高法院111年度台上字第636號民事判決

夫妻互負同居及扶養之義務，除有不能同居之正當理由或不能同居一家受扶養之特殊情形外，原則上夫妻應於雙方共同協議之住所履行法定義務。則在義務消滅前，縱使住所為離家之一方所有，夫妻另一方為履行義務而居住於該住所，實為履行義務之必要行為，本質上仍非無權占有。

❖ 民法第1002條

夫妻之住所，由雙方共同協議之；未為協議或協議不成時，得聲請法院定之。

法院為前項裁定前，以夫妻共同戶籍地推定為其住所。

案 例

　　甲男與乙女，於民國100年1月1日結婚，結婚的時候，設立了共同住所於台北市，但婚後，因感情不好，乙女於民國102年8月1日搬回苗栗的娘家住，並且將其戶口一併遷回苗栗娘家中。甲則在同年8月5日搬回嘉義老家住，亦將其戶口遷回嘉義。民國102年8月6日乙女在臺灣苗栗地方起訴請求甲男履行夫妻同居之義務，甲男和乙女後來在訴訟中，成立和解，和解之內容為：「甲男願與乙女履行同居義務」，但卻沒有進一步約定，甲男應該在哪裡履行夫妻同居義務。成立和解之後，甲男與乙女還是沒有住在一起，乙女就在民國102年9月1日以甲男沒有履行夫妻同居義務、惡意遺棄為由，向臺灣苗栗地方法院起訴，請求離婚，經通知甲男到庭審理，甲抗辯：「臺灣苗栗地方法院家事法庭對於本案，沒有管轄權」云云。試問：甲之抗辯是否有理由？

一、思考焦點

　　夫妻的住所到底在哪裡，要怎麼樣來認定？

二、問題論述

　　民法第1002條（夫妻之住所），須與家事事件法第3條第5項第3款：「戊類事件：三、指定夫妻住所事件」，一併研讀。

（一）住所

　　民法第20條第1項規定：「依一定事實，足認以久住之意思，住於一定之地域者，即為設定其住所於該地」，意思就是，從一些外觀可以看得出來，一個人想要在一個地點一直住下去，那個人就把他的住所設定在那個地方。從哪些外觀，可以看得出來一個人想要在一個地點長期住下去？通常是用他的戶籍所在地、居住的情形、家人有沒有一起住、有沒有在那裡工作等等的外在事實，依照每一個案例的不同，來做判斷。戶籍地址並非認定住所之唯一標準。判斷一個人的住所到底在哪裡，在法律上有很重要的意義，因為法律把一個人的住所，當作是他權利及義務法律關係的中心，例如：一個人在他的住所找不到人，也不知道到底去哪裡了，持續一段時間，就算是「失蹤」，可以聲請法院宣告他已經死了（民法第8條）；又例如：如果要把發生一定法律效果的意思，表達給一個人知道（意思表示），而且沒有辦法跟那個人直接溝通（非對話意思表示），就要依照民法第95條的規定，把

意思表示傳送到他的地方（送達）才算數，而送達的處所，通常是以住所為準；再如：請求離婚及請求履行夫妻同居義務等等的訴訟，原則上只有夫妻住所地的法院，才有管轄權，別的法院不能去管這個訴訟（家事事件法第52條第1項第1款）。

（二）夫妻的住所

一個人的住所在哪裡，就如前面的說明。但是，如果是夫妻兩個人，他們的戶籍所在地、居住地、家人所在地、工作地點都不一樣的話，到底要怎麼樣來決定他們的住所？依照民法第1002條第1項的規定，夫妻的住所由夫妻雙方去約定，這樣才算是尊重當事人本人的決定，如果夫妻雙方沒有辦法約定好住所，或者根本沒有約定，那麼就可以聲請法院下一個裁定，去決定夫妻的住所。在法院的裁定確定以前，夫妻如果戶籍所在地相同的話，就以那個地點當作是夫妻的住所地。戶籍所在地、居住地、家人所在地、工作地點都不一樣的話，只好由法院考慮夫妻雙方的意思、先前曾經同居在哪裡、家人（尤其是兩人的小孩）主要是住在哪裡等等因素，來決定這對夫妻的住所，如果還是沒有辦法來決定，這對夫妻共同的住所到底在哪裡，舊實務見解認為只好認定兩個人各有各的住所，兩個人的住所所在地法院，對於兩個人離婚的訴訟，都各自有管轄權（臺灣高等法院暨所屬法院89年法律座談會審查意見），但晚近最高法院認為，夫妻的住所是夫妻「共同」的住所，如果法院認定甲、乙共同的住所不在苗栗，苗栗地方法院並無管轄權（最高法院95年度台抗第546號民事裁定，95年度台抗字第595號民事裁定），應以新實務見解為準。

三、案例結論

如果甲與乙的戶籍所在地、居住地、家人所在地、工作地點都不一樣，而且法院也沒有辦法從夫妻雙方的意思、先前曾經同居在哪裡、家人（尤其是兩人的小孩）主要是住在哪裡等等因素，來決定甲、乙的共同住所，只好認定兩個人在中華民國無共同住所或共同住所不明，依家事事件法第52條第1項第1款規定，由被告甲之住所地嘉義地方法院家事法庭對本案有管轄權，而原告乙之住所地苗栗地方法院家事法庭對本案亦有管轄權，故甲抗辯：「苗栗地方法院家事法庭對於本案，沒有管轄權」云云，顯無理由。

四、相關實例

甲、乙為夫妻，甲之戶籍在桃園縣、乙之戶籍在雲林縣，二人並分別在戶籍所在地居住，甲在桃園地方法院訴請乙應與甲履行同居義務，乙則抗辯臺灣桃園地方法院並沒有管轄權，請問：桃園地方法院應該要如何處理？

五、重要判解

（一）司法院大法官釋字第452號解釋

民法第1002條規定，妻以夫之住所為住所，贅夫以妻之住所為住所。但約定夫以妻之住所為住所，或妻以贅夫之住所為住所者，從其約定。本條但書規定，雖賦予夫妻雙方約定住所之機會，惟如夫或贅夫之妻拒絕為約定或雙方協議不成時，即須以其一方設定之住所為住所。上開法律未能兼顧他方選擇住所及具體個案之特殊情況，與憲法上平等及比例原則尚有未符，應自本解釋公布之日起，至遲於屆滿一年時失其效力。又夫妻住所之設定與夫妻應履行同居之義務尚有不同，住所乃決定各項法律效力之中心地，非民法所定履行同居義務之唯一處所。夫妻縱未設定住所，仍應以永久共同生活為目的，而互負履行同居之義務，要屬當然（解釋日期：民國87年4月10日）。

（二）臺灣高等法院暨所屬法院88年法律座談會

甲、乙為夫妻，甲之戶籍在桃園縣、乙之戶籍在雲林縣，二人並分別在戶籍所在地居住，甲在桃園地方法院訴請乙應與甲履行同居，乙抗辯該法院無管轄權，請問應如何處理？審查意見：民法第1002條所規定之夫妻住所，參照憲法第10條保障人民居住自由及大法官會議釋字452號解釋之意旨，應認夫妻住所非必以約定一個為必要，亦即夫妻雙方得協議各有其住所，而「協議」並不以明示為限，即默示之協議亦可；甲男乙女結婚後既未協議共同之住所而各保有其住所，自可認其已默示協議各自之住所，因此，夫妻住所地既不同一，各住所地法院均有管轄權，乙抗辯該法院無管轄權，自不能成立。

（三）最高法院93年度台抗字第393號民事裁定

依一定之事實，足認以久住之意思，住於一定之區域者，即為設定其住所於該地，為民法第20條所明定，是我國民法關於住所之設定，兼採主觀主義及客觀主義之精神，必須主觀上有久住一定區域之意思，客觀上有住於一定區域之事實，該一定之區域始為住所，故住所並不以登記為要件。又戶籍法為戶籍登記之行政管理規定，戶籍地址乃係依戶籍法所為登記之事項，戶籍地址並非為認定住所之唯一標準。

（四）最高法院95年度台抗字第546號民事裁定、95年度台抗字第595號民事裁定

按民事訴訟法第568條第1項前段規定，婚姻無效或撤銷婚姻，與確認婚姻成立或不成立及離婚或夫妻同居之訴，專屬夫妻之住所地或夫、妻死亡時住所地之法院管轄。該條項所稱之「專屬夫妻之住所地」，係指專屬夫妻「共同」住所地之法

院而言，此觀該條項文字未規定爲「專屬夫或妻之住所地」或「專屬夫、妻之住所地」，及該條項於75年修正時，特揭櫫「依民法第20條第2項『一人不得同時有兩住所』之規定，夫妻住所必屬同一，亦即夫之住所即爲妻之住所或妻之住所即爲夫之住所，爰將第1項『專屬夫或贅夫之妻之住所地或其死亡時住所地』修正爲『專屬夫妻之住所地或夫、妻死亡時住所地』」爲其立法理由，並參照民法第1002條「夫妻之住所，由雙方共同協議之；未爲協議或協議不成時，得聲請法院定之。法院爲前項裁定前，以夫妻共同戶籍地推定爲其住所」之規定暨司法院大法官會議釋字第452號解釋之意旨自明。

（五）福建高等法院金門分院96年度抗字第2號民事裁定

民事訴訟法第568條第1項及民法第1002條分別規定，離婚之訴，專屬夫妻之住所地或夫、妻死亡時住所地之法院管轄。但訴之原因事實發生於夫或妻之居所地者，得由各該居所地之法院管轄；乃因夫妻之住所係夫妻生活之重心，由該住所地之法院管轄，便於就近調查及審判之故。若兩造當事人住所非同，又欲提離婚之訴，應審酌離婚之訴之原因事實發生於夫或妻何人之居所地而定之。

（六）臺灣高等法院暨所屬法院97年法律座談會民事類提案第38號

法律問題：有關民事訴訟法第568條第1項之「專屬夫妻」之住所地，究應指專屬夫妻「共同」之住所地，抑或「夫或妻」之住所地？

討論意見：

甲說：夫妻共同住所地。

民事訴訟法第568條第1項前段規定所稱之「專屬夫妻之住所地」，係指專屬夫妻「共同」住所地之法院而言，此觀該條項文字未規定爲「專屬夫或妻之住所地」或「專屬夫、妻之住所地」，及該條項於民國75年修正時，特揭櫫「依民法第20條第2項『一人不得同時有兩住所』之規定，夫妻住所必屬同一，亦即夫之住所即爲妻之住所或妻之住所即爲夫之住所，爰將第1項『專屬夫或贅夫之妻之住所地或其死亡時住所地』修正爲『專屬夫妻之住所地或夫、妻死亡時住所地』」爲其立法理由，並參照民法第1002條「夫妻之住所，由雙方共同協議之；未爲協議或協議不成時，得聲請法院定之。法院爲前項裁定前，以夫妻共同戶籍地推定爲其住所」之規定暨司法院大法官會議釋字第452號解釋之意旨自明（最高法院95年度台抗字第595號民事裁定意旨參照）。

乙說：夫或妻住所地。

按民法第20條第1項規定：「依一定之事實，足認以久住之意思，住於一定地域者，即爲設定住所於該地。」換言之，個人意思決定爲住所設立之要件。且大法官會議釋字第452號解釋解釋理由書謂：「……人民有居住之自由，乃指人民有

選擇其住所之自主權。……」，故縱然夫妻於法律上應互負同居義務，但夫妻之住所不必同一，其各自住所不同，並無不可（臺灣高等法院94年度家抗字第251號裁定）。另相類似判決及法律座談會有（澎湖地方法院87年度婚字第13號判決、88年法律座談會彙編第93-97、98-106、107-109頁、89年法律座談會彙編179-196頁）。

初步研討結果：採甲說。

審查意見：增列丙說。採丙說。

　　丙說：折衷說。

　　如夫妻有共同之住所地，則民事訴訟法第568條第1項之「專屬夫妻」之住所地，即指該夫妻之共同住所地。如夫妻無共同之住所地，則夫或妻之住所地，均屬該條所指之住所地。

研討結果：決議就甲說、乙說及審查意見交付表決。

經付表決結果：實到66人，採甲說1票，採乙說2票，採審查意見52票。

❖ 民法第1003條

　　夫妻於日常家務，互爲代理人。

　　夫妻之一方濫用前項代理權時，他方得限制之。但不得對抗善意第三人。

　　甲男與乙女是夫妻，兩個人都是高中老師，都是白手起家，積蓄也不多。甲用結婚以前的積蓄，買了一棟新台幣500萬元的房子，買了之後，發現到處漏水，於是甲就向出賣人也就是建築商解除契約，要求把新台幣500萬元退還給他。某一天，甲下班還沒有回家，建商就到甲的家，要和甲談和解，希望甲做一些讓步，乙就用甲的名義，代理甲與建商達成和解，和解內容是建商只要還給甲新台幣300萬元就好了，乙並且在和解書上面，註明是甲的代理人，並且簽了自己的名字，那麼這個和解契約，是不是對甲發生效力？

一、思考焦點

　　夫妻既然是一體的，那麼夫妻什麼時候可以作爲對方的代理人？什麼時候不可以？如果其中一方濫用他（她）的代理權的時候，應該怎麼辦？

二、問題論述

（一）代理

民法第103條規定：「代理人於代理權限內，以本人名義所爲之意思表示，直接對本人發生效力」。代理的意思，就是用別人（本人）的名義，與第三人做成法律行爲，而且這個法律行爲的效果，是存在於第三人與本人之間，而不是代理人與第三人之間。例如：甲代理乙去向丙買一輛車，是乙向丙買車，而不是甲向丙買車，因爲甲是用乙的名義去買的。

（二）夫妻的相互代理

夫妻結婚之後，相互結合成一體，並且夫妻有義務要和配偶住在一起（夫妻同居之義務），因此很多生活上的事情，法律規定當然可以互相代理，不用另外再去授權，以求方便。但是，也僅僅限於「日常家務」，也就是因爲共同生活在同一個屋簷下，所發生的食、衣、住、行、育、樂、醫療等等法律行爲，才可以互相代理，就實際發生的個案而言，還是要看這對夫妻的社會地位、職業、財產、收入、所在地區、身處的時、空環境等等因素，而有不同，超過這個範圍的話，夫妻就沒有相互代理的權利。

（三）代理權的濫用

夫妻就日常家務，相互有代理權，如同前面所述。如果夫妻的一方，濫用這個權利，例如：一個家庭只有二十坪，年收入僅僅新台幣50萬元，主婦卻到傢俱大賣場，用先生的名義，一口氣買下所有的傢俱，雖然購買傢俱屬於日常生活「住」的範圍，但是那個主婦，卻屬於代理權的濫用，她的先生可以限制她的代理權（民法第1003條第2項）。如果傢俱大賣場不知道主婦的代理權是受到限制的，那麼先生對那個主婦日常家務代理權的限制，就不可以對抗和那個主婦從事交易行爲的第三人（善意第三人），就是不能夠向那個第三人主張主婦的代理權是受到限制的，這時先生就必須負起代理行爲本人的責任，要承認他已經買下了那個傢俱大賣場裡面所有的傢俱，也要付所有的購買費用。

三、案例結論

從甲、乙高中老師的身分，以及積蓄不多的情形來看，與建商達成高達數百萬元的和解，並不是屬於「日常家務」的範圍，因此乙沒有代理甲的權利，乙用甲的名義，代理甲與建商達成和解，當然不能夠對甲發生效力，乙是屬於無權代理（民法第170條）。

四、相關實例

　　甲男與乙女是夫妻，沒有生小孩，兩個人都是公務人員，收入穩定，家中也沒有負債或重大的開支。乙覺得每天上班工作太辛苦，想投資股票賺錢，趁甲不在家的時候，把甲的土地所有權狀及印鑑章，拿到地政事務所設定抵押權給丙女，丙也因此借了新台幣300萬元給乙，請問：乙代理甲設定抵押權給丙的行為，是不是有效？

五、重要判解

（一）最高法院36年上字第5356號民事判決

　　妻處分其夫之不動產，通常固不屬於民法第1003條第1項，所謂日常家務之範圍，惟其夫應負擔家庭生活費用而在淪陷期間僑居海外者，關於支付家庭生活之必要行為，不得謂非日常家務，如依其情形，妻非處分其夫之不動產不能維持家庭生活，而又不及待其夫之授權者，其處分不動產，自屬關於支付家庭生活費用之必要行為，應解為包括於日常家務之內。

（二）最高法院89年度台上字2596號民事判決

　　有權申請印鑑證明未必有權為借貸及設定抵押權行為，二者性質不同，借貸及設定抵押權行為並非夫妻日常家務之範疇，自無民法第1003條規定之適用。

（三）臺北地方法院98年度訴字第1116號刑事判決

　　兩造於系爭保約簽訂當時為夫妻，雖民法第1003條第1項規定，夫妻於日常家務，互為代理人，然所謂日常家務，係指夫妻共同生活通常必要之一切事項。至於向保險人申請終止保險契約，應認已經逾越通常家務代理之事項，且依保險人於保險契約說明處亦未將夫妻間委託他方代辦變更保險契約排除適用，何況當時兩造已分居，而無共同生活之事實，故以離婚配偶之印章而行上述申請終止保約事宜已涉偽造文書等罪。

（四）法務部民國99年11月29日法律決字第0999045178號

　　依公務人員資遣給與辦法第4條填送資遣事實表，非日常家務行為，無民法第1003條規定之適用。被資遣人配偶簽名出具之同意書是否為代理填送，須視被資遣人有無授予代理權而定。

（五）最高法院110年度台上字第1145號民事判決

　　夫妻因婚姻而形成生活共同體，為實現共同生活，所衍生夫妻一方對於他方事業之協力義務之履行，除另有協議外，仍應於適當範圍內且係為他方之利益而為之。且夫妻於日常家務互為代理人，所稱之日常家務，係指一般家庭日常所處理之事項而言。

❖ 民法第1003條之1

家庭生活費用，除法律或契約另有約定外，由夫妻各依其經濟能力、家事勞動或其他情事分擔之。

因前項費用所生之債務，由夫妻負連帶責任。

案 例

甲男及乙女是夫妻，甲出外工作，每月賺取新台幣10萬元，支付甲、乙還有小孩的生活費及房屋貸款，乙則在家裡面料理家務、帶小孩，非常辛苦。有一天，甲、乙吵架，甲脫口而出說：「這個家還有我們的小孩，都是我在養，妳都沒有出一毛錢，說話還敢這樣大聲」等等的話，甲這樣說，在法律上是不是對的？另外，有一天乙去附近雜貨店買雞蛋及罐頭回家煮飯，但是身上的錢沒有帶夠，就跟老闆說暫時先欠著，等我先生回來再給你。雜貨店老闆看到甲下班開車回來，就跑過去跟甲要這筆錢，甲是不是有義務要給雜貨店老闆？

一、思考焦點

夫妻共同經營家庭，在夫妻相互之間，家庭生活費用要怎麼樣分擔？在對外關係方面，因為家庭生活費用的需要，而對外負了債務，應該由夫或妻來負責清償？

二、問題論述

民法第1003條之1（家庭生活費用之分擔），須與家事事件法第3條第5項第5款：「戊類事件：五、給付家庭生活費用事件」，一併研讀。

（一）家庭生活費用

包括一切家計上需要的費用，包括租房子住、夫妻的生活費、小孩的養育費用、保姆費、學費、補習費、夫妻及小孩的衣服費用、醫藥費、娛樂費、家園的整理及栽種植物、訂閱報紙雜誌、房子的修理、裝潢、家用車輛的保養等等，範圍比「日常家務」還要廣，只要是維持一個家庭所需要的，不見得是每天或常常遇到的費用，都算在內。

（二）家庭生活費用的分擔

夫妻可以約定家庭生活費用要怎麼去分擔，先生願意付出比較多，或太太願意

付出比較多，都是可以依照他們的自由意願，因為婚姻本來就是以感情為基礎，不應該斤斤計較。但是如果沒有約定好，不見得一定是一人分擔一半，如果其中先生比較有錢，或太太比較有錢，那麼應該要多分擔一些（依其經濟能力），而且分擔家庭生活費用，不見得一定要出錢，出力也算，例如：做家事洗碗、打掃家庭環境、買菜、做菜、洗滌碗盤、帶小孩，這些勞力，如果請別人來做，都是可以換算成金錢的，所以也可以用「操持家務」來分擔家庭生活費用（家事勞動）。總之，要考慮到一對夫妻的具體情形，和這個婚姻的各種層面（其他情事），來決定誰應該分擔多少。

　　如果因為家庭生活上的需要，而對外購買一些東西，例如：前面案例的例子中，所講的購買做菜用的雞蛋及罐頭，或購買一些服務，例如：請家教來教小孩英文，因此所產生的費用，應該要由夫妻負連帶責任，因為這個費用，本來就是因為夫妻共同生活而產生的，夫妻是一體的，到底是誰需要這個東西或服務，不容易區分，而且和夫妻交易的第三人，也不容易看出來到底是夫要的，還是妻要的，所以夫妻對這個費用，就應該要負連帶責任，連帶責任的意思，是和夫妻交易的第三人，可以向夫或妻其中的一個人，或同時向夫、妻兩個人，同時或先後分開幾次，請求支付這筆費用的全部或其中一部分（民法第272、273條）。

三、案例結論

　　乙在家裡面料理家務，雖然沒有出錢，也算是用「操持家務」來支付家庭生活費用，甲說乙對這個家都沒有出一毛錢等等的話，在法律上是不對的。另外，乙去附近雜貨店買雞蛋及罐頭回家煮飯，是家庭生活費用所產生的債務，雖然是乙一個人去消費，但是應該要由甲、乙二人負連帶責任，所以雜貨店老闆可以向甲要這筆錢。

四、相關實例

　　甲男及乙女是夫妻，乙固定去附近的洗衣店洗甲、乙二人的衣服，有一天乙身上的錢沒有帶夠，就跟老闆說暫時先欠著，等我先生回來再給你。洗衣店老闆就去跟甲要這筆錢，甲是不是有義務要給？

五、重要判解

（一）民國100年第6期民事業務研究會（消費者債務清理專題）第13號

法律問題：具固定薪資收入之債務人，以其薪資全數償還銀行為條件而與金融機構協商成立後，嗣依消債條例第151條第5項（修法後為第7項）但書規定

聲請更生，可否得以債務人之生活費由有資力之配偶負擔，而認定履行顯有重大困難（修法後為履行有困難）？

討論意見：

甲說：肯定說。

按夫妻互負扶養之義務，其負扶養義務之順序與直系血親卑親屬同，其受扶養權利之順序與直系血親尊親屬同，民法第1116條之1定有明文。夫妻互受扶養權利之順序，既與直系血親尊親屬同，自不以無謀生能力為必要，惟仍應受不能維持生活之限制，而所謂「不能維持生活」，係指受扶養義務人之財力不足以維持生活而言。若聲請人之財產有可清償其債務之可能，或足以支付協商時之金額，應視無不能清償之虞，即債務人之生活支出應可由有資力之配偶負擔，夫妻間既有互負扶養之義務，即債務人不得以其收入扣除生活所需費用後，致履行顯有重大困難之事由聲請更生。

乙說：否定說。

查消債條例之立法意旨乃在於債務人於更生履行期間盡力工作，將其自身所得之一部用以提出更生方案，謀求債務人經濟生活之更生，故債務人之配偶、子女並無義務協助還款；再者，民法第1117條規定，受扶養之要件以不能維持生活，而無謀生能力者為限，又雖法有明文規定於直系血親尊親屬，不受無謀生能力之限制，但仍有「不能維持生活」之要件，倘債務人仍有固定工作、薪資收入，

依前開法律規定，其配偶、子女並無給付扶養費之養務，若債務人扣除該基本生活費用後顯無償還協商金額時，則非謂無履行顯有重大困難之情，債務人之更生方案以其自身最大清償能力而提出，可認公允。

初步研討結果：採甲說。

司法院民事廳消費者債務清理法律問題研審小組意見：

債務人與最大債權金融機構協商成立後，主張有消債條例第151條第7項但書之事由，法院應以其本人之財產、收入、勞力及信用而認定其清償能力。債務人有配偶者，依民法第1003條之1第1項、第1115條第3項規定，家庭生活費用及子女扶養費均應依雙方之經濟能力分擔，法院應斟酌債務人及其配偶之財產、收入、負債等情狀，酌定雙方各自應分擔之部分。經濟能力較高者，應分擔較高之家庭生活費用及子女扶養費，甚或全額由其負擔。法院應就債務人之財產及收入扣除其應分擔之家庭生活費用及子女扶養費後，據以認定其履行能力（100年消費者債務清理條例法律問題臨時提案第5號法律問題研審小組意見參照）。債務人有固定收入，非不能維持生活，其必要生活費用，除配偶同意負擔外，依民法第1117條第1項規定，不得要求以配偶收入負擔，此部分費用應於債務人清償能力中予以扣除。另修正

消債條例於101年1月6日生效施行，增訂第151條第8項：第75條第2項規定，於前項但書情形準用之。故債務人僅須證明其可處分所得扣除自己及依法應受其扶養者所必要生活費用之餘額，連續三個月低於債務清償方案應清償之金額，即可推定有「因不可歸責於己之事由，致履行有困難」之情形，附此說明。本題屬事實認定問題，宜依個案具體事實認定之。

（二）最高法院104年度台上字第143號民事判決

按修正後民法第1003條之1規定，並無溯及既往效力，故在91年6月26日前之家庭生活費用，原則上由夫負擔，夫無支付能力時，始由妻就其財產之全部負擔之。次按剩餘財產分配案件中，法院倘未就生活費用於民法親屬編修正後，區分不同之法規定而適用，而此已影響當事人所爭執剩餘財產金額之給付範圍者，判決即有不當。

（三）最高法院104年度台上字第233號民事判決

按民法第1003條之1第1項規定，家庭生活費用，除法律或契約另有約定外，由夫妻各依其經濟能力、家事勞動或其他情事分擔之；未合理分擔家庭生活費用，及無從知悉夫妻所得財產狀況，均為兩造婚姻發生破綻之原因，則可歸責程度尤滋疑義。如就兩造婚姻發生破綻雙方可歸責之事由及程度未詳予究明，自有未洽。

（四）最高法院104年度台上字第1398號民事判決

所謂事實上夫妻，係指男女共同生活雖欠缺婚姻要件，但有以發生夫妻身分關係之意思，且對外以夫妻形式經營婚姻共同生活之結合關係，而得以類推適用夫妻身分上及財產上法律關係之規定。

（五）最高法院106年度台上字第1664號民事判決

本件兩造間縱有事實上夫妻關係，而得以類推適用婚姻普通效力規定，惟何以兩造共同生活期間所支出之日常生活費用，應由兩造各分擔二分之一，上訴人之系爭委任報酬因此早已花用完畢？本院前次發回意旨業已指明。原審仍未遑研求明晰，遽認上訴人之系爭委任報酬已因負擔二分之一共同生活費用而花用殆盡，而為其不利之判決，自非適法。上訴論旨，指摘原判決違背法令，求予廢棄，非無理由。

（六）最高法院110年度台上字第202號民事判決

家庭生活費用，除法律或契約另有約定外，由夫妻各依其經濟能力、家事勞動或其他情事分擔之。所謂家庭生活費用，係指維繫家庭成員生活而支出符合其身分地位所需之一切費用，舉凡購買食品、衣物、日常生活用品、醫療費、交通費及教育費用等均屬之。

（七）最高法院111年度台上字第567號民事判決

按民法第1003條之1規定，家庭生活費用，除法律或契約另有約定外，由夫妻

各依其經濟能力、家事勞動或其他情事分擔之。妻有正當理由而與夫分居時,妻之生活費仍屬家庭生活費之一部,應依前開規定,定夫妻間之分擔,與法定扶養義務尚有不同。

(八)最高法院111年度台簡抗字第171號民事裁定

民法第1003條之1第1項規定,家庭生活費用,除法律或契約另有約定外,由夫妻各依其經濟能力、家事勞動或其他情事分擔之。婚姻關係存續中,倘夫妻分居係因一方破壞家庭生活共同體,而具可歸責之事由,他方仍得依該規定請求分擔家庭生活費用。究雙方之分居是否具可歸責之事由?原審未詳調查,遽以一方於分居期間之生活支出非屬家庭生活費用,不論另一方就分居是否可歸責,均不得依該規定為請求,遂為不利之裁定,自有未合。

第四節　夫妻財產制

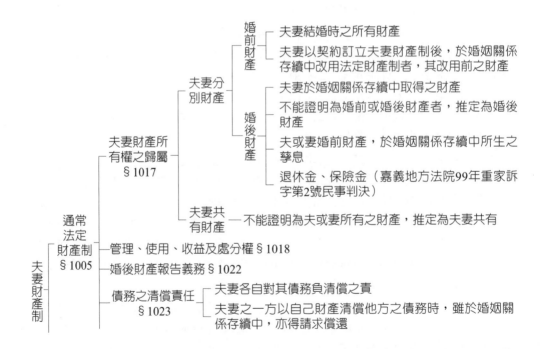

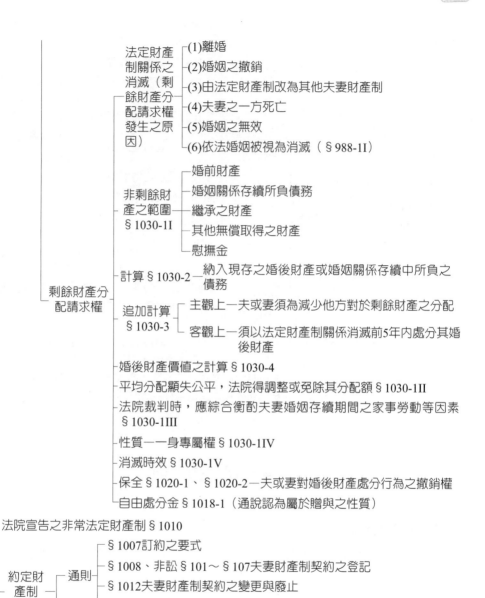

法定財產
制關係之
消滅（剩
餘財產分
配請求權
發生之原
因）
— (1)離婚
— (2)婚姻之撤銷
— (3)由法定財產制改為其他夫妻財產制
— (4)夫妻之一方死亡
— (5)婚姻之無效
— (6)依法婚姻被視為消滅（§988-1Ⅰ）

剩餘財產分
配請求權

非剩餘財
產之範圍
§1030-1Ⅰ
— 婚前財產
— 婚姻關係存續所負債務
— 繼承之財產
— 其他無償取得之財產
— 慰撫金

計算§1030-2 — 納入現存之婚後財產或婚姻關係存續中所負之
債務

追加計算
§1030-3
— 主觀上—夫或妻須為減少他方對於剩餘財產之分配
— 客觀上—須以法定財產制關係消滅前5年內處分其婚
後財產

婚後財產價值之計算§1030-4

平均分配顯失公平，法院得調整或免除其分配額§1030-1Ⅱ

法院裁判時，應綜合衡酌夫妻婚姻存續期間之家事勞動等因素
§1030-1Ⅲ

性質—一身專屬權§1030-1Ⅳ

消滅時效§1030-1Ⅴ

保全§1020-1、§1020-2—夫或妻對婚後財產處分行為之撤銷權

自由處分金§1018-1（通說認為屬於贈與之性質）

法院宣告之非常法定財產制§1010

約定財
產制
§1004

通則
— §1007訂約之要式
— §1008、非訟§101～§107夫妻財產制契約之登記
— §1012夫妻財產制契約之變更與廢止
— §1008-1夫妻財產契約之準用

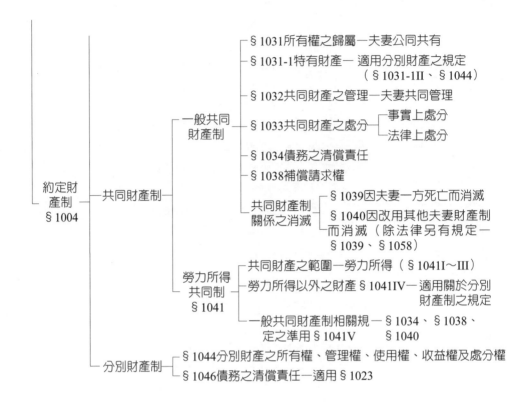

第一款　通　則

❖ 民法第1004條

　　夫妻得於結婚前或結婚後，以契約就本法所定之約定財產制中，選擇其一，爲其夫妻財產制。

案例

> 　　甲男和乙女結婚後，感情非常好，甲、乙都覺得，兩個人的身體、心靈成為一體，所以兩個人的錢，也要成為一體，甲、乙可不可以約定他們的財產是兩人共有的（夫妻共同財產制）？

一、思考焦點

　　夫妻可不可以約定共同財產制？

二、問題論述

（一）夫妻財產制

　　就是規範夫妻之間財產關係的制度，包括夫、妻結婚之前的財產及債務，以及結婚之中所取得的財產及債務，應該怎麼樣去處理？夫妻生活中，是不是可以約定要給配偶一些零用錢？夫妻關係還在的時候，配偶隨便消耗或處分財產，應該要怎麼樣處理？夫妻關係結束之後，財產要怎麼樣去分配？諸如此類的問題，都是夫妻財產制規定的內容。

（二）通常法定財產制

　　夫妻結婚之後，如果沒有約定應該要用那一種夫妻財產制，依照民法第1005條的規定，就當然是用法律所規定的夫妻財產制（法定財產制），這是規定在民法第1017條到第1030條之4。

（三）夫妻約定財產制

　　夫妻如果有特別約定要用哪一種夫妻財產制，就用他們約定的哪一種夫妻財產制，但是約定夫妻財產制，不能自己憑空想像，要從法律規定可以選擇的約定夫妻財產制當中，選擇一種。現在的法律，只規定「共同財產制」（民法第1031條至第1041條）及「分別財產制」（民法第1044、1046條）兩種約定的夫妻財產制，可供選擇，所以夫妻約定財產制，是二選一的問題。

三、案例結論

　　甲、乙可以從法律規定的兩種約定夫妻財產制中，選擇一種，作爲他們自己的夫妻財產制，如果他們決定財產是共有的話，只能去選擇「共同財產制」，除了兩種約定財產制之外，其他類型的夫妻財產制，都這是法律所不許選擇的。

四、相關實例

　　甲男和乙女都從國外留學回來，觀念很新，結婚後覺得兩個人的財產還是分開比較好，可不可以約定分別財產制？

五、重要判解

臺灣高等法院臺南分院97年度家上字第51號民事判決

　　按夫妻於結婚前或結婚後，未以契約訂立夫妻財產制者，以法定財產制爲其

夫妻財產制，此觀民法第1004條、第1005條規定自明。次按法定財產制關係消滅時，夫或妻現存之婚後財產，扣除婚姻關係存續所負債務後，如有剩餘，其雙方剩餘財產之差額，應平均分配。嗣上訴人提起離婚訴訟，經嘉義地院判決兩造離婚確定；則兩造之夫妻財產制關係既已消滅，依首開說明，即應計算夫或妻於婚姻關係存續中取得而現存之剩餘財產，以憑分配雙方差額。

❖ 民法第1005條

　　夫妻未以契約訂立夫妻財產制者，除本法另有規定外，以法定財產制，為其夫妻財產制。

案 例

　　甲男與乙女結婚後，並沒有約定夫妻財產制，那麼，甲在婚姻之中，在外面工作所賺的錢，並且用賺的這些錢買的房子，是不是一定和乙共有？

一、思考焦點

　　夫妻假如沒有約定要用哪一種夫妻財產制，那麼他們之間的財產關係，應該要用哪些法律來處理？

二、問題論述

（一）通常法定財產制的原由

　　夫妻結婚之後，如果沒有約定應該要用那一種夫妻財產制，依照民法第1005條的規定，就當然是用法律所規定的夫妻財產制（法定財產制），法定財產制的規定，是在民法第1017條到第1030條之4，條文比夫妻約定財產制所規定的條文還多。這是因為，一般的夫妻法律知識不足夠，也或許不願意特別約定夫妻財產制，以免傷害到彼此的感情，例如：約定分別財產制，就會讓人感覺：大家既然已經是夫妻了，為什麼財產要分得那麼清楚？因此約定夫妻財產制的情形不多。故法律必須就絕大多數沒有約定的情形，做一個規範，這就是法定夫妻財產制。又因為法定夫妻財產制，是用在絕大多數的夫妻身上，所以法律必須考慮夫妻之間的財產關係各種可能的情形，做完整而且公平的規範，尤其是夫妻感情很好的時候，大家都比較不會斤斤計較錢的問題，但是夫妻感情出現破裂的時候，各種爭執情形就會發生了，法律就是要針對婚姻發生破裂的情形，預先規劃。這就是為什麼法定夫妻財產

制的條文，比約定夫妻財產制的條文（共同財產制規定在民法第1031條至第1041條，而分別財產制規定在民法第1044、1046條）多出很多，也詳盡很多的原因。

（二）通常法定財產制的內容

　　婚後夫妻感情及身心靈融為一體，理論上，財產也應該合而為一，等到夫妻其中一個人過世時，另外一個人就得到夫妻共同財產的一半。但是在現實世界中，夫妻感情不好的情形不少，也常常可以見到夫或妻在外面負擔很多債務，或有浪費財產的情形，如果通常法定財產制是採用共同財產制，對他（她）的配偶很不公平，因為他（她）的財產一旦和配偶的財產合在一起，就很容易被配偶花掉或拖累。此外，如果硬是要把夫妻兩個人的財產合而為一，那麼夫妻對於共同財產怎麼運用，在夫妻之間，可能會意見不一樣，產生摩擦，會讓這個婚姻雪上加霜，因此通常法定財產制，基本上是規定夫妻各有各的財產（民法第1017條），而不採用共同財產制。

三、案例結論

　　甲、乙沒有約定夫妻財產制，他們之間的財產關係，是用民法第1017條到第1030條之4，也就是通常法定財產制的規定，所以甲在婚姻之中，在外面工作所賺的錢，並且用賺的這些錢所買的房子，依照通常法定財產制的民法第1017條的規定，還是甲自己所有的，不是當然和乙之財產共有。

四、相關實例

　　甲男與乙女結婚後，是約定夫妻分別財產制，那麼，甲、乙的婚姻結束以後，乙可不可以要求甲，把兩個人在這個婚姻中所取得的財產，其中一半交給乙？

❖ 民法第1006條（刪除）

❖ 民法第1007條

　　夫妻財產制契約之訂立、變更或廢止，應以書面為之。

案 例

　　甲男與乙女是夫妻，結婚時，在濃情蜜意之中，就口頭約定要以共同財產制作為夫妻財產制，但是並沒有用白紙黑字寫下來（書面）。後來，甲要把婚姻中在外面工作賺錢所買的車子賣掉，乙說我們不是已經約定好財產共有，所以那台車子我也是所有權人，你不可以隨便賣掉，你沒有得到我的同意，就把它賣掉，這是無權處分（亦即無權利賣掉該部車子，參照民法第118條）等等的話。請問：甲是不是無權處分？

一、思考焦點

　　約定夫妻財產制，如果沒有用書面的話，是不是有效？

二、問題論述

　　夫妻之間如果約定夫妻財產制，是非常重大的決定，法律為了要突顯這件事情很重要，所以就規定夫妻約定夫妻財產制，一定要用書面，這個書面，就是法律規定必須要用的方式（法定方式），這可以促使要訂約的當事人，變得比較慎重。因此，如果沒有書面，依照民法第73條前段：「法律行為，不依法定方式者，無效」的規定，因此這個口頭約定是無效的，就跟沒有約定是一樣的。

三、案例結論

　　甲與乙約定共同財產制，卻沒有依照民法第1007條之規定用書面方式，而僅是用口頭約定而已，所以依照民法第73條前段的規定，他們的約定是無效的，所以甲、乙還是用通常法定財產制，各自保有自己財產的所有權（民法第1017條），甲賣掉的是自己的車，不是和乙共有的車，因此甲不算是無權處分。

四、相關實例

　　甲男與乙女是夫妻，口頭約定要以分別財產制作為夫妻財產制，但是並沒有用白紙黑字寫下來（書面）。後來，甲、乙離婚了，乙要向甲主張民法第1030條之1所規定的剩餘財產分配請求權，是不是有理由？

❖ 民法第1008條

　　夫妻財產制契約之訂立、變更或廢止，非經登記，不得以之對抗第三人。

前項夫妻財產制契約之登記，不影響依其他法律所爲財產權登記之效力。

第一項之登記，另以法律定之。

甲男與乙女是夫妻，用書面約定要以共同財產制作爲夫妻財產制，但是並沒有去法院辦理登記。之後甲要把婚姻中在外面工作賺錢所買的車子賣給丙，乙後來才知道甲把車賣掉了，雖然不同意，但是要阻止也已經來不及了。請問：丙是不是能夠取得那台車的所有權？

一、思考焦點

約定夫妻財產制，如果沒有去法院登記，是不是可以對抗第三人？

二、問題論述

約定夫妻財產制的登記效力

民法第1008條規定約定夫妻財產制的契約，他的成立、變更或廢止，如果沒有去法院登記的話，是不可以對抗第三人的，因爲夫妻之間究竟是採用那一種夫妻財產制，對和這對夫妻從事交易的人（交易第三人），是非常重要的，因此法律要求夫妻如果約定夫妻財產制的話，一定要去地方法院登記處辦理登記，讓大家都可以查得到。例如：如果知道一對夫妻是用約定共同財產制的話，那麼向夫、妻其中一個人買東西，就要想到：這個東西可能是夫、妻二人所共有的，必須要得到他（她）配偶的同意。相反地，如果夫妻用書面約定夫妻共同財產制，但是沒有去地方法院辦理登記，他們的約定還是有效的，但是並不能對抗交易第三人，否則的話，如前面案例所說的例子，丙向甲買了車之後，乙還跑出來說車子她也有所有權，丙買了車，竟然不能取得那部車的所有權，造成交易行爲很不方便，買到的東西不知道能不能眞正取得所有權，感覺到交易很沒有保障（影響交易安全），如果大家都不太敢做生意，國家經濟力量就會減弱。所以法律有必要規定，約定夫妻財產制，一定要登記才能夠對抗第三人（民法第1008條第1項），而且這個登記，必須依照非訟事件法第101條至第107條的規定（民法第1008條第3項另以法律定之），向地方法院登記處辦理。

如果夫妻財產制登記以前，夫妻的財產曾經依照其他法律登記過的，那個依照其他法律所做的登記，仍然不會受到影響（民法第1008條第2項）。例如：夫妻雖

然約定共同財產制,但是有一筆土地係在夫妻約定共同財產制前,已經依照夫妻通常法定財產制及土地法登記在先生名下了,那個登記不會因為這對夫妻後來登記共同財產制而無效。

三、案例結論

甲、乙用書面約定共同財產制,但是並沒有去法院辦理登記。後來,甲把婚姻中在外面工作賺錢所買的車子賣給丙,乙雖然不同意,但是因為他們約定夫妻財產制沒有去辦理登記,所以不能對抗第三人丙,丙當然能夠取得那部車的所有權。

四、相關實例

甲男與乙女是夫妻,甲用婚姻中所賺的錢,買了一棟房子,登記為甲所有,後來甲、乙因為感情越來越好,就用書面約定要以共同財產制作為夫妻財產制,並且去地方法院辦理登記,這會不會影響到那棟房子登記為甲名義的效力?

❖ 民法第1008條之1

前二條之規定,於有關夫妻財產之其他約定準用之。

案 例

> 甲男與乙女是夫妻,用書面約定共同財產制,並且在法院登記。如果要依照民法第1032條的規定,約定這個共同財產,由甲來管理,是不是同樣要用書面約定,並且要在法院登記?

一、思考焦點

除了夫妻財產制的訂立、變更、廢止以外的其他約定事項,是不是也需要用書面約定,並且向法院辦理登記?

二、問題論述

除了夫妻財產制的訂立、變更、廢止以外的其他約定事項,和交易安全也是息息相關,而且也有必要促使當事人來慎重的處理,也有用書面以及向法院登記的必要性,所以民法第1008條之1就規定,這些事情應該準用民法第1007、1008條的規定,應該要用書面,並且向法院登記。

三、案例結論

約定這個共同財產，由甲來管理，屬於其他約定，依照民法第1008條之1規定，應準用民法第1007、1008條規定，須用書面，並且向法院登記。

四、相關實例

甲男與乙女是夫妻，用書面約定共同財產制，並且在法院登記。如果甲、乙離婚之後，要依照民法第1040條第2項的規定，約定這個共同財產制存在的期間，甲、乙所取得的共同財產，由甲分得三分之一，由乙分得三分之二，是不是同樣要用書面來約定？

❖ 民法第1009條（刪除）

❖ 民法第1010條

夫妻之一方有左列各款情形之一時，法院因他方之請求，得宣告改用分別財產制：

一、依法應給付家庭生活費用而不給付時。

二、夫或妻之財產不足清償其債務時。

三、依法應得他方同意所為之財產處分，他方無正當理由拒絕同意時。

四、有管理權之一方對於共同財產之管理顯有不當，經他方請求改善而不改善時。

五、因不當減少其婚後財產，而對他方剩餘財產分配請求權有侵害之虞時。

六、有其他重大事由時。

夫妻之總財產不足清償總債務或夫妻難於維持共同生活，不同居已達六個月以上時，前項規定於夫妻均適用之。

案例

甲男與乙女是夫妻，結婚時，兩人身上幾乎都沒有一毛錢，靠著乙在家料理家務的支持，並且不時給予甲加油打氣，甲漸漸賺了不少錢，在臺灣買了三棟房子。後來遇到臺灣經濟不景氣，甲就到中國大陸去做生意，竟然移情別戀，在上海包養二奶，不但一直把在臺灣的房子變賣，把錢拿到上海去

給二奶，使得甲在臺灣名下的財產越來越少，後來更是絕情，不寄給乙一毛錢的生活費。乙自己則是自立自強，到外面找工作，在婚姻之中，還賺了新台幣200萬元，並且工作穩定，預期將來會賺更多的錢。請問：乙應該如何避免將來錢越賺越多，而與甲離婚時，甲提出民法第1030條之1剩餘財產分配請求權的要求，要和乙對分自己辛苦所賺的錢的一半？

一、思考焦點

在婚姻之中，夫妻其中一個人對於財產的處理不當、或婚姻有名無實時，造成將來通常法定夫妻財產制或約定共同財產制結束時，因為處理財產不當的一方可以向另外一方請求分配剩餘財產或共同財產的一半，而造成不公平？

二、問題論述

民法第1030條之1剩餘財產分配請求權規定的原意，是考慮夫、妻在結婚之中所取得的財產，雖然各自保有它的所有權，但是無論誰賺的多、誰賺的少，法律認為夫妻是一體的，所以都是夫、妻相互幫助、相互扶持、相互鼓勵的產物，尤其是夫妻其中一個人在家裡面料理家務、帶小孩，使得另外一半能夠安心地、沒有後顧之憂地在外面賺錢，更可以看得出來所賺的錢，另一半在家料理家務所給予的支持，有很大的功勞，所以在婚姻關係存續之中，每一方所賺的每一分錢，其實夫妻兩個人的功勞，都各有一半在裡面，所以夫妻關係結束的時候，兩個人在婚姻之中所取得的財產，叫做剩餘財產，應該加起來除以二，一人分配一半。就約定共同財產制而言，更是如此，夫妻在財產上係合而為一，當然在共同財產制結束時，夫妻共同財產原則上應該要對分。但是，如果夫妻貌合神離，表面上還是夫妻的名義，事實上，已經沒有相互扶持、相互幫忙時，之後夫、妻所賺的錢的一半，已經沒有另外一方的功勞在裡面了，所以即使分配剩餘財產或共同財產，也應該只分配在此之前的夫妻財產，所以應該要儘早改用分別財產制，儘早用民法第1030條之1、第1040條做一個結算。另外，夫妻其中一個人，處理財產不當，就如同本書在民法第1009條的部分所做的說明，如果不儘早改用分別財產制，對另外一方以及另外一方的債權人，都很不公平，所以也應該要儘早依法改用分別財產制。因此，民法第1010條規定，夫妻其中一個人有以下的情形時，另外一半可以請求法院宣告改用分別財產制，以儘早清算夫妻財產，避免被不當行為的一方拖累：

（一）依法應給付家庭生活費用而不給付時（第1項第1款）

例如：夫妻之中，先生賺的錢比較多，應該要給太太一些錢買菜，卻沒有給，或太太應該在家料理家務、帶小孩，用勞力來付出民法第1003條之1規定的家庭生活費用，卻沒有付出，整天在外面打麻將，沒有照顧好家裡，這時夫妻因為已經不再相互協力了，可以請求法院宣告改用分別財產制，儘早釐清兩個人間的財產關係。

（二）夫或妻之財產不足清償其債務時（第1項第2款）

這種情形，和民法第1009條夫妻其中一個人被法院宣告破產，而需要改用分別財產制的道理，是一樣的，也就是避免另外一方被拖累更多，也保障另外一方的債權人。

（三）依法應得他方同意所為之財產處分，他方無正當理由拒絕同意時（第1項第3款）

例如：夫妻有兩棟房子，原本是約定共有的，但是因為家庭經濟非常困難，先生想把其中一棟沒有在住的房子賣掉，太太沒有理由就隨便拒絕，夫妻對於財產的處理，既然已經沒有辦法達成共識，這時夫妻再繼續共有財產，已經沒有意義了，所以可以請求法院宣告改用分別財產制。

（四）有管理權之一方對於共同財產之管理顯有不當，經他方請求改善而不改善時（第1項第4款）

例如：夫妻約定共有房子一棟，並且約定財產由先生來管理（民法第1032條第1項），但是先生把和太太共有的那棟房子，長期免費提供給他在外面的女朋友住，太太沒有辦法收到一毛錢的租金，向先生抗議無效，這時夫妻繼續保持共有財產的狀況，也沒有意義了，不能讓太太繼續再吃虧下去，因此太太可以請求法院宣告改用分別財產制。

（五）因不當減少其婚後財產，而對他方剩餘財產分配請求權有侵害之虞時（第1項第5款）

例如：前面案例所舉的例子，先生到上海包二奶，把在臺灣的財產變賣，把錢移轉到大陸去，這時，先生在臺灣名下的財產幾乎沒有了，太太辛苦幫先生賺錢，最後如果離婚，不但不能向先生請求剩餘財產的分配，以討回自己料理家務、帶小孩的辛勞，還要被先生請求剩餘財產的分配，對太太非常不公平，所以太太可以請求法院宣告改用分別財產制，以儘早清算夫妻之間的剩餘財產。

（六）有其他重大事由時（第1項第6款）

法律怕民法第1010條第1項第1至5款的列舉規定不夠充足，還有其他沒有考慮到的情形，所以就規定第1項第6款的概括事由，凡是類似第1項第1至5款的情形，

而有必要提前清算夫妻財產的情形，都包括在內。

（七）夫妻之總財產不足清償總債務或夫妻難於維持共同生活，不同居已達六個月以上時，前項規定於夫妻均適用之（第2項）

夫妻之總財產不足清償總債務，與民法第1009條夫妻其中一個人受法院宣告破產的情形類似，為了怕繼續拖累另外一半，所以有儘速分離、清算夫妻財產的必要性。而夫妻不能住在一起，已經六個月以上時，已經可以說是沒有相互協力了，如同前面所說的，這時也應該要及早清算剩餘財產。

最後要說明的是，民法第1010條規定的情形，都是抽象的概念，須要由法院看具體個案的情形，各別來考量是不是要宣告改用分別財產制，而不是像民法第1009條規定，夫妻之一方受破產宣告時，其夫妻財產制當然成為分別財產制，如此明確。

三、案例結論

甲把在臺灣的房子變賣，將錢拿到上海去給二奶，使得甲在臺灣名下的財產越來越少，後來幾乎沒有了，也不寄給乙一毛錢的生活費，

甲有民法第1010條第1項第1款、同項第5款的情形，乙可以聲請法院宣告改用分別財產制，儘早和甲劃清界線，並且在夫妻財產上，做一個清算，以免被甲繼續拖累下去。

四、相關實例

甲男與乙女是夫妻，約定夫妻共有財產制，共有房子一棟，並且約定財產由先生來管理，但是先生把和太太共有的那棟房子，長期免費提供給他在外面的女朋友居住，太太沒有辦法收到一毛錢的租金，向先生抗議無效，這時太太是不是可以請求法院宣告改用分別財產制？

五、重要判解

（一）最高法院55年台上字第2632號民事判決

被上訴人對於上訴人所應支付者係家庭生活費，而非扶養費，其應支付又係由於約定而非依法為之，則上訴人有無謀生能力，即可置諸不問，殊無適用民法第1010條規定之餘地。

（二）最高法院98年度台上字第957號民事判決

對於夫妻雙方感情已經破裂，不能繼續維持家庭共同生活，且事實上不同居已達六個月以上時，如採法定財產制或分別財產制以外之約定財產制者，則彼此不能

相互信賴，故應准其改用分別財產制，讓夫妻各得保有其財產所有權、管理權及使用收益權，減少不必要之困擾。

（三）臺中地方法院101年度家訴字第20號民事判決

依照民法第1010條第2項規定，夫妻之總財產不足清償總債務或夫妻難於維持共同生活，不同居已達六個月以上時，前項規定於夫妻均適用之，其中所指之聲請法院宣告改用分別財產制之當事人，應不僅限分居逾六個月之事實無可歸責原因之情況。

（四）最高法院111年度台簡抗字第124號民事裁定

民法第1010條第1項規定夫妻之一方有該條項各款情形之一時，他方得請求法院宣告改用分別財產制。惟如夫妻之總財產不足清償總債務或夫妻難於維持共同生活，不同居已達六個月以上時，同條第2項明定第1項規定於「夫妻」均適用之。此係考量夫妻感情破裂，不能繼續維持家庭共同生活，且事實上不同居已達六個月以上時，如原採法定財產制或分別財產制以外之約定財產制者，茲彼此既不能相互信賴，自應准其改用分別財產制，俾夫妻各得保有其財產所有權、管理權及使用收益權，減少不必要之困擾，而明定「夫妻雙方」均得請求法院宣告改用分別財產制，此觀74年6月3日立法理由甚明，足認民法第1010條第2項所定事由縱係可歸責於夫妻之一方所致，應負責之一方亦得依此條項規定請求法院宣告改用分別財產制，並未限定必須不可歸責之他方始得聲請。

❖ 民法第1011條（刪除）

❖ 民法第1012條

夫妻於婚姻關係存續中，得以契約廢止其財產契約，或改用他種約定財產制。

案例

甲男與乙女是夫妻，一開始結婚的時候，就約定夫妻分別財產制，並且到地方法院去辦理登記，希望約法三章，大家在財務上，各自保有自己的空間。但是在婚姻的過程當中，甲、乙覺得濃情蜜意，於是想去改成夫妻共同財產制，是不是可以？

一、思考焦點

　　夫妻約定了分別或是共同夫妻財產制之後，想要廢除這個約定，改成夫妻通常法定財產制，或約好要改成另外一種約定的夫妻財產制，可不可以？

二、問題論述

　　約定的夫妻財產制，在我國就是夫妻分別或共同財產制，法律准許夫妻約定財產制的原因，在於尊重夫妻自己的意思，讓夫妻可以自己來決定自己的財產關係。既然是這樣，如果夫妻不想再繼續用原來的約定夫妻財產制，當然可以尊重夫妻自己的意思，由他們去把約定的夫妻財產制廢除掉，這樣就當然改成夫妻通常法定財產制，或約好改成另外一種約定的夫妻財產制，這是民法第1012條規定的原由。但是如果要廢除原來約定的夫妻財產制，或約好要變更成另外一種約定的夫妻財產制，還是要依照民法第1007條的規定，要用書面才能夠成立，並且依照民法第1008條的規定，要經過登記，才可以對抗第三人。

三、案例結論

　　甲、乙約定了分別或是共同夫妻財產制之後，可以依照民法第1012條的規定，廢除原來約定的夫妻財產制，改成夫妻通常法定財產制，或約好要改成另外一種約定的夫妻財產制，但是還是要依照民法第1007條的規定，要用書面約定才能成立，並且依照民法第1008條的規定，要經過登記才可以對抗第三人。

四、相關實例

　　甲男與乙女是夫妻，一開始結婚的時候，就約定夫妻分別財產制，並且到地方法院去辦理登記，希望約法三章，大家各自保有自己的財產空間。但是在婚姻的過程當中，甲、乙覺得還是用夫妻通常法定財產制比較好，是不是可以？

❖ **民法第1013條（刪除）**

❖ **民法第1014條（刪除）**

❖ **民法第1015條（刪除）**

第二款　法定財產制

❖ 民法第1016條（刪除）

❖ 民法第1017條

　　夫或妻之財產分為婚前財產與婚後財產，由夫妻各自所有。不能證明為婚前或婚後財產者，推定為婚後財產；不能證明為夫或妻所有之財產，推定為夫妻共有。

　　夫或妻婚前財產，於婚姻關係存續中所生之孳息，視為婚後財產。

　　夫妻以契約訂立夫妻財產制後，於婚姻關係存續中改用法定財產制者，其改用前之財產視為婚前財產。

案例1

　　甲男與乙女是夫妻，甲在外面工作賺錢，乙在家當家庭主婦。兩人結婚後，家中購買了一組真皮沙發，價值新台幣30萬元。有一天，乙的好朋友到甲、乙家中拜訪，覺得那個沙發坐起來感覺不錯，就想跟甲、乙買回家，天天可以坐，甲當時不在家，乙就把它賣給那個好朋友，當場就用車載走了。甲回家後，發現心愛的沙發不見了，知道事情經過以後，就和乙大吵一架，並且到法院起訴，要求乙的那個好朋友歸還那個沙發。甲在法院開庭時，說那個沙發是他婚前買的，但是提不出證據，而甲、乙在法院，都沒有辦法證明那個沙發是自己買的。請問：甲的起訴，有沒有理由？

一、思考焦點

　　夫妻的財產，是婚前還是婚後取得？是夫妻共有還是單獨所有？要如何判斷？

二、問題論述

　　民法第1017條至第1030條之4，關於法定財產制「剩餘財產分配請求權」，須與家事事件法一併研讀（例如：家事事件法第3條第3項第3款：丙類事件：夫妻財產制之補償、分配、分割、取回、返還及其他因夫妻財產關係所生請求事件）。

　　夫妻的財產，究竟是婚前財產，還是婚後財產，關係非常的重大，如果是婚後

財產，才列入民法第1030條之1的剩餘財產分配，而且不當減少婚後財產的話，才有民法第1020條之1撤銷處分行為的問題。如果從財產的外表，就可以看出來是夫或妻在結婚以前就有的財產，當然很好判斷是誰的婚前財產，例如：甲在結婚以前就買了房子一棟，從地政事務所的登記謄本上面，就可以看得出來是什麼時候買的，又例如：車子在監理機關的車籍登記，也可以看得出來，到底是婚前還是婚後取得的財產。但是有的時候，光是從財產的外表，看不出來是婚前還是婚後所得到的財產，例如：前面案例中所講的沙發，也可能是婚前買的，也有可能是婚後買的，如果沒有辦法提出證據，證明是婚前取得的財產（婚前財產），法律就先認定是結婚之後所取得的財產（婚後財產），除非有證據能夠證明它是夫妻之中哪一個人的婚前財產，這種先認定是婚後財產的看法，就是「推定」（民法第1017條第1項）。法律認為，這樣推定，比較能夠讓這個財產，將來列入剩餘財產的分配，也比較能夠讓夫妻不會隨便去處分它，因為如果隨便去處分的話，會被另外一方用民法第1020條之1的規定撤銷處分。

如果可以從一個財產的外表，看得出來是夫或妻的財產，例如：先生做工程師，太太做醫生，那麼先生擺在家中的工程用具，就可以推定這個東西是先生的，而放在家中的聽診器、醫師袍，就可以推定是太太的。但是像沙發這種東西，可能是先生的，也有可能是太太的，而且是擺在先生及太太都會使用的客廳裡面，就沒有辦法從它的外表判斷到底是誰的，如果先生和太太，都沒有辦法提出證據，證明到底是誰的，那麼法律為了公平起見，就先推定是先生及太太共有的（民法第1017條第1項後段）。

另外，如果是夫或妻在結婚之前的財產，所產生的「孳息」，法律把它當作是婚後財產（民法第1017條第2項）。所謂「孳息」，依照民法第69條規定：「稱天然孳息者，謂果實、動物之產物，及其他依物之用法所收穫之出產物（第1項）。稱法定孳息者，謂利息、租金及其他因法律關係所得之收益（第2項）。」天然孳息，例如：樹木的果實、母牛所生的小牛及牛奶（動物之產物）等等。法定孳息，例如：把錢借給人家的利息、把房子租給人家的租金等等。婚前財產如果在婚姻之中產生孳息，因為夫妻同心一體的緣故，所以應該不單純是夫或妻一個人的所得，也應該有包括另一半的幫忙在內，所以法律把它看成是婚後所取得的財產（視為婚後財產），將來可以列入剩餘財產的分配。「視為婚後財產」的意思，就是把它當作、看成是婚後財產。

而夫妻之一方結婚後，因繼承或其他無償取得之財產，於婚姻關係中所生之孳息，實亦有他方配偶對家庭及其財產整體予以協力之貢獻，依舉重以明輕之法理，婚後無償取得財產，於婚姻關係存續中所生之孳息，亦應類推適用上開第1017條

第2項規定，視爲婚後財產（最高法院106年度台上字第1837號民事裁定）。管見認爲，甚至婚前財產因結婚後，未予處分，然於婚姻關係中所增加之價值（例如：婚前所購買之股票股價、土地之價值增加），故如有他方配偶對家庭及其財產整體予以協力之貢獻，依舉重以明輕之法理，婚後無償取得財產，於婚姻關係存續中所生之價值，亦應類推適用民法第1017條第2項規定，視爲婚後財產，始於公允。

　　如果夫妻本來是約定分別財產制或共同財產制，後來廢除了約定的夫妻財產制，改成夫妻通常法定財產制，那麼在改成通常法定夫妻財產制之前，還沒有民法第1030條之1剩餘財產分配的問題，所以改成通常法定夫妻財產制之前的夫妻財產，應該要把它看成是婚前財產（視爲婚前財產），而不把它看成是婚後財產，所以不需要把它列入剩餘財產的分配（民法第1017條第3項）。

三、案例結論

　　甲在法院開庭時，說那個沙發是他婚前買的，但是提不出證據，而甲、乙在法院，都沒有辦法證明那個沙發是自己買的，所以就依照民法第1017條第1項的規定，推定那個沙發是甲、乙共有的婚後財產，乙把它處分掉，就是無權處分（民法第118條），因爲甲反對，所以乙的無權利擅自處分不生效力。而且。甲在外面賺錢，乙做家庭主婦，甲比較有能力去買新台幣30萬元的一組沙發，又沙發是擺在甲、乙都會出入的客廳用的，所以乙的好朋友在正常狀況下應該知道那個沙發不是乙一個人的，所以沒有善意取得（民法第801、948條）那個沙發的問題。綜合以上的說明，甲可以向乙的好朋友要求把那組沙發歸還，而將該30萬元退還給乙的好朋友，所以甲的訴訟是有理由的。

四、相關實例

　　甲男與乙女是夫妻，兩人結婚後，乙在結婚前買的那條珍貴的德國牧羊犬，生了一隻小狗，價值新台幣20萬元。有一天，乙的好朋友到甲、乙家中拜訪，覺得那隻小狗非常可愛，甲當時不在家，乙就把它送給那個好朋友，當場就用車載走了。甲回家後，發現小狗不見了，知道事情經過以後，就和乙大吵一架，並且到法院起訴，請求撤銷乙把那隻小狗送給別人的行爲。請問：甲的起訴，有沒有理由？

五、重要判解

（一）最高法院92年度台上字第61號民事判決

　　惟按夫妻於婚姻關係存續中以妻之名義在74年6月4日以前取得之不動產，依當時應適用之民法第1016條規定，爲聯合財產，如夫之債權人以此不動產係屬夫所

有，聲請法院強制執行，予以查封，而該已被法院查封之妻名義不動產，於85年9月25日增訂之民法親屬編施行法第6條之1公布實施一年後，仍登記爲妻名義者，倘得適用此增訂之法律規定，認係屬妻所有，妻得提起第三人異議之訴時，不僅有礙執行之效果，且破壞查封登記之公信力，影響夫之債權人權益，顯與立法之本旨有違。爲減低對法安定性及查封公信力之衝擊，應認於74年6月4日以前，登記爲妻名義之不動產，於民法親屬編施行法第6條之1規定生效前或於緩衝之一年期間內，經夫之債權人聲請法院爲強制執行者，並無上開施行法第6條之1規定之適用。是在此增訂之法律施行後，於緩衝之一年期間或之前，已被查封之夫妻聯合財產，仍應依取得當時應適用之民法有關之規定，以定其所有權之歸屬。

（二）最高法院101年度台上字第127號民事判決

不動產物權，有依法律行爲而取得者，亦有非因法律行爲而取得者，興建新建築物，乃建築物所有權之創造，非因法律行爲而取得，該新建築物所有權應歸屬於出資興建人，不待登記即原始取得其所有權，與該建物行政管理上之建造執照或使用執照之起造人名義誰屬無涉。原審未說明系爭房屋係呂○儀出資興建所憑依據，即以系爭房屋係呂○儀申請起造及申請使用執照，遽認係屬呂○儀原有財產，已嫌速斷。其次，91年民法親屬編修正前，夫妻未以契約約定財產制者，以聯合財產制爲夫妻之法定財產制，而依74年6月修正之民法第1017條規定：聯合財產中，夫或妻於結婚時所有之財產，及婚姻關係存續中取得之財產，爲夫或妻之原有財產，各保有其所有權。依此規定，夫或妻於婚姻關係存續中，以夫或妻名義取得之財產，固應認爲夫或妻之原有財產，各保有其所有權，惟該規定並不排除第三人（包括夫或妻）提出證據證明該財產實際非屬登記名義人所有。

（三）最高法院101年度台上字第1783號民事判決

按74年6月3日修正前民法第1016條規定，結婚時屬於夫妻之財產，及婚姻關係存續中夫妻所取得之財產，爲其聯合財產。但依第1013條規定，妻之特有財產，不在其內。同法第1017條規定，聯合財產中，妻於結婚時所有之財產，及婚姻關係存續中因繼承或其他無償取得之財產，爲妻之原有財產，保有其所有權。聯合財產中夫之原有財產及不屬於妻之原有財產之部分，爲夫所有。而依民法親屬編施行法第1條規定，親屬事件在修正前發生者，除該施行法有特別規定外，不適用修正後之規定。故於74年6月4日以前結婚，並適用法定財產制之夫妻，如妻主張聯合財產中之財產，爲其原有財產，應負舉證責任，如未舉證證明聯合財產中之財產係其結婚前之原有財產，即難謂該財產非夫所有，而係妻所有。

（四）最高法院102年度台上字第438號民事判決

按民法親屬編施行法第6條之1規定，74年6月4日以前結婚，並適用聯合財產

制之夫妻，於婚姻關係存續中以妻之名義在同日以前取得不動產，限於婚姻關係尚存續中且該不動產仍以妻之名義登記、夫妻已離婚而該不動產仍以妻之名義登記等兩種情形，於民法親屬編施行法85年9月6日修正生效一年後，適用74年民法親屬編修正後之第1017條規定，並未包括民法親屬編施行法85年9月6日修正生效前，夫妻之一方死亡而該不動產仍以妻之名義登記之情形在內。若夫妻之一方於民法親屬編施行法85年9月6日修正生效前已死亡，因涉及繼承問題，關係複雜，且與第三人權義影響重大，自無民法親屬編施行法第6條之1規定之適用，仍應依74年民法親屬編修正前第1017條規定，決定夫妻財產之歸屬。

（五）最高法院105年度台上字第1750號民事判決

按我國民法夫妻財產制除另有契約約定外，係採法定財產制（即原聯合財產制），夫或妻各自所有其婚前或婚後之財產，並各自管理、使用、收益及處分（民法第1017條第1項前段、第1018條規定參照）。

惟夫或妻婚後收益之盈餘（淨益），實乃雙方共同創造之結果，法定財產制關係消滅時，應使他方得就該盈餘或淨益予以分配，始符公平。為求衡平保障夫妻雙方就婚後財產盈餘之分配，及貫徹男女平等原則，民法親屬編於民國74年6月3日修正時，參考德國民法有關夫妻法定財產制即「淨益共同制」之「淨益平衡債權」規範，增設第1030條之1，規定法定財產制（原聯合財產制）關係消滅時，夫或妻得就雙方剩餘婚後財產之差額請求分配。所謂差額，係指就雙方剩餘婚後財產之價值計算金錢數額而言。上開權利之性質，乃金錢數額之債權請求權，並非存在於具體財產標的上之權利，自不得就特定標的物為主張及行使。是以，除經夫妻雙方成立代物清償合意（民法第319條規定參照），約定由一方受領他方名下特定財產以代該金錢差額之給付外，夫妻一方無從依民法第1030條之1規定，逕為請求他方移轉其名下之特定財產。此與適用共同財產制之夫妻，依民法第1040條第2項規定，就共同財產關係存續中取得之共同財產請求分割之情形，尚有不同。

（六）最高法院106年度台上字第1837號民事裁定

民法第1017條第2項規定，夫或妻婚前財產，於婚姻關係存續中所生之孳息，視為婚後財產。其立法理由係以該孳息如係婚姻關係存續中取得，其增值難認他方配偶未予協力，宜視為婚後財產，使法定財產制關係消滅時，得列為剩餘財產分配之對象，以保障他方配偶之權益。且婚前財產縱係無償取得，其婚姻關係存續中取得之孳息，仍視為婚後財產。而夫妻之一方結婚後，因繼承或其他無償取得之財產，於婚姻關係中所生之孳息，實亦有他方配偶對家庭及其財產整體予以協力之貢獻，依舉重以明輕之法理，婚後無償取得財產，於婚姻關係存續中所生之孳息，亦應類推適用上開第1017條第2項規定，視為婚後財產。

（七）最高法院106年度台上字第2747號民事判決

我國民法夫妻財產制除另有契約約定外，係採法定財產制（即原聯合財產制），夫或妻各自所有其婚前或婚後之財產，並各自管理、使用、收益及處分（民法第1017條第1項前段、第1018條規定參照）。惟夫或妻婚後收益之盈餘（淨益），實乃雙方共同創造之結果，法定財產制關係消滅時，應使他方得就該盈餘或淨益予以分配，始符公平。爲求衡平保障夫妻雙方就婚後財產盈餘之分配，及貫徹男女平等原則，民法親屬編於74年6月3日修正時，參考德國民法有關夫妻法定財產制即「淨益共同制」之「淨益平衡債權」規範，增設第1030條之1，規定法定財產制（原聯合財產制）關係消滅時，夫或妻得就雙方剩餘婚後財產之差額請求分配。所謂差額，係指就雙方剩餘婚後財產之價值計算金錢數額而言。上開權利之性質，乃金錢數額之債權請求權，並非存在於具體財產標的上之權利，自不得就特定標的物爲主張及行使。是以，除經夫妻雙方成立代物清償合意（民法第319條規定參照），約定由一方受領他方名下特定財產以代該金錢差額之給付外，夫妻一方無從依民法第1030條之1規定，逕爲請求他方移轉其名下之特定財產。此與適用共同財產制之夫妻，依民法第1040條第2項規定，就共同財產關係存續中取得之共同財產請求分割之情形，尚有不同。

（八）臺灣高等法院109年度家上易字第19號判決

經查，內湖房地爲被上訴人之婚前財產，其價值縱於兩造婚姻存續期間有所增加，依上開說明，仍屬婚前財產本身之價值變化，並非因上訴人協力貢獻所另行產出之孳息，自無從適用或類推適用民法第1017條第2項規定視爲婚後財產。從而上訴人主張被上訴人所有之內湖房地於兩造婚姻存續期間增值（包含被上訴人於98年所支出之裝潢費用82萬7,800元）應列入被上訴人之婚後財產云云，即不足探；至上訴人所舉最高法院106年度台上字第1837號裁定，旨在闡釋婚前、婚後財產甚至夫妻一方於結婚後因繼承或其他無償取得財產衍生之孳息，均得適用或類推適用民法第1017條第2項規定視爲婚後財產，核其事實即與婚前財產本身價值於婚姻關係存續期間之增益歸屬無關，與本件情節有別，難以比附援引，併此敘明。

（九）最高法院112年度台上字第595號民事判決

法定財產制關係消滅時，夫或妻現存之婚後財產，除因繼承或其他無償取得之財產、慰撫金外，扣除婚姻關係存續所負債務後，如有剩餘，其雙方剩餘財產之差額，應平均分配。夫或妻婚前財產，於婚姻關係存續中所生之孳息，視爲婚後財產。

（十）臺灣高等法院暨所屬法院112年法律座談會民事類提案第7號

法律問題：甲男、乙女於民國108年1月1日結婚，未以契約訂立夫妻財產制，

嗣乙女於110年2月1日訴請離婚，並請求分配夫妻剩餘財產。甲男無婚前、婚後債務，及查甲男於起訴時（即110年2月1日）之財產僅有臺灣銀行存款新臺幣（下同）400萬元，乙女無婚前、婚後財產及債務，於起訴時無任何財產。甲男主張其婚前婚後僅有同一臺灣銀行帳戶，該帳戶於107年12月31日結婚前1日有存款300萬元，其婚姻期間之薪資總計150萬元均轉入此帳戶，而婚後之水、電、瓦斯及信用卡費等家用支出亦均由此帳戶扣款及提領，故其可受分配之剩餘財產爲100萬元（計算式：4,000,000－3,000,000＝1,000,000），乙女得請求分配50萬元〔計算式：（1,000,000－0）÷2＝500,000〕；乙女則主張甲男婚後之所得、支出皆存入其臺灣銀行帳戶，婚前存款與婚後存款已混同而無法區辨，甲男復未舉證證明其婚前存款於婚後財產基準日（下稱基準日）仍屬存在，故甲男之婚後剩餘財產爲400萬元，乙女得分配200萬元〔計算式：（4,000,000－0）÷2＝2,000,000〕。何者爲有理由？

討論意見：

甲說：乙女得分配200萬（混同說）。

（一）當事人主張有利於己之事實者，就其事實有舉證之責任，民事訴訟法第277條定有明文。又不能證明爲婚前或婚後財產者，推定爲婚後財產，民法第1017條第1項中段亦有明文。

（二）銀行帳戶內的存款，若該帳戶在婚後仍繼續使用，則存款發生混同，已無從區別所提領的款項究竟是婚前或婚後存款，而極難以證明提領的錢都是婚後存款，依民法第1017條第1項的規定，應推定帳戶內存款都是婚後財產。故甲男之婚後剩餘財產爲400萬元。

乙說：乙女得分配50萬（價值計算數額說）。

（一）按民法第1030條之1第1項本文規定：「法定財產制關係消滅時，夫或妻現存之婚後財產，扣除婚姻關係存續所負債務後，如有剩餘，其雙方剩餘財產之差額，應平均分配。」上開「夫妻剩餘財產差額分配請求權」，係就雙方剩餘婚後財產之價值計算金錢數額，其間差額平均分配，爲金錢數額之債權請求權，並非存在於具體財產標的上之權利，不得就特定標的物爲主張及行使（最高法院110年度台上字第3274號、106年度台上字第1382號判決意旨參照）。換言之，所謂「差額」係指就雙方剩餘婚後財產之價值計算金錢數額而言（最高法院106年度台上字第1382號、105年度台上字第1750號判決意旨參照）。

（二）次按，民法第1030條之1規定之剩餘財產分配請求權，係以婚後財產爲分配之範圍，婚前財產因與婚姻共同生活及婚姻貢獻無關而不納入分配。故處分婚前財產所得而增加之婚後積極財產，計算夫妻剩餘財產分配時，應將該處分所得額

於婚後財產中扣除（最高法院106年度台上字第2525號判決意旨參照）。從而離婚時僅就屬於夫或妻之婚後財產始生剩餘財產分配之問題，如屬婚前財產，即不在分配之列（最高法院103年度台上字第2253號判決意旨參照）。

（三）民法第1030條之2第1項規定：「夫或妻之一方以其婚後財產清償其婚前所負債務，或以其婚前財產清償婚姻關係存續中所負債務（下稱婚後債務），除已補償者外，於法定財產制關係消滅時，應分別納入現存之婚後財產或婚姻關係存續中所負債務計算。」第2項復規定：「夫或妻之一方以其前條（第1030條之1）第一項但書之財產清償婚姻關係存續中其所負債務者，適用前項之規定。」是依民法第1030條之1第1項、第1030條之2規定，如有以婚前財產清償婚後債務者，除已補償者外，應納入婚後債務計算。再就現存之婚後財產，扣除婚後債務後，如有剩餘，始計算剩餘財產之差額。

（四）足見用以清償婚後債務之婚前財產縱形式已不存在，立法意旨仍認應自婚後財產中扣除其價額，以計入婚後債務之方式以達立法目的。本件甲男婚前財產價值300萬元不在剩餘財產分配範圍，計算甲男於離婚起訴日可受分配之婚後財產價值，應以存款400萬元，扣除婚前財產金額300萬元，餘額100萬元，始屬應受分配之現存婚後財產價值。

（五）甲男結婚後所有所得為150萬元，如採甲說，乙女可獲分配數額高於甲男於婚姻關係存續中所有收入（非屬民法第1030條之2之調整），自有違剩餘財產分配立法意旨。

初步研討結果：

　　採乙說。

審查意見：

　　採增列丙說：本件核屬婚前財產於基準日仍否存在之事實認定問題，應依個案具體判斷之。

　　理由如下：（一）按民法第1017條第1項中段關於推定夫或妻之財產為婚後財產之規定，以不能證明為婚前或婚後財產者，始有適用。次按民法第1030條之1第1項規定，法定財產制關係消滅時，夫或妻現存之婚後財產，扣除婚姻關係存續中所負債務後，如有剩餘，其雙方剩餘財產之差額，應平均分配。故離婚時僅就屬於夫或妻之婚後財產方生剩餘財產分配之問題，倘屬婚前財產，即不在分配之列。甲男於婚前既有存款300萬元，自需調查審認其於基準日是否仍有剩餘及其數額，非得以婚後仍使用存款帳戶，存款業已混同，極難證明提領之金錢都是婚後存款為由，逕行推認基準日之存款均係婚後財產。（二）民法第1030條之2第1項規定，夫或妻之一方以其婚後財產清償其婚前所負債務，或以其婚前財產清償婚姻關係存

續中所負債務，除已補償者外，於法定財產制關係消滅時，應分別納入現存之婚後財產或婚姻關係存續中所負債務計算。則甲男帳戶內之存款存提實情如何？是否如甲男所稱提領或扣款均係支付家用？有無以婚前財產清償婚姻關係存續中所負債務？或其原有財產300萬元均已花用於非婚姻關係存續中所負債務而不存在？等情，均應詳為調查審認，無從逕採甲說或乙說。

研討結果：多數採乙說（實到81人，採甲說0票，乙說49票、丙說2票）。

案例2

　　甲男繼承父母親遺產5,000萬，就在結婚之前，就將甲男繼承父母親遺產5,000萬，購買了市區一棟三層樓店面，將其裝潢完畢後以每個月新台幣10萬元出租予乙男做百貨商場，次年甲男與丙女結婚，婚後育有一子、一女，甲男與丁女發生婚外情，丙女憤而向家事法院起訴甲男離婚，在離婚訴訟中，丙女主張：甲男繼承父母親遺產5,000萬，購買了市區一棟三層樓店面，婚後以每個月新台幣（以下同）10萬元出租予乙男，請求甲與丙結婚十年來計有1,200萬之剩餘財產分配600萬。而甲男則在法庭上抗辯：我是用繼承我父母親遺產5,000萬，在結婚之前所購買的一棟三層樓店面，婚後以每個月新台幣（以下同）10萬元出租予乙男，可以不用受到剩餘財產分配云云。請問：甲男在法庭上抗辯有無理由？案例一：夫與妻皆為農民，夫在婚前已擁有A地所有權，妻在婚前也擁有B地所有權，面積約略相當，價值也相當，都在600萬元。夫妻結婚後，為了便於夫妻一起耕作，妻便將其所有之B農地出售，所得600萬元價金換購A地隔壁同樣大小之C地，仍然登記於妻名下。此後夫妻兩人便將A與C兩塊土地一起耕作，一起生活。十年後夫妻不睦而離婚，此時A與C土地皆已經增值到1,000萬元。夫主張A地是夫之婚前財產，依據民法1058條直接取回，對A地增值部分妻不得享有差額請求權；同時夫主張C地是妻婚後取得之資產，而向妻主張土地價值之半數即500萬元。此情形顯然對妻不公。

案例結論

　　民法第1017條第2項規定，夫或妻婚前財產，於婚姻關係存續中所生之孳息，

視為婚後財產。其立法理由係以該孳息如係婚姻關係存續中取得，其增值難認他方配偶未予協力，宜視為婚後財產，使法定財產制關係消滅時，得列為剩餘財產分配之對象，以保障他方配偶之權益。且婚前財產縱係無償取得，其婚姻關係存續中取得之孳息，仍視為婚後財產。而夫妻之一方結婚後，因繼承或其他無償取得之財產，於婚姻關係中所生之孳息，實亦有他方配偶對家庭及其財產整體予以協力之貢獻，依舉重以明輕之法理，婚後無償取得財產，於婚姻關係存續中所生之孳息，亦應類推適用上開第1017條第2項規定，視為婚後財產（最高法院106年度台上字第1837號民事裁定）。

案例3

丙男、丁女結婚前是長期交往之情侶，各自都從事股票投資，同時看好X股票後市可期，遂各自籌資投資，只是兩人之投資模式不同。丙出資500萬元，邀約弟弟戊也出資500萬元，共同成立資本額1,000萬元的A投資公司，以A公司名義買入X股票200張，每張5萬元。丁則一樣出資500萬元，但是以選擇以丁個人名義買入X股票100張，每張也是5萬元。十年後丙、丁不睦離婚，離婚時，甲男之A投資公司持股為X股票200張，股票價值增值到每張20萬元，A投資公司雖有累計股利分紅1,200萬元，但A投資公司從未分紅，因此累計資產總值5200萬元，丙男持股50%，換算股東權益為2,600萬元。於此同時，丁女離婚時以自己名義持有X股票是100張，股票價值同為每張20萬元共計2,000萬元，婚姻關係期間累計股利分紅600萬元都以現金存於妻之個人帳戶，丁女總資產也是2,600萬元。

綜上所述，丙男在法院主張其婚後財產為0，丁女婚後財產為2,600萬元，遂向丁女主張剩餘財產分配請求權1,300萬元。丁女則主張，雙方婚前財產各為500萬元，日後財產爭也各自增值至2,600萬元，婚後財產增值之部分皆為2,100萬元，並無婚後財產之差額分配問題，故雙方無互相請求婚後剩餘財產分配問題。請問何者主張有理由？

案例結論

由前述案例可以發現，丙男在結婚前成立投資公司，結婚後X股票之操作都以

A投資公司名義來進行。無論是X股票之增值或者是X股票之股利，都是屬於A投資公司資產，丙男一方面以實際掌握A投資公司之股東身分，間接享有這些獲利，同時卻因丙男投資公司持股並未轉讓，而主張A投資公司之獲利都是屬於「婚前財產」。如果丙男如此之主張成立，無異於鼓勵成立投資公司規避夫妻間之分產義務，對於法定財產制之公平性原則加以破壞。民法第1017條第2項規定，夫或妻婚前財產，於婚姻關係存續中所生之孳息，視爲婚後財產。其立法理由係以該孳息如係婚姻關係存續中取得，其增值難認他方配偶未予協力，宜視爲婚後財產，使法定財產制關係消滅時，得列爲剩餘財產分配之對象，以保障他方配偶之權益。且婚前財產縱係無償取得，其婚姻關係存續中取得之孳息，仍視爲婚後財產。而夫妻之一方結婚後，因繼承或其他無償取得之財產，於婚姻關係中所生之孳息，實亦有他方配偶對家庭及其財產整體予以協力之貢獻，依舉重以明輕之法理，婚後無償取得財產，於婚姻關係存續中所生之孳息，亦應類推適用上開第1017條第2項規定，視爲婚後財產（最高法院106年度台上字第1837號民事裁定）。

　　蓋類推解釋條件有二：（一）法律未規定；（二）有其必要性，以本案例來說，完全符合前述要件，故就丙男持有A投資公司之股權，於婚後所產生之增值部分，可類推適用民法第1017條第2項規定，視爲婚後財產。因此，丙夫、丁妻前揭股票價值皆應受到評價，丙夫、丁妻兩人之間誰也不能向誰請求，較爲合理。故丙之主張，認爲無理由。

案例4

　　夫在婚前已擁有A農地所有權，價值約1,000萬元。妻在婚前擁有B房屋所有權，價值約1,200萬元。結婚後，夫妻除一起從事耕作外，妻則把B房屋出售，所得用於投資股票買賣。股票陸續買賣獲利及股利分紅，用於夫妻共同生活。結婚五年後，適逢A農地隔壁大約同樣大小之C農地要出售，妻便將股票全數變賣，所得1,300萬元購買C農地，登記於妻名下。此後夫妻兩人便將A與C兩塊土地一起耕作，一起生活。再經過十年，夫妻不睦各自有外遇而離婚，此時A與C土地因為鄰近道路變更為建築用地，皆已經增值到5,000萬元。夫主張A地是夫之婚前財產，依據民法1058條直接取回，對A地增值部分妻不得對夫享有差額請求權；同時夫向妻主張C地是妻婚後取得之資產，而向妻要求土地價值之半數即2,500萬元。夫之主張是否有理？

案例結論

如案例2，婚前財產以及婚後無償取得財產於婚姻關係中所生之增值（例如A投資公司股權之增值部分），亦應類推適用第1017條第2項規定，視為婚後財產。另依據最高法院105年度台上字第1750號民事判決：「夫或妻婚後收益之盈餘（淨益），實乃雙方共同創造之結果，法定財產制關係消滅時，應使他方得就該盈餘或淨益予以分配，始符公平。為求衡平保障夫妻雙方就婚後財產盈餘之分配，及貫徹男女平等原則，民法親屬編於民國74年6月3日修正時，參考德國民法有關夫妻法定財產制即『淨益共同制』之『淨益平衡債權』規範，增設第1030條之1，規定法定財產制（原聯合財產制）關係消滅時，夫或妻得就雙方剩餘婚後財產之差額請求分配。所謂差額，係指就雙方剩餘婚後財產之價值計算金錢數額而言。」綜合言之，婚前資產在婚後產生之財產增值，也是婚後收益之一種，實乃夫妻雙方共同創造之結果。無論是類推適用1017條第2項規定，視為婚後財產；或者參考最高法院105年度台上字第1750號民事判決，依照德國民法有關夫妻法定財產制即「淨益共同制」之「淨益平衡債權」之法理，將雙方剩餘婚後財產之價值計算金錢數額，都應列入婚後財產，才符合「夫或妻婚後收益之盈餘（淨益），實乃雙方共同創造之結果」此基本立法精神。故夫之主張無理由。

惟查臺灣高等法院109年度家上易字第19號判決採否定見解並認為，婚前財產本身價值於婚姻關係存續期間之增益歸屬，無法類推適用之。雖似有理，因此將來是否透過憲法法庭或立法上之修法，以符夫妻財產平等權之原則。

案例5

甲女在婚前即經營事業，頗有資產。甲女主要投資二家公司，其中A公司資本額5,000萬元，甲女投資1,000萬元，持有股權20%，另B公司資本額同樣也是5,000萬元，甲女投資1,000萬元，持有股權20%。投資後完成後甲女與乙男結婚。結婚之後十年期間，A公司持續獲利，但是都未分紅，而將全數獲利都轉入A公司資本公積，累積十年後，A公司帳上資產（股東權益）已經膨脹至2億元，甲女持有A公司股權價值為4,000萬元，增值3000萬元。同此期間，B公司也逐年持續獲利，累積獲利1億5,000萬元，但是都在當年度全部分紅給股東，因此在十年後，B公司帳上資產（股東權益）還是維持在5,000萬元，甲女則累計分紅3,000萬元。此時甲乙離婚，甲主張根據第1058條直接取

回A公司股權，且因A公司並未分紅，並未產生孳息，所以乙無從分配。而B公司逐年累計分紅3,000萬元，此部分之半數，應分配給乙男。甲女之主張，是否有理？

案例結論

甲女所有之A公司與B公司之股權，都是婚前資產，其產生之孳息，根據第1017條第2項，應視為婚後財產納入分配。因此，甲女根據其持股分配B公司在婚後產生之盈餘，顯然視為婚後資產，此為法條所明定，並無爭議。但是在A公司情況，同樣在婚後產生盈餘，只是因為將盈餘保留在公司，無實際的分紅，造成表面上甲女並未取得1017條第2項的「孳息」，而此未分配的孳息，則反映在甲女對A公司持股之增值（股東權益）。如此，若是僅因A、B二家公司分配盈餘之方式不同，就影響實質盈餘是否計入婚後資產，顯然非立法者之本意，且無異於鼓勵對於公司經營有控制權之人，利用不分紅的方式，規避分產義務。因此，管件以為：第1017條第2項的「孳息」，不應侷限於民法總則嚴格意義之「法定孳息」與「天然孳息」，而似宜根據最高法院105年度台上字第1750號民事判決意旨，將婚後資產增值之部分，一併納入評價。也就是將婚前資產於婚後增值之部分（無論是已經分配之盈餘，或者未分配盈餘而出生之股權增值），統一視為婚後夫妻財產之「淨益」，方符立法意旨，且避免因各家公司分配盈餘制度之不同，影響「淨益共同制」之「淨益平衡債權」一體適用。

故乙男依據民法第1030條之1第1項規定，似得向甲女請求婚後A公司增值3,000萬元之二分之一1,500萬元；以及得向甲女請求婚後B公司累計分紅3,000萬元之二分之一1,500萬元，共計3,000萬。似較符合「淨益共同制」之「淨益平衡債權」法理。

❖ 民法第1018條

夫或妻各自管理、使用、收益及處分其財產。

案 例

甲男與乙女是夫妻，乙在婚前買了一棟房子，結婚後，一向都是甲在收房租，但是民國91年6月28日以後，乙要求自己來收租金，甲說民法規定的夫妻通常法定財產制，都是由先生管理、收益太太的財產，所以房租應該是由我來收才對等等的話，有沒有道理？

一、思考焦點

民國91年6月28日，民法親屬編關於夫妻財產制的條文修正生效後，夫是不是當然能管理、使用、收益妻的財產？

二、問題論述

民國91年6月26日，民法親屬編關於夫妻財產制部分的條文修正公布，依照中央法規標準法第13條：「法規明定自公布或發布日施行者，自公布或發布日起算至第三日起發生效力」的規定，應於同年月28日生效，而生效以前的民法第1018條，是規定夫妻聯合財產制，原則上由夫管理，而修正生效前的第1019條更規定，夫對於妻的原有財產，有使用、收益的權利，「收益」就是收取孳息的意思。但是修正生效後，民法第1018條規定夫妻各自管理、使用、收益及處分自己的財產，並且刪除了第1019條的規定。從此以後，妻可以自己收益自己財產的孳息，這是貫徹憲法保障男女平等的要求。

三、案例結論

民國91年6月28日以後，民法第1018條規定夫妻各自管理、使用、收益及處分自己的財產，並且刪除了第1019條的規定。從此以後，乙可以自己收取自己房子的租金了，所以甲說他有權利去收乙房子的租金等等的話，已經是不對的了。

四、相關實例

甲男與乙女是夫妻，乙在婚前買了一輛跑車，結婚後，一向都是甲在使用，但是民國91年6月28日以後，乙要求自己來開那部跑車，甲說民法規定的夫妻通常法定財產制，都是由夫使用妻的財產，所以那輛跑車應該是由我來開才對等等的話，有沒有道理？

❖ 民法第1018條之1

夫妻於家庭生活費用外，得協議一定數額之金錢，供夫或妻自由處分。

　　甲男與乙女是夫妻，甲在外面做生意，每個月賺新台幣10萬元，乙則是家庭主婦，每天在家裡面做家事。甲每個月給乙新台幣3萬元，剛好可以足夠乙來付甲、乙兩個人的家庭生活費用。但是，乙有時候，也想要有一點零用錢，來做自己想要做的事，例如：把一些錢拿回娘家孝敬父母親，或是看到一些需要幫助的人，能夠捐一點錢給一些慈善團體，每個月差不多需要多出新台幣1萬元，她要怎麼樣和甲談這一筆錢的問題？

一、思考焦點

　　夫妻之間，除了彼此分擔家庭生活費用以外，是不是能約定，由其中一個人給另外一個人可以自由處分的零用錢？

二、問題論述

　　家庭生活費用，依據民法第1003條之1的規定，原則上由夫妻按照他（她）的經濟能力、家事勞動等等情形去分擔，所以像前面案例中甲、乙的情形，甲每個月給乙新台幣3萬元的部分，應該是用錢負擔家庭生活費用。乙每個月把甲給的新台幣3萬元用來付所有的家庭生活開銷之後，身上都沒有半毛錢了，乙每天都在家裡面料理家事，對家裡面算是勞苦功高，她手頭上竟然沒有一點可以自由處分的零用錢，用來做自己想要做的事，這對乙非常的不公平。所以民法第1018條之1就規定，在家庭生活費用以外，夫妻可以約定，由夫妻的一方給另外一方一些自由處分的零用錢，用來做自己想要做的事（自由處分金）。至於約定給多少錢？按日、按週還是按月、按季給？都是要靠夫妻自己去約定的。雖然在民法第1018條之1的「立法理由」中，有講到：「協議不成時，可由法院視實際情況酌定」，但是在法律條文中，並沒有這樣寫，所以夫妻沒有講好的時候，法院還是不能強迫夫妻其中一個人要給另外一個人多少自由處分金。

三、案例結論

　　乙可以去和甲協商，由甲在每個月新台幣3萬元的家庭生活費用以外，每個月

再另外給乙新台幣1萬元的零用錢，但是如果甲不願意，乙也不可以強迫或向法院起訴要求甲一定要給零用錢。

四、相關實例

甲男與乙女是夫妻，甲在外面做生意，每個月賺新台幣10萬元，乙則是家庭主婦，每天在家裡面做家事。甲每個月給乙新台幣3萬元，剛好可以足夠乙來付甲、乙兩個人的家庭生活費用。但是，乙有時候，也想要有一點零用錢，來做自己想要做的事，例如：把一些錢拿回娘家孝敬父母親，或是看到一些需要幫助的人，能夠捐一點錢給一些慈善團體，每個月差不多需要多出新台幣1萬元，但是甲不願意給乙這一筆錢，乙是不是可以向法院起訴，要求甲無論如何一定要給乙這筆錢？

❖ 民法第1019條（刪除）

❖ 民法第1020條（刪除）

❖ 民法第1020條之1

夫或妻於婚姻關係存續中就其婚後財產所為之無償行為，有害及法定財產制關係消滅後他方之剩餘財產分配請求權者，他方得聲請法院撤銷之。但為履行道德上義務所為之相當贈與，不在此限。

夫或妻於婚姻關係存續中就其婚後財產所為之有償行為，於行為時明知有損於法定財產制關係消滅後他方之剩餘財產分配請求權者，以受益人受益時亦知其情事者為限，他方得聲請法院撤銷之。

案 例

甲男與乙女是夫妻，兩人結婚後，乙在結婚前買的那條珍貴的德國牧羊犬，生了一隻小狗，價值新台幣20萬元。有一天，乙的好朋友到甲、乙家中拜訪，覺得那隻小狗非常可愛，甲當時不在家，乙就把它免費送給那個好朋友，當場就用車載走了。甲回家後，發現小狗不見了，知道事情經過以後，就和乙大吵一架，並且到法院起訴，請求撤銷乙把那隻小狗送給別人的行為。請問：甲的起訴，有沒有理由？如果是另外一種情形：乙本身就是專門

在賣純種血統的名貴狗，在婚姻中賺了很多錢，甲從結婚後就一直在家料理家務，沒有出去賺錢，而乙半買半送，將價值新台幣20萬元的小狗，賣給好朋友新台幣6萬元，她的好朋友也知道甲、乙家中的情形，以及自己買的特別便宜，那麼甲到法院起訴，請求撤銷乙把那隻小狗半買半送給別人的行為，是不是有理由？

一、思考焦點

　　夫妻其中一個人的婚後財產比較多，而且可以預期，另外一半在夫妻通常法定財產制消滅以後，可以因此分配到剩餘財產，但是婚後財產比較多的那一方，在婚姻中不當地減少財產，又因為通常法定財產制又還沒有消滅，沒有辦法現在就分配剩餘財產，那麼，另外一方怎麼樣來保障他（她）將來的剩餘財產分配請求權？

二、問題論述

　　夫妻其中一個人的婚後財產比較多，而且可以預期，另外一半在夫妻通常法定財產制消滅以後，因此可以分配到剩餘財產，例如：前面案例中所講的甲、乙的情形，乙的婚後財產明顯地比較多，而可以預期甲將來應該可以分配到剩餘財產，但是婚後財產比較多的乙，在婚姻中不當地減少財產，包括免費把婚後財產送給人家的行為（無償行為），還有半買半送、也就是代價和東西不相對稱的行為（有償行為但有損於他方之剩餘財產分配請求權），都會影響到甲將來分配剩餘財產，以甲、乙的情形來說，甲既然是家庭主夫，那麼乙在婚姻中賺的每一分錢，甲都可以分一半，乙把一隻價值新台幣20萬元的小狗送給別人，甲將來就少了新台幣10萬元的剩餘財產分配，乙如果是半買半送，把價值新台幣20萬元的小狗只賣新台幣6萬元，少跟人家收新台幣14萬元，甲將來就少分配新台幣7萬元，但是因為通常法定財產制又還沒有消滅，沒有辦法現在就分配剩餘財產，為了保障像甲這種人將來的剩餘財產分配請求權，所以民法第1020條之1就規定，甲可以去撤銷乙就婚後財產的無償行為，或在乙及乙的好朋友都知道乙的有償行為，會影響到甲將來剩餘財產分配請求權的情形下，撤銷有害於他將來剩餘財產分配的有償行為，撤銷以後，乙的好朋友就變成不當得利（民法第179條），應該要把小狗還給乙。

　　如果是無償行為，不論取得婚後財產的受益人（例如：前面例子中，拿到小狗的乙的好朋友），知不知道會影響到人家的配偶將來的剩餘財產分配，都可以撤銷那個無償行為，而且沒有交易安全上的顧慮，因為乙的好朋友，本來就是免費拿到

小狗的,要他無條件把小狗還給乙,他也不會吃虧。但是如果無償行為,是因為在道德上必須要這樣做,價值也不會太多(履行道德上義務所為之相當贈與),例如乙不是把名貴的小狗送給好朋友,而是每個月送新台幣5,000元,給年紀很大、中風躺在床上的窮困叔叔,當作是生活費,那麼甲是不可以去撤銷這個無償行為的(民法第1020條之1第1項)。

如果是有償行為,就表示受益人(例如前面的例子中,用新台幣6萬元買到小狗的乙的好朋友)有付出代價,才拿到東西,必須有償行為人及受益人都知道,這會影響到有償行為人的配偶,將來的剩餘財產分配請求權,才可以撤銷,像乙明明知道自己把新台幣20萬元的小狗用新台幣6萬元半買半送,將來甲一定會少分新台幣7萬元,而且乙的好朋友也知道甲、乙家裡面的情形,甲在當家庭主夫,都是乙在賺錢,如果乙半買半送,將來甲一定會少分剩餘財產,那麼乙的好朋友就不用受到保護,可以撤銷乙的有償行為,把小狗要回來。但是受益人如果花錢買東西,而且不知道會影響到出賣人的配偶將來的剩餘財產分配,就必須要受到保護,不可以去撤銷這個有償行為(民法第1020條之1第2項),否則在我們這個社會上,凡是花錢去買東西,都很怕有一天會被人家撤銷買賣行為,還要把東西還回去,誰還敢出去買東西?如果大家都不敢出去買東西,社會經濟生活、整個人類文明就會停頓,回復到以往農業社會自給自足的狀態,後果會很嚴重。

三、案例結論

乙在結婚前買的珍貴的德國牧羊犬,在結婚之中,生了一隻小狗,依照民法第1017條第2項的規定,視為婚後財產。乙把小狗免費送給好朋友,是無償行為,影響到甲將來分配剩餘財產,所以甲起訴請求撤銷乙把那隻小狗送給別人的行為,依照民法第1020條之1第1項的規定,是有理由的。但是如果乙是半買半送,將價值新台幣20萬元的小狗,只賣給好朋友新台幣6萬元,必須乙和她的好朋友,都知道這會影響到甲將來的剩餘財產分配,甲的起訴才會有理由。

四、相關實例

甲男與乙女是夫妻,甲從結婚後就一直在家料理家務,沒有出去賺錢,乙結婚後,在外面工作,每個月賺新台幣10萬元。乙每個月送新台幣5,000元,給年紀很大、中風躺在床上的窮困叔叔,當作是生活費,那麼甲到法院起訴,請求撤銷乙把錢送給叔叔的無償行為,說那會影響到將來的剩餘財產分配,是不是有理由?

五、重要判解

（一）臺灣高等法院91年度家上字第276號民事判決

民法第100條期待權受侵害，其賠償責任亦須俟條件成就時，方始發生，而修正後民法第1020條之1規定……夫或妻於婚姻關係存續中，就其婚後財產所為之有償行為於行為時明知有損於法定財產制關係消滅後他方之剩餘財產分配請求權者，以受益人受益時亦知其情事者為限，他方得聲請法院撤銷之，本件上訴人並未舉證證明被上訴人於出售系爭房屋時明知有損法定財產制關係消滅後之他方剩餘財產分配請求權，且未依法聲請法院撤銷，則其主張被上訴人之行為侵害其剩餘財產分配請求權之期待權利，於法亦屬無據。

（二）最高法院93年度台上字第1162號民事判決

按91年6月26日公布而於91年6月28日生效施行之民法親屬編施行法第6條之2規定：「中華民國91年民法親屬編修正前適用聯合財產制之夫妻，其特有財產或結婚時之原有財產，於修正施行後視為夫或妻之婚前財產；婚姻關係存續中取得之原有財產，於修正施行後視為夫或妻之婚後財產」，親屬編施行法第6條之2，主要在於將舊聯合財產制之名稱，如何轉換於新法定財產制之婚前財產與婚後財產，亦即僅屬名稱之變動規定，而無溯及效力之問題。舊制結婚時之原有財產與特有財產，於新制成立後仍非屬剩餘財產分配之對象，因此其財產範圍並無變動，有關新制撤銷（民法第1020條之1）與追加計算（民法第1030條之3）等保全規定，縱使為新制中公平分配剩餘財產之創舉，但為兼顧交易安全，本條仍應回歸親屬編施行法第1條不溯及既往之規定，必須該行為發生於新制修正後始有其適用。

（三）最高法院110年度台上字第3274號民事判決

為保全夫或妻一方於「法定財產制關係消滅後始發生」之夫妻剩餘財產差額分配請求權，立法者參照民法第244條第1項、第2項規定之精神，於民法第1020條之1第1項、第2項特別規定，一方得就他方詐害剩餘財產分配期待權之有償或無償行為，行使撤銷權。是則，不論係法定財產制關係消滅前尚未發生之夫妻剩餘財產差額分配期待權，或係法定財產制關係消滅後已發生之夫妻剩餘財產差額分配請求權，夫或妻一方就他方詐害該項權利之有償或無償行為，均應符合民法244條第1項、第2項之要件。揆諸撤銷權之建立，旨在保全債務人之責任財產，以維護債權人之共同擔保為目的，苟債務人之責任財產足供清償債務，債權人之擔保既無欠缺，即無由債權人對債務人之有償或無償行為行使撤銷權之必要。是債權人行使撤銷權，仍應以債務人陷於無資力為要件，否則難謂有害及債權人之債權；且於撤銷權訴訟事實審言詞辯論終結前，債務人仍處於無資力狀態，始得謂有保全債權之必

要。上述有害及債權及保全債權必要之要件,應由行使撤銷訴權之債權人負舉證之責。

(四)最高法院110年度台上字第2980號民事判決

立法者為保全夫或妻一方於法定財產制關係消滅後始發生之夫妻剩餘財產差額分配請求權,乃參照民法第244條前二項規定之精神,於同法第1020條之1前二項規定,一方得就他方詐害剩餘財產分配請求權之有償或無償行為,行使撤銷權。是夫或妻一方就他方詐害該項權利之有償或無償行為行使撤銷權,均應符合民法第244條前二項規定之要件。撤銷權之建立,旨在保全債務人之責任財產,以維護債權人之共同擔保為目的,苟債務人之責任財產足供清償債務,債權人之擔保既無欠缺,即無由債權人對債務人之有償或無償行為行使撤銷權之必要。準此,債權人行使撤銷權,仍應以債務人陷於無資力為要件,否則難謂有害及債權人之債權。又債務人所為之無償行為,有害及債權,係指自債務人全部財產觀之,其所為之無償行為,致其責任財產減少,使債權不能或難於獲得清償之狀態,亦即消極財產之總額超過積極財產之總額而言。且是否有害及債權,應以債務人行為時定之,苟債務人於行為時仍有其他足供清償債務之財產存在,縱該無償行為致其財產減少,因對債權清償並無妨礙,自不構成詐害行為,債權人即不得聲請撤銷。

❖ 民法第1020條之2

前條撤銷權,自夫或妻之一方知有撤銷原因時起,六個月間不行使,或自行為時起經過一年而消滅。

案 例

甲男與乙女是夫妻,兩人結婚後,乙在結婚前買的那條珍貴的德國牧羊犬,生了一隻小狗,價值新台幣20萬元。乙本身就是專門在賣純種血統的名貴狗,在婚姻中賺了很多錢,甲從結婚後就一直在家料理家務,沒有出去賺錢,而乙在民國93年1月1日,半買半送,將價值新台幣20萬元的小狗,賣給好朋友新台幣6萬元,她的好朋友也知道甲、乙家中的情形,以及自己買的特別便宜。小狗送出去的當天晚上,甲就知道了,並且和乙大吵一架,甲並且在民國93年8月1日到法院起訴,請求撤銷乙把那隻小狗半買半送給別人的行為,是不是有理由?如果是另外一種情形,甲一直到民國94年1月3日,才知

道那隻小狗被半買半送出去，當天就向法院起訴，請求撤銷乙半買半送的有償行為，是不是有理由？

一、思考焦點

民法第1020條之1撤銷權的行使，是不是無限期、隨時可以行使？

二、問題論述

這是一個延續民法第1020條之1的問題。即使依照民法第1020條之1，受益人的無償行為或有償行為可以被撤銷，但是如果撤銷權人，一直不來行使撤銷權，東西到底要不要還回去？受益人就會永遠處於不安穩的狀態，每天都會擔心，明天會不會有人來撤銷，就要把東西交回去了？所以撤銷權人不可以無限期地行使撤銷權，必須在一定期限內行使撤銷權，如果期間內沒有行使，就當然不可以再行使撤銷權（除斥期間）。故在民法上設置期間規定，係在保障交易安全。民法第1020條之2規定，撤銷權人如果知道撤銷的原因，從他（她）知道開始起算六個月內，必須要行使撤銷權，但是無論撤銷權人什麼時候知道的，只要是要撤銷的行為，已經發生一年了，一律不可以去撤銷，所以只要事情發生過了一年，就不得行使撤銷權，受益人就可以安心了。

三、案例結論

乙在民國93年1月1日，半買半送，將價值新台幣20萬元的小狗，賣給好朋友新台幣6萬元，當天晚上甲就知道了，但在民國93年8月1日才到法院起訴，知道之後已經超過六個月了，或是一直到民國94年1月3日才向法院起訴，事情發生都已經超過一年了，依照民法第1020條之2的規定，都算已經超過了除斥期間，所以都是沒有理由的。

四、相關實例

甲男與乙女是夫妻，兩人結婚後，乙在結婚前買的那條珍貴的德國牧羊犬，生了一隻小狗，價值新台幣20萬元。乙本身就是專門在賣純種血統的名貴狗，在婚姻中賺了很多錢，甲從結婚後就一直在家料理家務，沒有出去賺錢，而乙在民國93年1月1日，半買半送，將價值新台幣20萬元的小狗，賣給好朋友新台幣6萬元，她的好朋友也知道甲、乙家中的情形，以及自己買的特別便宜。甲一直到民國94年1月3日，才知道那隻小狗被半買半送出去，當天就向法院起訴，請求撤銷乙半買半送

的有償行為，乙抗辯說，甲提起撤銷的訴訟，已經超過一年的除斥期間等等的話，甲反駁說，我知道的當天就起訴了，沒有超過六個月的除斥期間，到底誰講的有道理？

❖ 民法第1021條（刪除）

❖ 民法第1022條

夫妻就其婚後財產，互負報告之義務。

案 例

甲男與乙女是夫妻，兩個人結婚後，甲到中國大陸去做生意，乙則留在臺灣家中料理家務。有一天，乙跟甲說，你在外面到底賺多少錢？現在到底存了多少錢？可不可以跟我講？甲說我每個月都固定給妳家庭生活費用，綽綽有餘，我賺多少錢是我的事，妳不要管這麼多等等的話。甲講的是不是有道理？

一、思考焦點

夫妻在婚姻中，是不是有權利去瞭解另一半的婚後財產狀況？

二、問題論述

民法第1022條（法定財產制之婚後財產報告義務），須與家事事件法第3條第5項第4款：「戊類事件：四、報告夫妻財產狀況事件」，一併研讀。

因為夫妻一體、同心協力的緣故，故在立法上夫妻婚姻關係存續期間會有婚後財產，所以夫妻的一方，有權利去瞭解另一半的婚後財產狀況，更何況如果沒有辦法瞭解另一半的婚後財產狀況，怎麼知道另一半有沒有民法第1020條之1規定可以撤銷的無償行為或有償行為？又怎麼能確保在民法第1020條之2規定的除斥期間以內，及時去行使撤銷權，來保障自己將來的剩餘財產分配？所以民法第1022條規定，夫妻對於自己的婚後財產，都有義務要向另一半報告。

三、案例結論

因為民法第1022條規定，夫妻對於自己的婚後財產，都有義務要向另一半報

告，因此甲有義務要告訴乙，在外面到底賺多少錢？現在到底存了多少錢？所以甲對乙講的那些話，是不對的。

四、相關實例

甲男與乙女在民國92年1月1日結婚，兩個人結婚後，都各自到外面去賺錢。有一天，甲跟乙說，你在外面到底賺多少錢？現在到底存了多少錢？可不可以跟我講？乙說民法親屬編夫妻財產制的規定，已經在民國91年6月間修正了，我賺的錢都是我的，而且先生不能管太太的錢，所以你不要管這麼多等等的話。乙講的是不是有道理？

❖ 民法第1023條

夫妻各自對其債務負清償之責。

夫妻之一方以自己財產清償他方之債務時，雖於婚姻關係存續中，亦得請求償還。

案例

甲男與乙女是夫妻，甲在結婚以前，欠人家新台幣20萬元，結婚以後，債權人找上門來討債，乙就用自己賺的錢幫甲還了債，乙可不可以向甲要這新台幣20萬元？

一、思考焦點

夫妻其中一個人，在婚姻中，幫另外一半還債，可不可以向另一半要回這筆錢？

二、問題論述

民國91年6月28日民法親屬編夫妻財產制的規定生效前，民法第1027條第1項是規定：「妻之原有財產所負債務而以夫之財產清償，或夫之債務，而以妻之原有財產清償者，夫或妻有補償請求權。但在聯合財產關係消滅前，不得請求補償」，是考慮到夫妻其中一個人為另外一方還債，雖然可以向另外一方要回所墊的錢，但是在婚姻之中，怕夫妻談錢的事情傷感情，所以規定在通常法定財產關係消滅之前，不可以要回墊款。但是民國91年6月28日修正生效的民法第1023條規定，認為

夫妻雖然是一體的，但是我國夫妻通常法定財產制，還是規定夫妻的財產，原則上是各自所有的（民法第1017條第1項），所以夫妻就當然也各自對自己所欠的債務負責（民法第1023條第1項），如果由配偶代為清償債務，雖然是在婚姻之中，還是可以向欠債的配偶請求返還所墊的錢。

三、案例結論

甲在結婚以前，欠人家新台幣20萬元，結婚以後，債權人找上門來討債，乙就用自己賺的錢幫甲還債之後，可以依照民法第1023條的規定，可向甲要回這新台幣20萬元。

四、相關實例

甲男與乙女是夫妻，甲在民國88年間，向別人借款新台幣20萬元，而由乙在民國90年間，為甲還清，乙就在民國92年起訴要求甲把乙所墊的新台幣20萬元歸還，有沒有理由？

五、重要判解

（一）臺灣高等法院92年度上易字第151號民事判決

按現行民法第1023條第2項固規定：「夫妻之一方以自己財產清償他方之債務時，雖於婚姻關係存續中，亦得請求償還」，惟此條文係民法親屬篇於91年6月21日修正公布（按：應為91年6月26日修正公布，並於同年月28日生效）時始增定，並無溯及適用之效力。是則，縱令被上訴人鄭○○確曾為被上訴人陳○○繳納貸款利息，然在91年6月21日（按：應為91年6月28日）以前之貸款利息，應適用修正前民法第1027條第1項「妻之原有財產所負債務而以夫之財產清償，或夫之債務，而以妻之原有財產清償者，夫或妻有補償請求權。但在聯合財產關係消滅前，不得請求補償」之規定，被上訴人鄭○○自不得於婚姻關係存續中請求被上訴人陳○○償還。

（二）最高法院97年台上字第943號民事判決

查修正後之法定財產制，由夫妻各自所有、管理、使用、收益及處分自己之財產，夫妻之一方如以自己之財產清償他方之債務時，自應允其婚姻關係存續中請求他方清償之，故民法第1023條第2項明定：夫妻之一方以自己財產清償他方之債務時，於婚姻關係中得請求償還。準此，夫妻之一方依本條項規定向他方請求償還代為清償債務時僅須證明其以自己財產，清償他方之債務為已足；倘他方抗辯夫妻間另有贈與等其他法律關係之特別約定者，自應由他方就該有利之特別約定事實負舉

證責任。

❖ 民法第1024條（刪除）

❖ 民法第1025條（刪除）

❖ 民法第1026條（刪除）

❖ 民法第1027條（刪除）

❖ 民法第1028條（刪除）

❖ 民法第1029條（刪除）

❖ 民法第1030條（刪除）

❖ 民法第1030條之1

　　法定財產制關係消滅時，夫或妻現存之婚後財產，扣除婚姻關係存續所負債務後，如有剩餘，其雙方剩餘財產之差額，應平均分配。但下列財產不在此限：

　　一、因繼承或其他無償取得之財產。

　　二、慰撫金。

　　夫妻之一方對於婚姻生活無貢獻或協力，或有其他情事，致平均分配有失公平者，法院得調整或免除其分配額。

　　法院為前項裁判時，應綜合衡酌夫妻婚姻存續期間之家事勞動、子女照顧養育、對家庭付出之整體協力狀況、共同生活及分居時間之久暫、婚後財產取得時間、雙方之經濟能力等因素。

　　第一項請求權，不得讓與或繼承。但已依契約承諾，或已起訴者，不在此限。

　　第一項剩餘財產差額之分配請求權，自請求權人知有剩餘財產之差額時起，二年間不行使而消滅。自法定財產制關係消滅時起，逾五年者，亦同。

　　（民國110年1月20日公布）

舊民法第1030條之1

法定財產制關係消滅時，夫或妻現存之婚後財產，扣除婚姻關係存續所負債務後，如有剩餘，其雙方剩餘財產之差額，應平均分配。但下列財產不在此限：

一、因繼承或其他無償取得之財產。

二、慰撫金。

依前項規定，平均分配顯失公平者，法院得調整或免除其分配額。

第一項剩餘財產差額之分配請求權，自請求權人知有剩餘財產之差額時起，二年間不行使而消滅。自法定財產制關係消滅時起，逾五年者，亦同。（民國96年5月23日公布）

案例

甲男與乙女於民國92年1月1日結婚，於民國93年1月1日離婚。結婚的時候，甲有財產新台幣（以下同）50萬元，離婚的時候，甲有財產100萬元，但是結婚後，甲有欠人家10萬元的錢。乙結婚的時候，有100萬元，離婚的時候，有現金200萬元，而且乙結婚後，有欠人家20萬元，但是那個現金200萬元之中，有包括乙在民國92年7月1日在路上被人家撞傷，人家所賠的慰撫金10萬元，以及同年8月1日，乙的父親過世，乙所繼承的遺產30萬元。請問：甲、乙離婚之後，誰可以向誰請求剩餘財產分配多少錢？

一、思考焦點

適用夫妻通常法定夫妻財產制的夫妻，在通常法定夫妻財產制消滅之後，婚後財產比較少的一方，可不可以向婚後財產比較多的另外一方，請求分配剩餘財產？有哪些是不列入分配的？

二、問題論述

（一）法定財產制關係消滅

包括夫妻離婚、其中一個人死亡、改用分別財產制（民法第1010條）或約定夫妻共同財產制或分別財產制（民法第1004條）、婚姻撤銷（民法第989條、990條、991條、995條、996條、997條）等等的情形，夫妻之間的通常法定財產制關係，就消滅了。

（二）剩餘財產分配

夫妻通常法定財產制，與夫妻約定的共同財產制或分別財產制，最大的不同，也就是它的特色所在，就是在通常法定財產制關係消滅的時候，可以請求剩餘財產分配。所謂「剩餘財產的分配」，就是夫妻兩個人，各自在婚姻當中取得財產（婚後財產），扣掉他（她）在婚姻之中所欠人家的錢（所負債務），就是他（她）在婚姻之中的淨利所得，這個淨利所得，就是「剩餘財產」。法律認為，一個人之所以會在婚姻之中有淨利所得，是因為夫妻之間相互幫忙、相互打氣、相互支援的結果，通常是其中一個人在家裡面料理家事、照顧小孩，讓另外一方無後顧之憂，因而可以放心地在外面打拼賺錢，所以夫妻其中一個人，要是在婚姻之中有淨利所得，應該是夫妻一人一半才對，所以夫妻在婚姻中各自的淨利所得，在通常法定夫妻財產制結束的時候，應該要加起來對分才對，但是在計算上，是淨利所得比較少的那一方，可以向淨利所得比較多的那一方，請求雙方淨利所得的一半（民法第1030之1條第1項前段）。請求雙方淨利所得的一半，就是請求分配剩餘財產的差額，這個請求權，就是剩餘財產分配請求權。

（三）不列入剩餘財產分配的項目

民法第1030條之1第1項但書規定，因為繼承所得到的財產、其他沒有支付代價就得到的財產（因繼承或其他無償取得之財產）（民法第1030條之1第1項但書第1款），還有精神上的損害賠償（民法第1030條之1第1項但書第2款的慰撫金），不列入剩餘財產的分配，係因為取得的人自己身分的因素，才會得到這些錢，繼承財產是因為取得的人和被繼承的人有某種親屬關係存在，無償取得的財產，是人家看在取得財產的人面子分上才給的，而慰撫金，則是取得的人精神上受到傷害，人家才會賠的，都和他（她）的另一半有沒有幫忙、支持、打氣，根本沒有關係，所以不列入分配。

（四）法院得調整或免除其分配額

在婚姻生活中之正常情況下，一個人之所以會在婚姻之中有淨利所得，是因為夫妻相互幫忙、相互打氣、相互支援的結果，通常是其中一個人在家裡面料理家事、照顧小孩，讓另外一方無後顧之憂，因而可以放心在外面打拼賺錢，所以夫妻其中一個人，要是在婚姻之中有淨利所得，應該是夫妻一人一半才對，但是實際上，不同的夫妻之間，實際上的情形並不完全相同，有些配偶根本每天在打混，沒有扮演好他（她）做配偶的角色，例如：每天吃、喝、嫖、賭、浪費成性、不好好工作賺錢、整天打麻將不做家事、不帶小孩，類似這些情形，根本對他（她）配偶的淨利所得，毫無幫助可言，所以法律授權法官，可以斟酌每一個婚姻的具體情形，調整甚至免除全部的剩餘財產分配，才不會有不勞而獲的不公平情形發生，民

國110年1月20日修正民法第1030條之1第2項規定：「夫妻之一方對於婚姻生活無貢獻或協力，或有其他情事，致平均分配有失公平者，法院得調整或免除其分配額。」立法理由謂：剩餘財產分配請求權制度之目的，原在保護婚姻中經濟弱勢之一方，使其對婚姻之協力、貢獻得以彰顯，並於財產制關係消滅時，使弱勢一方具有最低限度之保障。然因具體個案平均分配或有顯失公平之情形，故原條文第2項規定得由法院審酌調整或免除其分配額。惟為避免法院對於具體個案之認定標準不一，爰修正本條第2項規定。法院為第2項裁判時，對於「夫妻之一方有無貢獻或協力」或「其他情事」，應有具體客觀事由作為審酌之參考，爰增訂民法第1030條之1第3項規定「法院為前項裁判時，應綜合衡酌夫妻婚姻存續期間之家事勞動、子女照顧養育、對家庭付出之整體協力狀況（含對家庭生活之情感維繫）、共同生活及分居時間之久暫、婚後財產取得時間、雙方之經濟能力等因素」，例如夫妻難以共同生活而分居，則分居期間已無共同生活之事實，夫妻之一方若對於婚姻生活無貢獻或協力，法院即應審酌，予以調整或免除其分配額。本次修正已將剩餘財產分配之家事勞動評價之法院裁判應考量，夫妻婚姻存續期間之家事勞動、子女照顧養育、對家庭付出之整體協力狀況（含對家庭生活之情感維繫）、共同生活及分居時間之久暫、婚後財產取得時間、雙方之經濟能力等因素。

（五）剩餘財產分配請求權係一身專屬權

民國91年6月26日公布本條第3項規定，增訂為剩餘財產分配請求權的一身專屬性，立法院原本認為，剩餘財產分配請求權，是一個人辛苦貢獻他（她）的配偶，所得到的回報，所以只有那個配偶本人才可以請求，別人不可以受讓這個權利，繼承人也不可以繼承這個權利，是專門屬於那個配偶的（一身專屬性），而如果這個權利已經起訴，用訴訟來請求，或是有這個權利的人，已經和被請求的人達成協議，應該要讓請求的人分配剩餘財產多少錢（已依契約承諾），就單純只是錢的問題，這個權利就可以讓給別人，或由繼承人來繼承（舊民法第1030條之1第3項）。但本項在法理及事實上，予以立法，剩餘財產分配請求權具一身專屬性，爭議性頗大且妨礙交易安全及其他繼承人之權利，故在民國96年5月23日公布親屬法中，將本條第3項剩餘財產分配請求權的一身專屬性，予以刪除之。

民法第1030條之1在民國96年5月23日公布親屬法時，曾將本條第3項剩餘財產分配請求權一身專屬性刪除之。惟予本次修法將民法第1030條之1之剩餘財產分配請求權非一身專屬權，經更改為剩餘財產分配請求權係一身專屬權，並於民國101年12月26日公布之，且將本條一身專屬權定在第3項。惟民國110年1月20日修法中，已將本項調整為第4項。

剩餘財產分配請求權制度之目的原在保護婚姻中經濟弱勢之一方，使其對婚姻

之協力、貢獻，得以彰顯，並於財產制關係消滅時，使弱勢之一方具有最低限度之保障。參酌司法院大法官釋字第620號解釋，夫妻剩餘財產分配請求權，乃立法者就夫或妻對家務、教養子女、婚姻共同生活貢獻之法律上評價，是以，剩餘財產分配請求權既係因夫妻身分關係而生，所彰顯者亦係「夫妻對於婚姻共同生活之貢獻」，故所考量者除夫妻對婚姻關係中經濟上之給予，更包含情感上之付出，且尚可因夫妻關係之協力程度予以調整或免除（本條第2項），顯見該等權利與夫妻「本身」密切相關而有屬人性，故其性質上具一身專屬性，要非一般得任意讓與他人之財產權。或有論者主張剩餘財產分配請求權之性質屬財產權，若賦予其專屬權，對債權人及繼承人保障不足，並有害交易安全云云。惟此見解不僅對剩餘財產分配請求權之性質似有違誤，蓋剩餘財產分配請求權本質上就是夫妻對婚姻貢獻及協力果實的分享，不應由與婚姻經營貢獻無關的債權人享有，自與一般債權不同；更違反債之關係相對性原則，尤其是自2007年將剩餘財產分配請求權修法改為非一身專屬權後，配合民法第1011條及民法第242條之規定，實際上造成原本財產各自獨立之他方配偶，婚後努力工作累積財產，反因配偶之債權人代位行使剩餘財產分配請求權而導致事實上夫（妻）債妻（夫）還之結果。更有甚者，由於民法第1011條之「債權人」並未設有限制，造成實務上亦發生婚前債務之債權人向法院聲請宣告改用分別財產制並代位求償之事，造成債務人之配偶須以婚後財產償還他方婚前債務之現象，如此種種均已違背現行法定財產制下，夫妻於婚姻關係存續中各自保有所有權權能並各自獨立負擔自己債務之精神。

　　現行民法第244條已對詐害債權訂有得撤銷之規範，債權人對於惡意脫產之夫妻所為之無償或有償行為本即可依法行使撤銷權，法律設計實已可保障債權人，若於親屬編中，再使第三人可代位行使本質上出於「夫妻共同協力」而生之剩餘財產分配請求權，不但對該債權人之保護太過，更有疊床架屋之疑。再者，近代法律變遷從權利絕對主義，演變至權利相對化、社會化的觀念，法律對權利之保障並非絕對，倘衡平雙方法益，權利人行使權利所能取得之利益，與該等權利之行使對他人及整個社會國家可能之損失相較，明顯不成比例時，當可謂權利之濫用。本條自2007年修法改為非一身專屬權後至今已逾五年，目前司法實務之統計資料顯示，近兩年債權銀行或資產管理公司利用本條規定配合民法第1011條及民法第242條之規定追討夫或妻一方之債務的案件量暴增並占所有案件九成以上，僅為了要滿足其債權，已讓數千件的家庭失和或破裂，夫妻離異、子女分離等情況亦不斷發生，產生更多的社會問題，使國家需花費更多資源與社會成本以彌補。2007年之修法，顯然為前述債權人權濫用大開方便之門，為滿足少數債權人，而犧牲家庭和諧並讓全民共同承擔龐大社會成本，修法後所欲維護之權益與所付出之代價顯有失當。又

參酌日本夫妻財產制立法例，法定財產制僅於離婚時由夫妻協議或訴請法院分配財產，並無類似臺灣債權人得聲請宣告改用分別財產制後再代位請求剩餘財產差額分配之規定，甚至縱使夫妻之一方聲請個人破產，因非離婚，故亦無財產分配之問題。是以，在立法上仿我國民法第195條第2項之規定，修正剩餘財產分配請求權為專屬於配偶一方之權利，增訂第3項，僅夫或妻之一方始得行使剩餘財產分配請求權，但若已取得他方同意之承諾或已經向法院提起訴訟請求者，則可讓與或繼承。另原條文第3項移列為第4項。

（六）剩餘財產分配請求權的消滅時效

如果一個人有權利分配剩餘財產，但是一直都沒有動靜，也不去找剩餘財產比較多的人要錢，就好像在權利上面睡覺一樣，不值得去保護他（她），而且剩餘財產比較多的人，如果每天都要擔心，不知道明天權利人會不會來要錢，也不能安穩的過日子，所以法律一定要規定請求權行使的期間。請求權人，從他（她）知道剩餘財產有差額的時候開始，二年之內，如果沒有向剩餘財產比較多的一方請求分配剩餘財產，超過二年才去請求，被請求人可以時效抗辯，就是可以用已經超過二年期間為理由，拒絕給錢。如果從夫妻通常法定財產制消滅後，已經超過五年的話，不論請求權人是什麼時候行使剩餘財產分配請求，被請求的人都可以提出時效抗辯，拒絕付錢。

三、案例結論

甲在通常法定夫妻財產制之中的淨所得，也就是他離婚時候的財產100萬元，扣掉結婚時的財產50萬元，再扣掉結婚之中所欠的債務10萬元，就是有40萬元的剩餘財產。而乙結婚的時候有100萬元，離婚的時候有現金200萬元，表示在這個婚姻之中，財產淨利多了100萬元，扣掉結婚之中所負的債務20萬元，所以結婚之中，實際上只真正多出了淨利剩餘財產80萬元，但是這個80萬元之中，乙被人家撞傷，人家賠的慰撫金10萬元，以及乙所繼承的遺產30萬元，都和甲的幫助、支持、打氣根本沒有關係，所以不列入剩餘財產的分配，因此80萬元，還要扣掉慰撫金10萬元，以及乙所繼承的遺產30萬元，剩下的40萬元，就是乙的剩餘財產。甲、乙的剩餘財產都是40萬元，沒有誰比較多，也沒有差額，所以誰也不能跟誰請求分配剩餘財產。

四、相關實例

（一）甲男與乙女於民國92年1月1日結婚，於民國93年1月1日離婚。結婚的時候，甲有財產新台幣50萬元，離婚的時候，甲有財產新台幣100萬元，但是結婚

後，有欠人家新台幣10萬元的錢。乙結婚的時候，有新台幣100萬元，離婚的時候，有現金新台幣500萬元，而且結婚後有欠人家新台幣20萬元，但是那個現金新台幣500萬元之中，有包括乙在民國92年7月1日在路上被人家撞傷，人家所賠的慰撫金新台幣10萬元，以及同年8月1日，乙的父親過世，乙所繼承的遺產新台幣30萬元。請問：1.甲、乙離婚之後，誰可以向誰請求剩餘財產分配多少錢？2.如果甲一直到死，都沒有向法院起訴要求乙分配剩餘財產，也沒有和乙談好要分配多少錢，甲的繼承人，也就是甲與前妻所生的小孩，可不可以繼承甲對乙的剩餘財產分配請求權？3.甲一直到民國99年才向乙請求剩餘財產的分配，乙可不可以用甲已經超過時效為理由，拒絕付錢？

（二）丙男與丁女結婚於民國50年1月1日，結婚時二人皆無婚前財產，丙男與丁女結婚後，生有二子戊與己，自民國50年1月1日至74年6月4日止，丙男婚後財產計有新台幣（以下同）1,000萬元，丁女婚後財產為零，民國74年6月5日至95年12月31日丙死亡止，丙男婚後財產計有1,000萬元，丁女婚後財產為零，但丙男積欠友人庚200萬，試問：分別依照最高行政法院民國91年3月26日庭長法官聯席會議決議或司法院大法官會議釋字第620號解釋，丁女各分別可得多少剩餘財產分配？又丁女、戊子、己子各分別繼承丙男多少遺產？

五、重要判解

（一）最高行政法院86年度判字第628號民事判決

被繼承人死亡，生存之配偶依民法第1030條之1規定，行使剩餘財產差額分配請求權應分得之財產，於核課遺產稅時，准自遺產總額中扣除。按85年7月30日修定公布之稅捐稽徵法第1條之1規定：「財政部依本法或稅法所發布之解釋函令，對於據以申請之案件發生效力，但有利於納稅義務人者，對於尚未核課確定之案件適用之。」本件原告主張其依民法第1030條之1規定之剩餘財產分配請求權得請求分配數額應自遺產總額扣除，即被繼承人遺有之財產扣除債務後，其中半數應自遺產總額中扣除，再課徵遺產稅。被告以民法第1030條之1第1項規定之剩餘財產分配請求權，依同條第2項及第3項規定僅止於請求權，並非當然取得分配財產物之所有權或其他物權。且該請求權始於婚姻關係消滅時，被繼承人死亡前，其名下保有之全部財產，依法均為被繼承人之遺產，其死亡後原告對自己現有財產之淨值與被繼承人遺留財產淨值之差額，固有一半之請求權，惟該項請求權始於婚姻關係之消滅，即被繼承人死亡後，其分配請求權自應對繼承人行使，其配偶得主張之財產分配請求權非屬行為時遺產及贈與稅法第17條第1項第8款規定被繼承人死亡前之未償債務。況剩餘財產須經法定程序請求，在原告未提示相關事證前，被告依核課資

料核定遺產總額，並無不合等由，否准扣除，固非無見。然查財政部86年2月15日台財稅第851924523號函各地區國稅局，檢送研商「民法第1030條之1規定之剩餘財產分配請求權於核課遺產稅時如何適用事宜」會議決議，請依決議事項辦理。依所附決議記載：1.被繼承人死亡，生存之配偶依民法第1030條之1規定，行使剩餘財產差額分配請求權應分得之財產，是否屬於被繼承人之「遺產」？決議：依據法務部85年6月29日法85律決15978號函復「生存之配偶之剩餘財產差額分配請求權，性質為債權請求權，……係為貫徹夫妻平等原則，並兼顧夫妻之一方對家務及育幼之貢獻，使剩餘財產較少之一方配偶，對剩餘財產較多之他方配偶得請求雙方剩餘財產差額二分之一，並非取回本應屬其所有之財產，故非物權請求權」，準此，該項請求權價值，於核課遺產稅時，准自遺產總額中扣除。2.納稅義務人主張生存之配偶有剩餘財產差額分配請求權時，應否檢具法院確定判決？決議：(1)檢具法院判決者，稽徵機關應予受理。(2)雖未檢具法院判決，惟經全體繼承人同意時，亦應受理。3.剩餘財產差額分配請求權之價值應如何計算，在有法院確定判決之情形下，究應以確定判決為準？或由稽徵機關依查得資料估算？決議：原則上，法院之判決應予尊重，惟稽徵機關就納稅義務人主張查有具體實證或依稅法規定核計之價值，與法院判決不一時，應依遺產及贈與稅法及其他相關法規辦理。本件原告主張其餘繼承人均係渠子女，且均僅國小年紀，渠為法定代理人，故其餘繼承人並未爭議其剩餘財產差額分配請求權等語，則依首揭規定，本件遺產稅尚未核課確定，自應依前開財政部函釋辦理，核計該剩餘財產差額分配請求權之價值，自遺產總額中扣除。被告否准扣除，尚有可議，一再訴願決定，遞予維持，均有未洽，原告執以指摘，為有理由，應將再訴願決定、訴願決定及原處分均撤銷，由被告另為適法處分。

（二）最高行政法院86年度判字第2461號民事判決

被繼承人死亡，生存之配偶依民法第1030條之1規定行使剩餘財產差額分配請求權應分得之財產，該項請求權價值，於核課遺產時，准自遺產總額中扣除，且生存之配偶之分配請求權不以法院裁判為必要，經全體繼承人同意時，稽徵機關亦應受理。按「聯合財產關係消滅時，夫或妻於婚姻關係存續中所取得而現存之原有財產，扣除婚姻關係存續中所負債務後，如有剩餘，其雙方剩餘財產之差額應平均分配。但因繼承或其他無償取得之財產不在此限」，民法第1030條之1第1項定有明文。又被繼承人死亡，生存之配偶依民法第1030條之1規定行使剩餘財產差額分配請求權應分得之財產，該項請求權價值，於核課遺產時，准自遺產總額中扣除，且生存之配偶之分配請求權不以法院裁判為必要，經全體繼承人同意時，稽徵機關亦應受理，財政部86年2月15日台財稅第851924523號函釋可參考。本件原告曾李○

蓮與被繼承人曾○鴻生前原係夫妻，二人並未訂立夫妻財產制，依法應屬法定財產制（即聯合財產制），為被告與原告雙方所不爭執，被繼承人曾○鴻於82年9月9日死亡，原告與被繼承人曾○鴻間之聯合財產關係消滅，原告與被繼承人曾○鴻之子曾○泰、曾○章、曾○樺等人，共同於83年3月5日辦理遺產稅申報，原告主張被繼承人曾○鴻之不動產均係74年以前取得，無法判斷其為夫或妻之原有財產，為夫妻共有之原有財產，在聯合財產關係消滅時，依民法第1030條第1項規定行使剩餘財產差額分配請求權，該請求權價值要求被告自被繼承人遺產總額中扣除，依前說明，於法尚無不合。被告以被繼承人曾○鴻死亡前，其名下保有之全部財產，認定均為被繼承之遺產，生存之配偶之行使剩餘財產差額分配請求權應對繼承人行使，對應課稅遺產淨額之多寡應無直接關聯，而且夫或妻對於雙方剩餘財產之差額分配請求權以法院裁判為必要，非行政機關所得審究等由而認原告主張不可採，與民法第1030條之1規定及上開財政部函釋有所違背，未免速斷。又查原告已檢附被繼承人曾○鴻聯合財產明細及原告之聯合財產明細，被告當可查明曾○鴻名義之土地、有價證券及原告名義之土地、有價證券、存款是否在二人婚姻關係中所取得而現存之聯合財產，被告以原告未列舉具體事證認不足採，有所違誤。立協議書人曾○章係64年2月1日出生，曾○樺係65年8月24日出生，在84年1月10日所訂立之協議書時雖尚未成年，屬限制行為能力人，其意思表示並非當然無效，經法定代理人之承認後便生效力，被告認該協議書無法定代理人簽章無效，尚不足採。本件原告主張依遺產稅核定通知書所載，被繼承人曾○鴻本身之聯合財產為43,300,747元，原告本身之聯合財產為3,712,121元，扣除婚姻關係中所負債務後，剩餘財產淨額為47,012,868元，二人剩餘財產差額為39,588,626元，（即43,300,747元－3,712,121元＝39,588,626元），原告之剩餘財產差額請求權為19,794,313元，原告請求被告自被繼承人曾○鴻之遺產中扣除並非無理由，被告理應對原告上開所提被繼承人曾○鴻本身之聯合財產及原告本身之聯合財產數額是否確實無誤詳加審究，尚不得以原告主張剩餘財產差額分配請求權無理由而置之不論。又查系爭遺產需重行核算，則原告短漏報金額與相關罰鍰亦應隨之變動，故原處分所核定逃漏稅額2,258,912元及罰鍰258,900元亦隨之變動，難予維持。訴願決定及再訴願決定對於原處分及復查決定之違誤未予糾正，而為駁回之決定，亦有所不當，自應由本院將再訴願決定、訴願決定及原處分均撤銷，發回原處分機關另為適法之處分。

（三）最高行政法院民國91年3月26日庭長法官聯席會議決議

民法親屬編於74年6月3日修正時，增訂第1030條之1關於夫妻剩餘財產差額分配請求權之規定。同日修正公布之民法親屬編施行法第1條規定：「關於親屬之事件，在民法親屬編施行前發生者，除本施行法有特別規定外，不適用民法親屬編之

規定；其在修正前發生者，除本施行法有特別規定外，亦不適用修正後之規定。」明揭親屬編修正後之法律，仍適用不溯既往之原則，如認其事項有溯及適用之必要者，即應於施行法中定為明文，方能有所依據，乃基於法治國家法安定性及既得權益信賴保護之要求，而民法親屬編施行法就民法第1030條之1並未另定得溯及適用之明文，自應適用施行法第1條之規定。又親屬編施行法於85年9月25日增訂第6條之1有關聯合財產溯及既往特別規定時，並未包括第1030條之1之情形。準此，74年6月4日民法親屬編修正施行前結婚，並適用聯合財產制之夫妻，於74年6月5日後其中一方死亡，他方配偶依第1030條之1規定行使夫妻剩餘財產差額分配請求權時，夫妻各於74年6月4日前所取得之原有財產，不適用第1030條之1規定，不列入剩餘財產差額分配請求權計算之範圍。是核定死亡配偶之遺產總額時，僅得就74年6月5日以後夫妻所取得之原有財產計算剩餘財產差額分配額，自遺產總額中扣除。

（四）最高法院92年度台上字第478號民事判決

按聯合財產關係消滅時，夫或妻於婚姻關係存續中所取得而現存之原有財產，扣除婚姻關係存續中所負債務後，如有剩餘，其雙方剩餘財產之差額，應平均分配。但因繼承或其他無償取得之財產，不在此限，修正前民法第1030條之1第1項定有明文。此規定既係為貫徹兩性平權、家庭共榮之原則而增設，其「平均分配」之「剩餘財產差額」，自應以聯合財產關係消滅時，雙方於婚姻關係存續中所取得而現存原有財產之價值，與婚姻關係存續中所負債務之價值相扣抵，以資作為計算之基礎，而非以該財產「取得時」之價值計算，始符公平。

（五）95年度高等行政法院法律座談會提案二

法律問題：夫妻於74年6月3日以前結婚，未辦理約定財產制登記，婚姻關係存續中於該日以前買受不動產，以妻名義辦理所有權登記，至民法親屬編施行法增訂第6條之1後，夫亦未於86年9月25日以前向妻請求更名登記，其後妻死亡，夫主張其名下無財產，以妻名義登記之財產，渠有剩餘財產分配請求權，其主張有無理由？

討論意見：

甲說：按民法於74年6月3日修正時，增訂第1030條之1規定：「聯合財產關係消滅時，夫或妻於婚姻關係存續中所取得而現存之原有財產，扣除婚姻關係存續中所負債務後如有剩餘，其雙方剩餘財產之差額，應平均分配。」惟因民法親屬編施行法第1條規定：「關於親屬之事件，在民法親屬編施行前發生者，除本施行法有特別規定外，不適用民法親屬編之規定；其在修正前發生者，除本施行法有特別規定外，亦不適用修正後之規定。」以致於在74年6月3日以前結婚並買受之財產，不溯及適用上開增訂之規定。嗣司法院釋字第410號解釋稱：「由於民法親屬編施行

法對於民法第1017條夫妻聯合財產所有權歸屬之修正，未設特別規定，致使在修正前已發生現尚存在之聯合財產，仍適用修正前之規定，由夫繼續享有權利，未能貫徹憲法保障男女平等之意旨。對於民法親屬編修正前已發生現尚存在之聯合財產中，不屬於夫之原有財產及妻之原有財產部分，應如何處理，俾符男女平等原則，有關機關應儘速於民法親屬編施行法之相關規定檢討修正。」該號解釋於85年7月19日公布後，同年9月25日民法親屬編施行法增訂第6條之1規定：「中華民國74年6月4日以前結婚，並適用聯合財產制之夫妻，於婚姻關係存續中以妻之名義在同日以前取得不動產，而有左列情形之一者，於本施行法中華民國85年9月6日修正生效1年後，適用中華民國74年民法親屬編修正後之第1017條規定：一、婚姻關係尚存續中且該不動產仍以妻之名義登記者。二、夫妻已離婚而該不動產仍以妻之名義登記者。」查民法74年6月3日修正時增訂之第1030條之1，於增訂時既未規定溯及該日以前結婚之夫妻，以妻名義買受之不動產亦適用該規定，則在74年6月4日以前以妻名義登記之不動產，雖在妻名下，依法仍屬夫所有。至85年9月6日民法親屬編施行法增訂第6條之1規定，於85年9月6日修正生效1年後，該不動產仍以妻之名義登記者，始適用民法第1017條之規定，亦即該不動產於86年9月25日以後仍以妻名義登記者，妻始取得該不動產之所有權，自屬74年6月4日以後取得之不動產之所有權，而有民法第1030條之規定之適用。

　　乙說：按民法親屬編於74年6月3日修正時，增訂第1030條之1關於夫妻剩餘財產差額分配請求權之規定同日修正公布之民法親屬編施行法第1條規定：「關於親屬之事件，在民法親屬編施行前發生者，除本施行法有特別規定外，不適用民法親屬編之規定；其在修正前發生者，除本施行法有特別規定外，亦不適用修正後之規定。」明揭親屬編修正後之法律，仍適用不溯既往之原則，如認其事項有溯及適用之必要者，即應於施行法中定為明文，方能有所依據，乃基於法治國家法安定性及既得權益信賴保護之要求，而民法親屬編施行法就民法第1030條之1並未另定得溯及適用之明文，自應適用施行法第1條之規定。又親屬編施行法於85年9月25日增訂第6條之1有關聯合財產溯及既往特別規定時，並未包括第1030條之1之情形。準此，74年6月4日民法親屬編修正施行前結婚，並適用聯合財產制之夫妻，於74年6月5日後其中一方死亡，他方配偶依第1030條之1規定行使夫妻剩餘財產差額分配請求權時，夫妻各於74年6月4日前所取得之原有財產，不適用第1030條之1規定，不列入剩餘財產差額分配請求權計算之範圍。是核定死亡配偶之遺產總額時，得就74年6月5日以後夫妻所取得之原有財產計算剩餘財產差額分配額，自遺產總額中扣除。業經最高行政法院91年3月份庭長法官聯席會議作成決議。次查74年6月3日修正前，民法第1017條規定：「聯合財產中，妻於結婚時所有之財產，及婚姻

關係存續中因繼承或其他無償取得之財產，為妻之原有財產，保有其所有權。聯合財產中，夫之原有財產及不屬於妻之原有財產部分，為夫所有。由妻之原有財產所生之孳息，其所有權歸屬於夫。」該條文於74年6月3日修正為：「夫或妻之財產分為婚前財產與婚後財產，由夫妻各自所有。不能證明為婚前或婚後財產者，推定為婚後財產；不能證明為夫或妻所有之財產，推定為夫妻共有。夫或妻婚前財產，於婚姻關係存續中所生之孳息，視為婚後財產。夫妻以契約訂立夫妻財產制後，於婚姻關係存續中改用法定財產制者，其改用前之財產視為婚前財產。」由於民法親屬編施行法對於民法第1017條夫妻聯合財產所有權歸屬之修正，未設特別規定，致使在修正前已發生現尚存在之聯合財產，仍適用修正前之規定，由夫繼續享有權利，未能貫徹憲法保障男女平等之意旨。司法院釋字第410號解釋，乃指明對於民法親屬編修正前已發生現尚存在之聯合財產中，不屬於夫之原有財產及妻之原有財產部分，應如何處理，俾符男女平等原則，有關機關應儘速於民法親屬編施行法之相關規定檢討修正。依據該解釋意旨，民法親屬編施行法於85年9月25日增訂第6條之1規定：「中華民國74年6月4日以前結婚，並適用聯合財產制之夫妻，於婚姻關係存續中以妻之名義在同日以前取得不動產，而有左列情形之一者，於本施行法中華民國85年9月6日修正生效1年後，適用中華民國74年民法親屬編修正後之第1017條規定：一、婚姻關係尚存續中且該不動產仍以妻之名義登記者。二、夫妻已離婚而該不動產仍以妻之名義登記者。」以符合釋字第410號解釋所指示之男女平權原則。查74年6月4日以前結婚，並適用聯合財產制之夫妻，於婚姻關係存續中以夫之名義在同日以前取得不動產，既自始屬夫所有，而民法親屬編施行法於85年9月25日增訂第6條之1，既係為男女平權而設，則該條所稱74年6月4日以前結婚，並適用聯合財產制之夫妻，於婚姻關係存續中以妻之名義在同日以前取得不動產，而有婚姻關係尚存續中且該不動產仍以妻之名義登記，或夫妻已離婚而該不動產仍以妻之名義登記之情形者，於85年9月6日該施行法修正生效1年後，適用74年民法親屬編修正後之第1017條規定，自係指施行法生效1年後，如該不動產仍登記妻所有者，自始取得該不動產之所有權，並非自民法親屬編施行法於85年9月25日增訂第6條之1生效1年後始取得該不動產之所有權，而不適用民法第1030條之1之規定。否則如在74年6月4日結婚並買受之財產，如登記在夫名下，如夫先死亡，妻並無剩餘財產分配請求權，如登記在妻名下，夫未於民法親屬編施行法於85年9月25日增訂第6之條1生效1年後，請求回復登記，於妻死亡後，夫對之有剩餘財產分配請求權，亦不符合男女平等原則。

初步研討結果：多數採乙說，提請大會議決。

大會討論結果：

　　1. 林法官文舟提議，經主席徵得提案人林法官金本同意後，將二、法律問題第1行中「夫妻於74年6月3日以前結婚……」修改爲「夫妻於74年6月4日以前結婚……」。

　　2. 多數採乙說。

（六）司法院大法官釋字第620號解釋

　　憲法第19條規定，人民有依法律納稅之義務，係指國家課人民以繳納稅捐之義務或給予人民減免稅捐之優惠時，應就租稅主體、租稅客體、稅基、稅率等租稅構成要件，以法律或法律明確授權之命令定之，迭經本院闡釋在案。中華民國74年6月3日增訂公布之民法第1030條之1（以下簡稱增訂民法第1030條之1）第1項規定：「聯合財產關係消滅時，夫或妻於婚姻關係存續中所取得而現存之原有財產，扣除婚姻關係存續中所負債務後，如有剩餘，其雙方剩餘財產之差額，應平均分配。但因繼承或其他無償取得之財產，不在此限。」該項明定聯合財產關係消滅時，夫或妻之剩餘財產差額分配請求權，乃立法者就夫或妻對家務、教養子女及婚姻共同生活貢獻所爲之法律上評價。因此夫妻於婚姻關係存續中共同協力所形成之聯合財產中，除因繼承或其他無償取得者外，於配偶一方死亡而聯合財產關係消滅時，其尚存之原有財產，即不能認全係死亡一方之遺產，而皆屬遺產稅課徵之範圍。夫妻於上開民法第1030條之1增訂前結婚，並適用聯合財產制，其聯合財產關係因配偶一方死亡而消滅者，如該聯合財產關係消滅之事實，發生於74年6月3日增訂民法第1030條之1於同年月5日生效之後時，則適用消滅時有效之增訂民法第1030條之1規定之結果，除因繼承或其他無償取得者外，凡夫妻於婚姻關係存續中取得，而於聯合財產關係消滅時現存之原有財產，並不區分此類財產取得於74年6月4日之前或同年月5日之後，均屬剩餘財產差額分配請求權之計算範圍。生存配偶依法行使剩餘財產差額分配請求權者，依遺產及贈與稅法之立法目的，以及實質課稅原則，該被請求之部分即非屬遺產稅之課徵範圍，故得自遺產總額中扣除，免徵遺產稅。最高行政法院91年3月26日庭長法官聯席會議決議，乃以決議縮減法律所定得爲遺產總額之扣除額，增加法律所未規定之租稅義務，核與上開解釋意旨及憲法第19條規定之租稅法律主義尚有未符，應不再援用（解釋日期：民國95年12月6日）。

（七）臺灣高等法院暨所屬法院97年法律座談會民事類提案第15號

法律問題：甲男與乙女2人於民國92年結婚，並未約定任何夫妻財產制，嗣甲男與乙女於民國97年協議離婚後，甲男向法院提起分配夫妻剩餘財產之訴，若乙女於2人婚姻關係存續中以婚後工作收入出資購買房屋一棟，且2人又無其他財產或負債，問甲男依據民法第1030條之1第1項之規定，

請求法院判決乙女將該房屋所有權應有部分二分之一移轉登記爲甲男所有，法院應如何判決？

討論意見：

甲說：認原告之訴有理由之勝訴判決。

民法第1030條之1之立法理由，重在聯合財產關係消滅時，夫妻雙方之剩餘財產除因繼承或其他無償取得者外，其差額應屬夫妻雙方在婚姻關係存續中共同努力之成果，故應平均分配，以貫徹男女平等之原則，故所請求者應爲剩餘財產差額之分配，性質上類如共有財產之分割，而非補償。因此，如剩餘財產之差額僅有不動產時，有請求權者所請求之差額應爲該不動產權利之一半，而非現金補償。本件乙女所有的房屋既然是在2人婚姻關係存續中所取得之財產，該財產即應列入剩餘財產分配，而2人又別無其他財產或負債，則甲男依照民法第1030條之1第1項請求乙女將該房屋所有權應有部分二分之一移轉登記爲甲男所有，即有理由，應予准許。

乙說：認原告之訴爲無理由之敗訴判決。

民法第1030條之1第1項規定「法定財產制關係消滅時，夫或妻現存之婚後財產，扣除婚姻關係存續中所負債務後，如有剩餘，其雙方剩餘財產之差額，應平均分配。但下列財產不在此限：1.因繼承或其他無償取得之財產。2.慰撫金。」因此，分配之標的指剩餘財產之差額，而分配比例原則上應以金錢平均分配，俾雙方財產關係徹底分離，於離婚之後可收單純之效，避免日後再生滋擾。故甲男依照民法第1030條之1第1項請求乙女將該房屋所有權應有部分二分之一移轉登記爲甲男所有即無理由，不應准許。

初步研討結果：採甲說

審查意見：法條僅謂「差額」應平均分配，未區分「差額」類別，在夫或妻有婚後財產及債務須計算扣除時，該差額應以金錢平均分配，並無爭議，但如本題情形，原告甲男請求分配原物（不動產）之一半，亦無不可。

研討結果：審查機關同意於審查意見末增載「惟如有顯失公平之情形，得調整或免除分配。」等字（修正後之審查意見）。

經付表決結果：實到68人，採甲說0票，採乙說13票，採修正後之審查意見54票。

（八）嘉義地方法院99年重家訴字第2號民事判決

被繼承人及原告擔任公職之退休金，應否列入剩餘財產之範圍？

1.按民法第1030條之1第1項規定之立法理由，係因法定財產關係消滅時，以夫妻雙方剩餘財產之差額，平均分配，方爲公平，亦所以貫徹男女平等之原則。例如夫在外工作，或經營企業，妻在家操持家務，教養子女，備極辛勞，使夫得無內顧之憂，專心發展事業，其因此所增加之財產，不能不歸功於妻子之協力，則其剩餘

財產，除因繼承或其他無償取得者外，妻自應有平均分配之權利，反之夫妻易地而處，亦然（見立法院公報第74卷第38期院會紀錄第58、59頁）。由此可知，法定財產關係消滅時，夫或妻之剩餘財產差額分配請求權，乃立法者就夫或妻對家務、教養子女及婚姻共同生活貢獻所為之法律上評價，性質上為債權請求權，亦有95年12月6日司法院釋字第620號解釋理由可參。顯然該規定係在貫徹男女平等原則，確認法定夫妻財產，係夫妻共同協力所形成，而不分其係在外工作或在內操持家務、教養子女均有同值貢獻。

　　2.而退休金之性質，依憲法第18條規定人民有服公職之權利，旨在保障人民有依法令從事公務，並由此衍生享有身分保障、俸給與退休金請求之權利，國家則對公務人員有給予俸給、退休金等維持其生活之義務（此有司法院釋字第605號、614號解釋意旨可參）。又司法院釋字第589號解釋更明確肯定公務員基於公法上之忠勤服務關係，於退休時或基於確定考績依法得請領之金錢給付，乃屬公法上財產請求權之行使。因此，國家負有義務照顧公務員及其家屬退休生活，公務員在退休以前，則對國家負有忠勤服務之義務。是以，公務員之退休金，即為其服勤務之對待給付，而被繼承人及原告於退休前均擔任公職，此為兩造所不爭執，堪信屬實。再參諸勞工退休金為勞工工作之對價，性質為勞務之對價，隨著勞工工作年資之增加，退休金因而不斷發生及累積，惟政府為保障勞工生活照顧及社會安全考量，而有延後給付之制度設計（此有最高法院92年度台上字第2125號判決可參），而相關之社會保險金、社會福利年金，亦係保險人或公務員因年老、傷殘或無法繼續工作時所獲得之保險金或退休金，此為代替工作之收入，故列入所得財產（民法親屬編修正後之法律疑問，戴東雄著，第204頁參照）。基此可見，夫或妻就上述退撫金、退休金等之給付，實係夫或妻對家庭貢獻之相互分工所致，應屬無疑。

　　3.綜上所述，退休金之性質，既係服勤務之對待給付或勞務之對價，且係夫或妻於婚姻關係存續中，彼此對家庭相互分工貢獻所增加之財產，故原告與被繼承人陳辰乾婚姻關係消滅時，原告與被繼承人陳辰乾之退休金，均應列入剩餘財產之範圍。

（九）臺灣高等法院臺南分院101年度家上易字第38號民事判決

　　民法第1030條之1第1項規定，法定財產制關係消滅時，夫或妻現存之婚後財產，扣除婚姻關係存續中所負債務後，如有剩餘，其雙方剩餘財產之差額，應平均分配；其中所稱之法定財產制關係消滅情形，包含有死亡、夫妻離婚、結婚無效、婚姻被撤銷等原因，或有以契約改定夫妻財產制以及符合同法第1009條至1011條之原因等情況。

（十）最高法院101年度台上字第227號民事判決

按夫妻剩餘財產分配制度，在於夫妻婚姻關係存續中，其財產之增加，係夫妻共同努力、貢獻之結果，故賦予夫妻因協力所得剩餘財產平均分配之權利。關於夫妻剩餘財產差額之分配，夫妻現存之婚後財產價值計算基準，以法定財產制關係消滅時為準，但夫妻一旦提起離婚之訴，其婚姻基礎既已動搖，自難期待一方對於他方財產之增加再事協力、貢獻，是夫妻因判決而離婚，其婚後財產範圍及其價值計算基準，修正後民法第1030條之4第1項亦明定以起訴時為準。本件兩造於76年結婚，陳○○於82年7月17日提起離婚訴訟，經本院於94年2月17日判准離婚確定時，兩造間之法定財產制關係始告消滅，張○○於斯時才有對陳○○請求剩餘財產分配之權利，自應適用此一權利發生時已修正增訂之民法第1030條之4第1項規定，以陳○○提起離婚訴訟時，計算兩造剩餘財產範圍及價值。

（十一）最高法院101年度台上字第941號民事判決

法定財產制關係消滅時，夫或妻之剩餘財產差額分配請求權，乃立法者就夫或妻對家務、教養子女及婚姻共同生活貢獻所作之法律上評價；與繼承制度，係因人死亡，由具有一定身分之生存者，包括的繼承被繼承人財產上之權利義務之規範目的未盡相同，配偶之夫妻剩餘財產差額分配請求權與繼承權，性質上本可相互併存。且民法第1030條之1第1項規定之分配請求權，於配偶一方先他方死亡時，係屬生存配偶本於配偶身分對其以外之繼承人主張之債權，與該生存配偶對於先死亡配偶之繼承權，為個別存在之請求權迥然不同。

（十二）最高法院101年度台上字第1016號民事判決

查民法第1030條之1規定之夫妻剩餘財產分配請求權，乃夫妻相互間之請求權，法並未規定繼承人直接取得其權利，依96年修正理由，該項請求權固非專屬權，而得為讓與、繼承之標的。惟此於法定財產制關係因離婚或合意消滅等，其請求權於夫妻均尚生存時已發生、取得之情形，並無疑問，倘若法定財產制關係因夫妻之一方亡故而消滅，該死亡之一方無從於生前取得此項請求權，其繼承人自無由主張繼承該權利。

（十三）最高法院101年度台上字第1645號民事判決

民法第1030條之1第1項係規定，法定財產制關係消滅時，夫或妻現存之婚後財產，扣除婚姻關係存續所負債務後，如有剩餘，其雙方剩餘財產之差額，應平均分配；亦即對於該項之分配請求權，應以有相對人之單獨行為，並向他方以意思表示為之後，始生有效力。

（十四）臺北高等行政法院102年度訴字第386號行政判決

按遺產稅之課徵，係納稅義務人與國家間之公法上關係，國家不介入被繼承人

在生前如何處分其財產，亦不介入其死後遺產如何分配，僅就被繼承人死亡時之遺產，及依遺產稅法第15條第1項規定爲防止規避遺產稅而規定之擬制遺產課徵遺產稅。同項第1款將被繼承人死亡前二年內贈與被繼承人配偶之財產，視爲被繼承人之遺產，目的只在於擴大遺產總額，用以計算遺產稅，與原有財產或特有財產無關，該擬制遺產尚與生存配偶剩餘財產差額分配請求權無涉。是以，被繼承人死亡前二年內贈與配偶之財產元，雖依法擬制爲被繼承人之遺產，但所有權仍屬配偶，非爲被繼承人現存之原有財產，尚非民法第1030條之1配偶剩餘財產分配請求權之範圍，並無司法院釋字第620號解釋適用，自不應自遺產總額中扣除。

（十五）臺灣高等法院高雄分院103年度家上易字第7號民事判決

所謂雙方剩餘財產之差額，應平均分配，係指婚姻關係存續中，夫妻各自取得而現存之婚後財產，扣除婚姻關係存續中所負債務及因繼承或其他無償取得之財產，計算出夫妻各自之剩餘財產，再比較其剩餘財產之多寡，算定其差額，剩餘財產較少之一方即得向剩餘財產較多之他方，請求分配差額之二分之一。

（十六）最高法院103年度台上字第1307號民事判決

老舊國軍眷舍之原眷戶承購依國軍老舊眷村改建條例所興建之住宅時，可獲輔助購宅款，此係原眷戶之身分關係所享有之權益，並非換購取得，而獲配金額係按轄區內同期改建之國軍老舊眷村土地，依公告土地現值69.3％，依戶數、興建成本及坪數所計算，購屋款項主要來自國家補助，與自費或財產交換不同，故補助金屬無償取得之財產。

（十七）最高法院103年度台上字第1919號民事判決

按民法第1030條之1第3項規定，雖剩餘財產差額分配請求權爲一身專屬之權利，僅夫或妻得行使之，惟如夫或妻已取得他方同意之承諾者，該項請求權得爲讓與，而債權人爲保全債權，得代債務人行使其剩餘財產差額分配請求權。

（十八）最高法院103年度台上字第2629號民事判決

按夫妻現存之婚後財產，其價值計算以法定財產制關係消滅時爲準。但夫妻因判決而離婚者，以起訴時爲準。次按夫或妻之一方以其婚後財產清償其婚前所負債務，或以其婚前財產清償婚姻關係存續中所負債務，除已補償者外，於法定財產制關係消滅時，應分別納入現存之婚後財產或婚姻關係存續中所負債務計算。

（十九）法務部民國104年05月19日法律字第10403505720號

民法第1030條之1規定參照，夫或妻婚後財產如係基於繼承或其他無償取得，因與婚姻生活及貢獻無關，自應排除於剩餘財產分配範圍之外，又長期分開生活並無共營婚姻生活事實，對於婚後財產增加並無貢獻者，如仍予平均分配而有顯失公平情形時，應由法院視具體情節調整或免除分配額。

（二十）最高法院106年度台上字第1223號民事判決

按民法第1030條之1第1項本文規定：法定財產制關係消滅時，夫或妻現存之婚後財產，扣除婚姻關係存續所負債務後，如有剩餘，其雙方剩餘財產之差額，應平均分配。上開規定，並未將夫妻間所負債務除外，自應一體適用。而依民法第1030條之1規定計算夫妻剩餘財產分配之金額後，夫妻間之債權債務並未因而消滅，債權人之一方，自得以該債權與其所負夫妻剩餘財產分配債務互為抵銷。

（二十一）最高法院106年度台上字第1382號民事判決

按民法第1030條之1關於夫妻雙方剩餘財產之「差額」，係指就雙方剩餘婚後財產之價值計算金錢數額而言。又前開權利之性質，乃金錢數額之債權請求權。並非存在於具體財產標的上之權利，自不得就特定標的物為主張及行使。是以，除經夫妻雙方成立代物清償合意，約定由一方受領他方名下特定財產以代該金錢差額之給付外，夫妻一方無從依民法第1030條之1規定，逕為請求他方移轉其名下之特定財產。

（二十二）最高法院106年度台上字第2653號民事判決

民法於結婚無效之情形固於第999條之1設有準用夫妻剩餘財產分配之規定，然就夫妻剩餘財產之計算時點並未規定，有立法者未予思及發生疏漏之法律漏洞，應得類推適用判決解消婚姻之離婚，即以訴請確認婚姻無效訴訟之起訴時為準。

（二十三）臺灣臺南地方法院107年度家財訴字第20號民事判決

按原眷戶於承購眷村改建條例興建之住宅時，可獲配政府給與輔助購宅款者，係本於國軍老舊眷村改建條例所定原眷戶身分關係而享有之權益，並非以自己原有財產為對價換購取得。其購屋款項主要來自國家恩惠補助，與純以自費或自己財產交換有償取得者有別，就該補助金額部分，當屬無償取得之財產。

（二十四）最高法院107年度台上字第1649號民事判決

法定財產關係消滅時，夫或妻現存之婚後財產，扣除婚姻關係存續所負債務後，如有剩餘，其雙方剩餘財產之差額，應平均分配。平均分配剩餘財產顯失公平者，法院得調整或免除其分配額。夫妻之一方如有不務正業，或浪費成習等情事，於財產之累積或增加並無貢獻或協力，欠缺參與分配剩餘財產之正當基礎時，自不能獲得非分之利益。於此情形，若就夫妻剩餘財產差額平均分配顯失公平者，法院始得調整或免除其分配額。

（二十五）最高法院108年度台上字第431號民事判決

按民法第1030條之1規定旨在衡平夫妻婚姻關係存續中，因一方對於家務、教養子女及婚姻共同生活並無貢獻，或有不務正業、浪費成習，及對於聯合財產之增加並無貢獻之相類情形，致獲得非分之利益時，由法院本於裁量權之行使，予以調

整或免除其分配額。準此,夫妻剩餘財產之差額平均分配是否顯失公平?應視請求權人是否具有上開情形而定。至法院酌減請求權人之分配額或不予分配,雖有裁量之自由,仍應斟酌請求權人對於「家務」、「教養子女」、「婚姻共同生活」之正面貢獻程度,及其因「不務正業」、「浪費成習」或相類情形,不利於增加聯合財產之負面影響程度而定。

(二十六) 最高法院108年度台上字第1516號民事判決

按民法第1030條之1第1項前段、第1030條之4第1項、勞動基準法第55條第3項及勞工保險條例第58條第3項規定,妻對夫起訴請求離婚之判決確定時,夫尚任職於航空公司,迄未申請退休,仍未取得退休金及勞保老年給付,為原審認定之事實。果爾,夫尚未向航空公司自請退休,及向勞工保險局辦理離職退保,能否謂其現存之婚後財產包括尚未取得之退休金及勞保老年給付?尚非無疑。原審見未及此,遽謂尚未領取之退休金及勞保老年給付,均應列入夫之婚後財產以計算其之剩餘財產,非無可議。

(二十七) 最高法院109年度台上字第49號民事判決

法定財產制關係消滅時,夫或妻現存之婚後財產,扣除婚姻關係存續所負債務後,如有剩餘,其雙方剩餘財產之差額,應平均分配。但因繼承或其他無償取得之財產,不在此限。因此,離婚時於計算夫或妻之婚後財產時,應扣除其於婚姻關係中因繼承或其他無償取得之財產,以計算各自之剩餘財產。

(二十八) 最高法院109年度台上字第2450號民事判決

生存配偶對死亡之他方主張夫妻剩餘財產差額分配請求權,性質屬死亡配偶所負之債務,惟該請求權既係立法者就夫或妻對共同生活所為貢獻之法律上評價,生存配偶自不需與其他繼承人分擔該債務,即得向其他繼承人為主張。此外,遺囑執行人限於與遺囑有關之遺產,始有管理權限及訴訟實施權,於必要時編製與遺囑有關之遺產清冊,並為執行上必要行為之職務,於執行前開必要行為之職務時,視為繼承人之代理人。

(二十九) 最高法院109年度台上字第2475號民事判決

法定財產關係消滅時,夫或妻現存之婚後財產,扣除婚姻關係存續所負債務後,如有剩餘,其雙方剩餘財產之差額,應平均分配。但因繼承或其他無償取得之財產、慰撫金不在此限。此外,夫或妻之一方以其婚前財產清償婚姻關係存續中所負債務,除已補償者外,於法定財產制關係消滅時,應納入婚姻關係存續中所負債務計算。

(三十) 最高法院110年度台上字第817號民事判決

依司法院釋字第620號解釋認法律變更時,新法規範之法律關係如跨越新、舊

法施行時期，當特定法條之所有構成要件事實於新法生效施行後始完全實現時，則無待法律另爲明文規定，本即應適用法條構成要件與生活紛爭事實合致時有效之新法，根據新法定其法律效果之意旨。依此，以離婚原因作爲法定剩餘財產分配請求權行使之原因，即應以離婚形成判決發生婚姻關係解消時，即判決確定時有效之法規範。

（三十一）最高法院110年度台上字第1795號民事判決

夫妻剩餘財產差額分配請求權在配偶一方先他方死亡時，屬生存配偶對其以外之繼承人主張之債權，與該生存配偶對於先死亡配偶之繼承權，爲各別存在之請求權，二者在性質上迥不相同，生存配偶不須與其他繼承人分擔該債務，自不生債權、債務混同之問題。

（三十二）最高法院110年度台上字第2487號民事判決

對於兩岸地區之法院關於受理因夫妻財產制消滅時之財產分配事件，依規定，其審理範圍應僅限於該法院所在地區之財產，而不包括另一地區之財產。倘夫妻之一方於大陸地區法院判決後，就其在臺灣地區之財產另向臺灣地區法院起訴請求分配夫妻財產，該部分財產並非大陸地區法院審理之範圍，與大陸地區法院審理之事件自非同一事件，即無重行起訴或受該案判決效力之拘束可言。

（三十三）最高法院111年度台上字第1398號民事判決

夫妻剩餘財產差額分配制度，係因夫妻就婚後財產之增益均有貢獻，貫徹男女平權原則，將二者剩餘財產之差額平均分配，以臻公平。然夫或妻於婚後因繼承或其他無償取得之財產、慰撫金，均非因夫妻就婚姻家庭有所助力而取得，故將此三類所得財產除外，不列入剩餘財產分配之範圍，此觀民法第1030條之1第1項但書規定甚明。

（三十四）最高法院111年度台上字第2115號民事判決

民法第1030條之1規定之夫妻剩餘財產分配請求權，乃立法者就夫或妻對家務、教養子女、婚姻共同生活貢獻之法律上評價，所彰顯者係夫妻對於婚姻共同生活之貢獻，除考量夫妻對婚姻關係中經濟上之給予外，尚包含情感上之付出，且可因夫妻關係之協力程度予以調整或免除。是夫妻剩餘財產分配固應以平均分配爲原則，惟如夫妻之一方對於婚姻及家庭之圓滿，情感之維持與家庭經濟穩定之協力明顯減損，平均分配剩餘財產差額顯失公平時，法院自得予以調整其分配數額。

（三十五）最高法院112年度台上字第2316號民事判決

夫或妻爲減少他方對於剩餘財產之分配，而於法定財產制關係消滅前五年內處分其婚後財產者，應將該財產追加計算，視爲現存之婚後財產。因此，夫或妻於法定財產制關係消滅前五年內處分婚後財產，須主觀上有爲減少他方對於剩餘財產分

配之意思，始得將該被處分之財產列為婚後財產，且應由主張夫或妻之他方為減少己方對於剩餘財產分配而故為處分者，就其事實負舉證之責。

❖ 民法第1030條之2

夫或妻之一方以其婚後財產清償其婚前所負債務，或以其婚前財產清償婚姻關係存續中所負債務，除已補償者外，於法定財產制關係消滅時，應分別納入現存之婚後財產或婚姻關係存續中所負債務計算。

夫或妻之一方以其前條第一項但書之財產清償婚姻關係存續中其所負債務者，適用前項之規定。

案例1

甲男與乙女是夫妻，兩個人結婚的時候，婚前都只有新台幣（以下同）10萬元，結婚兩年之後，兩個人覺得個性不合，於是就協議離婚，並且辦好了離婚登記。甲離婚的時候，還有婚後財產100萬元；而乙到離婚的時候，婚後財產變成了20萬元。甲在結婚之前，曾經向銀行借了20萬元，結婚後，就用自己的錢把它還清了。而乙曾經把結婚前所有的10萬元，加上婚姻之中，因為車禍被人撞到，因此獲得賠償精神慰撫金10萬元，拿來償還在婚姻之中，向他人借的20萬元。請問：甲、乙之間，誰可以向誰請求多少錢的剩餘財產分配？

一、思考焦點

在夫妻離婚後，通常法定財產制消滅，要進行剩餘財產分配的時候，如果用婚後財產來償還婚前的債務，或是用婚前財產來償還婚姻之中所負的債務，這時，應該要怎麼樣來計算夫或妻各自的婚後財產，以及婚姻之中所負的債務到底是多少？

二、問題論述

民法第1030條之1規定，夫妻通常法定財產制消滅後，夫妻可以進行剩餘財產的分配。夫或妻在婚姻之中勞心、勞力所得到的財產，法律都把它看成是夫妻同心協力所得到的，因為如果沒有另一半的支持、鼓勵、協助，也不會安心勞心、勞力賺到這些錢，所以這些錢都應該要平分。但是民法第1030條之1第1項但書，其

中第1款所講的因為繼承的原因。所得到的財產（因繼承取得之財產），或是沒有付出代價所得到的財產（因無償取得之財產），還有第2款所講的精神上受到傷害所得到的損害賠償（慰撫金），跟夫妻之間是不是同心協力，或受到另外一方的協助、支持、鼓勵根本沒有關係，純粹是得到財產的人，他（她）個人的原因，才會得到那些財產，所以這些財產，並不列入剩餘財產的分配。

　　另外，一個人在結婚之前就有的財產（婚前財產），這也跟兩個人是不是同心協力沒有關係，所以也不列入剩餘財產的分配，同樣的道理，一個人在結婚前所欠的債務，也是他（她）個人的事情，和另外一方在法律上並沒有關係，另外一方沒有幫忙還債的法律義務。

　　如果夫或妻，把結婚之後所得到的、而且應該要列入分配的財產，拿來付他（她）自己在結婚之前就欠人家的錢（以其婚後財產清償其婚前所負債務），另外一方在夫妻通常法定財產制消滅的時候，就會少分這筆錢的一半，所以對另外一方而言，並不公平，等於就是強迫另外一方幫忙還一半的債，除非能夠把用掉的婚後財產給補回來（除已補償者外），否則在計算上，這些拿來償還婚前債務的婚後財產，雖然用來還錢用光了，還是要當作它仍然還存在，來加以計算，也就是把它當作現在還有的婚後財產（納入現存之婚後財產計算），就如前面的案例中，甲用婚後財產的20萬元，來償還他婚前就有的債務，應該就要把這個20萬元計算到婚後財產裡面，所以甲的婚後財產，應該是有120萬元。

　　同樣的道理，如果婚姻之中，夫或妻積欠了人家債務，在計算夫或妻婚後財產的時候，是要先扣掉這些債務，才能計算婚後財產到底有多少，如果不扣掉這些債務，另外一方還可以多分這個債務數額的一半，除非扣掉這些債務之後，婚後財產變成負數的。若是夫或妻用自己的婚前財產，或用婚姻之中因為繼承得到的財產，或用婚姻之中因為無償得到的財產，或用婚姻之中得到的慰撫金，來支付這筆債務，另外一方就不用分擔這個債務的一半，這樣並不公平，因為是用與另外一方沒有關係的財產，來償還另外一方應該負責分擔其中一半的債務，所以在這種情形，除非把償還婚後債務的一方，他（她）所用掉的婚前財產、繼承得到的財產、其他無償得到的財產或慰撫金給補回來（除已補償者外），那麼還是要把這個婚後的債務，當作仍然還在，來計算夫或妻的婚後財產，這樣才公平（亦即納入婚姻關係存續中所負債務計算）。就如前面的案例中，乙用自己結婚的時候，就有的婚前財產10萬元，還有在婚姻之中，所得到的慰撫金10萬元，通通拿來償還這個婚姻之中，自己所負的債務20萬元，所以乙在離婚的時候，要把她看成還是負債20萬元，所以就用她的婚後財產20萬元，減掉這個負債20萬元，就算出乙的婚後財產是零。

三、案例結論

甲用婚後財產的20萬元，來償還婚前就有的債務，應該就要把20萬元計算到婚後財產裡面，所以甲的婚後財產，應該是有120萬元。乙在離婚的時候，要把她看成負債20萬元，用她的婚後財產的20萬元，減掉這個負債20萬元，就算出乙的婚後財產是零。綜合以上的說明，可以知道：甲、乙的夫妻通常法定財產制，隨著離婚而消滅的時候，乙可以向甲請求剩餘財產的一半，也就是60萬元。

四、相關實例

甲男與乙女是夫妻，兩個人結婚的時候，都只有10萬元，結婚兩年之後，兩個人覺得個性不合，於是就協議離婚，並且辦好了離婚登記。甲離婚的時候，財產還有100萬元了；而乙到離婚的時候，財產變成40萬元。甲在結婚之前，曾經向銀行借了10萬元，結婚後，就用自己的錢把它還清了。而乙曾經把結婚之中，因為繼承的原因，所得到的20萬元，拿來償還婚姻之中向人家借的20萬元。請問：甲、乙之間，誰可以向誰請求多少錢的剩餘財產分配？

五、重要判解

（一）臺灣高等法院101年度家上字第18號民事判決

夫或妻之一方如在婚前有約定按月支付及逐年清償之契約者，即應屬將來持續發生之債務，如履行期發生在夫妻結婚後，應屬婚後債務，不能僅因約定時期在夫妻結婚前，而遽認全屬夫或妻之一方婚前所負債務。況且就夫或妻之一方是否有以婚後財產清償婚前所負債務之特殊情況，如未能舉證他方係以婚後財產支付婚前債務之情況，則難認有民法第1030條之2條第1項夫或妻之一方以其婚後財產清償其婚前所負債務，或以其婚前財產清償婚姻關係存續中所負債務，除已補償者外，於法定財產制關係消滅時，應分別納入現存之婚後財產或婚姻關係存續中所負債務計算之適用。

（二）最高法院103年度台上字第2253號民事判決

按離婚時應僅就屬於夫或妻之婚後財產始生剩餘財產分配問題，倘屬婚前財產，即不在分配之列。又民法第1030條之2第1項規定，夫或妻之一方以其婚後財產清償其婚前所負債務，或以其婚前財產清償婚姻關係存續中所負債務，除已補償者外，於法定財產制關係消滅時，應分別納入現存之婚後財產或婚姻關係存續中所負債務計算。是請求剩餘財產分配訴訟中，倘配偶主張部分存款為婚前所儲蓄之財產，則該存款於離婚起訴時止，如仍有剩餘，即不得計入該配偶之婚後財產，上難謂與剩餘財產之計算無涉，且此與請求分配剩餘財產差額之多寡攸關，自有進一步

查明必要，尚不得逕為不利當事人之判斷。次按因配偶與人通姦而受精神上損害，訴請判決離婚，合併請求通姦之配偶賠償其非財產上之損害者，此二損害賠償請求權之性質、構成要件、所生損害之內容及賠償範圍均不相同。前者屬於因侵權行為所生之損害，於婚姻關係存續中即可請求賠償，不因判決離婚而被吸收於後者因離婚所受損害之中。故二者請求權雖基於同一通姦之事實，但仍難謂有請求權競合之情形，應得分別請求通姦之配偶賠償損害。

案例2

　　甲男與乙女是夫妻，兩人結婚日期97年1月1日，在夫妻財產制未以契約訂立，婚前財產甲男30萬元，乙女50萬元，兩人因個性不合，於是在98年12月16日辦理協議離婚登記。在協議離婚當天甲男財產500萬元，而乙女財產300萬元，甲男在結婚之前，曾向銀行信用貸款30萬元，結婚之後就用婚後財產將該信用貸款30萬元，清償完畢，又甲男財產500萬元中，有100萬元是繼承取得，而乙女財產300萬元中，有20萬元是車禍之慰撫金。試問：甲、乙之間，誰可以向誰請求多少剩餘財產分配？

解析

　　甲男部分：500萬元（婚前及婚後財產）－30萬元（婚前財產）＋30萬元（婚前曾向銀行信用貸款30萬元，結婚之後就用婚後財產將該信用貸款30萬元，清償完畢）－100萬元（繼承取得）＝400萬元（婚後財產之淨利剩餘財產）

　　乙女部分：300萬元（婚前及婚後財產）－50萬元（婚前財產）－20萬元（車禍之慰撫金）＝230萬元（婚後財產之淨利剩餘財產）

　　甲男400萬元（婚後財產之淨利剩餘財產）＋乙女230萬元（婚後財產之淨利剩餘財產）÷2＝315萬元（甲男與乙女平均婚後財產之淨利剩餘財產）

　　315萬元（甲男與乙女平均婚後財產之淨利剩餘財產）－乙女230萬元（婚後財產之淨利剩餘財產）＝85萬元（乙女得向甲男請求之剩餘財產分配金額）

　　請參閱民法第1030條之1第1項、民法第1030條之2第1項規定。

❖ 民法第1030條之3

　　夫或妻為減少他方對於剩餘財產之分配，而於法定財產制關係消滅前五年內處分其婚後財產者，應將該財產追加計算，視為現存之婚後財產。但為履行道德上義務所為之相當贈與，不在此限。

　　前項情形，分配權利人於義務人不足清償其應得之分配額時，得就其不足額，對受領之第三人於其所受利益內請求返還。但受領為有償者，以顯不相當對價取得者為限。

　　前項對第三人之請求權，於知悉其分配權利受侵害時起二年間不行使而消滅。自法定財產制關係消滅時起，逾五年者，亦同。

案 例

　　甲男與乙女是夫妻，兩個人結婚的時候，分別有新台幣（以下同）10萬元，結婚兩年之後，兩個人覺得個性不合，於是就協議離婚，並且辦好了離婚登記。甲離婚的時候，財產50萬元；而乙到離婚的時候，財產成為20萬元。在婚姻之中，甲、乙不斷地為了甲在外面交女朋友的事情吵架，甲知道和乙在一起的日子不多了，將來分配剩餘財產的話，自己婚後財產比較多，怕分配給乙太多，於是就在與乙協議離婚前一年內，免費送給他在外面的女朋友丙20萬元，另外送給年紀很大、獨居中風的貧困丁叔過年禮金2萬元，並且把自己在結婚後，在外面做生意賺的錢，所買的市面上價值100萬元的高級轎車，用10萬元賣給丙。請問：甲、乙之間，誰可以向誰請求多少錢的剩餘財產分配？

一、思考焦點

　　夫或妻在婚姻之中，為了減少另外一方將來分配剩餘財產，故意把婚後財產移轉出去，好讓另外一方將來分配不到，或分配的比較少，那麼夫妻通常法定財產制消滅後，另外一方是不是可以採取什麼方法來補救？

圖示：

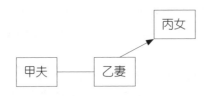

二、問題論述

（一）財產的追加計算

原則上，法律把夫或妻的婚後財產，看成是夫妻同心協力的結果，所以分配剩餘財產的時候，夫或妻的婚後財產要平分。如果夫妻其中一個人，為了怕另一方將來從自己這邊分到更多剩餘財產（為減少他方對於剩餘財產之分配），就趕緊在夫妻通常法定財產制消滅以前，把手上的婚後財產移轉出去（處分婚後財產），這樣對因此少分剩餘財產的另外一方，並不公平，所以民法第1030條之3第1項前段就規定，應該要把移轉出去的財產，加入移轉的一方婚後財產，來加以計算（追加計算），這樣才不會少算另外一方的剩餘財產分配，但是要以夫妻通常法定財產制消滅之前五年以內的處分行為才算。

所謂把財產移轉出去，包括免費給人家婚後財產（無償處分婚後財產），還有收到的代價低於送出去的婚後財產的價值（對價不相當的有償處分婚後財產），如前面的案例，甲免費送給丙20萬元，還有賣高級轎車少收90萬元。但是，不是所有被處分掉的婚後財產，都要加入計算，有時候，總是會因為人情事故，在道德義理上，應該要送的金錢或東西，一般人都會覺得價值差不多的話（為履行道德上義務所為之相當贈與），就例外地不追加計算（民法第1030條之3第1項但書），例如：甲把婚後財產其中的2萬元，送給他年紀很大、獨居中風的貧困叔叔，是符合人情事故及道德義理的，而且不會很多，所以這個2萬元禮金，就不用加入計算。

（二）向第三受領人的返還請求權

如果要追加計算的財產，已經移轉出去了，造成剩餘財產分配權利人，沒有辦法從處分婚後財產的一方，分配到應該要分配的數額的話，剩餘財產分配權利人，還可以向拿到這個處分財產的第三人（受領之第三人），要回剩餘財產分配權利人分配不夠的價額。如果受領的第三人，是無償取得這個婚後財產，那麼被剩餘財產分配請求權人要回去，也不會吃虧，如果受領的第三人，雖然拿到了被處分的婚後財產，但是也有付出相當的代價，或付出的代價，並不會比所拿到的財產少太多，那麼剩餘財產分配權利人，依然可以從處分財產的一方拿到足夠的剩餘財產分配，

沒有必要去向受領的第三人要回少分的錢。只有在受領的第三人，受領夫或妻其中一個人的婚後財產，所付出的代價，很明顯的，實在是比所受領的財產或東西的價值，少了太多（以顯不相當對價取得者為限），而且處分婚後財產的一方，也沒有辦法給另外一方追加計算之後足夠的剩餘財產分配（分配權利人於義務人不足清償其分配額），剩餘財產分配請求權人才可以向受領的第三人要回分配不夠的數額（民法第1030條之3第2項），這樣可以避免用相當價錢跟人家買東西或從事交易行為的人，還要擔心隨時可能會被出賣人的配偶要一些錢回去，造成交易安全沒有保障，但是當所付出的代價，顯然遠低於自己所受領的財產的時候，應該會知道這會讓處分財產一方的配偶，將來少分一些剩餘財產，既然知道，竟然還是受領了那個財產，就不用受到保護，受領人必須要忍受可能會被出賣人的配偶要一些錢回去。如前面的例子所講的甲，把價值100萬元的高級轎車，用10萬元賣給丙，顯然與那台高級轎車價值不相當，所以甲少收的90萬元，乙可追加計算在甲的婚後財產之內。

（三）向受領第三人返還請求權的消滅時效

另外，無論是有償或無償的處分婚後財產行為，只要剩餘財產分配請求權人知道自己受分配的權利受到侵害，從知道的時候，開始二年以內，或夫妻通常法定財產制消滅後五年以內，剩餘財產分配請求權人可向受領的第三人要這筆錢；如超過前揭時效，亦即剩餘財產分配請求權人知道自己受分配的權利受到侵害，超過二年或夫妻通常法定財產制消滅超過五年時效，被請求人就可以抗辯時效已經經過了，於是就可以不用返還剩餘財產分配請求權人少分配的錢（民法第1030條之3第3項），以免受領財產或東西的人，永遠都要擔心明天處分婚後財產的人，亦即他（她）的配偶會不會來要錢，以致於長期處在不安穩的狀態之中，也可以促使剩餘財產分配請求權人，儘快地去行使權利，不要讓自己的權利睡著了。

三、案例結論

甲離婚之前一年，為了怕乙將來從自己這邊分到更多的剩餘財產，就免費送給丙的20萬元，還有賣給丙高級轎車少收的90萬元，都要加入他婚後財產的計算，但是甲送給年紀很大、獨居中風的貧困叔叔過年禮金2萬元，是履行道德上的義務，不用加入剩餘財產的計算。所以甲的剩餘財產，是他離婚時手上的50萬元，加上送給丙的20萬元，還有少收丙高級轎車的代價90萬元，減掉婚前財產10萬元，總共是150萬元。而乙的剩餘財產，是離婚時的財產20萬元，減掉結婚時的財產10萬元，剩下10萬元。這樣，乙可以依照民法第1030條之1第1項的規定，少的向多的要，所以乙得向甲請求剩餘財產70萬（150萬－10萬＝70萬）。

四、相關實例

甲男與乙女是夫妻，兩個人在民國91年7月1日結婚的時候，都只有10萬元，結婚兩年之後，兩個人覺得個性不合，於是就在民國93年5月1日協議離婚，並且辦好了離婚登記。甲離婚的時候，財產已經有50萬元了；而乙到離婚的時候，財產變成20萬元。在結婚之後不久，甲、乙就不斷地為了甲在外面交女朋友的事情吵架，甲知道和乙在一起的日子不多了，將來分配剩餘財產的話，自己婚後財產比較多，怕分配給乙太多，就在與乙結婚後不久，免費送給他在外面的女朋友丙20萬元，送給年紀很大、獨居中風的貧困叔叔過年禮金2萬元，並且把自己在結婚後，在外面做生意賺的錢，所買的市面上價值100萬元的高級轎車，用10萬元賣給丙女，乙在民國91年8月1日就知道這些事情了。請問：乙女在民國93年9月1日，依照民法第1030條之3第2項的規定，向丙請求返還不當減少之剩餘財產分配時，丙女可不可以用時效抗辯，來拒絕返還？

五、重要判解

臺灣高等法院101年度家上易字第29號民事判決

民法第1030條之3第1項係規定，夫或妻為減少他方對於剩餘財產之分配，而於法定財產制關係消滅前五年內處分其婚後財產者，應將該財產追加計算，視為現存之婚後財產。但為履行道德上義務所為之相當贈與，不在此限；亦即如係源自其父母或兄弟之無償贈與者，應可認屬但書規定之情況，自不得列為剩餘財產。

❖ 民法第1030條之4

夫妻現存之婚後財產，其價值計算以法定財產制關係消滅時為準。但夫妻因判決而離婚者，以起訴時為準。

依前條應追加計算之婚後財產，其價值計算以處分時為準。

案 例

甲男與乙女是夫妻，兩個人在民國91年7月1日結婚的時候，分別有新台幣（以下同）10萬元，結婚兩年之後，兩個人覺得個性不合，於是就在民國93年5月1日協議離婚，並且辦好了離婚登記，甲離婚的時候，已經用婚後財產買了一棟房子。在結婚之後不久，甲、乙就不斷地為了甲在外面交女朋友

的事情吵架，甲知道和乙在一起的日子不多了，將來分配剩餘財產的話，自己婚後財產比較多，怕分配給乙太多，就在民國91年12月1日，把一台用婚後財產新買的高級轎車，用10萬元賣給丙。請問：甲的婚後財產，要怎麼樣去估計？

一、思考焦點

夫妻通常法定財產制消滅時，夫妻現有的婚後財產，要怎麼樣去估計它的價值，如果要依照民法第1030條之3的規定去追加計算財產，又要怎麼樣去估計它的價值？要用哪一個時間點去估價？

二、問題論述

夫妻在通常法定財產制消滅的時候，要知道誰可以向誰請求多少剩餘財產的分配，就要先算出來兩個人婚後財產還剩多少（現存之婚後財產），這樣才能比較誰的剩餘財產比較多，誰的剩餘財產比較少，剩餘財產比較少的一方，可以向剩餘財產比較多的一方，請求差額的一半。但是，兩個人的婚後財產還剩多少，有的時候很難估計，因為婚後財產不一定是現金，有的時候是其他動產，例如：動產有股票、汽車、鑽戒；例如：不動產有房子或土地。而這些東西，會隨著景氣、經濟繁榮或市價而浮動，有的時候價值比較高，有的時候價值比較低，那麼要用哪一個時間點去估價？民法第1030條之4規定，估計夫妻在通常法定財產制消滅時，到底現存多少婚後財產，是用夫妻通常法定財產制消滅的時候，作為估價的基準。如果是起訴請求離婚，後來判決確定離婚，是以那個訴訟起訴的時候為準，而如果要依照民法第1030條之3的規定追加計算婚後財產，則是以婚後財產被處分的那個時候，市價是多少錢，當作是估價的基準。

三、案例結論

甲現存的婚後財產多少，是以甲、乙民國93年5月1日協議離婚時，作為估價的時間點，也就是用那天甲房子的價值來計算（民法第1030條之4第1項前段）；而追加計算的高級轎車價金，則是用民國91年12月1日，那台轎車被賣出去當天的價值，當作是估價的基準（民法第1030條之4第2項）。

四、相關實例

甲男與乙女是夫妻，兩個人在民國91年7月1日結婚的時候，都只有10萬元，

結婚兩年之後，兩個人覺得個性不合，於是就在民國92年5月1日由甲向法院提出與乙離婚請求，93年6月1日法院判決離婚確定，甲在91年11月1日，用婚後財產買了價值1,000萬元的股票，起訴離婚的時候，股票都沒有賣，但是市價只剩下50萬元，乙離婚當天，還有用婚後財產所買的股票，價值有20萬元，但是在離婚前起訴時，買的時候價值有50萬元。在結婚之後不久，甲、乙就不斷地為了甲在外面交女朋友的事情吵架，甲知道和乙在一起的日子不多了，將來分配剩餘財產的話，自己婚後財產比較多，怕分配給乙太多，就在民國91年12月1日，把一台用婚後財產所新買的高級轎車，用10萬元賣給丙，當天市價是100萬元。請問：乙可以向甲請求分配多少的剩餘財產？

五、重要判解

（一）最高法院97年度台上字第88號民事判決

夫妻現存之婚後財產，其價值計算以法定財產制關係消滅時為準。但夫妻因判決而離婚者，以起訴時為準，民法第1030條之4定有明文。本件剩餘財產分配關於兩造婚後財產價值之計算，應以被上訴人提起離婚反訴即92年9月4日為準，為兩造所不爭。所謂以起訴時為準，係指關於夫妻剩餘財產分配之請求，其婚後財產範圍及其價值之計算，以及於婚姻關係存續中所負債務，均應以提起離婚訴訟時為準。

（二）最高法院98年度台上字第768號民事判決

夫妻剩餘財產分配制度，在於夫妻婚姻關係存續中，其財產之增加，係夫妻共同努力、貢獻之結果，故賦予夫妻因協力所得剩餘財產平均分配之權利。關於夫妻剩餘財產差額之分配，夫妻現存之婚後財產價值計算基準，以法定財產制關係消滅時為準，但夫妻一旦提起離婚之訴，其婚姻基礎既已動搖，自難期待一方對於他方財產之增加再事協力、貢獻，是夫妻因判決而離婚，其婚後財產範圍及其價值計算基準，以提起離婚之訴時為準。

（三）最高法院100年度台上字第2179號民事判決

民法第1030條之4第1項本文固規定夫妻現存之婚後財產，其價值計算以法定財產制關係消滅時為準。惟依同條第2項規定依同法1030條之3應追加計算之婚後財產，其價值計算以處分時為準。法院計算系爭房地之價值，未以配偶處分系爭房地時之價值為準，而以配偶財產認定基準日即法定財產制關係消滅時之98年5月18日（離婚日），計算系爭房地之價值，據以核算配偶他方應返還之利益數額，有適用法規不當之違法。

（四）臺灣高等法院暨所屬法院100年法律座談會民事類提案第7號

法律問題：甲夫乙妻於民國90年4月結婚，雙方未以契約訂立夫妻財產制，婚後夫
　　　　妻感情不睦：

問題一：

乙妻以甲夫在外與其他女子性交為由，於98年6月15日向本院提起請求判決離
婚之訴；甲夫於前開婚姻訴訟進行中之99年4月1日，以乙妻對甲夫之直系血親尊
親屬為不堪同居之虐待為由，反訴請求判決離婚，合併請求夫妻剩餘財產分配，則
有關兩造於婚後以乙妻名義購置之A房地，其財產之價值計算以何時為準？

問題二：

設若法院審理結果，本訴為無理由判決駁回；反訴有理由，判決兩造離婚，則
其婚後財產價值之計算基準有無不同？

問題三：

又若乙妻於甲夫提起前開反訴後法院宣示判決前，撤回離婚本訴，則其婚後財
產價值之計算基準有無不同？

問題四：

又如前開設題，甲夫提起反訴時未合併請求夫妻剩餘財產分配，法院審理結
果，本訴無理由判決駁回乙妻之離婚本訴；而反訴有理由，判決准兩造離婚，因乙
妻遲誤上訴期間而告確定，甲夫於前開訴訟判決確定後再另起訴請求剩餘財產分
配，其財產價值之計算，究以前訴訟乙妻起訴時為準或以甲夫提起反訴時為準？

討論意見：

問題一：

甲說：應以乙妻於98年6月15日向本院提起請求判決離婚之訴時為準。按夫妻
現存之婚後財產，其價值計算以法定財產制關係消滅時為準。但夫妻因判決而離
婚者，以起訴時為準，民法第1030條之4第1項定有明文。蓋夫妻一旦提起離婚之
訴，其婚姻基礎既已動搖，自難期待一方對於他方財產之增加再事協力、貢獻，是
夫妻因判決而離婚，其婚後財產範圍及其價值計算基準，以提起離婚之訴時為準
（最高法院98年度台上字第768號判決參照）。又反訴係利用本訴之訴訟程序所提
起，其提起之時間並不確定，若以提起反訴離婚合併請求剩餘財產分配時為計算財
產價值之基準，除欠缺程序之安定性外，亦將可能使反訴原告利用反訴程序操控婚
後財產價值之計算時點。

乙說：應以甲夫於99年4月1日反訴請求判決離婚，合併請求夫妻剩餘財產分配
時為準。按民法第1030條之4第1項但書「以起訴時為準」，應包含反訴請求判決
離婚之情形在內（最高法院97年度台上字第88號民事判決要旨所載「應以提起離

婚訴訟時為準」，即係指反訴離婚時），且於反訴合併請求剩餘財產分配時，始有計算財產價值的問題，故本訴起訴時既未合併請求剩餘財產分配，自應以反訴請求判決離婚，合併請求剩餘財產分配時，作為計算婚後財產價值之時點。

問題二：

甲說：仍應以乙妻提起離婚本訴時為計算婚後財產之基準。亦即夫妻婚後財產價值之計算基準，不應依法院審理之結果而有所不同，否則於訴訟進行中法院在本訴或反訴勝敗未形成心證前，將無法就婚後財產進行鑑價（或必須就本訴起訴及反訴提起時之價值分別鑑價），其財產價值之計算基準，一再隨法院審理結果之不同而變更，顯有違訴訟程序之安定性。

乙說：仍應以甲夫提起離婚反訴，合併請求分配剩餘財產時為計算婚後財產之基準。按民法第1030條之4第1項但書係規定：夫妻「因判決而離婚者」，以起訴時為準，即應以該起訴經法院判決准許離婚時，始有其適用。本件乙妻之本訴經法院審理後既認為無理由而判決駁回，其起訴自不應作為婚後財產價值計算之基準，而反訴經法院判決准許離婚，其婚後財產價值之計算，自應以反訴離婚提起時為基準。

問題三：

甲說：仍應以乙妻提起離婚本訴時為計算婚後財產之基準。亦即夫妻婚後財產價值之計算基準，均應以離婚本訴起訴時為準，縱本訴於訴訟程序進行中撤回，但反訴既不受本訴撤回之影響，繼續進行之訴訟程序，自仍得援用先前訴訟程序對婚後財產所為之鑑價結果。若認為本訴撤回時，應以反訴提起時為計算基準，則法院必須就反訴提起時之婚後財產價值再另行鑑價，不惟與訴訟經濟原則有違，亦不符程序安定之原則。

乙說：應以甲夫提起離婚反訴，合併請求分配剩餘財產時為計算婚後財產之基準。按民法第1030條之4第1項但書「以起訴時為準」，係以訴訟合法繫屬於法院為前提，苟離婚本訴於起訴後已經撤回而訴訟繫屬消滅，自無再將已不存在之起訴時點，作為計算婚後財產價值基準之理。本件乙妻所提起之離婚本訴，其後既經乙妻撤回而致本訴之訴訟繫屬消滅，則其反訴所進行之訴訟程序，自無以本訴起訴時作為計算婚後財產價值基準之餘地。

問題四：

甲說：仍應以乙妻提起離婚本訴時為計算婚後財產之基準。亦即夫妻婚後財產價值之計算基準，均應以離婚本訴起訴時為準，不論本訴其後是否撤回，亦不論本訴經法院審理後是否無理由而被駁回，只要法院於同一訴訟程序判決准許兩造離婚，有關婚後財產價值之計算基準，即應以離婚本訴起訴時為準。至最高法院97年度台上字第88號民事判決要旨，所載「本件剩餘財產分配關於兩造婚後財產價值之

計算，應以被上訴人提起離婚反訴即92年9月4日準，為兩造所不爭」等語，係引用臺灣高等法院96年度重家上字第9號之判決內容，並非最高法院判決本身所持之法律見解。

乙說：應以甲夫前訴訟提起離婚反訴時，作為後訴訟請求分配剩餘財產時計算婚後財產價值之基準。蓋乙妻提起離婚本訴及甲夫所提離婚反訴之前訴訟，經法院審理後，既認定本訴離婚無理由予以駁回；反訴離婚有理由，判決准許離婚確定，則後訴訟請求分配夫妻剩餘財產，其婚後財產價值之計算，自應以前訴訟甲夫所提反訴離婚時為計算之基準。最高法院97年度台上字第88號判決要旨：「夫妻現存之婚後財產，其價值計算以法定財產制關係消滅時為準。但夫妻因判決而離婚者，以起訴時為準，民法第1030條之4定有明文。本件剩餘財產分配關於兩造婚後財產價值之計算，應以被上訴人提起離婚反訴即92年9月4日為準，為兩造所不爭。所謂以起訴時為準，係指關於夫妻剩餘財產分配之請求，其婚後財產範圍及其價值之計算，以及於婚姻關係存續中所負債務，均應以提起離婚訴訟時為準。」即採此見解。

初步研討結果：

　　問題一：多數採甲說。

　　問題二：多數採甲說。

　　問題三：多數採甲說。

　　問題四：多數採甲說。

審查意見：

　　問題一：應視本訴或反訴何者為有理由，而以該有理由之訴起訴時為準。

　　問題二：採乙說。

　　問題三：採乙說。

　　問題四：採乙說。

研討結果：

　　問題一：照審查意見通過。惟理由補充「若本訴或反訴皆有理由，則以本訴起訴時為準（本訴一定先起訴）。」

　　問題二：照審查意見通過。

　　問題三：照審查意見通過。

　　問題四：照審查意見通過。

（五）臺灣高等法院暨所屬法院103年法律座談會民事類提案第8號

法律問題：夫妻未以契約約定夫妻財產制，妻提起離婚訴訟後，兩造於訴訟中和解（或經移付調解）離婚成立。夫妻一方嗣後向他造請求分配剩餘財產

時，夫妻現存之婚後財產之價值計算，應以起訴時爲準，或以和解（或調解）離婚成立之爲準？

討論意見：

甲說：應以和解（或調解）離婚成立時爲準。夫妻現存之婚後財產，其價值計算以法定財產制關係消滅時爲準，但夫妻因判決離婚者，以起訴時爲準，民法第1030條之4第1項定有明文。兩造之離婚係因和解（或調解）成立，並非判決離婚，自應適用同條項本文規定，以和解（或調解）離婚成立時爲準。

乙說：應以離婚訴訟起訴時爲準。調解成立者，與訴訟上和解有同一之效力；和解成立者，與確定判決有同一之效力。兩造雖於離婚案件繫屬中達成和解（或調解）離婚，但基於夫妻一旦提起離婚之訴，其婚姻基礎既已動搖，自難期待一方對於他方財產之增加再事協力、貢獻之同一法理，應類推適用同條但書因判決而離婚之規定，以離婚訴訟起訴時爲準。

初步研討結果：採乙說。

審查意見：採乙說。

研討結果：經提案機關同意，法律問題第四行「應以起訴時爲準」，修正爲「應以提起離婚訴訟時爲準」照審查意見通過。

相關法條：民法第1030條之4第1項，民事訴訟法第380條第1項、第416條第1項。

（六）最高法院106年度台上字第2424號民事判決

夫妻因判決而離婚者，依民法第1030條之4第1項規定，以起訴離婚時爲夫妻婚後財產範圍及計價之基準日，就分居期間之扶養費，如夫妻之一方於基準日以前給付他方，固應認已失原屬性而歸入他方之一般財產，並列爲婚後財產之範圍；惟於基準日以前應給付而未給付者，因仍係本於身分關係而生之給付義務，非爲一般財產性質之債務，自不應認其爲婚姻關係存續中所生之財產上債權、債務，而列入應分配之後財產計算。

（七）法務部113年4月11日法律字第11303505240號函

要旨：計算夫妻雙方剩餘財產差額之範圍，係就法定財產制關係消滅時，以夫或妻現存之婚後財產，扣除婚姻關係存續所負債務後，據以計算剩餘財產。人壽保險於被保險人死亡時，生存配偶基於受益人身分取得保險給付請求權，而保險人依契約約定所爲給付之保險金額，非屬於「婚姻關係存續中」所取得之婚後財產，此部分不列入生存配偶婚後財產之計算範圍。

第三款　約定財產制

第一目　共同財產制

❖ 民法第1031條

夫妻之財產及所得，除特有財產外，合併為共同財產，屬於夫妻公同共有。

案 例

> 甲男及乙女於民國93年7月1日結婚，結婚後，立即用書面約定了夫妻共同財產制，並且到地方法院辦理了登記。甲結婚時有新台幣（以下同）2,000萬元，乙結婚時有1,000萬元，甲因為是醫生，另外還有一套先進的國外進口醫療儀器，價值100萬元。請問：甲、乙的夫妻財產是多少錢？其中甲的比例是多少？乙的比例是多少？

一、思考焦點

夫妻如果約定共同財產制，那麼他們的夫妻財產怎麼去計算？每個人的比例是多少？

二、問題論述

（一）共同財產的組成

夫妻約定共同財產制，是把兩個人所有的婚前財產及婚後財產，也就是把兩個人現在及將來的一切財產及所得合而為一，這代表夫妻是一體的。

（二）特有財產

夫妻共同財產，並不包括民法第1031條之1規定所列出來的夫妻特有財產，因為這些財產是夫妻因為個人的原因，所擁有的財產，與這個婚姻沒有法律上的關係，所以不應該加入夫妻共同財產。

（三）公同共有

夫妻共同財產是夫妻公同共有，公同共有之意思，是從外表沒有辦法區分到底誰占其中多少比例，只有在夫妻之間，才能區分誰有多少比例，所以它的應有部分，是潛在的，不是顯在的。

三、案例結論

甲結婚時有2,000萬元，以及乙結婚時有1,000萬元，共同組成3,000萬元的夫妻財產，這個夫妻的共同財產，依照民法第1031條的規定，是甲、乙所公同共有的，沒有辦法從外表去區分甲、乙誰占有的比例是多少。而甲的先進醫療儀器，是甲從事醫生這個行業必須用到的生財工具（職業上必需之物），依照民法第1031條之1第1項第2款的規定，是甲的特有財產，所以不列入甲、乙的共同財產。

四、相關實例

甲男及乙女於民國93年7月1日結婚，結婚後立即用書面約定了夫妻共同財產制，並且到地方法院辦理了登記。甲結婚時有新台幣2,000萬元，乙結婚時有1,000萬元，乙的母親在乙結婚的時候，送給乙100萬元，並且用書面表明是乙的特有財產。請問：甲、乙的夫妻共同財產是多少錢？

五、重要判解

最高法院44年台上字第59號判決

民法第1031條第1項所謂「夫妻之財產及所得，除特有財產外，合併為共同財產，屬於夫妻公同共有。」乃約定之共同財產制，須夫妻以契約訂立此項夫妻財產制者，始有其適用，若無此項約定，自難認其夫妻財產係屬公同共有。

❖ 民法第1031條之1

左列財產為特有財產：

一、專供夫或妻個人使用之物。

二、夫或妻職業上必需之物。

三、夫或妻所受之贈物，經贈與人以書面聲明為其特有財產者。

前項所定之特有財產，適用關於分別財產制之規定。

案 例

甲男與乙女是夫妻，甲在外面做生意，乙是鋼琴家，結婚的時候，就約定夫妻共同財產制，並且到地方法院辦理登記。有一天，乙沒有通知甲，就把自己所買的、每天用來練習演奏、表演用的鋼琴一台，賣給第三人丙。甲就向地方法院起訴，主張甲、乙已經約定了夫妻共同財產制，所以乙用的鋼

琴，實際上是甲、乙所公同共有的，所以乙是無權處分，侵害了甲對那台鋼琴的所有權，因而要求乙損害賠償。請問：甲的主張是不是有理由？

一、問題焦點

夫妻約定共同財產制之後，有哪些財產仍然可以保有單獨的所有權（分別財產制），而可以任意去使用、收益、處分？

圖示：

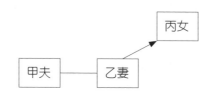

二、問題論述

夫妻約定共同財產制，依照民法第1031條的規定，就是把兩個人所有的婚前財產及婚後財產，也就是把兩個人現在及將來的一切財產及所得，合而為一，而成為公同共有，代表夫妻是一體的。但是民法第1031條規定，特有財產不在夫妻共同財產制的範圍，因為這些財產，是由於夫妻個人的因素，所擁有的財產，與婚姻沒有法律上的關係，不應該加入夫妻共同財產。民法第1031條之1更進一步規定，就什麼是「特有財產」下了定義。特有財產，依照民法第1031條之1第1項的規定，包括：

（一）專供夫或妻個人使用之物（第1款）

只有夫或妻其中一個人會用到的東西，例如：夫的衣服、運動器具；妻的化妝品、飾物等等，專供是指動產而言，不包括不動產、權利或現金。

（二）夫或妻職業上必需之物（第2款）

夫或妻工作上必需要用到的東西，例如：醫師的醫療用具、儀器就是他的特有財產，畫家的畫筆、畫紙就是他的特有財產，或是如前面案例中所講的，鋼琴家乙練習演奏、表演用的鋼琴，也是她的特有財產。

（三）夫或妻所受之贈物，經贈與人以書面聲明為其特有財產者（第3款）

夫或妻受到人家的贈與，而無償取得的財產，無論人家是生前贈與或死後贈與，也不問是婚前受贈與或婚後受贈與，都是屬於受贈人的特有財產，但是要由贈

與的人，用書面表示是送給受贈人的，才算是受贈人的特有財產，否則還是算夫妻的公同共有財產，這是爲了受贈人舉證上的方便，也避免日後發生爭議。

以上的夫妻特有財產，就和另一方的協力、互助、支持無關，因此應該要用夫妻分別財產制的規定（民法第1031條之1第2項），由夫或妻自己所有、管理、使用、收益及處分。

三、案例結論

乙自己所買的、每天用來練習演奏、表演用的鋼琴，就是她「職業上必需之物」，因此是乙的特有財產，適用分別財產制，而由乙單獨使用、收益、處分，而不是甲、乙公同共有的，所以乙把它賣給丙，是處分自己單獨所有的財產，就是有權處分，丙因而取得那台鋼琴的所有權，乙也沒有侵害到甲的所有權，所以不用向甲負損害賠償的責任，從而甲的主張，並沒有理由。

四、相關實例

甲男與乙女是夫妻，甲在外面做生意，乙是鋼琴家，結婚的時候，就約定夫妻共同財產制，並且到地方法院辦理登記。有一天，乙沒有通知甲，就把自己所買的、每天在裡面練習演奏鋼琴，並且開班教學的房子，賣給第三人丙，甲就向地方法院起訴，主張甲、乙是約定夫妻共同財產制，所以乙用的那棟房子，實際上是甲、乙所公同共有的，乙是無權處分，要求乙損害賠償。請問：甲的主張是不是有理由？

案 例

甲男結婚後與乙女約定夫妻共同財產制，甲男以開計程車爲業，並將開計程車所賺的錢供家人花用，試問：甲所賺的錢係夫妻財產制之共同財產或特有財產？

案例結論

甲男以計程車之特有財產（民法第1031條之1第1項第2款）所賺的錢，非民法第1031條之1各款構成要件要素，故屬於民法第1031條規定，夫妻之財產及所得，除特有財產外，合併爲共同財產，屬於夫妻公同共有。故甲男開計程車所賺的錢，屬於夫妻公同共有之財產，而非特有財產。

❖ 民法第1032條

共同財產，由夫妻共同管理。但約定由一方管理者，從其約定。

共同財產之管理費用，由共同財產負擔。

案 例

甲男及乙女是夫妻，結婚的時候，兩個人感情很好，就約定夫妻共同財產制，並且到地方法院辦理登記，但是好景不常，不久之後，甲、乙兩個人就經常吵架，常常在吵架之後，乙就把自己結婚前所買的車子開出去，整夜不回家，而且都不把車鑰匙交出來，甲就向地方法院起訴，主張乙應該要交出那部車子的鑰匙，而由甲、乙共同來保管鑰匙及那輛車子，乙不能隨便去開那部車。請問：甲的主張是不是有理由？

一、思考焦點

夫妻約定共同財產制後，共同財產要怎麼樣來管理？

二、問題論述

夫妻約定共同財產制，就是把兩個人所有的婚前財產及婚後財產合而為一，也就是把兩個人現在及將來的一切財產及所得合而為一，代表夫妻是一體的，依照民法第1031條的規定，共同財產既然是公同共有的，所以除非兩個人商量好由其中一個人來管理，否則當然是夫妻兩個人共同來管理（民法第1032條第1項），而且管理費用，要由夫妻共同來負擔（民法第1032條第2項），縱使某一個財產先前是夫妻其中一個人用自己的錢買的，在約定夫妻共同財產制之後，一樣變成是夫妻所公同共有的財產，而要由夫妻共同來管理。例如：前面的案例中，車子雖然是乙結婚前用自己的錢買的，但是一旦約定夫妻共同財產制之後，就不分你我了，夫妻兩個人現在及未來的一切財產及收入，都收編為共同財產，由夫妻兩個人共同管理那輛車子。而車子管理費用，例如：那輛車子的定期保養、修車費用，都要由夫妻共同來負擔。

三、案例結論

車子雖然是乙結婚前用自己的錢買的，但是一旦約定夫妻共同財產制之後，就不分你我了，甲、乙兩個人現在及未來的一切財產及收入，都收編為共同財產，應

該要由甲、乙兩個人共同來管理，所以甲也有管理那台車子的權利，可以請求乙交出那部車子的鑰匙，而由甲、乙共同保管鑰匙及車子，乙沒有管理權人甲的同意，不能任意使用那輛車子，因此甲的起訴是有理由的。

四、相關實例

甲男及乙女是夫妻，甲是計程車司機，結婚的時候，兩個人感情很好，就約定夫妻共同財產制，並且到地方法院辦理登記，但是好景不常，不久之後，甲、乙兩個人就經常吵架，常常在吵架之後，甲就把自己結婚前所買的計程車開出去，整夜在外面營業載客，乙就向地方法院起訴，主張甲應該要交出那部計程車的鑰匙，由甲、乙共同來保管鑰匙和那台計程車，甲不能隨便去開那部車。請問：乙的主張是不是有理由？

❖ 民法第1033條

夫妻之一方，對於共同財產為處分時，應得他方之同意。

前項同意之欠缺，不得對抗第三人。但第三人已知或可得而知其欠缺，或依情形，可認為該財產屬於共同財產者，不在此限。

案 例

甲男與乙女是夫妻，結婚的時候，就約定夫妻共同財產制，並且到地方法院去辦理登記。有一天，乙沒有通知甲，就把結婚前自己所買的車子，賣給自己的好朋友丙，甲就向地方法院起訴，要求丙把車子還回來，甲的主張是不是有理由？如果丙經常出入甲、乙的家，知道甲、乙家中的情形，也知道甲、乙已經約定好夫妻共同財產制，結果是不是一樣？

一、思考焦點

約定夫妻共同財產制之後，夫妻其中一個人，把共同財產的所有權移轉出去（處分），會產生怎麼樣的法律效果？

圖示：

乙妻 ──── 甲夫 ──→ 丙女友

二、問題論述

夫妻約定共同財產制，依照民法第1031條的規定，就是把兩個人所有的婚前財產及婚後財產合而為一，也就是把兩個人現在及將來的一切財產及所得，合而為一，而成為公同共有，代表夫妻是一體的。既然共同財產是夫妻所公同共有的，如果其中一個人，要把共同財產給處分掉，就必須要得到另外一方，也就是另外一個公同共有人的同意（民法第1033條第1項）。

若是沒有經過另外一方的同意，就把共同財產給處分掉，就是無權處分（民法第118條），得到那個財產的第三人，如果不知道這個無權處分的情形，另外一方就不可以要求第三人把東西還回來，而第三人通常也因為不知道那個東西是無權處分，就善意取得了那個東西的所有權（依照民法第801、948條善意取得動產的所有權，依照土地法第43條善意取得土地的所有權）。

如果第三人知道這個處分沒有得到另外一個共有人的同意，也就是知道這個是屬於無權處分的情形，例如：前面的案例中，丙經常出入甲、乙的家，知道甲、乙家中的情形，也知道甲、乙已經約定好夫妻共同財產制，因此，丙也知道乙把車子賣給丙，並沒有經過甲的同意，於是丙就不可以對抗甲（民法第1033條第2項），這時丙也不能善意取得車子的所有權，所以甲可以向丙要求歸還那輛車子。如果從處分財產的情形，就可以知道處分的財產是夫妻共同的財產（依情形，可認為該財產屬於共同財產者），例如處分的車子，是登記夫妻共有的，或處分的房子，是登記夫妻所共有的，第三人也一樣不需要被保護，處分財產的另一方配偶，同樣可以向第三人要求歸還處分的財產。

三、案例結論

丙經常出入甲、乙的家，知道甲、乙家中的情形，也知道甲、乙已經約定好夫妻共同財產制，因此，丙也知道乙把車子給丙，並沒有經過甲的同意，依照民法第1033條第2項的規定，丙就不可以對抗甲，所以甲可以向丙要求歸還那輛車子。

四、相關實例

甲男與乙女是夫妻，結婚的時候，就約定夫妻共同財產制，並且到地方法院辦理登記。有一天，乙沒有通知甲，就把結婚前自己所買的，而且登記在自己名義的房子，貼廣告賣出去，甲就向地方法院起訴，要求丙把房子移轉登記回來，甲的主張是不是有理由？

❖ 民法第1034條

夫或妻結婚前或婚姻關係存續中所負之債務，應由共同財產，並各就其特有財產負清償責任。

案例

　　甲男及乙女是夫妻，結婚的時候，兩個人感情很好，就約定夫妻共同財產制。甲結婚的時候，有財產新台幣（以下同）100萬元，乙結婚的時候，有財產20萬元，所以組成的夫妻共同財產，就是120萬元，乙因為是鋼琴家，另外還有一部莫札特用過的名貴古典鋼琴，作為自己表演使用，價值500萬元。乙在結婚之前，在外面倒會，欠了人家1,000萬元，債權人找上門來，乙可不可以賣掉自己的鋼琴，把所得到的500萬元，加上夫妻共同財產120萬元，去還自己結婚之前欠下的倒會債務？

一、思考焦點

　　夫妻約定共同財產制之後，債務要怎麼樣去償還？

二、問題論述

　　夫妻約定共同財產制，就是把兩個人所有的婚前財產及婚後財產合而為一，也就是把兩個人現在及將來的一切財產及所得合而為一，代表夫妻是一體的，依照民法第1031條，共同財產既然是公同共有，既然兩個人現在及將來的一切財產及所得合而為一，那麼兩個人現在及將來的一切債務，也是合而為一，所以即使是夫妻其中一個人結婚前所欠下的債務，也可以用夫妻共同財產去清償，而特有財產本來就是夫妻所單獨所有的，所以更應該用自己的特有財產，去清償自己先前所負的債務。

三、案例結論

　　甲、乙約定夫妻共同財產制，兩個人現在及將來的一切債務，於是也合而為一了，所以即使是乙結婚前所欠下的債務1,000萬元，也可以用甲、乙的共同財產120萬元去清償，而鋼琴家乙演奏用的鋼琴，就是她的特有財產，本來就是乙單獨所有的，更應該用來清償乙先前所負的債務，因而乙可以賣掉自己的鋼琴，把所得到的

500萬元，加上夫妻的共同財產120萬元，去還自己結婚之前所欠的倒會債務。

四、相關實例

　　甲男及乙女是夫妻，結婚的時候，兩個人感情很好，就約定夫妻共同財產制。甲結婚的時候，有財產10萬元，乙結婚的時候，有財產30萬元，甲是計程車司機，另外還有一部價值20萬元的中古計程車，每天駕駛營業。甲在結婚之後，在外面倒會，欠了人家100萬元，債權人找上門來，甲可不可以賣掉自己的計程車，把所得到的20萬元，加上夫妻共同財產40萬元，去還這一筆債務？

❖ 民法第1035條（刪除）

❖ 民法第1036條（刪除）

❖ 民法第1037條（刪除）

❖ 民法第1038條

　　共同財產所負之債務，而以共同財產清償者，不生補償請求權。

　　共同財產之債務，而以特有財產清償，或特有財產之債務，而以共同財產清償者，有補償請求權，雖於婚姻關係存續中，亦得請求。

案例

　　甲男及乙女是夫妻，結婚的時候，兩個人感情很好，就約定夫妻共同財產制。甲結婚的時候，有財產新台幣（以下同）100萬元，乙結婚的時候有財產20萬元，所以組成的夫妻共同財產為120萬元，乙因為是鋼琴家，另外還有一部莫札特用過的名貴古典鋼琴，供她表演使用，價值500萬元。乙在結婚之前，在外面倒會，欠了人家1,000萬元，債權人找上門來，乙就賣掉自己的鋼琴，把所得到的500萬元，加上夫妻共同財產120萬元，去還自己結婚之前欠下的倒會債務。請問：甲可不可以向乙要求返還當初加入夫妻共同財產制100萬元？如果甲是計程車司機，把自己營業用的計程車賣掉，所得到的20萬元，用來還乙前面所說的倒會債務，可不可以向乙請求返還這20萬元？

一、思考焦點

夫妻約定共同財產制,並且用共同財產清償其中一個人的債務之後,另外一方,可不可以請求返還這筆錢?如果夫妻其中一個人,用自己特有財產的錢,去還另外一方的債務,可不可以請求另外一方返還這筆錢?

二、問題論述

夫妻約定共同財產制,就是把兩個人所有的婚前財產及婚後財產合而為一,也就是把兩個人現在及將來的一切財產及所得合而為一,代表夫妻是一體的,依照民法第1031條的規定,共同財產既然是公同共有的,既然兩個人現在及將來的一切財產及所得合而為一,那麼兩個人現在及將來的一切債務也是合而為一,不分彼此,你濃我濃,所以即使是夫妻其中一個人,在結婚前所欠下的債務,也可以用共同財產去清償(民法第1034條),這也是民法第1038條第1項所講的「共同財產所負之債務」,因此沒有補償的問題,例如:前面所講的案例,甲結婚的時候,有財產100萬元加入夫妻共同財產,雖然後來夫妻共同財產全部被用來還乙的債務,但是不用補償甲這100萬元。

夫妻即使是約定共同財產制,特有財產仍然是夫妻分別所有的財產,與婚姻無關,如果拿特有財產來清償共同財產應該要清償的債務,或是用夫妻共同財產來清償特有財產應該要負擔的債務,都應該相互結算、補償。如前面的案例,甲用自己特有財產的計程車,所賣掉的20萬元,用來清償原本是共同財產要負擔的債務,也就是乙的倒會債務,當然甲可以跟乙要回這筆錢。

三、案例結論

乙約定夫妻共同財產制,兩個人現在及將來的一切債務也合而為一了,所以即使是乙結婚前所欠下的債務1,000萬元,也可以用甲、乙共同財產120萬元去清償,這1,000萬元的債務,也是甲、乙共同財產所應該負擔的債務,而甲卻用自己特有財產20萬元來清償,當然是可以跟乙要回這筆錢。

四、相關實例

甲男及乙女是夫妻,結婚的時候,兩個人感情很好,就約定夫妻共同財產制。甲結婚的時候,有財產10萬元,乙結婚的時候,有財產30萬元。甲在結婚之後,繼承了一筆土地,乙用甲、乙的共同財產40萬元,用來繳那筆土地的土地增值稅,後來那筆土地終於找到買主,就順利用5,000萬元賣掉了,那麼甲可不可以要求乙把其中40萬元,用來補償甲、乙的夫妻共同財產?

❖ 民法第1039條

夫妻之一方死亡時，共同財產之半數，歸屬於死亡者之繼承人，其他半數，歸屬於生存之他方。

前項財產之分割，其數額另有約定者，從其約定。

第一項情形，如該生存之他方，依法不得為繼承人時，其對於共同財產得請求之數額，不得超過於離婚時所應得之數額。

> 　　甲男及乙女是夫妻，結婚的時候，兩個人感情很好，就約定夫妻共同財產制，並且到地方法院辦理登記。甲結婚的時候，有財產新台幣（以下同）100萬元，乙結婚的時候，有財產20萬元，所以組成的夫妻共同財產，就是120萬元，後來夫妻共同財產都沒有再增加。甲、乙生了丙之後，甲就生病過世了，甲生前臥病在床，也沒有與乙約定萬一甲死後，這120萬元，應該要怎麼去分它。請問：這夫妻共同財產120萬元，乙及丙應該要怎麼去分它？如果甲是被乙毒死的，乙因而被法院判決故意殺人，那麼乙可以分到多少？

一、思考焦點

夫妻約定共同財產制後，夫妻其中一個人死亡，夫妻共同財產制應該要怎麼來分？如果還活著的一方配偶，已經沒有繼承權了，可以分到多少？

二、問題論述

夫妻約定共同財產制，就是把兩個人所有的婚前財產及婚後財產合而為一，也就是把兩個人現在及將來的一切財產及所得合而為一，代表夫妻是一體的，依照民法第1031條的規定，共同財產就是公同共有，公同共有的意思，是從外表上看不出來夫妻之中誰有其中多少錢，那麼在夫妻其中一個人死亡時，共同財產應該要怎麼去分的問題。

這時，首先要看死亡的一方，生前有沒有和後來還活著的那個配偶，約定好共同財產要怎麼分，如果有約定，就應該要照約定的比例，去區分夫妻共同財產（民法第1039條第2項）。

如果沒有民法第1039條第2項所講的約定，民法第1039條第1項就規定，這時

夫妻共同財產其中的一半，就留給死亡一方的繼承人，另外一半就由還活著的配偶拿回去，理由是既然從外表上看不出來夫妻之中誰有其中多少錢，就當作是一人一半，先由還活著的配偶，拿回本來就是屬於自己的錢，然後死亡一方的遺產，就是另外的那一半，留給他（她）的繼承人，繼承人之中，原則上也包括還活著的那一方配偶，甚至有時沒有子孫時，繼承人只有還活著的配偶一個人而已，所以這時就由還活著的配偶，取得全部的夫妻共同財產。

但是，有時還活著的配偶，並沒有繼承權，例如：他（她）不想繼承，而把繼承權拋棄掉（民法第1174條），或喪失繼承權（民法第1145條）。這時，就沒有發生繼承法律關係，而因為離婚的原因，使得夫妻共同財產制消滅的情形類似，還活著的那一方，所能拿回來的錢，不應該要超過離婚的時候所能拿回來的錢（民法第1039條第3項）。而夫妻約定共同財產制，在離婚的時候，夫妻依照民法第1040條第1項，可以先拿回他（她）當時加入共同財產的錢（民法第1040條第1項），還有在共同財產制存在的期間，共同財產所增加的部分的一半（民法第1040條第2項）。

三、案例結論

甲用100萬元，乙用20萬元，共同組成的夫妻共同財產，是120萬元。甲生病過世，依照民法第1039條第1項的規定，乙可以先拿回其中一半，也就是60萬元，另外一半，由乙及丙共同繼承，每個人可以拿其中的一半（民法第1144條第1款），所以乙還可以再拿30萬元，總共可以拿90萬元。但是如果乙因為故意殺害甲，被法院判決故意殺人確定在案，依照民法第1145條第1項第1款的規定，就喪失了繼承權，那麼她可以從共同財產拿回來的錢，不能超過甲、乙離婚時乙可以拿回來的錢，乙只能依照民法第1040條第1項，拿回她和甲約定共同財產制時之20萬元。

❖ 民法第1040條

共同財產制關係消滅時，除法律另有規定外，夫妻各取回其訂立共同財產制契約時之財產。

共同財產制關係存續中取得之共同財產，由夫妻各得其半數。但另有約定者，從其約定。

案 例

　　甲男及乙女是夫妻，結婚的時候，兩個人感情很好，就約定夫妻共同財產制，並且到地方法院去辦理登記。甲結婚的時候，有財產新台幣（以下同）100萬元，乙結婚的時候有財產20萬元，後來甲、乙協議離婚的時候，夫妻的共同財產有130萬元。請問：這130萬元，甲及乙應該要怎麼去分它？

一、思考焦點

　　夫妻約定共同財產制消滅後，共同財產應該要怎麼來分？

二、問題論述

（一）共同財產制關係消滅

　　有很多的原因，都會造成夫妻約定共同財產制的消滅，包括夫妻其中一個人死亡（民法第1039條）、離婚（民法第1049、1052條）、把婚姻給撤銷掉（民法第989、991、995、996、997條）、約定好廢除夫妻約定共同財產制或約定好改用夫妻分別財產制（民法第1012條）、因為法律規定的原因，或法院宣告改用夫妻分別財產制（民法第1009、1010、1011條）等等的原因，但是民法第1039條特別規定了夫妻其中一個人死亡（夫妻一方死亡）的情形，而民法第1040條是針對夫妻約定共同財產制消滅的情形，來作規定。

（二）共同財產的分配

　　民法第1040條規定夫妻共同財產制消滅的時候（除了上面所說的夫妻一方死亡的情形以外），首先，夫妻可以各自取回訂立夫妻共同財產制的當時，所加入組成夫妻共同財產的財產（民法第1040條第1項），這樣才能回復原來沒有共同財產制時的樣子。其次，還要再加上在共同財產制存在的期間，共同財產所增加部分的一半（民法第1040條第2項），因為，夫妻約定共同財產制，就表示財產合而為一，在這個期間，夫妻財產的增加，法律認為是夫妻兩個人互相合作、同心協力的結果，除非夫妻兩個人有特別約定各自可以分到多少（但另有約定者，從其約定），不然的話，就不應該分誰貢獻共同財產的比較多，誰貢獻的比較少，一律都分一半。

三、案例結論

　　甲結婚的時候，有財產100萬元，乙結婚的時候，有財產20萬元，後來甲、乙

協議離婚時，夫妻的共同財產有130萬元，表示在共同財產制存在的期間，共同財產增加了10萬元，這10萬元應該要由甲、乙各分到5萬元。所以甲、乙協議離婚，以致於共同財產制消滅的時候，甲可以拿回當時訂立共同財產制的時候，所加入組成夫妻共同財產100萬元，以及增加的一半，也就是5萬元，總共是105萬元，而乙除了可以拿回當時訂立共同財產制的時候，所加入組成夫妻共同財產20萬元，以及增加的一半5萬元，總共是25萬元。

四、相關實例

　　甲男及乙女是夫妻，結婚的時候，兩個人感情很好，就約定夫妻共同財產制，並且到地方法院辦理登記。甲結婚的時候，有財產100萬元，乙結婚的時候有財產20萬元，後來甲、乙協議離婚的時候，夫妻的共同財產有130萬元，但是甲、乙有約定，凡是在用夫妻共同財產制的期間，所增加的財產，通通都要歸乙所有。請問：這130萬元，甲及乙應該要怎麼去分它？

❖ 民法第1041條

　　夫妻得以契約訂定僅以勞力所得為限為共同財產。

　　前項勞力所得，指夫或妻於婚姻關係存續中取得之薪資、工資、紅利、獎金及其他與勞力所得有關之財產收入。勞力所得之孳息及代替利益，亦同。

　　不能證明為勞力所得或勞力所得以外財產者，推定為勞力所得。

　　夫或妻勞力所得以外之財產，適用關於分別財產制之規定。

　　第一千零三十四條、第一千零三十八條及第一千零四十條之規定，於第一項情形準用之。

案 例

　　甲男及乙女是夫妻，結婚的時候，兩個人就約定夫妻所得共同財產制，並且到地方法院去辦理登記。甲結婚的時候，有財產新台幣（以下同）100萬元，乙結婚的時候有財產20萬元，後來甲、乙協議離婚的時候，甲、乙的財產共有320萬元。請問：這320萬元，甲及乙應該要怎麼去分它？

一、思考焦點

　　夫妻之間，是不是可以約定只用婚姻之中勞心、勞力所賺來的錢，作為公同共

有的財產，其他的財產仍然用分別財產制？

二、問題論述

（一）勞力所得共同財產制

　　有些夫妻之間感情很好，於是約定夫妻共同財產制，把財產合而為一。有些夫妻覺得，既然大家都已經結婚了，就不要再分到底是誰的財產，也不要再管是結婚以前就有的財產，或是結婚以後才拿到的財產，通通加在一起，組合成夫妻公同共有的財產，不分彼此，這就是民法第1031條所規定的普通共同財產制。但是也有夫妻會以為，結婚之前的財產，或是婚姻之中，不是用勞力換來的財產，例如：別人贈送的財產，跟這個婚姻比較沒有什麼關係。但是結婚之後，夫妻其中一個人用勞力所換來的財產，是因為另一半的鼓勵、支持、協助，才能讓他（她）安心地去用勞力來賺錢，所以夫妻兩個人就約定，在婚姻之中用勞力所賺來的錢，才是屬於夫妻公同共有的財產，而其他的財產，例如：婚前財產，仍然用分別財產制，由夫妻各自所有，這就是勞力所得共同財產制（民法第1040條第1項、民法第1041條第1項）。

（二）勞力所得

　　什麼是勞力所得？這是規定在民法第1041條第2項。就是夫妻在這個婚姻之中，用勞力所賺來的財產，包括上班所賺來的薪水（薪資）、做工所得到的報酬（工資）、因為做別人的員工，所分到的利益（紅利）、因為工作表現好，所得到薪水、工資以外的額外獎勵的錢（獎金），但是這些都只是民法第1041條第2項的舉例說明（例示）而已，並不只限於列出來的這幾種，只要是在婚姻之中，用勞力辛苦賺來的都算（其他與勞力所得有關之財產收入），而且法律條文雖然是寫「勞力」這兩個字，也包括「勞心」，例如：辛苦寫作所賺的稿費等等。另外，勞力所得的利息（孳息），例如：把勞力所得的錢存到銀行裡面，所得到的利息，還有因為勞力所得而得到的財產（代替利益），例如：用上班賺的薪水，去買大樂透公益彩券，所得到的彩金，都算是勞力所得的財產，也就是都算夫妻公同共同的財產。

　　有的時候，分不出來一個財產是夫妻用勞力所換得的財產，還是勞力所得以外的財產，例如：名貴的金飾品，有可能是妻在結婚前就買了，也有可能是娘家送的，也有可能是妻在外面的男朋友送的，也有可能是妻在結婚以後，用自己上班賺的錢去買的，但是如果她沒有辦法提出證據，來證明這是在結婚之中，用勞力所賺的錢買的，法律就先推定這是婚姻之中的勞力所得（推定為勞力所得），而成為夫妻公同共有的財產（民法第1041條第3項）。

（三）勞力所得以外之財產

夫妻之所以約定勞力所得共同財產制，是因為夫妻其中一個人，在婚姻之中受到另一半的鼓勵、支持、協助，才可以安心在外面付出勞力來賺錢，所以勞力所得應該是夫妻所公同共有的，而不能算是賺錢回來的那一方他（她）一個人單獨所有。但是勞力所得以外的其他財產，例如：結婚之前就有的財產，或是婚姻之中，別人贈送的財產，這跟另外一半的鼓勵、支持、協助比較沒有什麼關係，所以沒有被夫妻約定成為共同的財產，就還是由夫妻各自保有它的所有權，管理權、使用權、收益權及處分權，而適用有關於分別財產制的規定（民法第1041條第4項）。

（四）準用普通共同財產制的規定

夫妻之間如果約定勞力所得共同財產制，那麼勞力所得共同財產以外的財產，就如前面所說的，是用分別財產制的規定，就好像普通共同財產制之中的特有財產。所以民法第1041條第5項規定，民法第1041條第1項規定的勞力所得共同財產制，準用（不同的事情，但是因為性質類似，所以法律明文規定可用到其他的規定）民法第1034條、第1038條及第1040條的規定。也就是說，夫妻在結婚前後所欠的錢，可以由夫妻勞力所得的共同財產來還錢，夫妻並且要用勞力所得共同財產以外，也就是用他（她）各自的財產，來償還自己的債務（準用民法第1034條）；而勞力所得共同財產所欠的債務，本來就是要由勞力所得共同財產來償還，例如：夫妻約定勞力所得共同財產制，而用勞力所得購買了一筆土地，這筆土地的稅金，本來就是要由夫妻勞力所得來支出（準用民法第1038條第1項），但是勞力所得共同財產的債務，由勞力所得共同財產以外的財產來清償，或勞力所得共同財產以外的財產所欠的債務，卻是由勞力所得共同財產來支付，即使是在婚姻之中，也是要相互補償的，因為一個是公同共有的，一個是分別所有的，也就是一個是公的，一個是私的，當然要結算清楚，不然的話，就是公私不分（準用民法第1038條第2項）。另外，勞力所得共同財產制結束的時候，因為勞力所得先前是公同共有、不分彼此的，所以沒有誰比較多、誰比較少的問題，夫妻勞力所得的財產，除非相互之間，有特別去約定分配的比例之外，否則都一律是一個人分配到一半（準用民法第1040條第2項）。

三、案例結論

甲、乙約定夫妻所得共同財產制，甲結婚的時候有財產100萬元，乙結婚的時候有財產20萬元，共有120萬元，後來甲、乙協議離婚時，甲、乙的財產共有320萬元，那麼所增加的200萬元，甲、乙如果沒有辦法提出證據證明這不是勞力所得的財產，那麼都應該要算是甲、乙勞力所得的共同財產。當甲、乙離婚的時候，甲結

婚時的100萬元，用分別財產制，還是甲所有的，而乙結婚時的20萬元，也是用分別財產制，也還是乙所有的。至於結婚之中的勞力所得200萬元，則由甲、乙兩個人來平分。

四、相關實例

甲男及乙女是夫妻，結婚的時候，兩個人就約定夫妻所得共同財產制，並且到地方法院去辦理登記。甲在婚姻之中，上班賺錢，賺了100萬元，並且用其中的1,000元，去買大樂透，中了頭彩1億元，而乙結婚之後，一直在做家庭主婦，沒有出去賺錢。請問：甲、乙協議離婚的時後，這1億元，應該要怎麼去分它？

第二目　　（刪除）

❖ 民法第1042條（刪除）

❖ 民法第1043條（刪除）

第三目　分別財產制

❖ 民法第1044條

分別財產，夫妻各保有其財產之所有權，各自管理、使用、收益及處分。

案例

　　甲男及乙女是夫妻，在結婚的時候，就約定夫妻分別財產制，並且到地方法院去辦理登記。甲結婚的時候，有財產新台幣（以下同）50萬元，乙結婚的時候有10萬元。甲結婚之後，受到乙的支持、鼓勵，並且幫忙帶小孩，得以無後顧之憂，在外面拼命賺錢，後來甲、乙因為個性不合而協議離婚，離婚時，甲因為在婚姻之中努力賺錢，財產已經達到350萬元，而乙在未離婚前，一直都是在做家庭主婦且未外出上班工作，因此財產始終是10萬元。請問：甲、乙離婚的時候，乙可不可以說，你在外面賺那麼多錢，我有也很大的功勞，而向甲要求分配甲在婚姻之中，所賺的300萬元的一半，也就是150萬元？

一、思考焦點

夫妻約定分別財產制消滅之後，有沒有剩餘財產分配的問題？

二、問題論述

依照民法第1004條的規定，夫妻可以在結婚前、後，約定夫妻財產制，而我國民法的約定夫妻財產制，是在「第四編親屬」的「第四節夫妻財產制」的「第三款約定財產制」之下，包括「第一目共同財產制」，以及「第二目分別財產制」兩種，其中約定分別財產制，是規定在民法第1044條及第1046條這兩個條文之中。

分別財產制的意思，就是夫、妻的財產，不論是婚前財產還是婚後財產，都是夫、妻各自所有的，既然是各自所有的，那麼就應該要各自支配保管（管理）、使用、收取它的利息、利益（收益）。

有關於剩餘財產分配、剩餘財產分配的保全等等這些條文，是規定在民法第1030條之1、第1020條之1，這些條文都是「第四節夫妻財產制」之中的「第二款法定財產制」，而夫妻約定的分別財產制，並沒有準用的規定，所以分別財產制，即使和夫妻通常法定財產制一樣，夫、妻各自保有自己財產的所有權、使用權、收益權及處分權，但是夫妻約定分別財產制後，並沒有適用或準用夫妻通常法定夫妻財產制中的剩餘財產分配、保全等等的問題，這就是兩者不同的地方。這對辛勤在家付出家事勞動的一方而言，並不公平，所以夫妻在約定分別財產制的時候，最好要三思而後行。其實，夫妻約定分別財產制，就等於是在約定排除夫妻剩餘財產分配及保全等等規定的作用。

三、案例結論

因為夫妻約定分別財產制，並沒有準用夫妻通常法定財產制的規定，所以並不能依照民法第1030條之1的規定請求分配剩餘財產，所以甲、乙離婚的時候，乙不可以向甲要求分配甲在婚姻之中，所賺的新台幣300萬元的一半。

四、相關實例

甲男及乙女是夫妻，在結婚的時候，就約定夫妻分別財產制，並且到地方法院去辦理登記。甲結婚之後，受到乙的支持、鼓勵，並且幫忙帶小孩，得以無後顧之憂，拼命在外面賺錢，後來甲、乙感情產生了變化，甲就把結婚之後的薪水存款100萬元，送給在外面的女朋友，乙可不可以依照民法第1020條之1的規定，撤銷甲把100萬元送出去給女朋友的行為？

❖ 民法第1045條（刪除）

❖ 民法第1046條

分別財產制有關夫妻債務之清償，適用第一千零二十三條之規定。

> 　　甲男及乙女是夫妻，在結婚的時候，就約定夫妻分別財產制，並且到地方法院去辦理登記。甲結婚之後，喜歡上高爾夫球運動，向商店買了一套價值新台幣（以下同）20萬元的球具，老闆找上門來收貨款，剛好甲不在家，乙就用自己的賺的錢把它付清了，請問：乙是不是可以向甲要求返還這個20萬元的墊款？

一、思考焦點

夫妻約定分別財產制之後，夫、妻的債務要如何清償？

二、問題論述

　　夫妻約定分別財產制之後，財產就是各自所有的，也就是說，各有各的所有權、管理權、使用權及收益權（民法第1044條），財產及所得既然是各自所有的，那麼債務也應該要分開，不然的話，如果夫、妻要為另外一方還債，財產就不算真正的分開。有時，夫妻其中的一個人，暫時幫另外一方還了債，還是可以向另外一方要回墊款的錢（適用民法第1023條）。

三、案例結論

　　甲、乙既然約定用夫妻分別財產制，所得及財產當然是分開的，債務也因此是分開的，甲在外面買東西所欠的錢，當然應該要由甲自己去負擔，如果由乙暫時先墊款，依照民法第1046條適用民法第1023條的規定，乙可以向甲要求返還這筆錢。

四、相關實例

　　甲男及乙女是夫妻，在結婚的時候，就約定夫妻分別財產制，並且到地方法院去辦理登記。甲結婚之後，就召集民間互助會，自己當會首，後來冒用會員的名義標會，並且帶著會錢捲款逃到大陸去。這時，債權人，也就是互助會的會員們，紛

紛找上門來,丟雞蛋要求還錢,乙可不可以說這是甲的債務,和我無關,你們不要找我要?

五、重要判解

內政部民國102年5月14日台內社字第1020190325號

　　夫妻辦理分別財產制,除有正當理由經法院判決免除扶養義務確定等之情形外,夫妻雙方仍負相互扶養之義務。國民年金法有關正當理由範圍第2點第15款規定所稱「其他經中央主管機關認定之情形」,係中央主管機關就個案之特殊情形或經濟弱勢致影響生活安全等條件加以認定,與夫妻間採取何種財產制無涉。

❖ 民法第1047條（刪除）

❖ 民法第1048條（刪除）

表2-1　夫妻財產制之比較表

財產制	所有權	管理權與處分權	責任關係	剩餘財產分配
法定夫妻財產制	各自所有	1.各自管理 2.各自處分其財產	各自對其債務負清償責任	法定財產制關係消滅後,夫或妻現存之婚後財產,扣除債務後,應平均分配
約定共同財產制	1.共同財產——共同共有 2.特有財產——各自所有	1.共同財產——共同管理經他方同意得處分 2.特有財產——各自管理各自處分	由共同財產及夫或妻之特有財產連帶負責	1.訂立財產制契約前取得之共同財產——各自取回 2.訂立財產制契約後新增之共同財產——原則平均分配
約定分別財產制	各自所有	1.各自管理 2.各自處分	各自對其債務負清償責任	尚不生剩餘財產分配之問題

第五節 離 婚

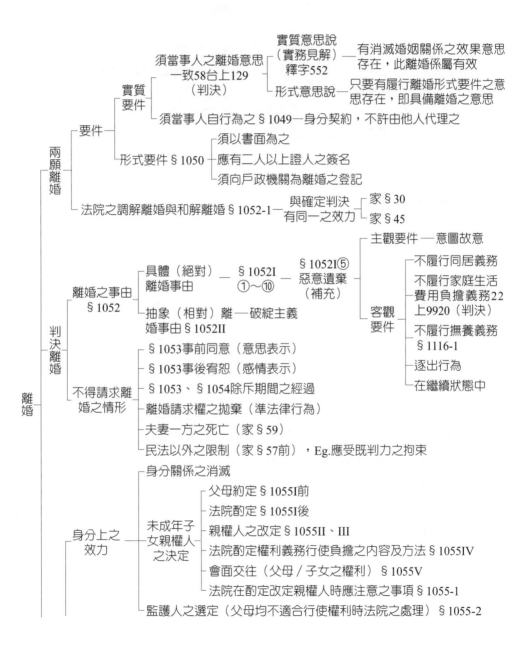

離婚
├─ 兩願離婚
│   ├─ 要件
│   │   ├─ 實質要件
│   │   │   ├─ 須當事人之離婚意思一致58台上129（判決）
│   │   │   │   ├─ 實質意思說（實務見解）釋字552 ── 有消滅婚姻關係之效果意思存在，此離婚係屬有效
│   │   │   │   └─ 形式意思說 ── 只要有履行離婚形式要件之意思存在，即具備離婚之意思
│   │   │   └─ 須當事人自行為之§1049─身分契約，不許由他人代理之
│   │   └─ 形式要件§1050
│   │   ├─ 須以書面為之
│   │   ├─ 應有二人以上證人之簽名
│   │   └─ 須向戶政機關為離婚之登記
│   └─ 法院之調解離婚與和解離婚§1052-1 ── 與確定判決有同一之效力
│   ├─ 家§30
│   └─ 家§45
├─ 判決離婚
│   ├─ 離婚之事由§1052
│   │   ├─ 具體（絕對）離婚事由 §1052I①～⑩ ── §1052I⑤惡意遺棄（補充）
│   │   │   ├─ 主觀要件 ─ 意圖故意
│   │   │   └─ 客觀要件
│   │   │   ├─ 不履行同居義務
│   │   │   ├─ 不履行家庭生活費用負擔義務22上9920（判決）
│   │   │   ├─ 不履行撫養義務§1116-1
│   │   │   ├─ 逐出行為
│   │   │   └─ 在繼續狀態中
│   │   └─ 抽象（相對）離婚事由§1052II ─ 破綻主義
│   └─ 不得請求離婚之情形
│   ├─ §1053事前同意（意思表示）
│   ├─ §1053事後宥恕（感情表示）
│   ├─ §1053、§1054除斥期間之經過
│   ├─ 離婚請求權之拋棄（準法律行為）
│   ├─ 夫妻一方之死亡（家§59）
│   └─ 民法以外之限制（家§57前），Eg.應受既判力之拘束
└─ 身分上之效力
    ├─ 身分關係之消滅
    ├─ 未成年子女親權人之決定
    │   ├─ 父母約定§1055I前
    │   ├─ 法院酌定§1055I後
    │   ├─ 親權人之改定§1055II、III
    │   ├─ 法院酌定權利義務行使負擔之內容及方法§1055IV
    │   ├─ 會面交往（父母／子女之權利）§1055V
    │   └─ 法院在酌定改定親權人時應注意之事項§1055-1
    └─ 監護人之選定（父母均不適合行使權利時法院之處理）§1055-2

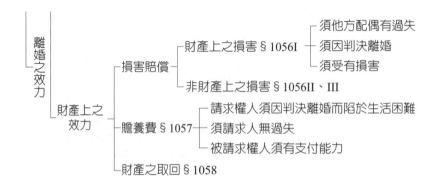

❖ **民法第1049條**

　　夫妻兩願離婚者，得自行離婚。

　　（民國112年1月1日施行）

舊民法第1049條

　　夫妻兩願離婚者，得自行離婚。但未成年人，應得法定代理人之同意。

　　（民國19年12月26日之舊法）

案 例

　　甲男、乙女結婚不久之後，感情相當不好。因為甲、乙都還沒有滿十八歲，雙方的法定代理人，也就是甲、乙的父、母親，就講好讓甲、乙兩個人離婚，並且會同兩個以上的證人，共同在甲、乙的離婚協議書上面簽名、蓋章，戶政事務所也登記甲、乙離婚，那麼甲、乙是不是就真的離婚了？

一、思考焦點

　　未成年人的法定代理人，如果代理未成年人離婚，是不是有效？

二、問題論述

（一）自行離婚

　　一個人婚姻是否要繼續維持下去，跟這個人自己一生的幸福都有關係，所以別人不可以幫他（她）決定是不是要離婚（自行離婚）。

（二）未成年人

　　現行民法第12條規定：「滿二十歲爲成年。」所以未滿二十歲的人，就是未成年人。原有關成年年齡之規定乃於民國（以下同）18年間制定並施行，迄今已施行約91年，鑑於現今社會網路科技發達、大眾傳播媒體普及、資訊大量流通，青年之身心發展及建構自我意識之能力已不同以往，本條對於成年之定義，似已不符合社會當今現況；又世界多數國家就成年多定爲十八歲，與我國鄰近之日本亦於2018年將成年年齡自二十歲下修爲十八歲；另現行法制上，有關應負刑事責任及行政罰責任之完全責任年齡，亦均規定爲十八歲（刑法第18條、行政罰法第9條），與民法成年年齡有異，使外界產生權責不相符之感，是爲符合當今社會青年身心發展現況，保障其權益，並與國際接軌，爰將成年年齡修正爲十八歲，並自112年1月1日施行。

（三）法定代理人

　　民法第1086條規定：「父母爲其未成年子女之法定代理人」，如果未成年人的父、母親都已經死亡了，依照民法第1091條但書的規定，因爲未成年已經結婚了，所以不用幫他（她）找監護人。所以這個時候，未成年人是沒有法定代理人的問題，他（她）如果要離婚，並沒有法定代理人同不同意的問題。

（四）未成年人離婚，不須得法定代理人的同意

　　民國110年1月13日因應修正條文第12條將成年年齡修正爲十八歲，以及修正條文第980條將男、女最低結婚年齡修正均爲十八歲後，民法成年年齡與男、女最低結婚年齡一致，爰配合刪除民法第13條第3項除有關未成年人已結婚而取得行爲能力之規定。

三、案例結論

　　甲、乙雙方的父、母即使講好要讓甲、乙兩個人離婚，如果這時甲、乙沒有表示要離婚，還是不會發生離婚的法律效果，所以甲、乙並沒有離婚。惟本題因修法關係，自112年1月1日起，夫妻兩願離婚者，得自行離婚，無須再得其法定代理人之同意，但是可以將父母簽名當作有離婚證人的法律地位。

四、相關實例

　　甲男、乙女結婚不久之後，感情相當不好，兩個人就講好要離婚，但是因爲兩個人已經沒有住在一起了，而且都不想再見到對方，於是就各自請了自己的父、母親出面，表達要離婚的意思，並且有兩個以上的證人，能夠證明甲、乙都有離婚的意思，而甲、乙的父、母親，拿著甲、乙交付的印章，在甲、乙的離婚協議書上面蓋章，兩個證人也分別在同一份離婚協議書上面，蓋了自己的印章，甲、乙也在戶

政事務所辦理離婚的登記了，那麼甲、乙是不是算離婚了？

五、重要判解

（一）最高法院29年渝上字第1904號民事判決（例）

無代理權人以代理人名義所爲之法律行爲不許代理者，不因本人之承認而生效力，兩願離婚爲不許代理之法律行爲，其由無代理權人爲之者，本人縱爲承認亦不因之而生效力。

（二）最高法院83年度台上字第986號民事判決

按未成年夫妻兩願離婚，應得法定代理人之同意，固爲民法第1049條但書所明定。惟關於此同意之方式，法律並未限定應以書面爲之，其以口頭同意離婚，仍爲法之所許。

❖ 民法第1050條

兩願離婚，應以書面爲之，有二人以上證人之簽名並應向戶政機關爲離婚之登記。

案 例

甲男及乙女是夫妻，時常因為小事而吵架，有一天晚上，甲很晚回家，乙懷疑甲在外面有交女朋友，兩個人又開始吵的很兇。甲一氣之下，就跟乙說，那我們離婚好了，乙說要離就離，甲就看報紙的分類廣告，找到「二十四小時離婚」的廣告，打電話去不久，在凌晨兩點鐘，就有一個人帶著另外兩個證人的身分證影本，以及已經寫好內容、並且有那兩個證人在證人欄位簽名、蓋章的離婚協議書，送上門來，收了新台幣（以下同）5,000元就走了。甲、乙就把自己的名字，在那份離婚協議書上面填一填，上午八點鐘戶政事務所開門上班的時候，就把離婚協議書送進去辦理離婚登記。請問：甲、乙是不是還是夫妻？

一、思考焦點

離婚的證人，並沒有在場親自聽到或見到男、女雙方有要離婚的意思表示，而只是在離婚協議書上面簽名或蓋章而已，這樣子離婚有沒有效力？

二、問題論述

離婚有幾個程序，必須都要完備，才算是離婚：

（一）書面

首先是要用白紙黑字（書面），把想要離婚的意思寫下來，這是因為離婚對一個人的終身幸福影響很大，所以法律規定要用書面，這樣比較正式，不會因為一時衝動、脫口而出說要離婚就離婚，而是能夠讓當事人能夠更加慎重，能考慮清楚之後，再去寫離婚協議書。

（二）兩人以上證人之簽名

離婚還要有兩個以上的證人，證明有聽見或看見夫妻有表示要離婚，並且要在離婚協議書上面的證人欄位簽名或蓋章。這也是因為要慎重的緣故，一對夫妻到底有沒有表示要離婚，離婚影響夫妻兩個人及小孩非常的大，離婚這件事情可能在夫妻兩個人之間，產生很大的爭執，所以需要有兩個以上的證人，來證明兩個人確實都有意思表示要離婚，這才算數，而且證人還要在離婚協議書上面簽名或蓋章，表示真的有聽見或看見夫妻兩個人都表示要離婚。證人只要有聽見、看見夫妻有表示要離婚的意思之後，就可以在離婚協議書上面簽名或蓋章，並不一定要在聽見、看見的當時，馬上就簽名或蓋章，但是如果證人只是在離婚協議書上面簽名或蓋章，而並沒有真正的在場聽見或看見夫妻兩個人表示要離婚，就不算是見證兩個人要離婚的證人。

（三）戶政機關之登記

夫妻兩個人用書面表示要離婚，並且有兩個以上的證人證明，而離婚協議書上面，也有兩個證人的簽名或蓋章，這還不夠，還是要去戶政事務所（戶政機關）辦理離婚的登記，不然的話，不能算是已經離婚了。所以依照目前現行的法院見解，即使是在鄉鎮市調解委員會裡面，在調解委員及調解委員會秘書的證明之下，作成離婚的調解書，並且有調解委員、調解委員會秘書的簽名、蓋章，即使這份調解書有經過地方法院民事庭法官的核定，如果夫妻兩個人沒有去戶政事務所辦理離婚的登記，都還不算離婚。甚至在法院成立訴訟上的和解，在法官、書記官、庭務員、通譯的見證下，作成離婚的和解筆錄，並且有法官、書記官的簽名，但是如果沒有去戶政事務所辦理離婚的登記，都還不算是已經離婚了。

三、案例結論

甲、乙簽署的離婚協議書，上面固然也有兩個證人的簽名或蓋章，並且已經到戶政事務所辦理離婚登記了，但是離婚協議書上面的兩個證人，並沒有真的到場見證甲、乙有想要離婚的意思表示，只是由別人把這兩個證人的身分證及簽名或蓋章

好的離婚協議書,送給要離婚的夫妻而已,都不算是證人,所以甲、乙的離婚,並沒有兩個以上的證人來證明,即使到戶政事務所辦理了離婚的登記,也沒有法律上的離婚效力。

四、相關實例

甲男及乙女是夫妻,時常因為小事而吵架,有一天晚上,甲很晚回來,乙懷疑甲在外面有女朋友,就申請市公所調解委員會調解,要求和甲離婚。在兩位調解委員及調解委員會秘書的見證之下,甲、乙都表示要離婚,並且在調解筆錄之中記得很清楚,而這份調解筆錄,也有調解委員、調解委員會秘書的簽名、蓋章,並且經過地方法院民事庭的核定,但是甲、乙兩個人,始終都沒有到戶政事務所去辦理離婚的登記,這樣甲、乙算不算是已經離婚了?

五、重要判解

(一)最高法院29年渝上字第1606號民事判決(例)

兩願離婚,固為不許代理之法律行為,惟夫或妻自行決定離婚之意思,而以他人為其意思之表示機關,則與以他人為代理人使之決定法律行為之效果意思者不同,自非法所不許。本件據原審認定之事實,上訴人提議與被上訴人離婚,託由某甲徵得被上訴人之同意,被上訴人於訂立離婚書面時未親自到場,惟事前已將自己名章交與某甲,使其在離婚文約上蓋章,如果此項認定係屬合法,且某甲已將被上訴人名章蓋於離婚文約,則被上訴人不過以某甲為其意思之表示機關,並非以之為代理人,使之決定離婚之意思,上訴理由就此指摘原判決為違法,顯非正當。

(二)最高法院42年度台上字第1001號民事判決

兩願離婚書據關於證人之蓋章,依民法第1050條之規定,既未限定須與書據作成同時為之,則證人某某等之名章,縱為離婚書據作成後聲請登記前所加蓋,亦不得執是而指為與法定方式不合。

(三)最高法院68年台上字第3792號民事判決

民法第1050條所謂二人以上證人之簽名,固不限於作成離婚證書時為之,亦不限於協議離婚時在場之人,始得為證人,然究難謂非親見或親聞雙方當事人確有離婚真意之人,亦得為證人。本件證人某甲、某乙係依憑上訴人片面之詞,而簽名於離婚證明書,未曾親聞被上訴人確有離婚之真意,既為原審所確定之事實,自難認兩造間之協議離婚,已具備法定要件。

(四)最高法院77年度台上字第288號民事判決

修正民法第1050條規定:「兩願離婚,應以書面為之,有二人以上證人之簽名

並應向戶政機關為離婚之登記。」依此規定，向戶政機關為離婚之登記，為兩願離婚成立要件之一。上訴人所提出台北市松山區調解委員會調解成立之調解書，雖具備離婚之書面及二人以上證人簽名等要件，但兩造既未向戶政機關為離婚之登記，其離婚即尚未有效成立。上訴人持該調解書請求被上訴人協同辦理離婚登記，自屬於法無據。

（五）最高法院86年度台上字第425號民事判決

兩造離婚依民法第1050條規定，應以書面為之及有二人以上證人之簽名外，並應向戶政機關為離婚之登記，始發生離婚之效力。倘當事人僅訂立兩願離婚書面契約及有二人以上證人之簽名，但未經向戶政機關為離婚登記者，則離婚契約尚未有效成立，其婚姻關係自仍屬存在。

（六）司法院秘書長秘台廳少家二字第0990010276號

國人與外籍人士於國外結婚，依涉外民事法律適用法第11條第1項規定，只要婚姻成立之實質要件分別符合我國法律及該外籍人士之本國法，而其結婚方式符合當事人一方之本國法或舉行地法者，婚姻即有效成立。至國人與外籍配偶離婚時，應依我國民法第1050條規定，向戶政機關辦理離婚登記，始生效力。

（七）臺灣高等法院102年度家上字第107號民事判決

按兩願離婚，應以書面為之，有二人以上證人之簽名並應向戶政機關為離婚之登記，民法第1050條定有明文。次按，民法第1050條所規定之證人，對於離婚之協議在場聞見，或知悉當事人間有離婚之協議，始足當之。亦即倘證人知悉當事人間有離婚之協議，即屬民法第1050條所規定之證人。因此，兩造之協議離婚，經證人於看過雙方當事人同意離婚所傳之簡訊，確知雙方均有離婚之真意後，始於兩願離婚書上之證人欄簽名蓋章；而雙方嗣後偕同至戶政事務所辦理離婚登記，顯有離婚之意願，已生兩願離婚之效力。

（八）臺灣高等法院102年度重上字第523號民事判決

按夫妻間就兩願離婚雖已具備書面、二人以上之證人之簽名，惟因未向戶政機關為登記，其離婚要件即有欠缺，離婚契約尚未有效成立。如雙方就財產上於契約上一併約歸屬者，因該契約顯係以離婚生效為停止條件，雙方之離婚契約如未有效成立，停止條件自未成就，從而該財產歸屬之分配契約，自難認已生效。是夫妻間所立之協議書，於觀察內容探求真意後，勘認立協議書之目的，係欲就雙方間之婚姻關係做一解消，始就如何分配財產、子女親權歸屬等而為約定者，該協議書自以解消兩造間婚姻關係作為其停止條件。

（九）最高法院104年度台上字第147號民事判決

按離婚為法定要式行為，並於民法第1050條定有要件，其中該條文所稱二人以

上證人之簽名，固不限於作成離婚證書時爲之，亦不限於協議離婚時在場之人，始得爲證人，惟究須親見或親聞雙方當事人確有離婚眞意之人，始得爲證人。倘證人似未親見親聞當事人有無離婚眞意，則尚不得遽以證人簽名時，欲離婚之當事人間已於協議書簽名及系爭協議書記載內容，推認證人已親見親聞雙方有離婚之合意。

（十）最高法院105年度台上字第235號民事判決

證人在兩願離婚證書上之簽名或蓋章，無須於該證書作成同時爲之，僅須對離婚協議在場聞見，或知悉當事人間有離婚之協議，即足當之。

（十一）最高法院106年度台上字第1219號民事判決

按當事人兩願離婚，祇訂立離婚書面及有二人以上證人之簽名，而因一方拒不向戶政機關爲離婚之登記，其離婚契約尚未有效成立，他方無從請求協同辦理離婚登記。次按同時履行之抗辯，乃以基於雙務契約，雙方互負債務爲要件，倘雙務契約一方之債務依法不得請求，即無對待給付可言，縱令債務之約定在事實上有密切之關係，尚不發生同時履行之問題。

（十二）106年公證實務研討會法律問題提案第3號

法律問題：A及B因兩願離婚事件至民間公證人事務所請求作成公、認證時，可否由民間公證人事務所之助理人爲證人？

研究意見：

甲說（肯定說）：

理由：

一、民法第1050條規定：「兩願離婚，應以書面爲之，有二人以上證人之簽名並應向戶政機關爲離婚之登記。」並未限定證人資格，民間公證人事務所之助理人當然可爲證人。

二、公證法第79條規定：「下列各款之人，不得充本法所定之見證人。但第75條第2項之情形，不在此限：一、未成年人。二、受監護或輔助宣告之人。三、於請求事件有利害關係者。四、於請求事件爲代理人或曾爲代理人者。五、爲公證人之配偶、直系血親或直系姻親者。六、公證人之佐理員及助理人。前項第四款至第六款規定之人，如經請求人全體同意者，仍得爲見證人。」其只限制公證法所定見證人之資格，兩願離婚之證人並非公證法所定見證人，不受公證法第79條之限制。

三、縱認兩願離婚之證人屬公證法所定見證人，依公證法第79條第2項規定，如經離婚人全體同意，民間公證人事務所之助理人仍得爲證人。

乙說（否定說）：

理由：

一、公證法第79條規定：「下列各款之人，不得充本法所定之見證人。但第

75條第2項之情形，不在此限：一、未成年人。二、受監護或輔助宣告之人。三、於請求事件有利害關係者。四、於請求事件為代理人或曾為代理人者。五、為公證人之配偶、直系血親或直系姻親者。六、公證人之佐理員及助理人。前項第四款至第六款規定之人，如經請求人全體同意者，仍得為見證人。」此為民國88年4月21日公布，90年4月23日施行後之條文。修正前之條文為第25條：「左列各款之人，不得充見證人或證人：一、未成年人。二、禁治產人。三、於請求事件有利害關係者。四、於請求事件為代理人或曾為代理人者。五、為公證人、請求人或其代理人之配偶、前配偶、未婚配偶、家長、家屬或法定代理人或五親等內之血親、三親等內之姻親者。六、公證處之佐理員或雇員。前項第四款至第六款規定之人，如經雙方當事人同意者，仍得為見證人。」88年修正時，將對見證人或證人消極資格之規定，改為公證法上見證人之消極資格規定，排除證人資格之限制規定。其理由似為實體法上證人或見證人之資格限制，依實體法規定即可。

二、另公證法第75條規定：「請求人為盲者或不識文字者，公證人作成公證書，應使見證人在場。但經請求人放棄並記明筆錄者，不在此限。無前項情形而經請求人請求者，亦應使見證人在場。」88年修正前為第21條規定：「請求人為盲者或不識文字者，公證人作成公證書，應使見證人在場；無此情形而經請求人請求者亦同。」嗣88年修正則允許經一定意思表示及程序，可放寬毋須見證人在場。但無論修正前後，本條皆未就公、認證時應使證人在場之時機有所規定，似易誤認為公、認證時即無須證人。

三、民法第1191條規定：「公證遺囑，應指定二人以上之見證人，在公證人前口述遺囑意旨，由公證人筆記、宣讀、講解，經遺囑人認可後，記明年、月、日，由公證人、見證人及遺囑人同行簽名，遺囑人不能簽名者，由公證人將其事由記明，使按指印代之。前項所定公證人之職務，在無公證人之地，得由法院書記官行之，僑民在中華民國領事駐在地為遺囑時，得由領事行之。」第1192條規定：「密封遺囑，應於遺囑上簽名後，將其密封，於封縫處簽名，指定二人以上之見證人，向公證人提出，陳述其為自己之遺囑，如非本人自寫，並陳述繕寫人之姓名、住所，由公證人於封面記明該遺囑提出之年、月、日及遺囑人所為之陳述，與遺囑人及見證人同行簽名。前條第二項之規定，於前項情形準用之。」第1198條規定：「下列之人，不得為遺囑見證人：一、未成年人。二、受監護或輔助宣告之人。三、繼承人及其配偶或其直系血親。四、受遺贈人及其配偶或其直系血親。五、為公證人或代行公證職務人之同居人、助理人或受僱人。」故於公證遺囑或密封遺囑情形，公證人或代行公證職務人之同居人、助理人或受僱人，不得為遺囑見證人。學者謂彼等雖與遺囑無直接關係，但有知悉遺囑秘密之機會，且難免為公證人或代

行公證職務人之意思左右，故不得擔任遺囑見證人。

　　四、民法第1050條規定：「兩願離婚，應以書面爲之，有二人以上證人之簽名並應向戶政機關爲離婚之登記。」並未限定證人資格，在非公、認證離婚時，民間公證人事務所之助理人固可爲證人，但在公、認證離婚時，爲確保證人之客觀超然，助理人應不得爲證人。

　　五、姑不論公證法第75條之修正是否恰當，第79條之修正一概排除證人消極資格之規定，未慮及部份法律行爲請求公、認證時，實體法上未規定證人之消極資格，致使離婚公、認證時，現行法似無禁止民間公證人助理擔任證人之明文。

　　六、在修正相關法條前，爲確保證人之客觀超然，確定請求人之眞意，維護公、認證之公信力，應類推適用民法第1198條之規定，認爲民間公證人事務所之同居人、助理人或受僱人，不得擔任離婚事件公、認證時之證人。

初步研討意見：採乙說（否定說）。

審查意見：臺灣臺北地方法院：採甲說（肯定說）。

　　理由：

　　一、依民法第1050條規定，兩願離婚應以書面爲之，有二人以上證人之簽名並應向戶政機關爲離婚之登記，故離婚證人係兩願離婚之形式要件之一，民法就離婚證人之資格並無明文規範或限制。兩願離婚之證人應係依其見聞知悉離婚事件當事人有離婚意思，並於離婚書面以證人地位簽名之人。民間公證人事務所之助理人，如於該事務所公證人所公證之兩願離婚事件充任證人，或於經認證之兩願離婚書面以證人之地位簽名，其簽名均係完成兩願離婚之形式要件，因此，如該助理人具備識別能力且知悉離婚事件當事人確有離婚之合意，並無不得爲證人之限制規定。

　　二、公證法第79條第6款規定公證人之佐理員及助理人不得充本法所定之見證人，該條修正說明認有關公證人應使見證人在場之規定（如公證法第75條請求人爲盲者或不識文字之情形），僅在使其發生補強與佐證作用，其資格限制不宜過嚴，且公證法亦無類似前述第79條第6款之限制規定，故如公證人之佐理員及助理人擔任兩願離婚事件之證人，並非爲補強或佐證離婚事件請求人係盲者或不識文字等特殊狀態，仍得擔任離婚證人。

　　三、90年4月23日公證法修正施行之前，於其第9條規定「關於公證人、佐理員執行職務之迴避，準用民事訴訟法有關法院職員迴避之規定」，現行公證法第10條已無類此文字，其修正說明以「佐理員、助理人均僅係公證人辦理公證事務之輔助人而已，有關公證事務之執行及公證書之作成，仍須由公證人親自爲之，並負其全責，是佐理員或助理人對於其職務之執行並無迴避之必要」，是故民間公證人之助理人非承辦公證事務之公證人，並無不得充任兩願離婚事件證人或迴避之限制。

　　四、至否定說認相關法律修正前應類推適用民法第1198條第5款規定有關限制爲遺囑見證人之規定，以限制民間公證人之助理人擔任兩願離婚證人，然得否類推適用似仍應視相關法律之目的及事實之類似性而定。

　　臺灣士林地方法院：增列丙說（否定說）。

　　理由：按公證人爲請求人或就請求事項有利害關係者，不得執行其職務，公證法第10條第1款定有明文。是公證人辦理公、認證事務，倘爲請求人本人或就請求事項有法律上或經濟上之利害關係者，即應迴避，不得執行其職務【司法院秘書長92年11月7日（92）秘台廳民三第26079號函參照】。現行法雖無禁止民間公證人助理人擔任離婚事件之證人並請求公、認證之規定，然民間公證人事務所之助理人與該事務所之公證人既有僱傭關係，則由助理人擔任離婚事件公、認證時之證人，公證人就該請求公、認證之離婚事件即有經濟上之利害關係而應迴避不得辦理，故從反面推論，如公證人欲受理該離婚事件之公、認證請求，則不應由事務所之助理人擔任離婚事件公、認證時之證人。

研討結論：經討論後，以丙說內容爲基礎，修正表決方案如下

　　方案1（否定說）：該當公證法第10條第1款。

　　方案2（肯定說）：不該當公證法第10條第1款。

　　多數說採丙說（經付表決結果：實到40人，採方案1者20票，採方案2者18票，棄權2人）。

❖ 民法第1051條（刪除）

❖ 民法第1052條

　　夫妻之一方，有下列情形之一者，他方得向法院請求離婚：

　　一、重婚。

　　二、與配偶以外之人合意性交。

　　三、夫妻之一方受他方不堪同居之虐待。

　　四、夫妻之一方對他方之直系親屬爲虐待，或夫妻一方之直系親屬對他方爲虐待，致不堪爲共同生活。

　　五、夫妻一方已惡意遺棄他方在繼續狀態中。

　　六、夫妻一方意圖殺害他方。

　　七、有不治之惡疾。

　　八、有重大不治之精神病。

九、生死不明已逾三年。

十、因故意犯罪，經判處有期徒刑逾六個月確定。

有前項以外之重大事由，難以維持婚姻者，夫妻一方得請求離婚。但其事由應由夫妻一方負責者，僅他方得請求離婚。

案 例

> 甲男與乙女於民國71年結婚，並且生了兩個小孩。結婚之後，甲、乙兩個人個性不合，有一天晚上，甲、乙吵架，甲打了乙一巴掌，乙一氣之下，就離家出走，一出去就是二十年不回家，這個期間，乙不斷變換工作以及住所，除了偶爾到學校去看小孩以外，從來不跟甲聯絡，也從來不告訴甲自己的聯絡方法。到了民國93年，乙在工作場所遇到了知己，想要結婚，於是就向法院起訴，請求和甲離婚，是不是有理由？

一、思考焦點

裁判離婚會有哪些類型？

二、問題論述

（一）離婚的種類

夫妻結婚的時候，都是希望能長長久久、白頭偕老。但是人事無常，總是有某些情形，在結婚之後會浮現出來，如果夫妻兩個人都想要離婚，那麼依照民法第1049、1050條協議離婚就可以了。但是如果其中一方不想要離婚，或另一半已經失蹤超過三年了，不知道另一半是不是還活著，這時只好向法院起訴，請求判決離婚，法院判決確定之後，夫妻的婚姻才算是正式結束。所以離婚的種類，有協議離婚（民法第1049條）、判決離婚（民法第1052條）、法院調解離婚（民法第1052條之1）以及法院和解成立離婚（民法第1052條之1）共四種。

（二）具體的離婚事由

並不是每一個對於婚姻不滿的人，到法院去請求離婚，法院都會准許，法院也不會草率地讓夫妻輕易的離婚，因為，一個婚姻的有無，會影響到婚姻雙方終生的幸福，如果夫妻生了孩子，離婚通常會使得孩子沒有辦法同時和父親、母親住在一起，這會造成孩子心靈上的重大傷害，所以除非有特殊重大的理由，不然的話，如

果讓婚姻的一方隨時想要離婚，就可以讓他（她）離婚的話，將會對婚姻的另外一方以及小孩，造成非常大的傷害，一定要有某些重大的原因，使得這個婚姻沒有辦法再繼續下去，或讓另一方實在沒有辦法忍受下去，法院才會判決准許離婚。這些特殊重大的事由，就是法院判決離婚的原因，是規定在民法第1052條，其中第1項，法律規定了十種（十款）可以離婚的具體的理由，只要夫妻其中一個人有這十款裡面任何一種的情形，另外一方就可以請求法院判決離婚，而符合這十款之中任何一款情形的一方，都算是對於婚姻不美滿有責任的一方，所以我國的離婚法，基本上是夫妻其中一個人發生有應該要負責的情形之時，另外一方可以用這個理由，請求法院判決離婚（有責主義）。

　　茲就民法第1052條第1項各款，說明如次：

　　1. 重婚（第1款）

　　指有配偶的人，又再和別人結婚。也就是先有一個有效的婚姻存在，又再和別人締結了一個後面的婚姻，至於這個後面的婚姻究竟是有效還是無效，都算是重婚，例如：即使後面這個婚姻是和近親結婚，依照民法第983條、第988條第2款的規定，是無效的婚姻，前面婚姻的配偶仍然可以用這一款的規定，請求判決離婚，但是無論如何，前面一定先要有一個有效的婚姻存在，如果一個人同時和兩個以上的人結婚，依照民法第985條第2項、第988條第2款的規定，和這兩個人之間的婚姻都是無效的，這樣就沒有離婚的問題了。

　　2. 與配偶以外之人合意性交（第2款）

　　舊法指結婚之後，故意和配偶以外的人性交（限於異性），而且生殖器已經接合。此次修法則參照刑法第10條第5項規定，稱性交者，謂非基於正當目的所為之性侵入行為：(1)以性器進入他人之性器、肛門或口腔或使之接合之行為；(2)以性器以外之其他身體部位或器物進入他人之性器、肛門或口腔或使之接合之行為。故與配偶以外之人合意性交而有上述之性交行為事實，且不限於異性關係，如發生同性關係時，夫或妻之一方，得向法院請求判決離婚。

　　3. 夫妻之一方受他方不堪同居之虐待（第3款）

　　給予配偶身體上或精神上的痛苦，從這對夫妻的社會地位、教育程度及其他種種情形來看，達到很難忍受的程度。身體上的虐待，例如：經常性的毆打，或偶然的毆打但是造成重傷的情形；精神上的虐待，例如：誣告配偶和別人通姦、強迫配偶下跪、頭上頂鍋子、沒有正當理由拒絕行房等等情形。

　　4.夫妻之一方對他方之直系親屬為虐待，或夫妻一方之直系親屬對他方為虐待，致不堪為共同生活（第4款）

　　配偶的直系尊親屬，不限於血親，配偶的直系姻親，包括繼父、繼母等等也

算。故虐待配偶的直系尊親屬或受到配偶的直系尊親屬的虐待，以客觀的情形來看，沒有辦法再共同生活在一起的時候，也可以用這個理由請求離婚。虐待，就如前面所說的，包括身體上及精神上兩方面，精神上的虐待，包括重大的侮辱在內。

此次立法院於民國96年12月19日三讀修正通過之本款後段「夫妻一方之直系親屬對他方為虐待，致不堪為共同生活」。鑑於繼父、繼母虐子事件頻傳，因此未來夫妻一方對他方的直系親屬，只要有虐待行為，致不堪為共同生活，他方都可訴請法院判決離婚。

故未來不論直系尊、卑親屬，只要遭配偶及其家人虐待，都將可以依據本款之規定，成為夫妻訴請離婚之要件。

5. 惡意離棄（第5款）

沒有正當理由，故意不和配偶住在一起（不同居），或故意不扶養配偶。「惡意」不是知道的意思，而是違反倫理、道德的意思，這要綜合這對夫妻所有的情形衡量。如果有正當的理由不同居，例如：出國留學、服兵役、生病住院等等的情形或生活貧困沒有辦法養活配偶，都不算是惡意離棄。

6. 意圖殺害他方（第6款）

想要把配偶殺死，這時夫妻感情通常很難回復，而且共同生活在一起的話，生命非常危險，所以成為一個判決離婚的理由，但是不一定要有殺人的行為，也不一定要有刑事案件的偵查或審判，只要從外表上，可以看得出來有要殺害配偶的意思就算，想要殺死配偶然後自己再自殺的也算。

7. 不治之惡疾（第7款）

配偶所生的病，一般人都會覺得討厭、嫌惡的病，而且以醫學的觀點，並沒有辦法預期什麼時候可以痊癒，但不是絕對不能夠醫治的病。例如：痲瘋病、性病、梅毒等等的病，使這個婚姻沒有辦法達到它的目的，或是影響到子女的健康，所以成為離婚的原因。

8. 重大不治之精神病（第8款）

指配偶患有精神分裂症、躁鬱症，或因為酒精、麻醉藥品、毒品引起的中毒等等，使精神失去正常作用的一切精神病，而且已經很難在一起共同生活，雖然在道德、義理上，夫妻應該要共患難，配偶有重大不治的精神病，應該要照顧終身，但是強迫婚姻的另一方，一定要犧牲自己的終身自由及幸福，繼續忍受下去、繼續被拖累下去，也是非常殘忍的，所以這是一個判決離婚的原因。「不治」不是絕對沒有辦法醫治，而是以醫學的眼光，已經患病一段相當長的時間了，以醫生專家的判斷，沒有辦法預測什麼時候可以康復。

9. 超過三年生死不明（第9款）

指配偶離開住所之後，不知道是死是活，已經持續超過三年以上了。要用這個理由離婚的人，需要證明他（她）的配偶最後有消息的時候，已經超過三年了，就可以請求判決離婚。

10. 因故意犯罪，經判處有期徒刑逾六個月確定（第10款）

舊法之配偶被宣告處三年以上徒刑，不論罪名是什麼，都可以成為請求判決離婚的理由，因為另一方會因此在精神上產生痛苦，也不利於婚姻的共同生活。而「犯不名譽之罪」，不一定要被處三年以上的有期徒刑，但是一定是要被處「徒刑」，如果是被判拘役或罰金，都還不算。什麼是「不名譽的罪」？這要看一般社會的觀感、婚姻的目的、犯罪的種類、犯罪的環境以及情節，依照個案的情形來判斷，最高法院判例，認為犯下列的罪名，就是犯不名譽的罪。竊盜罪（最高法院33上字第5749號判決）、侵占罪（最高法院27年上字第3196號判決）、背信及偽造文書罪（最高法院33年上字第3142號判決）、營利和誘罪（最高法院27年上字第506號判決）、姦淫親生女兒（最高法院63年台上字第1444號判決）。

此次新法修正為夫妻之一方，因故意犯罪，經法院判處有期徒刑超過六個月確定時，夫或妻之一方，得向法院請求判決離婚。至於判無期徒刑或死刑，依舉輕明重的法理，可以類推適用本款規定請求離婚。

（三）抽象的離婚事由

除了前面所說的這十款規定以外，民法第1052條第2項也規定，如果一個婚姻已經有了重大的缺陷，而且在客觀上，一般人處於相同的情況，都沒有辦法再繼續維持婚姻，才可以請求判決離婚，例如：配偶和異性交往很密切，但是沒有證據證明有肉體關係、沉迷於同性戀、要求性交過度，以致於另一方沒有辦法負荷、浪費揮霍無度等等的情形。但是請求離婚的一方，必須對於這個缺陷的產生，和另一方比較起來責任比較小，或兩個人的責任程度是一樣的，才可以請求離婚。

三、案例結論

乙因為被甲打了一巴掌，就離家出走二十年不回家，也從來不告訴甲自己的聯絡方法。甲、乙的情形，不符合民法第1052條第1項規定的十種情形。另外。甲、乙分開二十年，客觀上雖然有民法第1052條第2項所規定的「難以維持婚姻的重大事由」，但是比較甲、乙的過失，甲只打了乙一巴掌，乙就二十年不回家，也從來不告訴甲她人在那裡，乙的過失程度應該比較大，所以乙依照民法第1052條第2項的規定請求判決離婚，並沒有理由。

四、相關實例

甲男與乙女於民國73年結婚,結婚之後,甲、乙兩個人個性不合,甲經常在深夜喝的醉醺醺的回到家,動不動就把乙痛打一頓,乙全身都是傷痕,忍耐了三年,實在受不了,才離家出走。到了民國93年,乙在工作場所遇到知己,想要結婚,於是就向法院起訴,請求和甲離婚,是不是有理由?

五、重要判解

(一)司法院大法官釋字第18號解釋

夫妻之一方於同居之訴判決確定後仍不履行同居義務,在此狀態繼續存在中而又無不能同居之正當理由者,裁判上固得認為合於民法第1052條第5款情形。至來文所稱某乙與某甲結婚後歸寧不返,迭經某甲託人邀其回家同居,某乙仍置若罔聞。此項情形,尚難遽指為上項條款所謂以惡意遺棄他方之規定(解釋日期:民國42年5月29日)。

(二)最高法院27年渝上字第2724號民事判決(例)

被上訴人與上訴人結婚後其雙目雖已因病失明,但不得謂有民法第1052條第7款所稱不治之惡疾。

(三)最高法院31年上字第1949號民事判決(例)

民法第1052條第4款,所謂妻對於夫之直系尊親屬為不堪共同生活之虐待,係指予以身體上或精神上不可忍受之痛苦,致不堪繼續共同生活者而言,上訴人對於被上訴人之母,既有屢為無理爭鬧並加以暴行之行為,使之感受身體上及精神上之痛苦,不能謂非不堪繼續共同生活之虐待。

(四)最高法院32年上字第5238號民事判決(例)

上訴人為被上訴人之贅夫,曾於民國31年5月及6月間,兩次毆打被上訴人,傷及背脊等處,應認被上訴人所受虐待已達不堪同居之程度。

(五)最高法院32年上字第6681號民事判決(例)

夫右邊手足殘廢,並非民法第1052條第7款所稱不治之惡疾。

(六)最高法院33年上字第294號民事判決(例)

民法第1052條第2款所謂他方與人通姦,係指結婚後他方與人通姦者而言,至結婚前與人通姦,如在婚約訂定之後,僅得於結婚前解除婚約,不得於結婚後據以請求離婚。

(七)最高法院33年上字第5635號民事判決(例)

夫於其精神錯亂中,對妻有失當之行為,不得遽謂其妻已受不堪同居之虐待。

（八）最高法院33年上字第5777號民事判決（例）

上訴人爲被上訴人之妻，其所患之精神病已在外家醫治數年迄未治癒，反日趨沉重而達重大不治之程度，既爲原審合法確定之事實，依民法第1052條第8款之規定，被上訴人自得請求離婚，上訴人乃以其精神病係在被上訴人家憂鬱所致，被上訴人不得乘病請求離婚等情爲爭辯，殊無足取。

（九）最高法院39年台上字第415號民事判決（例）

民法第1052條第5款所謂夫妻之一方，以惡意遺棄他方，在繼續狀態中者，係指夫或妻無正當理由，不盡同居或支付一定庭生活費用之義務而言，是縱如上訴人所稱，被上訴人爲依其後母牧牛度活，茅寮容膝，確有衣食難周之情形，亦不過因家貧生活艱苦，究與無正當理由不支付家庭生活費用者有別，自難指爲惡意遺棄。

（十）最高法院44年台上字第26號民事判決（例）

妻受夫之直系尊親屬之虐待，致不堪爲共同生活者，依民法第1052條第4款規定，固得向法院請求離婚，惟所受虐待，必須客觀的已達於不堪繼續爲共同生活之程度，始屬相當。

（十一）最高法院49年台上字第199號民事判決（例）

妻受夫之直系尊親屬之虐待，致不堪爲共同生活者，始得請求離婚，民法第1052條第4款規定甚明，至夫之姊既非夫之直系尊親屬，縱有毆辱上訴人情事，亦不得據爲離婚之原因。

（十二）最高法院49年台上字第1233號民事判決（例）

夫妻之一方於同居之訴判決確定後，仍不履行同居義務，在此狀態繼續存在中，而又無不能同居之正當理由者，應認爲有民法第1052條第5款之情形，於同居之訴判決確定後，如有正當理由不能盡同居之義務者，當難遽准夫妻之一方據爲離婚原因。

（十三）最高法院49年台上字第1251號民事判決（例）

夫妻之一方以惡意遺棄他方者，不僅須有違背同居義務之客觀事實，並須有拒絕同居之主觀情事，始爲相當，被上訴人僅因犯殺人未遂罪逃亡在外，尚無其他情形可認具有拒絕同居之主觀要件，縱令未盡家屬扶養義務，亦與有資力而無正當理由不爲支付生活費用者有別，揆諸民法第1052條第5款之規定，尚難謂合。

（十四）最高法院62年台上字第845號民事判決（例）

民法第1052條第9款所謂「生死不明」，係指夫妻之一方於離家後，杳無音訊，既無從確知其生，亦無從確知其死之狀態而言。原告以被告生死不明已逾三年爲理由，而提起離婚之訴者，就被告是生是死之事實，不負證明之責任。

（十五）最高法院63年度台上字第1444號民事判決（例）

為人父者姦及生女，殊屬違背倫常，滅絕理性，依社會道德觀念，自為人所共棄，恥與相近。本件被上訴人姦淫其生女倘屬實情，則為其母者即上訴人所受精神上之痛苦，自難謂非受不堪同居之虐待，依民法第1052條第3款規定，上訴人非不得據以請求離婚。

（十六）最高法院69年台上字第669號民事判決（例）

夫妻結合，應立於兩相平等之地位，維持其人性之尊嚴。本件兩造為夫妻，被上訴人強命上訴人下跪，頭頂盆鍋，難謂無損於人性之尊嚴，倘上訴人因此感受精神上重大痛苦，尚不能謂其未受被上訴人不堪同居之虐待。

（十七）最高法院90年度台上字第1965號民事判決

按民法第1052條第2項但書規定難以維持婚姻之重大事由，應由夫妻之一方負責者，僅他方得請求離婚，係為求公允而設，故難以維持婚姻之重大事由，夫妻雙方均須負責時，應比較衡量雙方之有責程度，僅許責任較輕之一方，得向責任較重之他方請求離婚，如雙方之有責程度相同時，則雙方均得請求離婚，始符公平。

（十八）最高法院91年度台上字第1023號民事判決

按民法第1052條第2項前段規定：「有前項以外之重大事由，難以維持婚姻者，夫妻之一方得請求離婚」，其目的在使夫妻請求裁判離婚之事由，較富彈性，故夫妻間發生之情事，苟足使婚姻難以維持，縱不符同條第1項所列各款情形，仍得依上開第2項規定訴請離婚。

（十九）最高法院91年度台上字第2023號民事判決

按民法第1052條第2項所稱「有前項以外之重大事由，難以維持婚姻者」，乃抽象的、概括的離婚事由，係民法親屬編於74年修正時，為因應實際需要，參酌各國立法例，導入破綻主義思想所增設。但其事由應由夫妻一方負責者，僅他方得請求離婚，是其所採者為消極破綻主義精神，而非積極破綻主義。關於是否為難以維持婚姻之重大事由，其判斷標準為婚姻是否已生破綻而無回復之希望。而婚姻是否已生破綻無回復之希望，則應依客觀的標準，即難以維持婚姻之事實，是否已達於倘處於同一境況，任何人均將喪失維持婚姻意欲之程度而定。至於同條但書所規定「難以維持婚姻之重大事由應由夫妻之一方負責者，僅他方得請求離婚」，乃因如肯定有責配偶之離婚請求，無異承認恣意離婚，破壞婚姻秩序，且有背於道義，尤其違反自己清白（clean hands）之法理，有欠公允，同時亦與國民之法感情及倫理觀念不合，因而採消極破綻主義。然若夫妻雙方均為有責時，則應衡量比較雙方之有責程度，而許責任較輕之一方向應負主要責任之他方請求離婚，以符合公平。兩造分居長達十八年之期間，雙方互不來往，形同陌路，婚姻關係誠摯相愛之基礎

已蕩然無存，婚姻所生之破綻已無回復希望，任何夫妻處於同一境況，均將喪失維持婚姻之意欲，應認符合民法第1052條第2項所稱難以維持婚姻之重大事由。又被上訴人攜子返回娘家，固係造成兩造分居之原因，然上訴人自始至終均知曉被上訴人住在娘家，是上訴人如欲與被上訴人聯繫，應非難事，但上訴人在兩造分居長達十八年之時間，卻僅曾到校探望兒子二、三次，而從未與被上訴人聯繫，以求夫妻破鏡重圓；反之，上訴人在此期間則數度遷徙，且從未告知被上訴人其住處或聯絡方式，致使被上訴人無從與之聯絡。因此，縱認被上訴人對兩造分居應負責任，然其有責程度顯較上訴人為輕。揆諸首開說明，自應准許責任較輕之被上訴人向責任較重之上訴人請求離婚。又離婚請求權，屬身分關係之請求權，並無時效消滅之適用。

（二十）臺灣高等法院臺中分院100年度家上字第95號民事判決

依照民法第1052條第2項之規定，有前項以外之重大事由，難以維持婚姻者，夫妻之一方得請求離婚，其中所謂難以維持婚姻包含有婚姻發生破綻，並於客觀上，任何人處於同一情況下均喪失維持或修復該婚姻意願者，始足稱之。

（二十一）臺中地方法院100年度婚字第844號民事判決

民法第1052條第2項係針對抽象離婚事由為規定，即有前項以外之重大事由，難以維持婚姻者，夫妻之一方得請求離婚；故如對於家庭生活之美滿幸福有所妨礙者，應可認該情況和難以維持婚姻之重大事由相當，而得請求離婚。

（二十二）臺灣高等法院100年度家上更（一）字第7號民事判決

按婚姻係以夫妻之共同生活為目的，配偶應互相協力保持其共同生活之圓滿、安全及幸福。如因一方之行徑，致使他方無法與之相互扶持，共同建立和諧美滿家庭之可能，達成實質夫妻生活之婚姻目的，則當事人間婚姻關係有難以維持之重大破綻，如因一方之可責性較高，則他方依民法第1052條第2項請求離婚，應予准許。

（二十三）臺灣高等法院高雄分院101年度家上字第38號民事判決

民法第1052條第2項係規定，有同條第1項以外之重大事由，難以維持婚姻者，夫妻之一方得請求離婚，其中對於難以維持婚姻之判斷，應以客觀上任何人於該生破綻而無回復希望之同一情況下均喪失維持之意欲者，始足稱之。

（二十四）臺灣高等法院臺南分院101年度家上字第96號民事判決

按民法第1052條第2項所稱難以維持婚姻之重大事由，係以婚姻是否已生破綻而無回復之希望為其判斷之標準。而婚姻是否已生破綻無回復之希望，則應依客觀之標準，即難以維持婚姻之事實，是否已達於倘處於同一境況，任何人均將喪失維持婚姻意欲之程度而定。是雙方若僅對於交友狀況、理財、工作及個性等固有爭

執，且被訴請離婚之一方對兩造婚姻並無過失，亦有繼續維持婚姻之意願，即應認此段婚姻尚未達到上開所述難以維持婚姻之重大事由。

（二十五）臺灣高等法院101年度家上字第256號民事判決

夫妻之一方，有民法第1052條第1項各款情形之一者，他方得向法院請求離婚。同條第2項本文規定，有前項以外之重大事由，難以維持婚姻者，夫妻之一方得請求離婚。所稱「難以維持婚姻之重大事由」，應以婚姻是否已生破綻而無法回復爲其判斷依據，尙不得以夫妻之一方主觀所認定爲據，應依客觀標準決定，即任何人處同一情境均有一定程度喪失其維持婚姻之希望。

（二十六）臺灣高等法院101年度家上字第292號民事判決

婚姻是否已生破綻無回復之希望，應依客觀之標準，即難以維持婚姻之事實，是否已達於倘處於同一情況，任何人均將喪失維持婚姻之意願而定。至於離婚之事由若可歸責於夫妻雙方時，則應衡量比較雙方之有責程度，僅責任較輕之一方，得向責任較重之他方請求離婚，或有責程度相同時，雙方均得請求離婚，始符公平。按婚姻最大困境在無法溝通，願意爲維持關係作調整，且當事人一方已先行離家，他方雖表明希望維持婚姻關係，但不思採取有效方式與一方溝通，仍冀藉由法律維持婚姻關係，一方於接受婚姻諮商後亦不能忍讓，堅決與他方離婚，則當事人間婚姻之破綻原因，應認係可歸責於雙方之程度相同，雙方均得請求離婚。

（二十七）臺灣高等法院暨所屬法院101年法律座談會民事類提案第20號

法律問題：家事事件法第10條第1項規定：「法院審理家事事件認有必要時，得斟酌當事人所未提出之事實，並依職權調查證據。但法律別有規定者，不在此限。」家事事件審理細則第15條又規定：「離婚或撤銷婚姻之訴訟事件，就不利於維持婚姻之事實，法院不得斟酌當事人所未提出之事實。」若夫對妻爲家暴行爲，妻向法院聲請核發保護令並訴請離婚，於此離婚合併保護令事件，妻若於離婚並未主張民法第1052條第1項第3款不堪同居之虐待時，法院得否審酌其於職權調查保護令事件所得知之毆打情節，依民法第1052條第1項第3款規定判決兩造離婚？

討論意見：

甲說：

家事事件法第10條第1項規定：法院審理家事事件認有必要時，得斟酌當事人所未提出之事實，並依職權調查證據。但法律別有規定者，不在此限。又家事事件審理細則第15條規定：離婚或撤銷婚姻之訴訟事件，就不利於維持婚姻之事實，法院不得斟酌當事人所未提出之事實。其立法理由「當事人所未提出離婚或撤銷婚姻之事實，旣不利於婚姻之維持，自不宜由法院依職權採認該事實，爰參考民事訴訟

法第574條第2項明定之。」以補充家事事件法母法規定之不足，並承襲民事訴訟法第574條第2項規定。故本題妻若於離婚並未主張民法第1052條第1項第3款不堪同居之虐待時，法院雖於合併審理之保護令事件調查得知該事實，惟因該事實係不利於維持婚姻之事實，且為當事人所未提出，故依家事事件審理細則第15條規定，法院不得斟酌該事實判決兩造離婚。

乙說：

法律規定之內容不可能鉅細靡遺、面面俱到，所以例外允許立法機關得授權行政機關發布行政命令為補充規定。然法律授權，係屬例外，故應有其限制與界限，其內容包括：1.有關實現立法目的之核心事項應以法律規定；2.重要事項應以法律明確授權；3.法律概括授權僅限於次要事項之規範；亦即授權之目的、內容及範圍應具體明確，且須具備可瞭解性、可預見性、可審查性等要素，才符合授權明確原則。若法律僅概括授權行政機關訂定施行細則者，該管行政機關於符合立法意旨且未逾越母法規定之限度內，自亦得就執行法律有關之細節性、技術性之次要事項以施行細則定之，惟其內容不能牴觸母法或對人民之自由權利增加母法所無之限制。家事事件法第10條第1項規定：法院審理家事事件認有必要時，得斟酌當事人所未提出之事實，並依職權調查證據。但法律別有規定者，不在此限。其立法理由為「家事事件多與身分關係有關，並涉及公益，故在審理程序中，為求法院裁判與事實相符，並保護受裁判效力所及之利害關係第三人，及便於統合處理家事紛爭，爰採行職權探知主義，於本條第1項明訂法院得視個案具體情形所需，斟酌當事人所未提出之事實，並於未能由當事人聲明之證據獲得心證時，得依職權調查證據。惟法律另有特別規定時，則應限制法院依職權斟酌事實或調查證據之權限。」同法第199條雖規定：家事事件審理細則、本法施行細則，由司法院定之。惟該授權司法院制訂審理細則、施行細則應屬概括授權，其細則之規定應不得逾越母法規定之限度，且僅得就執行法律有關之細節性、技術性之次要事項加以定之，不得牴觸母法之規定。家事事件審理細則第15條規定：離婚或撤銷婚姻之訴訟事件，就不利於維持婚姻之事實，法院不得斟酌當事人所未提出之事實。此細則規定已逾越、牴觸家事事件法母法第10條第1項之規定，又無法律之明確授權，顯然違反授權明確性原則。故本題妻若於離婚並未主張民法第1052條第1項第3款不堪同居之虐待時，法院於合併審理之保護令事件調查得知該事實，雖該事實係不利於維持婚姻之事實，且為當事人所未提出，但依家事事件法第10條第1項規定，法院審理家事事件認有必要時，得斟酌當事人所未提出之事實，自得判決兩造離婚，不受家事事件審理細則第15條規定之限制。

初步研討結果：採乙說。

審查意見：

　　本件題旨情形，法院因受理核發保護令事件，知悉夫對妻有家庭暴力行為，依家事事件法第10條第2項第1款規定，法院得依同條第1項規定斟酌該家庭暴力之事實，並依第3項規定使當事人或關係人有辯論或陳述意見之機會，法院並應適當行使闡明權，經曉諭發問後，仍應由妻追加民法第1052條第1項第3款為訴訟標的，法院始得審酌是否符合該款規定而准予判決離婚。按起訴狀應表明訴訟標的及其原因事實，而民法第1052條第1項各款及第2項所列每一離婚原因，均屬獨立訴訟標的，而有其獨立不同之事實，如妻未以該款規定為訴訟標的，依家事事件審理細則第15條規定，法院不應逕依該款規定判決兩造離婚。

研討結果：照審查意見通過。

（二十八）臺灣高等法院102年度家上字第112號民事判決

　　按夫妻之一方無正當理由與他方別居，固屬違背同居義務，然此與民法第1052條第1項第5款所稱惡意遺棄他方尚屬有別，因所謂以惡意遺棄他方，不僅須有違背同居義務之客觀事實，並須有拒絕同居之主觀情事始為相當。次按同條第2項規定之重大事由，難以維持婚姻者，應依客觀之標準，認定婚姻是否已生破綻而無回覆之望，且此難以維持婚姻之事實，是否已達於倘處於同一境況，任何人均將喪失維持婚姻之意願而定。

（二十九）最高法院103年度台上字第858號民事判決

　　按民法第1052條第2項所稱「難以維持婚姻」，乃導入破綻主義思想所增設，其判斷之標準為婚姻是否已生破綻而無回復之希望。而婚姻是否已生破綻無回復之希望，則應依客觀之標準，即難以維持婚姻之事實，是否已達於倘處於同一境況，任何人均將喪失維持婚姻意欲之程度而定。至於但書規定「難以維持婚姻之重大事由應由夫妻之一方負責者，僅他方得請求離婚」，係為公允而設，故難以維持婚姻之重大事由，夫妻雙方均須負責時，應衡量雙方之有責程度，僅責任較輕之一方，得向責任較重之他方請求離婚，有責程度相同時，雙方均得請求離婚，始符公平。

（三十）最高法院105年度台上字第2162號民事判決

　　家庭生活費用，除法律或契約另有約定外，由夫妻各依其經濟能力、家事勞動或其他情事分擔之。有關真實所得及財產狀況、是否已合理分擔家庭生活費用及家事勞動等項，均為兩造婚姻發生破綻之原因，屬重要攻擊方法。如未於判決理由項下說明該主張是否為真實，遽謂一造應負較重之婚姻發生破綻責任，自有判決不備理由之違法。

（三十一）最高法院106年度台上字第1696號民事判決

　　法院除認原告主張之難以維持婚姻之重大事由不存在或非重大外，應斟酌全辯

論意旨及調查證據之結果，綜合全部事證爲有責程度之判斷，據以認定原告依本項規定請求離婚有無理由，非得以原告未舉證證明有責程度爲何，即爲其不利之判決。

（三十二）憲法法庭112年憲判字第4號判決

民法第1052條第2項但書規定限制有責配偶請求裁判離婚，原則上無違憲法第22條保障婚姻自由之意旨。惟其規定不分難以維持婚姻之重大事由發生後，是否已逾相當期間，或該事由是否已持續相當期間，一律不許唯一有責之配偶一方請求裁判離婚，完全剝奪其離婚之機會，而可能導致個案顯然過苛之情事，於此範圍內，不符憲法保障婚姻自由之意旨。相關機關應自本判決宣示之日起2年內，依本判決意旨妥適修正之。逾期未完成修法，法院就此等個案，應依本判決意旨裁判之。

（三十三）最高法院112年度台上字第407號民事判決

夫妻就難以維持婚姻之重大事由皆須負責，俱屬有責配偶，均得依民法第1052條第2項本文之規定，請求與他方離婚，並不以雙方之有責程度輕重比較爲要件。故法院對於「夫妻就難以維持婚姻之重大事由皆須負責時」之離婚請求，毋須比較衡量雙方之有責程度。

（三十四）最高法院112年度台上字第1612號民事判決

民法第1052條第2項規定，有前項規定以外之重大事由，難以維持婚姻者，夫妻之一方得請求離婚。但其事由應由夫妻之一方負責者，僅他方得請求離婚。揆其文義，夫妻就難以維持婚姻之重大事由皆須負責時，均屬有責配偶，均得依該項本文之規定，請求與他方離婚，並不以雙方之有責程度輕重比較爲要件。是法院對於夫妻就難以維持婚姻之重大事由皆須負責時之離婚請求，毋須比較衡量雙方之有責程度，乃屬立法形成之範疇。惟於此時，應負責任較輕之一方，非不得就其因婚姻解消所受之損害，依法請求責任較重之他方賠償，以資平衡兼顧。

❖ 民法第1052條之1

離婚經法院調解或法院和解成立者，婚姻關係消滅。法院應依職權通知該管戶政機關。

（民國98年4月29日公布）

案例

甲男、乙女結婚不久之後，感情不好，經常吵架。雙方都告上法院，經法院調解離婚。試問：甲、乙是不是就真的離婚了？

一、思考焦點

經法院調解離婚，在法律上是不是有效？

二、問題論述

為使法院調解或和解成立者，離婚具有形成力而非屬於協議離婚之性質，故本條明訂當事人經法院調解或和解離婚成立者，即與形成判決具有同一之效力。又為使身分關係與戶籍登記一致，且避免離婚登記上之爭議，故明訂法院應即通知戶政機關為離婚之登記。此乃賦予法院調解離婚或法院和解離婚成立者一定之法律效果；並避免因當事人未至戶政機關作離婚登記而影響其本人及相關者之權益。

故本條文為民國98年4月29日公布之新增法律條文，對於爾後男女雙方欲為解消夫妻關係，亦不為其中之方法。

三、案例結論

依據民國98年4月29日公布民法第1052條之1規定，離婚經法院調解或法院和解成立者，婚姻關係消滅。故甲男、乙女結婚不久之後，感情不好經法院調解離婚後，甲男與乙女之婚姻關係消滅，在法律上有離婚之效力。

四、相關實例

甲男、乙女結婚不久之後，感情相當不好。因為甲、乙都還沒有滿二十歲，雙方告上法院，在法院和解離婚，雖然沒有經過甲男、乙女之法定代理人同意，那麼甲、乙是不是就真的離婚了？

五、重要判解

（一）臺灣高等法院暨所屬法院99年法律座談會民事類提案第7號

法律問題：民法第1052條之1規定離婚經法院調解或法院和解成立者，婚姻關係消滅。法院應依職權通知該管戶政機關。非訟代理人或訴訟代理人可否代理當事人成立離婚調解或離婚和解？

討論意見：

甲說：肯定說

法無明文規定排除訴訟代理人或非訟代理人代理當事人成立離婚和解或離婚調解。因民事訴訟法第70條規定，訴訟代理人就其受委任之事件有為一切訴訟行為之權。但捨棄、認諾、撤回、和解、提起反訴、上訴或再審之訴及選任代理人，非受特別委任不得為之。非訟事件法第12條規定，民事訴訟法有關訴訟代理人及輔佐人之規定，於非訟事件之非訟代理人及輔佐人準用之。且民事訴訟法第574條第1項規定，關於認諾效力之規定，於婚姻事件不適用。同條第2項規定，關於訴訟上自認及不爭執事實之效力規定，在離婚之訴，於離婚之原因、事實，不適用之。因此，就人事訴訟程序中之婚姻事件，特別設有排除認諾效力之規定，但並無排除和解效力之規定，只要訴訟代理人或非訟代理人受特別委任時，即可代理當事人為離婚和解或離婚調解。

法務部（73）法律字第5712號函法規諮詢意見，本件經轉准司法院秘書長73年5月19日（73）秘台廳字第00345號函略以：「二、查楊○火因遭車禍，腦部受傷，記憶喪失，經臺灣臺北地方法院板橋分院以72年度禁字第010號裁定宣告楊○火為禁治產人，裁定內載明由其妻陳○樺為監護人，負責養護及治療楊○火之身體在案。嗣陳○樺以其無謀生養護及治療楊○火身體之能力，並以楊○火已無法治癒，難與共同生活，向原法院聲請調解，准予離婚。由該法院72年度家調字第337號聲請離婚調解案卷內資料查得，楊○火之生母楊朱○姑及胞兄楊○欽、胞姊楊○治、楊○珠與胞弟楊○傑曾於72年10月30日組成親屬會議，議決由生母楊朱○姑為禁治產人楊○火之監護人，並由其委任楊○火之胞姊楊○治代理出庭並授與特別代理權，徵之民法第1131條及第1052條暨民事訴訟法第69條、第79條及第571條之規定，臺灣臺北地方法院板橋分院所制作之調解筆錄，並無違法之處」。因此，受監護宣告之人之監護人為法定代理人，法定代理人委任他人為非訟代理人進行離婚調解並授與特別代理權，由非訟代理人代理進行離婚調解並為調解離婚成立並無不法。

法務部（73）法律字第4408號函法規諮詢意見，本件經轉准司法院秘書長73年4月21日（73）秘台廳字第00271號函略以：「二、本案業經本院所屬臺灣高等法院73年4月18日以（73）劍文簡字第04880號函略稱：『本件臺灣臺北地方法院為和解時，當事人許○源既立具民事委任書委任其子許○議為訴訟代理人，授與特別代理權，並由其子將委任書提出於臺灣臺北地方法院附卷，依民事訴訟法第69條、第70條第1項但書所定自應認為已有合法之委任，該和解尚難謂當然無效。』三、查協同辦理離婚戶籍登記，係一般給付之訴，並非不得代理之行為，臺灣高等法院

前述意見，尚無不合。」因此，前述民事訴訟法舊法時期就離婚之訴可由受有特別委任之訴訟代理人代理爲離婚和解，惟該和解爲協同辦理離婚戶籍登記之一般給付之訴，現行法雖規定離婚經法院調解或法院和解成立者，婚姻關係消滅，具有與形成之訴相同性質，但修法後並無明文排除不得代理。

民法第1052條之1之立法理由爲賦予法院調解離婚或法院和解離婚成立者一定之法律效果；並避免因當事人未至戶政機關作離婚登記而影響其本人及相關者之權益。因此，由立法理由得知舊法和解或調解離婚後，仍需當事人雙方親自到戶政機關辦理離婚登記，目的可能是予當事人再思考離婚之必要，仍有勸和不勸離之傳統思維，現行法則是避免當事人未至戶政機關作離婚登記而影響其本人及相關者之權益，已經改爲尊重當事人在法院所作決定之效力，就當事人委任並受特別委任之訴訟代理人在法院所爲調解或和解離婚效力，也應予尊重。

乙說：否定說。

身分行爲原則不得代理，除非法有明文得代理之情形。身分關係及身分行爲，民法第103至110條，原則上不能適用。因身分行爲須自行，不許親權人代理。但有時因特別情事，亦有許其代理者。惟其代理非意定代理，而爲法定代理。故其代理權之發生、消滅及其範圍，悉依親屬編或其他法律規定而定。在身分行爲許其代理者如次：（5）關於婚姻事件，由禁治產人之法定代理人或由親屬會議所指定之人代爲訴訟（民事訴訟法第571條）。（戴炎輝、戴東熊合著，中國親屬法，1996年2月，6版，第8至9頁）。因此，非訟代理人或訴訟代理人代理當事人成立離婚調解或離婚和解身分行爲原則不得代理，除非法有明文得代理之情形，而現行法並無明文規定非訟代理人或訴訟代理人得代理當事人成立離婚調解或離婚和解。

民法第1052條之1規定並未使離婚之調解或和解發生「與確定判決同一效力」，立法者係透過本條規定離婚經法院調解或法院和解成立者，其婚姻關係僅生實體法上婚姻關係消滅之效力（林青松編著，民法（身分法），2009年10月，3版，第149頁）。因此，民事訴訟上之訴訟代理人爲訴訟行爲之代理，並非實體法上法律行爲代理，即使受有特別委任，仍不得代理當事人爲成立調解離婚或和解離婚。

丙說：折衷說

當事人於委任書或向法院陳明，經法院記明筆錄，明確表示離婚意思並委任訴訟代理人在法院調解離婚或和解離婚程序中代爲表示離婚意思，應可成立離婚調解或離婚和解。當事人明確表示離婚意思，訴訟代理人只是將當事人之離婚意思代爲在法院表示，使兩造在法院成立離婚調解或離婚和解意思一致，訴訟代理人只是當事人之使者或手足之延伸，對當事人離婚和解或調解成立，並無自己意思存在。司法院（78）秘台廳字第01189號函法令釋示，又關於收養人及被收養人均不能回國

辦理收養手續，可否委託駐外使館代辦一節，按收養為身分行為，除被收養人未滿7歲，可由其法定代理人代為意思表示並代受意思表示外，應由收養人及被收養人自行決定收養之意思（最高法院29年上字第1606號判例參照）。故如委任他人代理聲請法院認可收養子女者，須依非訟事件法第7條、民事訴訟法第68條至第75條等規定為之，並應於委任書內指明收養人及被收養人之姓名、年籍等，以表明其自行決定收養之意旨。惟法院如依職權調查事實及必要之證據，通知本人到場應訊時，本人仍必須到場。因此，當事人於委任書明確表示離婚意思並委任訴訟代理人在法院代為調解離婚或和解離婚，兩造在法院合意離婚調解或離婚和解即為合法。

當事人一方為收容人在監或在押時，當事人合意離婚並未能一同至戶政機關辦理離婚登記，離婚協議書由監所機關證明係受刑人親簽並捺印指紋後，並由受刑人出具在監委託證明書後，只需由另一方持該離婚協議書及在監委託證明書至戶政機關辦理離婚登記即發生協議離婚效力（內政部97年3月10日以台內戶字第0970025810號函復臺灣臺中地方法院。民法第1050條規定，兩願離婚，應以書面為之，有二人以上證人之簽名並應向戶政機關為離婚之登記。戶籍法第36條規定，離婚登記，以雙方當事人為申請人。但經判決離婚確定或其離婚已生效者，得以當事人之一方為申請人。矯正機關收容人戶籍管理作業規定第7點規定，收容人申請戶籍事項，應填具申請書，並檢附相關文件，經矯正機關函送戶政事務所或委託他人辦理。收容人委託他人辦理時，委託書應經矯正機關證明。臺灣臺中地方法院家事法庭編著，2008家事調解（商談）實務操作手冊，頁5-32）。因此，當事人提出委任書或向法院陳明經法院記明筆錄，明確表示離婚意思並委任訴訟代理人在法院調解離婚或和解離婚程序中代為表示離婚意思，應可成立離婚調解或離婚和解。

初步研討結果：採乙說。

審查意見：

兩願離婚為不許代理之法律行為，原則上不得由非訟代理人或訴訟代理人代理當事人成立離婚調解或離婚和解，惟夫妻自行決定離婚之意思而以代理人為其意思之表示機關，自非不可成立離婚調解或離婚和解。

研討結果：照審查意見通過。

管見補充說明：

自民國101年6月1日家事事件法生效施行後，離婚調解或離婚和解必須依照該法第23條規定（調解前置）：「家事事件除第三條所定丁類事件外，於請求法院裁判前，應經法院調解」「前項事件當事人逕向法院請求裁判者，視為調解之聲請。但當事人應為公示送達或於外國為送達者，不在此限」「除別有規定外，當事人對丁類事件，亦得於請求法院裁判前，聲請法院調解」。

（二）法務部民國99年9月9日法律字第0999037995號

按民法第1052條之1規定，係賦予法院調解離婚或法院和解離婚成立者，與形成判決具有同一之效力，其並未包括依鄉鎮市調解條例規定成立之調解，後者性質上屬兩願離婚，當事人仍應依民法相關規定向戶政機關爲離婚登記，並以離婚登記日爲婚姻關係解消之日。

（三）內政部民國99年9月13日台內戶字第0990188011號

「法院調解離婚或法院和解離婚成立者」與判決離婚具有同一之效力。然「鄉鎮市調解委員會受理離婚調解經法院核定者」僅係兩願離婚，仍應向戶政機關爲離婚之登記，並以登記日爲婚姻消滅日。

❖ 民法第1053條

對於前條第一款、第二款之情事，有請求權之一方，於事前同意或事後宥恕，或知悉後已逾六個月，或自其情事發生後已逾二年者，不得請求離婚。

案例

甲男與乙女是夫妻，甲在外面和女朋友通姦，被乙會同管區警員破門而入，抓姦在床，甲因為是政府的高級官員，怕事情曝光之後，身敗名裂，所以就跪在算盤上，苦苦哭著哀求乙，不要去法院請求判決離婚，並且把所有的存款通通交給乙去用，乙也表示要原諒甲。事情經過之後不到三個月，有一天甲、乙因為小事情吵架，乙一氣之下，用甲通姦為理由，去法院請求判決離婚，是不是有理由？

一、思考焦點

有哪些情形是不可以請求裁判離婚？

二、問題論述

夫妻其中一個人如果有民法第1052條第1項第1款重婚的情形，或是第2款與配偶以外之人合意性交的情形，另外一方固然是可以請求判決離婚，但是如果有下面幾種情形時，不可以請求離婚：

（一）同意

對於配偶的重婚或與配偶以外之人合意性交，在事先就表示同意配偶這樣做。例如：同意先生納妾，又例如：因為自己沒有辦法生育，就同意先生為了傳宗接代和其他的女人性交，希望先生能生小孩。

（二）宥恕

對於配偶的重婚或與配偶以外之人合意性交，在事後表示原諒這個行為，而願意繼續維持這個婚姻生活，這和刑事上的通姦罪有沒有告訴或撤回告訴，並沒有關係。

（三）除斥期間的經過

離婚請求權，在本質上，就是一種形成權，形成權的意思，就是請求法院用判決來改變當事人的法律關係，也就是可以用判決來結束當事人間的婚姻關係，而形成權的行使，必須要在除斥期間以內。除斥期間的意思，是只要法律規定的時間一到，不管中間發生過什麼事情，都一律不能再起訴請求離婚了。以民法第1052條第1項第1款、第2款的理由，提起判決離婚的訴訟，民法第1053條規定，必須要在知道配偶有這個事情之後六個月以內提起訴訟，但是重婚或通姦的事情發生之後，如果已經超過兩年了，那麼無論什麼時候知道這個事情的，就都不可以再提起離婚訴訟了。所謂提起訴訟，是起訴狀送達地方法院，而由法院收發室蓋上有當天日期的印章，是以那個日期為準。法律之所以規定這個除斥期間，是因為配偶如果有重婚及通姦的行為，假如另一半不介意，或遲遲不肯向法院起訴請求判決離婚，表示因為夫妻一方重婚或通姦的行為，所產生的痛苦，在慢慢的消失，婚姻生活還是可以繼續下去，就不能再反覆無常，一下子突然又要提出離婚的訴訟，或這件不愉快的事情，慢慢降溫以後，或根本不知道自己的配偶有重婚或通姦的事情，而事情已經發生超過兩年了，有一天又突然要提起離婚的訴訟，造成婚姻、家庭非常的不安定，所以，民法第1053條就規定，在知道自己的配偶有重婚或通姦的事情六個月以內，或這些事情發生之後，不論知不知道或什麼時候知道這個事情的，已經超過二年了，都不可以再請求判決離婚。

三、案例結論

甲雖然有通姦的行為，但是乙已經宥恕，就不可以再到法院請求離婚。

四、相關實例

甲男與乙女是夫妻，甲在外面和女朋友通姦，並且自拍性行為的DVD。乙在兩年以後，在甲的抽屜裡面找到這片DVD，想要用通姦作為理由，依照民法第

1052條第1條第2款的規定，起訴請求法院判決與甲離婚，是不是有理由？

五、重要判解

（一）最高法院33年上字第4886號民事判決（例）

民法第1053條及第1054條所定之期間，為離婚請求權之除斥期間，與消滅時效性質不同，關於消滅時效中斷及不完成之規定，無可準用。

（二）最高法院51年度台上字第2075號民事判決

夫妻之一方，知悉他方與第三人重婚後已逾六個月者，依民法第1053條之規定，固不得以同法第1052條第1款「重婚」為原因請求離婚。惟一方因他方重婚結果，致身體上或精神上有不堪繼續同居之痛苦者，究非不得依同法條第3款「夫妻之一方受他方不堪同居之虐待」之規定，請求與他方離婚，並賠償因此所生之損害。

（三）最高法院82年度台上字第71號民事判決

夫妻之一方與他人通姦，有離婚請求權之一方，於知悉後已逾六個月者，不得請求離婚，民法第1053條規定甚明。故上訴人於知悉被上訴人與訴外人顏○○通姦，雖即對顏○○提出告訴，但其離婚請求權行使之六個月除斥期間，並不因而停止進行。其於逾六個月後，迨刑事案件判決確定，始據以訴請離婚，亦非法之所許。

（四）最高法院87年度台上字第2304號民事判決

夫妻之一方對於其配偶與人通姦，事後已否宥恕，應視其有否寬容其配偶之行為，而願繼續維持婚姻生活之感情表示而定；不得僅以其與其配偶就通姦之損害賠償成立和解，未提出告訴，或經告訴後撤回其告訴，不追究刑事責任，自認其已為宥恕。

（五）最高法院91年度台上字第352號民事判決

夫妻之一方對於其配偶與人通姦，事後宥恕，須有寬容其行為而願繼續維持婚姻生活之感情表示，始足當之；不得僅以其知悉其配偶與人通姦而聽任之，即認其已為宥恕。原審徒以上訴人於十餘年前即知悉被上訴人與張女之通姦行為，而未為爭執，即認其已宥恕被上訴人與張女之通姦行為，殊嫌速斷。

❖ 民法第1054條

對於第一千零五十二條第六款及第十款之情事，有請求權之一方，自知悉後已逾一年，或自其情事發生後已逾五年者，不得請求離婚。

案例

　　甲男與乙女結婚之後，育有二男一女，原本生活小康，甲因公司經營不善，遭到裁員且復未找到工作，致生家庭經濟生活困頓，無法支付子女教育等費用，甲因此終日飲酒消愁，乙迫於無奈，為了維持整個家庭生計及子女教育費用問題，遂自工廠上班，早出晚歸，自此甲、乙二人經常發生口角，某日甲懷恨在心，乃預藏尖刀一把，心想如乙返家再度諷刺甲係「無賴漢」「不事生產」等語，甲則將以該把預藏之尖刀加以殺害，然乙返家後，見甲仍繼續飲酒，坐視家內凌亂，不顧子女三餐等情為由，出口與甲理論，甲老羞成怒遂持該尖刀欲殺害乙，乙見狀逃往鄰居丙處，幸好鄰居友人丙、丁、戊等人好言相勸，始平息此次衝突，甲也在父母規勸下，深表後悔，並立下切結書，痛改前非，且努力工作表現良好，事後一年，甲、乙兩人復為意見不合，再度發生口角，乙自認兩人在一起已難合好，故寫好狀紙，依照民法第1052條第1項第6款為理由，因為甲曾在一年半前意圖殺害乙，並有鄰居友人丙、丁、戊等人及甲的悔過切結書為證，訴請法院離婚可不可行？

一、思考焦點

　　民法第1052條第1項第6、10款的理由，事情發生如果已經很久了，是不是還是可以拿來當作是離婚的理由？經過多久就不可以再請求了？

二、問題論述

　　以民法第1052條第1項第6款及第10款的理由，提起判決離婚的訴訟，民法第1054條規定，必須要在知道配偶有這個情形之後一年以內提起請求離婚的訴訟，但是事情發生之後，如果已經超過五年了，那麼無論是什麼時候知道這個事情，都不可以再提起訴訟了。法律之所以規定這個除斥期間，是因為配偶如果有這些情形，假如另一半不介意，或遲遲不肯向法院起訴請求判決離婚，表示因為夫妻一方因為另外一方曾經想要殺自己或被處三年以上有期徒刑的罪或犯了不名譽的罪被判有期徒刑，所產生的痛苦，正在慢慢消失，婚姻生活還是可以繼續維持下去，這時就不能再反覆無常，在法律規定之期間以後，一下子突然又要提出請求離婚的訴訟，或這個不愉快的事情，慢慢降溫以後，有一天又突然提起離婚的訴訟，造成婚

姻、家庭非常的不安定，所以，民法第1054條就規定，在知道自己的配偶有這些情形過一年以後，或這些事情發生之後，不論知不知道或什麼時候知道這個事情的，已經超過五年了，都不可以再請求判決離婚。

三、案例結論

本案依照民法第1054條規定，乙必須要在知道配偶甲腦羞成怒持尖刀欲殺害這個情形，一年以內提起請求離婚的訴訟，否則為了婚姻、家庭、子女的安定事過一年以後，甲不可以向法院起訴請求判決離婚。

四、相關實例

甲男與乙女是夫妻，於民國85年結婚，甲結婚之後不久，就在民國86年，在台北市犯了結夥搶奪及強盜罪，但是甲一直委託律師上訴，最高法院好幾次發回更審，最後案子一直到民國92年，最高法院才判決確定下來，甲被判有期徒刑十年確定。乙就在同年，依照民法第1052條第1項第10款，用甲被判三年以上有期徒刑的這個理由，向地方法院起訴請求判決離婚，甲一直爭辯說，事情是民國85年發生的，現在已經超過五年了，依照民法第1054條的規定，乙的訴訟已經超過除斥期間了，所以乙的訴訟是沒有理由等等的話。請問：乙的離婚訴訟是不是有理由？

五、重要判解

（一）最高法院44年度台上字第1498號民事判決

民法第1054條所定之期間，為離婚請求權之除斥期間，與消滅時效性質不同。關於消滅時效中斷及不完成之規定，均屬無可準用。

（二）最高法院74年台上字第1507號民事判決（例）

夫妻之一方，因犯不名譽罪被處徒刑確定者，他方即得依法請求離婚。至於處刑判決，是否失當，在辦理離婚事件之民事法院，無再為斟酌之餘地。

（三）最高法院84年度台上字第2674號民事判決

民法第1052條第1項第10款所謂不名譽之罪，係指社會上一般觀念皆認為不名譽之犯罪而言。所謂「社會上一般觀念皆認為不名譽之犯罪」，非以犯罪種類為唯一論據，尚應就具體個案斟酌當事人之身分、地位、教育程度等客觀情事及其犯罪環境實況，依社會上一般觀念而為體察。

❖ 民法第1055條

夫妻離婚者，對於未成年子女權利義務之行使或負擔，依協議由一方或雙方共

同任之。未爲協議或協議不成者，法院得依夫妻之一方、主管機關、社會福利機構或其他利害關係人之請求或依職權酌定之。

　　前項協議不利於子女者，法院得依主管機關、社會福利機構或其他利害關係人之請求或依職權爲子女之利益改定之。

　　行使、負擔權利義務之一方未盡保護教養之義務或對未成年子女有不利之情事者，他方、未成年子女、主管機關、社會福利機構或其他利害關係人得爲子女之利益，請求法院改定之。

　　前三項情形，法院得依請求或依職權，爲子女之利益酌定權利義務行使負擔之內容及方法。

　　法院得依請求或依職權，爲未行使或負擔權利義務之一方酌定其與未成年子女會面交往之方式及期間。但其會面交往有妨害子女之利益者，法院得依請求或依職權變更之。

案 例

　　甲男與乙女原來是夫妻，婚後生了一個小孩，後來乙向法院提起離婚的訴訟，法院判決離婚。在訴訟之中，甲和乙一直在爭執小孩的「監護權」，請問：小孩應該要判給哪一方？

一、思考焦點

　　夫妻離婚之後，所生的小孩，要交給誰來照顧？

二、問題論述

　　民法第1055條係離婚夫妻對未成年子女權利義務之行使負擔規定，須與家事事件法第3條第5項第8款：「戊類事件：八、定對於未成年子女權利義務之行使負擔事件」，以及家事事件法第107條、第108條一併研讀。

（一）對於未成年子女權利義務的行使或負擔

　　意思就是照顧未成年子女的身體、心理，來保護、教導他（她），包括日常生活的照顧及保護、家庭教育、身心健全的發展、倫理道德的培養等等（身上監護），並且維護、管理未成年子女的財產（財產監護），以及做未成年子女的法定代理人，表現在法律條文上面，包括民法第1060條規定未成年子女，以其父母親之住所爲住所、民法第1084條第1項規定子女應該孝順父母、第2項規定父母親對

於未成年子女有保護及教養之權利義務、民法第1085條規定父母親必要時可以處罰（懲戒）子女、民法第1086條規定父母親對於未成年子女有法定代理權、民法第1088條規定父母親對於未成年子女的特有財產，有管理、使用、收益及處分的權利，以上之規定，法律考慮到，因為子女還沒有成年，思想還不夠成熟，故必須由父母來照顧，簡單的來講，這就是「親權」，但是一般民間，還是在用「監護權」的用語。「監護」這兩個字，很容易就和民法第1091條以下，關於未成年人的父母親以外的人的監護，以及民法第1110條以下關於禁治產人的監護，產生混淆，所以民國85年9月27日修正生效的民法第1055條，就規定父母親「對於未成年子女權利義務的行使或負擔」，已經不再用「監護」這兩個字了。

至於離婚的父、母親，即使只有其中一方可以行使或負擔對於未成年子女的權利義務，但是子女對另外一方父、母親的扶養請求權、遺產繼承權，都不因此而受到影響。

（二）依協議

夫妻離婚時，對於未成年子女權利義務，首先要先看父、母親有沒有約定好要由誰來行使或負擔（依協議），離婚的父、母親可能約定由兩個人共同來行使或負擔，或由其中一個人來行使或負擔（民法第1055條第1項前段）。

（三）法院之酌定

如果離婚的父、母親，沒有辦法達成協議（協議不成），或根本沒有商量過（未為協議），法院可以依照離婚的父、母親、或主管機關，在中央是內政部，在各縣市政府則是社會局或社會福利機構，例如：某些保障兒童權利的財團法人、基金會（例如：財團法人臺灣兒童暨家庭扶助基金會）、或與這個小孩有利害關係的人，都可以請求法院為這個未成年人決定權利義務的行使或負擔的人，法院本身也可以依職權主動去決定（民法第1055條第1項後段），法院應該要就離婚的父、母親的職業、經濟情況、照護能力，以及其他子女的數目等等一切情況，通盤加以考慮。

（四）利害關係人

所謂的「利害關係人」，是和這個未成年子女，有身分上或財產上的利害關係的人。身分上的利害關係，例如：已經結婚的未成年人妻丙想要協議離婚，但是她的父、母親離婚的時候，並沒有約定好要由誰來行使或負擔對於丙的權利及義務，丙的丈夫就可以依照民法第1055條第1項的規定，請求法院酌定對丙權利義務行使或負擔的人，由那個人，來行使民法第1049條的未成年子女離婚的同意權；而財產上的利害關係人，例如：未成年人丁騎機車不小心把行人戊給撞傷了，戊要告丁，要求丁賠償醫藥費等等，但是因為丁是未成年人，沒有在法院打官司的能力

（訴訟行為能力），必須要丁的法定代理人出面代理丁為訴訟行為，但是丁的父、母親離婚了，對於由誰行使或負擔對於丁的權利及義務，意見不一樣，沒有達成協議，所以戊只好以利害關係人的身分，請求法院為丁酌定行使或負擔對於丁權利及義務的人，才能以丁為被告，並且將丁的法定代理人列入訴狀中。

（五）法院之改定

　　即使離婚的父、母親之間，對於未成年子女權利義務的行使或負擔，已經有了約定，但是這個約定並不符合未成年子女的最大利益，法院還是可以依照主管機關、社會福利機構或其他的利害關係人的請求，或主動依職權，決定改由父、母親的另外一方來行使或負擔（民法第1055條第2項）。而本來在行使或負擔對於未成年子女權利義務的人，因為沒有盡到應該要盡的義務或沒有盡力把未成年子女照顧好、或對未成年子女有暴力的傾向（未盡保護教養之義務），或是由這個人來行使或負擔對於未成年子女權利義務，對於未成年子女是不利的，這時離婚的另外一方父親或母親、未成年子女本身、主管機關、社會福利機構或其他的利害關係人，都可以請求法院裁定改由另外一方的父親或母親，來行使或負擔對於未成年子女的權利義務（民法第1055條第3項）。

（六）酌定對於未成年子女權利義務行使或負擔的內容及方法

　　在前面所講的民法第1055條第1至3項的情形，法院都可以依請求權人的請求，或依照自己本身的職權，以未成年子女的利益來考量，決定行使或負擔未成年子女權利義務的人，應該要怎麼樣去做的細節（民法第1055條第4項），例如：行使或負擔對於未成年子女的權利義務的父親，在外商公司擔任總經理，有相當不錯的收入，但是未成年子女的身體不太好，法院就可以要求這個父親應該要讓小孩接受直轄市教學醫院等級以上的定期醫療照顧，並且每週要陪伴這個小孩幾個小時以上，以免父親只顧應酬，忘記親情陪伴的重要。

（七）會面交往權

　　依照前面的規定，離婚的父親或母親，如果沒有行使或負擔對於未成年子女的權利義務，並不是從此以後，就和這個小孩斷絕了所有的關係，天下父母心，即使沒有行使或負擔對於未成年子女的權利義務，基於天然的親情，法律仍然准許讓他（她）可以請求法院，或由法院本身依職權，決定這一方該怎麼樣去探望這個未成年子女，並且和這個未成年子女有身體或言語上面的互動，例如：見面、談話、通電話、贈送禮物、交換相片、短暫的同居等等（會面交往權），法院也可以決定會面交往的方法、時間等等的細節。如果和未成年子女會面交往原有的方法和時間，對這個未成年子女有害處，法院還是可以依照父、母親其中一方的請求，或依職權，變換會面交往的方法及期間。例如：法院可以決定離婚的父親在開學期間，只

能在週六、週日，把未成年子女帶出去玩，或帶到自己的住處過夜，但是要在週日晚上八點以前把小孩送回離婚母親的住處，讓未成年子女準備第二天上學的功課以及書包，並且早一點上床睡覺，以免耽誤第二天的上學。如果未成年子女上了高中，為了準備大學聯考，週六都要補習，法院也可以依照母親的聲請，把父親的會面交往權訂在每週日一天，以免耽誤小孩的課業。

（八）民法第1055條第3項的特別規定

特別規定，就是針對同一件事情，如果不同的法律之間有不同的規定，應該要優先適用的那個規定。民法第1055條的特別規定，就是兒童及少年福利與權益保障法（舊名：兒童及少年福利法）第71條：父母或監護人對兒童及少年疏於保護、照顧情節嚴重，或有第49條、第56條第1項各款行為，或未禁止兒童及少年施用毒品、非法施用管制藥品者，兒童及少年或其最近尊親屬、直轄市、縣（市）主管機關、兒童及少年福利機構或其他利害關係人，得請求法院宣告停止其親權或監護權之全部或一部，或得另行聲請選定或改定監護人；對於養父母，並得請求法院宣告終止其收養關係（第1項）。法院依前項規定選定或改定監護人時，得指定直轄市、縣（市）主管機關、兒童及少年福利機構之負責人或其他適當之人為兒童及少年之監護人，並得指定監護方法、命其父母、原監護人或其他扶養義務人交付子女、支付選定或改定監護人相當之扶養費用及報酬、命為其他必要處分或訂定必要事項（第2項）。前項裁定，得為執行名義（第3項）。」

兒童及少年，是指未滿十八歲的人；兒童是指未滿十二歲的人；少年是指十二歲以上未滿十八歲的人（參照兒童及少年福利與權益保障法第2條規定）。而依照民法第1055條第3項規定，所謂「改定」是改由父、母的另一方來行使或負擔對於未成年子女的權利義務。

三、案例結論

甲、乙的小孩，應該要由誰來行使親權，要先看甲、乙有沒有協議，如果有，就照他們的協議，如果沒有，法院可以依照主管機關、社會福利機構、或其他利害關係人的請求，或依照自己本身的職權，為未成年子女選一個適當的監護人。但是無論是依照離婚的父、母親的協議，或依照法院的決定，所選的監護人，如果有發生不適合、對未成年子女有害的情形，法院都可以為未成年子女換一個監護人。

四、相關實例

甲男與乙女原來是夫妻，婚後生了一個小孩，後來乙向法院提起離婚的訴訟，法院判決離婚。因為乙一直都是家庭主婦，身上沒有積蓄，只能打零工賺錢，並且

靠娘家接濟，雖然收入不多，但是因為乙個性隨和，還有固定的收入。而甲在公司當經理，每個月有一份不錯的薪水，所以法院就把小孩判給甲，由甲來監護，但是後來經濟不景氣，甲被公司裁員了，甲失業又失望，每天喝酒，把積蓄都用光了，而且每次喝醉酒回來，就打這個未成年的小孩出氣，請問：甲還適不適合繼續行使親權這個未成年的小孩？要如何為小孩換一個監護人？

五、重要判解

（一）最高法院86年度台上字第1996號民事判決

按夫妻離婚者，對於未成年子女權利義務之行使或負擔，依協議由一方或雙方共同任之，未為協議或協議不成者，法院得依夫妻之一方、主管機關、社會福利機構或其他利害關係人之請求或依職權酌定之，民法第1055條定有明文。又所謂監護，除生活扶養外，尚包括子女之家庭教育、身心健全發展、及倫理道德之培養等，法院應為子女之利益，就父母之職業、經濟狀況、監護能力等一切情況，作通盤考量，以酌定子女之監護人。

（二）臺灣高等法院暨所屬法院101年法律座談會民事類提案第24號

法律問題：

問題一：夫或妻之一方，以他方未對未成年子女盡扶養義務，而依民法第179條不當得利規定，請求他方給付應分擔之已到期部分扶養費，應屬家事訴訟事件或家事非訟事件？

問題二：夫或妻之一方，以他方未依兩造協議書之約定，給付未成年子女之扶養費，而依該協議書之約定請求給付扶養費，應屬家事訴訟事件或家事非訟事件？

討論意見：

問題一：

甲說：應屬家事訴訟事件。

按夫或妻之一方，以他方未對未成年子女盡扶養義務，請求他方給付應分擔之已到期部分扶養費，係以民法第179條不當得利規定為請求權基礎，求命他造償還已代墊之未成年子女扶養費用，自應依據原告所提出之證據，核實認定原告過去已代墊之扶養費數額，亦即被告因原告代墊扶養費而受有利益，致原告受有損害之數額，並如數判命被告返還（最高法院92年度台上字第2362號判決參照），法院對此不具有裁量權，自屬家事訴訟事件。

乙說：應屬家事非訟事件。

依家事事件法第98條規定，給付家庭生活費用及扶養費事件，均屬婚姻非訟事件。再依家事事件審理細則第95條第2項規定，上開法文所定之給付家庭生活費用

及扶養費事件,復係包含已到期而未支付或給付之費用在內。從而,題示情形顯係家事非訟事件,而法院於審理該事件時亦有裁量權,得不受當事人聲明之拘束。

問題二:

甲說:應屬家事訴訟事件。

按夫或妻之一方,以他方未依兩造協議書之約定,給付未成年子女之扶養費,而依協議書約定請求他方給付扶養費,性質上係請求他造履行契約,法院自應依契約約定之內容如數判命被告給付,並不具有裁量權,自屬家事訴訟事件。

乙說:應屬家事非訟事件。

依家事事件法第98條規定,給付家庭生活費用及扶養費事件,均屬婚姻非訟事件。再依家事事件審理細則第95條第2項規定,上開法文所定之給付家庭生活費用及扶養費事件,復係包含已到期而未支付或給付之費用在內。從而,題示情形顯係家事非訟事件,而法院於審理該事件時亦有裁量權,得不受當事人聲明之拘束。

初步研討結果:

問題一:採甲說。

問題二:採甲說。

審查意見:

問題一:

夫妻之一方,依不當得利規定,請求他方給付應分擔之子女扶養費,並非家事事件法第3條規定之家事事件,應屬一般財產訴訟事件。

問題二:

夫妻協議離婚,並以離婚協議約定夫妻之一方應給付他方有關未成年子女扶養費,而未依約履行,他方依離婚協議書之約定,請求給付未成年子女扶養費,其本質為夫妻對於未成年子女權利義務之行使或負擔事件(民法第1055條第1項前段),非屬家事事件法第3條第5項第8款「定對於未成年子女權利義務之行使負擔事件」或第12款「扶養事件(指除未成年子女請求父母扶養事件以外之扶養事件)」(參照該條立法理由說明),而應屬同條第6項之其他應由法院處理之家事事件。依家事事件法第104條第1項第6款規定觀之,未成年子女扶養請求事件係屬親子非訟事件。贊同乙說結論。

研討結果:

問題一:多數採乙說(實到68人,採甲說3票,採乙說60票,採審查意見0票)。

問題二:多數採乙說(實到68人,採甲說2票,採乙說60票)。並參考家事事件法第104條第1項第1款之規定。乙說末兩句「而法院於審理……,

得不受當事人聲明之拘束。」刪除。

（三）最高法院102年度台抗字第453號民事裁定

按法院於「酌定、改定或變更」父母對於未成年子女權利義務之行使或負擔，而命給付子女扶養費時，其「給付扶養費之方法」，固得依家事事件法第107條第2項，準用同法第100條第1項、第2項之規定，審酌一切情況，命為一次給付、分期給付或給付定期金，不受聲請人聲明之拘束。惟家事事件法第100條第1項規定，僅就「給付扶養費之方法」究採總額給付（一次給付或分期給付）或定期金給付，設有限制或排除當事人處分權主義之規範而已，若夫妻離婚，對於包括給付未成年子女扶養費金額及方法等未成年子女權利義務之行使或負擔事項，已經達成協議，因負給付扶養費之一方不履行協議，他方依協議請求給付時，本身即具有高度訟爭性，自應尊重當事人處分權。於此情形，法院除就給付之方法得命為一次給付或分期給付或有情事變更情形（民法第227條之2規定）外，應不許任意依上開規定，變更夫妻間協議給付未成年子女扶養費之金額。又觀諸民法第1055條、102年5月8日修正刪除前非訟事件法第127條及家事事件法第107條規定之立法意旨，法院為酌定、改定或變更父母對於未成年子女權利義務之行使或負擔時，均應以未成年子女之利益為依歸，如無特別情事，法院更不得任意變更較父母協議給付金額為低而有背於未成年子女之固有扶養權利之有利事項。

（四）臺灣高等法院暨所屬法院103年法律座談會民事類提案第9號

法律問題：甲夫乙妻婚後育有未成年子女A、B，並與甲之父母丙、丁同住，甲、乙平時工作忙碌，A、B即交由祖父母丙、丁照顧，丙、丁對A、B疼愛有加，惟與乙則相處不睦，時起口角爭執，其後甲因車禍不幸死亡，乙於甲死後即不顧丙、丁之反對，攜A、B遷移至他處另行租屋居住，並拒絕丙、丁探視A、B之要求，丙、丁即以乙未盡保護教養義務及拒絕祖父母探視孫子女為由，請求法院改定監護及定探視之時間、方法，法院如認其改定監護之聲請無理由，是否應依其聲請或依職權定祖父母對孫子女之探視方式及期間？

討論意見：

甲說：肯定說。

民法第1055條第5項前段規定，法院得依請求或職權為未行使或負擔權利義務之一方酌定其與未成年子女會面交往之方式及期間，此項會面交往權亦屬未成年子女應享有之權利，基於未成年子女最佳利益原則之考量，及滿足未成年子女同受父系及母系家族關懷下成長之需求，如未成年子女之父母一方，有因死亡或其他原因致無法行使未成年子女之親權時，原屬該未任親權人之父或母一方所得享有會面交

往權，自宜由祖父母等家族成員代爲行使，法院亦得依家族成員與未成年子女之親疏及依附情形，決定得探視之期間及方式，對未成年子女最佳利益之維護，應有助益。

乙說：否定說。

按法院得依請求或依職權，爲未行使或負擔權利義務之一方，酌定其與未成年子女會面交往之方式及期間，民法第1055條第5項前段定有明文，係因父母子女爲人倫至親，會面交往權不僅爲子女之權利，亦屬父母之權利，其中之一方雖不能行使負擔未成年子女之權利義務，對相關之探視權利，應不得任意剝奪。又依民國85年9月25日修正時之立法理由謂：「爲兼顧未任權利義務行使或負擔之夫或妻與未成年子女之親子關係，法院得依請求或依職權定其會面交往方式與期間。」準此，會面交往權僅屬父母子女間有其適用，祖父母對未成年之孫子女則無該條之適用。甲說依目前之法律規定尚屬無據。

初步研討結果：多數採乙說。惟建議修法增訂祖父母之探視規定。

審查意見：採乙說，惟建議修法增訂祖父母之探視規定。

研討結果：多數採乙說（實到68人，採甲說30票，採乙說31票）。

（五）臺灣高等法院暨所屬法院103年法律座談會民事類提案第38號

法律問題：乙女與有婦之夫甲男於同居期間之民國（下同）97年6月1日生有一子A，經甲男認領，並約定A子權利之行使或負擔由乙任之，其後甲乙關係交惡，乙即攜A子於98年10月1日遷出共同住處另租屋居住，並於101年10月1日以甲男未給付A子扶養費爲由，向法院聲請命甲給付過去代墊之扶養費，按月以新台幣（下同）1萬元計，3年共36萬元，及請求自本案裁定確定日起至A子成年時止按月給付1萬元之扶養費。

問題一：

甲男對於未給付未成年子女扶養費並不爭執，惟以乙女前曾於99年10月1日唆使二名不詳姓名年籍之人，以索取扶養費爲由至其上班處所門口將伊毆傷，又以黑函向其長官及同事散布不實謠言，攻擊伊之品行及道德等，造成伊名譽受損，應賠償其精神損失50萬元，並主張以其對乙之侵權行爲損害賠償債權，與乙請求過去代墊之扶養費請求權抵銷，乙則不同意由家事法院（庭）就甲主張抵銷部分爲審理，問家事法院（庭）就甲主張抵銷部分，是否應予審酌？

問題二：

又關於乙請求甲給付未成年子女未來扶養費部分，第一審法院裁命甲應自本案裁定確定日起至A子成年時止，按月給付乙關於未成年子女之扶養費1萬元，甲不服提起抗告，並於二審主張乙無權以自己名義向甲請求A子未來之扶養費，有無理

由？

討論意見：

　　問題一：

　　甲說：肯定說。

　　按家事法院受理家事事件之全部或一部不屬其管轄者，為統合處理事件認有必要，或當事人已就本案為陳述者，得裁定自行處理，家事事件法第6條第1項但書定有明文，本件就甲主張抵銷部分，為求紛爭一次解決，應認有統合處理之必要，家事法院（庭）應裁定自行處理。

　　當事人依不當得利之法律關係請求過去代墊之扶養費雖以非訟程序審理，惟仍有訴訟之本質，與侵權行為損害賠償請求應按訴訟程序審理，性質上並無扞格，本件家事法院（庭）自宜合併處理。

　　甲之侵權行為損害賠償請求權於乙本件聲請後已罹於時效，若甲不得於本案中依民法第337條主張抵銷，縱另行向民事庭起訴，亦恐因乙以時效消滅抗辯而遭不利之判決，對甲實屬不公。

　　乙說：否定說。

　　為貫徹不得行同種訴訟程序之數宗訴訟不得合併審理裁判之原則，並符家事事件及其相關事件始由少家法院妥適、專業及統合處理之精神，應認除當事人合意由少家法院管轄，或少家法院為統合處理事件認有必要或當事人已就本案為陳述，經少家法院裁定自行處理者外，受理之少家法院就該非屬家事訴訟事件之財產權訴訟，均應依聲請或依職權以裁定移送於其管轄法院（最高法院102年度台抗字第802號判決參照），本件甲所主張抵銷之侵權行為損害賠償請求權係非屬家事訴訟事件之財產權訴訟，與扶養費代墊請求返還間請求之基礎事實亦無任何牽連關係，且侵權行為損害賠償請求是否成立，尚須實體調查審理始能認定，應認為此部分無統合處理之必要，家事法院自毋庸就此部分予以審理。

　　另參酌家事事件法第41條、第79條及家事事件審理細則第85條之規定，家事訴訟事件及家事非訟事件請求之基礎事實相牽連者始可合併；及除有特別規定外，得依家事事件法第79條為合併、變更、追加或反聲請者，以家事非訟事件為限等意旨，甲主張抵銷之債權部分既屬一般民事財產權訴訟，與扶養費代墊請求返還本案請求間請求之基礎事實亦無牽連關係，自不許甲在本案之家事非訟事件程序中，提出必須以一般民事財產訴訟程序確認之債權請求權主張抵銷。

　　甲對於乙是否存在侵權行為損害賠償請求權，及是否得對乙之本件扶養費代墊返還請求權主張抵銷，係屬實體權利有無之認定問題，與家事法院（庭）應否就非屬家事事件部分予以合併審理之程序問題，應屬無涉，不能因甲另行起訴恐遭不

利，即強令家事法院（庭）就不屬家事事件之部分併予審理。101年10月1日提起本件聲請時，始主張抵銷，其請求權本已罹於時效，自無予以保護之必要。

問題二：

甲說：肯定說。

扶養義務請求權之權利主體為未成年子女，單純之未來扶養費用請求事件，僅能以未成年子女為聲請人，不能直接以親權人為聲請人。至於實務上就刪除前民事訴訟法第572條之1第1項合併請求及非訟事件法第127條之情形，承認任親權人父母之一方，為未成年子女之法定訴訟擔當人，得代未成年人於婚姻訴訟中請求給付未成年子女扶養費，係為求一次解決紛爭，避免司法資源浪費，並兼顧未成年子女之利益而為之通盤考量（最高法院93年度台上字第2533號、88年11月2日第8次民事庭會議決議），故僅於有前提之訴訟事件或酌定親權並附帶請求扶養事件時有其適用，本件僅單純之未來扶養費請求事件自無適用之餘地。抗告人主張乙女非為權利之主體而逕自為聲請人，其請求為無理由，原審不為駁回請求，而予以准許，於法不合，請求廢棄原裁定，其抗告為有理由。

乙說：否定說

父母之一方請求他方給付未成年子女之扶養費，係本於自己之權利，請求他方分擔費用。蓋直接給付扶養費予未成年子女，非父母履行扶養義務之最佳方法，一般而言，由父母依未成年子女之年齡、身分之所需，現實提供未成年子女生活資源，最能符合未成年子女之需，因此，父母有提供未成年子女現實扶養之義務，未成年子女亦有此請求權，但父母不能以給付扶養費予未成年子女以代替現實扶養。此從民法第1055條第2項，於父母均不適合行使親權而由法院為未成年子女選定監護人時，係由監護人對未成年子女為現實扶養，再由父母負擔扶養費之立法意旨，亦可推知立法者係以提供未成年子女現實扶養，作為對未成年子女扶養方法之原則。準此，父母雖已離婚，而由任親權之一方，直接實現對未成年子女之扶養義務，而請求他方給付未成年子女之扶養費，解釋上為父母就扶養費之內部分擔，與未成年子女請求現實扶養之權利無涉（參考呂太郎著，婚姻事件附帶請求未成年子女扶養費之性質一文第34頁以下），則父母任親權之一方，非不得以自己之名義請求他方給付未成年子女之扶養費。原審准許乙請求甲給付未成年子女未來扶養費之裁定並無違誤，甲之抗告為無理由。

初步研討結果：

問題一：多數採甲說。

問題二：採甲說5票，採乙說4票。

審查意見：

問題一：家事法院（庭）就甲主張抵銷部分，應予審酌。

按被告對於原告起訴主張之請求，提出抵銷之抗辯，衹須其對於原告確有已備抵銷要件之債權即可（最高法院67年台上字第1647號判例參照，資料4）。又抵銷乃主張抵銷者單方之意思表示即發生效力，而使雙方適於抵銷之二債務，溯及最初得為抵銷時，按照抵銷數額同歸消滅之單獨行為，且僅以意思表示為已足，原不待對方之表示同意，此觀民法第334條、第335條規定自明（同院100年度台上字第2011號裁判要旨參照，資料5）。故被告在本案所為之抵銷抗辯，是否正當，法院不能不予審究（同院29年上字第1232號判例參照，資料6）。

本題乙向法院聲請命甲給付其過去代墊A子之扶養費36萬元，甲以其對乙有侵權行為損害賠償債權50萬元，主張互為抵銷，因甲並非提起反訴，僅為抵銷之抗辯，依上說明，家事法院（庭）仍應予以審究，尚不得適用家事事件法第6條第1項規定，依乙之聲請或依職權以裁定移送於其管轄法院。

討論意見乙說（否定說）所引最高法院102年度台抗字第802號裁定（資料7），核其事實與本題甲僅為抵銷之抗辯，而未提起反訴之情形有間，不足支持其立論。

問題二：甲之抗告為無理由。

家事事件法第3條第5項第8款規定之「定對於未成年子女權利義務之行使負擔事件」，係包括由何人行使或負擔對於未成年子女之權利義務、未行使或負擔權利義務之一方與未成年子女如何會面交往、扶養費用負擔之方式、給付子女將來扶養費用及維持子女將來生活所必需之財產等事項之酌定（家事事件法第107條第1項、最高法院91年度台上字第1519號裁判要旨參照。資料8）。其立法理由並例舉民法第1055條、第1055條之2、第1069條之1、第1089條或兒童及少年福利與權益保障法第71條第2項所定事件。

依家事事件法第109條規定「就有關未成年子女權利義務之行使或負擔事件，未成年子女雖非當事人」等字，可見未成年子女未必為「定對於未成年子女權利義務行使負擔事件」之當事人。參以臺灣高等法院暨所屬法院89年法律座談會民事類提案第10號法律問題之研討結果已肯認父母經兩願離婚或裁判離婚後，一方得依民法第1055條第4項規定請求他方給付子女扶養費，其性質屬於非訟事件；同次提案第26號法律問題之研討結果（資料9）亦同認父母及子女均有依當時非訟事件法第71條之6規定（乃非訟事件法於88年2月3日所增訂之條文，於94年2月5日修正新法時改列第127條，嗣於102年5月8日刪除，惟其內容與家事事件法第107條相當。資料10）請求給付未成年子女扶養費之請求權。

準此，本題乙得請求甲給付其關於A子成年以前之將來扶養費。第一審法院准

乙所請，裁定命甲應自本案裁定確定日起至A子成年時止，按月給付乙關於A子之扶養費，尚無不合。甲不服提起抗告，主張乙無權以自己名義向甲請求A子未來之扶養費云云，並無理由。

研討結果：

問題一：照審查意見通過。

問題二：審查意見理由第5行至第9行「第10號法律問題……；同次提案」及第10行「亦同」等字刪除。

照修正後審查意見通過。

（六）臺灣高等法院暨所屬法院104年法律座談會民事類提案第55號

法律問題：甲父乙母協議離婚，並約定未成年人A女之權利義務行使或負擔（下稱親權），由甲父任之。甲父與A女住於雲林縣古坑鄉某偏遠村莊，由甲父及甲之母親協助照護，成長環境尚稱健全。嗣甲父因經商關係，時常出入大陸，A女漸漸長大，亦覺偏鄉就學環境不便，乃與過從甚密之乙母反應，希望能搬來雲林縣斗六市區就學，並與乙母共同生活。乙母為就近照護及辦理就學、醫療及遷戶籍等項需要，因此，聲請法院改定由乙母任親權人。法院調解時，兩造均表示願信守離婚約定承諾，並達成協議由甲父委託乙母行使親權，試問法院得否成立調解？

討論意見：

甲說：否定說。

1.按對於無行為能力人或限制行為能力人，依法應設置、選定、改定、酌定、指定或委託監護人者，應為監護登記；對於未成年子女權利義務之行使或負擔，經父母協議或經法院裁判確定、調解或和解成立由父母一方或雙方任之者，應為未成年子女權利義務行使負擔登記；未成年子女權利義務行使負擔登記，以行使或負擔之一方或雙方為申請人。戶籍法第11條、第13條、第35條分別定有明文。

2.惟查，「民法上所謂委託監護人乃係指由父母委託第三人，就特定事項行使負擔對於未成年子女之權利義務，從而『父母間』並無委託監護規定之適用；另父母之一方若對於未成年子女權利義務之行使有困難，由一方『出具同意書』，明示同意共同意思交由他方一人辦理，此時該他方即兼具其父或母意思表示執行機關之身分，可謂為『共同行使』」（法務部99年11月23日法律決字第0999044567號函釋在案，參附件）。準此，法院依上述成立調解，該管戶政機關亦援引函釋規定，否准委託監護登記，法院依此成立調解，將生執行不能爭議，因此，法院不應成立調解。

乙說：肯定說。

　　1.按夫妻離婚者，對於未成年子女權利義務之行使或負擔，依協議由一方或雙方共同任之……。前項協議不利於子女者，法院得依主管機關、社會福利機構或其他利害關係人之請求或依職權為子女之利益改定之。民法第1055條第1項前段、第2項分別定有明文。職是，親權得由離婚之父母協議決定，僅於協議不利於子女時，方有介入改定親權人之規定。

　　2.親權既然得由離婚之父母協議決定，且親權協議後，未任親權人之父或母就親權而言，僅處於一時停止狀態，一旦任親權之人死亡或其他法定事由發生，未任親權人之停止狀態親權即回復。甲說引用之法務部函釋，係針對民法第1092條之委託監護所作解釋，與民法第1055條所規定之旨趣，應有不同，不得援引該條規定。

　　3.再者，委託行使親權與改定親權不同，前者隨時得終止委託關係（例如：父或母委託後，因情事變更已得自己行使，或委託後發現未符己意等等），後者，須符合法定要件，基於處分權主義及契約自由原則，兼顧A女就學需要與方便之利益，並在甲父、乙母信守離婚約定承諾而不願意改定親權人前提下，法院自得依協議由甲父委託乙母行使親權而成立調解，該管戶政機關否准其委託親權人之戶籍登記，應無理由。

　　4.至該函釋指「父母之一方若對於未成年子女權利義務之行使有困難，由一方出具同意書，明示同意共二、法律問題：甲父乙母協議離婚，並約定未成年人A女之權利義務行使或負擔（下稱親權），由甲父任之。甲父與A女住於雲林縣古坑鄉某偏遠村莊，由甲父及甲之母親協助照護，成長環境尚稱健全。嗣甲父因經商關係，時常出入大陸，A女漸漸長大，亦覺偏鄉就學環境不便，乃與過從甚密之乙母反應，希望能搬來雲林縣斗六市區就學，並與乙母共同生活。乙母為就近照護及辦理就學、醫療及遷戶籍等項需要，因此，聲請法院改定由乙母任親權人。法院調解時，兩造均表示願信守離婚約定承諾，並達成協議由甲父委託乙母行使親權，試問法院得否成立調解？其父或母意思表示執行機關之身分，可謂為共同行使」部分，值得商榷。此部分既認行使親權有困難，出具同意書交由他方一人辦理，理應依同意書即得辦理。然函釋卻認共同行使，參諸「共同行使」字義，實務上常見須由二人共同行之，如辦理助學貸款、遷戶籍等項，可能又回復到民法第1089條規定，不能解決當事人問題，該函釋非無質疑之處，附帶敘明。

初步研討結果：採乙說。

審查意見：

　　增列丙說：否定說。

　　丙說：按夫妻離婚，將未成年子女權利義務歸由一方行使負擔之情況下，他方

對於該未成年子女權利義務之行使負擔,僅係一時停止,其對於未成年子女之親權並未喪失。是倘由未任親權人之一方再行使或負擔對未成年子女之權利義務,似無委託可言。

多數採乙說(乙說9票、丙說4票)。

研討結果:多數採乙說(實到72人,採乙說64票,採丙說2票)。

相關法條:戶籍法第11條、第13條、第35條,民法第1055條、第1089條、第1092條。

(七)最高法院104年度台抗字第503號民事裁定

法院酌定未成年子女權利義務之行使或負擔時,應依子女最佳利益酌定之。如酌定由父母共同行使親權,須父母能善意協力合作;若其間尚存有敵意,難以相互信任,甚且持續衝突,則共同監護事實上將窒礙難行,反不利於未成年子女身心發展。

(八)最高法院107年度台簡抗字第38號民事裁定

按夫妻於離婚後,就未成年子女權利義務之行使或負擔,已經協議由一方或雙方共同任之者,僅於行使、負擔權利義務之一方未盡保護教養之義務或對未成年子女有不利之情事時,他方、未成年子女、主管機關、社會福利機構或其他利害關係人得為子女之利益,始得請求法院改定之。

(九)最高法院111年度台簡抗字第259號民事裁定

法院酌定父母對於未成年子女權利義務之行使或負擔時,因未成年子女為承受裁判結果之主體,無論法院所進行之程序或裁判之結果,均應以未成年子女最佳利益為最優先考量,只須未成年子女有表達意見之能力,客觀上亦有向法院表達意見之可能,法院即應使其有表達之機會。又法院使未成年子女陳述意見,係於法院主導下,於法庭內、外直接向法院為之,除可保障未成年子女程序主體權外,並有落實直接審理主義,使法院能曉諭裁判結果之影響,此一功能並非調取未成年子女於程序外之陳述內容所得取代。而程序監理人係為受監理人之利益為一切程序行為之人,乃獨立於受監理人以外之程序參與者,其雖可為未成年子女之利益陳述意見,但不得取代未成年子女之陳述,此乃基於未成年子女程序主體權之當然結論。

❖ 民法第1055條之1

法院為前條裁判時,應依子女之最佳利益,審酌一切情狀,尤應注意下列事項:

一、子女之年齡、性別、人數及健康情形。

二、子女之意願及人格發展之需要。

三、父母之年齡、職業、品行、健康情形、經濟能力及生活狀況。

四、父母保護教養子女之意願及態度。

五、父母子女間或未成年子女與其他共同生活之人間之感情狀況。

六、父母之一方是否有妨礙他方對未成年子女權利義務行使負擔之行為。

七、各族群之傳統習俗、文化及價值觀。

前項子女最佳利益之審酌，法院除得參考社工人員之訪視報告或家事調查官之調查報告外，並得依囑託警察機關、稅捐機關、金融機構、學校及其他有關機關、團體或具有相關專業知識之適當人士就特定事項調查之結果認定之。

案例

甲男與乙女是夫妻，乙因為手上有甲和其他女人通姦的證據，所以就向法院起訴請求與甲離婚，對於甲、乙婚後所生的一個十歲未成年小孩，甲、乙都爭著向法院要求行使或負擔子女權利義務（俗稱監護），法院判決甲、乙離婚，雖然甲是敗訴的一方，但是他是大公司的經理，工作收入非常的穩定，而且每個星期都花很多時間來陪小孩子做功課，而乙沒有一技之長，離婚之後，只好回娘家住，娘家也不是很有錢，更糟糕的是，乙被醫院檢查出來，得了第二期的癌症，正在接受化學治療，頭髮都快掉光了，身體越來越虛弱。請問：法院應該決定由甲、乙其中的那一位，來行使或負擔對未成年小孩子的權利義務？

一、思考焦點

法院依據民法第1055條，決定由誰行使或負擔對於未成年子女的權利義務之前，應該要考慮到哪一些事情？

二、問題論述

民法第1055條之1（法院為前條裁判時，應依子女最佳利益），應注意與家事事件法第17條及第18條，一併研讀。

父、母親離婚的時候，最大的受害人，應該要算是他們未成年的小孩子。未成年的孩子，正是需要有人輔導、照顧的時候，因為大人們的不和，造成不能同時和父親、母親住在一起，而成為無辜的受害人。所以，法院在考慮由誰來行使或負擔

對於未成年子女的權利義務的時候，就應該要以未成年子女的最大利益（應依子女之最佳利益），作為最優先的考量，所以就要考慮跟這個未成年子女有關係的所有事項（審酌一切情狀），故法院對於未成年子女權利義務之行使或負擔為裁判時，民國85年9月25日公布增訂民法第1055條之1所規定的五款事項，於民國102年12月11日增訂本條第1項第6、7款和第2項之規定。

（一）本條第1項規定

1. 子女之年齡、性別、人數及健康情形（第1款）

考慮小孩子的年齡，是因為年紀小，尤其還沒有斷奶的時候，最需要母親照顧，所以通常是由母親來行使或負擔權利義務，而小孩子是男生還是女生、總共有幾個小孩、小孩的健康情形怎麼樣，都是法院應該要考慮的事情，如果小孩很多，而離婚的父、母親各自的能力都不夠把所有的未成年小孩都照顧好，法院可能會把有的小孩子裁判給父親，有的小孩子裁判給母親，這樣小孩子比較能夠享受到更好的照顧及教育品質，而小孩子的生活環境和教育品質，會影響一生的發展。小孩子健康不好的話，通常會裁判給比較會細心照顧小孩子的一方來行使或負擔對於小孩子的權利義務。

2. 子女之意願及人格發展之需要（第2款）

小孩子想要跟父親或母親那一方一起住，也是法院決定由誰行使或負擔對於未成年子女的權利義務之前重要的考量，因為小孩子自己的意見，通常可以反映出他（她）某種程度的最佳利益，如果不讓小孩子跟他（她）自己喜歡的人一起住，也會造成心靈上的傷害。另外，未成年時期，正是一個人人格形成的時期，而一個人的人格又會影響他（她）一生的發展，許多人格偏激異常的成年人，都是起因於在未成年時期，遭受近親的虐待或不當管教，或父、母親沒有發現並且即時解決他（她）所遇到的心理問題，所以小孩子的人格發展需要，也是考量的重點，如果父親或母親其中有人格異常的情形，例如：有攻擊性精神病的病史或有虐待小孩子的紀錄，或比較不能滿足小孩子人格發展的需要，就比較不適合去行使或負擔對於未成年子女的權利義務。

3. 父母之年齡、職業、品行、健康情形、經濟能力及生活狀況（第3款）

未成年子女的父、母親本身能力怎麼樣？適不適合去行使或負擔對於未成年子女的權利義務，也都是考量的重點。例如：父親年齡很大、小孩子還很小，父親能夠照顧小孩子的時間，以統計上的平均壽命來說，可能不多了，這時就會考慮裁判給比較年輕的母親。另外，父、母親的職業以及經濟情況是不是穩定？有沒有辦法給予小孩子良好的教育品質？本身的人品、品行又怎麼樣？都要謹慎的去考慮，如果連自己的品德都很差，又怎麼能夠去把小孩子給教好？例如：是不是品行不良、

時常因案出入警察局而會教壞小孩？另外，父、母親的健康情形怎麼樣？例如：是
不是自己都得了病，沒有辦法照顧好自己，而沒有多餘的能力，去行使或負擔對於
未成年子女的權利義務？又父、母親的生活情況是不是很正常？例如：會不會交友
複雜、家中時常出入不良分子，而容易教壞小孩？會不會時常通宵打麻將、作息日
夜顛倒，把小孩子丟在一邊？會不會晚上常常應酬到很晚才回家？或晚上在外面與
友人飲酒作樂，而把小孩子丟在家中不管？這些都是要考慮到的。

4. 父母保護教養子女之意願及態度（第4款）

父、母親除了要有能力、有條件去行使或負擔對於未成年子女的權利義務之
外，本身還要有保護、教養小孩的意願，而且要抱著用心、誠懇的態度，才能把
小孩子帶好，不然的話，能力再強、條件再好的人，也不適合去照顧小孩子。例
如：母親的收入，雖然比父親還要穩定很多，但是一直想要再嫁，把小孩子當作是
拖油瓶，不想去照顧小孩，而當她沒有這個照顧小孩子的意願的時候，又怎麼能夠
把這個小孩子給照顧好？所以這個時候，法院比較會考慮把小孩子裁判給父親。

憲法法庭111年憲判字第8號判決認為：「交付子女之暫時處分裁定，關於未成
年子女最佳利益之判斷，有應予審酌而未予審酌之情形，牴觸憲法保障未成年子女
人格權及人性尊嚴。又未於裁定前使未成年子女有陳述意見之機會，侵害未成年子
女受憲法正當法律程序保障之權利，因而影響聲請人親權之行使，該裁定應予廢棄
並發回。」

5. 父母子女間或未成年子女與其他共同生活之人間之感情狀況（第5款）

小孩子和父、母親之間的感情狀況，還有小孩子和之前在一起共同生活的人之
間的感情狀況，也是考慮的重點。例如：母親在小孩子還小的時候就離家出走了，
小孩子一直跟父親住在家裡，和父親感情比較好，而對母親比較沒有什麼印象，又
因為父親是大家庭，每天和堂兄弟姊妹玩在一起，而且受到伯伯、嬸嬸們的照顧及
疼愛，法院就比較會考慮把小孩子裁判給父親，因為小孩子對於周圍的人或環境，
如果已經相當熟悉了，一下子要把他（她）帶開，而改變這個環境，並讓他（她）
去接觸一群陌生的人，對心靈是一種很大的衝擊，也會造成心理上的傷害。又例
如：未成年子女有兩個，已經相處很久了，感情非常的好，如果把他（她）們拆
散，分別由父親、母親來照顧，對彼此的心靈，也是一種很大的衝擊。

總而言之，所有的考量，都是以未成年小孩子為中心，而以未成年小孩子的最
大利益為出發點，但是以上的這些事情，往往牽涉到心理學、社會學等等的專業學
問，法官雖然對於法律制度非常的熟悉，但是不見得知道怎麼樣去瞭解這些情形，
也不見得有時間去瞭解每一個案情，所以，民法第1055條之1規定，法官應該要請
社會工作人員去每一個家庭，實地瞭解各個家庭的情形，並且請社會工作人員把所

實際探訪、視察、見聞的情形，作成訪視報告，這個報告就成爲法官重要的參考資料（參考社工人員之訪視報告）。

6. 父母之一方是否有妨礙他方對未成年子女權利義務行使負擔之行爲（第6款）

本條第1項增列第6款規定，並將「善意父母原則」列爲本款之立法理由。有鑑於父母親在親權酌定事件中，往往扮演互相爭奪之角色，因此有時會以不當之爭取行爲（例如：訴訟前或訴訟中隱匿子女、將子女拐帶出國、不告知未成年子女所在等行爲），獲得與子女共同相處之機會，以符合所謂繼續性原則，故增列第1項第6款規定，供法院審酌評估父母何方較爲善意，以作爲親權所屬之判斷依據。

7. 各族群之傳統習俗、文化及價值觀（第7款）

本條第1項增列第7款各族群之傳統習俗、文化及價值觀，以兼顧各族群之習俗及文化。

（二）本條第2項規定

民法第1055條之1第2項：「前項子女最佳利益之審酌，法院除得參考社工人員之訪視報告或家事調查官之調查報告外，並得依囑託警察機關、稅捐機關、金融機構、學校及其他有關機關、團體或具有相關專業知識之適當人士就特定事項調查之結果認定之。」其立法理由謂：民國100年12月12日三讀通過家事事件法第17條規定：「法院得囑託警察機關、稅捐機關、金融機構、學校及其他有關機關、團體或具有相關專業知識之適當人士爲必要之調查及查明當事人或關係人之財產狀況（第1項）。前項受託者有爲調查之義務（第2項）。囑託調查所需必要費用及受託個人請求之酬金，由法院核定，並爲程序費用之一部（第3項）。」及第18條：「審判長或法官得依聲請或依職權命家事調查官就特定事項調查事實（第1項）。家事調查官爲前項之調查，應提出報告（第2項）。審判長或法官命爲第1項調查前，應使當事人或利害關係人以言詞或書狀陳述意見。但認爲不必要者，不在此限（第3項）。審判長或法官斟酌第2項調查報告書爲裁判前，應使當事人或利害關係人有陳述意見或辯論之機會。但其內容涉及隱私或有不適當之情形者，不在此限（第4項）。審判長或法官認爲必要時，得命家事調查官於期日到場陳述意見（第5項）。」故法院在審理家事事件時，得審酌必要事項，而囑託警察機關、稅捐機關、金融機構、學校及其他有關機關、團體、具有相關專業知識之適當人士或由家事調查官進行特定事項之調查。

綜上所述，爲因應家事事件法之制定，立法院將民法第1055條之1有關子女最佳利益原則之審酌與認定，法院應該適當地引進專業知識人士協助，或法院得參考除社工訪視報告以外之調查方式所得到之結論，以客觀斟酌判斷子女之最佳利益，故在本次立法中增訂第1055條之1第2項之規定。

三、案例結論

　　甲、乙都非常想要行使或負擔對於未成年子女的權利義務，法院就要考慮由那一方來保護、教養未成年子女，比較符合那個未成年子女的最大利益，而不是去考慮離婚的訴訟誰敗訴、誰勝訴。會和別人通姦的一方，不見得一定不適合去照顧未成年的小孩，畢竟這是兩回事。甲既然收入穩定，而且願意花時間去陪小孩，而乙得了絕症，自己都自身難保了，又怎麼能夠去把小孩子照顧好？所以法院比較會考慮把小孩子裁判給父親。

四、相關實例

　　丙男與丁女是夫妻，丁因為受不了丙的母親，也就是自己的婆婆的虐待，所以就向法院起訴請求離婚，並且對於丙、丁所生的一個十歲未成年小孩子，要求行使或負擔權利義務，法院就判決丙、丁離婚。丙是裝潢工人，收入有限，丁是公務人員，工作收入非常的穩定，但是非常想要再嫁，所以不想帶著小孩。請問：法院應該決定由丙、丁其中的哪一位，來行使或負擔對小孩子的權利義務？

五、重要判解

（一）最高法院106年度台簡抗字第117號民事裁定

　　根據民法第1055條之1第1項規定，法院就酌定未行使或負擔權利義務之一方與未成年子女會面交往方式及期間事件為裁定前，應依子女之年齡及識別能力等身心狀況，於法庭內、外，以適當方式，曉諭裁判結果之影響，使其有表達意願或陳述意見之機會；必要時，得請兒童及少年心理或其他專業人士協助。此為法院審理是類事件，本於職責應行使之事項，至於當事人聲請指定專業人士訪談未成年子女，使其表達意願，不過係促使法院注意其職權之適當行使，並非攻擊或防禦方法之提出。

（二）最高法院107年度台上字第29號民事判決

　　法院酌定、改定或變更未行使或負擔權利義務之一方與未成年子女會面交往之方式及期間等事件及其他親子非訟事件為裁定前，應依子女之年齡及識別能力等身心狀況，於法庭內、外，以適當方式，曉諭裁判結果之影響，使其有表達意願或陳述意見之機會，以保障未成年子女意願表達及意見陳述權。

（三）憲法法庭111年憲判字第8號判決

　　案由：聲請人認最高法院111年度台簡抗字第13號民事確定終局裁定等牴觸憲法，聲請裁判憲法審查。

　　要旨：交付子女之暫時處分裁定，關於未成年子女最佳利益之判斷，有應予審

酌而未予審酌之情形，牴觸憲法保障未成年子女人格權及人性尊嚴。又未於裁定前使未成年子女有陳述意見之機會，侵害未成年子女受憲法正當法律程序保障之權利，因而影響聲請人親權之行使，該裁定應予廢棄並發回。

（四）最高法院111年度台簡抗字第209號民事裁定

兒童及少年福利與權益保障法第17條第1項雖將收出養媒合服務者出具之收出養評估報告，作為向法院聲請認可收養之先行程序，不因此即限制法院依聯合國兒童權利公約、兒童及少年福利與權益保障法、民法各規定，本於維護兒童及少年權益之最佳考量，以公權力介入收養認可裁定前之裁量及選擇評估機構之權限，否則無異將收養評估之裁量權，全權委由民間收出養媒合服務者行使，致因故未能完成或取得收出養評估報告者，無法經由司法公權力之審認進行「出養必要性」及「收養妥適性」之實質評估及裁量，當非採未成年收養由法院許可制之目的。

（五）最高法院112年度台簡抗字第271號民事裁定

按有關酌定未成年子女權利義務之行使負擔之家事非訟程序，基於尊重未成年子女程序主體性，除非存在未成年子女陳述之障礙（例如因時間急迫未及使之陳述、年幼尚無表達意見能力、居住於國外一時無法使之陳述，或所在不明，事實上無法使其陳述等），或抗告法院有相當理由認為使之陳述意見為不適當者（如子女畏懼表態等）等例外情形，法院應使其有表達意見之機會，始符合聯合國兒童權利公約第12條第2項規定（我國於103年6月4日制定公布兒童權利公約施行法，並自同年11月20日起施行，已具內國法效力），締約國應特別給予兒童在對自己有影響之司法及行政程序中，能夠依照國家法律之程序規定，由其本人直接或透過代表或適當之組織，表達意見機會之意旨。

❖ 民法第1055條之2

父母均不適合行使權利時，法院應依子女之最佳利益並審酌前條各款事項，選定適當之人為子女之監護人，並指定監護之方法、命其父母負擔扶養費用及其方式。

案 例

甲男與乙女原本是夫妻，因為甲犯了強盜罪，被法院判處有期徒刑十年確定，現在正在坐牢，乙就依照民法第1052條第1項第10款的規定，向法院起訴請求和甲離婚，法院判決甲、乙離婚，但是社工人員去甲、乙家中訪視，發現乙趁甲不在的時候，經常找一大堆身分很複雜的朋友到家裡面來，抽煙、打麻將、飲酒狂歡，甚至有吸食毒品的情形。社工人員的報告中還提到：乙有一個表妹丙，目前在高中教書，收入及生活作息都非常正常，而且知道甲、乙家庭的問題，時常來看甲、乙的未成年子女，並且教導功課及有意願照顧等情，建議由這個表妹行使或負擔對於未成年子女的權利義務等等的話，請問：法院應該要把小孩裁判給誰來照顧？

一、思考焦點

夫妻離婚，但是都不適合去行使或負擔對於未成年子女的權利義務的時候，那麼法院應該要選擇誰來當監護人呢？

二、問題論述

離婚的父、母親，雖然在非常不得已的情形下，不能夠同時和未成年的小孩子住在一起，但是他們畢竟都是未成年小孩子最親近的人，法院在考慮由誰來行使或負擔權利義務的時候，當然最先會考慮到的，一定是父、母親的其中一方。但是，法院在考慮要由誰來行使或負擔對於未成年子女的權利義務時，不是站在父、母親的立場，而是站在未成年子女的立場，去考慮未成年子女的最大利益，有時父、母親不見得都很適合去照顧小孩子，例如前面所說的案例，甲到監獄裡面去，沒有辦法照顧到未成年的小孩子，而乙的生活狀況不正常，也沒有辦法把小孩照顧好。這時，法院為了未成年子女的最大利益，可以依照民法第1055條之2的規定，參考民法第1055條之1所規定的各款事項，以及社會工作人員的訪視報告，選擇父、母親以外比較適合的人，來照顧、保護、管教（監護）未成年子女。所以在民法第1055條之2的監護，是選擇父母親以外的人，法院可以從未成年子女的最大利益來考慮，比較彈性的來選擇適合的人來監護未成年子女，而不一定要按照民法第1094條監護規定的順序去選擇監護人。

民法第1055條之2父母均不適合行使權利時，選定適當人為子女之監護人等應

與家事事件法第109條、第120條第1項第1款、第4款、第164條第1項第1款、第3款一併研讀。

（一）指定監護之方法

　　法院選定父、母親以外的人，來監護未成年子女，是為了未成年子女的最佳利益，所以可以去要求監護人怎麼樣來監護未成年子女，例如在前面的案例中，法院可以要求監護人與甲、乙的未成年小孩一起住，並且接送上、下學，以避免被之前在家裡面進進出出的不良分子，引誘去不正當的場所。

（二）命其父母負擔扶養費用及其方式

　　照顧、養育及保護未成年子女，是父、母親本來就應該要盡的責任，法院在父、母親都不適合行使或負擔對於未成年子女權利義務的情形下，不得已選定父、母親以外的人，來監護未成年子女，只是選擇由父、母親以外的人來照顧、管教小孩子，但是小孩子的食、衣、住、行、教育、娛樂等等生活費用開銷，當然還是要由父、母親去負擔，畢竟這本來就是父、母親的責任。民法第1116條之2規定，父、母親對於未成年子女的扶養義務，不因為父、母親離婚而受到影響，所以法院可以命令父、母親負擔未成年子女的扶養費用，例如在前面的案例，要求在坐牢的父親甲，把他在監獄工場技能訓練的勞動所得，在每個月1日前，匯款新台幣（以下同）3,000元到監護人的金融機關帳戶，以及要求乙在每個月1日前，把5,000元匯款到監護人的金融機關帳戶，當作是未成年子女的扶養費用。

三、案例結論

　　甲到監獄裡面去，沒有辦法照顧到未成年的小孩，而乙的生活狀況不正常，也沒有辦法把小孩照顧好。這時，法院為了未成年子女的最大利益，可以依照民法第1055條之2的規定，參考民法第1055條之1所規定的各款事項，以及社會工作人員的報告，選擇有照顧意願、有正當職業及穩定收入的乙的表妹丙，來監護未成年子女，然後要求甲、乙負擔未成年子女的扶養費用。

四、相關實例

　　丙男與丁女原本是夫妻，丁向法院起訴請求和丙離婚，而且丙、丁都表示非常不願意去行使或負擔對於未成年子女的權利義務，社工人員的報告中還提到：丙、丁一直以來，都把未成年子女託給丙的弟弟戊來照顧，戊照顧的不錯，家庭也比較正常。請問：法院應該要把小孩裁判給誰來照顧？

❖ 民法第1056條

夫妻之一方，因判決離婚而受有損害者，得向有過失之他方，請求賠償。

前項情形，雖非財產上之損害，受害人亦得請求賠償相當之金額。但以受害人無過失者爲限。

前項請求權，不得讓與或繼承。但已依契約承諾或已起訴者，不在此限。

甲男與乙女原本是夫妻，因爲乙有甲在外面和別的女人通姦的證據，所以向法院起訴請求判決與甲離婚，法院也判決離婚確定了。乙在起訴的時候，主張因爲這個經營了十年的婚姻，被甲破壞了，心裡面非常的痛苦，要求甲要賠償新台幣（以下同）20萬元的慰撫金，請問：法院在判決離婚的同時，是不是可以同時判決甲要賠償乙20萬元？

一、思考焦點

法院判決離婚之後，一方可不可以向有過失的另外一方請求損害賠償？

二、問題論述

因判決離婚而受有損害：

（一）有過失之他方

是指對於判決離婚原因事實的發生，可以歸咎責任的那一方，也就是法院判決的原因事實，所發生的那一方。「有過失的他方」，不是直接對請求權人造成損害，而是因爲自己的行爲，成爲離婚的罪魁禍首，例如：丙男與丁女是夫妻，因爲丙犯了殺人罪，被判處無期徒刑確定，丁向法院起訴請求與丙離婚，法院判決准許離婚。丙是殺了丁以外的人，並不是殺丁，並沒有直接對丁造成任何傷害，但是丙因爲自己的殺人行爲，而造成民法第1052條第10款離婚的原因，所以丙就是那個「有過失的他方」。

（二）離婚所受的財產上損害

因爲夫妻其中一方有民法第1052條所規定的原因而離婚，造成財產上的損害，例如：妻以夫爲人身保險的被保險人，而以自己爲受益人，並且一直繳交保險費，有儲蓄的性質，後來因爲夫妻離婚，所以妻本來可以拿到的年金就沒有了，可以向對於離婚的原因事實有過失的夫，請求損害賠償（民法第1056條第1項），即使妻

對於離婚的原因事實也有過失，只是損害賠償是不是可以折抵、減少的問題（民法第217條），妻仍然可以向夫請求損害賠償。

（三）離婚所受的非財產上損害

夫妻結婚，原本都是希望長長久久、白頭偕老，但是因為法院判決離婚，使得另外一方對於婚姻能夠幸福美滿繼續下去的盼望落空，精神上於是會感覺到非常的痛苦，所以民法第1056條第2項就規定，這個精神上痛苦的損害（非財產上的損害），可以向有過失的那一方，請求損害賠償（民法第1056條第2項），但是如果要請求非財產上的損害賠償，受到非財產上損害的人（受害人）本身必須是沒有過失的，如果受害人對於離婚原因的發生，也是有過失的，就不可以請求非財產上的損害賠償，例如：妻因為夫有重大不治的精神疾病，而請求法院判決離婚，但是夫的這個精神病，根本就是妻開車回家的時候不小心，把正在院子裡澆花的夫腦部撞傷的後遺症，這個時候，妻就不可以請求非財產上的損害賠償。法院在判斷非財產上的損害賠償，應該要賠償多少錢的時候，不是請求的人要多少就給多少，而是要看夫妻雙方的身分、年齡、是不是能夠自己維生、生活的水平、夫妻的財力狀況等等相關情形而定。

（四）非財產上損害賠償的一身專屬性

民法第1056條第2項非財產上損害賠償，例如：夫或妻受了精神上的損害，這些都是受害人個人的痛苦，別人沒有辦法代替他（她）去請求（一身專屬性），所以民法第1056條第3項就規定，這個非財產上的請求權，不能夠轉讓給別人去行使，請求權人死亡之後，也不能夠由繼承人來繼承，除非這個請求權，已經和被請求的人談好，由被請求的人賠償給請求的受害人多少錢（已依契約承諾），或已經向法院起訴請求賠償，這個時候，就單純是錢的問題，是例外的可以把非財產上的請求權讓與或繼承。

三、案例結論

乙可以依照民法第1056條第2項的規定，向甲要求非財產上的損害賠償，而法院要看甲、乙雙方的身分、年齡、是不是能夠自己維生、生活的水平、夫妻的財力狀況等等的情形，來判斷到底甲要賠償給乙多少錢。

四、相關實例

丙男與丁女原本是夫妻，後來因為丁的父親戊一直在家裡虐待丙，丙向法院起訴，法院也判決離婚。丙在起訴的時候，主張丁應該要賠償當初丙給丁的聘金30萬元。請問：法院在判決離婚的同時，是不是可以同時判決丁要賠償丙30萬元？

五、重要判解

（一）最高法院47年度台上字第982號民事判決

夫妻之一方因判決離婚而受有財產上及非財產上之損害者，依民法第1056條之規定固得向有過失之他方請求賠償，惟此項賠償損害之請求，以受有實際上之損害為成立要件。又非財產上之損害，原非如財產損害有價額可以計算，究竟如何始認為相當，自得由法院斟酌情形定其數額。

（二）最高法院50年台上字第351號民事判決（例）

聘金乃一種贈與，除附有解除條件之贈與，於條件成就時失其效力，贈與人得依民法第179條之規定，請求受贈人返還其所受之利益外，要不得以此為因判決離婚所受之損害，而依民法第1056條第1項請求賠償。

（三）最高法院51年度台上字第664號民事判決

聘金或作為聘禮之金飾，乃預想他日婚約之履行，而以婚約解除或違反為解除條件之贈與，嗣後婚約經解除或違反時，當然失其效力，受贈人依民法第179條規定，固應將其所受利益返還贈與人，但上訴人既對女方訴請判決離婚勝訴在案，是則女方業已履行婚約，上訴人自不得更行請求返還聘金或作為聘禮之金飾。至禮餅款及什貨款，係結婚時所支之費用，而非因離婚所生之損害，尤無賠償請求權可得行使。

（四）臺灣高等法院暨所屬法院93年法律座談會民事類提案第5號

法律問題：妻乙對夫甲以民法第1052條第1項第3款不堪同居之虐待，及同法第2項有其他難以維持婚姻之重大事由為由，訴請法院判決離婚，嗣經法院依該條第2項之規定判准離婚，並認定夫妻就該事由均須負責，因夫甲責任較重，而准妻乙離婚之請求，亦敘明不再審究以不堪同居之虐待為由請求離婚部分。該判決確定後，妻乙隨即以其之離婚係夫甲不堪同居之虐待所致，其無過失，依民法第1056條第2項規定，另案訴請夫甲賠償其非財產上之損害。此時受理之法院應否審究其不堪同居虐待之離婚事由，作為判決非財產上之損害賠償之依據？

討論意見：

甲說：（否定說）。

民法第1056條規定：夫妻之一方，因判決離婚而受有損害，得向有過失之他方請求賠償；前項情形，雖非財產上之損害，受害人亦得請求賠償相當之金額，但以受害人無過失為限。該條損害賠償請求權既以「因判決離婚」為要件，則嗣後受理損害賠償之法院僅能審酌前案判決離婚所據之事由，不堪同居之虐待既非判決離婚

之前案所認定之離婚事由，自無從審究。

乙說：（肯定說）。

　　妻乙以兩種之離婚原因，請求法院依其單一之聲明而爲判決（即競合之合併），法院雖僅審究其中民法第1052條第2項有其他難以維持婚姻之重大事由，判決離婚，而漏未裁判同法第1項第3款不堪同居之虐待部分，法院前案之疏漏，不應損及妻乙後案請求非財產上損害賠償之權利，此時受理後案之法院，應審究其不堪同居虐待之離婚事由，以爲判決非財產上損害賠償之依據。

初步研討結果：多數採甲說。

審查意見：採乙說。

研討結果：

　　（一）討論意見增列丙說如下：前案妻乙以兩種之離婚原因，請求法院依單一之聲明而爲判決（即競合之合併），法院雖僅就其中民法第1052條第2項有其他難以維持婚姻之重大事由，判決離婚，並於理由中敘明以不堪同居之虐待爲由請求離婚部分不再審究。惟前案判決理由中所稱不再審究云云，其實該不審究之不堪同居之虐待事由，仍在前案裁判訴訟標的之範圍之內，故受理後案之法院，仍應審究其不堪同居虐待之離婚事由，以爲判決非財產上損害賠償之依據。

　　（二）經付表決結果：實到60人，採甲說6票，採乙說8票，採丙說47票。

（五）臺灣高等法院102年度上易字第799號民事判決

　　民法第1056條第2項所定非財產上損害賠償請求權，限於婚姻關係中無過失一方訴請判決離婚獲准，始得向有過失之他方請求，旨在保障婚姻關係中無過失之一方維繫婚姻之利益，與民法第195條第1項前段所定非財產上損害賠償請求權構成要件、保障之法益俱不相同。此外，因故意或過失，不法侵害他人之權利者，負損害賠償責任，當事人主張之事實，經他造於準備書狀內或言詞辯論時或在受命法官、受託法官前自認者，毋庸舉證；自認之撤銷，除別有規定外，以自認人能證明與事實不符或經他造同意者，始得爲之。

　　（請注意參照家事事件法第10條第2項第3款：「離婚、終止收養關係、分割遺產或其他當事人得處分之事項，準用民事訴訟法第二編第一章第二節有關爭點簡化協議、第三節有關事實證據之規定。但有下列各款情形之一者，適用前項之規定：三、當事人自認及不爭執之事實顯與事實不符。」同法第58條：「關於訴訟上自認及不爭執事實之效力之規定，在撤銷婚姻，於構成撤銷婚姻之原因、事實，及在確認婚姻無效或婚姻關係存在或不存在之訴，於確認婚姻無效或婚姻不存在及婚姻有效或存在之原因、事實，不適用之。」）

❖ 民法第1057條

　　夫妻無過失之一方，因判決離婚而陷於生活困難者，他方縱無過失，亦應給與相當之贍養費。

　　　甲男、乙女原來是夫妻，甲結婚後，是外商公司的經理，收入穩定，每個月大約有新台幣（以下同）10萬元的薪水，乙結婚之後一直在家料理家務，並沒有一技之長。乙原本都是靠甲的薪水維持生活，乙也沒有存私房錢。後來因為乙不知道什麼原因，就得了重大不治的精神病，甲起訴法院判決和乙離婚。乙因為分配到的剩餘財產非常的少，就請求法院判決甲應該要給她每個月2萬元的生活費，法院可不可以在判決甲、乙離婚的同時，判決甲應該要給乙前述的生活費？

一、思考焦點

　　離婚的夫妻，一方在什麼情形之下，可以向另外一方請求贍養費？

二、問題論述

　　民法第1057條（判決離婚之給與贍養費規定），須與家事事件法第3條第5項第1款：「戊類事件：一、因婚姻無效、撤銷或離婚之給與贍養費事件」一併研讀。

　　夫妻在一起生活，常常有分工合作的情形，例如：通常是夫在外面賺錢，而妻在家裡面料理家務、帶小孩，讓夫沒有後顧之憂，專心在外面賺錢，而妻就靠夫的收入或薪水過活。在這種情形之下，夫妻一旦被法院判決離婚了，先生的那份薪水，突然之間就沒有了，太太也很可能手上並沒有什麼錢，生活一下子變成非常困難（生活陷於困難），這個時候，光是民法第1030條之1的剩餘財產分配，可能不夠讓太太繼續生活下去，這時，只要是妻對於離婚原因事實的發生，並沒有過失，就可以向夫要求付一筆足以維持生活的生活費（贍養費），又例如前面案例中所講的乙重大不治的精神病，不是乙自己想要得到的，所以乙是沒有過失的（無過失），就可以向甲要求付給她贍養費，即使甲對於乙得到這個精神病，也並沒有過失（他方縱無過失），一樣要給這筆贍養費，因為甲比乙還有錢，而且乙因為判決

離婚，生活陷於困難，法律基於保護弱者的觀點，就要讓甲來養乙，這是夫妻之間互相負有扶養的義務（民法第1116條之1），在夫妻離婚之後的延長。民法第1057條的「無過失」，是指縱使有民法第1052條規定的離婚原因事實，但是對於這個原因事實的發生，並沒有過失，例如前面的案例，乙對於自己變成重大不治的精神病，也沒有辦法避免，所以並沒有過失。

　　法院要判給因判決離婚，而生活陷於困難的一方多少贍養費，要看那一方生活上的需要是怎麼樣、負擔贍養費一方的經濟能力、身分地位、雙方結婚多久了、夫妻財產分配的情形怎麼樣等等的情形，綜合考量，可以負擔贍養費的一方一次付清，或是定期付一些錢。而且依照家事事件法第41條之規定，請求給付贍養費的訴訟，可以和請求離婚的訴訟一起提出來，法院就可以一起合併判決。至於在協議離婚的情形，夫妻自己要去把離婚之後怎麼樣過生活的事情商量好，不然的話，就不要輕易地協議離婚，因為協議離婚並不適用民法第1057條規定。

三、案例結論

　　法院判決離婚的原因，雖然是出在乙身上，但是因為乙對於判決離婚的原因（也就是自己的重大不治精神病），並沒有過失，而且因為判決離婚使得生活陷於困難，所以可以依照民法第1057條的規定，向甲請求贍養費，即使甲對於乙重大不治精神病的發生，也沒有過失，也是一樣要給付贍養費給乙。甲每個月賺10萬元，所以要求甲每個月拿出2萬元來養乙，應該是合理的。

四、相關實例

　　丙男、丁女原來是夫妻，丙從婚前以來，一直是高級公務人員，收入穩定，每個月大約有新台幣（以下同）8萬元的薪水，丁結婚之後一直在家料理家務，並沒有一技之長，也沒有存私房錢，因為丙常常去加班不在家，丁寂寞難耐，常常上網結交網友，有一次和網友去汽車旅館通姦的時候，被丁報請管區警員捉姦在床，丙就向法院起訴請求判決與丁離婚，丙、丁剩餘財產分配的錢，還不夠丁維持生活下去，那麼法院判決離婚時，可不可以應丁的請求，判決丙應該要給丁生活費？

五、重要判解

（一）最高法院28年渝上字第487號民事判決（例）

　　民法第1057條之規定，限於夫妻無過失之一方，因判決離婚而陷於生活困難者，始得適用，夫妻兩願離婚者，無適用同條之規定，請求他方給付贍養費之餘地。

（二）最高法院33年上字第4412號民事判決（例）

男子與女子間類似夫妻之結合關係，雙方雖得自由終止，但男子無正當理由而終止，或女子因可歸責於男子之事由而終止者，如女子因此而陷於生活困難，自得請求男子賠償相當之贍養費，此就男子與女子發生結合關係之契約解釋之，當然含有此種約定在內，不得以民法第1057條之規定，於此情形無可適用，遂謂妾無贍養費給付請求權。

（三）最高法院80年度台上字第168號民事判決

夫妻無過失之一方，因判決離婚而陷於生活困難者，他方縱無過失，亦應給與相當之贍養費，民法第1057條定有明文，所謂因判決離婚而陷於生活困難，以夫妻之一方因判決離婚不能維持生活而陷於生活困難為已足，非以其有無謀生能力為衡量之唯一標準。

（四）最高法院87年度台上字第128號民事判決

按民法第1057條所定之贍養費，乃為填補婚姻上生活保持請求權之喪失而設，其給與範圍限於權利人個人之生活所需。至其給與額數，則應斟酌權利人之身分、年齡及自營生計之能力與生活程度，並義務人之財力如何而定。並不及於未成年子女之生活上需要。蓋乃父母對於未成年子女之義務，就其中保護教養費用之負擔，即生活保持義務，並不以有親權為前提。故在判決離婚，因子女監護酌定之結果，雖非親權人，亦不能免其給養之義務。85年9月25日增訂民法第1116條之2規定「父母對於未成年子女之扶養義務，不因離婚而受影響。」更揭示斯旨。易言之，兩造之女所需之教養費用，如被上訴人無法負擔，上訴人本即不免給付義務，被上訴人不得請求上訴人向其個人為給付。

（五）最高法院96年度台上字第269號民事判決

按民法第1057條所定之贍養費，乃為填補婚姻上生活保持請求權之喪失而設，其給與範圍限於權利人個人之生活所需。至其給與額數，則應斟酌權利人之身分、年齡及自營生計之能力與生活程度，並義務人之財力如何而定，與父母子女間之扶養義務性質顯然不同。

（六）最高法院96年度台上字第1573號民事判決

按民法第1057條所定之贍養費，固為填補婚姻上生活保持請求權之喪失而設，其非賠償請求權性質，乃基於權利人生活上之需要，為求道義上公平，使於婚姻關係消滅後，事後發生效力之一種給付，有扶養請求權之意味。惟其性質上僅係扶養失婚者於合理年限內，至其覓得工作機會及取得經濟獨立為止之生活保持狀態，而非屬扶養其終身之義務，其給與之額數，並應斟酌權利人之身分、年齡、自營生計之能力與生活程度及義務人之財力如何而定。

（七）最高法院111年度台簡抗字第227號民事裁定

民法第1057條規定，夫妻無過失之一方，因判決離婚而陷於生活困難者，他方縱無過失，亦應給與相當之贍養費。此係就判決離婚所為規定，夫妻兩願離婚者，縱無符合該條給付贍養費之要件，基於私法自治契約自由原則，其以契約約定給付贍養費，當事人應受拘束，與該條所定因判決離婚而應給與之贍養費有間。

❖ 民法第1058條

夫妻離婚時，除採用分別財產制者外，各自取回其結婚或變更夫妻財產制時之財產。如有剩餘，各依其夫妻財產制之規定分配之。

案例1

> 甲男及乙女原來是夫妻，甲結婚的時候，有財產新台幣（以下同）10萬元，與乙離婚的時候，有110萬元，乙結婚的時候，有20萬元，與甲離婚的時候，有60萬元。請問：甲、乙的夫妻財產，在離婚的時候，應該要怎麼樣來分配（分割）？

一、思考焦點

離婚時，夫妻的財產，應該要怎麼樣來分割？

二、問題論述

民法第1058條，關於夫妻離婚時，除採用分別財產制外，各取回其結婚或變更夫妻財產制時之財產，須與家事事件法第3條第3項第3款：丙類事件：「夫妻財產制之補償、分配、分割、取回、返還及其他因夫妻財產關係所生請求事件」，一併研讀。

夫妻離婚的時候，不論是法院判決離婚的，還是夫妻協議離婚的，夫妻之間的財產關係，都是消滅了。如果夫妻之間是採用分別財產制，夫妻的財產本來就是各自獨立的，並沒有財產分割的問題。如果夫妻是採用通常法定夫妻財產制，那麼夫妻離婚的時候，要先拿回婚前財產，或結婚之後改用通常法定夫妻財產制的當時，自己已經有的財產（各自取回其結婚或變更為夫妻法定財產制時之財產），這樣才能知道剩餘財產還有多少，如果有剩餘財產，必須要依照民法第1030條之1的規定去分配。如果夫妻是採用共同財產制，那麼在離婚的時候，就要依照民法第1040條

第1項的規定，各自先拿回訂立夫妻共同財產制當時的財產（各自取回其訂立夫妻共同財產制時之財產），因為這些財產跟這個婚姻沒有什麼關係，先拿出來之後，剩下的財產，就是要依照民法第1040條第2項的規定，原則上由夫妻分配一人一半的夫妻共同財產。

就民法第1058條而言，管見認為：「1.就體例而言：民法第1058條係位於『離婚』章，並非位於『夫妻財產制』章。2.民法第1058條應係針對離婚時『物權之歸屬』做規範，而非『夫妻財產衡平債權』之計算。申言之，依據德國『淨益共同制』，夫妻對於其各自之財產，保有完整之所有權及處分權。只是在計算婚後資產時，將資產之婚後增值差額之半數，納入『衡平債權』。且此債權僅為一定數額之債權，由夫妻各自對他方為請求，不得對特定物主張半數之持分。因此，應可為理解，民法第1058條其規範意旨係在於：夫妻對其名下之資產，於離婚時依然各自享有原本之所有權，不因離婚而產生『共有』或者另一方可請求『物權二分之一持分』之權利。以此體現夫妻婚後財產分配權利，僅為一定數額之『衡平債權』。所以，即使適用民法第1058條夫妻各自取回各自名下財產，也應將該財產婚後增值部分納入『淨益共同制』婚後財產增值額之計算，以符憲法第7條平等權之精神。」

三、案例結論

甲及乙離婚時，依照民法第1058條的規定，甲要先拿回結婚時的婚前財產10萬元，乙也要拿回結婚時的婚前財產20萬元，然後依照民法第1030條之1至民法第1030條之4的規定，計算甲有剩餘財產100萬元，乙有剩餘財產40萬元，乙可以向甲請求分配剩餘財產30萬元。

四、相關實例

丙男及丁女原來是夫妻，丙結婚的時候，有財產10萬元，乙結婚的時候，有20萬元，丙、丁在結婚的時候，就約定夫妻共同財產制，在離婚的時候，夫妻兩個人的總財產，共有200萬元，應該要怎麼樣來分配？

案例2

甲為農民，甲在婚前有A地所有權，結婚時價值800萬元。夫妻婚後努力工作，適逢隔鄰相同大小之B地要出售，便以妻之名義買下B地，買入金額也是800萬元。此後夫妻兩人便將A與C兩塊土地一起耕作，一起生活。十年後夫妻不睦而訴請法院裁判離婚，此時A與C土地，因都市計畫變更為建地，都大幅增值到2,000萬元。甲夫在法庭上主張A地是夫之婚前財產，依據民法第1058條直接取回，對A地增值部分妻不得享有差額請求權；夫同時亦主張C地是妻婚後取得之資產，而向妻主張土地價值之半數即1000萬元。試問：甲夫在法庭上主張是否有理由？

案例結論

我國民法夫妻財產制除另有契約約定外，係採法定財產制（即原聯合財產制），夫或妻各自所有其婚前或婚後之財產，並各自管理、使用、收益及處分（民法第1017條第1項前段、第1018條規定參照）。惟夫或妻婚後收益之盈餘（淨益），實乃雙方共同創造之結果，法定財產制關係消滅時，應使他方得就該盈餘或淨益予以分配，始符公平。為求衡平保障夫妻雙方就婚後財產盈餘之分配，及貫徹男女平等原則，民法親屬編於74年6月3日修正時，參考德國民法有關夫妻法定財產制即「淨益共同制」之「淨益平衡債權」規範，增設第1030條之1，規定法定財產制（原聯合財產制）關係消滅時，夫或妻得就雙方剩餘婚後財產之差額請求分配。所謂差額，係指就雙方剩餘婚後財產之價值計算金錢數額而言。上開權利之性質，乃金錢數額之債權請求權，並非存在於具體財產標的上之權利，自不得就特定標的物為主張及行使。是以，除經夫妻雙方成立代物清償合意（民法第319條規定參照），約定由一方受領他方名下特定財產以代該金錢差額之給付外，夫妻一方無從依民法第1030條之1規定，逕為請求他方移轉其名下之特定財產（最高法院106年度台上字第2747號民事判決）。

管見認為，尤其，民國110年1月20日增訂民法第1030條之1第3項規定：「法院為前項裁判時，應綜合衡酌夫妻婚姻存續期間之家事勞動、子女照顧養育、對家庭付出之整體協力狀況、共同生活及分居時間之久暫、婚後財產取得時間、雙方之經濟能力等因素。」特別就法院裁判時，應綜合衡酌夫妻婚姻存續期間之家事勞動、子女照顧養育、對家庭付出之整體協力狀況、共同生活及分居時間之久暫、婚後財

產取得時間、雙方之經濟能力等因素予以評價。惟查臺灣高等法院109年度家上易字第19號判決採否定見解並認為，婚前財產本身價值於婚姻關係存續期間之增益歸屬，無法類推適用之。雖似有理，因此將來是否透過憲法法庭或立法上之修法，以符夫妻財產平等權之原則。

依題意，甲夫婚前財產因結婚後，未予處分，然於婚姻關係中所增加土地之價值，應包含他方配偶乙妻對家庭及其財產整體予以協力之貢獻。因此，甲夫之A地其增值部分應受到評價為1,200萬元。

故甲夫在法庭上主張A地是夫之婚前財產，依據民法1058條直接取回，對A地增值部分妻不得享有差額請求權，是沒有理由；夫同時亦主張C地是妻婚後取得之資產，而向妻主張土地價值之半數即1,000萬元，是有理由。

由以上案例可以發現，民法第1058條（離婚後財產之取回），本文與法定財產制不合，後段與共同財產制不合；亦即，剩餘財產之分配，依同法第1030條之1處理即可；而共同財產制，依同法第1040條規定，共同財產制關係消滅時，夫妻各取回其訂立共同財產制契約時之財產，共同財產制關係存續中取得之共同財產，由夫妻各得其半數，處理上遊刃有餘。從而，第1058條之規定，顯屬不當立法，應予刪除（林秀雄，剩餘財產分配請求權之再造，月旦法學雜誌，89期，2002年10月，第19頁），故在立法尚未刪除前，就解釋論上而言，僅是具有參考性質之條文而已。

第三章　父母子女

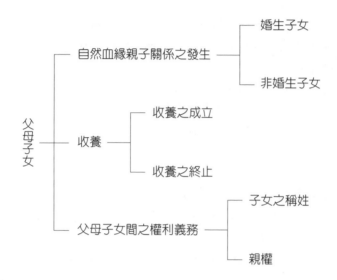

❖ 民法第1059條

父母於子女出生登記前，應以書面約定子女從父姓或母姓。未約定或約定不成者，於戶政事務所抽籤決定之。

子女經出生登記後，於未成年前，得由父母以書面約定變更爲父姓或母姓。

子女已成年者，得變更爲父姓或母姓。

前二項之變更，各以一次爲限。

有下列各款情形之一，法院得依父母之一方或子女之請求，爲子女之利益，宣告變更子女之姓氏爲父姓或母姓：

一、父母離婚者。

二、父母之一方或雙方死亡者。

三、父母之一方或雙方生死不明滿三年者。

四、父母之一方顯有未盡保護或教養義務之情事者。

（民國99年5月19日公布）

舊民法第1059條

父母於子女出生登記前，應以書面約定子女從父姓或母姓。

子女經出生登記後，於未成年前，得由父母以書面約定變更為父姓或母姓。

子女已成年者，經父母之書面同意得變更為父姓或母姓。

前二項之變更，各以一次為限。

有下列各款情形之一，且有事實足認子女之姓氏對其有不利之影響時，父母之一方或子女得請求法院宣告變更子女之姓氏為父姓或母姓：

一、父母離婚者。

二、父母之一方或雙方死亡者。

三、父母之一方或雙方生死不明滿三年者。

四、父母之一方曾有或現有未盡扶養義務滿二年者。

（民國96年5月23日公布）

舊民法第1059條

子女從父姓。但母無兄弟，約定其子女從母姓者，從其約定。

贅夫之子女從母姓。但約定其子女從父姓者，從其約定。

（民國96年5月23日修正前之舊法）

案例

甲男與乙女是夫妻，兩個人不同姓，於民國92年1月1日結婚，在民國96年8月15日生了一個兒子丙，並已到戶政事務所辦理出生登記從甲男之姓。乙的父親丁只生了乙女及乙的哥哥戊，戊在民國93年1月2日死亡，留下一個女兒己，乙女現想要為丁及戊傳香火，所以就想要去戶政事務所，把丙的姓改成從自己的姓（即從母姓）。請問：乙女應該如何辦理？

一、思考焦點

小孩子要跟爸爸的姓，還是跟媽媽的姓？在什麼情形之下，可以用媽媽的姓？

圖示：

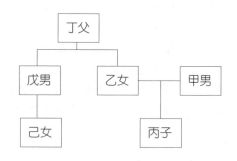

二、問題論述

　　民法第1059條（子女之姓），須與家事事件法第3條第5項第7款：「戊類事件：七、變更子女姓氏事件」、戶籍法第49條，一併研讀。

　　民國97年5月28日修正公布施行之戶籍法第49條第1項前段規定：「出生登記當事人之姓氏，依相關法律規定未能確定時，婚生子女，由申請人於戶政事務所抽籤決定依父姓或母姓登記。」民法宜有一致性之規定，遂於第1項增訂子女姓氏如未約定或約定不成之比照處理方法。

　　姓氏選擇為憲法所保障之基本人權的範疇，故成年人有權利依據自我認同選擇從父姓或母姓。原條文第3項規定子女已成年者，變更姓氏需經由父母之書面同意，惟此不僅未顧及成年子女之自我認同，又易因父母任一方已死亡或失蹤等其他原因以致無法取得父母書面同意，本次立法刪除「經父母之書面同意」部分文字，以周延保護成年子女之權益。又為顧及交易安全和身分安定，成年子女如向戶政單位提出變更姓氏申請，仍以一次為限。

　　民國96年5月23日公布之第5項規定，需「有事實足認子女之姓氏對其有不利之影響」之要件，始得申請變更子女姓氏，惟所謂「不利之影響」於司法實務上常顯判斷困難，除家庭暴力與性侵害等重大傷害事件外，既往案例中，常因法官認定當事人之主張僅屬當事人主觀感受，判定不構成「不利之影響」，而駁回當事人之聲請，致使聲請人承受莫大社會之壓力。又父母離婚、父母之一方死亡或失蹤，皆屬未能預測之重大事件，為顧及未成年子女之人格健全發展，有關需「有事實足認子女之姓氏對其有不利之影響」的規定，擬修改成「為子女之利益」，以求更為周延保護未成年子女之最大利益。

　　若父母之一方顯有未盡保護或教養義務之情事，如對子女加諸嚴重之家庭暴力、性侵害、其他各類形式之暴力行為，抑或有明顯持續之未盡撫養、教育等義

務，宜由法院審酌姓氏變更之請求。

舊法規定，子女從父姓。但母無兄弟時，得約定從母姓。此一規定於實務適用上，因母無兄弟之時點及約定之方式等均未規定，易生爭議。爲符合憲法男女平等之原則、尊重父母之選擇權、考量子女最佳利益，並兼顧我國國情及確保身分安定性等公共利益之考量，爰此次修法修正本條第1項規定，子女之姓式原則上由父母於子女出生登記前，約定從父姓或母姓。又民國87年6月17日修正公布之第1000條及第1002條已廢除招贅婚制度，舊法第2項規定已無留存之必要，此次修法予以刪除。

子女之姓氏於出生登記後即已確定，惟爲因應情事變更，爰於第1項至第3項增訂父母於子女出生登記前，應以書面約定子女從父姓或母姓、未成年子女及已成年子女變更姓氏之規定。另爲顧及身分安定及交易安全，於第4項規定，第2項及第3項變更，各以一次爲限。

又如有以下情形時，且有事實足認子女之姓氏對其有不利之影響時，父母之一方或子女得請求法院宣告變更子女之姓氏爲父姓或母姓（第5項）。

（一）父母離婚（第1款）

指父母親有協議離婚（民法第1049、1050條）、裁判離婚（民法第1052條）、法院調解離婚（民法第1052條之1）以及法院和解成立離婚（民法第1052條之1）之情形。

（二）父母之一方或雙方死亡（第2款）

指父母之一方或雙方死亡，此之死亡包括自然死亡（通說認爲腦波及心臟停止，即是自然死亡）及死亡宣告（參照民法第8、9條）。

（三）父母之一方或雙方生死不明滿三年（第3款）

指父母之一方或雙方生死不明滿三年，父母之一方或子女得請求法院宣告變更子女之姓氏爲父姓或母姓，主張爲此款之規定，只要能提出客觀之證據（如警察局報案紀錄、戶政資料、報章雜誌、錄影資料），足以使法院採證，父母之一方或雙方生死不明滿三年即可。

（四）父母之一方顯有未盡保護或教養義務之情事（第4款）

民國96年5月23日公布之本條文第5項第4款，指父母之一方曾有或現有未盡扶養義務滿二年（參照民法第1114條至第1121條規定）。然本次民國99年5月19日公布立法修正爲，父母之一方顯有未盡保護或教養義務之情事者。法院得依父母之一方或子女之請求，爲子女之利益，宣告變更子女之姓氏爲父姓或母姓。

至於子女原來的姓氏，是不是對該子女會有不利的影響，判斷上非常困難，姓名只是一個人的代號而已，是在社會上與他人識別的工具，無論一個人姓什麼，他

的財產、身體健康等各方面，應該不至於因此就當然受有什麼不利的影響，如確實有不利影響，例如：姓氏已影響子女之就業能力、在社會上之社經地位或社會名譽，則聲請變更姓氏或許比較有理由。本條文施行之初，各地方法院收到為數不少的案件，由於「不利影響」判斷上有其困難，因此各地方法院法官各自詮釋，出現許多不同之裁判，問題大都集中在子女之父母間，因一方死亡、父母分離或不合，或其中一方有家庭暴力或惡意遺棄等情形，此時子女是否應改姓的問題，從實務案件可知，聲請法院變更姓氏，有時只是父母間的戰爭，另外開闢戰場，未必真正是子女的姓氏有什麼有利或不利之處。經挑選後，茲提供其中重要判解供各界參考。

三、案例結論

乙女應依照民法第1059條第1項規定，父母於子女出生登記前，應以書面約定子女從父姓或母姓。未約定或約定不成者，於戶政事務所抽籤決定之。

四、相關實例

庚男與辛女是夫妻，兩個人不同姓，生有一子壬，壬在出生前，庚男與辛女未約定壬從父姓或母姓，今壬於96年8月15日出生後，庚男與辛女皆堅持從己姓，應如何處理？

五、重要判解

（一）最高行政法院89年度判字第828號行政判決

本件原告與周○亭於78年1月7日結婚（時間在民法親屬編74年6月3日修正公布後），次子周○宇於85年2月10日出生，同年月27日完成戶籍登記，其後原告之弟劉○宏於85年3月10日死亡，以上均有戶籍謄本影本附原處分卷可稽，原告乃請求將其次子周○宇改從母姓，案經被告查得劉○宏生前已育有一女劉○琪，非無子女從劉姓，乃以86年5月5日高市楠戶字第2894號函否准所請，揆諸首揭規定及函釋意旨，並無不合，一再訴願決定遞予維持，亦無不當。原告訴稱：民法第1059條第1項但書既僅規定以「母無兄弟」為子女約定從母姓之條件，則「母無兄弟」之認定自應以母有無同姓之二親等兄弟為標準，至於其兄弟是否留有直系親屬則自應在所不問，學者戴炎輝、戴東雄即採此見解，法務部法83律決字第02583號函釋認為限於歿歿之兄弟亦無子嗣方得改姓之見解，於法顯有未當。況中國傳統宗祧觀念所稱之「子嗣」本即指男性子孫而言，所謂歿歿之兄弟亦無子嗣之「子嗣」，亦當解為未留有男性子嗣而言方屬合理，然法務部法83律決字第19891號函竟認為所謂「子嗣」應兼指「子及女」其見解並不妥當云云。查民法第1059條第1項但書之立

法意旨，在於為母之父傳香火，而母之兄弟死亡，如遺有與母之父同姓之直系血親卑親屬，則母之父已因母之兄弟而有後嗣傳其香火，自不得約定子女從母姓。原告之弟劉○宏生前已育有一女劉○琪可傳原告之父香火，應不得約定子女從母姓。原告上開主張或為學者之見解，或為原告個人之意見，均無足採，其起訴意旨，非有理由，應予駁回。

（二）臺灣高等法院85年度家上字第150號民事判決

按民法第1059條第1項規定：「子女從父姓。但母無兄弟，約定其子女從母姓。」約定從母姓之時期，至遲應於申請出生登記時約定之，蓋依戶籍法第22條規定，出生應為出生之登記，而為登記時自當登記該子女之姓名，子女姓名一旦登記，依姓名條例第5條規定，不得任意更改姓名，必須有法定原因，如被認領、被收養、終止收養、或其他依法改姓之情形，始得申請改姓，被訴人係於兩造所生之子來為出生登記後之84年6月5日，同意來為改從母姓，兩造於來為辦理姓名登記後，再約定子女來為從母姓，自與民法第1059條第1項不合，是以，應予再審究者即係兩造之子來為，是否具有法定申請改姓之原因。

（三）板橋地方法院96年度家聲字第87號民事裁定

本件聲請意旨略以：聲請人父陳○○生前係入贅母親李○○家，雖未冠妻姓，惟於民國68年死亡，因此聲請人自幼即由其母扶養照顧長大，現聲請人之母年歲已長，盼聲請人改從母姓，聲請人之弟亦已從母姓，又聲請人自幼即未曾與父親家之親友往來，所祭拜者亦為母親家之祖先，為此依民法第1059條第5項第2款，請求法院宣告變更聲請人之姓氏為從母姓等語……本件聲請，經核並無不合，爰准變更姓氏如主文所示。

（四）板橋地方法院96年度家聲字第175號民事裁定

本件聲請人僅泛稱渠為感念母親於離婚後，對渠含辛茹苦之撫育教養恩情，而欲變更姓氏從母姓云云，惟並未提出其姓氏對渠有何不利影響之證據，是聲請人聲請變更姓氏，於法即有未合，其聲請為無理由，應予駁回。

（五）板橋地方法院96年度家聲字第148號民事裁定

本件聲請人主張其為未成年子女嚴○○之生母，已與嚴○○之父離婚，嚴○○之父並已死亡等情，固提有聲請人及嚴○○之戶籍謄本為憑，惟聲請人並未提出嚴○○之姓氏對伊有何不利之影響，亦未能舉證證明若不改姓，對嚴○○有何不利，且聲請人經本院通知亦未到庭審理，是聲請人聲請變更子女姓氏，於法不合。本件聲請為無理由，應予駁回。

（六）板橋地方法院96年度家聲字第100號民事裁定

本件聲請人等請求變更其姓氏為母姓，無非係以：聲請人等之父母於74年離

婚，並約定聲請人等皆由其母監護，惟聲請人等之父於離婚後不久即再婚，且另又育有子女，聲請人等於有謀生能力前之生活開支，全賴聲請人等之母及其娘家獨力負擔，聲請人等之父從未曾探視過聲請人等，顯見聲請人等之父於聲請人等自幼迄今，從未善盡為人父之責。聲請人等從小之家族認同即為母系家族，聲請人等從父姓之事，已使聲請人等感傷與困擾至今云云，資為論據。惟關於聲請人之家族認同、感傷與困擾等感受，乃純屬私人情感作用，且依聲請人等上開所述，渠等所以認同母系家族，不願與父親同姓，其根由實係緣於其父從未對渠等善盡為人父之責有以致，此要與渠等原本姓氏無關，自難謂係姓氏所帶給渠等之不利影響，核與前揭法條規定變更姓氏之要件未合。

（七）板橋地方法院96年度家聲字第101號民事裁定

　　本件聲請意旨略以：聲請人與配偶蘇○○於民國77年3月17日結婚，共同育有子女即相對人二人，其等均登記從父姓。因蘇○○有暴力行為，於生前即因失業在家時常借酒澆愁，毆打聲請人，相對人即長子為勸架亦遭打傷。聲請人不堪配偶蘇○○之虐待，曾聲請保護令在案，詎蘇○○故意違反保護令規定，仍持續毆打聲請人，業經檢察官以違反家庭暴力防治法之規定起訴在案。詎蘇○○為表達其對家暴法之不滿，於92年間，將相對人二人與自己鎖在門內，並誘引相對人二人誤食安眠藥，再引爆瓦斯筒爆炸自殺，蘇○○當場死亡，相對人二人均因瓦斯氣爆而受嚴重灼傷，受有肢體障礙、顏面傷殘等重大傷害，相對人二人之心理創傷亦終生難以復原。事後，蘇○○之家族對相對人二人均不聞不問，僅聲請人投入協助與照顧工作。相對人面對蘇○○家族之狠心對待，已不欲再從父性，以避免徒增感傷與痛苦，亦欲改從母姓以獲得些許慰藉。姓名權既為人格權之一部，而受憲法保障，其稱姓之選擇應尊重子女之意願，始能真正尊重及貫徹保護子女最佳利益之目的。為此依民法第1059條第5項第2款，請求法院宣告變更相對人等之姓氏為從母姓等語。……本件聲請，經核並無不合，爰准變更姓氏如主文所示。

（八）板橋地方法院96年度家聲字第107號民事裁定

　　按姓氏屬姓名權，為人格權之一部分，具有社會人格之可辨識性，與身分安定及交易安全有關外，姓氏尚具有家族制度之表徵，故賦予父母有選擇權，惟因應情勢變更，倘有事實足認子女之姓氏對其有不利之影響時，父母之一方或子女自得請求法院宣告變更子女之姓氏為父姓或母姓。本件聲請意旨略以：相對人王○○於民國77年，經生母袁○○同意，由生父即聲請人王○○辦理認領並從父姓；茲因相對人王○○之生母袁○○已於82年12月2日死亡，且袁○○無兄弟可承祀香火；相對人王○○之外婆經常給予相對人壓力、欲逼迫相對人王○○娶袁姓女子以使所生子女從袁姓，致相對人王○○受有婚姻及傳宗接代之壓力，為此聲請使相對人王○○

改從母姓等語。並提出戶籍謄本為證。並經相對人王○○到庭表達欲改從母姓之願望。本件聲請，經核並無不合，爰准變更姓氏如主文所示。

（九）桃園地方法院96年度家聲字第166號民事裁定

聲請人主張「周」氏姓對其等有事實上不利之影響等語，業經周○○到院陳稱：「因為我的姓與名對我而言很重要，我母親有再婚，一個家庭中有三個姓氏（周、○、○），這種現象已經持續十幾年了，我認為別人對會以異樣的眼睛看我，我曾經聽到我的鄰居跟警衛講說，我們家裡很奇怪一個家裡三個姓氏，我是不是偷生的。我認為我與我母親，我與我母親的家人才會有歸屬感。我曾經因為姓氏，在找工作的時候，遭到排擠，應徵者認為我家裡為什麼會有這麼多的姓氏，家裡成員應該很亂」、周○○到院陳稱：「我認為對我最實際上的不利益在於我找工作的時候，常常會因為姓氏問題，而遭到質疑，應徵者認為我們家為什麼會有三個姓氏，誤認我們家庭複雜，導致我職場上不利之情事。另從親情上考量，我與母親及其家人感情深厚，我希望與母親同姓，比較有認同感」。本院審酌上情，認聲請人一個家庭存在三個姓氏，在目前臺灣社會某些傳統及保守人眼中，可能會招來異樣眼光及非議，對其生活及工作確實有事實上不利影響之可能，故聲請人之聲請，合於修正後民法第1059條第5項之規定，故准聲請人周○○、周○○及周○○三人均更從母姓。

（十）臺中地方法院96年度家聲字第208號民事裁定

本件聲請人之父徐○○已歿，聲請人均由生母扶養照顧，且父方親屬與聲請人關係疏離，並同意聲請人變更姓氏，可認保留原來姓氏對未成年人之聲請人已有不利之影響，聲請人之請求，核與前揭法律規定尚無不，應予允許，爰裁定如主文所示。

（十一）高雄地方法院96年度家聲字第276號民事裁定

本件聲請意旨略以：兩造婚後共同育有未成年子女許○○，嗣於民國（下同）92年兩造離婚，並未協議許○○之權利義務之行使或負擔由何人任之。兩造離婚後，茲因聲請人係與聲請人家人同住，與聲請人依附甚深，未成年子女許○○姓氏應變更為從母性，爰依民法第1059條規定，請求變更姓氏為母姓等語。……本件聲請，為有理由，應予准許，爰宣告變更許○○之姓氏為母姓。

（十二）高雄地方法院96年度家聲字第239號民事裁定

本院審酌聲請人與訴外人吳○○離婚後，聲請人長久均與母親魏○○同住，與母親依附情感甚深，且訴外人吳○○於84年業已過世，在世時均未給付扶養費予聲請人，是認未成年人從父姓對其人格發展確有明顯不利之影響，而有變更為母姓之必要。

（十三）高雄地方法院96年度家聲字第218號民事裁定

　　惟查，聲請人請求變更其姓氏爲母姓，所據理由爲非係以兩造離婚後吳○○均由聲請人扶養，相對人均不聞不問，爲避免一個家庭有好多個姓氏云云爲據。本院審酌聲請人所主張之上揭事實，聲請人與相對人於86年間離婚，迄今已十年，而兩造所生子女吳○○已二十餘歲，且本來一家之中就有不同之姓氏不足爲奇，衡情尙難認定兩造所生之子女從父姓對其人格發展有何明顯不利之影響，而有變更爲母姓之必要，自與變更子女之姓氏要件不符。故本件聲請，應認無理由，爰予駁回。

（十四）高雄地方法院96年度家聲字第195號民事裁定

　　本院審酌兩造離婚後，蔡○○均與聲請人及聲請人家人同住，蔡○○因與同住之家人之姓氏不同，乃經常需面對玩伴或同儕之詢問或異樣眼光，且蔡○○爲年僅7歲之未成年人，其對周遭人事物之認知、理解能力仍處於學習之階段，若使其現在即需面對父母離婚及其姓氏與家人不同等情形，則易使其對家庭之認同感及歸屬感產生疑惑，顯不利於未成年人身心健全之發展。是認未成年人從父姓對其人格發展確有明顯不利之影響，而有變更爲母姓之必要。

（十五）高雄地方法院96年度家聲字第188號民事裁定

　　聲請人請求變更其姓氏爲母姓，所據理由爲非係以聲請人之母已於68年死亡，父亦已於77年死亡，聲請人之父是外省人，生前爲職業軍人，在臺灣並無親屬；聲請人平日則係與其母之親人來往，常受其母親戚照顧，感情融洽，聲請人之姨媽亦十分疼愛聲請人，聲請人也很思念其母云云爲據，已如前述。是以，依本件聲請人所主張之上揭事實以觀，聲請人之母早已於68年死亡，而其父則係於77年始死亡，足見，聲請人於其母死亡後，尙有與其父多九年餘之相處時間；且聲請人之母生前亦係冠夫姓，即聲請人之父姓，雖聲請人目前係與其母之親人較有往來，然依上情實尙難認定聲請人有足認其從父姓對其人格發展有何明顯不利之影響，而有變更爲母姓之必要，自與變更子女之姓氏要件不符。

（十六）臺灣高等法院暨所屬法院102年法律座談會民事類提案第8號

法律問題：甲夫乙妻共同育有一子A，A子出生時即約定從父姓，惟甲夫婚後不務正業，無固定之工作及收入，甲乙因而協議離婚，並以離婚協議書約定A子由甲監護，惟A子仍與母親乙同住，甲則應按月於每月15日給付乙關於未成年子女之扶養費1萬元。詎甲離婚後仍無固定工作及收入，亦無法依約給付未成年子女扶養費，乙遂向法院請求改定A子之親權由乙任之，A子之姓氏應改從母姓。嗣甲、乙於庭外自行和解，約定A子改由乙監護，及變更爲從母姓，並向戶政機關登記完畢。其後甲父病危，以甲爲家中獨子，A子從母姓將無人承繼香火爲由，臨終要求甲、乙將

A子改從父姓，並應允贈A房屋一棟，甲、乙商議後由甲向法院聲請變更A子從父姓，乙則同意甲之請求，則法院就前開聲請變更子女姓氏事件，得否成立調解或和解？

討論意見：

甲說：肯定說。

按「子女經出生登記後，於未成年前，得由父母以書面約定變更爲父姓或母姓。子女已成年者，得變更爲父姓或母姓。前二項之變更，各以一次爲限。」民法第1059條第2、3項固有明文。惟其立法意旨係爲維護身分安定及交易安全，故對任意變更子女姓氏之次數以立法予以限制；至同法條第5項之宣告變更子女姓氏，因係經法院在一定條件下，審酌子女之利益後予以宣告變更，則無次數之限制。查法院成立之調解或和解，均係由法官承辦（家事事件法第27條前段參照），在公權力監督下所成立，核與父母私下任意以書面約定變更子女姓氏已有不同。且有關變更子女姓氏親子非訟事件程序進行中，父母就該事件達成合意，法院尚須斟酌其合意是否符合子女之最佳利益，始可將合意內容記載於和解筆錄（家事事件法第110條參照），足見，法院就變更子女姓氏事件成立之調解或和解，與父母私下任意約定變更子女姓氏之情形有別；而與法官依民法第1059條第5項規定裁定宣告變更子女姓氏，已無差異，應不受民法第1059條第4項次數之限制。況父母就子女姓氏已無爭議，成立調解或和解非惟有利於未成年子女，且可縮短訴訟流程，迅速解決當事人之紛爭，自無強令應由法院以裁判宣告變更之必要。本件甲、乙於A子出生登記後，雖曾以書面約定變更子女姓氏爲從母姓，法院仍非不得就甲所聲請變更子女姓氏事件成立調解或和解。

乙說：否定說。

按民法第1059條第2項至第4項規定，子女於未成年前及已成年，僅可有約定變更或自行變更子女姓氏一次之機會。而民法第1059條第5項、第1059條之1第2項、第1078條第3項所定得向法院聲請變更子女姓氏事件，其立法意旨，係基於姓名權屬人格權之一部分，如未成年子女之姓氏對其人格健全發展有不利之影響，尚不能依或準用民法第1059條第2項或第3項規定變更姓氏時，宜使其有變更之機會，惟爲兼顧身分安定及交易安全，宜有一定條件之限制，爰規定於特定情形，爲子女之利益自可聲請法院宣告變更子女之姓氏，而不受同條第4項次數之限制。又依最高法院58年台上字第1502號判例所示：「調解成立，依民事訴訟法第416條第1項、第380條第1項規定，與確定判決有同一之效力。惟判決爲法院對於訴訟事件所爲之公法的意思表示，調解或和解，爲當事人就訴訟上之爭執互相讓步而成立之合意，其本質並非相同。故形成判決所生之形成力，無由當事人以調解或

和解之方式代之。」故法院依民法第1059條第5項、第1059條之1第2項、第1078條第3項規定宣告變更子女之姓氏，核屬法院所為公法上之意思表示，應不得由當事人以和解或調解之方式代之。況如認聲請法院變更子女姓氏得因當事人約定而達成調解或和解，可能造成當事人任意聲請法院變更子女姓氏，據以達成調解或和解後，再提憑法院調解或和解筆錄申請子女改姓件限於特定情形且為子女利益始可聲請之立法意旨外，亦將使民法第1059條第4項之約定變更子女姓氏各以一次為限之規定形同具文。至家事事件法第110條之規定得為和解者，應限於父母就該事件得協議之事項達成合意之情形始可，如父母前已依民法第1059條第2項規定以書面約定變更子女姓氏，則再次約定變更子女姓氏時即應受同法第4項規定之限制，即非父母得協議之事項，自不得依家事事件法第110條成立和解。本件甲、乙於A子出生後既已以書面變更為從母姓，並向戶政機關登記完畢，則其後甲再向法院請求變更子女姓氏，縱乙同意甲之請求，法院亦不得成立和解或調解，僅可依民法第1059條第5項之規定以裁定宣告變更子女姓氏。

初步研討結果：多數採甲說。

審查意見：採甲說（甲說13票，乙說3票）。

研討結果：多數採乙說（實到68人，採甲說14票，採乙說46票）。

應注意家事事件法第23條、第33條之規定。

（十七）法務部民國104年1月7日法律字第10303513720號

民法第1059、1059條之1、家事事件法第3、23、27、33、35、110條規定參照，目前司法實務就聲請變更子女姓氏事件，得否成立調解或和解，仍有不同意見，故有關民眾憑調解筆錄申請變更未成年子女姓氏戶籍登記事項，宜由主管機關本於職權核處，如當事人或利害關係人間存有爭議，亦以法院判決為斷。

上開法律問題，前經臺灣高等法院暨所屬法院102年法律座談會（民事類提案第8號）之研討結果，多數採否定說，認為法院就父母聲請變更子女姓氏事件應不得成立調解或和解，並應注意家事事件法第23條及第33條之規定。

（十八）最高法院105年度台簡抗字第172號民事裁定

民法第1059條第5項規定：「有下列各款情形之一，法院得依父母之一方或子女之請求，為子女之利益，宣告變更子女之姓氏為父姓或母姓：一、父母離婚者。二、父母之一方或雙方死亡者。三、父母之一方或雙方生死不明滿三年者。四、父母之一方顯有未盡保護或教養義務之情事者。」既稱變更為父姓或母姓，自限於對父、母姓氏並無爭執，始得請求法院宣告變更子女之姓氏為父姓或母姓。

（十九）最高行政法院106年度判字第752號判決

參照原住民身分法第4條第2項就原住民與非原住民結婚所生子女情形，附加

「從具原住民身分之父或母之姓或原住民傳統名字」,作爲取得原住民身分之要件,可知原住民身分法立法係採血統主義輔以認同主義。按子女爲原住民母親與非原住民父親所生,且子女從父姓而未改從具原住民身分之母姓或原住民傳統名字,則機關所爲之處分以子女未改從「具原住民身分之母姓」或「原住民傳統名字」,依原住民身分法第4條第2項規定否准子女原住民身分之申請,於法並無不合。

(二十) 最高法院109年度台簡抗字第253號裁定

按法律適用之思考過程,可分爲法律解釋、制定法內之法律續造、制定法外之法律續造,其中制定法內之法律續造得以類推適用爲其填補方法。所謂類推適用,係就法律未規定之事項,比附援引與其性質相類似事項之規定,加以適用,爲基於平等原則及社會通念以填補法律漏洞的方法,而是否得以類推適用,應先探求法律規定之規範目的,再判斷得否基於「同一法律理由」,依平等原則,將該法律規定類推及於該未經法律規範之事項。又姓氏屬姓名權而爲人格權之一部分,並具有社會人格之可辨識性,與身分安定及交易安全有關,復因姓氏具有家族制度之表徵,故亦涉及國情考量及父母之選擇權,我國立法者綜合上開因素,以民法第1059條第1項規定子女出生姓氏登記之決定方式,惟爲因應情事變更,於第2項、第3項分別規定未成年父母及已成年子女之意定變更,但因顧及身分安定及交易安全,各以一次爲限;同條第5項則規定裁判變更,於未成年子女有:1.父母離婚。2.父母之一方或雙方死亡。3.父母之一方或雙方生死不明滿三年。4.父母之一方顯有未盡保護或教養義務之情事之一者,法院得依父母之一方或子女之請求,爲子女之利益,宣告變更子女之姓氏爲父姓或母姓。查兩造於未成年子女出生時,約定子女從父姓,兩願離婚時,約定該子女變更爲從母姓,現兩造已再行結婚,爲原法院確定之事實,而上開裁判變更之列舉事由,皆屬未能預測之事件,則兩造間之兩願離婚與再行結婚,似均爲未成年子女父母婚姻關係之變動且同屬不能預測之事由。果爾,就子女姓氏裁判變更之事項,兩者是否具有類似性?父母再行結婚後,倘有爲未成年子女之利益而變更姓氏之必要時,依民法第1059條規定之內在目的及規範計畫,可否謂係應有規定而未設規定之法律漏洞?基於平等原則及社會通念,是否不能類推適用民法第1059條第5項第1款規定?非無進一步研求之必要。

❖ 民法第1059條之1

非婚生子女從母姓。經生父認領者,適用前條第二項至第四項之規定。

非婚生子女經生父認領,而有下列各款情形之一,法院得依父母之一方或子女之請求,爲子女之利益,宣告變更子女之姓氏爲父姓或母姓:

一、父母之一方或雙方死亡者。

二、父母之一方或雙方生死不明滿三年者。

三、子女之姓氏與任權利義務行使或負擔之父或母不一致者。

四、父母之一方顯有未盡保護或教養義務之情事者。

（民國99年5月19日公布）

舊民法第1059條之1

非婚生子女從母姓。經生父認領者，適用前條第二項至第四項之規定。

非婚生子女經生父認領，而有下列各款情形之一，且有事實足認子女之姓氏對其有不利之影響時，父母之一方或子女得請求法院宣告變更子女之姓氏為父姓或母姓：

一、父母之一方或雙方死亡者。

二、父母之一方或雙方生死不明滿三年者。

三、非婚生子女由生母任權利義務之行使或負擔者。

四、父母之一方曾有或現有未盡扶養義務滿二年者。

（民國96年5月23日公布）

案　例

甲男與乙女，兩個人不同姓，於民國92年1月1日同居後，在民國96年8月15日生了一個非婚生子丙，請問：丙子應該從父姓還是從母姓？

一、思考焦點

非婚生小孩子（私生子）要跟爸爸的姓，還是跟媽媽的姓？在什麼情形之下，可以用媽媽的姓？

圖示：

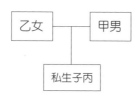

二、問題論述

民國99年5月19日修正公布之本文第1項未修正。非婚生子女應如何稱姓，於舊法中並未明文規定，因非婚生子女乃生母與生父無婚姻關係，而受胎所生之子女，在生父未認領前，生父與子女並無法定親子關係，然生母與子女之間，有分娩事實，該子女與生母之關係，依民法第1065條第2項規定，生母不須要認領非婚生子女，即視為婚生子女，故此次修法增訂非婚生子女從母姓之規定。又婚生子女經生父認領者，即視為婚生子女（參照民法第1065條第1項規定），故子女姓氏之變更，適用民法第1059條第2項至第4項婚生子女約定姓氏之規定。

又如非婚生子女經生父認領，有以下情形時，法院得依父母之一方或子女之請求，為子女之利益，宣告變更子女之姓氏為父姓或母姓（第2項）。

（一）父母之一方或雙方死亡（第1款）

指父母之一方或雙方死亡，此之死亡包括自然死亡（通說認為腦波及心臟停止，即是自然死亡）及死亡宣告（參照民法第8、9條）。

（二）父母之一方或雙方生死不明滿三年（第2款）

指父母之一方或雙方生死不明滿三年，父母之一方或子女得請求法院宣告變更子女之姓氏為父姓或母姓，主張為此款之規定，只要能提出客觀之證據（如警察局報案紀錄、戶政資料、報章雜誌、錄影資料），足以使法院採證，父母之一方或雙方生死不明滿三年即可。

（三）子女之姓氏與任權利義務行使或負擔之父或母不一致（第3款）

對於未成年子女權利義務的行使或負擔意思就是照顧未成年子女的身體、心理，來保護、教導他（她），包括日常生活的照顧及保護、家庭教育、身心健全的發展、倫理道德的培養等等，並且維護、管理未成年子女的財產，以及做未成年子女的法定代理人。因此，非婚生子女縱由生父認領而從父姓，然其前揭非婚生子女之權利義務行使或負擔，由生母為之時，有事實足認子女之姓氏對其有不利之影響時，父母之一方或子女得請求法院宣告變更子女之姓氏為母姓。

而非婚生子女經認領後，可能從父姓或母姓，而原條文第2項第3款規定，以生母任權利義務之行使或負擔作為聲請法院宣告變更子女姓氏之事由，惟生父任權利義務之行使或負擔時，卻不得以之作為聲請法院宣告變更姓氏之事由，有違男女平等原則，故民國99年5月19日公布之立法，爰將本文第2項第3款規定修正為「子女之姓氏與任權利義務行使或負擔之父或母不一致者」。

（四）父母之一方顯有未盡保護或教養義務之情事（第4款）

民國96年5月23日公布本款之規定，父母之一方曾有或現有未盡扶養義務滿二年者（參照民法第1114條至第1121條規定）。父母之一方或子女得請求法院宣告變

更子女之姓氏為父姓或母姓，不甚合理。因此，當事人請求法院宣告變更非婚生子女姓氏，必須符合本條文第2項規定各款情形之一，方得為之，如父母之一方對子女有性侵害或家暴等行為，顯對子女之身心發展及人格養成，均有不利影響，於此情形，該父母顯有未盡保護或教養或義務之情事，惟依原規定，上開情形並不得請求法院宣告變更姓氏，法顯有保障不周，爰參酌本法第1084條第2項規定：「父母對於未成年之子女，有保護及教養之權利義務。」之意旨，將原條文第2項第4款規定之「扶養義務」修正為「保護或教養義務」。又修正後之「顯有未盡保護或教養義務之情事」，旨在使法院審酌具體個案事實之情節輕重、期間長短等情形，以決定是否裁判變更姓氏，故亦包含原同項第4款規定之「曾有或現有未盡扶養義務」情形，併此指明。

三、案例結論

依照民法第1059條之1第1項前段規定，非婚生子丙尚未經生父甲認領，故應從母姓。

四、相關實例

庚男與辛女是同居男女，兩個人不同姓，生有一私生女壬，壬於96年8月15日出生後，經庚男合法認領並從庚姓（即父姓），但庚男整日在外遊手好閒，吃喝玩樂，未盡父責，壬女之生活開銷及作息，均由辛女一手扛起負責，現辛女是否可要求將壬女從父姓改從母姓？

五、重要判解

（一）臺灣高等法院暨所屬法院97年法律座談會民事臨時類提案第1號

法律問題：依民法第1059條第5項、第1059之1條第2項、第1078條第3項規定之「聲請變更子女姓氏」事件，可否準用非訟事件法第129條規定，由當事人成立協議？

討論意見：

甲說：否定說。

按民法第1059條第2項至第4項規定，婚生子女於未成年前及已成年，約定變更姓氏各以一次為限（非婚生子女及養子女準用之，參見第1059條之1第1項、第1078條第3項規定），其立法意旨係為維護身分安定及交易安全。又民法第1059條第5項、第1059之1條第2項、第1078條第3項所定向法院聲請變更子女姓氏事件（下稱聲請法院變更子女姓氏事件），其立法意旨，係基於姓名權屬人格權之一部分，如子女之從姓已有事實足認其人格發展有明顯不利之影響，且不能依或準用民

法第1059條第2項或第3項規定變更姓氏時，宜使其有變更之機會，惟爲兼顧身分安定及交易安全，宜有一定條件之限制，爰規定於特定情形，且有事實足認子女之姓氏於其發展有明顯不利之影響時，父母之一方或子女得請求法院宣告變更子女之姓氏。如認聲請法院變更子女姓氏事件得準用非訟事件法第129條規定由當事人協議，可能造成當事人任意聲請法院變更子女姓氏，據以達成協議後，再提憑法院協議筆錄申請子女改姓，而無次數限制。除有違聲請法院變更子女姓氏事件限於特定情形且有事實足認子女之姓氏於其發展有明顯不利之影響始可聲請之立法意旨外，亦將使民法第1059條第4項之約定變更子女姓氏各以一次爲限之規定形同具文。又依最高法院58年台上字第1502號判例所示：「調解成立者，依民事訴訟法第416條第1項、第380條第1項規定，與確定判決有同一之效力。惟判決爲法院對於訴訟事件所爲之公法的意思表示，調解或和解，爲當事人就訴訟上之爭執互相讓步而成立之合意，其本質並非相同。故形成判決所生之形成力，無由當事人以調解或和解之方式代之。」而法院依民法第1059條第5項、第1059之1條第2項、第1078條第3項規定宣告變更子女之姓氏，核屬法院所爲公法上之意思表示，應不得由當事人以協議之方式代之，如法院依當事人協議製作協議筆錄，亦不得依非訟事件法第129條規定，據以爲執行名義。司法院訂頒家事非訟事件處理辦法第2條第2項規定聲請法院變更子女姓氏事件得準用非訟事件法第129條之部分，應予修正。

乙說：肯定說。

民法第1059條第1項規定，婚生子女姓氏由父母約定；又同條第2項至第4項，爲因應情事變更，規定婚生子女於未成年前及已成年，得由父母約定或經父母同意變更姓氏，故聲請法院變更子女姓氏事件，亦宜許當事人得爲協議。司法院依非訟事件法第196條第2項規定授權所訂定之家事非訟事件處理辦法第2條第2項亦規定聲請法院變更子女姓氏事件得準用非訟事件法第129條。

丙說：折衷說。

家事非訟事件處理辦法第2條第2項雖規定聲請法院變更子女姓氏事件得準用非訟事件法第129條之規定，惟得否準用應依事件性質是否相同爲區分。依民法第1059條第2項至第4項規定，子女於未成年前及已成年，既可有約定變更子女姓氏一次之機會，則當事人如之前未曾約定變更，而係依民法第1059條第5項規定直接聲請法院變更子女姓氏時，此時應許當事人準用非訟事件法第129條規定得爲協議，蓋此時尚不違反民法第1059條第4項之立法意旨。惟如當事人已依民法第1059條第2項、第3項規定約定變更子女姓氏一次，並辦妥登記；嗣再依民法第1059條第5項聲請法院變更子女姓氏時，法院即不應許當事人準用非訟事件法第129條規定再爲協議，以避免違反約定變更子女姓氏以一次爲限之原意。

初步研討結果：採甲說。

研討結果：經付表決結果：實到66人，採甲說47票，採乙說4票，採丙說8票。

（二）法務部民國103年1月15日法律決字第10303500440號

民法第1059條、1059條之1、1065條規定參照，子女成年後方經生父認領者，因成年前與生父尚無親子關係，無從由父母約定變更從姓，惟該經認領之成年子女，仍得依上述規定選擇維持母姓或變更為父姓；又為顧及交易安全與身分安定，成年子女自行變更姓氏之次數以一次為限，與其他婚生子女，尚無不同。

（三）臺灣高等法院暨所屬法院104年法律座談會民事類提案第43號

法律問題：未婚之甲女於民國101年生下未成年子女A子並登記從甲女之姓，未幾，生父乙男出面認領未成年子女A，並與甲女書面協議：1.A子由乙男照顧，關於A子權利義務的行使或負擔，改由乙男單獨任之；2.A子之姓氏變更從乙男之父姓。嗣於104年3月間，已另結婚的甲女接回未成年子女A子，並向法院聲請1.關於A子權利義務的行使或負擔，改由甲女單獨任之；2.變更未成年子女A子姓氏為母姓。試問，如於調解程序中，甲女與乙男就A子權利義務的行使或負擔已合意改由甲女行使，法院可否依雙方之合意，於調解程序中，成立變更姓氏之調解？

討論意見：

甲說：否定說。

1.按「子女經出生登記後，於未成年前，得由父母以書面約定變更為父姓或母姓。子女已成年者，得變更為父姓或母姓。前二項之變更，各以一次為限。」「非婚生子女從母姓。經生父認領者，適用前條第二項至第四項之規定。非婚生子女經生父認領，而有下列各款情形之一，法院得依父母之一方或子女之請求，為子女之利益，宣告變更子女之姓氏為父姓或母姓：一、父母之一方或雙方死亡者。二、父母之一方或雙方生死不明滿三年者。三、子女之姓氏與任權利義務行使或負擔之父或母不一致者。四、父母之一方顯有未盡保護或教養義務之情事者。」民法第1059條第2項至第4項、第1059條之1分別定有明文。

2.今甲女與乙男既已依民法第1059條之1第1項規定適用前條第2項規定合意變更為父姓，自應受同條第4項規定合意之變更姓氏以一次為限之限制。今若再依兩造之合意調解成立變更子女姓氏，無異規避上開條文合意變更姓氏之限制，自不得准許。

乙說：肯定說。

1.按變更子女姓氏事件業經家事事件法第3條第5項第7款定為家事事件之戊類事件，又家事事件除第3條所定丁類事件外，於請求法院裁判前，應經法院調解。

關於未成年子女權利義務行使負擔之內容、方法及其身分地位之調解，不得危害未成年子女之利益。家事事件之調解，就離婚、終止收養、分割遺產或其他得處分之事項，經當事人合意，並記載於調解筆錄時成立……前項調解成立，與確定裁判有同一之效力。家事事件法第23條第1項、第24條、第30條第1項前段、第2項分別定有明文。次按非婚生子女從母姓，經生父認領者，適用前條（1059）第1項至第4項之規定。非婚生子女經生父認領，而有下列各款情形之一，法院得依父母之一方或子女之請求，為子女之利益，宣告變更子女之姓氏為父姓或母姓：三、子女之姓氏與任權利義務行使或負擔之父或母不一致者。民法第1059條之1第2項第3款亦定有明文。

　　2.本件變更子女姓氏事件依上開規定，為當事人具有處分權的強制調解事件，且雙方業於調解程序達成合意，如調解法官認為未危害未成年人A子之利益，自得成立調解，並賦予與確定裁判同一之效力。

初步研討結果：採甲說。

審查意見：多數採甲說（甲說8票、乙說4票）。

研討結果：採甲說。

相關法條：家事事件法第3條、第23條、第24條、第30條、第36條，民法第1059條、第1059條之1。

（四）法務部民國108年12月23日法律字第10803518960號函

　　有關人工生殖受術妻於其夫死亡後，仍植入胚胎致懷孕分娩所生子女之身分認定，無法適用人工生殖法第25條規定視為受術夫妻之婚生子女，戶政機關以非婚生子女身分辦理出生登記並從母姓，尚符民法第1059條之1前段規定。

❖ 民法第1060條

　　未成年之子女，以其父母之住所為住所。

案 例

　　甲男與乙女離婚之後，就分開來住了，法院判決由甲來行使或負擔對於甲、乙未成年子女丙的權利義務。丙念小學一年級，乙有一天到丙的學校去，趁丙放學的時候，就把丙帶回家一起住，甲發現之後，就和乙溝通，請求乙把丙交還給甲，乙都不理會甲，甲就向法院起訴，請求乙把丙交還給甲（交付子女之訴），甲有沒有理由？

一、思考焦點

　　未成年子女的住所，應在何處？

圖示：

二、問題論述

（一）住所

　　民法第20條第1項規定：「依一定之事實，足認以久住之意思，住於一定之地域者，即爲設定其住所於該地。」意思就是，如果從外表上面，可以看得出來（依一定之事實），一個人想要在一個地方一直住下去（久住之意思），而在那個地方居住（住於一定之地域者），就是設定他（她）的住所在那個地方。住所的用處很大，一般公家機關、法院的公文或通知，都是會寄到住所地，而如果一個人離開他（她）的住所達到一段時間，也不知道人在哪裡，會被人家認爲是失蹤，可能會被宣告已經死亡了（民法第8條）。所以「住所」是一個人權利義務的中心點，通常一個人的戶籍所在地，會被認爲就是住所的地點，所以一個人如果經常不在戶籍所在地，就應該要和戶籍所在地保持聯繫，或者經常留意有沒有自己的信件送到戶籍所在地，以免漏接到什麼通知，導致一段時間經過之後，自己的權利義務受到損害，甚至被法院、檢察署認爲是逃避兵役召集、逃避傳喚，因而觸犯刑罰或被拘提、通緝。

（二）未成年人的住所

　　未滿二十歲的未成年人，沒有行爲能力，還不能夠自己單獨進行法律行爲，而且通常心智還不夠成熟，需要父、母親的保護及照顧，並且需要和父、母親住在一起，也就是要依附著父、母親，所以民法第1060條規定，未成年子女以父、母親的住所爲住所。但是如果父、母親已經離婚了，通常父、母親不會再住在一起了，民法第20條第2項規定：「一人同時不得有兩住所」，這時，應該是要以行使或負擔對於未成年子女權利義務的那一方父、母親的住所爲住所，這樣那一方才能照護、保護到這個未成年子女。如果沒有行使或負擔對於未成年子女權利義務的那一方，還沒有經過行使或負擔對於未成年子女權利義務的那一方的同意，就把未成年子女給帶走，行使或負擔對於未成年子女權利義務的那一方，就可以向法院起訴，

請求把子女歸還回來（交付子女之訴）。

三、案例結論

甲、乙離婚之後，由甲行使或負擔對於丙的權利義務，乙沒有經過甲的同意，就把丙帶回家一起住，甲向法院起訴請求乙把丙交還給甲，是有理由的。如果乙真的很想念丙，可以依照民法第1055條第5項的規定去探視丙。

四、相關實例

丁男與戊女生了一個小孩子己，己上了高中以後，就和一群不良青少年在外面鬼混，經常晚上不回家，後來根本就是在外面和女朋友住在一起，丁、戊可不可以向法院起訴，要求己一定要回家一起住？

五、重要判解

（一）最高法院52年台上字第3346號判決

民法第1060條第1項雖規定未成年之子女，應以父母之住所為住所，然並未規定父母與子女間定必互負同居之義務，此與同法第1001條規定夫妻應互負同居之義務迥不相同。而民事訴訟法關於人事訴訟程序均有特別規定，綜觀有關法條，亦無所謂父母請求子女同居之訴，是子女如因故離去父母之住所時，為父母者，雖非不得依其他途徑使其返回住所，惟其提起請求子女同居之訴，要難謂為有據。

（二）105年公證實務研討會法律問題提案第4號

法律問題：中華民國籍夫妻A、B，與美國代理孕母C，準據美國法律，簽訂合法代孕契約，約定由A之精子與C之卵子結合，由C之子宮產出D，同時逕約定A與B為D之生父母，並可取得A、B為D之生父母之出生證明，所有產前產後費用，均由A、B負擔，請問：得否認證此代孕契約中A、B之簽名？

研究意見：

甲說：應拒絕認證。

理由：一、按民法第967條第1項：「稱直系血親者，謂己身所從出或從己身所出之血親。」同法第1061條：「稱婚生子女者，謂由婚姻關係受胎而生之子女。」同法第1063條第1項：「妻之受胎，係在婚姻關係存續中者，推定其所生之子女為婚生子女。」又按現行人工生殖法第2條第1項第3款：「受術夫妻：指接受人工生殖之夫及妻，且妻能以其子宮孕育生產胎兒者。」同法第24條第1項：「妻於婚姻關係存續中，同意以夫之精子與他人捐贈之卵子受胎所生子女，視為婚生

子女。」足見依目前我國法律，有關於妻與子女間之自然血親關係，係採取分娩者為母之原則（法務部101年6月8日法律字第10100573820號函參照），均必以由妻受胎分娩所生為要件，此不但為強制規定，有違背者恐有害於我國親子法律關係之公共秩序，合先敘明。二、本件契約之一造C為美國人，有涉外因素，雙方契約首按涉外民事法律適用法第20條第1項之規定：「法律行為發生債之關係者，其成立及效力，依當事人意思定其應適用之法律。」即美國法；又按涉外民事法律適用法第51條第1項規定：「子女之身分，依出生時該子女、其母或其母之夫之本國法為婚生子女者，為婚生子女。」按上揭分娩者為母之原則，亦為美國法，按題旨原皆為合於外國法。惟承前所述，有關於人工生殖子女自然血親之地位，我國仍規定以由妻受胎所生者為必要，題旨契約逕約定非由B受胎所生之D，為B之子女與我國規定顯有違背，其適用外國法之結果，將致A、B得依D之出生證明，逕向我國戶政事務所完成婚生登記，有背於我國親子法律關係之公共秩序，按涉外民事法律適用法第8條之規定，該美國法應不適用之。再者，A、B似為規避我國民法及現行人工生殖法之規定，與美籍人士C簽訂代孕契約，按涉外民事法律適用法第7條之規定，首揭之相關強制規定，似仍應適用。三、準此，本案仍應適用我國法律，不論依現行人工生殖法及民法，有關於妻與子女之自然血親關係，乃至於婚生子女之認定，均必以由妻受胎所生為要件，系爭契約逕約定，非由妻受胎所生之子女為其生母，顯與目前我國民法等之諸多法令有所違背，公證人自不得辦理認證（公證法第107條準用公證法第70條參照）。

乙說：得辦理認證，但應準用公證法第71條及72條，為適當之闡明及註載。

理由：一、按公證制度，係以存證為其本質，並非以監督國民守法為主要目標，而公證法第70條係防止利用公證制度從事不法目的活動之立場所由設，在無幫助不法活動之時，不宜動輒以公證請求為違背法令而拒絕公證（公證法律問題研究（五）第23頁，第九則之乙說及結論參照）。查現行我國人工生殖法，並未明文禁止人民從事委託代孕行為，僅係禁止一般人或從事人工生殖之醫療機構，從事不合於人工生殖法之人工生殖術，是該法所監督之對象，係從事人工生殖術之行為人，並非訂立代孕契約之當事人，因之代孕契約按現行人工生殖法，並無不法性，辦理此項認證既無幫助不法活動，自應予以受理。二、公證人辦理公證事務，應兼顧請求人之程序請求權，非有違法確據，不應任拒受理（公證法第15條第1項參照），方能適度發揮公證制度教示與證明之功能。D雖依我國現行法令，並非其婚生子女，惟依題旨，D為A與B在美國之合法婚生子女無疑，D是否將在我國逕受登記為A、B之婚生子女，抑或僅取得美國籍，俾利日後A、B依親程序之辦理，又尚未可知，自應暫依契約自由原則尊重其所選定之準據法及相關約定。此時即逕以其約定

違反我國強制規定而拒絕受理，未免流於失衡擅斷。三、再從糾紛預防角度觀之，本件拒絕辦理認證，於糾紛預防並無實益，蓋A、B仍可赴美完成簽約，且仍得持D之出生證明完成出生登記。如確為糾紛預防計，反而應積極受理，同時依公證法第71條及第72條之規定，妥適將兩國相關法律制度差異，及相關之法律風險告知請求人，闡明我國現行法制下代理孕母之適法性、嗣後D之權利義務關係以及在我國可能遇到之各項法律問題，透過公開法律資訊之方式，教示請求人應妥善衡度各項法律上措置與安排，並為適當註載，以促請接受文書之各關係人注意，俾以降低發生法律爭議之機率，依此發揮公證制度預防糾紛之功能，並兼顧請求人程序權益，依此方為正辦。

初步研討結果：採甲說。

審查意見：臺灣屏東地方法院：採甲說。臺灣新北地方法院：採甲說。

理　　由：同意甲說。我國現行法制仍未肯認所謂代理孕母，本案系爭契約如研究意見所言，與我國民法等諸多法令有所違背，恐有規避法律之虞，公證人應拒絕辦理。

研討結論：採甲說（經付表決結果：實到53人，採甲說53票，採乙說0票）。

（三）法務部民國108年11月19日法律字第10803517350號函

依司法院釋字第748號解釋施行法辦理結婚登記後，其婚姻關係存續中受胎所生子女，尚無準用民法第1061條所定婚生子女之規定。

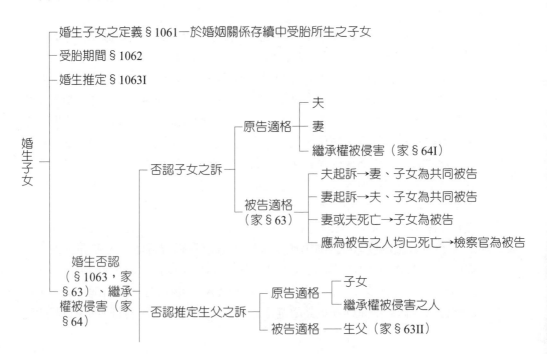

```
┌─ 否認之原因─能證明子女非為婚生子女
├─ 否認之訴之性質─形成之訴
└─ 起訴期間之限制┬─ 家§64III
                 └─ §1063III
```

❖ 民法第1061條

稱婚生子女者，謂由婚姻關係受胎而生之子女。

案例

> 甲男與乙女結婚之後，生了丙，有一天甲翻了一下乙的族譜，突然發現，甲的曾祖父，也就是乙的曾祖父，那麼丙是不是甲、乙的婚生子女？

一、思考焦點

什麼是婚生子女？在婚姻無效的時候，所生的小孩子是不是婚生子女？

二、問題論述

如果一個小孩子在母親體內受胎的時候，母親和某一個男人之間有婚姻關係，就表示這個小孩子是在婚姻關係中所出生的小孩子，也就是婚生子女，而不是私生子（非婚生子女），至於母親的夫是不是這個小孩子血緣上的父親，並不會影響這個小孩子就是婚生子女。非婚生子女，在法律上只有母親，而沒有父親，以往有些登記為「父不詳」，對於這個非婚生子女的名譽、人格甚至社會地位，都會有重大的影響，所以是不是婚生子女，對一個人而言，實在非常的重要。

三、案例結論

甲與乙的曾祖父，既然是同一個人，那麼甲、乙之間，就是旁系血親六親等的親屬關係，依照民法第983條第1項第2款及第988條第2項的規定，甲、乙之間的婚姻是無效的，丙就不是從甲、乙的婚姻關係之中受胎的，所以丙並不是甲、乙的婚生子女。

四、相關實例

　　丁男是戊女的監護人，兩個人在民國92年1月1日結婚，在民國92年11月1日生了己，丁的父親在民國92年12月1日向法院起訴，請求依照民法第991條的規定，撤銷丁、戊之間的婚姻關係，法院的判決在民國93年2月1日確定，那麼己是不是丁、戊的婚生子女？

五、重要判解

（一）司法院民國85年6月第25期司法業務研究會

　　甲男乙女結婚後，乙女懷孕，甲男發現其與乙女係旁系姻親，輩分不相當，且在五親等內，因而起訴主張結婚無效，經法院判判決確定後，乙女生下一子丙，該丙是否為甲之婚生子？研究結論：民法第1061條及第1063條第1項之規定，均應以婚姻合法有效成立為前提，若其婚姻有無效之原因，則屬自始無效，其所生之子女，自非婚生子女。

（二）最高行政法院111年度上字第728號行政判決

　　戶籍登記得為更正者，應限於戶籍登記事項有錯誤或脫漏時，始得為之。當事人主張戶籍登記事項有錯誤或脫漏之情事，如非因戶政事務所作業錯誤所致，即非屬戶政事務所應主動查明更正之範疇，應由當事人提出證明文件申請更正。此外，生母受胎期間有婚姻關係者，其所生之子女為該婚姻關係配偶之婚生子女，受婚生推定之子女在未有否認子女之訴之勝訴確定判決前，該子女在法律上即應推定為夫之婚生子女，無論何人，皆不得為反對之主張，戶政機關亦無從為反於法律規定之登載。

❖ 民法第1062條

　　從子女出生日回溯第一百八十一日起至第三百零二日止，為受胎期間。

　　能證明受胎回溯在前項第一百八十一日以內或第三百零二日以前者，以其期間為受胎期間。

　　（民國96年5月23日公布）

案 例

　　甲男與乙女結婚五年後，因為個性不和，所以就協議離婚了，離婚之後第二個月，乙就去和丙結婚了，離婚之後第五個月，乙就在和丙的婚姻之中，生下一個小孩子，請問：在法律上，這個小孩子的父親是甲還是丙？

一、思考焦點

　　一個小孩子是不是從婚姻關係中所生的，或是從哪一個婚姻關係中所生的，要怎麼樣來判斷？

二、問題論述

　　依照民法第1061條的規定，小孩子受胎的時候，母親如果有婚姻關係，那麼這個小孩子就是婚生子女。問題是，大家只知道小孩子什麼時候出生，至於這個小孩子什麼時候受胎，要怎麼樣去判斷？如果不知道小孩子是什麼時候受胎的，又怎麼去判斷這個小孩受胎的時候，母親有沒有婚姻關係？小孩子是不是婚生子女？然而，每一個婦女從受胎一直到把小孩子生下來，這中間的時間，都不見得完全一模一樣，所以民法第1062條就規定，小孩子在出生之前一百八十一日到出生之前的三百零二日，這個中間，如果母親有任何一天是有婚姻關係的，就算這個小孩子是婚生子女（民法第1062條第1項）。如果能夠證明小孩子從受胎一直到出生，比三百零二日還久，而且能夠提出證據，那也算這個小孩子是婚生子女（民法第1062條第2項）。惟此次修法將民法第1062條第2項增訂「能證明受胎回溯在前項第一百八十一日以內」，亦即主張如能證明在一百八十一日以內者，以其期間為受胎期間，這個小孩子也是婚生子女。

三、案例結論

　　甲男與乙女結婚五年後就協議離婚，離婚之後第五個月，乙所生下的小孩子，回溯證明他（她）出生之前的第一百八十一日以內這段時間，是在乙、丙的婚姻關係中之小孩，否則這個小孩子還是甲、乙所生的婚生子女，即使小孩子出生的時候，乙的夫已經是丙了，也是一樣。

　　本案訴訟時應依家事事件法第65條規定，確定母再婚後所生子女生父之訴，始可確定在法律上，這個小孩子的父親是甲男還是丙男。

四、相關實例

　　丁女與戊男結婚之後，因為個性不和，所以就協議離婚了，離婚之後第二天，丁就和己男結婚，後來丁就在和己的結婚後第三個月，生下了一個小孩子。請問：在法律上，這個小孩子的父親到底是戊還是己？

五、重要判解

（一）最高法院91年度台上字第1222號民事判決

按須提起否認之訴否認其為婚生子女者，僅限於依民法第1062條及第1063條第1項推定之婚生子女，此由規定否認子女訴訟之同法第1063條第2項，明定否認對象係同條第1項推定之婚生子女自明，故對不受上開推定之婚生子女否認其為婚生，例如妻之受胎非在婚姻關係存續中者，其所生子女即不受民法第1063條第2項規定應提起否認之訴之限制，而得以一般確認親子關係不存在訴訟為之。至受推定之婚生子女，則無提起確認親子關係不存在之訴，以否認其為婚生之可言。因此，上訴人得否提起本件確認之訴，請求確認其與被上訴人間之親子關係不存在，端視上訴人是否依民法第1063條及第1063條第1項規定，推定其為婚生子而定。

（二）法務部民國104年3月3日法律字第10403501710號函

民法第1062、1063條、家事事件法第65條規定參照，妻之再婚，自後婚之日起算第181日以後生育子女，而該子女出生之日，距前婚解消之日未滿302日者，將同時受前夫、後夫婚生子女推定，於此重複婚生推定衝突場合，民法無特別規定，如有爭議，得由子女、母、母之配偶或前配偶，提起確定母再婚後所生子女生父之訴，以為解決。

（三）法務部民國107年9月18日法律字第10703514180號函

民法第1063條第1項、第1062條第1項規定參照，自子女出生之日回溯第181日起至第302日止，在此期間內任何一日，如夫妻間有合法婚姻關係時，妻所生子女即推定為夫之婚生子女，亦即推定為在婚姻關係中受胎。

（四）內政部民國107年9月25日台內戶字第1070444691號函

子女出生之日回溯至第302日，恰為夫妻之離婚登記日者，因該婚姻關係已消滅，子女尚不受推定為該婚姻關係中所生之婚生子女。

（五）內政部民國109年3月31日台內戶字第1090241989號函

生母受胎期間有婚姻關係者，推定其所生子女為婚生子女，在未有否認子女之訴之勝訴確定判決前不得為反對之主張或登載。出生證明書所記載之懷孕週數，僅得作為法院審認否認之訴有無理由之斟酌事由，不得逕據以推翻法定婚生推定之效力。

❖ 民法第1063條

妻之受胎，係在婚姻關係存續中者，推定其所生子女為婚生子女。

前項推定，夫妻之一方或子女能證明子女非為婚生子女者，得提起否認之訴。

前項否認之訴，夫妻之一方自知悉該子女非為婚生子女，或子女自知悉其非為婚生子女之時起二年內為之。但子女於未成年時知悉者，仍得於成年後二年內為之。

（民國96年5月23日公布）

舊民法第1063條

妻之受胎，係在婚姻關係存續中者，推定其所生子女為婚生子女。

前項推定，如夫妻之一方能證明妻非自夫受胎者，得提起否認之訴。但應於知悉子女出生之日起，一年內為之。

案例

甲男與乙女結婚五年後，因為個性不和，所以就協議離婚了，離婚之後第二個月，乙就去和丙結婚了，離婚之後第三個月，乙就在和丙的婚姻之中，生下一個小孩子。小孩子出生前第一百八十一天到第三百零二天這段時間中間，甲和乙有婚姻關係，但是乙主張她到小孩子出生的時候，已經四年半沒有和甲同床了，孩子應該是丙的。請問：乙要怎麼樣來推翻小孩子和甲之間的父子關係？

一、思考焦點

一個小孩子受胎的時候，母親雖然有婚姻關係，但是母親的夫並不是這個小孩血緣上的父親，這時，應該要怎麼樣來推翻小孩子和母親的夫之間的父子關係？

二、問題論述

民法第1063條，需與家事事件法第3條第2項第3款之「乙類事件：否認子女、認領子女事件」，一併研讀。

依照民法第1062條的規定，如果小孩子出生前第一百八十一天至第三百零二天，這個期間，生出這個小孩的母親，是有婚姻關係的，就應該要認定這個小孩是婚生子女。至於要認定是誰的婚生子女，民法第1063條第1項進一步規定，要認定就是那個婚姻的婚生子女，所以要把這個母親在這段期間之內的夫，推定成為這個小孩子的父親。「推定」的意思，就是先去認定這個小孩子，是母親跟受胎時候的

夫所生的，先去認定這個母親不會和別人通姦，她是能夠保守貞操的，但是如果能舉出證據，證明這個小孩子，不是母親和小孩子受胎時候的夫所生的，就會推翻小孩子和母親受胎時候的夫之間的父子關係（民法第1063條第1項）。以現代醫學科技的發達，要檢驗出一個小孩和母親受胎時候的夫之間，有沒有血緣關係，並不困難，一般來講，就是請小孩子和母親受胎期間的夫，大家一起到醫院去，由醫生分別抽取一些血液，從血液之中，去比對DNA（去氧核醣核酸）是不是相符，就可以知道這個小孩子是不是母親受胎時之夫所生。

如果一個婚姻之中所生的小孩子，一直有人爭執說不是母親和受胎時候的夫所生的，小孩子和母親受胎時候的夫之間的父子關係，一直會遭到挑戰，這會對這個小孩子相當不利，因為他（她）會一直處於不安穩的狀況之中，也會被別人指指點點、飽受壓力，尤其是小孩子出生之後，母親和夫仍然保持著婚姻關係的時候，如果一直有人提出主張，認為小孩子不是母親的夫所生的，對這個家庭的和諧，相當的不利。所以民法第1063條第2項就規定，必須是小孩子的母親，還有這個小孩子受胎期間的父親或子女能證明子女非婚生子女者，才可以向法院提出「否認之訴」，否認這個小孩子是母親受胎時候的夫所生的，不准其他的人提起，也不准超過二年的時間以後才提起，來維持這個小孩子婚生子女地位的穩定，另外，也限定一定要向法院提起，就是為了要把父子關係這件事情儘早確定，讓小孩子的地位，能夠儘早穩定下來，並且規定只能由法院來處理這件事情，這樣才能比較慎重、嚴謹的，來決定小孩子和母親受胎時候的夫之間原來的父子關係，是不是要加以除去。

通常小孩子出生的時候，母親當然就會知道，所以母親的二年除斥期間，通常是以小孩子出生的時候開始起算，十分例外的情形之下，例如母親生小孩子的時候，是在病痛昏迷或植物人的情形，後來醒過來的時候，才知道自己已經生了小孩子了，這時就和母親受胎時候的夫一樣，是以知道小孩子出生開始之後，起算二年的時間。

本法第1項未修正。為因應釋字第587號應檢討修正否認之訴之解釋意旨，乃修正第1063條，將「證明妻非自夫受胎」之用語修正為「證明子女非為婚生子女者」，同時增列子女亦得提起否認之訴，鑑於現行各國親屬法立法趨勢，已將「未成年子女最佳利益」作為最高指導原則，又聯合國大會於1989年11月20日修正通過之「兒童權利公約」第7條第1項，明定兒童有儘可能知道誰是其父母之權利。復參酌德國於1998年修正之民法第1600條，明文規定子女為否認之訴撤銷權人之規定，故於本條第3項增列子女亦得提起否認之訴。

舊法條文第2項但書規定，夫或妻提起否認之訴，應於知悉子女出生之日起一

年內爲之。因其期間過短，且常有知悉子女出生但不知非爲婚生子女之情形，致實務上迭造成期間已屆滿，不能提起否認之訴，而產生生父無法認領之情形，爰將現行條文第2項但書所定「知悉子女『出生』之日起『一年』內」修正於現行法第3項放寬爲「自知悉該子女『非爲婚生子女』時起『二年』內爲之」，或「子女自知悉其『非爲婚生子女』之時起『二年』內爲之」，以期取得血統眞實與身分安定間之平衡。至於子女提起否認之訴之期間，因考量法律上之父己辛苦扶養至成年，如未爲期間限制，子女於成年後提起否認之訴即無須扶養原法律上之生父，似有欠公平。爲取得身分安定及血統眞實間之平衡點，於本條第3項但書中明定，子女至遲於成年後二年內均得提起否認之訴，使子女於成年後仍有提起否認之訴之機會，惟仍有成年後二年內之期間限制，現行法第1063條規定須在知悉子女出生之日起一年內提出否認之訴，期間較短，新修法則放寬爲知悉非爲婚生子女之時起二年內爲之，並且修正之施行法第8條之1亦規定，若因現行法規定致無法提起婚生子女否認之訴者，可於親屬編修正施行後二年內提起，顯然放寬否認之訴之提訴要件。至於夫妻提起否認之訴則無子女是否成年之限制。

三、案例結論

　　乙要在知道小孩子出生二年以內，向法院提起一個「否認親子關係之訴」，來否認小孩子和甲之間的父子關係（參照民法第1063條第2、3項；家事事件法第63條第1至3項規定）。

四、相關實例

　　丙男和丁女結婚很多年，一直都沒有小孩子，很想要有一個小孩子，所以就到醫院去檢查，醫院發現是丁的卵子有問題，於是就介紹戊女給丙、丁認識，丙、丁就和戊講好，由戊幫忙丙、丁懷孕生小孩，丙、丁給戊一些錢。於是醫院就把丙的精子注入到戊的身體裡面，因此戊順利生了一個小孩子，而戊生這個小孩子的時候，已經和己結婚五年了。請問：在法律上，這個小孩子是誰的？

五、重要判解

（一）最高法院83年度第6次民事庭會議決議

　　甲男與乙女結婚二年後協議離婚，惟未辦理結婚及離婚登記。乙女旋於協議離婚後三個月內與丙男結婚，而於二年後在美國生一女丁。嗣乙女偕丁女返國，並將丁女登記爲乙女與丙男之婚生女，惟乙女與丙男之婚姻關係，於二個月後，經丙男以乙女重婚爲由，訴請法院判決確認爲無效確定。問是否仍應依民法第1063條第

1項規定推定丁女爲甲男與乙女之婚生女？決議：甲男與乙女雖已協議離婚，但未辦理離婚登記，其離婚尚未發生效力，丁女既爲甲男與乙女婚姻關係存續中受胎所生，且甲男與乙女均未提起否認子女之訴，是縱甲男在乙女受胎期間，並無與乙女同居之事實，依民法第1063條及本院75年台上字第2071號判例旨趣，丁女應受推定爲甲男與乙女之婚生女，在夫妻之一方依同條第2項規定提起否認之訴，得有勝訴之確定判決前，無論何人皆不得爲反對之主張。

（二）最高法院91年度台上字第1873號民事判決

按民法第1063條第1項規定妻在婚姻關係存續中受胎而生之子女，推定爲夫之婚生子女，係以該子女係由妻分娩爲前提；如該子女非妻所生，自不受婚生子女之推定。故同法第2項乃規定，受婚生推定之子女，如夫妻之一方能證明妻非自夫受胎者，得於知悉子女出生之日起，一年內提起否認之訴，即係以否認之訴，否認該由妻所生之子女爲夫之婚生子女。倘妻並無分娩之事實，僅於戶籍資料上登載爲該夫妻之婚生子女，則權利義務受影響之第三人提起確認該親子關係不存在之訴，應屬一般確認之訴，而非民法第1063條第2項所定之否認子女之訴，自無民事訴訟法第590條第1項、第2項規定之適用。

（三）司法院大法官釋字第587號解釋

子女獲知其血統來源，確定其眞實父子身分關係，攸關子女之人格權，應受憲法保障。民法第1063條規定：「妻之受胎，係在婚姻關係存續中者，推定其所生子女爲婚生子女。前項推定，如夫妻之一方能證明妻非自夫受胎者，得提起否認之訴。但應於知悉子女出生之日起，一年內爲之。」係爲兼顧身分安定及子女利益而設，惟其得提起否認之訴者僅限於夫妻之一方，子女本身則無獨立提起否認之訴之資格，且未顧及子女得獨立提起該否認之訴時應有之合理期間及起算日，是上開規定使子女之訴訟權受到不當限制，而不足以維護其人格權益，在此範圍內與憲法保障人格權及訴訟權之意旨不符。最高法院23年上字第3473號及同院75年台上字第2071號判例與此意旨不符之部分，應不再援用。有關機關並應適時就得提起否認生父之訴之主體、起訴除斥期間之長短及其起算日等相關規定檢討改進，以符前開憲法意旨。確定終局裁判所適用之法規或判例，經本院依人民聲請解釋認爲與憲法意旨不符時，其受不利確定終局裁判者，得以該解釋爲基礎，依法定程序請求救濟，業經本院釋字第177號、第185號解釋闡釋在案。本件聲請人如不能以再審之訴救濟者，應許其於本解釋公布之日起一年內，以法律推定之生父爲被告，提起否認生父之訴。其訴訟程序，準用民事訴訟法關於親子關係事件程序中否認子女之訴部分之相關規定，至由法定代理人代爲起訴者，應爲子女之利益爲之。法律不許親生父對受推定爲他人之婚生子女提起否認之訴，係爲避免因訴訟而破壞他人婚姻之

安定、家庭之和諧及影響子女受教養之權益，與憲法尚無牴觸。至於將來立法是否有限度放寬此類訴訟，則屬立法形成之（解釋日期：民國93年12月30日）。

（四）高雄高等行政法院97年度訴字第487號民事判決

親子關係之認定，血統真實原則與身分安定性應同時兼備，因而對受婚生推定之子女，仍須依現行民法第1063條規定提起否認子女之訴，方得除去婚生之推定；在除去此婚生推定後，始得藉由確認之訴之提起，確認子女與真正生父間之父子關係存在。申言之，受婚生推定之子女在未先有否認子女之訴之勝訴確定判決在前，係無從藉由確認親子關係存在或不存在之訴而穿透婚生推定性，遂而建立起法律上之父子關係。

（五）最高法院98年度台上字第704號民事判決

查依民法第1063條第1項規定，推定為婚生子女者，於未經夫妻之一方或子女本人依同條第2項、第3項規定於一定之期間內提起否認之訴，得有勝訴之確定判決推翻前，既非「非婚生子女」，其生父自無從依同法第1065條第1項規定對之為認領或經撫育視為認領，而生法律上之父子關係。

（六）最高法院99年度台上字第367號民事判決

參照民法第1063條第1項規定，妻之受胎，係在婚姻關係存續中者，推定其所生子女為婚生子女。而依法推定之婚生子女，在夫妻之一方或子女依同條第2項規定提起否認之訴，得有勝訴確定判決之前，既不屬「非婚生子女」，其生父自無從依同法第1065條第1項規定，為認領或視為認領之行為。故生父在其所生子女尚具有他人婚生子女之身分時，苟為認領或視為認領之行為，解釋上，應認不生認領之效力，始能兼顧婚姻、家庭之和諧、身分之安定及子女之利益。

（七）臺灣高等法院暨所屬法院99年法律座談會民事類提案第8號

法律問題：於民法第1063條規定之除斥期間經過，而不得提起婚生否認之訴，得否另提起確認親子關係不存在之訴？

討論意見：

甲說：肯定說。

民國96年5月23日公布施行之民法第1063條，條文之規定否認子女之訴除父母外，子女本身亦可提起，其除斥期間為「子女自知悉其非為婚生子女之時起二年內為之。但子女於未成年時知悉者，仍得於成年後二年內為之」。然此並不因而排除當事人於民法第1063條規定之除斥期間經過後，提起確認親子關係不存在之訴。蓋親子關係之存否，非但於當事人間之精神上有絕對利益存在，並因而衍生繼承及扶養等法律效果，是親子關係之存否，對父母子女而言自有即受確認判決之法律上利益。又民事訴訟法第247條於修正時，已擴大其適用之範圍，即法律關係基礎事

實存否亦得提起確認之訴，而就現今醫學科技足以鑑定親子間之血緣關係、確定身分關係之重要性，應有准許確認親子關係存否之訴之必要，以解決任何不明確之親子關係，並杜絕爭執，進而維持家庭間之信賴與和諧及親子關係之真實性（最高法院23年上字第3973號判例、同院62年度第3次民庭庭推總會議決議、臺灣高等法院95年度家上字第240號、92年度家上字第252號、臺灣高等法院臺中分院98年度家上字第18號判決參照）。

乙說：否定說。

依民法第1063條第1項規定，妻之受胎係在婚姻關係存續中者，夫縱在受胎期間內未與其妻同居，妻所生子女亦推定為夫之婚生子女，在夫妻之一方依同條第2項規定提起否認之訴，得有勝訴之確定判決以前，無論何人皆不得為反對之主張，自無許與妻通姦之男子出而認領之餘地（最高法院75年台上字第2071號、23年上字第3473號判例、98年度台上字第704號、96年度台上字第2278號、87年度台上字第1787號判決參照）。確認親子關係存否之訴，為確認之訴，係主張特定人之間法律上父子關係之存否，雖有事實上之父子關係，但無法律上之父子關係之時，不得提起。又確認親子關係存否之訴，須與民事訴訟法第九編第二章所定之各種訴訟不相牴觸者為限，始有其存在之意義，因此在提起否認子女之訴之情形，不得提起確認親子關係不存在之訴取代之（駱永家，確認親子關係存否之訴，民事訴訟法II，頁138-139參照）。若已逾婚生否認之起訴期間後，可藉由確認親子關係不存在之訴，以推翻婚生推定，則將架空民法第1063條之婚生否認之訴之規定。由大法官釋字第587號解釋可知，若於婚生否認之訴起訴期間過後，仍得提起確認親子關係不存在之訴者，則其不必大費周章宣告最高法院判例之部分見解違背憲法保障子女人格權及訴訟權之意旨，更不必冒侵害立法權之虞，而創造出當時民事訴訟法之所未明定之否認推定生父之訴。民法第1063條第1項之推定，含有父姓推定與婚生推定之雙重意義，若著重在婚生推定上，則所謂婚生否認，乃在使具有婚生子女地位之人，成為非婚生子女，此種身分之變動，除形成判決外，別無他法。

初步研討結果：採取甲、乙二說之人數均相同。

審查意見：採乙說否定說。

最高法院62年度第3次民庭庭推會議決議固就親子身分關係，得提起確認之訴。惟於93年12月30日釋字第587號解釋文：子女獲知其血統來源，確定其真實父子身分關係，攸關子女之人格權，應受憲法保障。民法第1063條規定：「妻之受胎，係在婚姻關係存續中者，推定其所生子女為婚生子女。前項推定，如夫妻之一方能證明妻非自夫受胎者，得提起否認之訴。但應於知悉子女出生之日起，一年內為之。」係為兼顧身分安定及子女利益而設，惟其得提起否認之訴者僅限於夫妻之

一方，子女本身則無獨立提起否認之訴之資格，且未顧及子女得獨立提起該否認之訴時應有之合理期間及起算日，是上開規定使子女之訴訟權受到不當限制，而不足以維護其人格權益，在此範圍內與憲法保障人格權及訴訟權之意旨不符。最高法院23年上字第3473號及同院75年台上字第2071號判例與此意旨不符之部分，應不再援用。有關機關並應適時就得提起否認生父之訴之主體、起訴除斥期間之長短及其起算日等相關規定檢討改進，以符前開憲法意旨。……本件聲請人如不能以再審之訴救濟者，應許其於本解釋公布之日起一年內，以法律推定之生父為被告，提起否認生父之訴。嗣立法修正第1063條，並於96年5月23日公布施行。立法意旨說明鑑於現行各國親屬法立法趨勢，已將「未成年子女最佳利益」作為最高指導原則，又聯合國大會於1989年11月20日修正通過之「兒童權利公約」第7條第1項，亦明定兒童有儘可能知道誰是其父母之權利，復參酌德國於1998年修正之民法第1600條，明文規定子女為否認之訴撤銷權人，爰於本條第2項增列子女亦得提起否認之訴。至於子女提起否認之訴之期間，亦以該子女「知悉其非為婚生子女之日起二年內為之」。惟子女若於未成年時知悉者，為避免該子女因思慮未周或不知如何行使權利，爰明定仍得於成年後二年內提起否認之訴，以保障其權益。則立法者既已將上開立法闕漏予以修正立法，則子女既已得依法提起否認子女之訴，子女若逾法律規定除斥期間，應認不得提起確認親子關係不存在之訴。

研討結果：照審查意見通過。

管見認為：

　　依照民國101年6月1日施行之家事事件法第67條第1項規定，就法律所定親子或收養關係有爭執，而有即受確認判決之法律上利益者，得提起確認親子或收養關係存在或不存在之訴。而查本條之立法理由一：親子或收養身分關係是否存在，為定子女與被指為生父或生母間、養子女與養父母間有無扶養、繼承等法律關係之基礎，並常涉及第三人（如其他繼承人）之權利義務；復因現今科技進步，親子關係形成原因多樣化，已非單純僅由血緣所生者始構成親子關係（例如人工生殖法第23、24條規定），如有即受確認判決之法律上利益之人，就民法或其他法律所定親子或收養關係有爭執者，自應許其就親子或收養之關係存否，得提起確認之訴，俾使紛爭當事人有得以利用訴訟程序之機會，以應實際之需要，並保護子女之權益。惟為免導致濫訴，就得提起確認之訴之原告，僅限有即受確認判決法律上利益之人，始得提起。故依照增訂之家事事件法第67條第1項觀之，似得採肯定說。惟依據臺灣高等法院暨所屬法院102年法律座談會民事類提案第44號之見解，仍採否定說，管見亦採否定說之見解。

（八）臺中地方法院100年度親字第67號民事判決

民法第1063條第2項係規定，推定所生子女爲婚生子女者，夫妻之一方或子女能證明子女非爲婚生子女者，得提起否認之訴，因其僅屬起訴請求法院以判決加以確認，無創設、變更或消滅當事人間法律關係之效力，即應屬確認訴訟之性質。

（九）臺灣高等法院花蓮分院101年度家上字第18號民事判決

按民法第1064條、1065條第1項、第1067條第1項規定皆明定行爲主體須爲「生父」，是該非婚生子女欲以依上開條文提起認領之訴者，自需證明其與所主張爲生父之人間，具有眞實之血緣關係，始得發生婚生子女之法律效果。再按親子關係之認定，應以科學方式就系爭親子雙方進行鑑定爲之，以求正確；進一步以言，此類案型中亦僅有此種身體鑑定之科學其證據，始爲直接證據，其他相關之事證，例如生父生母間於懷孕前之同居、以及撫育行爲甚或事後雙方之認知或其他行爲，皆僅係間接證據，用以作爲親子關係認定之佐證。

（十）最高法院102年度台上字第1517號民事判決

按民法親屬編施行法爲因應民法第1063條第2項於96年5月23日，將原定：「前項推定，如夫妻之一方能證明妻非自夫受胎者，得提起否認之訴。但應於知悉子女出生之日起，一年內爲之。」修正改列爲第3項，規定爲：「前項否認之訴，夫妻之一方自知悉該子女非爲婚生子女，或子女自知悉其非爲婚生子女之時起3年內爲之。」乃於第8條之1增訂：「夫妻已逾中華民國九十六年五月四日修正前之民法第一千零六十三條第二項規定所定期間，而不得提起否認之訴者，得於修正施行後二年內提起之。」考其立法旨趣，固在使對於修正前因規定「於知悉子女出生之日起，一年內爲之」，且於當時已知悉該子女非爲婚生子女，本不得提起否認子女之訴者，仍得依修正後放寬爲「自知悉該子女非爲婚生子女之時起二年內爲之」之規定，延至修正施行後二年內提起之，以資兼顧。惟夫妻於該條項「修正施行後」，始知悉其子女非爲婚生子女者，本於新法之規定，其規範目的在於取得血緣眞實與身分安定之平衡，自得在修正後第1063條第3項所定自知悉該子女非爲婚生子女之時起二年內，依同條第2項規定，提起否認之訴，初與上開第8條之1增訂「得於修正施行後二年內提起之」之規定無涉，亦不受該修正施行後二年期間之限制，此觀民法第1063條及民法親屬編施行法第8條之1之修正及增訂理由自明。

（十一）臺灣高等法院暨所屬法院102年法律座談會民事類提案第44號

法律問題：家事事件法第67條第1項規定：「就法律所定親子或收養關係有爭執，而有即受確認判決之法律上利益者，得提起確認親子或收養關係存在或不存在之訴。」則受婚生推定之子女，於民法第1063條第3項所定除斥期間經過後，如其親子關係經證明係反於眞實，當事人（夫或妻之一

方，或子女）或有法律上利害關係之第三人是否有即受確認判決之法律上利益，而仍得提起確認親子關係不存在之訴？

討論意見：

甲說：否定說。

按「妻之受胎係在婚姻關係存續中者，民法第1063條第1項，推定其所生子女為婚生子女，受此推定之子女，惟受胎期間內未與妻同居之夫，得依同條第2項之規定以訴否認之，如夫未提起否認之訴，或雖提起而未受有勝訴之確定判決，則該子女在法律上不能不認為夫之婚生子女，無論何人，皆不得為反對之主張。」（最高法院23年上字第3473號判例）；「妻之受胎係在婚姻關係存續中者，夫縱在受胎期間內未與其妻同居，妻所生子女依民法第1063條第1項規定，亦推定為夫之婚生子女，在夫妻之一方依同條第2項規定提起否認之訴，得有勝訴之確定判決以前，無論何人皆不得為反對之主張，自無許與妻通姦之男子出而認領之餘地。」（最高法院75年台上字第2071號判例）。而司法院大法官釋字第587號解釋意旨謂：「子女獲知其血統來源，確定其真實父子身分關係，攸關子女之人格權，應受憲法保障。民法第1063條規定：『妻之受胎，係在婚姻關係存續中者，推定其所生子女為婚生子女。前項推定，如夫妻之一方能證明妻非自夫受胎者，得提起否認之訴。但應於知悉子女出生之日起，一年內為之』。係為兼顧身分安定及子女利益而設，惟其得提起否認之訴者僅限於夫妻之一方，子女本身則無獨立提起否認之訴之資格，且未顧及子女得獨立提起該否認之訴時應有之合理期間及起算日，是不足以維護其人格權益，在此範圍內與憲法保障人格權及訴訟權之意旨不符。最高法院23年上字第3473號及75年台上字第2071號判例與此意旨不符之部分，應不再援用。」亦即認前開二則判例意旨，僅在子女本身無獨立提起否認之訴之資格部分不得再援用，其餘部分前開二則仍為有效存在。從而，凡被婚生推定之子女，在夫妻或子女依規定提起否認之訴，得有勝訴之確定判決以前，無論何人皆不得為反對之主張，自無允許第三人以親子血緣違反真實為由，提起確認親子關係不存在之訴（最高法院96年度台上字第2278號判決意旨參照）。雖依101年6月1日公布施行之家事事件法第67條第1項規定：「就法律所定親子或收養關係有爭執，而有即受確認判決之法律上利益者，得提起確認親子或收養關係存在或不存在之訴。」但所謂有即受確認判決之法律上利益者，應不包括因其他法律規定，已經確定之親子關係或收養關係。詳言之，受婚生推定之子女，如夫妻之一方或子女能證明子女非為婚生子女者，固得提起否認子女之訴或否認推定生父之訴予以推翻，然若已逾同條第3項之除斥期間，其法律上擬制之親子關係即已確定，故縱使無真實血緣，基於身分關係排他性與法律秩序安定性原則，自無再允許當事人或第三人以確認親子關係

不存在之訴，否定民法第1063條之明文規定，否則本條項除斥期間立法規定將成為具文。

乙說：肯定說。

按子女本有獲知其血緣之權利，確定其真實父子關係，攸關子女之利益及人格，應受憲法之保障。而夫妻父母子女所建構之家庭倫理關係，為社會人倫秩序之基礎，並為扶養、監護、財產繼承法律關係之準據，婚生推定之親子關係，倘與真實血緣關係相違背，不僅有礙子女之人格發展，且影響以親子關係為基礎所生之扶養、監護、財產繼承之法律關係，就現階段之兩性關係及社會價值，衡量確定真實血緣關係所可能涉入父母婚姻關係之隱私領域，暴露生母受胎事實之侵害，較之表見親子關係所造成血緣關係混淆及扶養、監護、財產繼承之侵害為小，自應准許就此受有權利義務利害關係，而於法律地位處於不安之第三人提起確認親子關係不成立之訴，得依該確定判決，除去該不安之狀態（最高法院95年度台上字第1815號判決意旨參照）。家事事件法於101年6月1日公布施行後，第67條第1項就親子及收養關係存否此二種類型，明定只須有即受確認判決之法律上利益者，即得提起確認之訴。其立法理由第1項說明：「親子或收養身分關係是否存在，為定子女與被指為生父或生母間、養子女與養父母間有無扶養、繼承等法律關係之基礎，並常涉及第三人（如其他繼承人）之權利義務；復因現今科技進步，親子關係形成原因多樣化，已非單純僅由血緣所生者始構成親子關係（例如人工生殖法第23、24條規定），如有即受確認判決之法律上利益之人，就民法或其他法律所定親子或收養關係有爭執者，自應許其就親子或收養之關係存否，得提起確認之訴，俾使紛爭當事人有得以利用訴訟程序之機會，以應實際之需要，並保護子女之權益。惟為免導致濫訴，就得提起確認之訴之原告，僅限有即受確認判決法律上利益之人，始得提起。至於有無上開法律上利益，應依具體個案情形判斷之，而與本案請求在實體法上有無理由之問題有別，爰規定如第1項所示。」係強調血緣真實之重要性，並以現今科技進步，親子血緣關係之認定並無困難，且親子關係之形成逐漸呈現多樣化為主要理由，將即受確認判決之法律上利益此一要件委由法官於個案上予以判斷，以應實際需要。依此觀之，似未另設其他提起之限制要件，應由法官依個案審酌判斷即受確認判決之法律上利益之有無。再者，該條項所謂「就法律所定親子關係有爭執」，自應解為「依民法或其他實體法所決定、確認之親子關係有爭執」，否則「就法律所定」一詞即不能為適當之解釋，而屬贅語，參酌上開立法理由僅限定親子關係與收養關係二種確認訴訟類型，當係立法者有意以真實血緣存否為前提予以寬認。何況本法制定公布施行之前，依民事訴訟法第247條第2項規定，就「確認法律關係基礎事實存否之訴，以原告不能提起他訴訟者為限」，乃將確認法律關係

基礎事實存否之訴，列為補充、備位之訴訟類型，然家事事件法第67條第1項既已將親子關係及收養關係存否之確認訴訟予以特別明文規定，自不宜認此種確認訴訟仍僅具有補充、備位之質。

初步研討結果：採乙說。

審查意見：採甲說。

研討結果：

　　當事人既有爭執而提起訴訟，即有受確認判決之法律上利益，惟依據甲說之理由，其請求仍屬無理由。

（十二）最高法院104年度台上字第138號民事判決

　　就法律所定親子或收養關係有爭執，而有即受確認判決之法律上利益者，得提起確認親子或收養關係存在或不存在之訴，有無法律上利益，應依具體個案情形判斷。故第三人就子女及其法律上受推定生父間之親子關係如有所爭執，而生法律關係之不明確，為除去該法律上爭執，可認為具有確認利益，得提起確認訴訟。而如為繼承權因婚生推定而受影響之第三人，允許繼承權被侵害之人得於夫妻之一方或子女於法定期間內或期間開始前死亡之情形，提起否認子女之訴，且應自被繼承人死亡之時起，6個月內起訴。如逾該期間，即不得再提起否認子女之訴以推翻子女之婚生性。繼承權人如仍有爭執而提起確認法律上父與子女間之親子關係不存在之訴，雖可認有確認訴訟之確認利益，但由於其已逾法定之除斥期間而不得再推翻法律上之婚生性，故仍應為其敗訴之實體判決。

（十三）最高法院105年度台上字第700號民事判決

　　按家事事件法第67條第1項固規定確認親子關係存否之訴，使有即受確認判決之法律上利益之人，就民法或其他法律所定親子關係有爭執者，得提起確認之訴。惟繼承權因婚生推定而受影響之第三人，倘因逾同法第64條第2項所定除斥期間而不得提起否認子女之訴，又無從依同條第3項聲明承受訴訟，即不得再否認該婚生子女關係。至於第三人依同法第67條第1項規定提起確認親子關係存否之訴，縱可認有確認利益，惟因不得推翻該婚生推定，其訴仍為無理由，法院因而為不利第三人之判決，於法尚無違誤。

（十四）最高法院108年度台上字第350號民事判決

　　按中華民國96年5月23日修正施行之民法第1063條第2項增列子女得提起否認子女之訴，並於第3項明定子女提起否認之訴期間。同日修正增訂之民法親屬編施行法第8條之1，僅就夫妻已逾民法修正前所定期間得提起否認之訴者，規定得於修正施行後2年提起之，惟對於修正前不得提否認之訴之子女，未於施行法增訂其修正後得提起否認之訴期間，並於施行法第8條之1立法理由第3項載明「……故子女

依本次民法修正前之規定雖不得提起否認之訴,惟修正施行後如符合第1063條第2項及第3項之規定,自得依該等規定提起否認之訴,併此敘明。」觀法務部前於93年2月11日函陳報行政院之修正草案民法親屬編施行法第8條之1(與修正後內容相同)之說明3記載「本次修正條文增列第2項子女提起否認之訴之規定,並於第4項規定『至遲應於成年後二年內為之』,其規範目的在於取得血統真實與身分安定二者間之平衡,並為避免子女於成年後2年提起否認子女之訴,以逃避扶養其法律上父親之義務,故子女縱依本次民法修正前之規定不得提起否認之訴,惟修正施行後如已逾二十二歲,依上開理由,應不得提起否認之訴。……」可知該次民法修正雖增列子女得提起否認子女之訴,惟立法者於施行法中僅特別就夫妻部分放寬於修正後2年內仍得提起否認之訴,而未及於未成年時知悉非為婚生子女於修正時已滿二十二歲之成年子女。準此,於修法前未成年知悉非為婚生子女之年滿二十二歲子女,本非得依修正後規定提起否認之訴者,自無否認之訴除斥期間規定之適用。又前開民法增列子女提起否認之訴及其除斥期間規定,既係立法者為平衡取得血統真實與身分安定而來,倘非婚生子女未能依該規定提起否認之訴,自應限制其提起確認與法律上父親親子關係不存在之訴,否則有關子女提起否認之訴規定,將成具文,該限制並未違反憲法保障子女人格權及司法院大法官第587號解釋理由意旨。

(十五)最高法院109年度台上字第2289號民事判決

夫妻之一方或子女於法定期間內或期間開始前死亡,主張繼承權被侵害之人,依家事事件法第64條第1項規定,雖得提起否認子女之訴,然應自被繼承人死亡時起,於一年內為之(民國104年12月30日修正前為六個月),亦為同條第2項所明定。其立法理由謂:否認子女之訴,其裁判效力兼及於因民法第1063條第1項之推定致繼承權被侵害之人,故為保障其權益,縱使夫妻之一方或子女於法定期間內或期間開始前即已死亡,仍有使其身分關係明確之必要,此時該繼承權被侵害之人亦得提起否認子女之訴;並規定其得起訴之期間,以使身分關係能儘早統一明確。準此,該條所稱繼承權被侵害之人,不論係主張因當然繼承或代位繼承而其繼承權被侵害者,均屬之,並自其所主張發生繼承事實之被繼承人死亡時起,於法定除斥期間內提起否認子女之訴,逾期即不容再提起否認子女之訴以推翻婚生子女之推定。繼承權因婚生推定而受影響之第三人,因逾同法第64條第2項所定除斥期間而不得提起否認子女之訴,又無從依同條第3項聲明承受訴訟,縱其依同法第67條第1項規定提起確認親子關係存否之訴,可認有確認利益,惟因不得推翻該婚生推定,其訴仍為無理由。

(十六)內政部112年9月21日台內戶字第1120135442號函

要旨:以代理孕母之方式在臺所生之人工生殖子女,於其他法律無特別規定下,代

理孕母與該子女之關係視為婚生子女，縱代理孕母與該子女間不具事實上血緣關係，亦不得以反證推翻渠等於法律上之親子關係。

主旨：有關黃○鴻先生申請依法院確認親子關係不存在之裁定，憑辦刪除其女黃○晴之母姓名及維持父姓名登記1案，請查照。

說明：一、依據法務部112年9月14日法律字第11203511410號函（如附件影本）辦理；並復貴府112年5月16日府民戶字第1125316776號函。二、旨案因涉民法規定及其適用疑義，經請法務部釋疑，獲復如下：（一）依人工生殖法第2條第3款、第23條第1項及第24條第1項規定，得合法施行人工生殖手術之類型，必須以受術妻能以子宮孕育生產胎兒為前提，因此以代理孕母之人工生殖方式，非人工生殖法所規範類型，自無人工生殖法第23條至第24條規定之適用（該部101年6月8日法律字第10100573820號書函參照）。（二）按民法第1063條第1項規定：「妻之受胎，係在婚姻關係存續中者，推定其所生子女為婚生子女。」同法第1065條第2項規定：「非婚生子女與其生母之關係，視為婚生子女，無須認領。」準此，民法就子女與生母之關係，僅依分娩之事實即發生法律上之母子女關係，並非以有無血緣關係為據，是謂「分娩者為母之原則」（該部109年1月21日法律字第10803516640號函及同年12月31日法律字第10903517980號函參照）。又上開民法第1065條第2項所定「視為婚生子女」，其「視為」係指法律擬制之效果，不得以反證推翻之（該部84年9月18日法律決字第22082號函及最高法院74年台上字第2768號判決意旨參照）。準此，國人黃先生請國人吳女士為代理孕母，以「A卵B生」之方式在臺所生之人工生殖子女，於其他法律無特別規定下，依上開民法第1065條第2項規定，代理孕母吳女士與該子女之關係，視為婚生子女，縱吳女士與該子女間不具事實上血緣關係，亦不得以反證推翻渠等於法律上之親子關係。（三）至本案臺灣嘉義地方法院112年度家調裁字第25號民事裁定確認當事人間親子關係不存在所持見解，係法官就個案所表示之看法，尚不得做為推翻上開見解之依據。三、查父母子女間親屬身分法律關係之變動係依民法定之，戶籍登記僅屬法律上身分關係確定後之後續附隨行政行為，爰戶政事務所受理相關身分登記，自應依民法規定審認當事人間法律上親子關係。是以，本案黃先生提憑確認親子關係不存在確定裁定得否辦理旨揭申請案，請依上開法務部函意旨本權責審認核處。

（十七）最高法院112年度台上字第2679號判決

　　按家事事件法第67條第1項固規定確認親子關係存否之訴，使有即受確認判決之法律上利益之人，就民法或其他法律所定親子關係有爭執者得提起確認之訴，俾

紛爭當事人有得以利用訴訟程序之機會，以應實際之需要，並保護子女之權益（立法理由參照）。惟基於身分關係之排他性，受婚生推定之子女，在未經夫妻之一方或子女以民法第1063條規定原因，依同法條第2、3項規定期間內提起否認之訴，並得勝訴確定判決前，與具真實血緣關係之生父，無從因認領、撫育、強制認領之請求、確認親子關係存否之訴，而否認其婚生性。又民法第1063條之婚生推定與否認制度，在謀子女地位安定與真實血緣關係之平衡，為兼顧已受婚生推定之子女知其有血緣父母之權利、尊重其建構身分關係之意願及維護法律秩序，故就當事人適格、提訴期間皆有限制，然並未承認第三人以其真實血緣存在為由之否認權，此係立法形成之考量，並無違憲（司法院大法官釋字第587號解釋參照），故提起確認親子關係存否之訴，僅得與其性質不相牴觸者為限，始得為之。原審本此見解認定被上訴人為生母呂○惠與日本國人梅田○夫婚姻關係中受胎，其與梅田○夫間之婚生推定未曾被推翻，上訴人不得以訴訟推翻被上訴人與梅田○夫之婚生推定，無論其主張之真實血緣關係存否，其訴仍為無理由，難認有何違背法令。

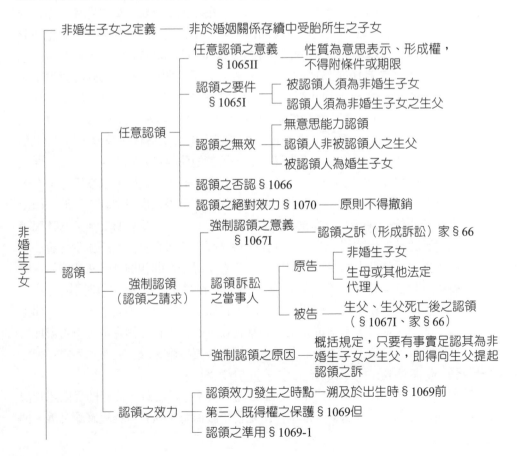

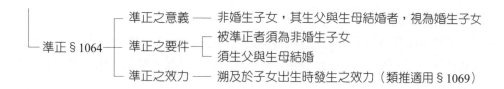

準正§1064 ─┬─ 準正之意義 ── 非婚生子女，其生父與生母結婚者，視為婚生子女
　　　　　　├─ 準正之要件 ─┬─ 被準正者須為非婚生子女
　　　　　　│　　　　　　　└─ 須生父與生母結婚
　　　　　　└─ 準正之效力 ── 溯及於子女出生時發生之效力（類推適用§1069）

❖ 民法第1064條

非婚生子女，其生父與生母結婚者，視為婚生子女。

> 甲男與乙女還沒有結婚的時候，就生了一個女兒丙，後來甲、乙結婚了，丙是不是可以變成甲的婚生子女？

一、思考焦點

民法第1064條，須與家事事件法第3條第1項第2款：「甲類事件：二、須確定母再婚後所生子女生父事件」，一併研讀。

小孩子受胎的時候，母親還沒有婚姻關係，但是小孩子出生之後，母親和小孩子血緣上的父親結婚了，那麼小孩子和他（她）的血緣上的父親之間，是不是因此就可以有父子關係了？

二、問題論述

小孩子出生之前一百八十一天至三百零二天之間，母親並沒有婚姻關係，因而成為非婚生子女，但是後來血緣上的父親，就和母親結婚了，而且必須是要有效的婚姻，無論這個小孩子，是在父母親結婚之前或之後出生的，都跟這個小孩是在父親、母親婚姻關係中所出生的，並沒有什麼差別。為了避免讓這個小孩子變成非婚生子女，也鼓勵父親與母親結婚，所以民法第1064條就規定，這種情形，小孩子就是父親和母親在婚姻之中所生的小孩，也就是婚生子女，而且是溯及在小孩子出生的時候，就是婚生子女。

三、案例結論

甲與乙還沒有結婚的時候，就生了丙女，後來甲、乙結婚了，丙就是甲、乙的婚生子女，甲、丙因此就有了父女關係。

四、相關實例

　　丁男與戊女同居了很久，還沒有結婚的時候，戊就從丁受精懷孕了，後來丁、戊就結婚，結婚的第二天，戊就生了一個兒子己，己是不是丁、戊的婚生子女？

五、重要判解

（一）最高法院83年度台上字第1117號民事判決

　　按非婚生子女，須其生父與生母結婚，始能依民法第1064條規定，準正為婚生子女。被上訴人既非鍾○○自王○○受胎所生，自不因鍾○○向戶政機關謊報王○○為被上訴人之生父，而使被上訴人依準正之規定，取得王○○婚生子之身分。且準正與認領不同，被上訴人因鍾○○之謊報，經準正而記載為王○○之子，業因鍾○○犯偽造文書經判處罪刑確定，已撤銷被上訴人之生父為王○○之戶籍登記，有戶籍謄本可稽。是上訴人辯稱，被上訴人已經王○○認領，因認領不得撤銷，故被上訴人不得再請求伊認領云云，係屬誤解。

（二）最高法院85年度台上字第302號民事判決

　　查民法第1064條規定，非婚生子女，其生父與生母結婚者，視為婚生子女。鄭○○原與胡○○同居而生子即上訴人，嗣鄭○○於80年9月6日招贅胡○○，上訴人冠鄭姓，則上訴人因其生父與生母結婚，依法準正視為婚生子，並應溯及於其出生之時發生效力，而為鄭○○招贅所生男子，即有祭祀公業鄭○○派下員之資格。

（三）法務部民國102年4月9日法律字第10203503060號

　　民法第980、1064條等規定參照，準正子女被視為婚生子女，在法律上，受與婚生子女同一待遇，並溯及自出生時發生準正效力，故非婚生子女生父或生母雖為未成年人，惟日後已達法定結婚年齡，並得法定代理人同意，符合法定結婚要件而締結婚姻，該非婚生子女，自受準正效力保障。

❖ 民法第1065條

　　非婚生子女經生父認領者，視為婚生子女。其經生父撫育者，視為認領。
　　非婚生子女與其生母之關係，視為婚生子女，無須認領。

案 例

　　甲男與乙女都還沒有結婚，同居發生性關係以後，生下一個小孩子，甲一直把小孩子養育到大學畢業。請問：甲、乙死亡之後，這個小孩子是不是可以繼承甲、乙的財產？

一、思考焦點

非婚生子女的母親是誰？又要怎麼樣來跟血緣上的父親，建立起父子關係？

二、問題論述

民法第1065條，須與家事事件法第3條第2項第3款之乙類事件，否認子女、認領子女事件，一併研讀。

（一）非婚生子女

就是母親受胎的時候，沒有婚姻關係，或是母親受胎的時候雖然有婚姻關係，而推定是母親受胎時候夫的小孩子，但是後來因為母親或母親受胎時候的夫，提起一個否認之訴，經過法院判決確定這個小孩子，並不是母親受胎時候的夫的小孩子，於是這個小孩子婚生子女的身分就沒有了，變成非婚生子女。

（二）認領

就是血緣上的父親，向他所生的非婚生子女，表示承認自己是那個非婚生子女的父親的意思。人不可能憑空而來，一定是父親的精子與母親的卵子相結合，而成為胚胎所生育的。母親的身分非常好確認，只要是生育（分娩）這個小孩子的人，就是這個小孩子的母親，而這個小孩子就是這個母親的婚生子女（民法第1065條第2項），也就是這個小孩子法律上的母親，所以和母親有關的一切法律關係都會發生，例如：小孩子還未滿二十歲，也就是還沒有成年的時候，是小孩子的法定代理人（民法第1086條），小孩子也可以繼承母親的遺產（民法第1138條第1款）等等，不需要再有認領的動作。但是對於父親的身分，沒有像母親生育的這個事實這麼明顯、這麼好認定，必須是要血緣上的父親出面向這個非婚生子女表示，承認自己是這個非婚生子女血緣上的父親，才可以成為這個小孩子的父親（民法第1065條第1項前段），這個承認的意思表示，不一定要向非婚生子女或母親表達，向戶政事務所申請認領的登記，或寫在遺囑裡面，表示承認某某人是他的小孩子，就可以了，也不是必須要向法院提起訴訟，這是為了認領人的方便，希望能夠減少非婚生子女。另外，非婚生子女就算是已經死亡了，也是可以認領的，這能夠給予認領的人一些精神上的安慰，減少他沒有辦法做非婚生子女父親的遺憾，也能使這個非婚生子女的子孫能夠認祖歸宗。

（三）視為認領

有的時候，要表達認領的意思，不一定是直接表達出來，可能是用比較含蓄的方法，或是從這個父親的行為，可以看得出來，他就是把這個非婚生子女當作是自己親生的小孩子，這個時候，法律還是會讓這個小孩子成為這個父親的孩子，所以民法第1065條第1項就規定，如果小孩子血緣上的父親，扶養、照顧、養育（撫

育）這個小孩子，就也算是認領了這個小孩子（民法第1065條第1項後段）。

三、案例結論

乙把小孩子生出來，當然是這個小孩子的母親，而甲一直把小孩子養育到大學畢業，依照民法第1065條第1項後段的規定，甲撫育小孩子，視為認領，所以甲也是這個小孩子的父親，因此甲、乙死亡之後，這個小孩子可以繼承甲、乙的財產。

四、相關實例

丙男與丁女都還沒有結婚，同居發生性關係以後，生下一個小孩子，丁後來又跑去和戊男同居，戊非常喜歡丁，又看到這個小孩子沒有父親，非常的可憐，就自告奮勇去認領這個小孩子。請問：戊死亡之後，這個小孩子是不是可以繼承戊的財產？

五、重要判解

（一）最高法院44年台上字第1167號民事判決（例）

非婚生子女經生父認領者，視為婚生子女，其經生父撫育者，視為認領，為民法第1065條第1項所明定。至撫育費用亦並非不得預付，倘依據卷附被上訴人之親筆信函，足以認定被上訴人早已有預付上訴人出生後撫育費用之事，則依上說明，自非不可視為認領。

（二）最高法院63年台上字第1796號民事判決（例）

民法第1065條第1項之生父認領，其性質為形成權之一種，惟此種形成權之行使，法律既未明定生父應以訴為之，上訴人起訴請求，自屬不合。

（三）最高法院85年度台上字第2960號民事判決

非婚生子女經生父認領者，視為婚生子女。又非婚生子女或其生母，對其生父之認領得否認之，民法第1065條第1項前段及第1066條分別定有明文。又按確認法律關係成立或不成立之訴，非原告有即受確認判決之法律上之利益者，不得提起之。此觀民事訴訟法第247條前段規定自明。而所謂即受確認判決之法律上之利益，係指因法律關係之存否不明確，致原告在私法上之地位有受侵害之危險，而此項危險，得以對於被告之確認判決除去之者而言。（參閱本院42年度台上字第1031號民事判例）。是已經生父認領之非婚生子女，除該非婚生子女或其生母對其生父之認領得予以否認外，既已依法視為婚生子女，其父子關係即已確定，尚非第三人所得任意否認。雖在外國立法例如日本民法第786條，設有子及其他利害關係人均得對認領主張相反之事實之規定，惟此種立法例，既為我國民法所不採，則

除該非婚生子女或其生母外，縱為利害關係人，依我國民法之規定，應無否認生父認領之權利，則生父與該非婚生子女之父子關係已經因生父之認領而明確，即無從由生父之配偶以該非婚生子女與其生父無血緣關係以確認判決除去之。

（四）臺灣高等法院100年度家上字第168號民事判決

民法第1065條第1項規定，非婚生子女經生父認領者，視為婚生子女；其經生父撫育者，視為認領。是以，如係自生父受胎所生之非婚生子女，於出生後曾經生父撫育，應視為認領，並不因生父至往生前迄未公開或遲未讓其認祖歸宗而有異。又74年6月5日修正前民法第1079條規定，收養係以發生親子身分關係為目的之要式契約行為，必收養者與被收養者間有創設親子關係合意之書面，始能成立，但書所定自幼撫養為子女者，不在此限，係用以規定表明被收養者未滿七歲而無法定代理人時，如棄嬰者，得不經書面合意，逕以收養者出於收養意思，自幼撫養為子女而發生收養關係，以解決現實之困難。故被收養人未滿七歲而有法定代理人時，並無修正前民法第1079條但書之適用，如未經其法定代理人以書面代為或代受收養意思表示，尚不得僅以自幼撫養為子女之事實，即認發生收養關係，而置其法定代理人之權益於不顧；且修正前民法第1086條規定，父母為其未成年子女之法定代理人，所以未滿七歲之未成年子女出養，既在斷絕其與本生父母間之權利義務，自非僅由父或母一方所得單獨代理。故父或母一方法定代理人雖於他人認領其子女之認領同意書上簽章表示同意，尚不能認為係代受收養之意思表示。

（五）臺灣高等法院102年度家上字第269號民事判決

證據有滅失或礙難使用之虞，或經他造同意者，得向法院聲請保全；就確定事、物之現狀有法律上利益並有必要時，亦得聲請為鑑定、勘驗或保全書證，民事訴訟法第368條第1項定有明文，依家事事件法第51條，此於家事訴訟事件準用之。是聲請保全證據，非必以徵得他造同意為要件，亦不以他方有接受鑑定或負有證據提出義務為前提，倘符合證據有滅失或礙難使用之虞，亦即供為證據之材料本體，有消失之危險，或證據雖未滅失，而因其他客觀情事，致有不及調查之危險時，即得為之。

認領之有無以生父有無承認非婚生子女為自己之親生子女之事實為斷，不以該子女改從父姓或辦理認領之戶籍登記為要件。

（六）最高法院108年度台上字第1759號民事判決

非婚生子女經生父認領者，視為婚生子女，其經生父撫育者，視為認領。而撫育雖不限於教養或監護，但須生父有以該子女為自己子女之意思而為照撫、養育或負擔生活費用，即係對親子之血統關係存在事實，為一沈默之確認行為，始生擬制認領之效果。因此，倘生父給付金錢係為補償生母、隱瞞非婚生子事實，或有其他

債權債務關係，非爲撫育一己子女之意思，即無視爲認領規定之適用。

（七）法務部民國108年7月23日法律字第10803509790號函

民法第1064、1065條規定參照，受準正者，該非婚生子女與父母雙方間以具有眞實血統關係爲要件，始克當之。如雙方間無血統上父子女關係，自不能視爲婚生子女；又生父與生母結婚，須爲有效婚姻，若婚姻無效，則無準正可能；另認領係生父對眞實血統連絡非婚生子女，承認其爲父而領爲自己子女行爲，認領人與被認領人須有血統關係存在爲前提，否則其認領爲無效。

❖ 民法第1066條

非婚生子女或其生母，對於生父之認領，得否認之。

案 例

甲男、乙男與丙女都還沒有結婚，丙在甲、乙之間，大玩三角感情的遊戲，生下一個小孩子，甲非常喜歡丙，又看到丙所生的這個小孩子沒有父親，非常的可憐，就自告奮勇去認領這個小孩子，可是丙不願意甲做這個小孩子的父親，就表示甲不是這個小孩子的父親。請問：甲死亡之後，這個小孩子是不是可以繼承甲的財產？

一、思考焦點

如果有人出來表示承認非婚生子女是小孩子的父親，但是這個非婚生子女，或他（她）的母親，覺得這個認領的人，並不是這個非婚生子女血緣上的父親，應該要怎麼辦？

二、問題論述

民法第1066條，須與家事事件法第3條第2項第3款之乙類事件，否認子女、認領子女事件，一併研讀。

非婚生子女，一般人叫做「私生子」，會讓人家覺得有不名譽的感覺，所以當父親不認帳、不承認是非婚生子女的父親的時候，法律上有強制認領的規定（民法第1067條），希望非婚生子女能夠有父親，並且能認祖歸宗。相反的，如果母親或非婚生子女自己，覺得這個認領的人根本不是非婚生子女血緣上的父親，依照民法第1066條的規定，只要把這個意思表達出來給認領人知道（否認），就可以

了，認領的效力就消滅了，而認領人也不再是這個非婚生子女的父親，不需要提出證據證明這個認領人，並不是他所認領的非婚生子女的父親，不然的話，只要一有人認領非婚生子女，非婚子女或他（她）的母親就要拿出證據，來證明這個認領人，根本不是非婚生子女血緣上的父親，豈不是非常困擾？如果這個認領的人，自認為是這個非婚生子女的父親，就必須要拿出證據來，向法院提出一個「確認親子關係」的訴訟，來確認這個非婚生子女，確實是他血緣上的小孩子、確實是他的骨肉，才可以建立和這個非婚生子女的父子關係。

三、案例結論

　　甲出來表示承認非婚生子女是小孩子的父親，但丙覺得甲不是非婚生子女血緣上的父親，只要向甲表達否認的意思就可以了，如果甲自認為是這個非婚生子女的親生父親，必須要拿出證據來，向法院提出一個「確認親子關係存在」的訴訟，來確認這個非婚生子女確實是他的血緣上的小孩子，不然的話，甲因為丙的否認，就不再是這個小孩子的父親，這個小孩子也不能繼承甲的遺產（參照民法第1066條、第1146條；家事事件法第3條第1項甲類第3款、第67條規定）。

四、相關實例

　　丙男與丁女都不曾結過婚，同居發生性行為以後，生下一個非婚生子女，丙認領這個小孩子之後，丁就向丙要新台幣100萬元，丙拿不出來，丁就否認丙是這個小孩子的父親。請問：丙要怎麼樣建立和這個非婚生子女之間的關係，讓小孩子能認祖歸宗？

五、重要判解

（一）民國73年8月28日廳民一字第0672號函釋

法律問題：非婚生子女或其生母，依民法第1066條規定，否認生父認領，生父可
　　　　　否再訴請確認父子女關係存在？

討論意見：

　　甲說：肯定說。

　　非婚生子女或生母依民法第1066條規定雖可不舉證而否認認領，生父仍可舉證請求確認父子女關係存在，以符事實。

　　乙說：否定說。

　　非婚生子女係基於保護婚生子女利益所設之法制，民法第1066條賦予非婚生子女及生母否認生父認領之權利，係避免生父為自己利益所為之認領，法條既明文可

否認「生父」之認領，生父即不得再行確認其為「生父」，否則該法條將失保護非婚生子女利益之作用。

結論：

　　非婚生子女之生母，依民法第1066條規定，提起否認生父認領之訴，係就形成權求為形成判決，生父如再提起確認子女關係存在之訴，因前後兩訴之內容可以代用，依民事訴訟法第253條規定，後訴為不合法，應以裁定駁回。（請注意參考家事事件法第3條第1項甲類第3款確認親子關係存在事件、第51條家事訴訟事件準用民事訴訟法之規定）。

（二）最高法院87年度台上字第2185號民事判決

　　已經生父認領之非婚生子女，除該非婚生子女或其生母對其生父之認領得予以否認外，既已依法視為婚生子女，其父子關係即已確定，尚非第三人所得任意否認。雖在外國立法例如日本民法第786條，設有子女及其他利害關係人均得對認領主張相反之事實之規定，惟此種立法例，既為我國民法所不採，則除該非婚生子女或其生母外，縱為利害關係人，依我國民法之規定，應無否認生父認領之權利，則生父與該非婚生子女之父子關係已經因生父之認領而明確，即無從由生父之配偶或其他繼承人以該非婚生子女與其生父無血緣關係以確認判決除去之。

（三）最高法院94年度台上字第286號民事判決

　　按因認領而發生婚生子女之效力，須被認領人與認領人間具有真實之血緣關係，否則其認領為無效，此時利害關係人均得提起認領無效之訴。又由第三人提起認領無效之訴者，如認領當事人之一方死亡時，僅以其他一方為被告即為已足。

（四）臺北高等行政法院97年度訴字第2484號民事判決

　　民法第1066條規定，非婚生子女或其生母，對於生父之認領，得否認之。準正程序與認領程序不同，準正無所謂否認程序，而認領可能發生否認程序，本件未經認領程序，所以認領所衍生之法律效果無由發生，同樣的認領程序所衍生之否認程序也無由發生，如為認領程序，參照民法第1066條規定，有可能發生否認程序，此二者不同。因此，只要有準正程序，就足以將非婚生子女視為婚生子女，原告根本沒有進行認領必要，所以被告也無需進行認領程序之審定，故被告稱訴外人有無為原告自幼撫育及視同認領問題，自不宜由被告自行認定，亦屬有據。

❖ 民法第1067條

　　有事實足認其為非婚生子女之生父者，非婚生子女或其生母或其他法定代理人，得向生父提起認領之訴。

前項認領之訴，於生父死亡後，得向生父之繼承人為之。生父無繼承人者，得向社會福利主管機關為之。

（民國96年5月23日公布）

舊民法第1067條

有左列情形之一者，非婚生子女或其生母或其他法定代理人，得請求其生父認領為生父之子女：

一、受胎期間生父與生母有同居之事實者。

二、由生父所作之文書可證明其為生父者。

三、生母為生父強制性交或略誘性交者。

四、生母因生父濫用權勢性交者。

前項請求權，非婚生子女自成年後二年間或生母及其他法定代理人自子女出生後七年間不行使而消滅。

（民國96年5月23日修正前之舊法）

案例

甲男是非婚生子女，從小和母親相依為命，剛剛過二十歲生日的時候，母親買了一棟房子當作是生日禮物，甲就和母親一起搬到新房子去住，搬家的時候，發現有一些乙男在二十年前寫給母親的信，前幾封是叫母親去墮胎，後幾封信寫到說，既然我們的孩子已經生下來了，就取什麼名字好了，那個名字就是甲的名字。甲跑去問乙到底是怎麼一回事，乙說我已經有自己的家庭了，不要再來打擾我等等的話，請問：甲可不可以向法院起訴，請求乙要認領甲為自己的兒子？又甲請求乙要認領甲為自己的兒子有無期間之限制？

一、思考焦點

非婚生子女血緣上的父親，如果不想認領自己的骨肉，小孩子要如何認祖歸宗？

二、問題論述

民法第1067條，須與家事事件法第3條第2項第3款之乙類事件，認領子女事

件，一併研讀。

　　非婚生子女，如果想和血緣上的父親，建立起父子（女）關係，而父親又不願意認領的時候，這個非婚生子女本身，或非婚生子女的母親，或非婚生子女母親以外的其他法定代理人，例如：母親沒有辦法行使或負擔對於未成年非婚生子女的權利義務時，法院依照民法第1094條所指定的監護人，可以要求非婚生子女血緣上的父親，前來認領這個小孩子，當然，如果父親願意認領非婚生子女，早就來認領了，通常是要向法院起訴，請求法院判決這個父親來認領這個非婚生子女，也就是說，要靠法院的判決，來建立父子（女）關係。但是要向法院起訴，一定要舉出有力證據，來證明一些事實，而從這些事實可以看得出來，那個父親就是這個非婚生子女血緣上的父親。

　　舊法第1067條第1項規定，有關強制認領原因之規定，係採取列舉主義，須具有列舉原因之一者，始有認領請求權存在，而得請求認領。此次修正本條第1項規定，由法院依事實認定親子關係之存在。又外國立法例，對於認領之規定，大都採行客觀事實主義，故認領請求，由法院調查證據，發現事實，以判斷有無親子關係之存在，不宜再予期間限制，故此次刪除第2項認領期間限制規定。另舊法條文第1項有關得請求其生父認領為生父之子女之規定，為避免誤認為有認領請求權存在始得請求認領，亦修正為得向生父提起認領之訴之規定。

　　有關生父死後強制認領子女之問題，舊法未有規定，此次修法意旨，以保護子女之權益及血統之真實，並配合我國國情及生父之繼承人較能了解及辨別相關書證之真實性，於第2項增訂生父死亡時，得向生父之繼承人提起認領之訴。無繼承人者，得向社會福利主管機關為之。

三、案例結論

　　非婚生子女甲從乙給母親的信件中，可以知道是乙讓母親懷孕而生下了自己這件事，就可以依照民法第1067條第1項規定，向法院起訴，請求乙認領自己的兒子是甲。且非婚生子女請求乙認領甲，無認領期間限制規定。

四、相關實例

　　丙男是非婚生子女，從小和母親相依為命，剛剛過二十二歲生日的時候，發現自己的母親在二十二年前受胎期間，被丁男強姦過，而母親一直生活很單純，沒有結過婚，丙具狀向法院起訴，請求丁要來認領自己為丁之兒子？但發現丁在五年前已過世了，丙應該怎麼辦？

五、重要判解

（一）最高法院47年台上字第1806號民事判決（例）

民法第1067條第1項第1款所謂同居，以男女雙宿同眠為已足，無須同住一處，此就同條項第3、4款規定比照觀之自明。上訴人於被上訴人受胎期間，既與被上訴人發生數次姦情，則縱兩造並未在同一居所或住所共同居住，亦未嘗不可據以訴請認領。

（二）最高法院100年度台上字第370號民事判決

婚生子女之定義，依民法第1061條規定，為由婚姻關係受胎而生之子女。而受胎期間之推算，依同法第1062條第1項規定，從子女出生日回溯第181日起至第302日止。妻之受胎，係在婚姻關係存續中者，依同法第1063條第1項規定，推定其所生子女為婚生子女。但夫妻之一方或子女能證明子女非為婚生子女者，則得依同條第2項規定，提起否認之訴。而有事實足認其為非婚生子女之生父者，非婚生子女或其生母或其他法定代理人，得依同法第1067條規定，向生父提起認領之訴。

（三）臺灣高等法院101年度保險上字第39號民事判決

保險法第65條前段規定，依保險契約所生之權利，自得為請求之日起經過二年不行使而消滅。又民法第1067條第2項規定，係在確認非婚生子女與生父間之親子身分關係，使之衍生形成親子關係之法律上效力，性質上屬形成之訴，形成父子（女）關係之法律上效力，故非婚生子女認領之效力，應於認領之訴確定時，其所形成之法律效果，始溯及於非婚生子女出生時發生。是以，非婚生子女得以法定繼承人即保險契約受益人地位，行使保險金給付請求權之時，應為親子事件判決確定之時。

❖ 民法第1068條（刪除）

❖ 民法第1069條

非婚生子女認領之效力，溯及於出生時。但第三人已得之權利，不因此而受影響。

案例

　　甲男與乙女結婚以後，一直沒有生小孩子，有一天在無意中，發現自己結婚以前的女朋友丙生了一個小孩子丁男，丙一直不曾結過婚，算一算受胎生丁的時間，正在和自己同居，而且看到丁的相片，跟自己年輕的時候，長得一模一樣，因此追問丙，丙才告訴甲說，丁就是甲的骨肉，但是在兩年前就去世了，留下妻子戊，甲非常難過，就向戊表示要認領丁，並且希望把丁的骨灰，放到甲的家族祠堂裡面。丁死亡的時候，留下遺產新台幣（以下同）100萬元，因丙女拋棄繼承（民法第1174條），現在都在戊手上，戊是不是要依照民法第1144條配偶與父親一起繼承的時候，只可以繼承遺產的一半的規定，把其中的50萬元分給甲？

一、思考焦點

　　認領非婚生子女之後，這個非婚生子女是不是從出生開始，就算是認領人的小孩子？如果是這樣子的話，其他的人在認領以前已經得到的權利，是不是會因為認領而受到影響？

圖示：

二、問題論述

　　非婚生子女血緣上的父親，透過認領的方式，來和非婚生子女取得父子（女）關係，非婚生子女也因此可以擺脫「私生子」的陰影，可以說是一件美事，所以民法第1069條前段，就規定認領的效力，可以追溯到小孩子出生的時候，就發生效力，也就是說，這個非婚生子女，被血緣上的父親認領之後，就跟從一出生開始，就是和這個父親的婚生子女一樣，這是為了保障非婚生子女，讓他（她）跟父親有完全的聯繫，而不是從認領開始才算是婚生子女，也就是說，把他（她）看成從頭到尾都是婚生子女（認領之效力溯及於出生時）。

　　但是，溯及的事情，畢竟是後來才發生的，例如前面案例所講的丁，在死亡的時候，還不是甲的小孩子，所以他所遺留下來的100萬元遺產，全部都歸他的唯一繼承人，也就是他的妻子戊所有，100萬元是戊已經拿到手上、已經得到的利益（已得之權利），不能因為甲後來認領了丁，而受到影響（民法第1069條但書），所以甲後來雖然認領了丁，使得丁從出生開始就是甲的小孩子，這樣說來，丁死亡的時候，因此就有了繼承人父親甲及妻子戊，但是戊一人已經單獨得到的100萬元，不能再要她拿出來，這也是為了保護已經得到權利的人，使得已經形成的法律關係，能夠穩定下來，不會因為甲認領丁的這個動作，而受到影響，否則戊拿到的100萬元丁的遺產，卻還要天天擔心明天是不是有人來認領丁，使得她已經得到的丁的100萬元遺產，可能就會少一些，法律不希望製造這種不安穩的情況。依民法第1069條的規定，第三人戊已經取得的權利，不因甲認領丁而受到影響，這也能夠避免甲為了貪圖丁的遺產，而刻意去認領丁。

三、案例結論

　　依照民法第1069條前段的規定，甲認領丁，能使得丁從出生開始，就算是甲的親生小孩子。但是丁死亡的時候，他唯一的繼承人戊既然已經得到全部的遺產100萬元，應該就要受到保障，而不受甲認領丁的影響，依照民法第1069條但書的規定，戊就不需要再把其中50萬元交付給甲。

四、相關實例

　　丙男生下非婚生子女丁之後，一直不想認帳，讓丁自生自滅，丁死亡的時候，還沒有結婚，也還沒有小孩子，但是遺贈給了女朋友戊100萬元，丙這個時候才發現，原來丁很有錢，於是就趕快去認領丁，並且向戊主張自己有民法第1225條的特留分，那麼丙是不是有理由？

五、重要判解

最高法院103年度台上字第618號民事判決

　　按96年5月23日增訂之民法第1067條第2項，明定生父死後強制認領子女之訴，得向生父之繼承人為之；生父無繼承人，得向社會福利主管機關為之；其立法目的係為保護子女權益及血統真實；同法第1069條則規定，非婚生子女認領之效力，溯及於出生時，但第三人已得之權利，不因此而受影響；此所謂「第三人已得之權利，不因此而受影響」，關於繼承財產部分，係指繼承開始，與被認領之子女同一順位之其他繼承人，關於已繼承取得之財產，不因此而受影響，該被認領之子

女不能對之提起繼承回復請求權,然被認領之子女對生父之繼承權僅係受限制,而非喪失,故生父死後認領之被認領子女,就尚未分配之遺產,或嗣後始發現之繼承財產,仍得主張繼承權。

❖ 民法第1069條之1

　　非婚生子女經認領者,關於未成年子女權利義務之行使或負擔,準用第一千零五十五條、第一千零五十五條之一及第一千零五十五條之二之規定。

案 例

> 　　甲男與乙女都還沒有結婚,同居以後因為發生性關係,所以生下了非婚生子丙,甲就認領了丙。後來甲、乙吵架,就沒有住在一起了,甲覺得乙並沒有固定的工作及收入,就一直想要把丙帶回去給自己的父親、母親來帶,乙不肯,覺得小孩子還小,由媽媽照顧比較周到,所以堅持要自己帶,甲就向法院起訴請求行使、負擔對於丙的權利義務,請問:法院要怎麼樣來選定行使、負擔丙權利義務的適合的人?

一、思考焦點

　　非婚生子女被父親認領之後,如果小孩子還是未成年人,母親和父親並沒有婚姻關係,而且不一定都會和這個小孩子住在一起,這個時候,要由父親或母親來行使或負擔對於未成年子女的權利或義務?

圖示:

二、問題論述

　　非婚生子女被父親認領之後,如果小孩子還是未成年人,還是需要父親或母親在身旁保護、教養這個小孩子,這時母親和父親如果並沒有婚姻關係,就不一

定都會和這個小孩子住在一起，就非常類似父親及母親離婚的情形，所以民法第1069條之1就規定，這種情形，就要準用民法第1055條、第1055條之1、第1055條之2的規定，原則上由父親及母親來約定，應該由其中那一位，或由兩個人一起來行使或負擔對於未成年子女的權利義務，如果沒有約定好或不曾約定過，依照民法第1055條第1項的規定，父親或母親、主管機關、社會福利機構或其他利害關係人，就可以聲請法院，或法院依照自己本身的職權，來酌定適當的一方，去行使或負擔對於未成年子女的權利義務，如果父親及母親的協議對未成年子女不利，或正在行使、負擔對於未成年子女權利義務的一方沒有盡到責任，因而對未成年子女不利，主管機關、社會福利機構或其他利害關係人，可以聲請法院，或法院依照自己本身的職權，來決定變更由父親或母親的另外一方，來行使或負擔對於未成年子女的權利義務（準用民法第1055條第2、3項），以上的情形，法院都可以為未成年子女的利益，決定行使或負擔對於未成年子女權利義務的那一方，應該要怎麼樣來做比較好，也就是決定實際上的作法及內容應該是怎麼樣（準用民法第1055條第4項）。另外，沒有行使或負擔對於未成年子女權利義務的一方，法院也可以依照請求，或依照本身的職權，決定要怎麼樣來和未成年子女會面交往（準用民法第1055條第5項）。法院在考量以上的決定時，應該要以未成年子女的最大利益為出發點，參考社會工作人員的訪視報告，尤其應該要注意前面所講的民法第1055條之1各款的情形，如果因此發現父親及母親都沒有辦法把未成年子女給照顧好的時候，還可以準用民法第1055條之2的規定，選定父親及母親以外，比較適合的人來監護這個未成年子女，並且要父親、母親負擔扶養的費用。

三、案例結論

究竟應該由甲或乙來行使或負擔對於丙的權利義務，法院應該依照民法第1069條準用第1055條、第1055條之1、第1055條之2的規定來辦理，原則上以甲、乙的協議為優先，協議對丙不利，或是根本沒有約定好的時候，就由法院來酌定由甲或乙來行使或負擔對於丙的權利義務，法院如果認為甲、乙都不適合，還可以找甲、乙以外更適合的人來監護丙。

四、相關實例

丁男與戊女都還沒有結婚，同居以後因為發生性關係，所以生下了己子，丁就認領了己。後來丁、戊因為一起犯強盜罪，經法院判刑都要在監獄裡面坐十年的牢，未成年的己沒有人照顧，請問：法院要怎麼樣來選定適合的人來監護己？

五、重要判解

（一）新竹地方法院100年度家訴字第91號民事判決

按民法第1069條之1規定，非婚生子女經認領者，關於未成年子女權利義務之行使或負擔，準用同法第1055條、第1055條之1及第1055條之2規定。是法院應依子女最佳利益，審酌一切情狀，參考社工人員之訪視報告，尤應注意子女之年齡、性別、人數及健康情形、子女之意願及人格發展之需要、父母之年齡、職業、品性、健康情形、經濟能力及生活狀況、父母保護、教養子女之意願及態度、父母子女間或未成年子女與其他共同生活之人間之感情狀況，決定未成年子女權利義務之行使或負擔。

（二）最高法院100年度台抗字第1026號民事裁定

惟按非婚生子女經認領者，關於未成年子女權利義務之行使或負擔，準用第1055條、第1055條之1及第1055條之2之規定，民法第1069條之1定有明文。而依同法第1055條之1規定，法院為上開裁判時，應依子女之最佳利益，審酌一切情狀，參考社工人員之訪視報告，尤應注意該條所列各款之注意事項。查原審既謂兩造間有重大嫌隙，郭莉塔聲稱欲與郭宏斌結婚建立正常家庭，郭宏斌則稱郭莉塔僅為代理孕母等語，則能否期待彼等妥適「共同」行使或負擔對於未成年之女郭華妮之權利義務，已非無疑；且就兩造如何「共同」行使負擔權利義務之具體內容，例如僅就特定重要權利義務共同行使、或就全部權利義務輪流行使、或係區分關於人身或財產上之權利義務，各自行使，均付之闕如，對於未成年子女利益之保障，顯欠週延，難謂合於民法第1055條之1規定。兩造再抗告意旨，各自指摘原裁定不當，求予廢棄，均非無理由。據上論結，本件兩造再抗告均為有理由。

❖ 民法第1070條

生父認領非婚生子女後，不得撤銷其認領。但有事實足認其非生父者，不在此限。

案例1

　　甲男和以前的女朋友發生性關係之後，所生的非婚生子乙，於認領了乙之後，發現乙經常行為不檢而且前科很多，經常出入警察局及法院，所以就後悔不想要乙了，請問甲是不是可以撤銷他對乙認領的意思表示？

一、思考焦點

　　父親認領非婚生子女之後，可不可以撤銷認領的意思表示？

二、問題論述

　　父親認領非婚生子女之後，是不是可以撤銷這個認領的意思表示，就要看這個父親是不是這個非婚生子女血緣上的父親，如果不是，父親認領之後，還是可以去撤銷這個認領，如果確實是非婚生子女血緣上的父親，那麼縱使這個父親是被人家詐欺、脅迫而認領非婚生子女的，也不能夠依照民法第92條的規定去撤銷這個認領的意思表示。所以民法第1070條所規定可以撤銷認領意思表示的情形，專門是指撤銷對於沒有血緣關係的非婚生子女的認領而言，也就是說，認領了不是自己親生的小孩，當然可以撤銷認領。故此次修法加入但書規定「但有事實足認其非生父者，不在此限」。加強說明，若親子間無血緣聯絡，則此種反於真實之認領，得依照民法第1070條但書的規定，撤銷認領非婚生子女。

三、案例結論

　　乙確實是甲血緣上的兒子，所以甲認領乙之後，依照民法第1070條的規定，不可以再去撤銷認領乙的這個意思表示。但乙確實如非是甲血緣上的兒子，所以甲認領乙之後，得依照民法第1070條但書的規定，可以去撤銷認領乙的這個意思表示。

四、相關實例

　　丙男發現丁女是他和以前的女朋友戊發生性關係之後，所生的非婚生子女，戊一直說丁非常乖巧懂事，丙認領丁之後，才發現丁個性非常叛逆，這才發現自己被戊給騙了，所以就不想要丁當女兒，請問丙是不是可以撤銷他對丁認領的意思表示？

五、重要判解

（一）最高法院72年度台上字第349號民事判決

　　父子身分關係之存在，係持續而非成過去。非婚生子女經生父認領後復為認領人否認者，得就父子身分關係提起確認之訴。又生父認領非婚生子女後，不得撤銷其認領，固為民法第1070條所明定。惟子女之認領，以有真實血統關係為前提，倘認領人與被認領人間有事實上父子關係存在，即有血統連絡時，雖不許認領人以其認領係被詐欺或脅迫而為之為理由予以撤銷，惟如無真實父子關係時，則不因認

領而成為父子，縱認領行為無瑕疵，該認領仍為無效。

（二）最高法院86年台上字第1908號民事判決（例）

因認領而發生婚生子女之效力，須被認領人與認領人間具有真實之血緣關係，否則其認領為無效，此時利害關係人均得提起認領無效之訴。又由第三人提起認領無效之訴者，如認領當事人之一方死亡時，僅以其他一方為被告即為已足。

（三）最高行政法院91年度判字第612號行政判決

認領是否無效，事涉民事法院之職權，非行政機關所得自行認定，應由當事人另循民事訴訟程序，俟獲認領無效之勝訴判決確定後，始予受理撤銷認領之登記，於未經民事法院判決認領無效確定前，行政機關自不得受理撤銷認領登記。

（四）嘉義地方法院92年親字第31號民事判決

原告與被告之法定代理人柯○枝（現已更名為柯○綺）於民國81年間相識，82年間結婚，當時柯○枝已育有一子即被告黃○偉（現已更名為莊○偉），婚後柯○枝向原告提議，想讓被告從原告姓，原告以為被告欲讓原告收養，而逕讓柯○枝辦理認領程序。嗣原告與柯○枝於86年7月間離婚，雙方協議被告仍由柯○枝扶養。惟兩造間，並無真實的血緣關係存在，認領行為自屬無效。被告現雖已為他人所收養，但僅使原本之親權停止，而非消滅，故仍有回復之可能。按因認領而發生婚生子女之效力，須被認領人與認領人間具有真實之血緣關係，否則其認領為無效，最高法院著有86年台上字第1908號判例可資參照。

（五）臺灣高等法院暨所屬法院106年法律座談會民事類提案第10號

法律問題：家事事件法第3條及其立法理由、家事事件審理細則第74條有關親子訴訟範圍，均無撤銷認領之訴之規定，若非婚生子女甲經生父乙認領而取得婚生子女身分，甲嗣後發現與生父乙間無真實之血緣關係，乃依民法第1070條但書向法院訴請撤銷認領之訴，並聲明：「被告乙於民國○○年○○月○○日認領原告甲為其子之行為應予撤銷。」是否有理由？

討論意見：

甲說：否定說，應認其訴為無理由而駁回。

1.按生父認領非婚生子女後，不得撤銷其認領。但有事實足認其非生父者，不在此限，民法第1070條固有明文。而民事訴訟法第589條業因家事事件法立法後已刪除，家事事件法中並未有撤銷認領之訴明文規定，則撤銷認領係為撤銷形成權，已非撤銷訴權，毋庸經訴訟程序由法院判決為之。故關於異於血統真實之認領，經一方當事人對他方表明撤銷該認領，是該異於血統真實認領既經當事人一方撤銷，發生撤銷形成權之效力，自已不生認領之效力。是依上開說明，本件甲僅須以意思表示為撤銷認領，即可不生認領之效果，若其向法院訴請撤銷認領之訴，法院

應以其訴無理由而駁回之（臺灣新北地方法院106年度家調裁字第18號裁定意旨參照）。

　　2.因認領而發生婚生子女之效力，須被認領人與認領人間具有真實之血緣關係，否則其認領為無效，此時利害關係人均得提起認領無效之訴。又認領無效之訴權不因時效或除斥期間而消滅，且由第三人提起認領無效之訴者，如認領當事人之一方死亡時，僅以其他一方為被告即為已足（最高法院86年台上字第1908號民事判例意旨參照）。是我國向來實務見解認為反於真實血統之認領為無效，利害關係人得提起認領無效之訴。再民事訴訟法第589條規定認領無效之訴，雖經立法院決議刪除，於102年5月8日經總統公布生效，惟其刪除理由，係因家事事件法第三編第三章就親子關係事件程序已有整體規範，而配合刪除。又家事事件法雖無認領無效之訴之明文，然該法第3條第1項第3款列有確認親子關係存在或不存在事件，自立法理由揭櫫：「……確認親子關係存在或不存在事件（例如：……；以認領或否認認領之意思表示有效或無效，請求確認親子關係存在或不存在事件）……」等情，可知原民事訴訟法第589條規定認領無效之訴，屬家事事件法第3條第1項甲類第3款確認親子關係存在或不存在事件之範疇。是倘有認領無效之情形，利害關係人自得提起確認親子關係不存在之訴（臺灣高等法院105年度家上字第108號判決意旨參照）。另參以家事事件法第3條及其立法理由、家事事件審理細則第74條有關親子訴訟範圍，均無撤銷認領之訴之規定，則非生父認領非自己血統之非婚生子女後，僅能以認領無效為由，提起確認親子關係不存在之訴，而無從提起撤銷認領之訴。

　　3.又雖民法第1070條於96年5月23日修正公布為「生父認領非婚生子女後，不得撤銷其認領。但有事實足認其非生父者，不在此限」，增加生父於有事實足認其非生父時得撤銷認領之規定，然條文原規定生父認領不得撤銷，係指如血統上父子女關係真實存在，其雖基於錯誤或因被詐欺或被脅迫，亦絕對不得撤銷，但如因被詐欺或被脅迫而認領非自己血統之子女者，則雖為認領人亦不妨提起認領無效之訴，主張其認領為無效。因此上開修法後之規定，係加重原條文所注重認領需有真實血統關係之前提，尚不因增訂該但書規定而變更上開見解，附此敘明（臺灣高雄少年及家事法院101年度親字第16號判決意旨參照）。

　　乙說：肯定說，得提起撤銷認領之訴。

　　按生父認領非婚生子女後，不得撤銷其認領。但有事實足認其非生父者，不在此限，民法第1070條定有明文。立法理由為：本條規定「生父認領非婚生子女後，不得撤銷其認領。」但民事訴訟法第589條卻有撤銷認領之訴的規定。依民事訴訟法規定認為沒有真實血統之認領可訴請撤銷，造成實體法與程序法的規定相互

衝突。本條立法目的基於保護非婚生子女及符合自然倫常之關係,對於因認領錯誤或經詐欺、脅迫等意思表示瑕疵之情形,亦不得撤銷其認領。爰增設但書規定,准許有事實足認其非生父時,可撤銷認領;以兼顧血統真實原則及人倫親情之維護。又民事訴訟法第589條之規定固因家事事件法之公布,而於102年5月8日公布刪除,惟認領為單獨行為,非婚生子女一經其父認領,即生親子關係,惟既有事實足認認領人非子女之生父者,基於血統真實及人倫親情之維護目的,縱使家事事件法並未規定此種親子訴訟類型,然其仍屬應由法院處理之家事事件,為避免民法第1070條但書成為具文,自應許其訴請撤銷認領行為(苗栗地方法院102年度親字第8號判決、桃園地方法院101年度親字第117號判決、宜蘭地方法院105年度家調裁字第2號裁定意旨參照)。

初步研討結果:採甲說。

審查意見:

　　1.按民法第1070條於96年5月23日修正增訂之但書規定,係指「生父」於認領後有事實足認其非生父時,可撤銷認領,非婚生子女並非此條但書規定可撤銷認領之主體,不得據以撤銷認領。本件非婚生子女甲經乙認領後,發現與乙間無真實血緣關係,自不得依民法第1070條但書規定撤銷認領。

　　2.我國實務向認反於真實血緣之認領無效,利害關係人得提起認領無效之訴(最高法院86年台上字第1908號判例參照)。又民事訴訟法第589條規定認領無效之訴,雖經立法院決議刪除,於102年5月8日經總統公布生效,惟其刪除理由,係因家事事件法第三編第三章就親子關係事件程序已有整體規範,而配合刪除。又家事事件法雖無認領無效之訴之明文,然該法第3條第1項第3款列有確認親子關係存在或不存在事件,自立法理由揭櫫:「……確認親子關係存在或不存在事件(例如:……;以認領或否認認領之意思表示有效或無效,請求確認親子關係存在或不存在事件)……」等情,可知原民事訴訟法第589條規定認領無效之訴,屬家事事件法第3條第1項甲類第3款確認親子關係存在或不存在事件之範疇。是倘有認領無效之情形,利害關係人應得提起確認親子關係不存在之訴。

　　3.題示情形,審判長應依家事事件法第47條第6項規定行使闡明權。

研討結果:照審查意見通過。

相關法條:家事事件法第3條及其立法理由,家事事件審理細則第74條,民法第1070條。

案例2

　　依照民法第1070條但書規定，提起撤銷認領之訴是否得請求家事法院審理？

案例結論

　　撤銷認領之訴「未表列於家事事件法之中」，可否由家事法院審理有待探討，查家事事件法第3條第2項乙類事件第3款有規定「認領子女事件」。

　　依照家事事件法第1條規定：「爲妥適、迅速、統合處理家事事件，維護人格尊嚴、保障性別地位平等、謀求未成年子女最佳利益，並健全社會共同生活，特制定本法。」同法第3條第6項：「其他應由法院處理之家事事件，除法律別有規定外，適用本法之規定。」同法第37條規定：「第三條所定甲類、乙類、丙類及其他家事訴訟事件，除別有規定外，適用本編之規定。」綜上觀之，撤銷認領之訴應屬家事事件之性質，似應由家事法院審理之。

❖ 民法第1071條（刪除）

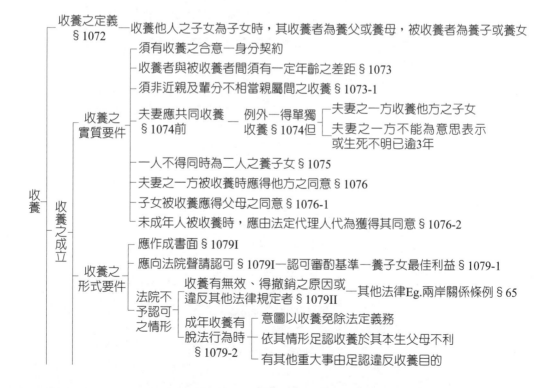

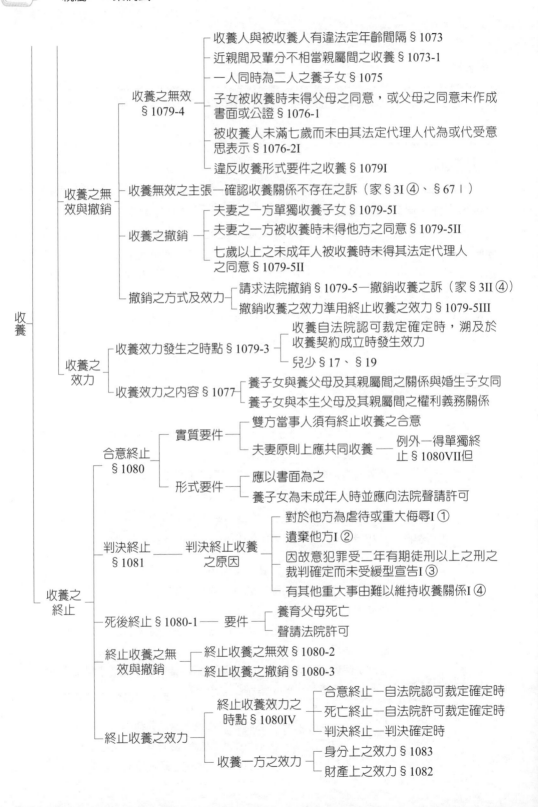

收養
├─ 收養之無效與撤銷
│   ├─ 收養之無效與撤銷
│   │   ├─ 收養之無效 §1079-4
│   │   │   ├─ 收養人與被收養人有違法定年齡間隔 §1073
│   │   │   ├─ 近親間及輩分不相當親屬間之收養 §1073-1
│   │   │   ├─ 一人同時為二人之養子女 §1075
│   │   │   ├─ 子女被收養時未得父母之同意，或父母之同意未作成書面或公證 §1076-1
│   │   │   ├─ 被收養人未滿七歲而未由其法定代理人代為或代受意思表示 §1076-2I
│   │   │   └─ 違反收養形式要件之收養 §1079I
│   │   ├─ 收養無效之主張—確認收養關係不存在之訴（家§3I④、§67I）
│   │   ├─ 收養之撤銷
│   │   │   ├─ 夫妻之一方單獨收養子女 §1079-5I
│   │   │   ├─ 夫妻之一方被收養時未得他方之同意 §1079-5II
│   │   │   └─ 七歲以上之未成年人被收養時未得其法定代理人之同意 §1079-5II
│   │   └─ 撤銷之方式及效力
│   │   ├─ 請求法院撤銷 §1079-5—撤銷收養之訴（家§3II④）
│   │   └─ 撤銷收養之效力準用終止收養之效力 §1079-5III
│   └─ 收養之效力
│   ├─ 收養效力發生之時點 §1079-3
│   │   ├─ 收養自法院認可裁定確定時，溯及於收養契約成立時發生效力
│   │   └─ 兒少§17、§19
│   └─ 收養效力之內容 §1077
│   ├─ 養子女與養父母及其親屬間之關係與婚生子女同
│   └─ 養子女與本生父母及其親屬間之權利義務關係
└─ 收養之終止
    ├─ 合意終止 §1080
    │   ├─ 實質要件
    │   │   ├─ 雙方當事人須有終止收養之合意
    │   │   └─ 夫妻原則上應共同收養—例外—得單獨終止 §1080VII但
    │   └─ 形式要件
    │   ├─ 應以書面為之
    │   └─ 養子女為未成年人時並應向法院聲請許可
    ├─ 判決終止 §1081
    │   └─ 判決終止收養之原因
    │   ├─ 對於他方為虐待或重大侮辱I①
    │   ├─ 遺棄他方I②
    │   ├─ 因故意犯罪受二年有期徒刑以上之刑之裁判確定而未受緩型宣告I③
    │   └─ 有其他重大事由難以維持收養關係I④
    ├─ 死後終止 §1080-1
    │   └─ 要件
    │   ├─ 養育父母死亡
    │   └─ 聲請法院許可
    ├─ 終止收養之無效與撤銷
    │   ├─ 終止收養之無效 §1080-2
    │   └─ 終止收養之撤銷 §1080-3
    └─ 終止收養之效力
        ├─ 終止收養效力之時點 §1080IV
        │   ├─ 合意終止—自法院認可裁定確定時
        │   ├─ 死亡終止—自法院許可裁定確定時
        │   └─ 判決終止—判決確定時
        └─ 收養一方之效力
            ├─ 身分上之效力 §1083
            └─ 財產上之效力 §1082

❖ 民法第1072條

收養他人之子女為子女時，其收養者為養父或養母，被收養者為養子或養女。

甲男沒有結婚，也沒有任何親人在世界上，收養了乙男之後，就死亡了，留下了遺產新台幣（以下同）100萬元，請問乙是不是可以繼承這100萬元？

一、思考焦點

收養別人的小孩子當作是自己的小孩子，收養別人的人，和被收養的人，彼此之間的關係和稱呼是什麼？

二、問題論述

收養的意思，就是把別人所生的小孩子，透過法律上的程序，當作是自己的小孩子，收養別人的人，就叫做養父或養母，被別人收養的人，就叫做養子或養女，法律並且把養子女和養父母之間的關係，看成跟養父母的已婚生子女的關係是一樣的。我國的收養制度，最早的目的，是為了要找男性來當作是自己的小孩子，這樣子一來，就算是自己並沒有男性的小孩子，也能夠傳宗接代，並且祭祀祖先。也有人是為了保持家裡面的財產，希望自己或自己的祖先辛苦累積下來的財產，不會落入到別人的手中，所以找一個人來當小孩子，將來自己死亡之後，這個養子就可以繼承自己的財產。另外，有人怕沒有小孩子會寂寞、有人已經有小孩子了，但是希望家裡面人手多一些，可以多一點勞力來賺錢、有人孩子都大了，晚年希望收養比較小、比較可愛的小孩子，安慰一下心靈，或希望年老有人來服侍自己、有人替自己送終等等，來收養小孩子。所以我國收養制度，不禁止收養成年人，也不禁止已經有小孩子的人再去收養別人的小孩子，但是法律最優先考慮的，在未成年人被收養的情形，還是這個小孩子的最大利益，而不是養父母的利益，在成年人被收養的情形，優先考慮到的，是被收養人親生父母親的最大利益，怕這個成年人被收養之後，原來親生的父親或母親沒有人去照顧。

在未成年人被收養的時候，由於法律及法院最優先考慮到的，是這個未成年人的最大利益，所以現代的收養觀念，和傳統的觀念，已經有很大的不同了。在這個觀念底下，有很多父母親沒有辦法照顧好可憐的小孩子，可以透過收養的法律制

度，找到更好的父親及母親，受到更好的養育及教育品質，這是現代收養制度主要的功能所在。

　　管見認為，現在法律思潮係尊重當事人自主原則、契約自由原則，故參照內政部中華民國100年3月24日內授中戶字1000060173號函解釋，應可肯定養祖父母得收養養孫子女。

三、案例結論

　　乙被甲收養之後，乙就是甲的養子，當然可以繼承甲的遺產100萬元。

四、相關實例

　　甲男沒有結婚，也沒有任何親人在世界上，收養了乙男之後，乙先死亡，乙在世界上除了養父甲之外，只有一個兒子丙，接著甲也死亡了，留下了遺產100萬元，請問丙是不是可以繼承這100萬元？

五、重要判解

（一）最高法院75年度台聲字第342號民事判決

　　收養係以與他人之子女發生婚生子女關係為目的之契約，此觀民法第1072條之規定自明。故對於自己親生之子女，殊無成立收養契約之餘地。

（二）中華民國97年7月17日內授中戶字第0970060356號

　　按日據時期外祖母收養外孫為螟蛉子，如係以養孫視之，自難指稱其違反「昭穆相當」原則，而認其收養為無效；且現行民法中並無收養養孫之規定，如經認定具有養孫身分者，毋庸註記於除戶資料中。

（三）中華民國100年6月8日法律決字第1000006232號

　　日據時期臺灣習慣所稱「媳婦仔」與養家無擬制血親關係，除有與養家依法另行成立收養關係外，似不能認其具有養女之身分。又媳婦仔嗣後於養家招贅或由養家主婚出嫁者，視為自該時起與養家親屬間發生準血親關係，惟仍須具備身分轉換當時有關收養之要件。

（四）臺灣高等法院暨所屬法院103年法律座談會民事類提案第10號

法律問題：甲、乙婚姻關係存續中，乙妻自第三人丙受胎生子A，依法推定為甲、乙之子，甲知悉其情，惟並未於知悉後二年內提起婚生否認之訴。其後甲、乙協議離婚，乙即攜A子與丙同住，A子成年後，得知其非甲之親生子，惟亦未於知悉後二年內提起否認生父之訴。丙晚年臥病，A因感念丙多年來對其母乙及自己之照顧，希望建立法律上之父子關係，俾能

對丙盡人子之孝道，經甲、乙同意，由丙與A簽訂收養契約，並聲請法
院認可，法院可否予以認可？

討論意見：

甲說：肯定說。

按受婚生推定之子女，如夫妻之一方或子女能證明子女非為婚生子女者，固得
提起否認子女之訴或否認推定生父之訴予以推翻，然若已逾民法第1063條第3項之
除斥期間，縱使子女與推定生父間無真實血緣，基於身分關係排他性與法律秩序安
定性原則，其法律上擬制之親子關係即已確定。此時，子女與有真實血緣之生父
間，在法律上已無任何親子關係存在，自無禁止其成立收養關係之必要，亦不違反
民法第1072條及第1073條之1第1款之規定。否則，丙與A既已不可能回復親生父子
之親子關係，又不能成立養父子之擬制血親關係，對人民身分權益之保護顯有未
周，殊非法律規定之目的。

乙說：否定說。

按收養係將本無血統聯絡之他人子女，擬制其為親生子女關係之制度，且為
維持我國傳統倫理觀念，不得收養直系血親為養子女，此觀於民法第1072條、第
1073條之1第1款之規定自明，故對於自己親生之子女，殊無成立收養契約之餘地
（最高法院75年度台聲字第342號裁定參照）。受婚生推定之子女，於否認婚生子
女或推定生父之訴除斥期間經過之後，雖與有真實血緣關係之生父間，無法再成立
親子關係，但仍有自然血緣關係存在，基於傳統倫常觀念及避免親屬關係混亂，仍
應禁止其成立收養關係。

初步研討結果：多數採甲說。

審查意見：採甲說。

研討結果：照審查意見通過。

❖ 民法第1073條

收養者之年齡，應長於被收養者二十歲以上。但夫妻共同收養時，夫妻之一方
長於被收養者二十歲以上，而他方僅長於被收養者十六歲以上，亦得收養。

夫妻之一方收養他方之子女時，應長於被收養者十六歲以上。

案 例

甲男二十五歲，是不是可以收養十歲的乙？

一、思考焦點

收養人和被收養的人，年齡上是不是要有差距？

二、問題論述

收養者之年齡應長於被收養者二十歲以上，其目的固在考量養父母應有成熟之人格、經濟能力等，足以擔負爲人父母及保護教養子女之義務。惟夫妻共同收養或夫妻之一方收養他方子女時，應較具有彈性，以符風俗民情之實際需要，此次修法增訂第1項但書及第2項規定。又參酌我國民法第980條規定，結婚最低年齡爲十六歲，故足證滿十六歲之人始得結婚，並有能力養育子女。

三、案例結論

因爲甲沒有比乙年齡大十六歲以上，所以無論乙之母是否爲甲之配偶，甲是不可以收養乙的。

四、相關實例

現年五十歲的甲男，在民國73年間收養了現年四十歲的乙女，那麼他收養的效力怎麼樣？

五、重要判解

（一）司法院大法官釋字第502號解釋

民法第1073條關於收養者之年齡應長於被收養者二十歲以上，及第1079條之1關於違反第1073條者無效之規定，符合我國倫常觀念，爲維持社會秩序、增進公共利益所必要，與憲法保障人民自由權利之意旨並無牴觸。收養者與被收養者之年齡合理差距，固屬立法裁量事項，惟基於家庭和諧並兼顧養子女權利之考量，上開規定於夫妻共同收養或夫妻之一方收養他方子女時，宜有彈性之設，以符合社會生活之實際需要，有關機關應予檢討修正（解釋日期：民國89年4月7日）。

（二）最高法院93年度台上字第551號民事判決

除斥期間者，乃權利預定存續之期間，因期間之經過，權利當然消滅，其客體爲形成權。而依民法之規定，並非所有形成權之行使，皆有除斥期間之規定。查在民法第1079條之1於民國74年6月3日增訂公布前，收養子女違反同法第1073條收養者之年齡應長於被收養者二十歲以上之規定者，僅得請求法院撤銷之，並非當然無效，固經司法院院解字第3120號及司法院大法官會議釋字第87號解釋在案，該撤銷權爲形成權之一種。惟上開解釋均未言及前項撤銷權自收養時起五年間不行使而

消滅，原審認前項撤銷權之除斥期間爲五年，殊屬無據。

（三）最高法院94年度台上字第2220號民事判決

　　民法親屬編於74年6月3日修正，增訂第1079條之1規定：收養子女，違反第1073條之規定者無效，惟本件收養發生在民法親屬編修正之前，依民法親屬編施行法第1條規定，不適用修正後第1079條之1之規定。而被上訴人於收養上訴人時，民法就違反第1073條規定之收養，並未規定其效力如何，惟依最高法院32年上字第886號判例、司法院院解字第3120號解釋及司法院大法官會議釋字第87號解釋意旨，均認收養子女違反民法第1073條之規定者，僅得由有撤銷權人向法院請求撤銷之，並非當然無效。至有撤銷權人如何訴請法院撤銷違法之收養，依司法院大法官會議釋字第87號解釋理由書所載，應類推適用民法關於撤銷違法結婚之規定。被上訴人收養上訴人當時，民法關於撤銷違法結婚之規定有第989條至第997條，該等規定與民法第1073條收養子女年齡之限制相類似者應爲民法第989條之規定，因此所謂類推適用關於撤銷違法結婚之規定應即係類推適用民法第989條之規定。而依民法之規定，並非所有形成權之行使，皆有除斥期間之規定。在民法第1079條之1於74年6月3日增訂公布前，收養子女違反同法第1073條收養者之年齡應長於被收養者20歲以上之規定者，僅得請求法院撤銷之，該撤銷權爲形成權之一種。惟上開解釋均未言及前項撤銷權自收養時起經過若干期間不行使而消滅，自不得類推適用民法第989條但書之規定，認爲撤銷違法收養有除斥期間之適用。

❖ 民法第1073條之1

下列親屬不得收養爲養子女：

一、直系血親。

二、直系姻親。但夫妻之一方，收養他方之子女者，不在此限。

三、旁系血親在六親等以內及旁系姻親在五親等以內，輩分不相當者。

（民國96年5月23日公布）

舊民法第1073條之1

左列親屬不得收養爲養子女：

一、直系血親。

二、直系姻親。但夫妻之一方，收養他方之子女者，不在此限。

三、旁系血親及旁系姻親之輩分不相當者。但旁系血親在八親等之外，旁系姻親在五親等之外者，不在此限。

（民國96年5月23日修正前之舊法）

案 例

　　甲男的女兒乙女與丙男結婚，甲覺得女婿丙真的是一個好人，想要收養他當作兒子，將來能夠繼承自己的財產，請問：甲可不可以收養丙當作是自己的兒子？

圖示：

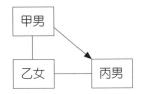

一、思考焦點

　　收養的對象有沒有限制？可不可以收養和自己有血親或姻親關係的人？

二、問題論述

　　收養的對象，如果和自己有親戚關係，而且關係很親近，使得被收養的人和收養的人之間，或彼此與對方的親屬之間，或彼此的親屬之間，關係變得非常錯綜複雜，或使得原本是平輩的親屬，突然之間，變成有輩分高低的不同，或使得原本輩分上有差別的親屬，突然之間，變成是平輩的關係，那將會與倫理道德相違背，也就是會沒大沒小，大家也不知道應該要怎麼樣來相處，所以法律就禁止關係很近的親屬之間的收養，也禁止一定範圍以內的旁系親屬，而且在輩分不是差別一親等（父母子女的關係，就是一親等的關係）的情形下的收養（輩分不相當者）。民法第1073條之1因此就規定了三種不准收養的型態：

（一）直系血親（第1款）

　　父親和他的兒子之間，本來就是父子關係，沒有收養的問題。如果一個父親收養他兒子的後代，那麼被收養的人，到底是孫子還是兒子？例如：祖父收養孫子，被收養的人，居然可以和他的叔叔、伯伯稱兄道弟、沒大沒小，到底他是姪子，還是兄弟？這會造成混亂親等輩分關係，所以法律禁止收養直系血親。

（二）直系姻親（第2款）

如前面案例所講的，丙是甲的女婿，甲因此就是丙配偶乙的直系血親尊親屬，也就是丙的直系姻親。如果甲收養丙當作是自己的兒子，那麼乙和丙都是甲的小孩子，乙、丙彼此之間，變成兄妹，亦形成居然可以在兄妹之間發生性關係及夫妻關係，這已違反了倫理道德的觀念，所以甲不可以收養丙當作是兒子，法律禁止收養直系姻親的道理就在這裡。但是夫妻的其中一方，收養另外一方與別人所生的小孩子，除了可以給這個小孩子完整的家庭以外，也可以因為夫妻是這個小孩子的父、母親的緣故，讓這個家庭更為美滿和諧，所以法律例外是可以准許夫妻的其中一方，收養另外一方與別人所生的小孩子（第2款但書）。

（三）六親等以內的旁系血親，輩分不相當的（第3款）

如丁男及戊男的父親是堂兄弟，也就是丁及戊是同一個曾祖父，彼此之間，是旁系血親六親等的親戚，如果丁可以收養戊，那麼丁和戊之間，到底是父子關係，還是堂兄弟的關係，會非常的混亂，而丁的兒子，本來也是戊的晚一輩，但是因為丁收養戊的關係，竟然會變成戊的同輩，也會造成混亂，沒大沒小，輩分不相當的，是不能收養的，但是旁系血親如果是在七親等以外的，因為關係已經很遠了，法律還是准許可以收養的。

（四）五親等以內的旁系姻親，輩分不相當的（第3款）

如己男的父親與庚男的父親是親兄弟，所以己與庚是堂兄弟，己的妻子辛女，是庚的堂嫂，也就是庚的旁系姻親四等親，而且應該是和庚同輩分的，但是如果准許辛收養庚，那麼辛女到底是庚的母親還是堂嫂？辛的公公，也就是己的父親，到底是庚的祖父還是伯父？這會產生混亂，所以法律禁止收養五親等以內輩分不相當的旁系姻親，也就是這種同輩的情形，或差兩輩以上的情形，是不能收養的，但是如果是收養在五親等之外的旁系姻親，因為關係已經很遠了，法律還是准許可以收養的。

舊法條文第3款規定係參照最高法院49年台上字第1927號民事判例類推適用第983條第1項第2款規定之意旨於74年所增訂，然第983條已於民國87年修正調整禁婚親親等之規定，爰配合上開規定將第3款所定「旁系血親八親等」修正為「旁系血親六親等」，並一併修正本條文字體例。

三、案例結論

甲、丙之間是直系姻親的關係，依照民法第1073條之1第2款的規定，甲不可以收養丙。

四、相關實例

　　A男與B女本來是夫妻，在婚姻之中，於民國87年8月間，B在外面與C男生了一個小孩子D，A男也知道這個小孩子是B與C所生，而不是他的，後來A、B離婚以後，B就去和C結婚，到了民國96年10月間，A、B、C三個人訂立收養契約，A同意由C來收養D，並且向法院聲請收養的認可，在法官訊問的時候，A、B、C都承認D是B、C所生的，並且能夠提出醫院的證明。請問：法院是不是應該要認可這個收養契約？

五、重要判解

（一）司法院大法官釋字第12號解釋

　　某甲收養某丙，同時以女妻之，此種將女抱男習慣，其相互間原無生理上之血統關係，自不受民法第983條之限制（解釋日期：民國41年12月20日）。

（二）司法院（81）廳民一字第02696號函

法律問題：甲男乙女係夫妻，在婚姻關係存續中，於民國77年間，乙女與丙男生一子丁，甲男亦知上情，嗣甲乙離婚後，乙女與丙男結婚，79年間甲、乙、丙三人訂立收養契約，同意由丙男收養丁，並聲請管轄法院為收養之認可，於法院訊問時，甲、乙、丙均承認丁係乙、丙所生，並提出醫院證明。法院應否認可？

司法院民事廳研究意見：

　　按妻之受胎係在婚姻關係存續中者，夫縱在受胎期間內未與妻同居，妻所生子女依民法第1063條第1項規定，亦推定為夫之婚生子女，在夫妻之一方，依同條第2項規定提起否認之訴，得有勝訴之確定判決以前，無論何人皆不得為反對之主張（最高法院23年上字第3473號及75年台上字第2071號判例意旨參照）。題示情形，丁固經甲、乙、丙三人承認係乙、丙所生，並有法院證明為憑，然其既依上開規定受推定為甲、乙之婚生子，今甲、乙又逾同條第2項提起否認之訴之法定期間而迄未起訴，丁在法律上自應認為甲之婚生子，從而，本件聲請認可收養事件，丁實無從認係丙男之直系血親，所為之收養行為即與民法第1073條之1之規定無悖，法院自不得據此駁回其認可收養之聲請。

（三）司法院大法官釋字第712號解釋

爭　點：已有子女或養子女之臺灣地區人民欲收養其配偶之大陸地區子女，法院應不予認可之規定，違憲？

解釋文：臺灣地區與大陸地區人民關係條例第65條第1款規定：「臺灣地區人民收養大陸地區人民為養子女，……有下列情形之一者，法院亦應不予認可：

　　一、已有子女或養子女者。」其中有關臺灣地區人民收養其配偶之大陸地區子女，法院亦應不予認可部分，與憲法第22條保障收養自由之意旨及第23條比例原則不符，應自本解釋公布之日起失其效力。

理由書：

　　基於人性尊嚴之理念，個人主體性及人格之自由發展，應受憲法保障（本院釋字第689號解釋參照）。婚姻與家庭為社會形成與發展之基礎，受憲法制度性保障（本院釋字第362號、第552號、第554號及第696號解釋參照）。家庭制度植基於人格自由，具有繁衍、教育、經濟、文化等多重功能，乃提供個人於社會生活之必要支持，並為社會形成與發展之基礎。而收養為我國家庭制度之一環，係以創設親子關係為目的之身分行為，藉此形成收養人與被收養人間教養、撫育、扶持、認同、家業傳承之人倫關係，對於收養人及被收養人之身心發展與人格之形塑具有重要功能。是人民收養子女之自由，攸關收養人及被收養人之人格自由發展，應受憲法第22條所保障。憲法增修條文前言明揭：「為因應國家統一前之需要，依照憲法第27條第1項第3款及第174條第1款之規定，增修本憲法條文如左：……。」憲法增修條文第11條亦明定：「自由地區與大陸地區間人民權利義務關係及其他事務之處理，得以法律為特別之規定。」而臺灣地區與大陸地區人民關係條例即為規範國家統一前，臺灣地區與大陸地區間人民權利義務及其他事務所制定之特別立法（本院釋字第618號、第710號解釋參照）。該條例第65條第1款規定：「臺灣地區人民收養大陸地區人民為養子女，……有下列情形之一者，法院亦應不予認可：一、已有子女或養子女者。」（下稱系爭規定）是在兩岸分治之現況下，就臺灣地區人民已有子女或養子女而欲收養大陸地區人民者，明定法院應不予認可，對臺灣地區人民收養大陸地區人民之自由有所限制。鑑於兩岸關係事務，涉及政治、經濟與社會等諸多因素之考量與判斷，對於代表多元民意及掌握充分資訊之立法機關就此所為之決定，如非具有明顯之重大瑕疵，職司法律違憲審查之釋憲機關固宜予以尊重（本院釋字第618號解釋參照）。惟對臺灣地區人民收養大陸地區人民自由之限制，仍應符合憲法第23條比例原則之要求。立法者鑑於臺灣與大陸地區人民血統、語言、文化相近，如許臺灣地區人民依民法相關規定收養大陸地區人民，而無其他限制，將造成大陸地區人民大量來臺，而使臺灣地區人口比例失衡，嚴重影響臺灣地區人口發展及社會安全，乃制定系爭規定，以確保臺灣地區安全及社會安定（立法院公報第81卷第51期（上）第152頁參照），核屬維護重要之公共利益，目的洵屬正當。系爭規定就已有子女或養子女之臺灣地區人民收養大陸地區人民時，明定法院應不予認可，使大陸地區人民不致因被臺灣地區人民收養而大量進入臺灣地區，亦有助於前揭立法目的之達成。惟臺灣地區人民收養其配偶之大陸地區子女，

將有助於其婚姻幸福、家庭和諧及其與被收養人之身心發展與人格之形塑，系爭規定並未就此種情形排除法院應不予認可之適用，實與憲法強調人民婚姻與家庭應受制度性保障，及維護人性尊嚴與人格自由發展之意旨不符。就此而言，系爭規定對人民收養其配偶之大陸地區子女自由限制所造成之效果，與其所欲保護之公共利益，顯失均衡，其限制已屬過當，與憲法第23條比例原則不符，而牴觸憲法第22條保障人民收養子女自由之意旨。於此範圍內，系爭規定與本解釋意旨不符部分，應自本解釋公布之日起失其效力。為減少干預人民收養子女之自由，相關機關對臺灣地區人民收養大陸地區人民之其他相關規定，仍應考量兩岸政治、經濟及社會因素之變遷，適時檢討修正，併此指明（解釋日期：民國102年10月4日）。

　　※相關條文：

臺灣地區與大陸地區人民關係條例第65條

　　臺灣地區人民收養大陸地區人民為養子女，除依民法第一千零七十九條第五項規定外，有下列情形之一者，法院亦應不予認可：

　　一、已有子女或養子女者。

　　二、同時收養二人以上為養子女者。

　　三、未經行政院設立或指定之機構或委託之民間團體驗證收養之事實者。

（四）臺灣高等法院暨所屬法院104年法律座談會民事類提案第52號

法律問題：甲男乙女婚後育有一子A，惟A子出生後2年甲男乙女即因感情不睦而協議離婚，並約定A子權利義務之行使或負擔由甲男任之，乙女於離婚後一年即再婚，並遷往南部居住，甲男單獨扶養A子2年後，則與丙女結婚，並攜A子與丙女同住，丙女對A子疼愛有加，視A子為己出，A子亦以媽媽稱呼丙女，惟並未辦理收養；迄A子年滿16歲時，甲男不幸病逝，A子之親權依法由生母乙女任之，但A子仍與丙女同住，丙女為A子辦理就學貸款等事項，均須經乙女同意，甚感不便，遂經A子同意並向法院聲請收養A子，乙女因另有家庭，無法照顧A子，亦出具經法院公證之同意書，同意A子由丙女收養。

　　問：本件A子出養是否有依兒童及少年福利與權益保障法第16條第1項前段「應委託收出養媒合服務者代覓適當之收養人」及同法第17條第1項檢附收出養評估報告規定之適用？

討論意見：

　　甲說：肯定說。

　　按父母或監護人因故無法對其兒童及少年盡扶養義務而擬予出養時，除有旁系血親在六親等以內及旁系姻親在五親等以內，輩分相當，及夫妻之一方收養他方子

女之情形外，應委託收出養媒合服務者代覓適當之收養人，並檢附收出養評估報告，兒童及少年福利與權益保障法第16條第1項、第17條第1項分別定有明文。本件A子之生父甲男已死亡，其與丙女之婚姻關係已消滅，丙女收養A子即非夫妻之一方收養他方之子女，既與前開法條但書之情形不符，即應依同法條第1項前段規定委託收出養媒合服務者代覓適當之收養人。況媒合服務機構可先進行面談及評估，確認其收養動機良善後，提供收養人於收養兒童前應先具備之親職教育能力之相關課程及輔導團體，以提升收養人與被收養人間之親子關係品質，及家庭功能之增強，對被收養人亦無不利。

　　乙說：否定說。按父母或監護人因故無法對其兒童及少年盡扶養義務而擬予出養時，應委託收出養媒合服務者代覓適當之收養人，但夫妻之一方收養他方之子女者，不在此限，兒童及少年福利與權益保障法第16條第1項但書第2款定有明文。本件A子與丙女有直系姻親關係，其姻親關係不因甲男死亡而消滅（民法第971條反面解釋），亦即甲男與丙女之婚姻關係雖因甲男自然死亡而消滅，但A子與丙女直系姻親之關係仍然存在，就此而言，丙女收養A子，應認仍有上開但書第2款規定之適用。況查上開法條第1項前段之立法意旨無非係藉由機構代覓適當之收養人，以杜絕販賣子女及非法媒介等情事發生。本件A子與丙女相處多年，受丙女扶養照顧並稱呼丙女為媽媽，丙女收養A子顯無販賣子女及非法媒介等情事發生之可能，應無委託收出養媒合服務者代覓適當收養人及檢附收出養評估報告之必要。

初步研討結果：採甲說5票；採乙說5票。

審查意見：採否定說，但修正理由如下：

　　（一）按婚姻關係因夫妻之一方死亡而消滅（最高法院33年上字第6335號判例參照），但生存之一方與第三人間之姻親關係依然存在，觀之民法第971條規定自明（同院22年上字第2083號判例參照）。本題丙因與甲結婚而與A有直系姻親關係，雖丙、甲間之婚姻關係因甲之死亡而消滅，惟依上說明，丙與A間之直系姻親關係仍存在。

　　（二）又養子女之利益為現代收養法之指導原理，且夫妻之一方收養他方子女，原即有兼顧婚姻和諧及家庭生活美滿之用意。依司法院秘書長73年7月4日（73）秘台廳一字第452號函、77年9月21日（77）秘台廳(一)字第1939號函示，夫於妻死亡後，仍可收養妻生前收養之養子為養子，反之亦然（參見補充資料），可見民法第1073條之1第2款規定「但夫妻之一方，收養他方之子女者，不在此限。」，其中「他方」，依上說明，應解釋包含已死亡配偶，否則上開函示之收養均非合法。而兒童及少年福利與權益保障法（下稱兒少法）第16條第1項但書第2款規定之「夫妻之一方收養他方子女」，既與民法第1073條之1第2款但書規

定「夫妻之一方，收養他方之子女」之文字相同（除中間多1個逗號外），自應為相同之解釋。是以本題丙收養A，雖係收養直系姻親為養子女，惟依上說明，亦屬「夫妻之一方收養他方子女」之情形，並未違反民法第1073條之1第2款之規定，依兒少法第16條第1項但書第2款規定，自無委託收出養媒合服務者代覓適當收養人及檢附收出養評估報告之必要，即無兒少法第16條第1項前段、第17條第1項規定之適用。

　　（三）本題甲說認為丙收養A非屬「夫妻之一方收養他方之子女」之情形者，即無民法第1073條之1第2款但書規定之適用。倘若可採，則丙、A間之收養，將因違反民法第1073條之1第2款前段規定「直系姻親不得收養為養子女」，依同法第1079條之4、第1079條第2項規定，自屬無效，法院應不予認可，逕駁回其聲請，根本無兒少法第16條第1項前段、第17條第1項規定之適用餘地。是此說不可採。至於乙說「……但A子與丙女直系姻親之關係仍然存在，就此而言，丙女收養A子，應認仍有上開但書第2款規定之適用。……」之推論跳躍，且無法說明未違反民法第1073條之1第2款前段規定之理由，亦有未妥，除此外之說明，尚可採用。

研討結果：照審查意見通過（實到71人，採甲說0票，採審查意見65票）。

❖ 民法第1074條

　　夫妻收養子女時，應共同為之。但有下列各款情形之一者，得單獨收養：

一、夫妻之一方收養他方之子女。

二、夫妻之一方不能為意思表示或生死不明已逾三年。

　　（民國96年5月23日公布）

舊民法第1074條

　　有配偶者收養子女時，應與其配偶共同為之。但夫妻之一方，收養他方之子女者，不在此限。

　　（民國96年5月23日修正前之舊法）

案 例

　　甲男與乙女是夫妻，甲如果要收養別人的小孩子丙男，是不是要和乙一起來收養？

一、思考焦點

一對夫妻如果要收養別人的小孩子，是不是要一起來收養？

二、問題論述

臺灣地區與大陸地區人民關係條例第56條：「收養之成立及終止，依各該收養者被收養者設籍地區之規定。收養之效力，依收養者設籍地區之規定。」請與民法第1074條（夫妻收養子女應共同為之），一併研讀。

如果只有夫妻其中一個人來收養別人的小孩子，收養過來的小孩子，和收養的一方住在一起，但是和沒有收養的另外一方，並沒有親子關係，會使得沒有收養的那一方，覺得說那是你的小孩子，不是我的，因此為了家庭的和諧，民法第1074條前段規定，必須要讓夫妻一起來收養，讓這個小孩子的父親與母親之間，有親子關係，除了可以給這個小孩子完整的家庭以外，也可以因為夫妻是這個小孩子的父、母親的緣故，讓這個家庭更為美滿和諧，夫妻的其中一方，不會覺得說，這個每天在家裡面跑來跑去的小孩子，是你的不是我的，而會覺得說這是「我們的」小孩子，我們夫妻一起來好好愛他（她）。

但在夫妻之一方不能為意思表示（例如：夫妻有一方成為植物人，不能為意思表示）或生死不明已逾三年時（夫妻有一方外出經商，行蹤生死不明已超過三年時），影響他方收養子女之權益，故此次修法將本條文但書，改列為但書第1款並增訂第2款例外情形，以符實際需要。亦即單獨收養之情形有三：（一）夫妻之一方收養他方之子女（二）夫妻之一方不能為意思表示（三）夫妻之一方生死不明已逾三年。

三、案例結論

甲如果要收養別人的小孩子丙，依照民法第1074條的規定，原則上就必須要和妻子乙一起來收養。

四、相關實例

丁男與戊女是夫妻，己是丁與前妻所生的兒子，戊如果要收養己，是不是要和丁一起來收養？

五、重要判解

（一）臺灣高等法院暨所屬法院85年法律座談會民事類提案第14號

法律問題：甲於民國37年間在大陸與乙結婚，38年隨軍隊來台，乙仍留在大陸，

甲於45年間復於臺灣與臺灣女子丙結婚，均無子女。海峽兩岸開放探親，甲欲收養大陸人民丁為養子，聲請法院認可，收養契約究應由甲與何人共同為之？

討論意見：

甲說：

與乙共同為之。若採丙說之見解，收養契約成立後，丁無異有2個養母，違反公序良俗。

乙說：

與丙共同為之。收養子女以養子女利益為最高指導原則。共同收養之本質，在使未成年子女受完全家庭之保護教養，甲、丙既已建立家庭共同生活，若未與丙共同收養，丙、丁間無法建立親子感情，丁亦無法受到充分教養保護。

丙說：

與乙、丙共同為之。因參考司法院大法官會議釋字第242號解釋意旨，應認甲前後二婚姻均有效，則乙、丙均為甲之配偶，依民法第1074條第1項之規定，有配偶者收養子女時，應與其配偶共同為之。並參考司法院78年6月26日（78）廳民3字第711號函意旨。

初步研討結果：多數採乙說。

審查意見：採丙說。

研討結果：照審查意見通過。

參考法條：

臺灣地區與大陸地區人民關係條例第56條（86.05.14）

臺灣地區與大陸地區人民關係條例（民國84年07月19日）第56條

收養之成立及終止，依各該收養者被收養者設籍地區之收養之效力，依收養者設籍地區之規定。

臺灣地區與大陸地區人民關係條例第56條

收養之成立及終止，依各該收養者被收養者設籍地區之規定。

收養之效力，依收養者設籍地區之規定。

（民國100年12月21日修正）

（二）法務部民國101年10月24日法律字第10100179260號

要旨：民法第1074條規定參照，臺灣地區收養人與配偶共同收養大陸地區未成年人，因分別經大陸地區公證處公證並經海基會驗證及向地方法院聲請認可收養，致夫妻與養子女發生收養關係時點不同，惟既經法院裁定確定，當以法院裁定為準。

主旨：爲貴部函詢臺灣地區人民與其配偶（原大陸地區人民）共同收養大陸地區未成年人，其收養生效日期疑義一案，復如說明二、三。請查照參考。

說明：

一、復貴部101年6月22日台內戶字第1010228348號函。

二、案經轉准司法院秘書長101年9月5日秘台廳少家二字第1010024222號函復略以：「旨揭疑義，事涉法院就具體個案所爲之法律判斷，爲免日後因上開問題涉訟時有干預審判之虞，本院未便表示意見。另有關辦理收養登記問題，屬戶政行政管理事項，宜由主管機關本於職權卓處。」

三、按民法第1074條規定：「夫妻收養子女時，應共同爲之。」夫妻共同收養子女時，與養子女所訂立之收養契約，並非以夫妻一體成立之觀念而與養子女訂立單一契約，而係夫妻以各自爲一方當事人之身分，與養子女分別訂立2個收養契約。因此，夫妻共同收養子女後，離婚時，其各自與養子女訂立收養契約，不因夫妻之離婚而受影響（陳棋炎、黃宗樂、郭振恭著，民法親屬新論，修訂10版，第345頁；林秀雄，親屬法講義，2011年7月，第271-272頁參照）。本件所詢臺灣地區收養人與其配偶（原大陸地區人民，於101年4月初設戶籍）共同收養大陸地區未成年人，因分別經大陸地區公證處公證並經海基會驗證及向臺灣桃園地方法院聲請認可收養，致夫妻與養子女發生收養關係之時點不同。惟既經法院裁定確定，當以法院裁定爲準。依上開說明，尚不影響其夫妻共同收養之本質。

四、檢送前開司法院秘書長函影本乙份供參。

（三）最高法院104年度台上字第2329號民事判決

僅有同居關係之男女，既非屬法律所定之夫妻關係，則其共同收養子女，即非有配偶者共同收養子女之情形，應認其收養行爲無效。

（四）法務部112年8月28日法律字第11203510020號函

要旨：關於夫妻之一方死亡後，生存之他方始收養其子女之情形，實務見解多數認爲姻親關係不因配偶一方死亡而消滅，被收養人仍屬收養人配偶之子女，適用夫妻之一方收養他方之子女之相關要件及效力。準此，有關被收養人與其本身已亡故之父（或母）之權利義務關係，不因被尚生存之配偶收養而消滅。

❖ 民法第1075條

除夫妻共同收養外，一人不得同時爲二人之養子女。

（民國96年5月23日公布）

舊民法第1075條

除前條規定外，一人不得同時爲二人之養子女。

（民國96年5月23日修正前之舊法）

案 例

　　甲男與乙女沒有結婚，但是同居在一起已經二十年了，過著像夫妻一樣的生活。唯一遺憾的是，兩個人一直沒有生小孩子，所以就一起到孤兒院去看，想要一起收養一個長得很可愛的孤兒丙男，法律上是不是允許？

一、思考焦點

一個人是不是可以同時被兩個人收養？

二、問題論述

　　我國傳統法制上，雖然有養子女可以同時傳遞兩個姓氏的香火，但是民法第1075條的規定，並不准許一個人同時被兩個人收養，除非這兩個人是夫妻（民法第1074條），這是民法爲了要使收養的關係單純化的緣故，以避免養子女不知道要聽誰的，或有兩個父親，或有兩個母親。

　　因民法第1074條但書係夫妻得單獨收養之規定，非屬本條除外規定排除之情形，此次修法將「除前條規定外」修正爲「除夫妻共同收養外」，以資明確。

三、案例結論

　　甲與乙並不是夫妻，所以依照民法第1075條的規定，丙不可以同時是甲及乙的養子，甲、乙不可以一起去收養丙，除非甲、乙結婚。

四、相關實例

　　丙男與丁女是夫妻，一起收養戊男爲養子，後來丙、丁在一場車禍中同時死亡了，戊可不可以再被己來收養？

五、重要判解

最高法院85年度台上字第136號民事判決

　　按一人同時為二人之養子，縱令法律無禁止之規定，亦為善良風俗所不容，故在日據時期養子女未經養父母同意，而更為他人之養子女者，後者之收養，應解為無效。如經養父母之同意，而更為他人之養子女者，在前之收養關係，應解為合意終止。又有配偶者收養子女，固應與配偶共同為之，其終止收養亦須夫妻共同為之。惟如養父母離婚者，養父母之一方得單獨與養子女合意終止收養關係，而未與養子女合意終止收養關係之另一方，則仍維持原有之收養關係，此為當然之解釋。

❖ 民法第1076條

　　夫妻之一方被收養時，應得他方之同意。但他方不能為意思表示或生死不明已逾三年者，不在此限。

　　（民國96年5月23日公布）

舊民法第1076條

　　有配偶者被收養時，應得其配偶之同意。

　　（民國96年5月23日修正前之舊法）

案 例

> 　　甲男與乙女是夫妻，丙男要收養甲男作為養子，但乙女因出車禍，變成植物人，必須長期住在安養中心，是不是需要經過乙女的同意？

一、思考焦點

　　有配偶的人被他人收養，是不是需要經過配偶的同意？

二、問題論述

　　夫妻其中一個人被他人收養的時候，通常會和收養的人共同生活，或者是時常有往來，故等於是在這對夫妻的共同生活中，加入其他人的生活，所以如果夫妻的其中一方被人家收養，沒有經過另一方的同意，很可能會造成家庭的不和諧，所以民法第1076條規定，夫妻其中一個人被人家收養的時候，必須要經過另外一方的同意，避免夫妻的另外一方覺得說，那是你的父母親，跟我沒有什麼關係，不要讓

他（她）來打擾我們的生活。

　　舊法條文爲維持婚姻和諧，明定夫妻之一方被收養時，應得他方之同意。然對於他方有不能爲意思表示或生死不明已逾三年之情形，舊法條文未設例外規定，鑑於上開二種情形乃事實上夫妻之一方不能爲同意，故應無婚姻和諧之考量，此次修法爰增列但書規定予以排除。

三、案例結論

　　甲如果要被丙收養，依照民法第1076條但書的規定，因出車禍，變成植物人，不能爲意思表示，故甲被收養無須配偶乙的同意。

四、相關實例

　　丙男與丁女是夫妻，戊男可不可以同時收養丙、丁爲養子女？

❖ 民法第1076條之1

　　子女被收養時，應得其父母之同意。但有下列各款情形之一者，不在此限：

　　一、父母之一方或雙方對子女未盡保護教養義務或有其他顯然不利子女之情事而拒絕同意。

　　二、父母之一方或雙方事實上不能爲意思表示。

　　前項同意應作成書面並經公證。但已向法院聲請收養認可者，得以言詞向法院表示並記明筆錄代之。

　　第一項之同意，不得附條件或期限。

　　（民國96年5月23日公布）

案　例

　　甲男與乙女是夫妻，想要收養丙男爲養子，經了解丙男之父丁、母戊均健在，甲男與乙女應如何處理，才能合法收養丙男爲養子？

一、思考焦點

　　甲男與乙女是夫妻，想要收養丙男爲養子，應完成哪些法律程序，才能合法收養丙男爲養子？

二、問題論述

本條係此次立法新增之條文。按收養關係成立後，養子女與本生父母之權利義務於收養關係存續中停止之，影響當事人權益甚鉅，故應經父母之同意，此為增訂第一項規定之緣由。又本條所定父母同意係基於父母子女身分關係之本質使然，此與民法第1076條之2規定有關法定代理人所為代為、代受意思表示或同意，係對於未成年人能力之補充，有所不同。因此，如未成年子女之父母離婚、父母之一方或雙方被停止親權時，法定代理人可能僅為父母之一方或監護人，此時法定代理人將子女出養，將影響未任法定代理人之父或母與該子女間之權利義務，故仍應經未任未成年子女權利義務之行使或負擔之父母之同意，此即本條之所由設。至於成年子女出養時亦應經其父母之同意，自不待言。

本條同意雖屬父母固有之權利，但在父母一方或雙方對子女未盡保護教養義務而濫用同意權或有其他顯然不利子女之情事而拒絕同意（第1項但書第1款）或父母一方或雙方事實上不能為意思表示（第1項但書第2款），例如：父母不詳、父母死亡、失蹤或無同意能力，得例外免除其同意，以保護被收養者之權利。

為強化同意權之行使，於本條第2項規定，同意為要式行為，除應作成書面外，並應經公證，以示慎重。鑑於收養應經法院之認可，於本條第2項但書明定，得以言詞向法院表示並記明筆錄代之，以為便民。又本條第3項規定，該同意之行使，不得附條件（參照民法第99條至第101條）或期限（參照民法第102條），以維身分行為之安全性。如有違反本條之規定為無效（參照民法第1079條之4）。

三、案例結論

依照民法第1076條之1第1項前段規定，子女被收養時，應得其父母之同意。故甲男與乙女是夫妻，想要收養丙男為養子，須經丙男之本生父丁、母戊之同意。並應該依照本條第3項規定，應將丙男之本生父丁、母戊之同意應作成書面並經公證。但已向法院聲請收養認可者，得以言詞向法院表示並記明筆錄代之。且依民法第1079條第1項規定，須向法院聲請認可，該收養契約，始有效力。

四、相關實例

丙男與丁女是夫妻，想要收養戊男為養子，戊男本生父己、母庚雖然同意戊男出養，但提出丙男與丁女須贈與新台幣200萬元之條件，是否合法？

五、重要判解

（一）最高法院29年渝上字第532號民事判決（例）

甲收養被上訴人之父乙為子，係在民法親屬編施行之前，依民法親屬編施行法第1條，不適用民法第1079條之規定，其收養縱未以書面為之，亦不得謂為無效。

（二）最高法院101年度台簡抗字第49號民事裁定

按父母對於兒童及少年出養之意見不一致，或一方所在不明時，父母之一方仍可向法院聲請認可。經法院調查認為收養乃符合兒童及少年之最佳利益時，應予認可。民國100年11月30日修正公布、同年12月2日施行之兒童及少年福利與權益保障法（下稱兒少保障法）第18條第1項定有明文。尋繹其立法理由謂本條項為民法第1076條之1之特別規定，應予優先適用。

（三）臺灣高等法院103年度家上字第48號民事判決

按當事人對於代理孕母所孕育之胎兒是否為其所從出仍有所懷疑，似此情況，因胎兒有可能為自己所從出而關切，乃事理之常，於確認胎兒為自己所出之前，謂已為認領，即與常理有悖，當事人縱主張先為認領，驗DNA不符再行撤銷，與情理實有違背，自不能採信。又當事人不能證明已於孩童於出養之前為認領，則於孩童出養時即非孩童法律上之父，其以孩童出養未經其同意，依民法第1076條之1第1項、第1076條之2第1項規定，主張收養應屬無效為由，訴請確認孩童與收養者間之收養關係不存在，於法即有未合。

※相關條文：

兒童及少年福利與權益保障法第18條

父母對於兒童及少年出養之意見不一致，或一方所在不明時，父母之一方仍可向法院聲請認可。經法院調查認為收養乃符合兒童及少年之最佳利益時，應予認可。

法院認可或駁回兒童及少年收養之聲請時，應以書面通知直轄市、縣（市）主管機關，直轄市、縣（市）主管機關應為必要之訪視或其他處置，並作成紀錄。

（四）最高法院111年度台簡抗字第304號民事裁定

參照兒童及少年福利與權益保障法第18條第1項之立法理由可知，本條項為民法第1076條之1之特別規定，應予優先適用。是父母就未成年子女之出養有意見不一致之情形時，應優先適用該規定，審認收養是否符合未成年子女之最佳利益。又人格權乃維護個人主體性及人格自由發展所不可或缺，亦與維護人性尊嚴關係密切，應受憲法第22條保障。而維護未成年子女最佳利益，為憲法保障未成年子女人格權及人性尊嚴之重要內涵，凡涉及未成年子女之事件，因其為承受裁判結果之

主體，只須該子女有表達意見之能力，客觀上亦有向法院表達意見之可能，基於未成年子女之主體性，法院應尊重其意願，使其於相關程序陳述意見，並據爲審酌判斷該子女最佳利益之極重要因素。縱未成年子女已於第一審陳述意見，然爲使其對第一審裁定是否妥適、正確表示意見，或爲了解第一審裁定後，其意見是否已有變更，抗告法院仍應使其於抗告程序有陳述意見之機會，以確保其意見受充分尊重與考慮，保障其程序主體權及符合正當法律程序。

（五）最高法院112年度台簡抗字第250號民事裁定

按民法第1076條之1第1項本文規定，子女被收養時，應得其父母之同意。惟兒童及少年福利與權益保障法第18條第1項規定，父母對於兒童及少年出養之意見不一致，或一方所在不明時，父母之一方仍可向法院聲請認可。經法院調查認爲收養乃符合兒童及少年之最佳利益時，應予認可。其立法理由謂本條項爲民法第1076條之1之特別規定，應予優先適用。又兒童權利公約（下稱公約）第3條第1項規定，所有關係兒童之事務，無論是由公私社會福利機構、法院、行政機關或立法機關作爲，均應以兒童最佳利益爲優先考量。是父母就未成年子女出養有意見不一致之情形時，法院即應審酌一切情狀，以未成年子女最佳利益爲最優先考量。其次，於判斷是否符合未成年子女最佳利益之衡量基準，應從該子女之利益角度觀察，公約第12號一般性意見第2點指出，所有兒童表達意見並得到認眞對待的權利是公約的基本價值觀之一，而憲法法庭111年憲判字第8號判決理由亦指明，基於我國憲法保障未成年子女之人格權與人性尊嚴，法院於處理有關未成年子女之事件，應基於該未成年子女之主體性，尊重該未成年子女之意願，使其於相關程序陳述意見，並據爲審酌判斷該未成年子女最佳利益之極重要因素。

❖ 民法第1076條之2

被收養者未滿七歲時，應由其法定代理人代爲並代受意思表示。

滿七歲以上之未成年人被收養時，應得其法定代理人之同意。

被收養者之父母已依前二項規定以法定代理人之身分代爲並代受意思表示或爲同意時，得免依前條規定爲同意。

（民國96年5月23日公布）

案 例

　　甲男與乙女是夫妻，想要收養十二歲的丙男為養子，經了解丙男之父丁、母戊均死亡，而其法定監護人為祖父己及祖母庚，甲男與乙女應如何處理，才能合法收養丙男為養子？

一、思考焦點

　　甲男與乙女是夫妻，想要收養丙男為養子，應完成哪些法律程序，才能合法收養丙男為養子？

二、問題論述

　　本條第1項及第2項規定，舊法條文民法第1079條第2項及第3項移列，緣上開規定屬收養之實質要件，故移列至本條，並予修正；另配合新增第1076條之1增列本條文第3項規定。

　　未成年人被收養時，應由其法定代理人代為、代受意思表示或得其同意，固無疑義（參照民法第76、79條規定），而依舊法條文民法第1079條第2項及第3項但書規定，如無法定代理人時，則毋須由其法定代理人代為、代受意思表示或得其同意，造成被收養者無法定代理人時，其收養程序過於簡略，對未成年人之保護恐有未周。為保護未成年人之利益，在未成年人無法定代理人之情形，應先依民法親屬編或其他法律之規定，定其監護人為法定代理人，以杜弊端，故此次修法刪除第2項及第3項但書規定。

　　本條法定代理人所為、所受意思表示或同意，係對於未成年人能力之補充，因此，未成年人被收養時，除應依前二項規定，由其法定代理人代為、代受意思表示或得其同意外，並應依前條規定經未成年人父母之同意。惟於父母與法定代理人相同時，其父母已依前二項規定以法定代理人之身分代為並代受意思表示或為同意時，自不必行使第1076條之1父母固有之同意權，爰增列第3項規定。

三、案例結論

　　依照民法第1076條之1第1項前段規定，子女被收養時，應得其父母之同意。故甲男與乙女是夫妻，想要收養丙男為養子，須經丙男之本生父丁、母戊之同意，但經了解丙男之父丁、母戊均死亡，而其法定監護人為祖父己及祖母庚，故祖父己及祖母庚為丙男之法定代理人（參照民法第1094條第1項、第1098條）。並應該依

照本條第2項規定，應將丙男之祖父己及祖母庚之同意作成書面並經公證。但已向法院聲請收養認可者，得以言詞向法院表示並記明筆錄代之。且依民法第1079條第1項規定，須向法院聲請認可，該收養契約，始有效力。

四、相關實例

　　甲男與乙女是夫妻，想要收養六歲的丙男為養子，經了解丙男之父丁、母戊均死亡，而其法定監護人為祖父己及祖母庚，甲男與乙女應如何處理，才能合法收養丙男為養子？

五、重要判解

（一）臺灣高等法院暨所屬法院102年法律座談會民事類提案第9號

法律問題：3歲之A女於102年1月1日凌晨0時許經臺東縣政府以其父甲、母乙無意　　　　　照顧A為由予以緊急安置，並經法院裁定自102年1月4日凌晨0時予以繼　　　　　續安置3月，及自102年4月4日凌晨0時延長繼續安置3月。現甲之弟丙　　　　　及丙妻丁（即A之叔叔及嬸嬸，均長於A20歲以上），有意共同收養A　　　　　為養女，甲、乙亦均同意A被收養，並於102年4月26日代為訂立收養契　　　　　約後，向法院聲請認可收養，法院應如何處理？

討論意見：

　　　　甲說：違反民法第1076條之2第1項，收養有無效之原因，應不予認可。

　　　　按兒童或少年若經直轄市或縣（市）主管機關（下稱主管機關）予以緊急安置、繼續安置、延長繼續安置或依其父母、監護人、利害關係人或兒童及少年福利機構之申請（委託）予以安置，於安置期間，在保護安置兒童及少年之範圍內，即由主管機關（或受其交付安置之機構及寄養家庭）行使、負擔父母對於未成年子女之權利義務。而上開權利義務之行使或負擔之內容，依兒童及少年福利與權益保障法第60條立法理由，係指民法第1084條第2項之保護教養、第1085條之懲戒及第1086條之法定代理權。

　　　　參酌原兒童及少年福利法第39條第1項及第41條第1項、第3項（即現行之兒童及少年福利與權益保障法第60條第1項及第62條第1項、第3項）係合併自兒童福利法第15條第3項、第17條第1項及少年福利法第9條第1項、第4項等規定（參立法院公報第92卷第23期院會紀錄第243及251頁），及兒童福利法第15條第3項前段係規定：「安置期間，主管機關或受主管機關委任安置之機構在保護安置兒童之範圍內，代行原親權人或監護人之親權或監護權。」可知父母或監護人對於兒童之親權或監護權於安置期間內係由主管機關或受主管機關委任安置之機構代為行使；雖少

年福利法第9條第4項僅規定：「主管機關、機構負責人或個人依第一項至第三項之規定，安置、輔導、保護、寄養、收容、教養少年之期間，對少年有監護權。」惟參以該條第4項之增定乃基於少年之監護權原屬家長，惟因家長有虐待、押賣、惡意遺棄等行為，故於安置、輔導、保護、寄養、收容、教養少年之期間，應暫時停止家長之監護權，並移轉予主管機關、機構負責人或個人，使少年之監護權不致中斷（參立法院公報第77卷第95期院會紀錄第34頁），足見父母或監護人對於少年之親權或監護權於安置期間係暫時停止，並移轉或由主管機關或機構負責人代為行使。

前揭由主管機關於安置期間行使、負擔父母對於未成年子女權利義務之規定，其目的應係為避免兒童及少年經主管機關予以安置後（不論是強制性之緊急安置、繼續安置或延長繼續安置，抑或依父母、監護人等人申請之委託安置），遭其父母或監護人另以行使親權或監護權之名義請求交付甚至強行搶奪兒童及少年（參立法院公報第92卷第23期院會紀錄第243-244頁；第77卷第95期院會紀錄第35-37頁）或為其他損害兒童及少年權益之行為，致兒童及少年之親權或監護權歸屬橫生爭議，進而影響兒童及少年於安置期間之權益與身心健全發展，及主管機關就兒童及少年福利與權益保障工作之順利進行（參立法院公報第82卷第4期院會紀錄第123頁）。且緊急安置之期間至多僅72小時，對於父母或監護人之影響尚屬輕微；至72小時以上之繼續安置、延長繼續安置或委託安置，則須經法院之裁定（依家事事件法第77條第1項之規定，除通知顯有困難外，法院應於裁定前通知父母或監護人參與程序；父母或監護人並得循抗告程序救濟）或父母及監護人之委託方得為之，應尚不致過度侵害父母及監護人之權利（參立法院公報第92卷第23期院會紀錄第244頁）。

準此，雖兒童及少年福利法第39條第1項及第41條第3項（即現行之兒童及少年福利與權益保障法第60條第1項及第62條第3項）並未明文規定父母或監護人對於兒童及少年之親權或監護權於安置期間應予限制或停止，惟基於前開說明，為落實兒童及少年之權益保障，避免首揭關於兒童及少年安置之規定因父母或監護人之權利任意行使而成為具文，並參酌前開安置對於父母或監護人權利之影響尚非過苛，應認父母或監護人對於兒童及少年之親權或監護權於安置期間內，在保護教養、懲戒及行使法定代理權之範圍內係暫時停止。至於上開規定就主管機關（或受其交付安置之機構及寄養家庭）於安置期間內行使、負擔父母對於未成年子女之權利義務之部分，雖另有「在保護安置兒童及少年之範圍內」之限制，惟此並非意謂在上開範圍外父母或監護人之親權或監護權即當然回復或不受限制，而係因主管機關（或受其交付安置之機構及寄養家庭）於安置期間內行使、負擔父母對於未

成年子女之權利義務，亦屬對於兒童及少年之一項保護措施（參立法院公報第82卷第4期院會紀錄第260-261頁），其權利之行使自不得逾越保護安置之範圍，避免有損兒童及少年之權益（例如代理或同意兒童及少年簽訂信用卡契約）。綜上，本件收養契約於102年4月26日訂立時，被收養人A年僅3歲，並經臺東縣政府予以安置，依兒童及少年福利與權益保障法第60條第1項、第62條第3項及民法1076條之2第1項之規定，自應由法定代理人即臺東縣政府代為並代受意思表示。退步言之，縱認此項法定代理權之行使並不在保護安置兒童及少年之範圍內，亦不得由甲、乙代為訂立本件收養契約。從而，依民法第1079條之4及第1079條第2項之規定，本件收養即有無效之原因而應不予認可。至於甲、乙之法定代理權雖因安置而暫時停止，惟於民法增定1076條之1有關被收養人本生父母同意權之規定，而有別於同法第1076條之2有關法定代理人代理或同意權之規定後，縱認本件收養應由法定代理人即臺東縣政府代為並代受意思表示，於甲、乙仍享有出養同意權之情形下，亦不致於因安置而過度侵害本生父母甲、乙之權益。

乙說：不違反民法第1076條之2第1項，仍應審查有無其他收養無效或得撤銷之原因，依養子女最佳利益決定是否予以認可。

民法第1084條規定父母對於未成年之子女，有保護及教養之權利義務。同法第1076條之2對於未滿7歲子女代為及代受收養意思表示，自包括在內。兒童及少年福利與權益保障法第60條第1項及第62條第3項雖規定，在保護安置兒童及少年之範圍內，由主管機關（或受其交付安置之機構及寄養家庭）行使、負擔父母對於未成年子女之權利義務，然此非謂父母對於受安置之兒童或少年之親權全部均予以停止，而僅係在保護安置兒童及少年之範圍內，父母對於主管機關（或受其交付安置之機構及寄養家庭）上開行為有容忍之義務。是以，主管機關僅在保護受安置人之範圍內代為行使親權，而非完全取代父母之地位。且受安置人一旦與他人成立收養，則在收養關係存續中，養子女與其本生父母及其親屬間之權利義務將處於停止狀態，養子女對於本生父母無扶養義務，亦無遺產繼承權，對身分關係影響重大，故於安置期間內，民法第1076條之2第1項、第2項之「法定代理人」仍係指本生父母，而非主管機關，如主管機關欲代受安置人為、受被收養之意思表示並向法院聲請認可，仍須先行聲請停止父母全部之親權，並聲請選定其為監護人後方可為之。

再者，「收養應以書面為之，並向法院聲請認可。」、「法院為未成年人被收養認可時，應依養子女最佳利益為之。」民法第1079條第1項、第1079條之1分別定有明文；「法院為審酌子女之最佳利益，得徵詢主管機關或社會福利機構之意見、請其進行訪視或調查，並提出報告及建議。」、「法院就前條事件及其他親子非訟事件為裁定前，應依子女之年齡及識別能力等身心狀況，於法庭內、外，以適

當方式，曉諭裁判結果之影響，使其有表達意願或陳述意見之機會；必要時，得請兒童及少年心理或其他專業人士協助。」家事事件法第106條第1項、第108條第1項亦有明文規定，而此等規定於收養事件亦準用之（家事事件法第119條）；另向法院聲請認可兒童及少年之收養，原則上應檢附收出養評估報告，未檢附者，法院應定期間命其補正；逾期不補正者，應不予受理。法院認可兒童及少年之收養前，得採行命主管機關、兒少福利機構或其他適當之團體或專業人員進行訪視，提出訪視報告及建議，評估出養之必要性。命收養人與兒童及少年先行共同生活一段期間。命收養人接受親職準備教育課程、精神鑑定、藥、酒癮檢測或其他維護兒童及少年最佳利益之必要事項等措施，供決定認可之參考，亦為兒童及少年福利與權益保障法第17條所明定。是以，法院於認可收養時，仍可依上開規定嚴格審查收養是否符合被收養者之最佳利益，達到充分保障被收養者之目的，應不致有甲說所指，因父母或監護人之權利任意行使而使安置之規定成為具文之情形。

初步研討結果：採甲說。

審查意見：採乙說（含補充理由）11票、採甲說6票。

乙說補充理由如下：依兒童及少年福利與權益保障法第60條第1項「安置期間，直轄市、縣（市）主管機關或受其交付安置之機構或寄養家庭在『保護安置』兒童及少年之『範圍』內，行使、負擔父母對於未成年子女之權利義務。」立法意旨為：「又第一項所定直轄市、縣（市）主管機關或受其交付安置之機構或寄養家庭於緊急安置期間行使、負擔對該兒童及少年之權利義務，依『安置之性質』係指民法第1084條之保護教養、第1085條之懲戒及第1086條之法定代理權。」

前開安置為緊急、短期安置，在保護安置之範圍限制父母行使法定代理權（並非完全剝奪父母親權）；惟安置寄養家庭等社會資源利用較有限，若已無意照顧子女之父母同意子女被收養，而收養須經法院審酌法定要件，復經徵詢主管機關或安置機構意見後，認符合子女之最佳利益，此收養建立之新家庭關係優於上開短期安置，未違反保護安置之範圍限制。

研討結果：採乙說（含審查意見補充理由）。

（二）最高法院108年度台上大字第1719號民事裁定

中華民國74年6月3日民法第1079條修正公布前，以收養之意思，收養他人未滿七歲之未成年人為子女者，如未成年人有法定代理人，且該法定代理人事實上能為意思表示時，應由其代為並代受意思表示，始成立收養關係。

❖ 民法第1077條

養子女與養父母及其親屬間之關係，除法律另有規定外，與婚生子女同。

養子女與本生父母及其親屬間之權利義務，於收養關係存續中停止之。但夫妻之一方收養他方之子女時，他方與其子女之權利義務，不因收養而受影響。

收養者收養子女後，與養子女之本生父或母結婚時，養子女回復與本生父或母及其親屬間之權利義務。但第三人已取得之權利，不受影響。

養子女於收養認可時已有直系血親卑親屬者，收養之效力僅及於其未成年之直系血親卑親屬。但收養認可前，其已成年之直系血親卑親屬表示同意者，不在此限。

前項同意，準用第一千零七十六條之一第二項及第三項之規定。

（民國110年1月13日修正；自112年1月1日施行）

舊民法第1077條

養子女與養父母及其親屬間之關係，除法律另有規定外，與婚生子女同。

養子女與本生父母及其親屬間之權利義務，於收養關係存續中停止之。但夫妻之一方收養他方之子女時，他方與其子女之權利義務，不因收養而受影響。

收養者收養子女後，與養子女之本生父或母結婚時，養子女回復與本生父或母及其親屬間之權利義務。但第三人已取得之權利，不受影響。

養子女於收養認可時已有直系血親卑親屬者，收養之效力僅及於其未成年且未結婚之直系血親卑親屬。但收養認可前，其已成年或已結婚之直系血親卑親屬表示同意者，不在此限。

前項同意，準用第一千零七十六條之一第二項及第三項之規定

（民國96年5月23日之舊法）

案例

> 　　甲男的兒子乙男收養丙男的時候，丙已經有了一個二十三歲的兒子丁男，丁男是否會因為乙男收養丙男，而使丁男與甲男和乙男有相同的直系血親關係？

一、思考焦點

收養人的親屬,和被收養人的親屬之間,是不是會因爲這個收養的緣故,而發生直系親屬關係?

圖示:

| 甲男 |──| 乙男 |▶| 丙男 |──| 丁男 |

二、問題論述

收養關係成立後,養子女取得收養者婚生子女之地位與身分,因此,養子女與養父母之親屬間,亦發生相對應之親屬關係,爲杜爭議,於本條第1項規定中,增訂「及其親屬間之關係」。

收養成立後,養子女與本生父母及其親屬間之天然血親關係,依司法院大法官會議釋字第28號解釋,仍屬存在,僅權利義務關係停止,故此次修法增訂第2項規定,以資明確。但夫妻之一方收養他方之子女時,他方與其子女之關係仍爲直系血親,其權利義務關係則不因收養而受影響,故於本條文第2項但書明確規範。

增訂第3項規定,收養者收養養子女後,與養子女之本生父或母結婚之情形,因收養者收養養子女時,該養子女與其本生父母之權利義務關係處於停止狀態,嗣後如收養者與被收養者之生父或生母結婚,該子女與其養父母相婚之生父或生母間之權利義務關係自應回復,以避免產生其間自然血親關係存在,卻爲姻親關係之矛盾現象。惟第三人已取得之權利,不受影響,自屬當然,例如:甲男與乙女婚後生有丙、丁二子,丁子後來爲戊男、己女之夫妻收養,收養第三年時甲男死亡,甲之遺產由乙及丙繼承,收養第五年己女死亡,收養第六年乙女與戊男結婚,故依照本條第3項前段規定,丁子回復與本生母乙之權利義務關係,依本例似可主張回復繼承甲之遺產,但立法上考量避免法律關係複雜等因素,遂於本條第3項但書規定「但第三人已取得之權利,不受影響」。因此丁子不得主張繼承甲之遺產。

關於被收養者於收養認可時已有直系血親卑親屬,收養之效力是否當然及於其直系血親卑親屬,學理上有正反二說,各有其利弊,鑑於外國立法趨勢,成年收養漸走向不完全收養制度,故於第4項規定養子女被收養時已有直系血親卑親屬者,收養之效力僅及於其未成年且未結婚之直系血親卑親屬。但在收養認可前,已成年或已結婚之直系血親卑親屬,如表示同意收養之效力及於其自身,收養之效力,則例外及於該已成年或已結婚之直系血親卑親屬,就其立法考量係以維護已成年或已結婚之直系血親卑親屬權益並兼顧身分之安定。

又前開同意影響身分關係重大，為求慎重，此次修法增訂本條文第5項規定，準用民法第1076條之1第2項規定，已成年或已結婚之直系血親卑親屬，如表示同意應作成書面並經公證。但已向法院聲請收養認可者，得以言詞向法院表示並記明筆錄代之。及準用民法第1076條之1第3項規定，已成年或已結婚之直系血親卑親屬，如表示同意，不得附條件或期限。

立法院民國110年1月13日修正本條第4項「且未結婚」、「或已結婚」等文字刪除，係為配合成年年齡與最低結婚年齡均修正為十八歲。故將本條第4項但書規定：「但收養認可前，其已成年或已結婚之直系血親卑親屬表示同意者，不在此限。」修正為「但收養認可前，其已成年或已結婚之直系血親卑親屬表示同意者，不在此限」。惟自112年1月1日生效施行。

三、案例結論

民法第1077條第4項規定，養子女被收養時已有直系血親卑親屬者，收養之效力僅及於其未成年且未結婚之直系血親卑親屬。但在收養認可前，已成年或已結婚之直系血親卑親屬，如表示同意收養之效力及於其自身，收養之效力，則例外及於該已成年或已結婚之直系血親卑親屬，就其立法考量係以維護已成年或已結婚之直系血親卑親屬權益並兼顧身分之安定。又前開同意影響身分關係重大，為求慎重，此次修法增訂本條文第5項規定，準用民法第1076條之1第2項規定，已成年或已結婚之直系血親卑親屬，如表示同意應作成書面並經公證。但已向法院聲請收養認可者，得以言詞向法院表示並記明筆錄代之。及準用民法第1076條之1第3項規定，已成年或已結婚之直系血親卑親屬，如表示同意，不得附條件或期限。

四、相關實例

甲男與乙女婚後生有丙、丁二子，丁子後來為戊男、己女之夫妻收養，收養第三年時甲男死亡，甲之遺產由乙及丙繼承，收養第五年己女死亡，收養第六年乙女與戊男結婚，丁得否主張繼承甲之遺產？

五、重要判解

（一）司法院33年院字第2747號解釋

民法第1077條所謂養子女與養父母之關係，及民法親屬編施行法第9條所謂嗣子女與其所後父母之關係，皆指親屬關係而言（參照院字第2037號第2048號解釋），婚生子女與其父母之親屬關係為直系血親關係，養子女或嗣子女與其養父母或所後父母之親屬關係，依上開各條之規定，既與婚生子女與其父母之親屬關係相

同，自亦為直系血親關係。

（二）司法院34年院字第3004號解釋

養父母係養子女之直系血親尊親屬（參照本院院字第2747號解釋），養父母之血親，亦即為養子女之血親。

（三）最高法院50年度台上字第103號民事判決（例）

養父母對於未成年養子女，不僅有保護及教養之權利抑且有此義務，上訴人於收養某甲為養女後，任其同居人虐待至於遍體鱗傷，難謂已盡其保護之責任，則該養女拒絕返回上訴人家中，亦不得謂無正當理由，自無由命其生母即被上訴人，反於該養女之意思，而認其有交人之義務。

（四）最高行政法院101年度判字第417號民事判決

按民法係於34年10月25日起始施行於臺灣，是有關臺灣人民於日據時期之親屬事件，固應依當時之臺灣習慣辦理，惟在日據時期發生之收養關係，應自民法親屬編施行日起，即有民法親屬編所定之效力。是以，自臺灣光復後施行民法之日起，即不再有臺灣日據時期習慣將養子區分為過房子與螟蛉子，凡養子女於出養期間，與本生父母及其親屬間之權利義務，如扶養義務、繼承權等皆處於停止狀態。雖養子女於日據時期經養父母收養，依臺灣當時之習慣，仍與本生家保持親屬關係，但自臺灣光復後施行民法之日起，養子女與養父母之收養關係，即有民法親屬編所定之效力，則養子女與本生父母及本生家兄弟姐妹之權利義務，皆處於停止之狀態，本生家兄弟姐妹對於出養子女之遺產無繼承權。

（五）最高法院103年度台上字第368號民事判決

民法第1077條、第1083條規定，被人收養者自收養關係成立之日，與其養父母成立擬制之親子關係。養子女於收養關係存續中，與其本生父母之天然血親雖仍存在，惟其間之權利義務關係則處於停止狀態，故民法第1138條所謂直系血親卑親屬、父母間，不包含養子女與本生父母關係在內。

（六）最高法院109年度台上字第749號民事判決

臺灣舊慣之過房子（養子），雖在身分上仍與其本生家保持親屬關係，惟除有一子雙祧情形，得同時繼承其養家及本生家之財產外，需待其歸宗，始回復其於本生家之繼承權，並非過房子均得同時繼承養家及本生家之財產。

❖ 民法第1078條

養子女從收養者之姓或維持原來之姓。

夫妻共同收養子女時，於收養登記前，應以書面約定養子女從養父姓、養母姓

或維持原來之姓。

　　第一千零五十九條第二項至第五項之規定，於收養之情形準用之。

> 　　甲男與乙女是夫妻，共同收養丙男為養子，請問：丙男應該要跟甲姓或跟乙姓？

一、思考焦點

　　養子女被共同收養之後，應該要姓什麼？

二、問題論述

　　收養制度之設立，在於使無直系血親關係者之間，發生親子關係，使被收養人取得收養人婚生子女之地位，故本條第1項前段仍維持現行條文所定：「養子女從收養者之姓」之規定，不予修正。但在本條第1項後段增訂，養子女得與養父母約定從養子女維持原來之姓。

　　本條第2項，明定民法第1074條所定，於「夫妻共同收養子女」時，養父母於收養登記前得以書面約定養子女從養父姓或養母姓或維持原來之姓。又本條第3項，則修訂為有收養之情形時，關於養子女稱姓之問題，準用民法第1059條第2項至第5項之規定（亦即未成年子女變更稱姓、成年子女變更稱姓、變更稱姓之次數限制、子女姓氏不利請求法院宣告變更）。

三、案例結論

　　依照民法第1079條第2項所定，於「夫妻共同收養子女」時，養父母於收養登記前得以書面約定養子女從養父姓或養母姓或維持原來之姓。

四、相關實例

　　丙男與丁女是夫妻，共同收養未成年的戊男為養子，丙與丁離婚之後，由丁來行使或負擔對於戊的權利義務，丁又和己結婚，請問：戊應該要跟誰姓？

五、重要判解

（一）司法院25年院字第1602號解釋

　　養子女從收養者之姓，既為民法第1078條所明定，則養子女自不得兼用本姓，

如以本姓加入姓名之中，其本姓只能認爲名字之一部，而不得視爲複姓，至兼承兩姓宗祧，雖無禁止明文，但參照同法第1083條之趣旨，仍不生法律上之效力。

（二）最高法院33年上字第1180號民事判決（例）

養子從收養者之姓爲收養關係成立後之效果，並非收養關係成立之要件，收養關係存續中，養子在實際上冠以本姓，其收養關係在法律上亦非當然因而終止。

（三）内政部112年8月31日台内户字第1120132889號函

要旨：夫妻一方死亡後，生存之他方始收養死亡配偶之子女者，係屬民法第1074條第1款所定之「單獨收養」，有關被收養人與其本身已亡故一方之權利義務關係，不因被已亡故一方尚生存之配偶收養而消滅。若被收養人欲改從其本身已亡故之父（或母）之姓氏，應得依據民法第1078條第3項準用第1059條第2～5項有關變更姓氏之規定辦理。

❖ 民法第1079條

收養應以書面爲之，並向法院聲請認可。

收養有無效、得撤銷之原因或違反其他法律規定者，法院應不予認可。

（民國96年5月23日公布）

舊民法第1079條

收養子女，應以書面爲之。但被收養者未滿七歲而無法定代理人時，不在此限。

未滿七歲之未成年人被收養時，由法定代理人代爲意思表示並代受意思表示。但無法定代理人時，不在此限。

滿七歲以上之未成年人被收養時，應得法定代理人之同意。但無法定代理人時，不在此限。

收養子女應聲請法院認可。

收養有下列情形之一者，法院應不予認可：

一、收養有無效或得撤銷之原因者。

二、有事實足認收養於養子女不利者。

三、成年人被收養時，依其情形，足認收養於其本生父母不利者。

（民國96年5月23日修正前之舊法）

案例

　　甲男與乙女結婚很多年了，因為乙女的輸卵管有疾病，一直沒有辦法生小孩，但是乙非常喜歡小孩子，有一天早上，家門口有嬰兒的哭聲，打開門一看，發現有一個小嬰兒被人用布包著，旁邊有一張紙條，內容是說這個小嬰兒叫做丙，他的媽媽沒有能力扶養小孩，希望甲、乙能好好把這個小孩子帶大。請問：甲、乙是不是可以把丙抱回家當成是自己親生的小孩子，並且到戶政事務所去辦理戶籍的登記，申請把丙的父、母親填寫為甲、乙的名字？

一、思考焦點

　　收養一個小孩，必須要有哪些條件？

圖示：

二、問題論述

　　一個人如果被另外一個人收養後，除非有終止收養的情形，不然的話，一輩子都是人家的小孩子，例如：甲、乙如果收養丙，甲、乙必須要養育、管教丙長大，丙也可以繼承甲、乙的財產，事關重大，必須要非常的慎重，所以法律規定應該要用書面文字，把收養別人的意思，以及被別人收養的意思，相互成立的收養契約寫下來（民法第1079條第1項）。收養係建立擬制親子關係之制度，為昭慎重，自應以書面為之。惟現今藉收養名義達成其他之目的者，亦時有所聞，為保護被收養者之權益，此次修法將本條文第1項但書所定：「但被收養者未滿七歲而無法定代理人時，不在此限」之例外規定，予以刪除。又現行條文第4項與第1項同屬收養形式要件，併為一項規定為：「收養應以書面為之，並向法院聲請認可」。又舊法條文第2項及第3項規定係屬收養之實質要件，故移列至民法第1076條之2規定。

　　因現行民法第1079條之1及第1079條之2已分別明定，法院於認可未成年收養

及成年收養事件時應審酌之要件，而舊法本條條文第5項第1款所定「收養有無效或得撤銷之原因者」為法院於認可成年及未成年收養事件時共同之審酌事項，故將舊法第1079條第5項第1款移列至新法第1079條第2項規定，以符體例，並增列「或違反其他法律規定」，俾與其他法律規定相配合，以符法律明確性原則。又舊法第1079條第5項第2款及第3款規定，係收養未成年子女及成年子女時，法院應審酌之事項，此次修法分別移列於民法第1079條之1及第1079條之2規定，並酌予修正。

三、案例結論

　　甲、乙如果要收養別人的未成年小孩丙，本來是要丙的法定代理人（通常是小孩的父、母親）出面，丙未滿七歲的話，應該要由法定代理人代為表達願意被甲、乙收養的意願，並且代為接受甲、乙要來收養的意思（參照民法第1076條之1第1項前段、民法第1076條之2第1項）。然而，丙如果是棄嬰，沒有辦法找到他（她）的法定代理人，他（她）自己也沒有寫字、識字的能力，就可以不用書面的文字，也不需要法定代理人出面，因為棄嬰的父母顯然對子女未盡保護教養義務（參照民法第1076條之1第1項第1款）。最後，無論丙幾歲，甲、乙要收養丙，都必須要經過法院的認可才行（參照民法第1079條第1項）。

　　因此，沒有完成上述的程序，甲、乙是不可以把丙抱回家當成是自己親生的小孩子，戶政事務所也不會幫甲、乙辦理登記。

四、相關實例

　　丙男與丁女結婚很多年了，一直沒有辦法生小孩，但是看見戊女的父、母親都死亡，且在世界上沒有任何親人的十九歲戊女，非常乖巧，因此想要收養戊當作是女兒，但是戊只是口頭上表達願意的意思，丙、丁與戊之間，是不是可以因此就發生了收養關係？

五、重要判解

（一）最高法院29年渝上字第1817號民事判決（例）

　　收養年已十九歲之人為子，未以書面為之，既於民法第1079條所定之方式有未具備，依民法第73條之規定，即屬無效，自不能發生收養關係。

（二）最高法院102年度台上字第2301號民事判決

　　按身分法係以人倫秩序之事實為規範對象，如將無效之身分行為，解釋為自始、當然、絕對之無效，將使已建立之人倫秩序，因無法回復原狀而陷於混亂。為彌補此缺失，宜依民法第112條規定，於無效之身分行為具備其他法律行為之要

件，並因其情形，可認當事人若知其無效，即欲爲他身分行爲者，該他身分行爲仍爲有效。又在民法上之親子關係未必貫徹血統主義，因此，在無眞實血統聯絡，而將他人子女登記爲親生子女，固不發生親生子女關係，然其登記爲親生子女，如其目的仍以親子一般感情，而擬經營親子的共同生活，且事後又有社會所公認之親子的共同生活關係事實存在達一定期間，爲尊重該事實存在狀態，不得不依當事人意思，轉而認已成立擬制之養親子關係。

按關於親屬之事件，在民法親屬編修正前發生者，除民法親屬編施行法有特別規定外，不適用修正後之規定。又收養子女，應以書面爲之。但自幼撫養爲子女者，不在此限，民法親屬編施行法第1條後段及74年6月5日修正生效前民法第1079條分別定有明文。而74年6月5日修正生效前之民法第1079條所謂「自幼」，係指未滿七歲；「撫養」則指以有收養他人之子女爲自己之子女之意思養育在家而言；民法修正前之收養子女，如係自幼撫養爲子女者，並非要式行爲，既不以書面爲必要（司法院31年院字第2332號解釋、35年院解字第3120號解釋、大理院5年上字第1123號解釋意旨參照），易言之，74年6月5日修正生效前之民法第1079條但書規定，收養人收養未滿七歲無意思能力之被收養人，應認爲係收養人單方之收養意思與自幼撫育之事實結合而成立養親子關係，不以將原報戶籍塗銷，辦妥收養登記爲生效之要件，法律亦未明定應得生父母之同意，故祇須有自幼撫養之事實，並有以之爲子女之意思即可成立。

（三）法務部民國102年10月11日法律字第10200196020號

修正前民法第1079條規定參照，收養關係成立生效之時點，未有明文規定，參照學者見解多認爲應自收養關係（行爲）成立之日起，發生效力以收養爲子女之意思及自幼發生撫養事實均具備時，即應爲收養關係（行爲）成立之日，不以書面收養契約作爲收養關係成立之必要及生效之起點。

（四）最高法院103年度台上字第528號民事判決

修正前民法第1079條但書規定，收養人收養未滿七歲無意思能力之被收養人，應認係收養人單方之收養意思與自幼撫育之事實結合而成立之養親子關係，不以將原報戶籍塗銷，辦妥收養登記爲生效要件，法亦未明定應得生父母之同意，故其養親關係祇須有自幼撫養之事實，並有以之爲子女之意思即可成立。

❖ 民法第1079條之1

法院爲未成年人被收養之認可時，應依養子女最佳利益爲之。

（民國96年5月23日公布）

舊民法第1079條之1

收養子女，違反第一千零七十三條、第一千零七十三條之一及第一千零七十五條之規定者，無效。

（民國96年5月23日修正前之舊法）

法院為未成年人被收養之認可時，應依養子女何者考量為優先？

一、思考焦點

法院為未成年人被收養之認可時，應依何者考量為優先？

二、問題論述

本條自條文第1079條第5項第2款移列，並予修正；舊民法條文第1079條之1移列至現行民法第1079條之4。

法院審酌收養未成年人事件之指導原則為養子女之最佳利益，惟此原則過於抽象，為落實此一原則，此次修法增定準用民法第1055條之1之具體客觀事由作為審酌之參考。又本條文因已包括舊法條文第1079條第5項第2款所定內容，故將舊法條文第1079條第5項第2款規定予以刪除。

三、案例結論

法院為未成年人被收養之認可時，應依養子女最佳利益為之。

四、相關實例

法院為未成年人被收養之認可時，應依養子女最佳利益為之，在法律上應準用哪些條文？

❖ 民法第1079條之2

被收養者為成年人而有下列各款情形之一者，法院應不予收養之認可：

一、意圖以收養免除法定義務。
二、依其情形，足認收養於其本生父母不利。
三、有其他重大事由，足認違反收養目的。

（民國96年5月23日公布）

舊民法第1079條之2

收養子女，違反第一千零七十四條之規定者，收養者之配偶得請求法院撤銷之。但自知悉其事實之日起，已逾六個月，或自法院認可之日起已逾一年者，不得請求撤銷。

收養子女，違反第一千零七十六條或第一千零七十九條第三項之規定者，被收養者之配偶或法定代理人得請求法院撤銷之。但自知悉其事實之日起，已逾六個月，或自法院認可之日起已逾一年者，不得請求撤銷。

依前二項之規定，經法院判決撤銷收養者，準用第一千零八十二條及第一千零八十三條之規定。

（民國96年5月23日修正前之舊法）

案例

　　甲男與乙女是夫妻，甲、乙收養二十一歲丙男，經法院審查結果，丙男意圖以被甲、乙收養，而免除對其臥病在醫院之本生父母法定扶養義務，法院是否應認可本案收養？

一、思考焦點

被收養者為成年人，法院不予收養之認可情形有哪些？

二、問題論述

本條自舊法條文第1079條第5項第3款移列，並予修正；此次修法將民法條文第1079條之2移列至民法第1079條之5。

又成年收養與未成年收養之情形不同，因此，法院於認可收養時，對於未成年收養係以未成年子女之最佳利益為主，成年收養則應以防止脫法行為為主。因此，為避免成年收養時，被收養者藉收養之手段達到免除扶養義務等脫法行為之目的，此次修法增訂成年收養時，法院應不予認可之情形。

被收養者為成年人而有下列各款情形之一者，法院應不予收養之認可：

（一）意圖以收養免除法定義務（第1款）

被收養者為成年人意圖以收養免除法定義務（參照民法第1114條至1121條）。

如甲男與乙女是夫妻，甲、乙收養二十一歲丙男，經法院審查結果，丙男意圖以被甲、乙收養，而免除對其本生臥病在醫院之父母法定扶養義務，故法院應不予收養之認可。

（二）依其情形，足認收養於其本生父母不利（第2款）

如甲男與乙女是夫妻，甲、乙收養二十一歲丙男，經法院審查結果，丙男以被甲、乙收養，就客觀情形而言，對其本生臥病在醫院之父母，產生乏人照顧，就其精神、物質上顯然產生不利，故法院應不予收養之認可。

（三）有其他重大事由，足認違反收養目的（第3款）

如甲男與乙女是夫妻，甲、乙收養二十一歲丙男，經法院調查結果，丙男經常與乙女發生不倫關係，顯然構成本款有其他重大事由，亦足認違反收養目的，故法院應不予收養之認可。而「有其他重大事由」係屬概括規定，至於「違反收養目的」法院之認可收養似參照民法第1079條之1規定之法理考量為之。

三、案例結論

依照案例所示，甲男與乙女是夫妻，甲、乙收養二十一歲丙男，經法院審查結果，丙男意圖以被甲、乙收養，而意圖免除對其本生臥病在醫院之父母法定扶養義務，而且依其情形，收養對於丙男之本生父母不利，法院不應認可本案收養。

四、相關實例

丙男、丁女原來是夫妻，但是因為個性不合，所以就協議離婚了，丙、丁雙方並且約定：「所生兒子戊男由丁來行使親權，丁將來可以單獨把戊送給別人收養」。後來丁與己男結婚之後，沒有經過前夫丙的同意，就把剛滿二十歲之成年的戊讓己男、庚女夫妻收養，請問：法院可不可以認可這個收養關係？

五、重要判解

最高法院103年度台上字第2696號民事判決

收養子女應聲請法院認可，如有無效或得撤銷之原因者，法院應不予認可。故收養時倘有非真意或其他無效、得撤銷之事由，法院自不得裁定認可收養。

❖ 民法第1079條之3

收養自法院認可裁定確定時，溯及於收養契約成立時發生效力。但第三人已取得之權利，不受影響。

（民國96年5月23日公布）

案例

　　甲男與乙女收養丙為養子，收養契約之日期為民國96年8月23日，具狀向法院聲請裁定認可之日期為民國96年8月31日，法院收養認可裁定日期為民國96年10月31日，法院認可裁定確定日期為民國96年11月26日，請問：甲男與乙女收養丙為養子之收養契約，何日期發生效力？

一、思考焦點

　　法院認可裁定確定，是不是溯及既往，收養契約成立時為生效時點？

圖示：

二、問題論述

　　本條係此次修法之新增條文，關於收養之生效時點，現行法未設規定，究應以法院認可裁定時或收養契約成立時為生效時點，恐有爭議，故明定自法院認可裁定確定時，溯及於收養契約成立時發生效力；惟第三人已取得之權利，不受影響。

三、案例結論

　　甲男與乙女收養丙為養子之收養契約，於法院認可裁定確定日期為民國96年11月26日發生效力，並溯及於收養契約成立之日期為民國96年8月23日發生效力。

四、相關實例

　　甲男與乙女係夫妻，婚姻存續期間生有一女丁，嗣後收養丙為養子，收養契約之日期為民國96年8月23日，具狀向法院聲請裁定認可之日期為民國96年8月31日，甲男於民國96年10月1日死亡，甲之遺產由乙、丁繼承，法院收養認可裁定日期為民國96年10月31日，法院認可裁定確定日期為民國96年11月26日，請問：丙養子是否可主張有繼承甲之遺產權利？

❖ 民法第1079條之4

收養子女，違反第一千零七十三條、第一千零七十三條之一、第一千零七十五條、第一千零七十六條之一、第一千零七十六條之二第一項或第一千零七十九條第一項之規定者，無效。

（民國96年5月23日公布）

案 例

> 未成年人被收養時，未經法院裁定認可，該收養之契約是否有效？

一、思考焦點

未成年人被收養，是否必須經過法院裁定認可？

二、問題論述

本條自舊法條民法第1079條之1移列，並予修正。凡是收養子女，違反第1073條（收養者與被收養者之年齡）、第1073條之1（收養不得收養為養子女者）、第1075條（同時為二人養子女之禁止）、第1076條之1（收養未經父母同意者為無效）、第1076條之2第1項（被收養者未滿七歲應由法定代理人代為並代受意思表示）或第1079條第1項（收養應以書面並向法院聲請認可）之規定者，無效。按收養關係成立後，養子女與本生父母之權利義務於收養關係存續中停止之，影響當事人權益甚鉅，故應經父母之同意，新增民法第1076條之1有明文規定。又為防止法定代理人假借收養之名義，行販嬰之實的情形發生，此次修法增列，收養未經父母同意者為無效情形之一（民法第1076條之1）。此外，若收養「經父母同意但未作成書面」或「經父母同意且作成書面但未公證」之情形，即未符民法第1076條之1第2項規定者，亦屬無效或有同條第3項本生父母同意子女被收養時，以附條件或期限，亦是無效。至收養符合第1076條之1第1項但書規定：「一、父母之一方或雙方對子女未盡保護教養義務或有其他顯然不利子女之情事而拒絕同意。二、父母之一方或雙方事實上不能為意思表示。」收養不須經父母同意者，其收養自屬有效。

對於違反舊民法第1079條第2項（此次修正移列為民法第1076條之2第1項）所定「未滿七歲之未成年人被收養時，由其法定代理人代為意思表示並代受意思表示。」舊法未設有效力規定。鑑於未滿七歲之未成年人為無行為能力人，應由其法定代理人代為並代受意思表示，如其被收養未經由真正之法定代理人代為並代受意

思表示，即與無法定代理人之意思表示相同，其收養應屬無效，故增列其為無效情形之一。另對於違反修正條文民法第1079條第1項規定，收養未以書面為之或未向法院聲請認可者，舊法亦未設有效力規定，此次修法一併配合條次調整增列違反「第1079條第1項」者為無效情形之一。

　　所以民法第1079條之4的規定，這些情形的收養，都是無效的，也就是從頭到尾都無效（自始無效）、對任何人來說都是無效（絕對無效），而且沒有任何補救的機會（確定無效），即使經過法院的認可仍然是無效（當然無效）。但是如果在收養人與被收養人之間，對這個收養是不是無效的，有所爭執，可以向法院提起一個確認之訴，來確認這個收養究竟是無效還是有效。

三、案例結論

　　未成年人被收養，未經法院為裁定認可確定時，該收養契約不生效力。

四、相關實例

　　有關現行民法規定，收養子女有哪幾種情形是無效？

五、重要判解

（一）最高法院96年1月9日第1次民事庭會議決議

討論事項：收養如有無效之原因，收養之一方（養父母）已死亡者，有法律上利害
　　　　　關係之第三人得否僅以生存之一方（養子女）為被告，提起確認收養無
　　　　　效或收養關係不存在之訴？

　　甲說：否定說。

　　按收養無效之訴，由第三人起訴者，應以養父母及養子女為共同被告，若養父母已死亡者，僅以養子女為被告，其當事人適格即有欠缺，此觀前民事訴訟法第588條準用第569條第2項規定及本院50年台上字第1341號判例意旨自明。又收養之當事人既未於生前主張其收養無效，為維持法秩序之安定及避免舉證之困難，於其一方死亡後，自不容任由第三人提起該訴訟。

　　乙說：肯定說。

　　一、按親子身分關係之是否存在，於第三人之權利義務有所影響時，自應准許第三人提起確認親子關係是否存在之訴，以除去其私法上地位不安之狀態，不因該子女之父母是否死亡而受影響。

　　二、收養關係是否有效？往往涉及相關人之財產權益，倘不許有法律上利害關係之第三人以生存之一方為被告，提起收養無效之訴，而僅得訴請確認該遺產繼承

權不存在，無異一面承認收養關係存在，他面又否認收養關係所生之遺產權益事項，名實不符。

三、認領無效之訴，其由第三人提起者，本院86年台上字第1908號判例，既已肯認當事人之一方死亡時，僅以其他一方為被告即為已足，則同為親子關係有無之收養無效之訴，自應等價齊觀而無根本否定其提起之理由。

四、從立法例之比較而言，日本法並無如我前民事訴訟法第569條之規定，該國於平成15年公布及翌年修正人事訴訟法以前，就人事訴訟程序之當事人適格，於舊人事訴訟手續法第2條第2項規定：「由第三人提起婚姻無效或撤銷之訴，以夫妻為被告，夫妻之一方死亡者，以生存者為被告」，同法第26條規定：「收養事件準用第2條規定」。嗣人事訴訟法公布修正後，即將原人事訴訟手續法廢止，並於該法第12條規定：「人事訴訟由與該訴訟有身分關係之當事人一方提起者，除有特別規定外，以該當事人之他方為被告。人事訴訟由與該訴訟有身分關係以外之人提起者，除有特別規定外，以該身分關係之當事人雙方為被告，若該當事人一方死亡，則以該當事人之他方為被告，依前兩項規定應為該訴訟被告之人死亡者，或無應為被告之人時，以檢察官為被告」，該國新舊立法例同採此說，均無二致。又德國婚姻法第24條及其民事訴訟法第632條第1項規定，檢察官就婚姻無效之訴，應以雙方配偶為被告，若一方配偶死亡者，以生存之配偶為被告，頗值參考。我國民事訴訟法第536條（現行法第569條），於民國19年公布時亦規定：「由夫或妻起訴者，以其配偶為被告。由第三人起訴者，以夫妻同為被告，夫或妻死亡者，以生存者為被告」，同採此說。嗣於24年2月1日固修正為第565條規定為「由夫或妻起訴者，以其配偶為被告。由第三人起訴者，以夫妻為共同被告。但撤銷婚姻之訴，其夫或妻死亡者，得以生存者為被告」迄今，但尋繹其修正理由，亦祇以本院22年上第2083號判例所揭：「按夫妻之一方死亡時，其生存之一方與第三人間之關係，如姻親關係、扶養關係等依然存在，觀民法第971條、第1114條第2款之規定自明，故夫妻之一方死亡後，有婚姻撤銷權之第三人，仍得提起撤銷婚姻之訴」之意旨為其依據，並無從自其修正說明，看出該訴訟原規定「夫或妻死亡者，以生存者為被告」有何不當之真正理由。

五、按收養無效之訴，在性質上究與婚姻無效之訴未盡相同，前民事訴訟法第588條僅規定，第583條之訴，除別有規定外，準用婚姻事件程序之規定，故提起該訴訟之當事人適格要件，自不能全然準用與其性質有間之婚姻無效之訴關於第569條第2項之規定，且該條既未規定係準用第569條第2項或第4項？為澈底解決當事人間之法律關係存否不明確之紛爭，並避免收養之一方死亡時，有即受確認判決法律上利益之第三人救濟無門之情形，亦以準用該條第4項之規定為當，僅以生存

之養子女為被告即為已足。

六、日本、法國、德國、瑞士等國均承認「死後認領」制度，日本明治民法，並無「死後認領」之明文，大正10年經大審院判決認得以禁治產人之監護人為被告，請求禁治產人為認領後，再配合當時戰時之特殊情況，乃於昭和17年增設「死後認領」之規定。另我民法第1080條第5款亦仿日本民法第811條規定設有「死後終止收養」之規定，均可參考。

七、按養父母死亡後，養子女與養父母親屬間之法定血親關係仍然存續，此與夫妻之一方死亡時，存在於他方配偶之關係，如姻親關係、扶養關係等依然存在（民法第971條、第1114條第2款）者相同，前民事訴訟法第569條第2項但書修正時，由第三人起訴者，既以此為修正理由，何以獨列「撤銷婚姻之訴」一項，其夫或妻死亡者，得以生存者為被告為之，在立法上是否有所疏漏？
決議：採甲說。

（二）最高法院110年度台上字第304號民事判決

按收養之目的，在使無直系血親關係者之間，發生親子關係，並依法履行及享有因親子身分關係所生之各種義務及權利，該身分行為之效力，重在當事人之意思及身分之共同生活事實，蓋收養乃創設之身分行為，當事人如未預定為親子之共同生活，雖已履行身分行為之法定方式，倘是為其他目的而假藉收養形式，無意使之發生親子之權利義務者，難認具有收養之真意，應解為無收養之合意，該收養行為應屬無效。又收養之有效或無效，收養關係當事人或法律上利害關係之第三人如有爭議，於家事事件法101年6月1日施行前，應以確認收養關係無效之訴主張之，該法施行後，於第3條明定以確認收養關係存在或不存在之訴為之，此訴自含民法第1079條之4所指之收養無效情形，即有確認過去法律關係之有效、無效及成立、不成立之訴訟類型。而收養關係之存在與否，不以收養成立時，收養人與被收養人間之收養意思是否合致為唯一判斷基準，苟於收養時欠缺該收養之實質要件，其後因一定之養親子身分關係生活事實之持續，足以使收養關係人及一般人信其等間之收養關係成立者，亦非不得成立收養關係。

❖ 民法第1079條之5

收養子女，違反第一千零七十四條之規定者，收養者之配偶得請求法院撤銷之。但自知悉其事實之日起，已逾六個月，或自法院認可之日起已逾一年者，不得請求撤銷。

收養子女，違反第一千零七十六條或第一千零七十六條之二第二項之規定者，

被收養者之配偶或法定代理人得請求法院撤銷之。但自知悉其事實之日起，已逾六個月，或自法院認可之日起已逾一年者，不得請求撤銷。

　　依前二項之規定，經法院判決撤銷收養者，準用第一千零八十二條及第一千零八十三條之規定。

　　（民國96年5月23日公布）

案 例

　　甲男、乙女是夫妻，甲男未經乙女同意，在民國96年5月23日收養未成年人丙為養女，並訂定收養契約，同時乙女亦知其情，經法院於民國96年11月23日裁定認可，乙女在民國96年11月30日具狀撤銷收養契約是否有理由？

一、思考焦點

　　乙女知其甲男收養丙女之情形，已超過六個月，是否可以具狀撤銷收養契約？

二、問題論述

　　此次修法規定收養子女，違反民法第1074條（夫妻應為共同收養）之規定者，收養者之配偶得請求法院撤銷之。但自知悉其事實之日起，已逾六個月，或自法院認可之日起已逾一年者，不得請求撤銷（民法第1079條之5第1項）；收養子女，違反第1076條（應經被收養人配偶之同意）或第1076條之2第2項（滿七歲以上之未成年人被收養應得法定代理人同意）之規定者，被收養者之配偶或法定代理人得請求法院撤銷之。但自知悉其事實之日起，已逾六個月，或自法院認可之日起已逾一年者，不得請求撤銷（民法第1079條之5第2項）；依前二項之規定，經法院判決撤銷收養者，準用民法第1082條（收養終止給與金之請求）及第1083條（收養終止回復本姓）之規定。而前揭民法第1079條之5第1、2項，自知悉其事實之日起，已逾六個月，或自法院認可之日起已逾一年者，不得請求撤銷，該「六個月」或「一年」係指除斥期間，亦即知道超過「六個月」或法院認可後超過「一年」，則收養者之配偶（民法第1079條之5第1項），被收養者之配偶或法定代理人（民法第1079條之5第2項）不得向法院請求撤銷。

　　本條自舊民法第1079條之2規定：「收養子女，違反第一千零七十四條之規定者，收養者之配偶得請求法院撤銷之。但自知悉其事實之日起，已逾六個月，或自法院認可之日起已逾一年者，不得請求撤銷」、「收養子女，違反第一千零七十六

條或第一千零七十九條第三項之規定者，被收養者之配偶或法定代理人得請求法院撤銷之。但自知悉其事實之日起，已逾六個月，或自法院認可之日起已逾一年者，不得請求撤銷」、「依前二項之規定，經法院判決撤銷收養者，準用第一千零八十二條及第一千零八十三條之規定」。移列本條文，並予修正。舊民法第1079條第3項，已修正移列為現行民法第1076條之2第2項。

三、案例結論

　　乙女知其甲男收養丙女之情形，已超過六個月期間，不可以具狀撤銷收養契約。

四、相關實例

　　有關現行民法規定，收養子女有那幾種情形是得主張撤銷？

❖ 民法第1080條

　　養父母與養子女之關係，得由雙方合意終止之。

　　前項終止，應以書面為之。養子女為未成年人者，並應向法院聲請認可。

　　法院依前項規定為認可時，應依養子女最佳利益為之。

　　養子女為未成年人者，終止收養自法院認可裁定確定時發生效力。

　　養子女未滿七歲者，其終止收養關係之意思表示，由收養終止後為其法定代理人之人為之。

　　養子女為滿七歲以上之未成年人者，其終止收養關係，應得收養終止後為其法定代理人之人之同意。

　　夫妻共同收養子女者，其合意終止收養應共同為之。但有下列情形之一者，得單獨終止：

　　一、夫妻之一方不能為意思表示或生死不明已逾三年。

　　二、夫妻之一方於收養後死亡。

　　三、夫妻離婚。

　　夫妻之一方依前項但書規定單獨終止收養者，其效力不及於他方。

　　（民國96年5月23日公布）

舊民法第1080條

　　養父母與養子女之關係，得由雙方同意終止之。

　　前項終止，應以書面為之。

養子女未滿七歲者，其終止收養關係之意思表示，由收養終止後為其法定代理人之人代為之。

養子女為滿七歲以上之未成年人者，其終止收養關係，應得收養終止後為其法定代理人之人之同意。

養父母死亡後，養子女不能維持生活而無謀生能力者，得聲請法院許可，終止收養關係。

第三項及第四項之規定，於前項聲請準用之。

（民國96年5月23日修正前之舊法）

案例

甲男與乙女是夫妻，共同收養十八歲丙男，並經法院認可。收養第三年後，丙男已滿二十歲以上，不想繼續當甲男與乙女之養子的話，在法律上應如何處理？

一、思考焦點

成年養子女如何與養父母終止收養？

二、問題論述

臺灣地區與大陸地區人民關係條例第56條：「收養之成立及終止，依各該收養者被收養者設籍地區之規定」、「收養之效力，依收養者設籍地區之規定」。請與民法第1080條（夫妻終止收養子女），一併研讀。

養子女為未成年人者，為保障其最佳利益，有關其與養父母間收養關係之終止，宜透過法院判決之方式終止，不宜由雙方合意終止之，此次修法修正本條第2項，有關合意終止收養關係之規定，以養子女為成年人為限，如終止收養關係，養子女為未成年人者，並應向法院聲請認可。

法院按照本條第3項規定為認可收養時，應依養子女最佳利益為之。此次修法增訂於本條第3項中。而所謂養子女最佳利益係指參照民法第1055條之1規定，養父母與養子女之間：（一）養子女之年齡、性別、人數及健康情形；（二）養子女之意願及人格發展之需要；（三）養父母之年齡、職業、品行、健康情形、經濟能力及生活狀況；（四）養父母保護教養養子女之意願及態度；（五）養父母子女間或未成年養子女與其他共同生活之人間之感情狀況。

　　此次修法增訂本條第4項規定，養子女為未成年人者，終止收養自法院認可裁定確定時發生效力。亦即終止收養契約，採取「不溯及既往」原則，自法院認可裁定確定時發生終止收養效力。

　　原條文第3項規定，養子女未滿七歲者，其終止收養關係之意思表示，由收養終止後為其法定代理人之人為之。此次修法調整至第5項。原條文第4項規定，養子女為滿七歲以上之未成年人者，其終止收養關係，應得收養終止後為其法定代理人之人之同意。此次修法調整至第6項。

　　民法第1074條明定夫妻收養子女時，應共同為之，其意旨係為確保家庭生活之和諧。因此，終止收養時，亦應由夫妻共同為之，爰增列於本條第7項規定。惟如夫妻之一方有不能為意思表示或生死不明已逾三年（民法第1080條第7項第1款）、夫妻之一方於收養後死亡（民法第1080條第7項第2款）或夫妻離婚（民法第1080條第7項第3款）等情形，因上開情形已無影響家庭和諧之虞，應准予由夫妻之一方單獨終止收養，此次修法增列本條第7項但書之規定。

　　夫妻之一方依本條第7項但書規定，單獨終止收養者，依身分行為不能代理之原則，其終止收養之效力不應及於他方，此次修法增訂第8項規定，以資明確。

三、案例結論

　　參照此次修法修正民法第1080條第1、2項規定，有關合意終止收養關係之規定，成年養子丙男，不想繼續當甲男與乙女之養子的話，須與甲男和乙女以書面簽立合意終止收養契約書即可。

四、相關實例

　　丙男、丁女是夫妻，共同收養十五歲戊為養子，並經法院依法認可在案，茲因戊不聽丙男、丁女教導，整日在外惹事生非，變成不良少年，丙男欲終止其與戊之養父母子女關係，在法律上應如何處理？

五、重要判解

（一）最高法院28年渝上字第1525號民事判決（例）

　　收養關係之終止，除由養父母與養子女雙方，依民法第1080條之規定為之者外，必一方有民法第1081條所列各款情形之一，經法院因他方之請求以判決宣告之，俟判決確定時始生終止之效力，若僅一方對於他方為終止之意思表示，縱令他方有同條所列各款情形之一，其收養關係亦不因而終止。

（二）最高法院28年渝上字第1723號民事判決（例）

養父母與養子女之關係，依民法第1080條固得由雙方以書面終止之，但所謂雙方既指養父母與養子女而言，則同意終止之書面，自須由養父母與養子女，依民法第3條之規定作成之，始生效力。

（三）司法院大法官釋字第58號解釋

爭　點：養子女與養父母已具終止收養關係之實質要件，而未能踐行形式要件時，得否聲請法院為終止收養之裁定？

解釋文：查民法第1080條終止收養關係須雙方同意，並應以書面為之者，原係以昭鄭重。如養女既經養親主持與其婚生子正式結婚，則收養關係人之雙方同意變更身分已具同條第1項終止收養關係之實質要件。縱其養親未踐行同條第2項之形式要件，旋即死亡，以致踐行該項程序陷於不能，則該養女之一方自得依同法第1081條第6款聲請法院為終止收養關係之裁定，以資救濟。（解釋日期：民國45年02月10日）

（四）司法院（81）廳民一字第16977號函

法律問題：甲、乙原係夫妻，因個性不合，兩願離婚，雙方約定：「所生兒子丙由女方（乙）監護，女方將來可單獨將丙出養與他人。」今乙女與丁男結婚後，乙女未經前夫甲之同意，將未成年之丙出養與丁男。此際，法院能否認可該收養關係？

司法院民事廳研究意見：

按民法第1079條第2項規定：「未滿七歲之未成年人被收養時，由法定代理人代為意思表示並代受意思表示，但無法定代理人時不在此限」，第3項規定：「滿七歲以上之未成年人被收養時，應得法定代理人之同意，但無法定代理人時不在此限。」第1086條規定：「父母為其未成年子女之法定代理人。」又子女被收養足使父母子女之身分關係發生得喪變更，上開規定自屬強制規定，不能以當事人之意思任意加以變更。本題甲、乙同為其未成年之子丙之法定代理人，甲、乙於兩願離婚時約定：「女方將來可單獨將丙出養與他人」顯然違反上開強制規定，依第71條、第1079條之2第2項之規定，其約定應屬無效或得撤銷。乙嗣後未經甲同意將未成年之丙出養與丁，依第1079條第5項第1款規定，法院應不予認可。

管見認為：

本函釋應參照兒童及少年福利與權益保障法第18條、民法第71條、第1076條之1第1項、第1076條之2第1項、第3項、第1079條第2項、第1079條之4。

（五）最高法院85年度台上字第298號民事判決

按兩願終止收養關係，於夫妻共同收養之情形，如養父母之一方死亡或養父母

已離婚者，他方固得單獨終止收養，然此時僅就與養子女爲兩願終止之養父母一方，發生終止之效力，與另一方則否。換言之，尚生存或已離婚之養父母一方，與養子女兩願終止收養關係，僅該爲兩願終止之養父母一方，發生終止收養之效力，養子女與已死亡或已離婚之養父母另一方之收養關係仍繼續存在。

（六）最高法院95年度台上字第451號民事判決

限制行爲能力人爲意思表示及受意思表示，應得法定代理人之允許。又養父母與養子女之關係得由雙方同意終止之。前項終止，應以書面爲之。養子女爲滿7歲以上之未成年人，其終止收養關係，應得收養終止後爲其法定代理人之人之同意，民法第77條、第1080條第1項、第2項、第4項分別定有明文。所謂終止收養關係須雙方同意，並應以書面爲之者，原係以昭鄭重。如養女經養親主持與其婚生子正式結婚，則收養關係之雙方同意變更身分，已具民法第1080條第1項終止收養之實質要件（司法院大法官會議釋字第58號解釋參照）。

（七）桃園地方法院99年度親字第171號民事判決

按原告須有即受確認判決之法律上利益時，方得提起提起確認法律關係之訴，爲民事訴訟法第247條第1項前段定有明文。收養關係中，被收養人之身分爲收養人之繼承人所否認，爲確認其與收養人之收養關係存在，自當然得以收養人之繼承人爲被告。又被收養人死亡者，收養人之繼承人間對於收養關系之存否有所爭執，致收養人之權利有影響時，自得以被收養人之繼承人爲被告，提起確認之訴。

（八）法務部民國100年10月12日法律決字第1000026214號

參照民法第1080條等規定及司法院見解，持憑地方法院調解筆錄申請與未成年養女終止收養，所持調解筆錄不發生裁判終止收養形成效力，僅得認係終止收養之書面合意，仍須經法院認可裁定，始生合意終止收養效力。

（九）臺灣高等法院102年度家上字第86號民事判決

收養關係存否不明確，致其私法上之地位有受侵害之危險，而此項危險之狀態，得以確認判決除去之，因此有提起確認之訴之法律上利益。此外，養父母與養子女之關係，得由雙方合意以書面終止之。故收養關係之合意終止，僅須作成終止收養之書面合意即爲已足，不以戶籍登記爲要件。

（十）最高法院112年度台簡抗字第79號民事裁定

1.稱姻親者，謂血親之配偶、配偶之血親及配偶之血親之配偶，民法第969條定有明文。是姻親乃藉婚姻之媒介，使原無血緣之配偶，與他方一定親屬發生法律上之權利義務關係，所成立之身分關係，與因當事人基於意思自由、自主意思而結婚、收養所生身分關係之本質類似。民法爲尊重人格自由，就婚姻關係及收養關係，得因當事人自主意思而合意解消或終止，皆有明文規定，此觀民法第1049

條、第1080條第1項規定即明；就姻親關係，卻僅於同法第971條規定姻親關係因離婚或結婚經撤銷而消滅，別無可因當事人基於自主意思而合意終止之規定。於婚姻關係存續中，固不得由一方配偶之血親與他方配偶合意終止該姻親關係；惟配偶一方死亡，其與他方配偶之婚姻關係既已當然消滅，此時如謂死亡配偶之血親與他方配偶，全無合意終止本非基於血緣而生姻親關係之機會，相較於婚姻、收養關係之合意解消或終止，即屬剝奪生存配偶及死亡配偶血親之人格自由，與憲法第22條保障自由權之意旨不符。又74年間修正民法第971條時，固考量在我國民間，夫死妻再婚後，仍與前夫親屬維持原有姻親情誼者，所在多有之實情，因而將「夫死妻再婚或妻死贅夫再婚時」刪除；惟未慮及生存配偶與他方血親間，原來因爲婚姻存在而發生之姻親關係，是否得因婚姻關係消滅，而可基於自主意思決定合意終止，係立法者之疏忽、未預見或情況變更，而形成之法律漏洞，法院應予填補。2.養父母與養子女關係之雙方合意終止，應以書面爲之，此觀民法第1080條第1項、第2項規定（下稱合意終止收養規定）即明。而民法由姻親關係所發生之權利義務，較收養關係爲輕微，基於保障人格自由實現及發展之同一法律理由，應依平等原則，將合意終止收養規定，類推及於未經法律規範之合意終止姻親關係，以填補該法律漏洞，即配偶一方死亡後，其血親與生存配偶得以書面合意終止彼此之姻親關係。

（十一）最高法院112年度台簡抗字第106號民事裁定

按稱姻親者，謂血親之配偶、配偶之血親及配偶之血親之配偶，民法第969條定有明文。是姻親乃藉婚姻之媒介，使原無血緣之配偶，與他方一定親屬發生法律上之權利義務關係，所成立之身分關係，與因當事人基於意思自由、自主意思而結婚、收養所生身分關係之本質類似。民法爲尊重人格自由，就婚姻及收養關係，均規定得因當事人自主意思而合意解消或終止，此觀同法第1049條、第1080條第1項規定即明；就姻親關係，卻僅於同法第971條規定姻親關係因離婚或結婚經撤銷而消滅，別無可因當事人基於自主意思而合意終止之規定。於婚姻關係存續中，固不得由一方配偶之血親與他方配偶合意終止該姻親關係；惟配偶一方死亡，其與他方配偶之婚姻關係既已當然消滅，此時如謂生存一方之配偶與死亡配偶之血親，全無合意終止本非基於血緣而生姻親關係之機會，相較於婚姻、收養關係得合意解消或終止之規定，實屬剝奪生存配偶及死亡配偶血親之人格自由，與憲法第22條保障自由權之意旨未合。74年間修正民法第971條時，固考量在我國民間，夫死妻再婚後，仍與前夫親屬維持原有姻親情誼者，所在多有之實情，而將「夫死妻再婚或妻死贅夫再婚時」刪除；惟未慮及生存配偶與他方血親間，原來因爲婚姻存在而發生之姻親關係，得否因婚姻關係消滅，而可基於自主意思決定合意終止，係立法者之疏忽、未預見或情況變更，而形成法律漏洞。又養父母與養子女關係之雙方合意終

止，應以書面爲之，此觀民法第1080條第1項、第2項規定（下稱合意終止收養規定）即明。而民法由姻親關係所發生之權利義務，較收養關係爲遠疏，基於保障人格自由實現及發展之同一法律理由，應依平等原則，固得將合意終止收養規定，類推及於未經法律規範之合意終止姻親關係，以塡補該法律漏洞。然衡諸婚姻關係、收養關係於雙方合意解消或終止時，未必須經由法院介入之立法模式，則配偶之一方死亡後，其血親與生存配偶間縱得以書面合意終止彼此間之姻親關係，該終止行爲是否必須由法院介入，自應由立法者考量其必要性及司法資源有限性，於認有必要之類型者，透過立法而形成，非屬法律漏洞。有限之司法資源縱未介入姻親關係之終止，亦無違憲問題。現行我國法律中並無合意終止姻親關係後，須向法院聲請爲姻親關係終止、解消之相關規定。

❖ 民法第1080條之1

養父母死亡後，養子女得聲請法院許可終止收養。

養子女未滿七歲者，由收養終止後爲其法定代理人之人向法院聲請許可。

養子女爲滿七歲以上之未成年人者，其終止收養之聲請，應得收養終止後爲其法定代理人之人之同意。

法院認終止收養顯失公平者，得不許可之。

（民國96年5月23日公布）

案 例

> 甲男與乙女是夫妻，共同收養十二歲丙男，並經法院認可。收養第三年後，甲男與乙女因搭機發生空難死亡，丙男不想繼續當甲男與乙女之養子的話，在法律上應如何處理？

一、思考焦點

未成年養子女因養父母死亡後，如何依法與養父母終止收養？

二、問題論述

此次修法本條第1項至第3項規定，參考舊民法第1080條第3項至第5項修正移列，並增訂本條第4項規定。

在養父母死亡後，舊法條文第5項規定，僅限於養子女不能維持生活而無謀生

能力時，始得聲請法院許可終止收養，失之過嚴。養父母死亡後，爲保護養子女利益，應使其有聲請法院許可終止收養之機會，此次修法爰明定於本條第1項。至於單獨收養於收養者死亡後，或夫妻共同收養時，夫或妻死亡，而生存之一方與養子女已終止收養關係後，養子女亦可適用本條第1項，聲請法院許可終止其與已死亡之養父母之收養關係。

收養關係之終止影響雙方權益甚鉅，法院如認終止收養關係顯失公平者，得不予許可，此次修法增列本條第4項規定。

三、案例結論

由於甲男與乙女因搭機發生空難死亡，故依照民法第1091條對於丙子應置監護人（法院應參酌民法第1094條置法定監護人）。蓋監護人爲受監護人（丙）之法定代理人（民法第1098條），參照民法第1080條之1第3項規定，養子女爲滿七歲以上之未成年人者，其終止收養之聲請，應得收養終止後爲其法定代理人之人之同意。並應由法院認可終止收養（民法第1080條第2項後段）。如法院認終止收養顯失公平者，得不許可之（民法第1080條之1第4項）。

四、相關實例

甲男與乙女是夫妻，共同收養二歲丙男，並經法院認可。收養第三年後，甲男與乙女因搭機發生空難死亡，丙男之本生父母X與Y不想繼續讓丙男當甲男與乙女之養子的話，在法律上應如何處理？

❖ 民法第1080條之2

終止收養，違反第一千零八十條第二項、第五項或第一千零八十條之一第二項規定者，無效。

（民國96年5月23日公布）

　　未成年人依法被收養後，如要終止收養契約，未經法院裁定認可，該終止收養是否有效？

一、思考焦點

未成年人被終止收養，是否必須經過法院裁定認可？

二、問題論述

本條新增，參酌民法第1079條之4之規定，增訂違反民法第1080條第2項規定（合意終止收養未以書面為之及養子女為未成年人未經法院認可）或民法第1080條第5項規定（養子女未滿七歲，其終止收養之意思表示，由終止收養後為其法定代理人之人為之）、民法第1080條之1第2項規定（養子女未滿七歲者，由收養終止後為其法定代理人之人向法院聲請許可），均屬無效之規定。

所以民法第1080條之2的規定，這些情形的都是無效的，也就是從頭到尾都無效（自始無效）、對任何人來說都是無效（絕對無效），而且沒有任何補救的機會（確定無效），即使經過法院的認可，終止收養也是無效的（當然無效）。

三、案例結論

未成年人被終止收養，未經法院為裁定認可時，該終止收養契約不生效力。

四、相關實例

有關現行民法規定，有關終止收養有哪幾種情形是無效？

❖ 民法第1080條之3

終止收養，違反第一千零八十條第七項之規定者，終止收養者之配偶得請求法院撤銷之。但自知悉其事實之日起，已逾六個月，或自法院認可之日起已逾一年者，不得請求撤銷。

終止收養，違反第一千零八十條第六項或第一千零八十條之一第三項之規定者，終止收養後被收養者之法定代理人得請求法院撤銷之。但自知悉其事實之日起，已逾六個月，或自法院許可之日起已逾一年者，不得請求撤銷。

（民國96年5月23日公布）

案 例

　　甲男、乙女是夫妻，在民國96年5月23日共同收養十八歲未成年人丙為養女，並訂定收養契約，經法院於民國96年11月23日裁定認可，乙女在民國96年11月30日私自與丙女訂立終止收養契約，經法院於民國97年3月23日裁定終止收養認可，其確定日期為民國97年4月20日，但甲男並未知情，然於民國97年11月23日經友人丁男告知，始知上情，甲男是否可具狀聲請撤銷乙女與丙女之終止收養契約？

一、思考焦點

　　甲男是否可以依法具狀撤銷乙女與丙女之收養終止契約？

二、問題論述

　　本條新增，參酌民法第1079條之5之規定，增訂違反民法第1080條第7項（夫妻共同收養子女者，其合意終止收養應共同為之）或民法第1080條第6項（滿七歲以上養子女終止收養未得終止收後為其法定代理人之人之同意）、民法第1080條之1第3項（養子女未滿七歲以上之未成年人者，其終止收養未得收養終止後，法定代理人同意），並於民法第1080條之3第1項、第2項但書中明定，撤銷權行使之除斥期間，自知悉其事實之日起，已逾六個月，或自法院許可之日起已逾一年者，不得請求撤銷。俾使收養關係早日確定。

三、案例結論

　　乙女與丙女之收養終止契約，顯然違反民法第1080條第7項（夫妻共同收養子女者，其合意終止收養應共同為之）規定，故甲男得於民國97年11月23日自知悉其事實之日起，六個月內，向法院撤銷乙女與丙女之收養終止契約。

四、相關實例

　　有關現行民法規定，終止收養子女契約有哪幾種情形得主張撤銷？

❖ 民法第1081條

　　養父母、養子女之一方，有下列各款情形之一者，法院得依他方、主管機關或利害關係人之請求，宣告終止其收養關係：

一、對於他方爲虐待或重大侮辱。

二、遺棄他方。

三、因故意犯罪，受二年有期徒刑以上之刑之裁判確定而未受緩刑宣告。

四、有其他重大事由難以維持收養關係。

養子女爲未成年人者，法院宣告終止收養關係時，應依養子女最佳利益爲之。

（民國96年5月23日公布）

舊民法第1081條

養父母、養子女之一方，有左列各款情形之一者，法院因他方之請求，得宣告終止其收養關係：

一、對於他方爲虐待或重大侮辱時。

二、惡意遺棄他方時。

三、養子女被處二年以上之徒刑時。

四、養子女有浪費財產之情事時。

五、養子女生死不明已逾三年時。

六、有其他重大事由時。

（民國96年5月23日修正前之舊法）

案 例

> 甲男收養乙女之後，就把乙推入火坑，逼著要乙去賣淫接客，甲每天都在家裡面等著收錢，讓乙覺得非常痛苦，常常想要自殺，可是甲又不同意終止這個收養關係，請問：乙要怎麼樣來終止這段痛苦的收養關係？

一、思考焦點

收養關係在什麼情形下可以終止？

二、問題論述

本條第1項係參考兒童及少年福利法第16條之規定，增訂主管機關或利害關係人得請求法院判決終止收養關係，以保障收養當事人之權益。

舊民法第1081條第1、2款刪除「時」字，同條第3款至第5款僅規範養子女，對養子女未盡公平，應使養子女或養父母之一方有上開情形之一時，均可聲請法院

宣告終止收養關係。又因該舊民法條文第4款及第5款內容可併入修正條文第1項第4款規定，有其他重大事由難以維持收養關係，概括規定中，故此次修法予刪除。至舊民法條文第3款規定，經審酌過失犯之非難性低，以及如受緩刑宣告者，尚不致因罪刑之執行而影響收養關係之生活照顧義務，此次爰修正限縮第3款所定要件範圍為：因故意犯罪，受二年有期徒刑以上之刑之裁判確定而未受緩刑宣告。而舊民法條文第6款概括條款所稱重大事由，並未以難以維持收養關係為限，有欠周延，一併修正並調整款為第4款：有其他重大事由難以維持收養關係。

法院審酌收養或判決終止收養未成年人事件之指導原則均為養子女之最佳利益，爰配合修正條文第1079條之1，於本條增訂第2項規定，養子女為未成年人者，法院宣告終止收養關係時，應依養子女最佳利益為之。

養父母收養子女，能夠建立一個新的親子關係，當然是一件美事，但是人事無常，如果收養後發生了法律問題，會讓一般人都覺得大家很難再繼續相處下去，或沒有辦法再繼續保持父母、子女的親子關係，另外一方可以請求法院終止收養關係，就是請求法院用判決來宣告終止這個收養關係，「終止」的意思，是從終止收養關係的判決確定時起，收養關係就開始失去它的效力，從此雙方就沒有了收養關係，但是在此之前的收養關係，仍然存在而且有效。這些法院可以終止收養關係的原因，規定在民法第1081條第1項第4款中：

（一）對於他方為虐待或重大侮辱（第1款）

養子女對於養父母，或養父母對於養子女，對待的方式，會讓另外一方覺得很痛苦，達到一般人都很難去忍受的情形（虐待），或對於另外一方的人格，有很大的而且不好的評價或形容（重大侮辱），在這種情形之下，被虐待或重大侮辱的一方，就可以向法院請求宣告終止收養。

（二）遺棄他方（第2款）

遺棄的意思，就是沒有盡到扶養的義務，或沒有要孝順、陪伴的意思，在這種情形之下，被惡意遺棄的一方，可以向法院請求宣告終止收養。

（三）因故意犯罪，受二年有期徒刑以上之刑之裁判確定而未受緩刑宣告（第3款）

養父母或養子女如果因故意犯罪（參照刑法第13條）被法院判決有罪，而且處二年以上的有期徒刑以上之刑之裁判確定而未受緩刑宣告（參照刑法第74條），代表這個養子女對養父母或是養父母對養子女來說，會帶來不名譽，使得養父母或養子女之一方感覺羞愧，如果要因此到監獄裡面去坐牢，養子女更沒有辦法回來孝敬養父母，而養父母亦無法扶養照顧養子女。在這種情形之下，養父母、養子女之一方、主管機關或利害關係人之請求，可以向法院請求宣告終止收養關係。

（四）有其他重大事由難以維持收養關係（第4款）

　　民法第1081條第1項第1至3款規定的具體列舉的終止收養的理由，可能會有遺漏，所以就在第4款是一個比較抽象概括性規定，例如：養子女有浪費錢財的習慣、養子女或養父母生死不明已逾三年時，就會構成有其他重大事由難以維持收養關係，在這種概括情形之下，養父母、養子女之一方、主管機關或利害關係人之請求，可以向法院請求宣告終止收養關係。

　　又本條第2項在此次修法中增訂，養子女為未成年人者，法院宣告終止收養關係時，應依養子女最佳利益為之（參照民法第1055條之1）。

三、案例結論

　　甲強迫乙去賣淫，算是構成民法第1081條第1款規定的虐待或重大侮辱的具體終止收養的理由，所以乙可以向法院請求宣告終止與甲之收養關係。

四、相關實例

　　丙男收養丁男之後，兩個人覺得彼此的個性不合，一天到晚都在吵架，丁一發起脾氣來，就可以指著丙的鼻子罵一整個晚上，不讓丙睡覺，讓丙的精神都快崩潰了，請問：丙如果要終止和丁之間的收養關係，而丁不同意，丙該怎麼辦？丙想要終止和丁的收養關係，有沒有理由？

五、重要判解

（一）最高法院28年渝上字第843號民事判決（例）

　　嗣子意圖使嗣父受刑事處分而為虛偽之告訴，經檢察官為不起訴處分後復聲請再議，自係民法第1081條第6款所謂重大事由。

（二）最高法院29年渝上字第2027號民事判決（例）

　　養子無故將其養母鎖在門內1日，不得謂非對於養母為虐待，依民法第1081條第1款之規定，養母自得請求法院宣告其收養關係之終止。

（三）最高法院31年上字第1369號民事判決（例）

　　養子吸食鴉片煙，自屬民法第1081條第6款所謂其他重大事由。

（四）最高法院33年上字第3997號民事判決（例）

　　犯罪之被害人得為告訴，既為法律所明定，養子告訴養母犯傷害及遺棄罪，苟非意圖使養母受刑事處分而為虛偽之告訴，自不得認養子有民法第1081條第6款所謂之重大事由。

（五）最高法院41年台上字第744號民事判決（例）

養子女與養父母之關係與婚生子女同，爲民法第1077條所明定。被上訴人甲乙間所訂立之離婚書，於上訴人之監護既有由被上訴人乙（養母）擔任之約定，此項約定原非法所不許，自不能以被上訴人甲（養父），將上訴人棄置不問爲理由，請求終止收養關係。

（六）最高法院48年度台上字第1669號民事判決（例）

養父母對於所收養之未成年女子，乘其年輕識淺使暗操淫業，自屬民法第1081條第6款所謂其他重大事由，該養女據以請求終止收養關係，即非不當。

（七）最高法院50年台上字第88號民事判決（例）

被上訴人爲上訴人之養母，上訴人動輒與之爭吵，並惡言相加，肆意辱罵，有背倫常之道，已具有民法第1081條第1款及第6款情形，自得構成終止收養關係之原因。

（八）最高法院57年台上字第359號民事判決（例）

未成年養子女，應受養父母之監護，其有不服從監護者，養父母非不得行使親權，以謀救濟，在行使親權並經證明無效果前，要難遽認已有民法第1081條第6款之重大事由。

（九）最高法院81年台上字第1342號民事判決

上訴人不但對被上訴人不爲必要之扶助保養，猶以文字羞辱，難謂非惡意遺棄及對之爲重大侮辱。被上訴人依民法第1081條第1款、第2款規定，訴請宣告終止收養關係，自屬正當。

（十）臺灣高等法院101年家上字第104號民事判決

民法第1081條第1項第4款規定，養父母、養子女之一方有其他重大事由難以維持收養關係者，法院得依他方、主管機關或利害關係人之請求，宣告終止其收養關係。所謂其他重大事由，應指養親子間之感情或信賴有所破綻，並有不能回復之情況，而該破綻亦已使雙方之親子關係無法繼續維持。是以，如主觀上養父母與養子女早已心生嫌隙，互不信任，客觀上亦已有相當隔閡，無法和平共處，足見養父母與養子女間已欠缺互信、互愛之親情關係，彼此間之感情與信賴出現破綻，無法回復原來之狀態而維持有如親子般之關係，其情形顯已構成難以維持收養關係之重大事由。

❖ 民法第1082條

因收養關係終止而生活陷於困難者，得請求他方給與相當之金額。但其請求顯

失公平者，得減輕或免除之。

（民國96年5月23日公布）

舊民法第1082條

收養關係經判決終止時，無過失之一方，因而陷於生活困難者，得請求他方給
與相當之金額。

（民國96年5月23日修正前之舊法）

> 甲男收養乙男之後，乙就經常對甲發脾氣，尤其在喝醉酒之後，常常對
> 甲拳打腳踢，甲於是請求法院宣告判決終止和乙之間的收養關係，但是甲本
> 來就沒有什麼財產，都是靠乙每個月給甲新台幣1萬5,000元來維持生活。請
> 問：甲可不可以要求乙在法院宣告終止收養關係之後，還是要每個月照樣付
> 給甲這些錢？

一、思考焦點

收養關係經過法院判決終止之後，如果生活因此沒有了著落，應該怎麼辦？

二、問題論述

舊法規定，養父母及養子女，如果其中一方有民法第1081條各款規定的情形，
另外一方因此向法院宣告終止這個收養關係，但是因為之前維持生活的來源，都是
出自於有民法第1081條各款規定情形的一方，請求法院宣告終止收養的人，如果
經法院宣告終止收養，他（她）自己往後的生活，因為沒有財產，所以無法維持生
活的來源，而造成生活上困難的話，可以要求有民法第1081條各款規定情形的一
方，還是要照樣給付相當的生活費用。

養父母與養子女間互負生活保持義務，故如一方因收養關係終止而生活陷於困
難時，他方應予扶助，而不會因為判決終止或合意終止而有所不同，此次修法將
「經判決」刪除，並酌作文字修正為：因收養關係終止而生活陷於困難者，得請求
他方給與相當之金額。但其請求顯失公平者，得減輕或免除之。又於合意終止收養
關係之情形，原則上應無「無過失」之問題，此次修法亦予以刪除。至如請求他方
給與金額有顯失公平之情形（如有過失等情形），條文明定得予以減輕或免除之規

定。

三、案例結論

　　甲因為乙有民法第1081條第1款的情形，而向法院宣告終止和乙之間的收養關係，但是因此就失去了維持生活的來源，而造成生活上的困難，可以向乙要求在法院終止收養的判決確定之後，還是要照給相當的生活費用。但是法院如果認為，終止收養的原因是因甲經常打乙，要乙固定給甲生活費，對乙顯然不公平，可以減輕或免除乙應付給甲的金額。

四、相關實例

　　丙男沒有財產，收養丁女之後，都是靠丁拿錢給丙維持生活，但是久而久之，彼此之間發現個性不合，於是就約定終止收養關係。請問：丙可不可以要求丁在合意終止收養關係之後，還是要每個月照樣付給丙這些錢？

五、重要判解

（一）法務部民國97年7月7日法律字第0970015948號函

主旨：有關關於林○○女士為其配偶林○○申請補填養母姓名疑義乙案，本部意見如說明二、三。請查照參考。

說明：

一、復貴部97年4月25日內授中戶字第0970060209號函。

二、按臺灣於日據時期，本省人間之親屬及繼承事項，依當地之習慣決之（最高法院57年台上字第3410號判例參照）。因此，有關日據時期之親屬繼承事件，須依當時臺灣之習慣定之，不適用現行民法相關規定（本部95年10月14日法律決字第0950032532號函參照）。又按日據時期臺灣收養之習慣，同族間之收養，以養父子間昭穆相當為收養之要件，是故，不得收養同輩或孫輩。若無子輩之人可收養時，雖得取孫輩之人，惟此時不以之為養子，而是以養孫收養之。

養親收養孫輩之人時，嚴格言之，不得稱為養子，而應稱為養孫（本部編「臺灣民事習慣調查報告」93年7月6版，第168頁、第287頁參照）。準此，臺灣日據時期外祖母收養外孫為螟蛉子，如係以養孫視之，自難指其違反「昭穆相當」原則，而認其收養為無效。（最高法院90年台上字第329號、90年台再字第62號、80年台上字第1723號判決，臺灣高等法院臺中分院90年上更一字第13號判決參照）。本部80年11月

19日法80律字第17187號函之意見應予補充。

三、至來函所詢林○○○收養林○○是否為有效之收養及得否註記等問題，涉及戶籍登記實務與事實認定問題，請參考前開說明，斟酌日據時期戶籍簿之記載及其他相關資料，依職權認定之。

（二）法務部民國98年6月24日法律決字第0980023589號函

主旨：關於日據時期，養子女收養關係終止疑義乙案，復如說明二、三。請查照參考。

說明：

一、復貴部98年6月4日內授中戶字第0980060237號函。

二、按日據時期，所稱「媳婦仔」係以將來與養家男子結婚為目的，而入養於養家女子，並於其本姓上冠以養家之姓，對養家之親屬發生姻親關係。而養女並無上述目的，從養家之姓，對養家親屬發生與親生女同一之親屬關係（本部編印，臺灣民事習慣調查報告，93年5月，第282頁）。次按有關收養關係之終止可分為協議終止與強制終止兩種，協議終止，係以養親與養子間為當事人，以養親與養子間之協議而終止收養關係，如養親已死亡時，則得由養家之戶主與養子為之。至收養之終止與否，不以申報戶口為要件，故不得依戶口之登記，不憑事實遽認其已否終止收養關係（本部編印，前揭書，第177頁至第181頁參照）。

三、查本件戴○○○女士於大正5年10月2日出養與鄒○○戶內，復於大正10年5月25日以「媳婦仔」名義出養與范○○戶內，更名為「范○○○」，並於昭和9年與范○○結婚，參諸上開說明，戴○○○女士僅與范○○家之親屬發生姻親關係，其與鄒○○間之養子女關係並未因此而終止，合先敘明。次查戴○○○女士於昭和12年與范○○離婚後，依斯時戶籍登記法規，其毋庸回養家復戶，可直接回實戶（即本生家）復戶，惟因戴○○○之本生家已無戶籍，故其另立一戶，惟其與鄒○○間之收養關係仍存在已如前述，故可否因其更改姓氏另立一戶籍，即認其與鄒○○協議終止收養關係，徵諸首開說明，因收養關係終止與否，不以戶籍登記為準，仍須參酌其他事實而為認定，故本件得否以戴○○○女士另立一戶，而認定其已與鄒○○協議終止收養關係，仍請貴部參考上述說明，本於權責判斷之。

❖ 民法第1083條

養子女及收養效力所及之直系血親卑親屬，自收養關係終止時起，回復其本姓，並回復其與本生父母及其親屬間之權利義務。但第三人已取得之權利，不受影響。

案 例

> 甲男的親生父親乙、親生母親丙，生了甲男、丁女二人。在甲很小的時候，因為家裡面沒有錢，乙、丙就把甲出養給別人，後來乙努力工作賺錢，累積了新台幣（以下同）3,000萬元的財產之後，就過勞死去世了。甲知道消息之後，就和養父母約定終止收養關係，當甲返回親生父母家中時，發現乙的遺產，已經由丙、丁分好每個人1,500萬元。請問：甲可不可以說，我現在已經回來當乙的兒子了，所以乙的遺產應該要由丙、丁還有我三個人平分，所以丙、丁每個人應該要拿500萬元出來還給我？

一、思考焦點

養子女與養父母終止收養關係之後，會和親生的父母親發生什麼樣的關係？

圖示：

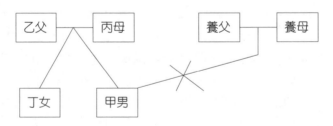

二、問題論述

收養關係終止後，養子女及依民法第1077條第4項規定為收養效力所及之養子女之直系血親卑親屬，與養家之親屬關係消滅，故其所生之權利義務亦為終止，養子女及收養效力所及的直系血親卑親屬與本生父母及其親屬間之權利義務應予以回復，此次修法配合民法第1077條修正之。

養子女與養父母終止收養關係之後，當然就回復成為原來親生父母親的小孩子，也要依照民法第1059條的規定，跟親生父、母親的姓，也就是全面恢復和原

來親生父、母親之間的關係。但是，為了保護已經發生的法律關係，已經取得權利的人，就不會受到這個終止收養的影響，例如：原來給人家收養的人，在結婚的時候，雖然還沒有成年，但是養父母有同意他結婚，後來與養父母終止收養關係之後，親生的父、母，就不可以說你結婚都沒有經過我們的同意，親生父、母不可以用民法第990條的規定，來撤銷這個婚姻，造成對第三人，也就是這個未成年子女結婚對象的不公平。又例如：親生的父親或母親已經死亡了，其子女（出養人的兄弟姊妹）都已經繼承遺產了，就不會受到出養的兄弟姊妹終止收養的影響。

三、案例結論

依照民法第1083條但書的規定，甲的親生母親丙、親生妹妹丁都已經繼承遺產了，就不會受到甲終止收養的影響，所以甲不可以向丙、丁請求遺產。

四、相關實例

戊男被己男、庚女收養，己、庚不久之後就過世了。戊的親生父親辛死亡的時候，沒有其他親人，請問：戊可不可以去繼承辛的遺產？

五、重要判解

（一）司法院（70）廳民一字第37號函

民法第1083條前段規定，養子女自收養關係終止時起，回復其本姓，並回復其與本生父母之關係。由此可知收養關係因終止而完全消滅，如當事人雙方未依民法第1080條或第1081條規定終止收養關係，其收養關係並不因收養人之死亡而消滅。故養子女於養父母死亡時，仍應稱養父母之姓，且依民法第1075條規定，亦不得再為他人之養子女。

（二）司法院（72）廳民一字第841號函

法律問題：甲、乙二人，先同居後結婚，乙竟將同居前與他人所生之子丙，依民法第1064條規定（非婚生子女其生父與生母結婚者，視為婚生子女）申報戶籍登記為甲之婚生子，未久，乙又將丙交由丁收養，其後，甲獲悉上情，即以丙並非其婚生子，向法院提起否認子女之訴，問甲之訴訟有無理由？

審查意見：

一、民法第1064條規定之準正，以非婚生子女，其生父與生母結婚者，視為婚生子女為要件，同法第1063條第2項規定提起否認之訴，亦以在婚姻關係存續中，夫能證明受胎期間內未與妻同居者始得為之。本題甲乙二人先同居後結婚，但丙為

乙與甲同居前與他人所生之子，顯非甲、乙之非婚生子女，雖甲、乙二人先同居後結婚，要無該條準正之適用，乙即使向戶政機關申報戶籍登記丙為甲之婚生子，亦不發生親子關係，應無準用同法第1063條第2項提起否認之訴之可言。

二、又身分為法律關係發生之原因，非即法律關係之本身，身分之存否乃屬事實問題，不得為確認之訴之標的（最高法院48年台上字第946號判例參照），本件題示情形乙以甲之名義將丙申報戶籍登記為甲之婚生子，屬於戶籍法第23條之認領登記，如甲事前均無所悉，顯係乙盜用甲之印章申請登記，似涉有偽造文書之罪嫌，甲僅得提起刑事訴訟，俟得有勝訴確定判決時，再依判決之內容申請戶政機關更正乙所為不實之登記。

（三）法務部民國102年9月25日法律決字第10203510450號函

民法第1077、1778、1080條等規定參照，養子女之養父單獨與其終止收養後，養子女與養母（已死亡）間收養關係仍繼續存在，故養子女應從養母姓，非原來之姓，又欲回復本姓時，應向法院聲請許可終止收養關係後始得為之。

（四）法務部民國103年7月28日法律字第10303508150號函

民法第1083條規定及法院實務見解參照，如養子於71年及74年間育有2子，於94年間與養父母終止收養關係回復原姓，並言明2子不隨同離去收養之家，惟因當時該2子應已有意思能力，倘未經表示同意願留收養者之家，則其與收養者祖孫關係仍應隨同消滅，並於收養關係消滅後隨同其父改姓；若業經同意，此時不妨認為例外得以繼續成立一收養孫子女關係，其與生父間權利義務停止，又此一繼續成立之收養孫子女關係，應得類推適用民法有關終止收養規定，經祖孫雙方合意終止或聲請法院終止收養後，改從父姓。

❖ 民法第1083條之1

法院依第一千零五十九條第五項、第一千零五十九條之一第二項、第一千零七十八條第三項、第一千零七十九條之一、第一千零八十條第三項或第一千零八十一條第二項規定為裁判時，準用第一千零五十五條之一之規定。

（民國96年5月23日公布）

案 例

　　丙男與丁女是夫妻，丁因為受不了丙的母親，也就是自己的婆婆的虐待，所以就向法院起訴請求離婚，並且對於丙、丁所收養的未成年戊，要求行使或負擔權利義務，法院就判決丙、丁離婚。丙是裝潢工人，收入有限，丁是公務人員，工作收入非常的穩定，亦想帶著小孩。請問：法院應該決定由丙、丁其中的那一位，來行使或負擔並從父姓或母姓對小孩子的權利義務？

一、思考焦點

　　養父母離婚時，對養子女從姓有爭執時，養子女應從父姓或母姓？

二、問題論述

　　本條為新增條文，法院依第1059條第5項（有事實足認子女姓氏不利法院宣告變更父姓或母姓）、第1059條之1第2項（非婚生子女經生父認領有事實足認子女姓氏不利法院宣告變更父姓或母姓）、第1078條第3項（收養準用民法第1059條第2至5項從養父或養母姓氏）、第1079條之1（法院為未成年養子女被收養認可應依最佳利益為之）、第1080條第3項（法院為未成年養子女被終止收養認可應依最佳利益為之）或第1081條第2項（法院因法定事由為未成年養子女被終止收養認可應依最佳利益為之）規定為裁判時，準用第1055條之1（最佳利益之提示性規定）之規定。

三、案例結論

　　法院應依照民法第1052條第1項第4款規定「夫妻一方之直系親屬對他方為虐待，致不堪為共同生活」為裁判離婚之判決及民法第1055條（離婚夫妻對未成年子女權義之行使或負擔）、民法第1055條之1（最佳利益之提示性規定），並依民法第1083條之1規定準用同法第1059條第5項第1款（父母離婚，有事實足認子女姓氏不利法院宣告變更父姓或母姓）、第1055條之1（最佳利益之提示性規定），判決戊由丁女來對未成年子女權義之行使或負擔。

四、相關實例

　　民法規定養父母與養子女終止收養契約時，在法律上會發生哪些變化？

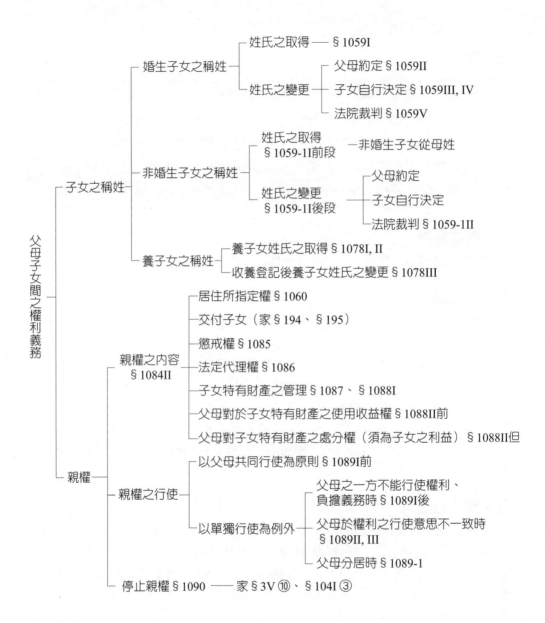

❖ 民法第1084條

子女應孝敬父母。

父母對於未成年之子女，有保護及教養之權利義務。

案例

　　甲男有一子乙，乙長大以後，幾乎每天都跟甲吵架，雖然乙還沒有到虐待、侮辱的地步，也沒有影響到甲的任何權利，但是甲覺得乙非常的不孝順，聽朋友說民法有一條規定了子女應該要孝順父母親，所以就想到法院去告乙不孝順，請問：乙應該要負怎麼樣的法律責任？

一、思考焦點

　　民法第1084條規定子女應該要孝順父母，如果違反這個規定，其法律效果怎麼樣？

二、問題論述

（一）子女應該要孝順父母

　　民法第1084條以下的條文，是在規定父母、子女之間的親子關係，民法首先在第1084條第1項就規定子女應該要孝順父母，但是子女如果不孝順父、母親，民法卻沒有規定應該要怎麼樣來處理。一方面，這是民法基於傳統的觀念，宣示一個道德上的原則，希望大家去遵守，來建立和諧的家庭，也就是所謂的「訓示規定」；另外一方面，怎麼樣才是「孝順」，本來就非常的抽象，沒有一個具體的標準，可能會見仁見智，而且道德上的原則，如果用法律去強迫國民遵守，不見得有它的效果，所以民法並沒有規定不孝順的話，應該要怎麼樣。

（二）父、母親對於子女的權利及義務（親權）

　　但是接下來，民法第1084條第2項規定，父、母親對於還沒有成年的子女，應該要去保護、教育、養育他（她）（保護及教養之權利義務）。「保護」的意思，是預防還有排除對於未成年子女的危險、侵害，來維護未成年子女的心理、身體上的安全，包括要對未成年子女每天日常的生活，要有適當的監督、維持、保護；而「教養」的意思，就是教導、養育未成年子女，來謀求未成年子女身體、心理的健全成長，包括要使這個未成年子女去接受國家所提供的國民義務教育。這就有法律上的意義存在，如果父、母親不去遵守的話，就變成沒有正當的使用對於未成年子女保護、教養的權利（濫用親權）。

（三）親權和扶養的區別

　　至於「親權」和「扶養」究竟有什麼不一樣？最高法院56年台上字第795號判例認為，一個人如果沒有財產維持自己的生活（不能維持生活），也沒有出去賺錢

維持生活的能力（無謀生能力），就可以請求他（她）的直系血親「扶養」，而「親權」及「扶養」是不一樣的。但是最高法院最新的意見，也就是最高法院92年台上字第219號判決，認為親權，就是父母對未成年子女保護、教養的權利義務中就包括了扶養，所以一個未成年人，如果要請求他（她）的父母親扶養，不需要是沒有財產維持自己的生活，也不需要是沒有出去賺錢維持生活的能力條件。

三、案例結論

乙雖然不孝順甲，但是乙如果沒有侵害到甲的權利，也沒有觸犯到刑法的規定的話，是沒有任何法律責任的，只是在道德上，會受到人家的譴責。

四、相關實例

丙男與丁女離婚前兩個人收養的戊男，就約定好由丙行使、負擔權利義務，也跟著丙一起住，丁都沒有再去過問，請問：丁這樣子是不是沒有盡到保護、教養戊的責任？

五、重要判解

（一）最高法院38年台上字第171號民事判決（例）

父母對於未成年子女有保護教養之權利，同時並負此義務，民法第1084條規定甚明，此項因身分關係所生與義務併存之權利，實含有禁止拋棄之性質，自不得謂因拋棄而消滅。

（二）最高法院56年台上字第795號民事判決（例）

民法第1084條，乃規定父母對於未成年子女之保護及教養義務，與同法第1114條第1款所定，直系血親相互間之扶養義務者不同，後者凡不能維持生活而無謀生能力時，皆有受扶養之權利，並不以未成年為限。又所謂謀生能力並不專指無工作能力者而言，雖有工作能力而不能期待其工作，或因社會經濟情形失業，雖已盡相當之能事，仍不能覓得職業者，亦非無受扶養之權利，故成年之在學學生，未必即喪失其受扶養之權利。

（三）最高法院80年度台上字第1327號民事判決（例）

父母對於未成年子女，有保護及教養之權利義務，為民法第1084條第2項所明定。此項因身分關係所生之權利義務，性質上固不得拋棄，但夫妻協議離婚後，關於子女之監護，依民法第1051條之規定，原則上由夫任之，亦得約定由一方監護。於此情形下，他方監護權之行使，即暫時停止。此與親權之拋棄尚屬有別。監護權之行使暫時停止之一方，既無從對於未成年子女為監督，當然不能令其就該未

成年子女之侵權行為負責賠償。

（四）最高法院84年度台上字第317號民事判決

養子女與養父母之關係，除法律另有規定外，與婚生子女同。又父母對於未成年之子女，有保護及教養之權利義務，民法第1077條、第1084條第2項定有明文。所謂保護係指預防及排除危害，以謀子女身心之安全，包括對其日常生活為適當之監督及維護；教養為教導養育子女，以謀子女身心之健全成長，包括使子女接受國民義務教育。父母違反上述關於保護教養之義務時，應構成親權之濫用。

（五）最高法院92年度台上字第219號民事判決

父母對於未成年子女，有保護及教養之權利義務，民法第1084條第2項定有明文。所謂保護及教養之權利義務，包括扶養在內。自父母對未成年子女行使或負擔保護及教養之權利義務本質言，此之扶養義務應屬生活保持義務，與同法第1114條第1款所定直系血親相互間之扶養義務屬生活扶助義務尚有不同，故未成年子女請求父母扶養，自不受民法第1117條第1項規定之限制，即不以不能維持生活而無謀生能力為限。

（六）臺灣高等法院102年度家上字第3號民事裁定

父母對未成年子女所負有之扶養義務，不因結婚經撤銷或離婚而有所影響，並依受扶養者之需要與負扶養義務者之經濟能力及身分定其扶養程度。父母離婚後，未行使親權之一方僅暫時停止其親權之行使，仍不影響其與未成年子女之身分關係，故父母仍應各自分擔對未成年子女之扶養義務。

❖ 民法第1085條

父母得於必要範圍內懲戒其子女。

案例

甲男的兒子乙男，正是在青春期，思想非常的叛逆，甲說的話稍微不合乎他的意思，動不動就跟甲大吵大鬧，有一天，乙無理取鬧，又跟甲大吵了兩個小時，甲覺得乙應該需要好好的管教一下，就用手打了乙一巴掌，乙的左臉頰稍微有一些紅紅的，但是過一下就好了。乙還是氣不過，就去法院告甲傷害乙，並且附帶要求甲要損害賠償，請問：甲有沒有什麼責任？

一、思考焦點

父、母親管教小孩子的時候，可不可用處罰的方法？

二、問題論述

懲戒的意思，就是對於子女，加以身體上或精神上的痛苦，來改善子女不對的行為或言語，父、母親依照民法第1085條的規定，應該要在保護、教養小孩子的必要範圍之內，才有懲戒小孩子的權利。懲戒到底是不是必要的，這要看每一個家庭的環境、小孩子的性別、年齡、健康狀況、性格、犯錯的輕重等等因素來決定，如果超過了必要的程度，在刑法上面可能會構成傷害罪，在民法上面，就會產生侵權行為損害賠償的責任，相反的，如果在必要的範圍內，就沒有上述的這些責任。

三、案例結論

乙大吵大鬧兩個小時，甲覺得乙應該需要好好的管教一下，就用手打了乙一巴掌，乙的左臉頰稍微有一些紅紅的，但是過一下就好了，這是在必要的範圍以內，所以甲沒有任何刑事上或民事上的責任。

四、相關實例

丙男的兒子丁男，數學非常不好，甲每次教丁數學，情緒都非常的不好，有一天，丁一連算錯三題最簡單的題目，丙一氣之下，就抓住丁的頭髮，拉過去撞牆，造成丁頭部受傷縫了三針，還有腦震盪的後遺症，一直會嘔吐，請問：丙有沒有什麼責任？

五、重要判解

（一）最高法院85年度台上字第1108號民事判決

又父母得於必要範圍內懲戒其子女，民法第1085條定有明文。屏東縣政府之調查報告謂：上訴人知曾○○向同學索取金錢，即給與責難及處罰等語，則其處罰並非無正當理由。倘曾○○因受懲戒而成傷，尚在必要範圍內，亦不能認其管教失當。原審未詳細調查審究上訴人處罰曾○○成傷，是否逾越必要範圍，徒以曾○○受傷，即認上訴人管教失當，亦嫌速斷。

（二）最高法院87年度台上字第2636號民事判決

按父母對子女本有管教之義務，得於必要範圍內懲戒其子女，民法第1085條定有明文。被上訴人懲戒子女若偶有失當，兩造應溝通，以求取合理之方式，不能以此為離婚之事由。

（三）高雄高等行政法院96年度訴字第648號民事判決

所謂「身心虐待」，乃係指對兒童及少年身體或心理，施予非意外性、不可忍受之傷害或痛苦而言。本件原告因其兒子說謊，而以愛的小手之細柄責打余童，造成余童左右手臂、大小腿及右臉頰等挫傷，固為原告所不爭執，原告基於善意教養孩子的立場而對余童加以懲罰，其目的在協助孩子明瞭是非對錯，而非以惡意、不善的動機，反覆無常嚴厲地懲罰小孩，是原告之上揭行為，縱其管教余童之能力及技巧容有不當，而有逾越「合理管教」之範疇，然尚不足達到嚴重影響余童身心發展之情況，究不能因此遽謂已達「身心虐待」，情節嚴重之程度。

（四）桃園地方法院98年度易字第439號刑事判決

民法第1085條規定，父母得於必要範圍內懲戒其子女。又父母懲戒子女有其限度，如逾必要範圍則係家庭暴力，而非管教懲戒可比。如毆打子女數次，造成身受兩側眼眶及左外耳瘀挫傷、臉部挫傷、背部瘀傷等多處傷害，傷勢嚴重程度，甚至驚動學校、醫護人員通報社會安全體系，已難認係適當之管教方式。又受傷情形顯非偶然，已係慣性家暴事件，已逾越必要範圍，非單純之父母懲戒子女，而係傷害之刑事問題。

❖ 民法第1086條

父母為其未成年子女之法定代理人。

父母之行為與未成年子女之利益相反，依法不得代理時，法院得依父母、未成年子女、主管機關、社會福利機構或其他利害關係人之聲請或依職權，為子女選任特別代理人。

案例

甲男與乙女是夫妻，生的兒子丙男，在十九歲的時候，想要跟一個二十三歲的女生結婚，那個女生也答應了，請問：丙應該要經過誰的同意？

一、思考焦點

未成年人如果要進行身分上的法律行為，要由誰來當他（她）的法定代理人？

二、問題論述

民法第1086條第2項規定，父母之行為與未成年子女之利益相反，依法不得代

理時,法院得依父母、未成年子女、主管機關、社會福利機構或其他利害關係人之聲請或依職權,爲子女選任特別代理人,須與家事事件法第15條第1項第1款規定,處理家事事件之無程序能力人與其法定代理人有利益衝突之虞,法院得依利害關係人聲請或依職權選任程序監理人;家事事件法第111條(選任特別代理人)規定,一併研讀。

未成年人還沒有完全的行爲能力,如果還沒滿七歲,是無行爲能力人,如果已經滿七歲了,就是限制行爲能力人(民法第13條第1、2項)。就財產上的法律行爲來說,無行爲能力人必須要由法定代理人,來代爲意思表示,或代爲接受意思表示(民法第76條),如果是限制行爲能力人,原則上必須要經過法定代理人的允許(民法第77、78條)。就身分上的法律行爲來說,未成年人如果要訂婚(民法第974條)、結婚(民法第981條)、兩願離婚(民法第1049條但書),或滿七歲的未成年人被收養(民法第1079條第3項)、兩願終止收養(民法第1080條第4項),都應該要過法定代理人的同意,而未滿七歲的未成年人,如果被人家收養,或者和人家終止收養,必須要由法定代理人,來代爲意思表示,或代受意思表示(民法第1079條第2項、第1080條第3項)。但是問題是,到底誰是未成年人的法定代理人?民法第1086條規定,未成年人的父、母親,就是這個未成年人的法定代理人。

此次修法在本條第2項增訂,父母之行爲與未成年子女之利益相反,依法不得代理時,法院得依父母、未成年子女、主管機關、社會福利機構或其他利害關係人之聲請或依職權,爲子女選任特別代理人。例如:父母對於未成年子女之繼承財產之處分,顯有不利益時(民法第1087、1088條),法院得依父母、未成年子女、主管機關、社會福利機構或其他利害關係人之聲請或依職權,爲子女選任特別代理人。又例如:甲男死亡,留下繼承人乙、丙二人,丙未成年且未結婚,乙如法定代理丙拋棄繼承,乙就可以一個人繼承甲所有的遺產,這時乙、丙利益相反,因此關於丙是否應拋棄繼承一事,應爲丙選任特別代理人。再例如:乙未法定代理丙拋棄繼承,乙自己也不拋棄繼承,因此乙、丙要分割甲的遺產,如果乙法定代理丙與自己訂立分割遺產契約,就是民法第106條的自己代理,乙、丙利益相反,此時丙也需要特別代理人。

三、案例結論

丙應該要經過他的法定代理人,也就是他的父、母親甲、乙的同意。

四、相關實例

　　丁男和戊女是夫妻，生了己女之後，丁男就死亡了，丁男遺產1,000萬就由戊、己二人繼承，戊因投資失利，乃法定代理未成年子女己拋棄繼承後，由自己單獨繼承丁全部遺產，請問：戊是否得法定代理己拋棄對丁之繼承權？

五、重要判解

（一）最高法院28年渝上字第1698號民事判決（例）

　　母於父死亡後招贅他人為夫時，其為未成年子女法定代理人之資格，並不因此喪失。

（二）最高法院32年上字第5532號民事判決（例）

　　父所娶之後妻舊律雖稱為繼母，而在民法上則不認為有母與子女之關係，民法第1086條所稱之母，自不包含繼母有內。

（三）最高法院81年度台上字第1472號民事判決

　　被上訴人之父葉○惠已於72年8月22日死亡，其生母為陳○英，有戶籍謄本可稽，依民法第1086條規定，陳○英即係被上訴人之法定代理人。陳○英既未經法院依同法第1090條規定宣告停止親權，其與被上訴人本諸自然血親所具有之法定身分關係，自不因被上訴人之戶籍上另有上訴人為其監護人之記載而喪失。是未成年之被上訴人，於提起本件訴訟時，列載其母陳○英為法定代理人，程式上應無不合。

（四）最高法院102年度台上字第1972號民事判決

　　父母為其未成年子女之法定代理人，並對於未成年之子女有保護及教養之權利義務，民法第1084條第2項及第1086條分別定有明文。未成年子女之父母離婚，關於子女之監護約定由一方任之，不過使他方之監護權一時停止而已，父母任何一方對於未成年子女保護及教養之權利義務，並不因離婚而喪失或免除。未成年子女之出養，既在斷絕其與本生父母間之權利義務，任監護之父或母，除有特別情事外，並無單獨代理或同意之權限。

（五）臺灣高等法院暨所屬法院108年法律座談會民事類提案第7號

法律問題：甲乙育有一子丙，丁為丙之妻，二人育有子女A、B、C三名未成年子女，嗣丙於105年死亡，甲復於107年死亡，試問：A、B、C三名未成年子女代位繼承甲之遺產部分，丁以A、B、C三名未成年子女之法定代理人身分代理訂定之遺產分割協議書，有無違反雙方代理之規定？

討論意見：

　　甲說：肯定說。

　　按父母為其未成年子女之法定代理人。父母之行為與未成年子女之利益相反，依法不得代理時，法院得依父母、未成年子女、主管機關、社會福利機構或其他利害關係人之聲請或依職權，為子女選任特別代理人。次按代理人非經本人之許諾，不得為本人與自己之法律行為，亦不得既為第三人之代理人，而為本人與第三人之法律行為。但其法律行為，係專履行債務者，不在此限，民法第1086條、第106條分別定有明文。復觀諸民法第1086條之立法理由，所謂「依法不得代理」係採廣義，包括民法第106條禁止自己代理或雙方代理之情形，以及其他一切因利益衝突，法律上禁止代理之情形在內。

　　關於本件被繼承人甲之遺產分割事宜，未成年子女A、B、C既同為繼承人之一，彼此間有利益相反之情形，而丁為未成年子女A、B、C之法定代理人，倘同時代理A、B、C三人為遺產分割之法律行為，有違上開禁止雙方代理之規定，難期能維護A、B、C三人之利益，故應認丁僅得擔任未成年子女A、B、C中一人之法定代理人，另為其餘二名子女各自選任特別代理人（福建金門地方法院104年度家親聲字第5號、臺灣高雄少年及家事法院105年度家親聲字第339號、臺灣苗栗地方法院106年度家親聲字第147號、臺灣新竹地方法院106年度家親聲抗字第4號、臺灣彰化地方法院107年度司家親聲字第41號裁定意旨參照）。

　　乙說：否定說。

　　按未成年子女，因繼承、贈與或其他無償取得之財產，為其特有財產；未成年子女之特有財產，由父母共同管理。父母對於未成年子女之特有財產，有使用、收益之權，但非為子女之利益，不得處分之，民法第1087條、第1088條分別定有明文。因繼承所得之遺產為未成年子女之特有財產，倘父母本身非繼承人之一，則於法律上並無利害相反之情事，在符合各該未成年子女之利益下，父母本得處分未成年子女之特有財產，自無選任特別代理人之必要。

　　本件被繼承人甲之遺產由乙、A、B、C繼承，而丁非甲之繼承人，就被繼承人甲之遺產分割事宜並無法律上利害關係，又被繼承人甲之遺產為未成年子女A、B、C之特有財產，依據上開條文規定，丁本得為A、B、C之利益處分渠等之特有財產，為遺產分割之行為，毋庸選任特別代理人為之（臺灣屏東地方法院107年度司家親聲字第14號、臺灣新北地方法院108年度家親聲字第171號、臺灣桃園地方法院106年度家聲字第1號裁定意旨參照）。

初步研討結果：採甲說。

審查意見：採甲說。

　　理由如下：民法第1086條第2項規定：「父母之行為與未成年子女之利益相反，依法不得代理時，法院得依父母、未成年子女、主管機關、社會福利機構或

其他利害關係人之聲請或依職權，為子女選任特別代理人。」所稱「依法不得代理」，依其立法理由係採廣義，包括民法第106條禁止自己代理或雙方代理之情形，以及其他一切因利益衝突，法律上禁止代理之情形。而遺產分割之協議，在客觀性質上，其行為於繼承人相互間有利益對立之情形，由一法定代理人代理多名未成年子女訂定遺產分割協議書，於未成年子女間亦有產生利害關係相反之可能，例如其中一未成年子女拋棄繼承或同意分受低於其應繼分額之財產，則其他未成年子女之應繼分或可分受之財產數額即隨之增大。故父或母以法定代理人身分一人代理多名未成年子女訂定遺產分割協議書，自有違雙方代理之規定，於超過一名未成年子女部分，即屬民法第1086條第2項所定「依法不得代理」之情形。故題示情形，丁僅得擔任未成年子女A、B、C中一人之法定代理人，另聲請法院為其餘二人未成年子女各自選任特別代理人。

研討結果：照審查意見通過。

（六）最高法院109年度台上字第509號刑事判決

民法第1086條第2項規定，父母之行為與未成年子女之利益相反，依法不得代理時，法院得依父母、未成年子女、主管機關、社會福利機構或其他利害關係人之聲請或依職權，為子女選任特別代理人。所稱「依法不得代理」，包括民法第106條禁止自己代理或雙方代理之情形，及其他一切因利益衝突，法律上禁止代理之情形。故父母以法定代理人身分代理未成年子女處分其財產時，在客觀性質上，苟無足以認定有為該子女利益之特別情事，此時應認其與未成年子女之利益相反，自屬民法第1086條第2項所定「依法不得代理」之情形。

（七）最高法院111年度台上字第514號民事判決

按未成年子女經法院選任特別代理人者，就該事件而言，該特別代理人為未成年子女之法定代理人。又民法第106條關於禁止雙方代理之規定於意定代理及法定代理均有其適用，而遺產分割之協議，依其性質於繼承人相互間有利益對立之情形，自有民法第106條本文禁止雙方代理規定之適用。

（八）內政部112年9月21日台內戶字第1120135459號

要旨：未成年父母有為親權人之能力，能單獨行使關於子女身分上權利義務之身上照護權，至於涉及子女財產上之權利義務之財產照護權及身分上權利義務之身分同意權，因未成年父母本身為限制行為能力人，如由該未成年父母之法定代理人代理同意委託監護契約，似已涉及民法第1086條第2項規定依法不得代理之情形，故應先由法院選任之特別代理人同意該委託監護契約後，再由其法定代理人持憑契約文件，代為辦理委託監護登記。

❖ 民法第1087條

未成年子女，因繼承、贈與或其他無償取得之財產，為其特有財產。

案例

> 甲男及乙女生了丙男之後，乙就過世了，丙才六歲，乙快病死的時候，有說過她死後，所有的財產新台幣（以下同）100萬元，應該由甲及丙一人繼承一半，但是乙一死之後，甲就跟丙說小孩子不需要有自己的財產，你每天吃我的、喝我的、用我的，所以你媽媽的100萬元通通就由我拿走等等的話。請問：甲的說法，在法律上是不是有理由？

一、思考焦點

未成年子女是不是可以有自己的財產？

二、問題論述

依照民法第1087條的規定，未成年子女可以有自己的特有財產，所謂「特有財產」，就是未成年子女因為繼承的關係所得到的財產，或者因為別人贈送而得到的財產（贈與），或者因為其他原因，在沒有付出代價的情形之下，就得到的財產（其他無償取得之財產），例如：基於自己有所有權的意思，連續五年，在公開不遮掩、而且手段平和的情形下，占有別人的動產，就因為這個五年的時間經過，就發生取得這個動產所有權的法律上的效果（民法第768條）。所以未成年的小孩子，是可以有自己的財產的。

三、案例結論

丙從乙繼承的50萬元，依照民法第1087條的規定，就是丙的特有財產，甲依照民法第1084條第2項的規定，本來就有保護、教養丙的法律上的義務，不可用保護、教養丙的這個理由，隨便就把丙的特有財產拿走。

四、相關實例

丁男的兒子戊男，才八歲，就很會唱歌、演戲，是非常有名的小童星，每個月大約可以賺50萬元，請問：這些錢應該要歸誰所有？

五、重要判解

最高法院53年度台上字第1892號民事判決

　　未成年子女因繼承、贈與或其他無償取得之財產，為其特有財產，民法第1087條定有明文。系爭土地及房屋，上訴人係因買賣而取得，自非上訴人之特有財產，要不發生適用同法第1088條第2項之問題。

❖ 民法第1088條

　　未成年子女之特有財產，由父母共同管理。

　　父母對於未成年子女之特有財產，有使用、收益之權。但非為子女之利益，不得處分之。

案例

　　甲男與乙女結婚之後，生下丙男，丙在讀國中一年級的時候，乙就過世了，遺囑裡面寫說她名下的兩棟房子，價值差不多，一棟給甲，一棟給丙，丙也辦理了那棟房子的繼承登記，但是甲因為有賭博的習慣，一直缺錢用，就向銀行借新台幣幾千萬元，想要去澳門賭大的，銀行說光是用甲名下的不動產設定抵押權，還不夠擔保，那麼甲可不可把丙名下的那棟房子，一起拿去給銀行設定抵押權，當作是自己借錢的擔保？

一、思考焦點

　　父、母親對於未成年子女的特有財產，有什麼權利及義務？

二、問題論述

（一）管理權

　　未成年人的心智及思考，都還不夠成熟，再加上現在社會上的引誘很多，五光十色，如果讓未成年人能夠隨便處理自己的財產，往往不到兩三下，所有的財產就清潔溜溜了。所以民法第1087條規定第1項就規定，由父母親來共同管理未成年子女的特有財產。所謂「管理」，就是保存（例如修理房屋）、利用（例如把房子租出去）以及改良（例如把房子擴建），而別人侵占了未成年子女的特有財產，就算是侵害到父、母親的管理權，父、母親可以要求歸還。

（二）使用、收益權

　　既然要由父、母親來管理未成年子女的特有財產，管理是要耗費心力、時間以及費用的，所以民法第1088條第2項前段就規定，父、母親可以來使用（例如：住在未成年子女所有的房屋裡面）、收益（例如：把未成年子女房屋出租的租金，拿來自己用）未成年子女的特有財產，來補償所父、母親因為管理未成年子女的特有財產，所耗費掉的心力、時間以及費用等等。

（三）處分權的限制

　　父、母親可以管理、使用、收益未成年子女的特有財產，但是如果對未成年子女沒有利益，是不可以把這個特有財產給處分掉。所謂「處分」，就是改變這個特有財產權利狀態的物權行為（民法第758條），如果父、母親處分未成年子女的特有財產，就是民法第118條的無權處分，如果未成年自己沒有同意的話，是不能發生效力的，除非法律行為的相對人（指父母及未成年子女以外之人），依照民法善意取得的規定（民法第801、948條），取得這個東西的所有權。另外，學說上也有人認為，「處分」也包括了債權行為（例如：把未成年子女的房屋賣給別人）（民法第345條）及事實上的處分（例如：把未成年子女的房屋，全部給毀壞掉），但是如果是債權行為，例如：父、母親用自己的名義出賣未成年子女的東西，就是所謂「出賣他人之物」，仍然是有效的；而父、母親如果不是為了未成年子女的利益，事實上處分未成年子女的東西，例如：把它損壞掉，就要對未成年子女負損害賠償責任。

三、案例結論

　　甲把丙的房屋拿去設定抵押權，也就是把它做一個「處分」，這個處分，純粹是為了甲自己借錢方便，對丙完全沒有利益，反而有害處，萬一甲還錢還不出來，銀行會查封、拍賣丙的房屋，把賣得的錢用來償還甲欠銀行的錢，所以依照民法第1088條第2項但書的規定，甲是無權處分，要看丙承不承認甲的無權處分，來決定這個設定抵押權的效力怎麼樣，而丙是未成年人，一定要到丙成年以後，才能決定要不要承認，到丙成年以前這段期間，甲設定抵押權的行為，雖然效力還不確定，但是這是甲及銀行都能夠預測的，銀行既然可以從土地登記上面，知道設定抵押權的房屋是未成年人丙的，那麼這個設定抵押權的行為，即使效力不能確定，也不會對銀行還有甲造成太大的影響。

四、相關實例

　　丁男的兒子戊男，在民國93年7月1日，因為繼承亡母一棟市場價格大約是新台

幣（以下同）500萬元的房子，不到一個月，就憑丁的好口才，用800萬元把它賣出去，所得到的現金，通通存到戊名義的郵局帳戶裡面，請問：丁處分戊的房屋，有沒有效力？

五、重要判解

（一）最高法院42年台上字第126號民事判決（例）

訟爭土地爲年甫六歲與十四歲之被上訴人因受贈而取得，即屬民法第1087條所謂未成年子女之特有財產，依同法第1088條第2項之規定，被上訴人之父，不過得在被上訴人成年之前有使用、收益之權。至設定抵押權，則屬於同條項但書之處分行爲，尚須爲被上訴人之利益始得爲之，從而被上訴人之父，就該土地因擔保債權所爲抵押權之設定，苟無足以認定有爲被上訴人利益之特別情事，自爲上開條項但書所不許。

（二）最高法院53年度第1次民、刑庭總會會議決議（二）

父母以其未成年子女之名義承擔債務及以其未成年子女之財產提供擔保，若非爲子女利益而以子女之名義承擔他人債務，及爲他人提供擔保，依照民法第1088條（舊法）及限定繼承之立法意旨暨公平誠實之原則，除其子女於成年後，自願承認外，不能對其子女生效。但子女之財產如係由父母以其子女之名義購置，則應推定父母係提出財產爲子女作長期經營，故父母以子女之名義置業後，復在該價額限額度內，以子女名義承擔債務，提供擔保，不能概謂爲無效。

（三）最高法院53年台上字第1456號民事判決（例）

父母向他人購買不動產，而約定逕行移轉登記爲其未成年子女名義，不過爲父母與他人間爲未成年子女利益之契約（民法第269條第1項之契約），在父母與未成年子女之間，既無贈與不動產之法律行爲，自難謂該不動產係由於父母之贈與，故父母事後就該不動產取得代價，復以未成年子女名義爲第三人提供擔保而設定抵押權者，不得藉口非爲子女利益而處分應屬無效，而訴請塗銷登記。

（四）最高法院69年度台上字第496號民事判決

系爭房地係上訴人無償取得之財產，依民法第1087條規定，固屬上訴人之特有財產。惟上訴人之父林○芳於生前，以超出原用林呂○貞名義買入價格十八倍半之高價，將其出賣被上訴人，既可取得相當之對價，已難謂非爲上訴人之利益，且系爭房屋係建築於亭子腳之簡陋木造房屋，經原審勘驗屬實，有勘驗筆錄可稽，復據證人陳○泉及陳○和分別到庭結證：林○芳出賣上開房屋及土地，係因房過小，不敷居住，擬爲上訴人另購他處房地等語在卷，則依客觀事實及主觀表示，林○芳之出賣系爭房地，係爲上訴人之利益而爲明甚。

（五）最高法院71年度台上字第1568號民事判決

夫妻之一方，對未成年子女之監護權，不因離婚而喪失，此觀民法第1051條及第1055條規定自明。依各該規定由一方監護者，僅他方監護權一時之停止而已，倘任監護之一方死亡，該未成年之子女當然由他方監護。被上訴人所住房屋，依民法第1087條規定，固為吳○○之特有財產，惟依同法第1088條規定，被上訴人對之有使用、收益及管理之權。被上訴人對吳○○之此項權利未因濫用而被法院宣告停止親權以前，尚難謂其不能行使監護權之情形。

（六）最高法院86年度台上字第334號民事判決

父母對於未成年子女之特有財產，依民法第1088條第2項但書之規定，非為子女之利益，不得處分之。不動產設定抵押權，係屬處分行為，是父母就未成年子女特有財產之房地因擔保債權所為抵押權設定，苟無足以認定有為該子女利益之特別情事，自為法所不許。

（七）苗栗地方法院99年度訴字第437號民事判決

民法第1087條及第1088條第2項規定，未成年子女，因繼承、贈與或其他無償取得之財產，為其特有財產；父母對於未成年子女之特有財產，有使用、收益之權，但非為子女之利益，不得處分之。是以，父母對於未成年子女之特有財產之處分行為，應為未成年子女利益為之，如該處分行為顯非為未成年子女利益之利益為之，依民法第71條前段規定，因違反強制規定，無效。

（八）最高法院103年度台上字第2650號民事判決

按民法第1088條第2項規定所謂處分，廣義而言固包括事實上之處分與法律上之處分，而法律上之處分，包括債權行為與物權行為在內。惟處分與代理不同，處分係處分人以自己名義為之，代理則係代理人以本人名義為法律行為。又同法第103條第1項規定，無論法定代理或意定代理均有其適用。是法院認定契約係未成年人之法定代理人代理所簽立，卻又指稱契約之對造未舉證證明法定代理人係為未成年人之利益而簽約處分標的，對未成年人不生效力，且未成年人於成年後未承認契約書，益證契約書不生效力等作為論述理由，不啻混淆處分與代理之觀念，則判決即有不當之處。

（九）臺灣高等法院暨所屬法院105年法律座談會民事類提案第15號

法律問題：甲於年幼因繼承取得其父所遺A地，其母乙於寡居多年後，在交友網站尋得第二春。甲甫上高中那年，乙攜甲改嫁予丙。丙因年輕貪玩，在外積欠鉅債，乙為解決丙在外負債，乃向地下錢莊業者丁借貸，並應丁之要求，提供甲所有A地作為抵押，丁另要求甲應在抵押權設定契約書上當事人欄親自簽名，再由乙以法定代理人身分予以承認。嗣甲成年後，

主張上開抵押權設定行爲違反民法第1088條第2項之規定而無效，請求丁塗銷抵押權設定登記。試問甲之請求，是否有理？

討論意見：

甲說：否定說。

1.按父母對於未成年子女之特有財產，有使用、收益之權，但非爲子女之利益，不得處分之，民法第1088條第2項定有明文。該條項但書之規定，係指父母對於未成年子女因繼承、贈與或其他無償取得之特有財產，爲未成年子女之利益，得處分之，惟究非因此而剝奪未成年子女對其特有財產之處分權。父母代理未成年子女處分其特有財產時，須受民法第1088條第2項但書規定之限制，若未成年人自爲處分其特有財產則否，惟應適用民法第77條以下之規定（最高法院83年度台上字第1224號判決意旨參照）。換言之，未成年子女之父母，非爲子女之利益，固不得主動處分所管理該子女之特有財產，但已具限制行爲能力之子女，如得法定代理人之允許或承認，而自行處分其特有財產，應爲法之所許（最高法院80年度台上字第1781號判決意旨參照，相同見解，另參照同院98年度台上字第1234號判決意旨）。

2.本題甲因繼承取得之A地，爲民法第1087條所稱之特有財產，其母乙爲清償丙之債務，向丁告貸，而以A地設定抵押，非爲甲之利益，依民法第1088條第2項但書之規定，乙固不得代理甲爲處分行爲。惟系爭抵押權設定契約，乃甲所自爲，甲既已具備限制行爲能力，其所締結之契約復經乙之承認，依民法第79條規定，已生效力。

3.從而，甲於成年後，主張抵押權設定契約無效，爲無理由。

乙說：肯定說。

1.父母非爲子女之利益所爲之處分行爲，其效力如何，學說迄無定論：有謂其行爲因違反強制規定而無效（無效說，戴炎輝、戴東雄合著，中國親屬法，1994年4月修訂5版，第406頁）；有謂爲維護交易安全，應認對第三人之關係爲有效（有效說，陳棋炎、黃宗樂、郭振恭合著，民法親屬新論，2011年9月，修訂10版，第420頁；王澤鑑，民法學說與判例研究，第1冊1986年9月，8版，第527頁）；有謂除可認爲表見代理外，其明顯的不利於子女之行爲，應認係無權代理，子女成年後得追認之（無權代理說，史尚寬，親屬法論，1964年，初版，第607頁）；有謂處分非爲子女利益，乃是無權處分（無權處分說，陳計男，論親子間之財產關係，法令月刊，第29卷第9期，第16頁）。最高法院42年台上字第126號判例略以：「訟爭土地爲年甫6歲與14歲之被上訴人因受贈而取得，即屬民法第1087條所謂未成年子女之特有財產，依同法第1088條第2項之規定，被上訴人之父，不過得在被上訴

人成年之前有使用、收益之權。至設定抵押權，則屬於同條項但書之處分行為，尚須為被上訴人之利益始得為之，從而被上訴人之父，就該土地因擔保債權所為抵押權之設定，苟無足以認定有為被上訴人利益之特別情事，自為上開條項但書所不許。」可知前述「有效說」之觀點，為實務所不採。至該「法所不許」之行為，應如何評價，參照最高法院53年度第1次民、刑庭總會決議：「父母以其未成年子女之名義承擔債務及以其未成年子女之財產提供擔保，若非為子女利益而以子女之名義承擔他人債務，及為他人提供擔保，依照民法第1088條（舊法）及限定繼承之立法意旨暨公平誠實之原則，除其子女於成年後，自願承認外，不能對其子女生效」，應係採無權代理說之觀點。果如是，民法第1088條第2項乃是對父母法定代理權所為之限制，父母非為子女利益、以子女法定代理人名義所為之處分行為，乃是無權代理，除子女成年後加以承認外，應屬效力未定。惟該條文對法定代理權之限制，其情形若為相對人所不知，其不知且無過失者，即不排除有民法第107條規定之適用。採無權代理說之見解，未成年子女之保護與交易安全之保障，應可取得平衡。

　　2.民法第1088條第2項但書對父母法定代理權之限制，似不應僅侷限於「主動處分」之領域。若認父母依民法第1088條第2項但書之規定，不能以法定代理人之身分，代未成年子女為意思表示或受意思表示，同理，亦不得依民法第79條之規定，就子女之處分行為，於事前允許、事後承認。蓋「代為（受）意思表示」、「允許」、「承認」同屬法定代理權之內涵，法律不可能只禁止「代為（受）意思表示」，不禁止「允許」與「承認」。

　　3.本題甲與丁訂立抵押權設定契約，雖經乙之承認，惟因乙之法定代理權受有限制，該契約仍屬效力未定。甲於成年後拒絕承認，該契約自始失其效力。從而，甲請求丁塗銷抵押權設定登記，為有理由。

初步研討結果：採肯定說。

審查意見：

　　1.父母以法定代理人身分承認未成年子女處分其特有財產之行為，基於未成年子女利益優先保護原則，為免脫法，仍應受民法第1088條第2項但書規定之限制，倘非為未成年子女之利益，應類推適用無權代理規定，認為效力未定，應至未成年子女成年承認後，對該未成年子女始生效力。

　　2.本件由未成年子女甲在抵押權設定契約書上當事人欄親自簽名，以其所有A地設定抵押，擔保丙之債務，再由乙以法定代理人身分予以承認，該設定抵押權行為非為甲之利益所為，該抵押權設定契約仍屬效力未定，故甲成年後請求丁塗銷抵押權設定登記，為有理由。

研討結果：本題經提案機關撤回。

相關法條：民法第1088條第2項、第77條、第79條。

（九）最高法院110年度台上字第1902號民事判決

民法第1088條第2項但書所稱之「處分」，應採廣義解釋，涵蓋事實上之處分與法律上之處分，而法律上之處分，亦非僅以處分行為為限，尚包含買賣、保證、簽發票據、贈與等負擔行為在內，俾以貫徹保護未成年子女利益之立法旨趣。原判決拘泥於文義核心，將上開但書規定侷限於狹義之物權行為範圍，以父母親僅與第三人訂立契約出售未成年子女之特有財產，如尚未移轉該特有財產，即不生非為子女利益處分其特有財產而無效之問題為論據，而認母親代理出售系爭房地，既未為移轉所有權登記，所謂「處分」，所持法律見解，與規範意旨不符，已有適用法規不當之違法。

❖ 民法第1089條

對於未成年子女之權利義務，除法律另有規定外，由父母共同行使或負擔之。父母之一方不能行使權利時，由他方行使之。父母不能共同負擔義務時，由有能力者負擔之。

父母對於未成年子女重大事項權利之行使意思不一致時，得請求法院依子女之最佳利益酌定之。

法院為前項裁判前，應聽取未成年子女、主管機關或社會福利機構之意見。

案例

> 　甲男與乙女是夫妻，他們正在讀大學一年級的十八歲小孩子，想要跟一個二十歲的女朋友結婚，甲覺得對方條件不錯，而且小孩子既然已經努力用功考上大學了，應該可以自己決定自己的生活及伴侶，但是乙卻覺得這個小孩子現在還是太年輕，更何況還在唸書，如果要結婚的話，將來畢業以後，找到一份收入穩定的工作，再結婚也不遲。所以甲同意這個未成年小孩子的結婚，乙卻不同意。請問：這個未成年小孩子的結婚，是不是有效？

一、思考焦點

父親及母親之間，如果對於未成年子女的保護、教養，或者權利義務的行使或

負擔，看法不一樣的時候，應該要以誰的意見為準？

二、問題論述

民法第1089條係父母對於未成年子女之權利義務行使及負擔規定，須與家事事件法第3條第5項第8款：「戊類事件：八、定對於未成年子女權利義務之行使負擔事件」，一併研讀。

未成年子女無論在心理上或生理上，都還不夠成熟，原則上是由父、母親共同來負起保護、教養的權利及義務（民法第1084條），並且共同做他（她）的法定代理人（民法第1086條），也就是除非法律另外有規定例外的情形，原則上是一起來行使、負擔對於未成年子女的權利及義務（民法第1089條第1項前段），如果父、母親有一方不能行使、負擔對於未成年子女的權利義務，或者不能一起來行使、負擔對於未成年子女的權利義務的時候，就應該要由有能力的一方來行使、負擔對於未成年子女的權利義務（民法第1089條第1項後段）。但是父、母親之間，如果對於怎麼樣去保護、教養未成年小孩子的意見不一樣的時候，無論採取父親的意見，或者採取母親的意見，對父、母親來說，都不見得公平，而且都不一定是對未成年子女最好的安排，所以民法第1089條第2項規定，這個時候，父、母親就可以請求法院依照對未成年子女最有利的方式，去做安排。然而法官不是未成年子女本人，不見得瞭解每個未成年子女的心聲，也不見得瞭解每一個個案背後的情形，更不見得都具有社會工作、心理學、醫學等方面的專業知識，所以要決定怎麼樣對未成年子女才是比較好的時候，應該要先聽聽看未成年子女本人的心聲，還有主管機關（通常是各縣市政府的社會局），以及社會福利團體（例如：勵馨基金會、兒童福利聯盟）的專業意見，才能做出最有利未成年子女的裁定。

三、案例結論

未成年子女的父親甲及母親乙，對於要不要依照民法第981條同意未成年子女的婚姻，有不同的意見的時候，甲或乙都可以聲請法院，依照民法第1089條第2項的規定，做出一個最有利於未成年子女的安排，法院在處理的時候，必須要先聽聽看未成年子女本人的心聲，還有主管機關、社會福利機構的專業意見，例如：先請社會局的社會工作人員，先去拜訪探視甲、乙的家庭狀況、未成年子女還有他想要結婚的對象，以及那個對象的家庭狀況，綜合各種情況，提出專業的建議，供法官參考，來判斷未成年子女在這個時候跟這個人結婚好不好，是不是符合這個未成年子女的最佳利益，然後由法院做出最後的裁定，判斷到底是要依甲的意見，同意這樁婚事，還是要依照乙的意見，不同意這樁婚事。

四、相關實例

　　丙男及丁女是夫妻，生了一個小孩子戊男。丙及丁都是虔誠的佛教徒，而戊就是「胎裡素」，也就是還在丁的肚子裡面的時候，丁就是吃素，戊從一出生也是吃素，果然戊長大以後，非常喜歡禮拜神明，而且在學校，不忍心去踩到螞蟻，非常有同情心，也習慣吃素，不能和同學一起吃營養午餐。丙覺得戊不能適應臺灣的社會還有教育體制，也因為本身存的錢不多，所以就想把戊送到消費比較低的印度，去念佛教學校，可以用英文授課，也可以受到宗教的洗禮，但是丁反對，理由是戊剛剛到要上小學的年齡，就要離開家這麼遠，非常捨不得，也怕戊不能適應印度的生活。丙及丁兩個人一直沒有辦法達成共識，這個時候應該要怎麼處理？

五、重要判解

（一）最高法院62年台上字第415號民事判決（例）

　　所謂父母之一方不能行使對於未成年子女之權利，兼指法律上不能（例如：受停止親權之宣告）及事實上之不能（例如：在監受長期徒刑之執行、精神錯亂、重病、生死不明等）而言。至於行使有困難（例如：自己上班工作無暇管教，子女尚幼須僱請備人照顧等），則非所謂不能行使。

（二）最高法院92年度台上字第1699號民事判決

　　父母對其未成年子女之扶養義務，係基於父母子女之身分而來。父母離婚所消滅者，乃婚姻關係，縱因離婚而使一方之親權處於一時之停止狀態，但對於父母子女間之直系血親關係毫無影響，均應依各自資力對子女負扶養義務。若均有扶養能力時，對於子女之扶養費用均應分擔。因此，父母之一方單獨扶養，自得依不當得利之規定請求他方償還代墊其應分擔之扶養費用。

（三）最高法院93年度台上字第1441號民事判決

　　依民法第1089條規定，子女保護教養費用原則上應由父母共同負擔，其審酌之基礎亦不同。本件被上訴人以其支出之費用既屬家庭費用亦屬父母對未成年子女應負擔之扶養費，而依修正前民法第1026條、民法第1089條為主張，依上說明，二者即不免矛盾。乃原審未行使闡明權，就被上訴人所為陳述主張，究竟係本於夫妻法定財產家庭生活費用，抑或父母對子女應負擔之扶養費，令其敘明或補充之，使法律關係臻於明確，以決定上訴人應負擔之不當得利範圍。

（四）桃園地方法院98年度家訴字第119號民事判決

　　按扶養義務與親權行使本質不同，乃屬純義務，為強制的、無償的、無對價的義務，更不許扶養權利人預為拋棄。兩造既係未成年子女之父母，且均有工作所得，而未成年子女於成年以前亦確有受扶養之需要，從而，兩造即有扶養照顧未成

年子女之義務。又不論離婚協議書如何約定，兩造均不許預爲拋棄扶養義務。又父母之一方單獨扶養子女者，自得依民法第179條不當得利之規定請求他方償還代墊其應分擔之扶養費用。

（五）臺灣高等法院暨所屬法院102年法律座談會民事類提案第1號

法律問題：有識別能力之未成年人甲騎乘機車至路口時，因過失撞及路人乙，致乙
　　　　　受傷，乙請求甲、甲之父丙、甲之母丁就其所受損害負賠償責任。

　　問題一：甲、丙、丁三人應如何賠償？

　　問題二：如問題一探乙說，就被告敗訴部分之訴訟費用，甲、丙、丁三人應如何負擔？

討論意見：

　　問題一：

　　甲說：甲、丙及丁應連帶負賠償責任。

　　按因故意或過失，不法侵害他人之權利者，負損害賠償責任。無行爲能力人或限制行爲能力人，不法侵害他人之權利者，以行爲時有識別能力爲限，與其法定代理人連帶負損害賠償責任。父母爲其未成年子女之法定代理人，民法第184條第1項前段、第187條第1項前段、第1086條第1項分別定有明文。依據上開規定，被害人乙請求甲、丙及丁三人連帶負損害賠償責任，自屬有據（最高法院75年度台上字第82號判決、98年度台上字第811號判決、臺灣高等法院102年度上字第27號判決、101年度上字第1441號判決、臺灣高等法院臺南分院101年度上易字第184、119號判決、臺灣高等法院高雄分院102年度訴易字第2號判決）。

　　乙說：丙及丁各應與甲連帶負賠償責任，丙、丁間爲不眞正連帶債務。

　　按數人負同一債務，明示對於債權人各負全部給付之責任者，爲連帶債務。無前項之明示時，連帶債務之成立，以法律有規定者爲限，民法第272條定有明文。未成年人甲不法侵害乙之權利，其法定代理人丙、丁固應與甲連帶負賠償責任，惟父母對於未成年子女之權利義務，除法律另有規定，由父母共同行使或負擔，民法第1089條第1項前段定有明文，並無父母間對於賠償責任應連帶負擔之規定；亦即父母間僅屬不眞正連帶，並無連帶責任可言。從而，乙請求丙、丁就其所受損害應連帶負責云云，尚非有據（臺灣高等法院100年度上易字第151、1068號判決、臺灣高等法院臺南分院100年度上易字第183號、100年度上字第89號判決）。

　　問題二：

　　甲說：由甲丙丁連帶負擔。

　　共同訴訟人因連帶或不可分之債敗訴者，應連帶負擔訴訟費用（民事訴訟法第85條第2項參照）。所謂連帶之債，係指數債務人之對外關係應負連帶責任之債務

而言，非以民法所規定之連帶債務爲限。此項規定，於不真正之連帶債務，亦適用之（臺灣高等法院臺南分院100年度上易字第183號判決、100年度上字第89號判決、吳明軒著，民事訴訟法上冊，第292頁以下）。

乙說：由甲丙丁負擔。

按訴訟費用，由敗訴之當事人負擔，法院爲終局判決時，應依職權爲訴訟費用之裁判，民事訴訟法第78條、第87條分別定有明文。亦即，關於訴訟費用之裁判，係法院依職權裁判之事項，不受當事人主張之拘束，準此，法院應依同法第78條規定命敗訴之當事人共同負擔訴訟費用（臺灣臺中地方法院99年度訴字第2246號判決、臺灣高等法院100年度上易字第1068號判決）。

初步研討結果：

問題一：採乙說。

問題二：採甲說。

審查意見：

問題一：採乙說（甲說 3 票，乙說 15 票）。

問題二：採甲說。

研討結果：

問題一：多數採甲說（實到63人，採甲說 38 票，採乙說25票）。

問題二：不予討論。

（六）最高法院103年度台抗字第622號民事裁定

按民法第1089條第1項未成年親權之共同行使與成年人監護之共同行使，其規範之理念與宗旨有異。法院就成年人以裁定選定數人爲監護人，並指定其共同執行財產管理事務者，若其中部分監護人因財產管理之法律行爲或其相關之訴訟行爲與受監護人之利益相反，無法代理受監護人爲法律行爲或提起訴訟、聲請訴訟救助，致其餘監護人依法亦不得代理者，本得視其情形所需，選擇依民事訴訟法第51條第2項規定，就該個案訴訟聲請受訴法院爲其選任特別代理人，或於符合民法第1113條準用第1098條第2項規定之要件下，由家事法院依聲請或依職權爲受監護人選任特別代理人爲之；或於具備同法第1113條準用第1106條之1第1項規定之情形時，聲請家事法院改定適當之監護人後，由該監護人代理行使之。是成年人之共同監護人尚無逕行比附援引有關父母子女間親權行使規定，由其他監護人單獨代理之餘地。

（七）臺灣高等法院暨所屬法院107年法律座談會民執類提案第2號

法律問題：爲執行名義之家事確定判決主文欄記載略以「對於原告、被告所生未成年子女，由被告擔任主要照顧者。原告得依附表所示之時間及方式，與未成年子女會面交往；原告、被告並應遵守附表附註所示事項」，債權

人即原告欲與未成年子女於會面交往期間出國,遂以前開執行名義附註事項載有「任何一造如欲帶同該未成年子女出國應事先通知他造。」為由,聲請債務人即被告應交付未成年子女之護照,執行法院應否准許?

討論意見:

甲說:否定說。

按強制執行應依執行名義為之,強制執行法第4條定有明文,又執行法院應審查執行名義內容是否明確,本件債權人據以聲請之執行名義僅載任何一造欲帶同未成年子女出國,應事先通知他造,並未明確課予持有未成年子女護照者有交出護照之義務,是以,債權人請求債務人交付護照,自非執行名義效力所及,債權人之聲請應予駁回。乙說:肯定說。執行名義既記載任何一造如欲帶同未成年子女出國,應事先通知他造,如債權人已事先通知債務人將帶同未成年子女出國事宜且未違反會面交往之方式,因持有護照係為合法出境所必要,自屬執行名義效力所及,故就債權人請求債務人應交付未成年子女之護照應予准許。

初步研討結果:採甲說。

審查意見:採甲說(否定說)。

補充理由如下:依題示意旨,為執行名義之家事確定判決主文既諭知兩造所生未成年子女由被告擔任主要照顧者,則對於該未成年子女權利義務之行使及負擔,依民法第1089條第1項、第2項規定,原則上仍應由兩造共同為之,如兩造對於未成年子女重大事項權利之行使意思不一致時,得請求法院依子女最佳利益酌定之。又題示執行名義僅記載「任何一造如欲帶同該未成年子女出國應先通知他造」,既對於是否需取得他造同意未有明文,對於一造攜同未成年子女出國之目的亦無限制。如認為原告即得憑此確定判決聲請由執行法院命被告交付護照,顯然剝奪被告親權行使,且未必符合子女之最佳利益。是於原告持該執行名義,要求被告交付護照未獲同意時,仍應由原告依民法第1089條規定請求法院酌定;如有緊急狀況,並得依家事非訟事件暫時處分類型及方法辦法第7條規定,聲請暫時處分交付證件,尚不得持該執行名義逕聲請執行交付護照。

研討結果:

(一)照審查意見通過。

(二)參考資料增列最高法院96年度台抗字第831號裁定意旨。

(八)最高法院110年度台上字第4269號刑事判決

我國於民國103年6月4日制定公布(同年11月20日施行)之兒童權利公約施行法第2條規定:聯合國西元1989年「兒童權利公約」(ConventionontheRightsofthe Child,簡稱CRC)所揭示保障及促進兒童及少年權利之規定,具有國內法律之效

力。此公約第3條第1項明定：所有關係兒童之事務，無論是由公私社會福利機構、法院、行政機關或立法機關作為，均應以兒童最佳利益為優先考量。即係以「兒童最佳利益」原則作為貫穿本公約所有條款之基礎。換言之，在攸關兒童任何問題解決時，必須以「兒童最佳利益」為最優先考量或採取最符合兒童利益之選擇。本公約第9條第1項前段、第3項固規定：「締約國應確保不違背兒童父母的意願而使兒童與父母分離。」「前項程序中，應給予所有利害關係人參與並陳述意見之機會。」乃係鑑於父母有保護及教養未成年子女之權利及義務，應由父母共同承擔家長責任（見民法第1084條、第1089條，兒童及少年福利與權益保障法第3條前段），即關於未成年子女之健康、安全、教育、社會參與、表意與福利等權益，由與未成年子女共同生活之父母為之，普遍被認為最符合兒童最佳利益。是倘夫妻離婚或不繼續共同生活達六個月以上時，原則上未成年子女權利義務之行使或負擔亦應由夫妻協議一方或共同擔任，如未為協議或協議不成，則由法院考量子女最佳利益為裁判（見民法第1055條、第1089條、第1089條之1）；另民法第1055條之1關於裁判離婚未成年子女監護之「友善父母」條款，亦係為維護子女最佳利益，應讓孩子與未同住父母維持密切聯繫並保持良好互動關係，均基於父母雙方若因自己因素無法相互或與兒童共同生活時，仍應基於兒童最佳利益考量，為最妥適之安排，以保障兒童之健全發展。是兒童權利公約第9條第1項前段規定，主要係為防止家庭分離並維護家庭圓滿和諧。惟當父母無法妥適照顧甚或傷害兒童時，本公約第19條第1項亦明定：「締約國應採取一切適當之立法、行政、社會與教育措施，保護兒童於受其父母、法定監護人或其他照顧兒童之人照顧時，不受到任何形式之身心暴力、傷害或虐待、疏忽或疏失、不當對待或剝削，包括性虐待。」同時，該公約第9條第1項但書亦規定：「主管機關依據所適用之法律及程序，經司法審查後，判定兒童與其父母分離係屬維護兒童最佳利益所必要者，不在此限。於兒童受父母虐待、疏忽或因父母分居而必須決定兒童居所之特定情況下，前開判定即屬必要。」等語，即說明本公約第9條其目的不在於完全禁止兒童與父母分離，而於：1.具備正當理由。2.以前揭正當理由做出之公平決策。3.兒童於分離後，仍保有與其父母聯繫之權利時。仍得違背兒童父母之意願而使兒童與父母分離。特別是父母對於兒童為傷害、虐待時，此時兒童與父母分離即屬維護兒童最佳利益所必要者，一切對受虐兒童之責任通報、保護安置機制及家庭處遇計畫（見兒童及少年福利與權益保障法第53條、第56條，家庭暴力防治法第3條）及交由其他家庭寄養，或交付適當之親屬、第三人、兒童及少年福利機構或其他安置機構教養、庇護，或改定監護人、核發保護令等「替代性照顧」及相關利於兒童措施（見兒童及少年福利與權益保障法第56條第5項、第60條、第71條，家庭暴力防治法第14條、第43條至第47

條）之建立與介入，即能適時彌補兒童與父母分離造成之缺憾。作為父母者，應謹記兒童為父母保護之對象，而非其違法行為之保護傘。

❖ 民法第1089條之1

父母不繼續共同生活達六個月以上時，關於未成年子女權利義務之行使或負擔，準用第一千零五十五條、第一千零五十五條之一及第一千零五十五條之二之規定。但父母有不能同居之正當理由或法律另有規定者，不在此限。

（民國96年5月23日公布）

案例

丙男與丁女是夫妻，丁因為受不了丙的母親，也就是自己的婆婆的虐待，所以就搬出去自己分居八個月後，並且對於丙、丁所生的一個十歲未成年戊小孩子，要求帶在身邊行使或負擔權利義務。請問：法院應該決定由丙、丁其中的哪一位，來行使或負擔對小孩子的權利義務？

一、思考焦點

本生父母分居時，對未成年子女權利義務行使或負擔有爭執時，應如何適用法律？

二、問題論述

民法第1089條之1規定係關於父母不繼續共同生活達六個月以上時，關於未成年子女權利義務之行使或負擔，準用民法第1055條（離婚夫妻對未成年子女權義之行使負擔）、第1055條之1（最佳利益之提示性規定）、第1055條之2（監護人之選定）之規定。須與家事事件法第113條規定（其他行使權利負擔事件之準用），一併研讀。

本條係新增，現行條文有關未成年子女權利義務之行使或負擔，係由父母共同行使，如夫妻離婚，則依民法第1055條（離婚夫妻對未成年子女權義之行使或負擔）、第1055條之1（最佳利益之提示性規定）及第1055條之2（監護人之選定）規定，由夫妻協議，或由法院酌定、改定或選定。

惟父母未離婚又不繼續共同生活已達一定期間以上者，其對於未成年子女權利義務之行使或負擔，現行法則未有規定。為維護子女之最佳利益，此次修法以父母

不繼續共同生活達一定期間之客觀事實，並參酌離婚效果之相關規定，增訂關於未成年子女權利義務之行使或負擔，準用離婚效果之相關規定。惟如父母有不能同居之正當理由（例如：夫係職業軍人經派職赴外島任職，無法與妻子同居於本島）或法律另有規定者，法院已停止父或母親權之全部或一部者、或法院已定未成年子女權利義務之行使或負擔之人、內容或方法者，自不得再依本條準用民法第1055條、第1055條之2之規定（例如：父母已由法院依家庭暴力法第14條第3款命遷出住居所而未能同居，或依同條第6款定暫時親權行使或負擔之人，或依本法規定停止親權一部或全部者，在前開保護令或裁判有效前，應不得再依本條準用民法第1055條協議、酌定或改定親權行使或負擔之人）。故此次修法將上開情形於本條但書規定予以排除。

三、案例結論

　　法院應依民法第1089條之1前段，父母不繼續共同生活達六個月以上時，關於未成年子女權利義務之行使或負擔，準用第1055條、第1055條之1及第1055條之2之規定，審酌認定之。

四、相關實例

　　丙男與丁女係夫妻，婚後育有一子丁三歲，某日丙男職業軍人自金門返台後與丁女相處發生口角，迨丙男銷假返回金門後，丁女遂具狀向法院主張夫妻不繼續共同生活達六個月以上，關於未成年子女權利義務之行使或負擔，應由她全權負責，是否有理由？

五、重要判解

最高法院100年台抗字第530號民事裁定

　　依民法第1055條第1項，夫妻離婚者，對於未成年子女權利義務之行使或負擔，依協議由一方或雙方共同任之。未為協議或協議不成者，法院得依夫妻之一方、主管機關、社會福利機構或其他利害關係人之請求或依職權酌定之。若父母不繼續共同生活達六個月以上時，關於未成年子女權利義務之行使或負擔，依同法第1089條之1準用該規定，夫妻請求法院酌定對於未成年子女權利義務之行使或負擔之人時，法院自應於主文諭知之。又該對於未成年子女權利義務之行使負擔，除生活照顧外，尚包括子女之家庭教育、身心健全發展及倫理道德之培養等。

❖ 民法第1090條

　　父母之一方濫用其對於子女之權利時，法院得依他方、未成年子女、主管機關、社會福利機構或其他利害關係人之請求或依職權，為子女之利益，宣告停止其權利之全部或一部。

　　（民國96年5月23日公布）

舊民法第1090條

　　父母濫用其對於子女之權利時，其最近尊親屬或親屬會議，得糾正之；糾正無效時，得請求法院宣告停止其權利之全部或一部。

　　（民國96年5月23日修正前之舊法）

案例

　　甲男的兒子乙四歲，非常的頑皮，有一天，甲決心要好好管教一下乙，就拿了一根籐條，把乙打暈過去，請問：要怎麼樣來制止甲這種行為？

一、思考焦點

　　父、母親如果濫用對於未成年子女的權利的時候，應該要怎麼樣來制止他？

二、問題論述

　　民法第1090條係父母親權濫用禁止之規定，須與家事事件法第3條第5項第10款：「戊類事件：十、宣告停止親權」，一併研讀。

　　舊法條文規定親權濫用時之糾正制度，於實際運作時難以發揮其功能，此次修法爰予刪除。又為維護子女之權益，對於父母之一方濫用其對子女之權利時（例如：積極的施以虐待或消極的不盡其為父母之保護教養之義務等），參酌民法第1055條第1項規定，父母之另一方、未成年子女、主管機關、社會福利機構或其他利害關係人，均得向法院請求宣告停止其權利之全部或一部。而法院處理具體家事事件時，如認有必要，亦得依職權宣告停止父母、父或母權利之全部或一部，以保護未成年子女之利益。

三、案例結論

　　甲濫用對於乙的懲戒權的時候，法院得依夫妻之一方、未成年子女、主管機

關、社會福利機構或其他利害關係人之請求或依職權，為子女之利益，經法院宣告停止其權利之全部或一部。

四、相關實例

丙男為了維持家裡面的生活，就要養女丁女去跳脫衣鋼管舞，賺錢貼補家用，丙這種行為，在法律上是否可以對他有所限制？

五、重要判解

（一）司法院大法官釋字第171號解釋

民法第1090條：「父母濫用其對於子女之權利時，其最近尊親屬或親屬會議，得糾正之。糾正無效時，得請求法院宣告停止其權利之全部或一部」之規定，所稱其最近尊親屬之「其」字，係指父母本身而言，本院院字第1398號解釋，應予維持（解釋日期：民國70年10月23日）。

（二）司法院25年院字第1398號解釋

民法第1090條所稱其最近尊親屬之其字，係指父母本身而言，且僅稱最近尊親屬，則凡父母之最近尊親屬，自均包括在內，不以直系為限，故父母濫用權利時，現尚存在之尊親屬最近者，均得依該條規定糾正。

（三）最高法院48年度台上字第1770號民事判決

被上訴人為某未成年人之生母，依法對之有保護教養之義務，除不能行使負擔對於未成年子女之權利義務及因特定事項於一定期限內得委託他人行使監護權之職務外，不得輕予同意他人為監護人，以代其法定代理人之地位。又雖被上訴人已與他人姘居生子，並非當然不能行使負擔其對於該未成年人之權利義務（本院23年抗字第1711號判例參照），日後縱有濫用其對子女之權利，致有害於該未成年人之利益，按諸民法第1090條之規定，亦僅可由其最近親屬或親屬會議糾正，或請求法院宣告停止其權利，要難以有擅加處分之虞，主張有為設置監護人之必要。

（四）最高法院78年度台上字第1118號民事判決

得依民法第1090條規定提起宣告停止親權之人，須以濫用親權之父或母之最近尊親屬或親屬會議為限，查上訴人之女，亦即林○如等之母柯○玉並未與被上訴人結婚，上訴人並非被上訴人之最近尊親屬，上訴人依上揭法條規定請求宣告停止被上訴人對林○如等親權之訴部分，自屬原告當事人不適格。

（五）最高法院84年度台上字第1654號民事判決

民法第1090條規定「父母濫用其對子女之權利時，其最近尊親屬或親屬會議得糾正之，糾正無效時，得請求法院宣告停止其權利之全部或一部」，所稱其最近尊

親屬之「其」字，係指父母而言，業經司法院大法官會議釋字第171號解釋明甚，是縱吳王○○對吳○興之權利行使不當，以上訴人係吳王○○卑親屬之身分，亦無由糾正或訴請法院判決停止吳王○○對吳○○權利之全部或一部。

（六）雲林地方法院100年度親字第58號民事判決

按撤銷停止親權宣告之訴者，係以停止親權之原因已歸消滅，而請求法院除去前此所為停止親權宣告效力之訴。民法雖未規定有此撤銷停止親權宣告之訴，惟民事訴訟法第592條既設規定，於停止親權原因、事實其後情事變更，且對其子女權利如無濫用之危險，且未有疏於保護、照顧情節嚴重時，自得提起訴訟除去停止親權之宣告，而回復其親權之行使。是以，父母經法院宣告停止親權後，嗣後停止親權之原因已歸消滅者，殊無不許起訴請求撤銷停止親權之宣告，而回復行使其親權之理。

（七）臺灣高等法院暨所屬法院103年法律座談會民事類提案第40號

法律問題：兒童及少年福利與權益保障法（下稱兒少法）第71條第1項：「父母或監護人對兒童及少年疏於保護、照顧情節嚴重，或有第49條、第56條第1項各款行為，或未禁止兒童及少年施用毒品、非法施用管制藥品者，兒童及少年或其最近尊親屬、直轄市、縣（市）主管機關、兒童及少年福利機構或其他利害關係人，得請求法院宣告停止其親權或監護權之全部或一部，或得另行聲請選定或改定監護人；對於養父母，並得請求法院宣告終止其收養關係。」，試問：

問題一：何人得依本條規定主張其為「最近尊親屬」而請求法院停止父母或監護人之親權？

問題二：何人得依本條規定主張其為「利害關係人」而請求法院停止父母或監護人之親權？

討論意見：

問題一：

甲說：與兒童或少年親等最近之尊親屬，且不限於輩分較高者，即阿姨、姑姑、舅舅亦得依該條向法院請求。

少年福利法第1條（已廢止）：「為增進少年福利，健全少年身心發展，提高父母及監護人對少年之責任感，特制定本法。」；兒童福利法第1條（已廢止）：「為維護兒童身心健康，促進兒童正常發育，保障兒童福利，特制定本法。」；現行兒少法第1條：「為促進兒童及少年身心健全發展，保障其權益，增進其福利，特制定本法。」參照上揭已廢止之兒童福利法及少年福利法，以至於現行之兒少法（原名稱：兒童及少年福利法）之立法目的，均係以維護兒童及少年身心健全發展

及福利等最大利益爲宗旨，且保護兒童及少年之身心健康及人格健全成長，國家負有特別保護之義務（憲法第156條規定參照），應基於兒童及少年之最佳利益，依家庭對子女保護教養之情況，社會及經濟之進展，採取必要之措施，始符憲法保障兒童及少年福利與權益之要求。倘父母或監護人對兒童或少年有兒少法第71條第1項所列之情事，致影響兒童及少年之權益，而請求法院宣告停止親權或監護權，或另行聲請選定或改定監護人，自應以兒童及少年之最佳利益爲解釋，始符合前揭規定之精神。是就兒少法第71條第1項之最近尊親屬，自法文觀之，係指兒童或少年之最近尊親屬，並未限於輩分高於兒童或少年父母之尊親屬，且依兒童及少年之最佳利益，如輩分高於父母之尊親屬均已死亡，僅有與父母同輩之兄弟姐妹，如有兒少法第71條第1項所列之情事，自仍得依該條項請求法院宣告停止親權等，方得保障兒童及少年之身心發展，免於兒童或少年遭父母濫用親權或疏於照顧。

乙說：與兒童或少年親等最近且輩分高於父母之尊親屬。

參酌修正前民法第1090條規定：「父母濫用其對於子女之權利時，其最近尊親屬或親屬會議，得糾正之。糾正無效時，得請求法院宣告停止其權利之全部或一部。」該條係父母濫用其對於子女之權利者，與兒少法第71條第1項皆係處理濫用親權之行爲，且民法第1090條經司法院釋字第171號解釋，認得糾正該父母所爲之行爲者，應係指該父母之最近尊親屬，是基於我國倫常觀念，自以輩分較高於被糾正人之尊親屬行之，方屬相當。故觀諸該解釋之意旨，兒少法第71條規定內容亦爲「指摘父母或監護人對兒童及少年疏於保護、照顧情節嚴重，或有兒少法第49條、第56條第1項各款行爲，或未禁止兒童及少年施用毒品、非法施用管制藥品等行爲」，兩者所規範之情形相類似，即應做相同解釋，認由輩分較父母高之最近尊親屬始得聲請法院停止親權，方符我國倫理觀念及前揭大法官解釋意旨。

再者本條得聲請之人尚有直轄市、縣（市）主管機關、兒童及少年福利機構或其他利害關係人等，若父母或監護人有不當情形，均得適度介入以維護兒童或少年之權益，故於解釋最近尊親屬時是否有必要予以從寬解釋，則容有疑問。是以，該條之「最近尊親屬」應指與兒童或少年親等最近且輩分高於父母之尊親屬。

問題二：

甲說：係指兒童或少年之法律上之利害關係人，如繼承人、債權人、受贈人或其他身分上或財產上利害關係之人。

所謂「利害關係人」係指繼承人、法定代理人、債權人、受贈人、國庫及其他有身分上或財產上有利害關係之人而言（施啟揚著，民法總則，第77頁、王澤鑑著，民法總則，第80頁、法務部 87年2月26日（87）法律字第002602號函示參照）。又觀兒童福利法施行細則（已廢止）第2條第1項規定：「本法第17條第1項、

第27條第4項、第28條第3項、第29條、第40條第1項及第41條第1項所稱利害關係人,係指與兒童有直接利害關係之人」。故本條之利害關係人應係指與兒童或少年有法律上(如民法第1094條第1項第2款、第1138條第3款、第1114、1115、1116條等)利害關係之人。

乙說:係指事實上或法律上之利害關係人,即包含同居之家屬。

考量關於保障兒童及少年福利與權益之各該法律,均明文揭示立法目的係以兒童及少年之身心健全發展考量,追求兒童及少年之最佳利益,且為保護兒童及少年免於受侵害或其身心發展遭妨礙,無論國家或國民,應認渠等均有保護兒童及少年之義務,是以解釋兒少法第71條第1項之「利害關係人」,應參照各法律間體系關係(如民法第1114、1123條),避免在相同情形就利害關係人之規定做不同解釋,並依具體個案予以判斷是否為兒童或少年之利害關係人,以保障兒童及少年之權益。再者,有事實足認監護人不符受監護人之最佳利益,或有顯不適任之情事者,法院得依受監護人、民法第1094條第3項聲請權人即四親等內之親屬、檢察官、主管機關或其他利害關係人之聲請,改定適當之監護人,民法第1106條之1第1項定有明文。上開條文規定所謂之「利害關係人」,應係指與相對人在法律上或事實上產生利害關係者而言。前揭情形與兒少法第71條第1項所列情形,均指有不符未成年人之最佳利益或監護人有顯不適任之情事,是為避免未成年人或受監護人身心發展遭受妨礙或侵害,並兼顧法安定性與法律解釋的一致性,該二條文所稱之「利害關係人」應為相同解釋,以保障未成年人或受監護人之最佳利益(臺灣花蓮地方法院102年度監宣字第51號民事裁定參照)。故兒少法第71條第1項之「利害關係人」規定,解釋上應參照前揭規定,應認不限於法律上利害關係人之必要。

初步研討結果:

問題一:採甲說。

問題二:採乙說。

審查意見:

問題一:兒童及少年福利與權益保障法第71條第1項係規定「兒童及少年或『其』最近尊親屬」,可知「最近尊親屬」係指「兒童及少年」之最近尊親屬,而非「兒童及少年之父母或監護人」之最近尊親屬,自不以該最近尊親屬須輩分高於「兒童及少年之父母或監護人」始可。

問題二:採乙說。

研討結果:

經提案機關同意,法律問題之問題一、二「請求法院停止父母或監護人之親權?」均修正為「請求法院停止父母之親權或監護人之監護權?」

問題一、二均照審查意見通過。

第四章　監　護

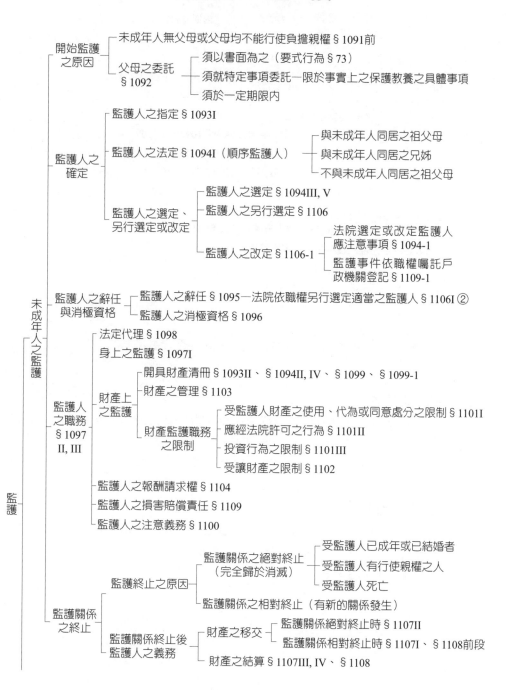

開始監護之原因
- 未成年人無父母或父母均不能行使負擔親權§1091前
- 父母之委託§1092
  - 須以書面為之（要式行為§73）
  - 須就特定事項委託—限於事實上之保護教養之具體事項
  - 須於一定期限內

監護人之確定
- 監護人之指定§1093I
- 監護人之法定§1094I（順序監護人）
  - 與未成年人同居之祖父母
  - 與未成年人同居之兄姊
  - 不與未成年人同居之祖父母
- 監護人之選定、另行選定或改定
  - 監護人之選定§1094III, V
  - 監護人之另行選定§1106
  - 監護人之改定§1106-1
    - 法院選定或改定監護人應注意事項§1094-1
    - 監護事件依職權囑託戶政機關登記§1109-1

監護人之辭任與消極資格
- 監護人之辭任§1095—法院依職權另行選定適當之監護人§1106I ②
- 監護人之消極資格§1096

監護人之職務§1097 II, III
- 法定代理§1098
- 身上之監護§1097I
- 財產上之監護
  - 開具財產清冊§1093II、§1094II, IV、§1099、§1099-1
  - 財產之管理§1103
  - 財產監護職務之限制
    - 受監護人財產之使用、代為或同意處分之限制§1101I
    - 應經法院許可之行為§1101II
    - 投資行為之限制§1101III
    - 受讓財產之限制§1102
- 監護人之報酬請求權§1104
- 監護人之損害賠償責任§1109
- 監護人之注意義務§1100

監護關係之終止
- 監護終止之原因
  - 監護關係之絕對終止（完全歸於消滅）
    - 受監護人已成年或已結婚者
    - 受監護人有行使親權之人
    - 受監護人死亡
  - 監護關係之相對終止（有新的關係發生）
- 監護關係終止後監護人之義務
  - 財產之移交
    - 監護關係絕對終止時§1107II
    - 監護關係相對終止時§1107I、§1108前段
  - 財產之結算§1107III, IV、§1108

（未成年人之監護）

（監護）

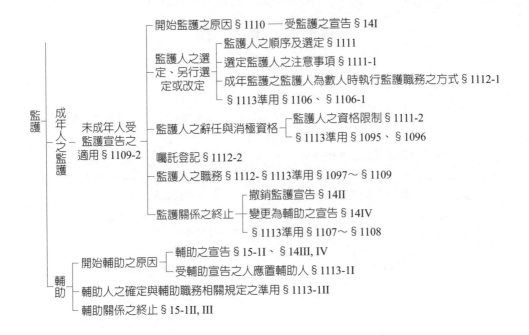

第一節　未成年人之監護

❖ 民法第1091條

　　未成年人無父母,或父母均不能行使、負擔對於其未成年子女之權利、義務時,應置監護人。

　　(民國110年1月13日修正;自112年1月1日施行)

舊民法第1091條

　　未成年人無父母,或父母均不能行使、負擔對於其未成年子女之權利、義務時,應置監護人。但未成年人已結婚者,不在此限。

　　(民國19年12月26日之舊法)

案 例

　　甲男與乙女是夫妻，帶著五歲的兒子丙去泰國普吉島渡假，沒有想到遇上大海嘯，甲的屍體有被找到，但是乙失蹤一直沒有消息，丙掛在樹枝上三天，被人家救下來，由祖父接回到臺灣來。請問：丙是不是需要有人來監護？

一、思考焦點

　　未成年人的父親及母親，都沒有辦法行使、負擔對於未成年子女的權利與義務的時候，應該要怎麼辦？

二、問題論述

（一）未成年人尚未結婚

　　未成年人常常沒有辦法照顧自己，所以原則上，是由最親近的父、母親來保護、教養未成年的子女（民法第1084條第2項），由父、母親共同來行使、負擔對於未成年子女的權利及義務（民法第1089條第1項），並且由父、母親來做未成年子女的法定代理人（民法第1086條），以及管理、使用、收益未成年子女的特有財產（民法第1087條），簡單的講，就是行使對於未成年子女的「親權」，畢竟小孩是自己生的，當然是由父、母親自己來照顧，比較適當。但是，當父、母親如果都不在人世間了，或父、母親都沒有辦法行使、負擔對於未成年子女的權利與義務的時候，法律不可能看著這個未成年子女沒有人照顧而不去管。所以民法第1091條前段就規定，這個時候，應該要為未成年子女找監護人，來代替父、母親行使、負擔對於未成年子女的權利與義務。

（二）未成年已結婚了

　　未成年人如果已經結婚的話，依照民法第13條第3項的規定，有行為能力，也就是說，法律上把已經結婚的人看成是大人，可以自己獨立、自己處理自己的事情，而單獨進行有效的法律行為，這個時候，即使這個未成年人的父、母親都已經不在人世間了，或父、母親都沒有辦法行使親權的時候，也不需要為他（她）設置監護人（民法第1091條但書）。本次民國110年1月13日立法院修正愛將但書規定刪除，配合成年年齡與最低結婚年齡均修正為十八歲。

（三）對於未成年人的「親權」與「監護」的差別

就未成年人而言，同樣內容的事情，如果是由未成年的父、母親來做，就是「親權」，如果由父、母親以外的人來做，就是「監護」。就受監護宣告之人而言，父、母親也可以是「監護人」（民法第1111條第1項），同樣是「監護」這兩個字，用在未成年人身上，跟用在受監護宣告之人身上，意思是不一樣的，這些都是法律專業用語，應該要注意辨別。

三、案例結論

五歲的丙，父親已經過世了，而母親失蹤，都沒有辦法行使、負擔對於未成年子女的權利與義務，依照民法第1091條前段的規定，應該要為丙設置監護人，由監護人來行使丙的親權。

四、相關實例

丁男及戊女生了己女，在己十八歲時，就許配庚男並舉行法院公證結婚，於喜宴結束之後，丁因為在喜宴中太高興多喝了酒，所以酒醉駕車，就與戊雙雙遭遇車禍過世了，請問：己有沒有設置監護人的必要？

五、重要判解

（一）最高法院58年度台上字第1211號民事判決

監護人僅有指定監護人、法定監護人、選定監護人、委託監護人之別，而無所謂實際監護人，如果上訴人與游某兄弟四人訂約買受其土地持分時，並非游某兄弟等之法律上監護人，即無民法第1102條之適用。

（二）最高法院59年度台上字第3322號民事判決

父母對於子女之親權，係本諸自然血親關係而取得，且父母愛護子女出於天性，並無因母為舞女即不得任子女監護人之理。至民法第1091條、第1094條之規定，係於兒女之父母均不在或均不能行使監護權時，始有其適用。

❖ 民法第1092條

父母對其未成年之子女，得因特定事項，於一定期限內，以書面委託他人行使監護之職務。

（民國98年11月23日生效）

案例

　　甲男與乙女是夫妻，兩個人在美國開中國餐館，非常忙碌，因為女兒丙到美國唸不到三個月的書，就不能適應，回到臺灣來讀書，甲、乙就把丙交給在臺灣的好朋友丁來照顧就學，也就是委託丁來當丙在臺灣的大學四年唸書期間的監護人。丙唸大學一年級，才十八歲就想要跟二十歲的男朋友結婚，請問：是不是只要丁同意丙結婚，丙的婚姻就會有效？

一、思考焦點

　　父、母親就一定的事情，在一定的時間之內，委託別人來行使對於未成年子女的權利義務，有沒有一定的範圍？

圖示：

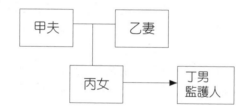

二、問題論述

　　未成年人常常沒有辦法照顧自己，所以原則上，是由最親近的父、母親來行使對於未成年子女的親權，畢竟小孩是自己生的，當然是由父、母親自己來照顧，比較適當。但是，如果父、母親沒有辦法完全的去行使、負擔對於未成年子女的權利與義務的時候，應該要怎麼辦？像前面的案例中，甲、乙在美國非常的忙碌，雖然可以買機票飛回臺灣來管教丙，但是也不能常常回來，沒有辦法完全的去行使、負擔對於未成年子女丙的權利與義務，這個時候，民法第1092條規定，父、母親可以就一些特定的事情，在一定的期間內，委託別人來監護未成年的子女，例如：甲、乙可以就丙在臺灣讀書的事情，以及讀書的生活起居，在丙讀書的這段期間，交給丁來照顧，丁在這個範圍以內，就可以照顧、保護、管教丙，如丙如果整個晚上沒有回丁住的地方，丁就可以管教丙，要求丙準時回家，以維護丙的人身安全，也避免學壞。但是，這種父、母親可以就一些特定的事情，在一定的期間內，委託別人來監護未成年的子女的情形，不是完全沒有限制的，像是不是同意丙結婚的這

種事情，已經不在甲、乙委託丁監護丙在臺灣唸書的範圍之內，已經超出了當初甲、乙授權的範圍，所以即使丁同意未成年的丙去結婚，也沒有用，還是要丙的法定代理人，也就是甲、乙出面依照民法第981條的規定表示同意這樁婚事，這個婚姻才會有效。

三、案例結論

是不是應該要同意丙結婚的這件事情，已經不在甲、乙委託丁監護丙在臺灣唸書的範圍之內了，已經超出了當初甲、乙授權的範圍，所以即使丁同意未成年的丙去結婚，也沒有用，還是要丙的法定代理人，也就是甲、乙出面依照民法第981條的規定表示同意這樁婚事，這個婚姻才會有效。

四、相關實例

戊男的太太過世之後，女兒己在臺灣就學期間，戊就把己交給好朋友庚男來監護，自己經常往來世界各國做生意，但是有一天，發現庚常常無緣無故罵己，罵得很兇，戊可不可以跟庚說，我現在想要自己照顧己，你不要再監護己了？

五、重要判解

（一）最高法院28年渝上字第1718號民事判決（例）

父母依民法第1092條之規定，委託他人行使其對未成年子女之監護職務者，得隨時撤回之。

（二）最高法院58年度台上字第1495號民事判決

父母對其未成年子女得因特定事項，於一定期限內，委任他人行使監護之職務，但此僅限於對於子女之監護而已，至關於子女特有財產之管理或處分，仍應適用民法第1088條之規定。

（三）最高法院59年度台抗字第734號民事裁定

委託監護人乃由於父母之委託，而行使負擔父母對於子女之權利義務，非由父母受讓親權或監護權，從而父母於委託他人為監護人後，其親權或監護權並不喪失，自不得推卸其仍為未成年子女之法定代理人之義務。

（四）法務部民國103年4月2日法律字第10303504100號函

民法第1092條及相關函釋參照，未成年人在金融機構開戶，性質屬與金融機構簽訂消費寄託契約財產上法律行為，同意權或代理權均為法定代理人專屬性權利義務，不得委託他人行使，縱協議內容將事項委託他人行使，因已逾越得委託監護「特定事項」範疇，受委託人仍無從據以取得同意或代理權限。

（五）臺灣高等法院暨所屬法院105年法律座談會民事類提案第16號

法律問題：甲、乙原為夫妻，育有1名未成年子女丙，嗣甲、乙離婚後，共同約定
　　　　　將丙事實上之保護教養事項，委託給甲之母親丁監護。茲因丙於國中時
　　　　　期學壞，在外屢涉非行，丁深感無力管教，而欲終止委託監護，惟甲已
　　　　　死亡，乙再婚不願再處理丙之事務，致丁無法至戶政機關辦理合意終
　　　　　止委託監護。試問，丁可否逕以存證信函通知乙其終止所有委託監護權
　　　　　責，而發生終止委託監護之效力？

討論意見：

　　甲說：肯定說。

　　1.委託監護實質上乃屬委任契約之一種，因此行使親權之父母仍可隨時終止其
委託監護。要之，委託監護與一般法定監護在本質上仍有差異，關於法定監護之相
關規定並不在適用之範圍內，而應適用委任契約之相關規定（林秀雄、親屬法講義
2012年7月二版第348頁）。

　　2.委託監護人乃由於父母之委託，而行使、負擔父母對於子女之權利義務，非
由親權人受讓親權或監護權，故父母選任委託監護人之後，尚得行使親權或監護
權，且不能推卸其責任（不許辭任）。父母（為親權人或監護人）與委託監護人間
之關係為準委任契約，親權人仍可隨時解除委託（戴炎輝、戴東雄、戴瑀如合著
《親屬法》2010年9月最新修訂版第459頁）；委託監護人之法律上地位如何？宜
解為：係由法定代理人（父母）所選任之複代理人。申言之，委託監護人，並非父
母（親權人）之代理人而是基於父母之複任權，被選任之未成年子女之代理人。委
託監護人，既由父母所選任，而非由父母受讓親權，故父母縱在選任委任監護人
後，仍得行使其親權，對於委託之特定事項亦然（陳棋炎、黃宗樂、郭振恭合著
《民法親屬新論》修訂九版第451頁）。

　　3.由上可知，甲、乙雖選任丁為受託監護人，惟仍為丙之親權人，不能推卸
其責任，丁僅係其所選任之複代理人，且民法第1092條「受委託行使監護職務之
人」，其監護職務係基於親權人之委託而來，此項委託，類似民法之委任，應可
準用民法債編關於委任之規定，而民法第549條既已規定，當事人之任何一方，得
隨時終止委託契約，丁自得準用該條規定，自行決意終止其與乙間之委託關係。又
依民法第263條準用同法第258條第1項及第94條、第95條第1項規定，終止權之行
使，應向他方當事人以意思表示為之，其以對話為意思表示者，其意思表示以相對
人了解時，發生效力；非對話為意思表示者，其意思表示以通知到達相對人時，發
生效力，故受託（監護）人丁以存證信函通知委託人乙終止委託監護，應屬合法，
並應發生終止委託監護之效力（臺灣臺北地方法院98年度訴字第984號判決意旨參

照）。

乙說：否定說。

1.委託監護之性質並非一般事物之委任，而係涉及未成年子女之最佳利益，為避免受託監護人任意終止委任監護後，造成未成年子女處於事實上無人照顧之情形（如父母出國，雖得到通知，但無法及時接回未成年子女），對未成年子女顯有不利。應認就民法第1092條委託監護之性質，受託監護人方尚不宜類推適用民法第549條，得自行、隨時終止委託契約之規定，以保障未成年子女之權益。

2.本例中乙雖拒不配合辦理合意終止委託監護關係，造成丁之困擾，惟因乙仍為丙之親權人，對丙仍負有保護教養義務，若乙對丙之事務不予聞問，或經丁告知後仍消極不予處理，丁應可以利害關係人之身分，依兒童及少年福利與權益保障法第71條、民法第1090條等相關規定，請求法院宣告停止乙對丙之親權並聲請改定監護人，則丁自新監護人任職之日起，因原委託監護關係已無繼續之必要，即會當然終止。

初步研討結果：採乙說。

審查意見：多數採甲說（採甲說14票，採乙說4票）。

研討結果：多數採甲說（實到72人，採甲說53票，採乙說11票）。

相關法條：民法第549條、第1092條。

❖ 民法第1093條

最後行使、負擔對於未成年子女之權利、義務之父或母，得以遺囑指定監護人。

前項遺囑指定之監護人，應於知悉其為監護人後十五日內，將姓名、住所報告法院；其遺囑未指定會同開具財產清冊之人者，並應申請當地直轄市、縣（市）政府指派人員會同開具財產清冊。

於前項期限內，監護人未向法院報告者，視為拒絕就職。

（民國98年11月23日生效）

舊民法第1093條

後死之父或母得以遺囑指定監護人。

（民國98年11月23日修正生效前舊法）

案 例

> 甲、乙是夫妻，只有一個獨生子丙，丙才兩週歲，甲就生病過世了，乙立了一個遺囑，裡面指定自己的好朋友來做丙的監護人，不久乙也生病過世了，請問：乙的那個好朋友是不是可以做丙的監護人？

一、思考焦點

父母親都過世的時候，父、母親之中，比較後死的一位，是不是可以用遺囑來指定未成年子女之監護人？

二、問題論述

未成年人常常沒有辦法照顧自己，所以原則上，是由最親近的父、母親來行使對於未成年子女的親權，畢竟小孩是自己生的，當然是由父、母親自己來照顧，比較適當。如果父、母親其中一位過世了，當然是由另外一位來行使、負擔對於未成年子女的權利義務，但是如果連另外一位都過世了，按照民法第1091條的規定，父、母親都不能行使、負擔對於未成年子女的權利義務，就必須要為未成年子女找監護人，來代替未成年子女的父母親來行使親權，然而，找監護人畢竟是不得已的事情，通常未成年子女的父、母親，才是最瞭解、疼愛小孩子的，而且監護也是親權的一個延長，所以應該要尊重最後行使親權的人，也就是要尊重後死的父親或母親的意見，如果他（她）有用遺囑指定由誰來當未成年子女的監護人，原則上就應該要尊重這個遺囑。

三、案例結論

乙用遺囑指定自己的好朋友來做丙的監護人，在乙過世之後，原則上要予以尊重，依照民法第1093條，由乙的那位好朋友來做丙的監護人。

四、相關實例

丁及戊是夫妻，丁因為是榮民，在七十歲的時候，娶了一個三十歲的大陸新娘戊，生了一個兩歲的己男，丁怕自己過世之後，戊就跟人家跑了，己男會變成人家的小孩子，所以就用遺囑指定自己在臺灣的弟弟庚來做己的監護人，不久之後，丁真的病死了，請問：應該要由庚來監護己，還是要由戊來行使對己的親權？

五、重要判解

最高法院62年台上字第1398號民事判決

　　夫妻之一方，對於未成年子女之監護權，不因離婚而喪失，依民法第1051條及第1055條規定，由一方監護者，不過他方之監護權一時的停止而已，任監護之一方死亡時，該未成年之子女當然由他方監護，倘任監護之一方，先他方而死亡，而以遺囑委託第三人行使監護職務者，則與民法第1093條：「後死之父或母，得以遺囑指定監護人」之規定不合，不生效力。

❖ 民法第1094條

　　父母均不能行使、負擔對於未成年子女之權利義務或父母死亡而無遺囑指定監護人，或遺囑指定之監護人拒絕就職時，依下列順序定其監護人：

一、與未成年人同居之祖父母。

二、與未成年人同居之兄姊。

三、不與未成年人同居之祖父母。

　　前項監護人，應於知悉其為監護人後十五日內，將姓名、住所報告法院，並應申請當地直轄市、縣（市）政府指派人員會同開具財產清冊。

　　未能依第一項之順序定其監護人時，法院得依未成年子女、四親等內之親屬、檢察官、主管機關或其他利害關係人之聲請，為未成年子女之最佳利益，就其三親等旁系血親尊親屬、主管機關、社會福利機構或其他適當之人選定為監護人，並得指定監護之方法。

　　法院依前項選定監護人或依第一千一百零六條及第一千一百零六條之一另行選定或改定監護人時，應同時指定會同開具財產清冊之人。

　　未成年人無第一項之監護人，於法院依第三項為其選定確定前，由當地社會福利主管機關為其監護人。

舊民法第1094條

　　父母均不能行使、負擔對於未成年子女之權利義務，或父母死亡而無遺囑指定監護人時，依左列順序定其監護人：

一、與未成年人同居之祖父母。

二、與未成年人同居之兄姊。

三、不與未成年人同居之祖父母。

　　未能依前項之順序定其監護人，或為未成年子女之最佳利益，法院得依未成年

子女、檢察官、當地社會福利主管機關或其他利害關係人之聲請，就其三親等內旁系血親尊親屬、社會福利主管機關、社會福利機構或其他適當之人選定或改定爲監護人，並得指定監護之方法。

法院爲前項選定或改定前，應命主管機關或其他社會福利機構進行訪視，提出調查報告及建議。聲請人或利害關係人亦得提出相關資料或證據，供法院斟酌。

依第二項選定或改定之監護人，不適用第一千一百零六條之規定。

未成年人無第一項之監護人，於法院依第二項爲其選定確定前，由當地社會福利主管機關爲其監護人。

（民國98年11月23日生效前之舊法）

案　例

> 甲、乙是夫妻，去泰國普吉島玩的時候，一起被海嘯淹死了，留下了一個兩歲的獨生子丙。甲、乙、丙三個人之中，除了甲有一個八十歲的父親以外，就都沒有其他親人了，但是甲的父親自從中風之後，就一直躺在床上。請問：應該要由誰來做丙的監護人？

一、思考焦點

父、母親都不能行使對於未成年子女的親權，而且後死的父親或母親，也沒有用遺囑指定監護人的時候，應該要找誰來做未成年子女的監護人？

二、問題論述

家事事件法第3條第4項第6款：「丁類事件：六、定監護人事件」，須與民法第1094條第3項（未能依法定順序定監護人時，由聲請人聲請法院酌定監護人），一併研讀。

（一）法定監護人的順序

父、母親都不能行使親權的時候，依照民法第1093條的規定，應該要由最後行使、負擔對於未成年子女之權利、義務的父親或母親用遺囑來指定監護人，但是如果連遺囑都沒有，像甲、乙這樣子一下子被大海嘯沖走的情形，他們是不會預料到自己會遇上大海嘯，然後事先立下遺囑的，這個時候，民法第1094條第1項就規定，原則上應該要由誰來做監護人（法定監護人），它的順序是：第一順序，是和未成年人住在一起（同居）的祖父、母親，第二順序，是和未成年人同居的哥哥或

姊姊，第三順序，是沒有和未成年人同居的祖父、母親，第一順序以及第三順序的「祖父、母親」，不論是父親的父、母親（內祖父、母）或母親的父、母親（外祖父、母）都算。

（二）選定監護人

　　前面這個法定監護人的順序，是由法律來規定它的順位，如果未成年人的父、母親都沒有辦法行使親權，其中最後行使、負擔對於未成年子女權利、義務的一方，也沒有用遺囑來指定監護人，當然依照民法第1094條第1項的順序，決定由誰來做未成年子女的監護人，如果同一個順序的監護人有好幾位，當然是共同來行使監護權，不需要法院來決定誰是監護人，除非有發生誰才是這個未成年人的監護人的爭議的時候。但是如果沒有辦法依照民法第1094條第1項的順序，來決定誰是監護人的時候，如第一順序到第三順序，都沒有這些人，或是像前面案例中所講的，未成年人的祖父雖然還在這個世界上，但是他本身因爲中風躺在床上，已經沒有能力去監護這個未成年人的時候，這個未成年子女本身、檢察官、主管機關（通常是各縣、市政府的社會局）或其他利害關係人，可以向法院聲請選定（沒有民法第1094條第1項這些人）這個未成年人的監護人，法院可以在這個未成年人三親等以內的旁系血親尊親屬（「尊親屬」就是輩分比這個未成年人大的意思）、主管機關、社會福利機構（例如：兒童福利聯盟、勵馨文教基金會等等的公益團體），或是其他適合的人選之中，爲這個未成年子女選擇監護人（選定監護人），來維護這個未成年人的最大利益（民法第1094條第2項）。

　　未成年子女依照民法第1094條第1項的規定，沒有辦法產生監護人的時候，例如說第一順序到第三順序的監護人，都不存在的時候，法院再依照民法第1094條第3項的規定，爲這個未成年人選定適合的監護人之前，會有一段空窗期，這個未成年人在這段期間並沒有監護人，爲了保障這個未成年人的利益，應該要由未成年人經常居住所在地的社會福利主管機關，暫時來做這個未成年人的監護人，等到法院把監護人選出來之後，再由新的監護人來行使監護權（民法第1094條第5項）。

三、案例結論

　　本案應依照民法第1094條第1項第1款或第3款由丙之祖父來作爲丙之監護人，但丙之祖父因中風之後，長年臥病在床，故顯然不適合擔任兩歲丙之監護人，故法院應依據同法第1094條第3項之規定選定監護人。

四、相關實例

　　丁男與戊女兩兄妹，丁十九歲，戊十六歲，父親因爲長期失業，所以自殺死亡

了，兩個人除了母親及弟弟以外，丁、戊已經沒有其他親人了，而母親自從跟父親離婚之後，就帶著現在應該是十歲的弟弟不知去向。因為丁、戊的父親與友人已有財產上的糾紛，所以已就來告丁及戊，法院查了戶籍、全民健康保險、出入境記錄等等各式各樣的個人資料，都找不到丁、戊的母親現在到底在哪裡。請問：丁、戊是不是應該要有監護人？要如何為丁、戊找一個監護人？

五、重要判解

（一）最高法院80年度台上字第2192號民事判決

當事人無訴訟能力者，應由其法定代理人代理訴訟。至是否已由法定代理人合法代理，為法院應依職權調查之事項。查上訴人王秋○之母王美○早於77年9月12日即與被害人王金○離婚，並已遷出王秋○之住所，有卷附戶籍謄本可證（見一審78年度訴字第711號卷六、七頁），如王美○業已改嫁，王秋○未隨母同往，顯已不能行使、負擔其對未成年女王秋○之權利、義務，則與王秋○同居之祖父母王喜○、王楊○○依民法第1094條第1項第1款規定，當然為王秋○之監護人（見本院32年度永上字第304號民事判例）。

（二）最高法院84年度台抗字第558號民事裁定

按父母均不能行使、負擔對於未成年子女之權利義務或父母死亡而無遺囑指定監護人時，與未成年人同居之祖父母為第一順序監護人，民法第1094條第1項第1款定有明文。本件抗告人主張伊父母婚姻為招贅婚，伊父母離婚後，伊父許○○已遷出，目前行方不明，對於留在妻家之未成年子女，顯然不能行使、負擔其權利義務，故於伊母死亡後，自應以與伊同居之祖母為監護人云云，倘若屬實，參照司法院院字第954號解釋，與抗告人同居之祖母石林○○應認係其監護人而有法定代理權。

（三）最高法院85年度台上字第823號民事判決

按父母均不能行使、負擔對於未成年子女之權利、義務，或父母死亡而無遺囑指定監護人時，與未成年人同居之祖父母為第一順序之監護人，不與未成年人同居之祖父母，則為第三順序之監護人，民法第1094條第1項第1、3款定有明文。此所謂祖父母，包括父系之祖父母與母系之外祖父母在內。倘祖父母或外祖父母與未成年人同居，於定未成年人之監護人時，與之同居之祖父母或外祖父母自優先於未與之同居之外祖父母或祖父母；若祖父母及外祖父母，均與未成年人同居或均不與未成年人同居，其順序則屬相同。民法又無監護人必須為一人之規定，則同一順序之監護人為數人時，自須共同行使監護權。又未成年人無民法第1094條之監護人時，得由利害關係人聲請法院指定之，非訟事件法第72條復有明定。依此規定，必

於未成年人無民法第1094條之監護人時,始有指定監護人之問題,且係由利害關係人聲請法院指定之,而非以訴為之。本件未成年人戴○○等,既有兩造即未與其同居之祖父母、外祖父母為監護人,共同行使監護權,上訴人訴請法院指定伊為監護人,揆諸上開規定,自屬無據。

(四)臺灣高等法院暨所屬法院100年法律座談會民事類提案第8號

法律問題:甲(父)乙(母)於民國90年間離婚,約定或經判決兩造所生未成年子女丙之權利義務由甲(父)行使負擔。之後乙雖與甲、丙居住在同一縣市,但很少到甲處與未成年子女丙會面交往,且甚少與未成年子女丙聯繫,導致丙和乙間關係淡薄,未建立依附關係。多年後,於100年間甲因故死亡,與甲、丙同住的甲母丁(即未成年子女丙之祖母)要求乙將丙之監護權改由丁行使,乙不同意並主張伊是丙之生母,於甲死亡後,乙的親權當然回復。之後丁即對乙提起改定未成年子女監護權之請求,經訪視結果以丁較適合擔任未成年子女之監護人。

問題一:本件未成年子女之母並無民法第1094條規定之不能行使負擔對未成年子女之權利義務情形,則丁之請求有無理由?

問題二:丁可否未訴請停止乙之親權而直接依民法第1106條之1規定,直接請求改定監護權給丁?或直接依兒童及少年福利法第48條規定,未對乙訴請停止親權即直接改定監護權給丁?

討論意見:

問題一:

甲說:乙長期未親自照顧未成年子女,且訪視結果乃為丁較適合擔任未成年子女之監護人,為未成年子女之最佳利益,故丁之請求為有理由。

乙說:甲乙離婚時,未成年子女之權利義務約定(或判決)由甲行使負擔,乙之親權僅暫時的停止,於甲死亡時,乙當然回復完全的親權而為未成年子女之法定監護人,在未停止乙對未成年子女之親權時,即無另由第三人為未成年子女監護人之理由。

問題二:

甲說:況依民法第1106條之1規定已明文說明不受第1094條之限制,且立法理由亦明示係參酌兒童及少年福利法第48條規定始增訂之。故可依民法第1106條之1或兒少法第48條規定,直接改定監護權給丁。

乙說:如可直接援引民法第1106條之1規定或兒少法第48條規定,即由祖母對無不能行使親權之母親聲請改定監護權,則民法第1090條規定即成贅文。

初步研討結果：問題一、二均採乙說。

審查意見：問題一：採乙說。

　　　　　　問題二：採乙說。

研討結果：照審查意見通過。

（五）臺灣彰化地方法院101年度親字第31號民事裁定

　　家事事件法第3條第5項第10款係規定，宣告停止親權或監護權及撤銷其宣告事件者，爲戊類事件，亦即原則上依照同法第74條規定，自應適用家事非訟事件之程序；縱有列爲民事訴訟法之訴訟案件，仍應依照家事非訟程序處理、終結。

（六）法務部民國103年12月11日法律決字第10303513810號函

　　民法第1094條參照，如未成年人父母經法院判決離婚，並判決由該未成年人父行使、負擔對該未成年人權利義務，嗣其父死亡，因其母已出境達八年以上無法取得聯繫，可認其母係事實上不能行使、負擔對於未成年子女權利義務；又父母均不能行使親權、均死亡而無遺囑指定監護人，或遺囑指定監護人拒絕就職時，即應依上述規定法定順序產生監護人。

（七）臺灣高等法院暨所屬法院104年法律座談會民事類提案第51號

法律問題：直轄市、縣市政府依其組織權限劃分辦法，將其依民法第1094條及兒童及少年福利與權益保障法所定主管機關權限，逕行劃分予該地方政府社會局（處），並公告以該機關名義行之。則有關選定監護人（民法第1094條第3項）、保護安置（兒童及少年福利與權益保障法第56條以下）、停止親權、改定監護或終止收養關係（同法第71條）等事件，即逕以該地方政府社會局名義爲聲請人，向法院提出聲請，法院得否認聲請人之聲請不合法逕予駁回？

討論意見：

　　甲說：肯定說。

　　按兒童及少年福利與權益保障法所稱主管機關：在中央爲衛生福利部；在直轄市爲直轄市政府；在縣（市）爲縣（市）政府。該法第6條定有明文。是依該法所定主管機關之權限，即應以直轄市、縣（市）政府爲當事人，不能以其下級機關社會局爲當事人。至直轄市、縣（市）政府依其權限劃分辦法，將各該權限劃分委由其社會局（處）等機關執行，但其執行時，仍應以直轄市、縣（市）政府名義爲之，始與上開法條規定意旨相符。

　　乙說：否定說。

　　按行政機關得依法規將其權限之一部分，委任所屬下級機關執行之。前二項情形，應將委任或委託事項及法規依據公告之，並刊登政府公報或新聞紙，行政程序

法第15條第1、3項定有明文。兒童及少年福利與權益保障法所稱主管機關；在直轄市固爲直轄市政府；在縣（市）爲縣（市）政府，惟直轄市、縣（市）政府既將其依民法第1094條及兒童及少年福利與權益保障法所定主管機關權限，依地方政府組織自治條例、組織權限劃分辦法及行政程序法第15條之規定，劃分由其下級機關社會局（處），並公告之，則其下級機關社會局（處）自得以自己機關之名義行使其受委任之權限（最高行政法院94年3月份庭長法官聯席會議決議參照）。則直轄市、縣市政府之下級機關社會局（處）既受委任得行使該權限，其以該下級機關名義所爲之聲請，法院即不能以其聲請不合法逕予駁回。況依目前地方政府組織架構龐雜，如仍須以直轄市、縣市政府名義爲之，顯不能達成組織權限劃分精簡行政流程之效果。

初步研討結果：採甲說4票；採乙說6票。

審查意見：採乙說。

研討結果：照審查意見通過。

❖ 民法第1094條之1

法院選定或改定監護人時，應依受監護人之最佳利益，審酌一切情狀，尤應注意下列事項：

一、受監護人之年齡、性別、意願、健康情形及人格發展需要。

二、監護人之年齡、職業、品行、意願、態度、健康情形、經濟能力、生活狀況及有無犯罪前科紀錄。

三、監護人與受監護人間或受監護人與其他共同生活之人間之情感及利害關係。

四、法人爲監護人時，其事業之種類與內容，法人及其代表人與受監護人之利害關係。

（民國98年11月23日生效）

案　例

甲男與乙女是夫妻，乙因為手上有甲和其他女人通姦的證據，所以就向法院起訴請求與甲離婚，對於甲、乙婚後所生的一個十歲未成年小孩，甲、乙都爭著向法院要求行使或負擔子女權利義務，法院在尚未判決甲、乙離婚前，考慮甲是大公司的經理，工作收入非常的穩定，而且每個星期都花很多

時間來陪小孩子做功課，而乙沒有一技之長，更糟糕的是，乙被醫院檢查出來，得了第四期的癌症，正在接受化學治療，頭髮都快掉光了，身體越來越虛弱，在離婚訴訟中不久因癌症死亡。另甲亦出車禍死亡。請問：法院如何決定誰來對未成年小孩子監護？

一、思考焦點

法院依據民法第1094條，決定由誰來監護未成年子女之前，應該要考慮到哪一些事情？

二、問題論述

父、母親均不能行使親權的時候，最大的受害人，應該要算是他們未成年的小孩子。所以，法院在考慮由誰來監護未成年子女之前，就應該要以未成年子女的最大利益（應依子女之最佳利益），作為最優先的考量，所以就要考慮跟這個未成年子女有關係的所有事項（審酌一切情狀），尤其是民法第1094條之1所規定的四個事項：

（一）受監護人之年齡、性別、意願、健康情形及人格發展需要（第1款）

考慮小孩子的年齡，是因為年紀小，尤其還沒有斷奶的時候，最需要母親照顧，所以通常是由女性來照顧較合適，而小孩子是男生還是女生、總共有幾個小孩、小孩的健康情形怎麼樣，都是法院應該要考慮的事情，而照料小孩子的意願、生活環境和教育品質，會影響一生的人格發展。小孩子健康不好的話，通常會裁判給比較會細心照顧小孩子的人，來對於小孩子行使監護權。

（二）監護人之年齡、職業、品行、意願、態度、健康情形、經濟能力、生活狀況及有無犯罪前科紀錄（第2款）

小孩子將來與監護人生活在一起，因此，法院決定由誰來行使於未成年子女（受監護人）的權利之前重要的考量就是，監護人之年齡、職業、品行、意願、態度、健康情形、經濟能力、生活狀況及有無犯罪前科紀錄。

（三）監護人與受監護人間或受監護人與其他共同生活之人間之情感及利害關係（第3款）

小孩子（受監護人）和監護人之間的感情狀況，還有小孩子和之前在一起共同生活的人之間的感情狀況，也是法院選任監護人之考慮重點。例如：母親在小孩子還小的時候就離家出走了，小孩子一直跟父親住在家裡，和父親感情比較好，而對母親比較沒有什麼印象，又因為父親是大家庭，每天和堂兄弟姊妹玩在一起，而且

受到伯伯、嬸嬸們的照顧及疼愛，後來父親也過世了，法院就比較會考慮把小孩子裁判給父親這邊的家屬，因爲小孩子對於周圍的人或環境，如果已經相當熟悉了，一下子要把他（她）帶開，而改變這個環境，並讓他（她）去接觸一群陌生的人，對心靈是一種很大的衝擊，也會造成心理上的傷害。又例如：未成年子女有兩個，已經相處很久了，感情非常的好，如果把他（她）們拆散，分別由父親、母親的家屬來照顧，對彼此的心靈，也是一種很大的衝擊。

總而言之，所有的考量，都是以未成年小孩子最佳利益爲中心爲出發點，但是以上的這些事情，往往牽涉到心理學、社會學等等的專業學問，法官雖然對於法律制度非常的熟悉，但是不見得知道怎麼樣去瞭解這些情形，也不見得有時間去瞭解每一個案情，所以參酌民法第1055條之1規定，法官應該要請社會工作人員去每一個家庭，實地了解各個家庭的情形，並且請社會工作人員把所實際探訪、視察、見聞的情形，作成訪視報告，這個報告就成爲法官重要的參考資料（參考社工人員之訪視報告）。

（四）法人爲監護人時，其事業之種類與内容，法人及其代表人與受監護人之利害關係（第4款）

法院如果在選定或改定監護人時，其法人爲監護人時，如其法人事業之種類與内容，法人及其代表人與受監護人之利害關係有互相衝突的時候，應不得將該法人選定或改定爲未成年子女之監護人。

三、案例結論

法院如何決定誰來對未成年小孩子監護，應確實依照民法第1094條之1所規定的四個事項，審愼考量爲之。

四、相關實例

試論述民法第1094條之1的立法理由？

❖ 民法第1095條

監護人有正當理由，經法院許可者，得辭任其職務。

（民國98年11月23日生效）

舊民法第1095條

依前條規定爲監護人者，非有正當理由，不得辭其職務。

（民國98年11月23日生效前之舊法）

案 例

　　兩歲的甲男，在父親、母親都過世之後，法院選定乙男作為他的監護人，乙覺得甲男每天哭哭啼啼的，實在是很吵，也很煩，可不可以不要做甲的監護人？

一、思考焦點

　　監護人有沒有拒絕不做的權利？

二、問題論述

　　民法第1095條，須與家事事件法第122條：「法院選定之監護人，有下列情形之一者，得聲請法院許可其辭任：一、滿七十歲。二、因身心障礙或疾病不能執行監護。三、住所或居所與法院或受監護人所在地隔離，不便執行監護。四、其他重大事由（第1項）。法院為前項許可時，應另行選任監護人（第2項）。第一百零六條及第一百零八條之規定，於監護人辭任事件準用之（第3項）」，一併研讀。

　　民法第1094條規定的監護人，包括法定監護人及選定監護人，要監護一個未成年人，是相當辛苦的事情，不但要保護未成年人的身體，管教未成年人的心理，還要保管未成年人的財產，如果嫌很麻煩或很累，就可以隨隨便便就不要擔任未成年人的監護人，大家都推來推去，那麼就很難找到適合的人來監護這個未成年人，所以民法第1095條就規定，法定監護人及選定監護人，是不可以隨便辭職的，除非有正當的理由，在實在很不得已的情形之下，才可以辭職，例如：年紀很大、時常生病，或是監護人自己的家庭及工作，已經忙不過來，沒有辦法給被監護的未成年人很好的照顧等等的情形。所謂「辭職」，應該是要向親屬會議（民法第1129條以下）來辭職。

三、案例結論

　　除非乙有正當的理由，否則不能辭去甲監護人的工作，而丁嫌監護甲這件事情很麻煩，並不是正當理由，所以乙不能夠辭職。

四、相關實例

　　丙男是丁男的祖父，丁男十二歲，在丁五歲的時候，丁的父母親就過世了，但是近年來，丙的身體機能慢慢衰退，中風過後，走路都會跌倒，那麼丙是不是可以

向親屬會議辭去丙的監護人的職務？

五、重要判解

最高法院81年度台上字第1339號民事判決

民法第1095條規定所謂「正當理由」，係指被指定為監護人者，客觀上不能或不宜執行監護職務而言。如自願放棄監護權，尚非屬正當理由。

❖ 民法第1096條

有下列情形之一者，不得為監護人：

一、未成年。

二、受監護或輔助宣告尚未撤銷。

三、受破產宣告尚未復權。

四、失蹤。

（民國98年11月23日生效）

案例

甲男及乙女是親兄妹，甲十九歲，乙八歲。甲、乙的父親、母親及其他家族成員，在一次火災當中通通過世了，請問：甲可不可以當乙的監護人？

一、思考焦點

未成年人可不可以做另外一個未成年人的監護人？

二、問題論述

監護別人的人，本身必須要有一定的能力，不然的話，怎麼去把未成年人的身心、財產給照顧好？所以民法第1096條就規定，未成年人及受監護、輔助宣告之人是不可以做人家的監護人的。未成年人本身未滿二十歲，思考還不夠周延，沒有辦法去把例外一個未成年人給照顧好，而受監護或輔助宣告之人因為精神障礙或其他心智缺陷，被法院宣告為受監護宣告之人或受輔助宣告之人，被宣告之後，就成為無行為能力的人（民法第15條），本身就需要人家來監護（民法第1110條），本身都沒有辦法處理自己的事情，因此不能夠去當未成年人的監護人。

三、案例結論

甲本身都還沒有成年，依照民法第1096條的規定，甲不可以做乙的監護人。

四、相關實例

丙是丁的祖父，十歲的丁從小就和丙住在一起，兩個人都沒有其他親人，相依為命。但是丙最近中風，躺在床上沒有意識，檢察官聲請法院宣告禁治產，請問在這種情形之下，應該要由誰來負責監護丁？

❖ 民法第1097條

除另有規定外，監護人於保護、增進受監護人利益之範圍內，行使、負擔父母對於未成年子女之權利、義務。但由父母暫時委託者，以所委託之職務為限。

監護人有數人，對於受監護人重大事項權利之行使意思不一致時，得聲請法院依受監護人之最佳利益，酌定由其中一監護人行使之。

法院為前項裁判前，應聽取受監護人、主管機關或社會福利機構之意見。

（民國98年11月23日生效）

案 例

> 　　甲夫乙妻都在澳洲做牧場生意，把唯一的寶貝女兒丙暫時委託給她在臺灣的姑姑丁，希望丁能夠照料剛上大學的丙好好讀書。學校的教授戊看到丙那麼認真，覺得這是一個好孩子，所以就想要收養丙，丙同意了，沒有想到的是，丙的姑姑丁也居然同意丙被教授戊所收養，請問：丙是不是可以變成教授戊的女兒？

一、思考焦點

受別人的父、母親暫時委託當監護人的人，是不是可以完全代替別人的父、母親做一些決定？

二、問題論述

應一併研讀家事事件法第123條（審前報告等規定之準用）準用第106條（審前報告以及意見陳述）、第108條（聽取未成年子女意見及請專業人士協助）規定。未成年人原則上是由最親近的父、母親來行使對於未成年子女的親權，畢竟小

孩是自己生的，當然是由父、母親自己來照顧，比較適當。但是，如果父、母親沒有辦法完全的去行使、負擔對於未成年子女的權利與義務的時候，民法第1092條規定，父、母親可以就一些特定的事情，在一定的期間內，委託別人來監護未成年的子女，民法第1097條更進一步規定，受父、母親委任，來監護未成年人的人，如果要行使、負擔對於未成年子女的權利義務，必須是要在可以增加這個未成年子女利益的範圍之內，如在前面的案例中，甲、乙可以就丙在臺灣讀書的事情，以及讀書的生活起居，在丙讀書的這段期間，交給丙的姑姑丁來照顧，丙的姑姑丁只能在這個範圍以內照顧、保護、管教丙。

三、案例結論

　　甲、乙只有委託丙的姑姑丁，係僅對丙就學的事情行使或負擔權利義務，雖然民法第1098條規定，監護人是被監護人的法定代理人，但是同意丙被人家收養的事情，已經超出甲、乙授權丙的姑姑的範圍，所以就是不是同意丙被教授戊收養這回事，丙的姑姑丁沒有親權，不能做丙的法定代理人。所以丙的法定代理人，依照民法第1086條的規定，還是丙的父、母親，也就是甲及乙，所以未成年的丙被收養，沒有經過法定代理人甲、乙的同意，丙的法定代理人甲、乙可以撤銷這個收養。

四、相關實例

　　丁夫及戊妻把獨生女己送到貴族明星高中住校就讀，希望己在大學聯考時，考到最好的學校，而己所就讀高中是教會學校，宿舍舍監都是修女，有一天晚上己超過門禁時間午夜十二點，才從外面回宿舍爬牆回來，被值班的修女罰站半小時，請問：值班修女有沒有處罰己的權利？

五、重要判解

臺灣高等法院暨所屬法院106年法律座談會民事類提案第12號

法律問題：甲、乙婚後育有未成年子女丙，雙方離婚時約定丙之親權由甲單獨任之，而乙於離婚後，因甲、丙與甲之父母共同生活，乙與甲父母關係不睦，故均未曾探視丙。甲於丙10歲時死亡，甲之妹妹丁即將丙接回家中獨自照顧。然因丁非丙之監護人，為處理丙之就學、保險及金融等相關事項時均無法完成，故丁即依兒童及少年福利與權益保障法第71條第1項之規定，主張乙對丙疏於保護、照顧情節嚴重，爰聲請改定丙之監護人為自己。法院可否未先停止乙之親權，即依前開規定改定丙之監護人為丁？

討論意見：

甲說：肯定說。

（一）依兒童及少年福利與權益保障法第71條第1項規定：「父母或監護人對兒童及少年疏於保護、照顧情節嚴重，或有第49條、第56條第1項各款行為，或未禁止兒童及少年施用毒品、非法施用管制藥品者，兒童及少年或其最近尊親屬、直轄市、縣（市）主管機關、兒童及少年福利機構或其他利害關係人，得請求法院宣告停止其親權或監護權之全部或一部，或得另行聲請選定或改定監護人；對於養父母，並得請求法院宣告終止其收養關係。」法既明文規定有該項前段情形時，法院得依聲請另行選定或改定監護人，是題示情形，法院自無庸先宣告停止乙之親權，逕依前開規定改定或選定丁為乙之監護人。

（二）又「一、從立法沿革觀之，於現行民法第1055條修訂前，關於父母未盡其保護教養未成年人之義務時，民法第1090條後段、兒童福利法第40條第1項、少年福利法第23條第2項、兒童及少年性交易防制條例第20條第2項均係『先宣告停止親權，再選任監護人』之立法模式，然現行民法第1055條及家庭暴力防治法第13條第6款則改以『法院酌定、選定、改定親權人』之立法模式，換言之，我國關於父母親權行使負擔之立法干涉，已由先前之親權糾正、停止並選定監護人之模式而改由法院直接裁定決定親權人或監護人之模式，亦即法院得以裁定形成親權人親權暫停之法律效果而無須藉由判決宣告停止親權；二、從立法目的觀之，先前『先宣告停止親權，再選任監護人』之立法模式係著眼於法律對親權行使負擔之適度箝制與干涉，爾後之『酌定、改定、選定親權人』則係法律積極注重未成年人之利益，而無論係協議決定或法院選定或因他方死亡而單獨行使親權者，均有為未成年子女之利益而考慮其是否適任親權人之問題，法律基於為未成年人利益之立法目的，於親權人未盡其保護教養未成年子女之義務時，自應裁定改定之，始符該條立法目的；三、從立法效果觀之，親權人未盡其保護教養時，於民法第1055條修訂前，僅能宣告停止親權之一部或全部，由他方當然行使或另行選定監護人，其步驟繁複，且宣告親權需依訴訟程序進行，法院無職權介入之餘地，僅能消極保護未成年子女，而立法修正後，法院得以裁定選定或改定適任親權人行使負擔未成年人之權利義務，依非訟程序積極主動為未成年子女之利益為之，能充分達到保護未成年子女之利益，且較快速，亦符合世界立法例」，臺灣高等法院暨所屬法院91年11月6日法律座談會研討結論（見臺灣高等法院92年7月出版之91年法律座談會彙編第27頁至第29頁）可資參照。

乙說：否定說。

（一）按兒童及少年福利與權益保障法第71條第1項既係規定得請求法院「宣

告停止其親權」或「宣告停止監護權之全部或一部」，或得「另行聲請選定或改定監護人」，足見立法者意識到民法上所謂親權與監護權制度之異同，前者係指父母依民法第1084條以下對未成年子女權利義務之行使或負擔謂之親權，而後者則係指民法第1097條第1項前段所定監護人係於保護、增進受監護人利益之範圍內，行使、負擔父母對於未成年子女之權利、義務，兩者規範有所不同。

（二）父母於離婚時約定未成年子女之親權由一方單獨行使，他方之親權僅因此處於暫時停止之狀態，倘行使親權之一方有事實上不能或法律上不能行使親權（如死亡或宣告停止親權）之情形，原未任親權之一方其親權自當然回復，而為未成年子女之親權人。是依題示情形，甲死亡後，乙之親權則當然回復，而為丙之親權人，應屬無疑。

（三）如許丁得依兒童及少年福利與權益保障法第71條第1項之規定逕聲請法院改定丙之監護人，則有架空民法第1094條以下法定監護制度之虞。詳言之，乙於未受停止親權之宣告前，為丙之當然親權人，已如上述，倘乙符合應宣告停止親權之事由而受停止親權之宣告，依民法第1094條第1項之規定，此時丙之父母即屬均不能行使、負擔對未成年子女之權利義務之狀態，自應依同項各款之順序定其法定監護人。於題示情形，倘乙受停止親權之宣告，應依該項第3款之規定由未與未成年人丙同居之祖父母即甲之父母為丙之法定監護人，法院自不得逕依兒童及少年福利與權益保障法第71條第1項之規定選定（改定）丁為丙之監護人。

（四）再者，倘許丁得依兒童及少年福利與權益保障法第71條第1項之規定逕聲請法院改定丁為丙之監護人，此時，乙之親權既未受宣告停止（無法聲請撤銷停止親權之宣告），則無從解釋其親權狀態如何，而似有親權與監護權同時併存之矛盾，且乙對法院逕行選定丁為丙之監護人之結果如有不服，於法似無救濟管道。

初步研討結果：採乙說。

審查意見：

（一）採乙說。

（二）此問題前曾於93年度及100年度提案討論，研討意見均採乙說。研討結果：多數採乙說（實到70人，採甲說7票，採乙說55票）。

❖ 民法第1098條

監護人於監護權限內，為受監護人之法定代理人。

監護人之行為與受監護人之利益相反或依法不得代理時，法院得因監護人、受監護人、主管機關、社會福利機構或其他利害關係人之聲請或依職權，為受監護人

選任特別代理人。

（民國98年11月23日生效）

舊民法第1098條

監護人為受監護人之法定代理人。

（民國98年11月23日修正生效前之舊法）

案例

> 甲夫乙妻都在日本做生意，把唯一的寶貝女兒丙暫時委託給她在臺灣的姑姑丁帶，希望丙的姑姑丁能夠照顧丙好好讀書。由於丙唸的是職業學校美容科，二年級的時候，要和外面的髮廊建教合作，學習美髮技術，所以丙就和髮廊簽約，由丙的姑姑丁當法定代理人，在合約上面簽名，但是合約上並沒有甲、乙的簽名，是不是有效？

一、思考焦點

監護人在什麼情形之下，可以當被監護人的法定代理人？

二、問題論述

民法第1098條第2項規定，監護人之行為與受監護人之利益相反或依法不得代理時，法院得因監護人、受監護人、主管機關、社會福利機構或其他利害關係人之聲請或依職權，為受監護人選任特別代理人。須與家事事件法第15條第1項第1款規定，處理家事事件無程序能力人與其法定代理人有利益衝突之虞，法院得依利害關係人聲請或依職權選任程序監理人，一併研讀。

未成年人的監護人，就是在父、母親不能行使、負擔對於未成年子女權利義務的時候，受到法院的選定或改定，或是受到未成年子女的父母委託，代替未成年人的父、母親，來行使、負擔對於未成年人的權利義務。原本未成年人父、母親行使親權的內容有很多，包括保護、教養未成年的小孩（民法第1084條第2項），由父、母親共同來行使、負擔對於未成年小孩的權利及義務（民法第1089條第1項），並且由父、母親來做未成年小孩的法定代理人（民法第1086條），以及管理、使用、收益未成年小孩的特有財產（民法第1088條）。

如果是未成年人的父、母親都不能行使、負擔對於未成年的權利義務，那麼監

護人在為了這個未成年人利益的範圍內（民法第1097條），就代替父、母親行使這些親權的內容，因此民法第1098條就規定監護人是被監護人的法定代理人。如果監護人是父、母親就某一項特定的事情，暫時委任監護人來監護未成年子女，那麼只有在處理被委任處理的事情的時候，監護人才能行使親權（民法第1097條）或做未成年人的法定代理人。

三、案例結論

甲、乙委任丙的姑姑丁監護丙，來處理丙在臺灣唸書的事情，而建教合作的簽約，是屬於唸書的一部分，當然是在丙姑姑丁的監護權範圍以內，所以依照民法第1098條的規定，丙的姑姑丁是丙的法定代理人，可以行使法定代理人的同意權，同意丙去建教合作的髮廊上班，因此丁在合約上簽名是有效的。

四、相關實例

丁夫戊妻都在臺灣工作，因為牽涉到刑事案件，被檢察官限制不能出國，他們十八歲的兒子己想要去越南找一個太太，於是丁、戊就委託丁的姊姊庚（已滿二十歲之人）帶己到越南去，而且授權丁的姊姊庚，只要是看中意的，就可以同意己結婚，再把越南新娘帶回來，己果然找到中意的，在丁的姊姊庚同意之下，己先在越南結婚，然後再拿我國外交部駐越南辦事處認證的結婚證明書，到我國戶政事務所去辦理結婚登記，請問己的婚姻是不是有效？

五、重要判解

（一）臺灣高等法院暨所屬法院100年法律座談會民事類提案第9號

法律問題：甲父有A、B二子均已成年，B子因重度精神障礙，致不能為意思表示，經A向本院對B聲請為監護宣告，並選定A為B之監護人，嗣甲父因病過世，遺有房屋及土地各一筆由A、B共同繼承，A為辦理遺產分割登記，以其行為與受監護人之利益相反依法不得代理為由，先向本院聲請選定B之特別代理人，經本院裁定選定C於辦理被繼承人甲遺產繼承分割時為B之特別代理人確定，則A為辦理遺產分割登記，聲請法院許可代為處分（分割遺產）受監護人B之不動產，法院應否准許？

討論意見：

甲說：肯定說。

按監護人於監護權限內，為受監護人之法定代理人；監護人代理受監護人處分不動產之行為，非經法院許可，不生效力，民法第1098條第1項、第1101條第2項第

1款分別定有明文。本件A既仍為B之監護人，自仍可聲請法院許可代為處分（遺產分割）受監護人B之不動產。至A因其與B同為繼承人而為遺產分割，其行為與受監護人之利益相反或依法不得代理，則於遺產分割行為時，由特別代理人C代理B為遺產分割之處分行為即可。

乙說：否定說。

應由特別代理人C為聲請人，以B為相對人，聲請法院許可代為處分（分割遺產）B繼承之不動產。按監護人於監護權限內，為受監護人之法定代理人。監護人之行為與受監護人之利益相反或依法不得代理時，法院得因監護人、受監護人、主管機關、社會福利機構或其他利害關係人之聲請或依職權，為受監護人選任特別代理人，為民法第1098條所明定。本件本院既已選定C於辦理被繼承人甲遺產繼承分割時為B之特別代理人，則就此範圍內C即取代A成為B之法定代理人，自應由C聲請法院許可代為處分（分割遺產）B之不動產。本件B不得為聲請人，其聲請應予駁回。

丙說：折衷說。

A及C均可為聲請人。若由特別代理人C為聲請人，而以B為相對人，聲請法院許可代為處分（分割遺產）B之不動產，因C於該遺產分割範圍內已取代A成為B之法定代理人，固可提起本件聲請；但若A以B為相對人，併列C為B之特別代理人，而聲請法院許可由特別代理人C代為處分（遺產分割）B之不動產，既無利益衝突或依法不得代理之問題，法院自亦可准許A之聲請，但主文應諭知准許C代為處分B之不動產之意旨。

初步研討結果：多數採丙說。

審查意見：

A可逕行辦理遺產分割登記，無再聲請法院選定特別代理人之必要，故本案欠缺權利保護之要件，應予駁回其聲請。

研討結果：

一、提案機關同意法律問題倒數第3行第11字「A」修正為「A、C」。

二、審查意見前段「A可逕行……之必要」修正為「A、C可逕行辦理遺產分割登記，無再聲請法院許可代為處分之必要」。

三、照修正後之審查意見通過。

（二）臺灣高等法院暨所屬法院102年法律座談會民執類提案第19號

法律問題：執行標的為土地應有部分，拍定後通知共有人行使優先承買權，受監護宣告之共有人甲由其監護人乙具狀代為聲明優先承買。

試問：

問題一：若甲尚未依民法第1101條第2項規定向法院聲請許可，執行法院應否准許其優先承買？

問題二：若乙代甲聲明優先承買時已取得法院許可裁定，而未於聲明時同時提出，執行法院應否許其補正？

討論意見：

問題一：

甲說：否定說。

強制執行之拍賣為買賣之一種，執行法院於不動產拍定後，代債務人立於出賣人之地位，通知優先承買權人行使權利，優先承買權人願依同一條件承購，不論就優先承買權之性質採請求權說抑或形成權說，其效果皆係由聲明優先承購之人就該不動產與出賣人成立買賣契約。而民法第1113條準用第1101條第2項第1款規定：「監護人代理受監護人購置或處分不動產，非經法院許可，不生效力。」該條文用語既規定為「許可」而非「承認」，自係指事先的同意，不因事後取得裁定而使無效之法律行為發生效力。本件乙代受監護宣告人甲行使優先承買權，參照前揭說明，即屬該條文所規定購置不動產之行為，則其未事先取得法院許可之證明，其代為聲明承購之法律行為不生效力，執行法院應不許其優先承買。況監護人聲請代受監護人購置不動產之許可事件，尚須由家事法庭審查監護人是否已依民法相關規定開具財產清冊及該購置行為是否係為受監護人之利益等要件，法院是否許可尚為未定之數，若准許本件監護人優先承買，許其嗣後再聲請法院許可，將造成程序拖延，與執行程序貴在迅速之目的相悖。

乙說：肯定說。

按民法第1098條第1項規定，監護人於監護權限內，為受監護人之法定代理人，同法第1101條僅係就監護人對受監護人財產之管理及使用處分為代理權限之限縮，苟監護人未經法院許可而代受監護人為購置不動產之行為，其效力不應與受監護人自為意思表示為無效作相同處理。應認監護人所代為之法律行為係逾越其監護權限之無權代理行為，參照民法第170條關於無權代理行為效力之規定，執行法院可准許其優先承買，監護人嗣後提出法院許可證明，可類推適用民法第115條規定，溯及於聲明優先承買時發生效力。

執行法院於拍定後通知行使優先承買權，除有特別規定外，皆限期於10日內表示，若要求優先承買權人尚須於期限內，取得對該行為之法院許可證明，誠屬過苛。且價金為購置不動產之重要條件，優先承買權人行使權利須就同一價格買受，其於拍定前無從知悉拍定價格，自難以衡量審酌是否買受，則令其於拍定前即事先取得許可以備將來承買，顯與常情有違，況於拍賣價格未為確定時，家事法庭亦無

從衡量受監護人之財產狀況審酌是否有利於受監護人。

問題二：

甲說：否定說。

監護人代爲聲明優先承買，未同時提出民法第1101條所規定之法院許可證明文件，致執行法院形式上無從審查其聲明之效力，參照類此因應買人特殊身分，而對其買受不動產有特別規定者，如應買人爲私法人或外國人，依農業發展條例第33條、土地法第20條規定，須提出主管機關許可文件，依「地方法院民事執行處不動產投標參考要點」第18點第20及21款規定，若未於投標時將證明文件附於投標書，應認爲投標無效。則同理本件監護人未同時提出法院許可證明，應認其聲明無效，亦毋庸命其補正。惟甲、乙仍得於執行法院所定行使優先承買權之期限內，備齊文件另爲聲明優先承買自不待言。

乙說：肯定說。

否定說所舉不動產拍賣程序之投標無效事由，與優先承買權人聲明買受之情形不同，蓋拍賣程序係在利害關係對立之不特定多數關係人注視下公開進行，爲期程序明確，有即斷即決之必要，故有就投標有效或無效之判定標準予以揭示之必要，俾利執行法院於開標時認定及避免應買人投機行爲。而通知優先承買權人行使權利並無上開目的之考量，自無從比附援引。本件監護人乙既已取得代甲購置不動產之法院許可，其聲明優先承買即屬有效，爲實現簡化共有關係以促進土地利用之共有人優先購買之立法目的，執行法院應許其補正。

初步研討結果：

問題一：採乙說。

問題二：採乙說。

審查意見：

問題一：

民法第1101條第2項第1款係指事前許可而言，監護人雖有代理受監護人購置不動產之權限，但仍應先經法院許可，其法律行爲始生效力。上開規定之目的，乃經由法院許可，藉以保護受監護人之財產，故其性質尚與無權代理之本人承認不同，應無類推適用民法第170條、第115條規定，而允許事後補正之餘地。惟監護人必待收到執行法院通知後，始得就拍定價格及條件，依民法第1113條準用第1101條第2項規定聲請法院許可，而優先承買權之行使，又應於接到執行法院通知後10日內表示，若要求監護人應於10日內提出法院許可之裁定，恐屬強人所難，故就此部分之要件，似宜採較寬鬆之認定標準。故若監護人於10日內提出已聲請法院裁定之證明，允宜待其補正法院許可之裁定後，許其優先承買；若於10日內未據提出已聲請

法院裁定之證明，則不予准許。

問題二：採乙說。

研討結果：問題一、二均照審查意見通過。

❖ 民法第1099條

監護開始時，監護人對於受監護人之財產，應依規定會同遺囑指定、當地直轄市、縣（市）政府指派或法院指定之人，於二個月內開具財產清冊，並陳報法院。

前項期間，法院得依監護人之聲請，於必要時延長之。

（民國98年11月23日生效）

案 例

未成年人甲的父親及母親都過世了，由祖父乙來監護甲。依規定乙必須對於甲的財產依規定會同遺囑指定、當地直轄市、縣（市）政府指派或法院指定之人，於二個月內開具財產清冊並陳報法院。乙覺得甲是他的金孫，自己不會去害他，那乙可否不配合開具財產清冊？

一、思考焦點

監護人監護被監護人的財產，是不是要開立財產清單（財產清冊）？

二、問題論述

監護人畢竟不是被監護人的父、母親，不論監護人和被監護人的關係是多麼的親近，法律還是要監督監護人是不是有盡到監護未成年人的職責，所以監護人在開始監護被監護財產的時候，民法第1099條就要求監護人必須要配合遺囑指定、當地直轄市、縣（市）政府指派或法院指定之人，一起來清點並且開立被監護人的財產清單，這樣子責任才會清楚，將來就可以查出來，被監護人的財產在這個監護人監護的期間，是不是有少？是不是監護人把它挪用走？或監護人不小心把它流失掉？監護人是不是有盡到保管未成年人的財產的責任？這些都要靠監護一開始的時候，所開立的被監護人的財產清單來比對才知道，如果監護人有做不好的地方，可能就會被辭退（民法第1106條），或負損害賠償的責任（民法第1109條）。無論監護人和受監護的人，關係是多麼的親近，都是一樣。

三、案例結論

依照民法第1099條的規定，監護人在監護開始的時候，必須要會同遺囑指定、當地直轄市、縣（市）政府指派或法院指定之人，一起來開立被監護人的財產清單，無論監護人與被監護人的關係是多麼親近，都是一樣，這是法律要求一定要釐清責任的緣故。

四、相關實例

未成年人丁的父親及母親都過世了，由祖母戊來監護丁，戊可不可以自己一個人製作丁的財產清單，然後把清單交給法院？

❖ 民法第1099條之1

於前條之財產清冊開具完成並陳報法院前，監護人對於受監護人之財產，僅得為管理上必要之行為。

（民國98年11月23日生效）

　　未成年人甲的父親及母親都過世了，由法院依法裁定祖父乙來監護甲，法院並指定乙把甲的財產列一張清單，乙遂配合開列清單並呈報法院，在法院尚未核備前，乙監護甲的財產，在法律上僅得為怎樣行為？

一、思考焦點

監護人監護被監護人的財產，在法院尚未核備前，在法律上僅得為怎樣行為？

二、問題論述

監護人畢竟不是被監護人的父、母親，不論監護人和被監護人的關係是多麼的親近，法律還是要監督監護人是不是有盡到監護未成年的職責，所以監護人在開始監護被監護財產的時候，民法第1099條就要求監護人必須要配合法院開立被監護人的財產清單並陳報法院核備，這樣子責任才會清楚，將來就可以查出來，被監護人的財產在這個監護人監護的期間，是不是有少？是不是監護人把它挪用走？或監護人不小心把它流失掉？監護人是不是有盡到保管未成年人的財產的責任？這些都要靠監護一開始的時候，所開立的被監護人的財產清單來比對才知道。而且監護人

依前條（民法第1099條）規定，開具財產清冊並陳報法院前，應限制其對於受監護人之財產，僅得為管理上必要之行為，以保護受監護人之財產權益。至監護人如違反本條規定，其所為之行為，應認為屬於民法上之無權代理。

三、案例結論

依照民法第1099條之1規定，於前條之財產清冊開具完成並陳報法院前，監護人對於受監護人之財產，僅得為管理上必要之行為。

四、相關實例

未成年人甲的父親及母親都過世了，由法院依法裁定祖父乙來監護甲，法院並指定甲的祖母丙和乙一起把甲的財產列一張清單，乙覺得甲是他的金孫，他不可能會去害甲，開清單也很麻煩，就私自將甲的一棟房子給賣給善意第三人戊，得款新台幣1,000萬元後，將該筆款項存入甲的銀行帳戶中，請問：甲與戊之間法律關係？

❖ 民法第1100條

監護人應以善良管理人之注意，執行監護職務。

（民國98年11月23日生效）

舊民法第1100條

受監護人之財產，由監護人管理，其管理費用，由受監護人之財產負擔。

監護人管理受監護人之財產，應與處理自己事務為同一之注意。

（民國98年11月23日修正生效前之舊法）

案 例

十二歲的甲，因為父、母親都過世了，所以就由祖母乙來監護。有一天，有一個人打電話到家裡來，說甲中了他們公司的慈善晚會頭獎，那是電腦選號，從全國的小學生中選出來的，但是如果要領新台幣（以下同）300萬元的獎金，必須要先把稅金8萬元匯到那個人指定的帳戶中，乙覺得應該要幫甲領這一筆獎金，所以就用甲的金融卡，從甲的銀行戶頭中，把甲的父親遺留給甲的遺產的存款，其中的8萬元轉帳到那個人所講的戶頭裡面，後來發現是被騙的，那麼乙是不是要還甲這筆錢？

一、思考焦點

監護人應該要怎麼樣來監護被監護人的財產？

二、問題論述

民法之所以要替未成年人找監護人，是以保護未成年人為出發點，以未成年人的利益為中心。因此，即使監護人與被監護人的關係很親近，監護人還是須依「善良管理人之注意義務」，用心去管理、處理被監護人的財產（民法第1100條）。

三、案例結論

乙應該要用「善良管理人之注意義務」，來處理甲的財產，否則乙就必須負「抽象輕過失之責」，賠償甲的損失（民法第1109條）。

四、相關實例

丙、丁是戊的祖父、母，也是戊的監護人，戊有繼承父親的遺產500萬元，但是丙在外面賭博，輸了200萬元，擅自把戊的500萬元存款提走200萬元去還債，這個時候，戊有沒有換監護人的必要？

五、重要判解

最高法院92年度台上字第398號民事判決

上訴人就其保管受監護人之款項，既有非為受監護人之利益而擅自使用及處分之情形，自難認其對受監護人有關愛、保護及照顧之心態，且金額高達近200萬元左右，應已符合對受監護人有疏於保護、照顧情節嚴重之情事，其監護權即應予以停止。因兩造於受監護人之父母去世時，均未與受監護人同住，依民法第1094條第3款規定，同為其監護人。該受監護人之財產依民法第1100條前段規定，應由兩造共同管理，並於其中一方之監護權遭停止時，當然由他造單方續行其監護權，而無另行選任或指定監護人之必要。此與同法1107條所規定監護關係終止時，應會同親屬會議所指定之人為財產清算及移交與新監護人之情形不同，不須踐行該條所定之程序。

❖ 民法第1101條

監護人對於受監護人之財產，非為受監護人之利益，不得使用、代為或同意處分。

監護人為下列行為，非經法院許可，不生效力：

一、代理受監護人購置或處分不動產。

二、代理受監護人，就供其居住之建築物或其基地出租、供他人使用或終止租賃。

監護人不得以受監護人之財產爲投資。但購買公債、國庫券、中央銀行儲蓄券、金融債券、可轉讓定期存單、金融機構承兌匯票或保證商業本票，不在此限。

（民國98年11月23日生效）

舊民法第1101條

監護人對於受監護人之財產，非爲受監護人之利益，不得使用或處分。爲不動產之處分時，並應得親屬會議之允許。

（民國98年11月23日修正生效前之舊法）

案例

甲女是十歲的乙男的監護人，也是乙的祖母，乙在銀行的戶頭裡面，有新台幣（以下同）50萬元的存款，甲覺得照顧乙非常辛苦，又沒有什麼酬勞，於是就從乙的戶頭裡面，提款提出3萬元，拿來當作家裡買菜的錢及自己的零用錢，心裡想說反正煮的菜，乙及家人也會吃的到。請問：甲是不是可以把乙的銀行戶頭3萬元提款出來買菜？

一、思考焦點

未成年人的監護人，是不是可以使用、處分被監護人的財產？

二、問題論述

依照民法第1097條的規定，監護人在保護、增進被監護人利益的範圍內，才可以行使、負擔對於未成年人的權利、義務，所以監護人雖然可以保管受監護人的財產（民法第1103條），但是，還是要爲了受監護人的利益，才可以行使、處分受監護人的財產（民法第1101條第1項）。尤其是要處分受監護人的不動產的時候，如把受監護人的房子、土地給賣掉時，還要另外經過法院許可，否則不生效力。

三、案例結論

甲使用到乙的存款，不完全是爲了乙的利益，所以這是不可以的，甲必須要把

不是用在乙身上的錢還給乙。

四、相關實例

丙男是十九歲的丁女的監護人，也是丁的祖父，從小就和丁住在一起，丁要結婚以前，丙可不可以自己就把丁名義下的一棟房子給賣掉，然後把賣得的錢拿來當作丁的嫁妝，而不經過其他親屬的同意？

五、重要判解

（一）最高法院82年度台上字第2056號民事判決

按監護人對受監護人之財產，非為受監護人之利益，不得使用或處分，如其處分之標的物為不動產時，雖其處分係為受監護人之利益，亦須得親屬會議之允許始得為之，民法第1101條固定有明文，第此項處分權之行使，係指由監護人以自己名義為處分之情形而言。此與監護人以限制行為能力人（受監護人）法定代理人地位，同意限制行為能力人（受監護人）為該財產之處分，應適用民法第78條、第79條或第84條規定者，並非相同。

（二）最高法院87年度台上字第2617號民事判決

民法第1101條明定，監護人對受監護人之財產，非為受監護人之利益不得使用或處分。上訴人雖稱林○○確知被繼承人蕭○○之遺產負債遠大於資產，因而代為拋棄繼承云云，然為被上訴人所否認。上訴人既自承蕭○○之遺產尚未經清算，又未能舉證以實其說，自難認林○○係為上訴人之利益而為繼承權之拋棄，揆諸前揭規定，林○○代理上訴人所為之拋棄繼承於法即有未合，應不生拋棄之效力。從而，被上訴人訴請確認上訴人對被繼承人蕭○○之繼承權存在，即應准許。

（三）最高法院100年度台上字第1572號民事判決

成年人之監護人並無以自己名義處分受監護人之財產之權利，僅得基於法定代理人之地位代為處分，且須符合為受監護人之利益之要件，始得為之。若涉及不動產之處分時，因對受監護人之利益影響重大，法律乃設有應經親屬會議允許之限制，如監護人未得親屬會議之允許，即行處分受監護人之不動產者，該處分行為不生效力。

❖ 民法第1102條

監護人不得受讓受監護人之財產。

案 例

> 甲男是十二歲的乙男的祖父，也是乙的監護人。乙的父親死亡之後，留下了一棟房子給乙，甲想說照顧乙非常的辛苦，而且乙的父親也就是他的兒子，留給乙的那棟房子，當初也是用他的錢買的，請問：甲可不可以把那棟房子過戶登記到自己的名下？

一、思考焦點

監護人是不是可以從受監護人那裡取得受監護人的財產？

二、問題論述

法律之所以要替未成年人找監護人，是因為未成年人的父、母親都不能或暫時沒有辦法照顧未成年人，而未成年人通常也缺乏保護自己的能力以及知識，所以就由父、母親以外的人來照顧、保護未成年人，因此未成年人的監護人，凡事都要以這個未成年人的最大利益來考慮，法律也是盡可能的去保護這個未成年人，為了怕有些監護人趁監護未成年人的機會，把未成年人的財產給弄走，或侵占受監護人的財產，民法第1102條就規定，監護人不可以從受監護的未成年人那邊得到這個未成年人的財產（受讓受監護人的財產），來保護受監護的未成年人，無論監護人和受監護人關係是多麼親近，或這個受監護人的財產是從監護人那裡來的，也都是一樣，法律並沒有設計例外的規定。

三、案例結論

依照民法第1102條的規定，監護人甲不可以受讓受監護人乙的財產。

四、相關實例

丙男是十八歲的丁女的祖父，也是丁的監護人。丙曾經送一棟房子給丁，但是後來想要向銀行借錢，所以又想把房子要回來，以方便設定抵押權給銀行，來向銀行借錢，請問：丙可不可以把那棟房子過戶登記到自己的名下？

五、重要判解

法務部民國100年1月26日法律字第0999057875函

要旨：限制行為能力之未成年子女，因父母離婚約定由父監護，該名未成年子女原

投資於某有限公司之出資額，轉讓予其父承受，是否有民法第1102條規定之適用？

主旨：有關限制行為能力之未成年子女，因父母離婚約定由父監護，該名未成年子女原投資於某有限公司之出資額，轉讓予其父承受，是否有民法第1102條規定之適用疑義一案，復如說明二至四。請查照參考。

說明：

一、復貴部99年12月24日經商字第09902432030號函。

二、按民法第1091條規定：「未成年人無父母，或父母均不能行使、負擔對於其未成年子女之權利、義務時，應置監護人。」準此，未成年人如有其親權人，自應由該親權人保護教養其未成年子女（民法第1084條第2項規定），則無另設未成年人監護之餘地（陳棋炎、黃宗樂、郭振恭合著，民法親屬新論，修訂7版，第434頁），故依來函說明二所示事實，仍由父行使親權，無民法第1102條規定之適用，合先敘明。

三、次按民法第1086條第2項規定：「父母之行為與未成年子女之利益相反，依法不得代理時，法院得依父母、未成年子女、主管機關、社會福利機構或其他利害關係人之聲請或依職權，為子女選任特別代理人。」所稱「依法不得代理」係採廣義認定，包括民法第106條禁止自己代理或雙方代理之情形，以及其他一切因利益衝突，法律上禁止代理之情形（陳棋炎、黃宗樂、郭振恭合著，民法親屬新論，修訂7版，第404至405頁）。旨揭所詢未成年子女原投資於某有限公司之出資額，轉讓予其父承受乙節，因其父為未成年子女之法定代理人（民法第1055條、第1065條參照），如子女投資公司之出資額轉讓由其父承受，依上開民法第1086條第2項規定，父母依法不得代理未年子女同意該轉讓出資額之法律行為，應聲請法院為子女選任特別代理人，由特別代理人代理之，始為適法（本部98年7月28日法律字第0980016818函參照）。至於子女投資公司之出資額得否轉讓，依民法第1088條第2項：「父母對於未成年子女之特有財產，有使用、收益之權。但非為子女之利益，不得處分之。」之規定，應審酌是否屬處分行為，以及是否有利於子女之利益而定，併此敘明。

❖ 民法第1103條

受監護人之財產，由監護人管理。執行監護職務之必要費用，由受監護人之財

產負擔。

法院於必要時，得命監護人提出監護事務之報告、財產清冊或結算書，檢查監護事務或受監護人之財產狀況。

（民國98年11月23日生效）

舊民法第1103條

監護人應將受監護人之財產狀況，向親屬會議每年至少詳細報告一次。

（民國98年11月23日修正生效前之舊法）

案例

甲男是未成年人乙男的監護人，也是乙的親叔叔。法院於必要時，得命甲男提出監護事務之報告、財產清冊或結算書，以檢查監護事務之狀況。甲覺得他把乙從小養到大，難道會去害他嗎，所以就拒絕向法院提出監護事務之報告、財產清冊或結算書。請問：甲是不是有理由？

一、思考焦點

未成年人的監護人，是不是一定要向法院提出監護事務之報告、財產清冊或結算書？

二、問題論述

民法第1103條第2項規定，監護人對於受監護人之財產須負財產狀況報告之義務，須與家事事件法第3條第5項第11款：「戊類事件：十一、監護人報告財產狀況」，一併研讀。

法律之所以要替未成年人找監護人，是因為未成年人的父、母親都不能或暫時沒有辦法照顧未成年人，而未成年人通常也缺乏保護自己的能力以及知識，所以就由父、母親以外的人來照顧、保護未成年人，因此未成年人的監護人，凡事都要以這個未成年人的最大利益來考慮，法律也是儘可能的去保護這個未成年人，為了怕有些監護人趁監護未成年人的機會，把未成年人的財產給弄走，或侵占受監護人的財產，民法第1103條第2項就規定，法院於必要時，得命監護人提出監護事務之報告、財產清冊或結算書，檢查監護事務或受監護人之財產狀況。

三、案例結論

依照民法第1103條第2項規定，法院於必要時，得命監護人提出監護事務之報告、財產清冊或結算書，檢查監護事務或受監護人之財產狀況。故甲無理由拒絕向法院提出監護事務之報告、財產清冊或結算書。

四、相關實例

丙是丁的監護人，法院於必要時，得命監護人提出監護事務之報告、財產清冊或結算書，檢查監護事務或受監護人之財產狀況。但丙認爲手續非常麻煩，且和丁關係親密，不可能會去害他，故就不理會法院之命令。試問丙之行爲合不合法？

五、重要判解

法務部民國100年3月1日法律決字第1000700165號

監護人就受監護人之財產，於監護權限內，爲受監護人之利益，依民法相關規定，得使用、代爲或同意處分，代爲意思表示，並代受意思表示。又第一審法院選定爲監護人，於抗告程序中除經抗告法院裁定停止原裁定之執行外，監護人應依法執行法定代理人職務。

❖ 民法第1103條之1（刪除）

❖ 民法第1104條

監護人得請求報酬，其數額由法院按其勞力及受監護人之資力酌定之。

（民國98年11月23日生效）

舊民法第1104條

監護人得請求報酬，其數額由親屬會議按其勞力及受監護人財產收益之狀況酌定之。

（民國98年11月23日生效前之舊法）

案 例

三歲的甲的父親、母親都過世了，法院指定由甲的叔叔乙來當甲的監護人。甲的父親、母親留下了十間的房屋，每一間都出租給別人，每間每個月都從房客那裡收取租金新台幣（以下同）2萬元，但是管理上非常的麻煩，除了要一家一家去收房租之外，有的房子一天到晚漏水，需要找人來修，有的遇上壞房客，常常不繳房租，租賃期間到了也不搬家，所以乙要常常跑法院，乙付出很多勞力以及心血。請問：乙做甲的監護人，是不是可以要求報酬？

一、思考焦點

未成年人的監護人可不可以請求報酬？可以請求多少？

二、問題論述

民法第1104條係監護人報酬請求權之規定，須與家事事件法第3條第5項第11款：「戊類事件：十一、監護人報酬事件」，一併研讀。

未成年人的監護人，原則上要做很多事情，包括行使、負擔對於未成年人的權利義務（民法第1097條）、做受監護人的法定代理人（民法第1098條）、開具財產清冊（民法第1099條）、管理受監護人的財產（民法第1103條）、報告受監護人的財產狀況（民法第1103條），如果不小心，原則上，還要負損害賠償責任（民法第1109條），可以說是責任重大，有付出就應該要有酬勞，所以民法第1104條就規定，監護人得請求報酬，而其數額由法院按其勞力及受監護人的資力酌定之。

三、案例結論

法院酌定到底要給監護人乙多少報酬，要看受監護人甲的財產資力，以及監護人乙付出多少心力來監護受監護人甲的財產而定。

四、相關實例

三歲的丙的父親、母親都過世了，本來丙是住在台北，因此由丙的祖母丁帶會南部來監護。丙的父親、母親留下了一大片果園，每年都需要種植並且採收果實。請問：丁做丙的監護人，是不是可以要求報酬？

❖ 民法第1105條（刪除）

❖ 民法第1106條

監護人有下列情形之一，且受監護人無第一千零九十四條第一項之監護人者，法院得依受監護人、第一千零九十四條第三項聲請權人之聲請或依職權，另行選定適當之監護人：

一、死亡。

二、經法院許可辭任。

三、有第一千零九十六條各款情形之一。

法院另行選定監護人確定前，由當地社會福利主管機關爲其監護人。

（民國98年11月23日生效）

舊民法第1106條

監護人有左列情形之一時，親屬會議得撤退之：

一、違反法定義務時。

二、無支付能力時。

三、由親屬會議選定之監護人，違反親屬會議之指示時。

（民國98年11月23日生效前之舊法）

案例

> 甲男是乙男（十六歲）的監護人，而且是乙男世上唯一的親人。甲男某日竟在上班途中發生車禍不幸身亡。請問：這時應該要如何來選定乙男之新的監護人？

一、思考焦點

未成年人的監護人，如果有民法第1106條第1項第1款情形時，應如何選定未成年人新的監護人？

二、問題論述

家事事件法第3條第4項第6款：「丁類事件：六、定監護人、選任特別代理人事件」須與民法第1106條（另行選定監護人）規定，一併研讀。

　　法律為未成年人找監護人的用意，是未成年人的父母親均沒辦法去照顧未成年子女，故為了未成年子女的最大利益，必須找一個監護人來監督、照顧這個未成年子女。但若因為某些原因（民法第1106條第1項第1款至第3款），監護人無法繼續照顧被監護人，且受監護人無民法第1094條第1項（一、與未成年人同居之祖父母。二、與未成年人同居之兄姊。三、不與未成年人同居之祖父母）之監護人，此時法院得依受監護人、第1094條第3項聲請權人（未成年子女、四親等內之親屬、檢察官、主管機關或其他利害關係人）之聲請或依職權，另行選定適當之監護人。民法第1106條第1項第1款至第3款監護人無法繼續照顧被監護人之情形：

（一）監護人死亡（第1款）

　　原本照顧受監護人之監護人若因死亡，此時受監護人就沒人負起照顧、保護其之責任，且受監護人無民法第1094條第1項之監護人，此時法院得依受監護人、第1094條第3項聲請權人之聲請或依職權，另行選定適當之監護人。

（二）經法院許可辭任（第2款）

　　若監護人依民法第1095條規定，經法院許可辭任其監護人之職務後，此時受監護人就沒人負起照顧、保護其之責任，且受監護人又無民法第1094條第1項之監護人時，此時法院得依受監護人、第1094條第3項聲請權人之聲請或依職權，另行選定適當之監護人。

（三）有第1096條各款情形之一

　　若監護人有：1.未成年；2.受監護或輔助宣告尚未撤銷；3.受破產宣告尚未復權；4.失蹤等四種情形之一者，且受監護人又無民法第1094條第1項之監護人時，此時法院得依受監護人、第1094條第3項聲請權人之聲請或依職權，另行選定適當之監護人。

　　法院依民法第1106條第2項規定，另行選定監護人確定前，由當地社會福利主管機關為其監護人。

三、案例結論

　　由於甲男發生車禍不幸身亡，依民法第1106條第1項第1款規定，必須由法院依照同法條第1項規定，另行選定乙適當之監護人。

四、相關實例

　　甲男是十五歲乙男的監護人，且是乙男世上唯一的親人。甲男某日竟在上班途中發生車禍，不幸成為植物人，因而被法院宣告成為受監護之人。請問：是否必須另行選定乙男新的監護人？

五、重要判解

（一）臺灣高等法院88年度家抗字第93號民事裁定

抗告人主張李○瑩於相對人中風後，涉嫌盜賣相對人所有台○公司股票42萬1千股，僞造弘○○司於87年10月15日上午10時召開股東臨時會補選董事之議事錄及於同日上午11時召開董事會改選董事長之議事錄，逕將弘○○司之董事長變更爲李○瑩，且將相對人移離台大醫院後，送至中心診所住院治療，再辦理出院手續，不顧相對人身體健康等情，是否屬實，尚屬可疑，然此亦僅李○瑩於監護期間是否違反對於相對人應負之照顧、養護義務，是否違法處分相對人所有財產之問題，尚非司法院22年院字第960號解釋所指之「利害相反」情事，充其量應係相對人之親屬會議得否撤退監護人之範疇。查本件抗告人所提「李○雄之親屬會議紀錄」僅由「林○○珠、李○祺、李○子、李○美」四人出席而已，有該會議紀錄可憑，是其親屬會議之組成即非合法，所爲之決議自不生效力。從而抗告人持該「李○雄之親屬會議紀錄」主張相對人之監護人李○瑩已被撤退，而聲請另予選任云云，即非適法。

（二）法務部民國107年8月27日法律字第10703507630號函

在受監護人爲成年人情形，監護人亦可能發生民法第1106第1項規定死亡、經法院許可辭任或有第1096條各款之一情形，而在「成年人之監護及輔助」節並未規定於發生該情形時，後續應如何處理，此即應有依第1113條規定，準用第1106條規定需要，又第1106條第1項有關「且受監護人無民法第1094條第1項之法定監護人者」係專就未成年人監護所爲規範，與成年監護性質並不相類似，自不在準用之列。

（三）法務部民國109年5月15日法律字第10903505990號函

有關成年之受監護人原由二位以上監護人共同監護，部分監護人死亡，除其有事實足認監護人不符受監護人之最佳利益，或有顯不適任之情事者，得聲請法院改定適當之監護人外，似仍得由尚生存同一順位之法定監護人繼續執行監護人職務。

❖ 民法第1106條之1

有事實足認監護人不符受監護人之最佳利益，或有顯不適任之情事者，法院得依前條第一項聲請權人之聲請，改定適當之監護人，不受第一千零九十四條第一項規定之限制。

法院於改定監護人確定前，得先行宣告停止原監護人之監護權，並由當地社會福利主管機關爲其監護人。

（民國98年11月23日生效）

案 例

> 甲男是九歲乙男的監護人，也是與乙一同居住在一起的親哥哥，因為經商失敗，所以就教唆乙到處偷東西。請問：法院是不是可以把甲的監護人的職務開除？

一、思考焦點

未成年人的監護人，如果有發生不適合再繼續監護未成年人的情形，法院是不是可以免去監護人的職務？

二、問題論述

有事實足認監護人不符受監護人之最佳利益，或有顯不適任之情事者，法院得依前條第1項（即民法第1106條第1項）聲請權人（依受監護人、第1094條第3項聲請權人，例如：未成年子女、四親等內之親屬、檢察官、主管機關或其他利害關係人）之聲請，改定適當之監護人（就其受監護人之三親等內旁系血親尊親屬、主管機關、社會福利機構或其他適當之人改定為監護人），不受第1094條第1項規定之限制。

法院於改定監護人確定前，得先行宣告停止原監護人之監護權，並由當地社會福利主管機關為其監護人（民法第1106條之1）。

法律為未成年人找監護人的用意，是未成年的父親及母親都沒有辦法去照顧未成年子女，為了這個未成年子女的最大利益，所以找一個監護人來監督、照顧這一個未成年人，如果這個監護人沒有辦法把未成年人照顧好，法院就監督監護人的立場，依法當然要把這個監護人給換掉，改定新的監護人。

三、案例結論

依照97年5月23日立法新增條文民法第1106條之1規定，有事實足認監護人不符受監護人之最佳利益，或有顯不適任之情事者，法院得依民法第1106條第1項未成年子女（受監護人）、四親等內之親屬、檢察官、主管機關或其他利害關係人之聲請，改定適當之監護人，且法院改定監護人時，應依受監護人之最佳利益改定之，不受第1094條第1項規定之限制。法院於改定監護人確定前，得先行宣告停止原監

護人之監護權，並由當地社會福利主管機關爲其監護人。

四、相關實例

丙男是十九歲的丁女的監護人，也是丁的叔叔，但是丙卻把丁名下的房屋一棟移轉到自己的名下。請問：法院是不是可以解除丙的監護人職務，爲丁另行選任新的監護人？又在選任新的監護人前，得爲如何之作爲？

❖ 民法第1107條

監護人變更時，原監護人應即將受監護人之財產移交於新監護人。

受監護之原因消滅時，原監護人應即將受監護人之財產交還於受監護人；如受監護人死亡時，交還於其繼承人。

前二項情形，原監護人應於監護關係終止時起二個月內，爲受監護人財產之結算，作成結算書，送交新監護人、受監護人或其繼承人。

新監護人、受監護人或其繼承人對於前項結算書未爲承認前，原監護人不得免其責任。

（民國98年11月23日生效）

舊民法第1107條

監護人於監護關係終止時，應即會同親屬會議所指定之人，爲財產之清算，並將財產移交於新監護人；如受監護人已成年時，交還於受監護人；如受監護人死亡時，交還於其繼承人。

親屬會議對於前項清算之結果未爲承認前，監護人不得免其責任。

（民國98年11月23日生效前之舊法）

案 例

甲男是乙女的監護人，後來乙死亡了，甲手頭上所管理的乙的財產，要交給誰來處理？

一、思考焦點

未成年人的監護人，在監護的職務結束以後，所監護的未成年人的財產，應該要怎麼樣來處理？

二、問題論述

　　監護人結束他（她）監護未成年人的職務，有很多種情形，例如：未成年人已經結婚了，所以就不再需要監護人了、父母親本來不見了，又突然出現且可以照顧未成年人了、監護人經法院許可辭任、監護人被辭退等等的情形，這個時候，監護人本來正在監護、管理受監護人的財產，應該要怎樣來處理？依民法第1107條規定，若監護人變更時，原監護人應即將受監護人之財產移交於新監護人（民法第1107條第1項）；若受監護之原因消滅時，原監護人應即將受監護人之財產交還於受監護人；如受監護人死亡時，交還於其繼承人（民法第1107條第2項）。且上述情形致原監護關係終止，原監護人應於監護關係終止時起二個月內，為受監護人財產之結算，作成結算書，送交新監護人、受監護人或其繼承人（民法第1107條第3項），若新監護人、受監護人或其繼承人對於結算書未為承認前，原監護人不得免其責任（民法第1107條第4項）。

三、案例結論

　　依民法第1107條第2項規定，原監護人甲男應即將受監護人乙女之財產交還於其繼承人。

四、相關實例

　　丙是未成年人丁的監護人，丁成年後依法丙須解任監護人之職務，那麼丙後續應如何處理丁的財產？

五、重要判解

（一）最高法院88年台上字第1547號民事判決

　　監護人於監護關係終止時，應即會同親屬會議所指定之人，為財產之清算，並將財產移交於新監護人，民法第1107條定有明文。倘上訴人為戴如○、戴宏○之監護人，其監護權且應予停止，就上訴人保管之戴如○、戴宏○財產是否依上開規定為清算？原審未為調查，亦嫌疏率。

（二）最高法院111年度台上字第726號民事判決

　　民法第1108條前段規定，監護人死亡時，前條移交及結算，由其繼承人為之。由該條規定之立法理由可知，係就同法第1107條第1項所稱將受監護人之財產「移交」於新監護人，及第3項為移交或交還財產而就受監護人財產作成結算書之「結算」，規定縱為限定繼承人亦負有該義務而言，此與監護人之繼承人就其被繼承人死亡後所遺交還受監護人財產之債務，應負如何之清償責任，尚屬二事。

❖ 民法第1108條

監護人死亡時，前條移交及結算，由其繼承人為之；其無繼承人或繼承人有無不明者，由新監護人逕行辦理結算，連同依第一千零九十九條規定開具之財產清冊陳報法院。

（民國98年11月23日生效）

舊民法第1108條

監護人死亡時，前條清算，由其繼承人為之。

（民國98年11月23日生效前之舊法）

> 甲是未成年人乙的監護人，甲有一天突然車禍過世了，那麼應該要要由誰來清算以及移交甲所管理、監護的乙的財產？

一、思考焦點

監護人如果過世了，未成年人就要有新的監護人，那麼應該要由誰來清算以及移交受監護人的財產？

二、問題論述

監護人如果過世了，當然不可能由監護人自己來結算以及移交受監護人的財產，民法第1108條規定，要由監護人的繼承人（參照民法第1138條、第1144條）來結算以及移交受監護人的財產，也就是說，監護人的繼承人，並不是當然繼承監護人監護未成年人的職務，但是必須要替監護人完成結算以及移交的工作。

但若是監護人無繼承人或繼承人有無不明者，由新監護人逕行辦理結算，連同依第1099條規定開具之財產清冊陳報法院。

三、案例結論

依照民法第1108條的規定，必須要由甲的繼承人來完成清算以及移交乙的財產的工作。

❖ 民法第1109條

監護人於執行監護職務時，因故意或過失，致生損害於受監護人者，應負賠償之責。

前項賠償請求權，自監護關係消滅之日起，五年間不行使而消滅；如有新監護人者，其期間自新監護人就職之日起算。

（民國98年11月23日生效）

舊民法第1109條

監護人對於受監護人財產所致之損害，其賠償請求權，自親屬會議對於清算結果拒絕承認之時起，二年間不行使而消滅。

（民國98年11月23日生效前之舊法）

案 例

甲男是受監護人乙男的監護人，因甲男於執行其對於乙男之監護職務時，因過失不小心讓乙男被熱水嚴重燙傷，致乙男雙腿之感知功能幾乎完全喪失。請問：甲男是否要負起損害賠償責任？又法院於民國99年2月1日改定丙男為乙男之新監護人，乙男於民國106年始向甲男請求損害賠償，甲男主張時效已經消滅了，請問甲男有無理由？

一、思考焦點

受監護人因監護人過失致生損害於受監護人，監護人是否須負起損害賠償責任？又此損害賠償請求權有否時效消滅之問題？

二、問題論述

監護人於執行監護職務時，如果有因為故意或過失，致生損害於受監護人，此時監護人就必須依民法第1109條第1項負賠償的責任。但是此項賠償請求權，依民法第1109條第2項規定，必須自監護關係消滅之日起五年內去行使，否則賠償請求權就會時效消滅；如有新監護人者，其期間自新監護人就職之日起算。

三、案例結論

乙男可以向甲男請求損害賠償，但必須自監護關係消滅之日起五年間為之；如

有新監護人者，其期間自新監護人就職之日起算，否則超過五年請求權就會消滅。所以乙男向甲男請求損害賠償時已經超過五年，故甲男主張時效已經消滅之抗辯，爲有理由。

四、相關實例

丁男是受監護人戊男的監護人，因丁男於執行其對於戊男之監護職務期間，積欠大筆債務，故就拿戊男所有的錢去償還自己積欠地下錢莊的債務。請問：丁男對戊男是否要負起損害賠償責任？

❖ 民法第1109條之1

法院於選定監護人、許可監護人辭任及另行選定或改定監護人時，應依職權囑託該管戶政機關登記。

（民國98年11月23日生效）

案例

> 　法院於選定監護人甲男為未成年人乙女監護後。請問：法院依法在職權上應為何處置？

一、思考焦點

法院於選定監護人監護後，依法在職權上應爲何處置？

二、問題論述

本條係此次立法新增法律條文。依照戶籍法第18條、第23條之規定，監護，應爲監護之登記；戶籍登記事項有變更時，應爲變更之登記。除使監護登記之資料完整及有所依據外，就其外部關係而言，著重於保護交易安全，故法院就有關監護事件，應依職權囑託該管戶政機關登記。

三、案例結論

依戶籍法第18條、第23條之規定，監護，應爲監護之登記；戶籍登記事項有變更時，應爲變更之登記。爲使監護登記之資料完整，保護交易安全，故爲配合戶籍法第18條、第23條之規定，依新增訂民法第1109條之1規定，法院就有關監護事件，應依職權囑託該管戶政機關登記。

四、相關實例

法院於選定監護人甲男為未成年人乙女監護後，甲男將乙女所有房屋一棟賣予善意丙女，但尚未完成所有權登記，試問：乙女得否主張甲、乙之間買賣無效或撤銷或其他法律關係？

❖ 民法第1109條之2

未成年人依第十四條受監護之宣告者，適用本章第二節成年人監護之規定。

（民國98年11月23日生效）

案 例

> 法院是否得依法為未成年人丙男，選任數人為監護人？

一、思考焦點

民法親屬編第四章監護第一節未成年人之監護，未有未成年人，得選任數人為監護人之規定，故是否有法律可以準用或適用之規定？

二、問題論述

民法第1109條之2規定，未成年人依第14條受監護之宣告者，適用本章第二節成年人監護之規定。本次修正「成年監護制度」，重在保護受監護宣告之人，維護其人格尊嚴，並確保其權益。鑑於現行「禁治產」之用語，僅有「禁止管理自己財產」之意，無法顯示修法意旨，爰將本條「禁治產」，修正為「監護」。另第15條「禁治產人」，並配合修正為「受監護宣告之人」。

現行條文民法第14條第1項前段「對於因精神障礙或其他心智缺陷，致不能為意思表示或受意思表示，或不能辨識其意思表示之效果者」之規定，語意極不明確，適用易滋疑義，爰參酌行政罰法第9條第3項及刑法第19條第1項規定，修正為「因精神障礙或其他心智缺陷，致不能為意思表示或受意思表示，或不能辨識其意思表示之效果」，俾資明確。另本條文第1項有關聲請權人之規定，其範圍過狹，不符實際需要，爰參考本法第1055條第1項規定，酌予修正放寬其範圍。又本項所稱「主管機關」之定義，依相關特別法之規定；例如：老人福利法第3條、身心障礙者保護法第2條、精神衛生法第2條。現行條文第14條第2項對於撤銷宣告由何人發動，並無規定，爰增訂「法院應依前項聲請權人之聲請」，撤銷監護宣告；亦即

其聲請權人，與第1項所列有監護宣告聲請權之人相同。

　　本次修正增訂精神障礙或其他心智缺陷未達應為「監護宣告」程度，僅為能力顯有不足者之「輔助宣告」制度，法院對於監護之聲請，認為未達本條第1項之程度者，得依第15條之1第1項規定，為輔助之宣告，爰增訂第3項。

　　受監護宣告之人精神障礙或其他心智缺陷狀況改善，已無受監護之必要，惟仍有受輔助之必要者，理應准由法院據第1項聲請權人之聲請，依第15條之1第1項規定，逕行變更為輔助之宣告，俾簡化程序，爰增訂第4項。至於法院所為原監護宣告，則當然失效。

　　未成年人亦有可能受監護宣告，於受監護宣告時，即應適用本章第二節成年人監護之規定，爰增訂本條，以資明確。故本章第一節未成年人監護之規定，得適用本章第二節成年人監護之規定，民法第1110條（監護人之設置）、民法第1111條之2（不得為受監護宣告人之監護人之情形）、民法第1112條（監護人執行職務時之尊重及考量）、民法第1112條之1（數人為監護人）。

三、案例結論

　　本章第一節未成年人監護之規定（即97年5月23日民法第1109條之2立法新增條文），得適用本章第二節成年人監護之規定，民法第1112條之1（數人為監護人），故法院得依法為未成年人丙男，選任數人為監護人。

四、相關實例

　　未成年人監護之規定，得適用成年人監護之哪些規定；又哪些規定不得適用？

第二節　成年人之監護及輔助
（原名「禁治產人之監護」）

　　與本修正條文同步修正之民法總則編部分條文，已將「禁治產人」修正為「受監護宣告之人」，並增訂有關成年人「輔助」之規定，故本節名稱「禁治產人之監護」，在本次立法院修法並經中華民國97年5月23日華總一義字第09700059171號令修正公布，爰修正本節節名為「成年人之監護及輔助」，以資配合。

❖ 民法第1110條

　　受監護宣告之人應置監護人。

（民國98年11月23日生效）

案例

甲男二十歲，有一天因為飆車撞到電線桿，變成植物人躺在床上，經過最親近甲的兩位親屬向法院提出聲請，法院就宣告甲是受監護宣告之人，裁定也已經確定了，請問：他打工得到的錢，存在銀行戶頭裡面的新台幣20萬元，要由誰去把它領出來，好用來支付甲的醫療費用、看護費用、買紙尿褲等等的錢？

一、思考焦點

一個人被法院宣告成為受監護宣告之人後，應該要由誰去幫這個受監護宣告之人處理事情？

二、問題論述

長期照顧服務法第3條第1款（長期照顧：指身心失能持續已達或預期達六個月以上者，依其個人或其照顧者之需要，所提供之生活支持、協助、社會參與、照顧及相關之醫護服務）、第2款（身心失能者：指身體或心智功能部分或全部喪失，致其日常生活需他人協助者）須與民法第1110條（監護人設置）之規定，一併研讀。

（一）受監護宣告之人

一個人如果是因為「精神障礙」或其他「心智缺陷」，致不能為意思表示或受意思表示，或不能辨識其意思表示者，如果在偶爾回復清醒時，或是他（她）的配偶、四親等內之親屬、最近一年有同居事實之其他親屬、檢察官、主管機關或其他社會福利機構，都可以聲請法院為監護之宣告。受監護宣告後，即成為無行為能力人（民法第15條）。

（二）受監護宣告之人的監護人

受監護宣告之人沒有行為能力（民法第15條），意思就是受監護宣告之人根本沒辦法處理自己的事務，這個時候，受監護宣告之人就需要別人來照顧。通常法院會在監護宣告的裁定裡面，依照民法第1111條規定，來選定受監護宣告之人的監護人。

三、案例結論

甲沒有辦法處理自己的事情，依照民法第1110條的規定，應該要他（她）的監護人來幫忙把銀行裡面的錢提出來使用。

四、相關實例

乙女年紀很大了，有一天突然中風，因為腦神經的問題，躺在床上神智不清楚，醫生判斷只會變壞不會變好，但是乙只有一個養女，沒有其他親人，而那個養女現在人也不知道在哪裡。請問：應該要由誰來幫乙處理財產方面的事情？

❖ 民法第1111條

法院為監護之宣告時，應依職權就配偶、四親等內之親屬、最近一年有同居事實之其他親屬、主管機關、社會福利機構或其他適當之人選定一人或數人為監護人，並同時指定會同開具財產清冊之人。

法院為前項選定及指定前，得命主管機關或社會福利機構進行訪視，提出調查報告及建議。監護之聲請人或利害關係人亦得提出相關資料或證據，供法院斟酌。

（民國98年11月23日生效）

舊民法第1111條

禁治產人之監護人，依左列順序定之：

一、配偶。

二、父母。

三、與禁治產人同居之祖父母。

四、家長。

五、後死之父或母以遺囑指定之人。

不能依前項規定定其監護人時，由法院徵求親屬會議之意見選定之。

（民國98年11月23日生效前之舊法）

案 例

甲女年紀大，有一天突然中風，躺在床上神智昏迷，醫生判斷只會變壞不會變好，但是甲只有一個養子，在旁邊每天照顧著甲，並沒有其他親人。請問：檢察官聲請法院宣告甲是受監護宣告之人之後，應該要由誰來幫甲處理財產方面的事情？

一、思考焦點

應該要由誰來做受監護宣告之人的監護人？

二、問題論述

家事事件法第3條第4項第6款：「丁類事件：六、定監護人事件」，長期照顧服務法第3條第3款（家庭照顧者：指於家庭中對失能者提供規律性照顧之主要親屬或家人。）、第4款（長照服務人員：指經本法所定之訓練、認證，領有證明得提供長照服務之人員。）、第5款（長照服務機構：指以提供長照服務或長照需要之評估服務為目的，依本法規定設立之機構）、第5條、第6條，須與民法第1111條（監護人之選定）規定，一併研讀。

法定監護人

受監護宣告之人沒有辦法處理自己的財產，所以需要有監護人。問題是，由誰來當受監護宣告之人的監護人比較好呢？做受監護宣告之人的監護人，首先要考慮到的，是要替這個受監護宣告之人著想的人，這樣才能為這個受監護宣告之人謀求最大的幸福和利益，才能把受監護宣告之人給照顧好，所以法律規定要先找和這個受監護宣告之人有親屬關係的人，因為如果隨便找一個陌生人，只是給錢而已，是不容易把監護人的工作做好，這就是法定監護人。民法第1111條第1項規定，法院為監護之宣告時，應依職權就配偶、四親等內之親屬、最近一年有同居事實之其他親屬、主管機關、社會福利機構或其他適當之人選定一人或數人為監護人，並同時指定會同開具財產清冊之人。且法院在為選定及指定前，得命主管機關或社會福利機構對於受監護宣告之人進行訪視，並提出調查報告及建議。監護之聲請人或利害關係人亦得提出相關資料或證據，供法院斟酌。

三、案例結論

甲除了養女外，沒有其他親人，那麼要由誰來擔任甲的監護人，法院會依民法第1111條第1項之規定，依職權就配偶、四親等內之親屬、最近一年有同居事實之其他親屬、主管機關、社會福利機構或其他適當之人選定一人或數人為監護人，並同時指定會同開具財產清冊之人。故甲之養女就有可能成為甲的監護人，幫甲處理財產方面的事情。

四、相關實例

甲女年紀大，有一天突然中風，躺在床上神智昏迷，醫生判斷只會變壞不會變好，現有養女乙，但已嫁到國外去了，還有一個姪兒丙，但經常酗酒。請問：法院

如何決定甲女之監護人？

五、重要判解

（一）最高法院71年度台上字第357號民事判決

　　本件被上訴人因心神喪失不能處理自己事務，經臺灣高雄地方法院於民國70年3月26日，以70年家禁字第3號裁定宣告為禁治產人，依民法第15條規定，無行為能力，其父黃○已故，其母褚○子依民法第1111條第1項第2款規定，雖為被上訴人之第二順位監護人，但第一順位之監護人即上訴人在形式上已於民國69年7月30日與被上訴人離婚，且係本件訴訟之對造當事人，自應以褚○子為被上訴人之監護人，其以被上訴人之法定代理人地位，提起本件確認婚姻關係存在之訴，即無不合。

（二）最高法院76年度台上字第219號民事判決

　　被上訴人因車禍頭部受傷，神智不清，幾成植物人狀態，為無行為能力人，其於原審逕行提起本件訴訟，固有未合。惟被上訴人嗣經高雄地方法院以74年度禁字第14號裁定宣告為禁治產人，依民法第1111條第1項第1款之規定，其配偶蔡○鳳為其監護人。蔡○鳳既已於原審以被上訴人法定代理人之身分，具狀承認被上訴人前所為一切訴訟行為，按諸民事訴訟法第48條規定，應溯及於行為時發生效力。

（三）最高法院81年度台上字第626號民事判決

　　民事訴訟法第605條第1項規定，宣告禁治產之裁定，自禁治產人之法定代理人，或依法律應為監護人之人受送達時發生效力。查台北地院77年度禁字第44號裁定宣告林○照為禁治產人，惟迄未送達依法律應為林○照監護人之上訴人，有該事件卷宗可稽。雖該裁定送達與林○清，惟林○清係於78年3月30日始成為林○照之家長，其得為林○照之監護人之順序在上訴人之後，且未經台北地院指定為林○照之監護人，既非依法律應為林○照監護人之人，其收受該裁定，仍不能使裁定發生效力。

（四）最高法院90年度台抗字第658號民事判決

　　民法第1111條第1項規定：禁治產人之監護人，依下列順序定之：一、配偶。二、父母。三、與禁治產人同居之祖父母。四、家長。五、後死之父或母以遺囑指定之人。其中關於配偶及父母並未限定以與禁治產人同居者，始得任之，故配偶及父母雖不與禁治產人同居，除法院依同法第1113條第1項準用第1094條第2項規定，為禁治產人之最佳利益改定監護人外，仍應以其為禁治產人之法定監護人。

（五）臺灣高等法院88年度家抗字第93號民事裁定

　　按司法院22年院字第960號解釋雖謂：「配偶雖為禁治產人之第一順序監護

人，但利害相反時，應以次監護人為其法定代理人。」然依該解釋之聲請書觀之，係指禁治產人為訂立變更或廢止夫妻財產制時，依民法第1006條之規定，應得法定代理人之同意，而此時禁治產人之法定代理人即為禁治產人之第一順位法定監護人配偶者，此時即有監護人與禁治產人權利利害相反情事，故向司法院聲請解釋。惟所謂「利害相反」者，應指類似於夫妻財產制之設立、變更或廢止，禁治產人與其配偶為夫妻財產制之當事人，禁治產人應得法定代理人同意，而與為其監護人之配偶之權利利害相反，始屬相當。是以依前開解釋，亦僅及於該利害相反之特定事件，另以配偶之監護人以外之次順位監護人或他人為該禁治產人之法定代理人，於特定利害相反之事件另以次監護人為禁治產人之法定代理人，以維禁治產人之權益。並非謂禁治產人之監護人，如有與其監護人權利利害相反之特定情事，即應以次順位或另行指定他人為禁治產人之監護人，取代原監護人之地位，就禁治產人之其他與原監護人無利害相反之事件，亦一併行使監護權。

（六）新竹地方法院99年度監宣字第61號民事裁定

受輔助宣告之人並不因輔助宣告而喪失行為能力，僅於其為民法第15條之2第1項各款列舉之法律行為時，應經輔助人同意，且參酌民法第1113條之1第2項規定，亦未準用同法第1099條、第1099條之1、第1101及第1103條第1項之規定，顯見受輔助宣告之人之財產，無須由輔助人管理，自毋庸宥於準用之規定而指定會同開具財產清冊之人。

（七）臺灣高等法院暨所屬法院99年法律座談會民事類提案第9號

法律問題：甲男與乙女原為夫妻，於民國90年間辦理離婚登記，嗣於97年12月間，甲男因意外而心神喪失，經甲男之父A、甲男之兄B向法院聲請對甲為禁治產宣告，法院於98年5月間宣告甲為禁治產人確定，甲男之父A本於修法前之民法第1111條第1項第2款規定，向戶政機關為禁治產及監護人之登記。惟於98年6月間，乙對甲起訴請求確認婚姻關係存在（以無離婚真意以及證人非真正為由），A乃以甲之監護人身分參與第一審法院之訴訟程序，並否認原告之主張。第一審法院並未為甲選任特別代理人，而由A以甲之監護人身分擔任法定代理人，經第一審法院於98年11月10日判決確認甲乙間之婚姻關係存在，A以甲之監護人身分於98年11月25日為甲提起上訴。

問題一：A於98年11月23日新法實施後（按：民法親屬編施行法第14條之3規定：「中華民國九十七年五月二日修正之民法親屬編第四章之規定，自公布後一年六個月施行。」上開法律，經總統令於97年5月23日公布，因此自98年1月23日施行。）是否仍具有甲之監護人身分？

問題二：A以甲之監護人身分提起上訴，是否合法？

討論意見：

問題一：

甲說：否定說。

民法親屬編施行法第14條之2規定：「中華民國九十七年五月二日修正之民法親屬編第四章條文施行前所設置之監護人，於修正施行後，適用修正後之規定。」關於受監護宣告之人，其監護人之產生方式，修正後第1111條第1項規定既須由法院選定監護人，則在98年11月23日以後，監護人之產生即須適用修正後之規定，由法院選任，而不再適用修法前法定監護人之規定。準此，98年11月23日以後，A即不再具有甲之監護人身分。

乙說：肯定說。

民法親屬編施行法第14條之2規定：「中華民國九十七年五月二日修正之民法親屬編第四章條文施行前所設置之監護人，於修正施行後，適用修正後之規定。」對於修正施行前所設置之法定監護人，並不影響其監護人之身分，條文所述「於修正施行後，適用修正後之規定。」係指該監護人應依新修正之規定，應與會同開具財產清冊之人開具財產清冊並陳報法院，有關監護人之權利義務、撤退、改定及終止等事項，均適用修正後之規定。倘若依甲說須由法院重新選任監護人，則將使所有受禁治產宣告之人陷於無監護人狀態，對於受禁治產宣告之人更為不利，要非立法本意。準此，98年11月23日以後，A仍具有甲之監護人身分。

問題二：

甲說：否定說。

A不具有甲之監護人身分。其於98年11月25日為甲提起上訴，即非適法。

乙說：肯定說。

A仍為甲之監護人。其於98年11月25日為甲提起上訴，即屬適法。

初步研討結果：問題一、二均採乙說。

審查意見：

一、問題一、二均採乙說。

二、就民法第1111條之條文文義解釋，係法院為「監護宣告」時，方得依職權選任監護人，本題法院係於該條文施行前已宣告甲禁治產，父本於修法前之民法第1111條規定向戶政機關為禁治產及監護人之登記，自無修正後條文之適用。

研討結果：照審查意見通過。

❖ 民法第1111條之1

法院選定監護人時，應依受監護宣告之人之最佳利益，優先考量受監護宣告之人之意見，審酌一切情狀，並注意下列事項：

一、受監護宣告之人之身心狀態與生活及財產狀況。

二、受監護宣告之人與其配偶、子女或其他共同生活之人間之情感狀況。

三、監護人之職業、經歷、意見及其與受監護宣告之人之利害關係。

四、法人為監護人時，其事業之種類與內容，法人及其代表人與受監護宣告之人之利害關係。

（民國98年11月23日生效）

案例

　　甲男與乙女是夫妻，平時感情不睦，甲因故遂與丙女通姦，乙女遂找徵信公司，握有甲男和丙女通姦的證據，所以就向法院起訴請求與甲離婚，在訴請離婚之中，乙女不慎出車禍，成為植物人，乙女在平時與其妹丁女感情甚篤。請問：法院如何決定誰來對成年乙女監護？

一、思考焦點

法院決定由誰來監護成年乙女之前，應該要考慮到哪一些事情？

二、問題論述

長期照顧服務法第3條第6款（長期照顧管理中心：指由中央主管機關指定以提供長照需要之評估及連結服務為目的之機關（構）），須與民法第1111條之1（選定監護人之注意事項）之規定，一併研讀。

法院選定監護人時，應依照受監護宣告之人之最佳利益，優先考量受監護宣告之人之意見，並審酌一切情狀，尤其是要注意民法第1111條之1所規定的四個事項：

（一）受監護宣告之人之身心狀態與生活及財產狀況（第1款）

對於受監護宣告之人雖屬成年，但法院選定監護人時，應注意受監護宣告之人之身心狀態與生活及財產狀況，以利於選任合適之監護人。

（二）受監護宣告之人與其配偶、子女或其他共同生活之人間之情感狀況（第2款）

　　法院選定監護人時，應注意受監護宣告之人與其配偶、子女或其他共同生活之人間之情感狀況，如果受監護人與其配偶、子女或其他共同生活之人間之情感狀況，關係良好的話，得依據民法第第1111條規定，法院為監護之宣告時，應依職權就配偶、四親等內之親屬、最近一年有同居事實之其他親屬，選定監護人。至於何謂親屬，參照司法院76年4月14日（76）廳民一字第2069函：最近親屬，不論血親或姻親、直系或旁系均無不可。親屬以親等最近者為優先，如親等相同時，血親較姻親為近，直系較旁系為近。如與前揭所列舉之人，情感狀況及關係不是良好的話，則法院除審慎審酌本款外，亦應綜合考量本條文其他各款規定，或將監護人酌定予主管機關（如縣市政社會局）或公、私立社會福利機構或其他適當之監護人選。

（三）監護人之職業、經歷、意見及其與受監護宣告之人之利害關係（第3款）

　　監護人之職業、經歷、意見及其與受監護宣告之人之利害關係，法院在選定監護人必須要列入考量，因為監護人之職業往往因為工作性質、職務關係或工作地點會影響照顧受監護人時間及生活狀況，而監護人之經歷、意見或監護人與受監護人在人事或財產上如有利害關係時，則會影響監護人照料受監護人之意願與經驗。

　　總而言之，所有的考量，都是以受監護人之最佳利益為中心為出發點，但是以上的這些事情，往往牽涉到心理學、社會學、經濟學等等的專業學問，法官雖然對於法律制度熟悉，但是不見得知道怎麼樣去瞭解這些其他專業與事實情形，也不見得有時間去深入瞭解每一個案情，所以得參酌民法第1055條之1規定，法官應該要請社會工作人員去實地瞭解各個案情之實際情形，請社會工作人員將所實際探訪、視察、見聞的情形，作成訪視報告，並且將這個訪視報告函報法院，作為法官選任監護人時，重要的參考裁判資料。

（四）法人為監護人時，其事業之種類與內容，法人及其代表人與受監護宣告之人之利害關係（第4款）

　　法院如果在選定或改定監護人時，其法人為監護人時，如其法人事業之種類與內容，法人及其代表人為監護人與受監護人之利害關係有互相衝突的時候，應不得將該法人選定或改定為成年人之監護人，以防止並避免不幸事情發生。

三、案例結論

　　法院如何決定誰來對成年人乙女之監護，應確實依照民法第1110條（監護人之

設置）、第1111條（監護人之選定）、第1111條之1（最佳利益之審酌）、第1111條之2（不得爲受監護宣告人之監護人之情形）、第1112條之1第1項（數人爲監護人）、第1112條之2（監護人之登記）、第1113條（成年人監護規定之準用）同法1096條（不得爲監護人之情形）、第1104條（監護人之報酬請求權），審愼考量爲之。

四、相關實例

成年A男舉目無親，繼承資產2億，但有一同居女友B，在酒店上班並有賭博及吸食毒品前科，A男不愼出車禍，成爲植物人，經查A男與B女感情甚篤，並已論及婚嫁。請問：法院如何決定誰來對成年A男監護？

❖ 民法第1111條之2

照護受監護宣告之人之法人或機構及其代表人、負責人，或與該法人或機構有僱傭、委任或其他類似關係之人，不得爲該受監護宣告之人之監護人。但爲該受監護宣告之人之配偶、四親等內之血親或二親等內之姻親者，不在此限。

（民國104年1月14日修正）

案例

甲男與乙女是夫妻，平時感情不睦，甲因故逐與丙女通姦，乙女逐找徵信公司，握有甲男和丙女通姦的證據，所以就向法院起訴請求與甲離婚，在訴請離婚之中，乙女不愼出車禍，成爲植物人，乙女在平時與其妹丁女感情甚篤，但經法院查證乙女是X植物人安養院之負責人，丁女是X植物人安養院護理部主任，並有僱傭契約之法律關係存在。請問：法院是否可選定丁女來監護乙女？

一、思考焦點

法院決定由丁女監護成年乙女之前，應該要考慮到哪一些限制之規定？

二、問題論述

本條文係此次立法新增法律條文，監護人須爲受監護人管理事務，宜委由與受監護人無任何利益衝突者任之。至於照護受監護宣告之人之法人或機構及其代表

人、負責人，或與該法人或機構有僱傭（民法第482條以下）、委任（民法第528條以下）或其他類似關係之人（例如：民法第103條代理、第490條承攬等），其與受監護宣告之人間，容有利益衝突，就該受監護宣告之人而言，彼等自不宜擔任監護人，以防止爭議。故法院如果在宣告監護人時，其法人為監護人時，如其法人事業之種類與內容，法人或機構及其代表人、負責人及其代表人為監護人與受監護人之利害關係有互相衝突的時候，應不得將該法人或機構及其代表人、負責人及其代表人宣告為成年人之監護人，以避免不幸事情發生。

原條文之規定固係為避免提供照顧者與擔任監護人同一人時之利益衝突。惟實務上容有可能受監護人之配偶、父母、兒女、手足、女婿、媳婦或岳父母為提供照顧機構之代表人、負責人，或與該法人或機構有僱傭、委任或其他類似關係之人，以利就近提供照顧之情況，原條文一律排除適用，恐不符事實上之需要。爰增列「為該受監護宣告之人之配偶、四親等內之血親或二親等內之姻親」於但書予以排除。另倘若此類型監護人就特定監護事務之處理，有利益衝突之情事，得依民法第1113條之1準用第1098條第2項規定，選任特別代理人可資因應。

三、案例結論

法院依據民法第1111條之2規定，不得選定丁女來監護乙女，因為乙女是X植物人安養院之負責人，丁女是X植物人安養院護理部主任，並有僱傭契約之法律關係存在。同條但書乙、丁係旁系血親二親等，故法院可選任丁女來監護乙女。

四、相關實例

新增民法第1111條之2但書規定之立法理由為何？

❖ 民法第1112條

監護人於執行有關受監護人之生活、護養療治及財產管理之職務時，應尊重受監護人之意思，並考量其身心狀態與生活狀況。

（民國98年11月23日生效）

舊民法第1112條

監護人為受監護人之利益，應按受監護人之財產狀況，護養療治其身體。

監護人如將受監護人送入精神病醫院或監禁於私宅者，應得親屬會議之同意。但父母或與禁治產人同居之祖父母為監護人時，不在此限。

（民國98年11月23日生效前之舊法）

案 例

　　甲男被法院宣告成為受監護宣告之人，法院並選定乙為其監護人。請問：乙於執行有關受監護人之生活、護養治療及財產管理之事務時，可否一意孤行地自己決定要如何做，而不尊重受監護人的意思及考量其身心狀況？

一、思考焦點

　　監護人於執行職務時，是否應尊重及考量受監護人的意思，並考量其身心狀態及身體狀況？

二、問題論述

　　長期照顧服務法第9條（長照服務提供之方式）、第10條（居家式長照服務之項目）、第11條（社區式長照服務之項目）、第12條（機構住宿式長照服務之項目），須與民法第1112條（監護人之職務）之規定，一併研讀。

　　監護人於執行有關受監護人之生活、護養療治及財產管理之職務時，必須要尊重、考量受監護人之意思，並考量其身心狀態與生活狀況，畢竟人都有自己決定權，即便受監護宣告之人在意思能力表現上並不像一般人一樣，但還是需要尊重他。

三、案例結論

　　依照民法第1112條規定，乙於執行有關受監護人之生活、護養治療及財產管理之事務時，應尊重受監護人之意思，並考量其身心狀態與生活狀況。

四、相關實例

　　丙男被法院宣告成為受監護宣告之人，法院並選定丁為其監護人。請問：丁於執行有關受監護人之生活、護養治療及財產管理之事務時，可否認為自己是醫生，自己對受監護人的照顧及做法絕對都是最好、最幫助他的，而都不聽受監護人之意思，而一意孤行地自己決定要如何做，而不尊重受監護人的意思及考量其身心狀況？

❖ 民法第1112條之1

　　法院選定數人為監護人時，得依職權指定其共同或分別執行職務之範圍。

　　法院得因監護人、受監護人、第十四條第一項聲請權人之聲請，撤銷或變更前項之指定。

　　（民國98年11月23日生效）

案例

　　甲男與乙女是夫妻，平時感情不睦，甲因故遂與丙女通姦，乙女遂找徵信公司，握有甲男和丙女通姦的證據，所以就向法院起訴請求與甲離婚，在訴請離婚之中，乙女不慎出車禍，成為植物人，乙女在平時與其妹丁女、弟戊男感情甚篤。請問：法院是否可選定丁女、弟戊男來共同監護乙女？

一、思考焦點

　　法院決定由丁女、戊男監護成年乙女前，是否有法律依據？

二、問題論述

　　本條文係此次立法新增訂之法律條文，此次立法配合修正條文民法第1111條第1項，有關法院得選定數人為監護人之規定。若監護職務具有複雜性或專業性時，法院得依職權指定其共同執行或按其專業及職務需要指定其各自分擔，以求周全，故此次修法增訂民法第1112條之1第1項規定。至於因法院選定數人為監護人，如未依職權指定其執行職務之範圍，依民法第168條規定，其代理行為自應共同為之。已依民法第1112條之1第1項，指定數監護人共同或分別執行職務之範圍者，為符合實際需要或情事變更，應許聲請法院撤銷或變更，故增訂本條文第2項，以為變通之方式。

三、案例結論

　　修正條文民法第1111條第1項有關法院得選定數人為監護人之規定，若監護職務具有複雜性或專業性時，法院得依職權指定其共同執行，或按其專業及職務需要指定其各自分擔，以求周全，爰增訂民法第1112條之1第1項規定。至法院選定數人為監護人，如未依職權指定其執行職務之範圍，依民法第168條規定，其代理行為自應共同為之。故丁女、弟戊男來共同監護其姊乙女，應依民法第1111條第1項、民法第168條規定，其代理行為自應共同為之。

四、相關實例

甲男與乙女是夫妻，平時感情不睦，甲因故遂與丙女通姦，乙女遂找徵信公司，握有甲男和丙女通姦的證據，所以就向法院起訴請求與甲離婚，在訴請離婚之中，乙女不慎出車禍，成為植物人，乙女在平時與其妹丁女、弟戊男感情甚篤，法院遂選定丁女、弟戊男來共同監護乙女，但如共同行使監護權不一致時，應如何處理？

五、重要判解

最高法院102年度台簡抗字第48號民事裁定

民法第1112條之1第1項規定，法院選定數人為監護人時，得依職權指定其共同或分別執行職務之範圍。是法院選定數人為共同監護人，而未依職權指定其共同或分別執行職務之範圍者，應共同執行其職務。聲請法院許可代理受監護人處分不動產，係監護人合法執行其代理處分受監護人不動產職務之前提要件，自無不同。

❖ 民法第1112條之2

法院為監護之宣告、撤銷監護之宣告、選定監護人、許可監護人辭任及另行選定或改定監護人時，應依職權囑託該管戶政機關登記。

（民國98年11月23日生效）

案 例

法院於撤銷監護人甲男為未成年人乙女監護後。請問：法院依法在職權上應為何處置？

一、思考焦點

法院於撤銷監護人監護後，依法在職權上應為何處置？

二、問題論述

家事事件法第3條第4項第6款：「丁類事件：六、定監護人、選任特別代理人事件」須與民法第1112條之2（監護人之登記）規定，一併研讀。

本條係此次立法新增法律條文。依照戶籍法第18條、第23條之規定，監護，應為監護之登記；戶籍登記事項有變更時，應為變更之登記。除使監護登記之資料完

整及有所依據外，就其外部關係而言，著重於保護交易安全，故法院就有關監護事件，應依職權囑託該管戶政機關登記。

三、案例結論

依戶籍法第18條、第23條之規定，監護，應爲監護之登記；戶籍登記事項有變更時，應爲變更之登記。爲使監護登記之資料完整，保護交易安全，故爲配合戶籍法第18條、第23條之規定，依新增訂民法第1112條之2規定，法院就有關監護事件，應依職權囑託該管戶政機關登記。

四、相關實例

法院於選定監護人甲男爲成年人乙女監護後，甲男因生意失敗，將乙女所有房屋一棟賣予善意丙女，但尚未完成所有權登記，試問：經社會局函文通知法院後。試問：（一）法院對於監護人甲之職務如何處理？（二）甲、乙之間買賣係無效或撤銷或其他法律關係？

❖ 民法第1113條

成年人之監護，除本節有規定者外，準用關於未成年人監護之規定。

（民國98年11月23日生效）

案例

甲男與乙女是夫妻，平時感情不睦，甲因故遂與丙女通姦，乙女遂找徵信公司握有甲男與丙女通姦之證據，所以就向法院起訴請求與甲離婚。在訴請離婚之中，乙女不慎車禍成為植物人，乙女平時與其妹丁、弟戊感情很好，法院遂選定丁、戊共同監護乙女，但如果丁、戊共同行使監護權之意思不一致時，應怎麼辦？

一、思考焦點

法院選定數人共同監護時，若彼此間共同行使監護權之意思不一致時，應怎麼辦？

二、問題論述

民法第1113條規定，成年人之監護人，除本節有規定者外，準用關於未成年人監護之規定（民法第1098條第2項），須與家事事件法第15條第1項第1款規定，處理家事事件無程序能力人與其法定代理人有利益衝突之虞，法院得依利害關係人聲請或依職權選任程序監理人，一併研讀。

（一）準用未成年人的監護人的規定

受監護宣告之人的監護人，和未成年人的監護人非常類似，都是在照顧通常沒有辦法自己照顧自己的人，所以法律的條文，就不再重複規定，民法第1113條規定「第四章監護」裡面「第一節未成年人之監護」的規定，也就是民法第1091條至第1109條之2的規定，在受監護人是成年人之受監護宣告之人的情形，也一樣可以適用（準用）。「準用」的意思，就是事情雖然不一樣，但是法律已經有類似的規定可以拿來用，就不另外再重複去規定，法律規定直接去適用那些相類似的規定。關於受監護宣告之人的監護，準用未成年人的監護規定，就是這樣準用，所以前面所講到的民法第1091條至1109條之2的規定，依照民法第1113條的規定，也可以用在受監護宣告之人受監護的情形。

（二）受監護宣告人的父、母親當監護人，準用未成年人同居的祖父、母當監護人的情形

民法第1091條至第1109條之2係關於未成年監護之規定，依據民法第1113條規定，成年人之監護，除本節有規定外，準用關於未成年人監護之規定。而成年人之監護，係規定於民法第1110條（監護人之設置）、第1111條（監護人之順位與法院之選定）、第1111條之1（法院選定監護人或法人之注意事項）、第1111條之2（監護人不得為與受監護人有利害關係之人之規定）、第1112條之1（法院有權撤銷或變更監護人）、第1112條之2（法院選定或改定或撤銷監護人應囑託戶政機關登記），故除前揭規定之外，例如得準用民法第1095條（監護人辭職之限制）、第1096條（監護人資格之限制）、第1098條（監護人之法定代理權）等規定。

三、案例結論

丁、戊共同行使監護權之意思不一致時，依民法第1113條規定，準用關於未成年人監護之規定。故民法第1097條第2項規定，監護人有數人，對於受監護人重大事項權利之行使意思不一致時，得聲請法院依受監護人之最佳利益，酌定由其中一監護人行使之。故若丁、戊共同行使監護權之意思不一致時，得聲請法院依受監護人之最佳利益，酌定由丁、戊其中一監護人行使之。且依同條第3項規定，法院為裁判前，應聽取受監護人、主管機關或社會福利機構之意見。

四、相關實例

甲、乙共同監護丙女，但如果甲、乙對於丙之共同行使監護權之意思不一致時，對於受監護人丙之重大事項權利之決定，依法應如何辦理？

五、重要判解

（一）最高法院88年度台上字第1143號民事判決

然查張俊○經法院宣告為禁治產人後，由上訴人擔任監護人，則依民法第1113條第1項之規定，準用同法第1098條之規定，監護人為受監護人之法定代理人，又依同法第21條規定，禁治產人張俊○應以其監護人即上訴人之住所為住所，故張俊○雖與被上訴人張瑞○居住同處，然「非合法」之同居，被上訴人張瑞○自非張俊○之同居親屬，足見上訴人主張：張瑞○與張俊○同居一戶，依法應為優先順序之親屬會議會員，然張瑞○未參與決議，卻由不合法之蕭張敏○加入表決，故前揭親屬會議決議自始無效云云，不足採信。

（二）最高法院103年度台上字第2073號民事判決

被監護人若無訴訟能力，已經法院選定數人為其監護人，並指定共同執行財產管理事務，其中部分監護人因管理財產之法律行為或其他相關之訴訟行為，而與受監護人之利益相反不得代理為法律行為或訴訟，且其他監護人亦不得代理人，應按民事訴訟法第51條第2項規定，聲請受訴為其選任特別代理人，或參照民法第1113條準用未成年監護規定，由法院選任特別代理人。

❖ 民法第1113條之1

受輔助宣告之人，應置輔助人。

輔助人及有關輔助之職務，準用第一千零九十五條、第一千零九十六條、第一千零九十八條第二項、第一千一百條、第一千一百零二條、第一千一百零三條第二項、第一千一百零四條、第一千一百零六條、第一千一百零六條之一、第一千一百零九條、第一千一百十一條至第一千一百十一條之二、第一千一百十二條之一及第一千一百十二條之二之規定。

（民國98年11月23日生效）

案 例

　　甲與乙感情甚篤，甲男是受輔助未成年人乙男的輔助人，也是乙的叔叔，甲因經商失敗，乙想要將自己所有銀行存款1,000萬贈與甲。請問：乙想要將自己所有銀行存款1,000萬贈與甲是否合法？

一、思考焦點

　　輔助人如果是受輔助人的叔父時候，輔助人是不是可以接受受輔助人之贈與財產？

二、問題論述

　　民法第1113條之1第2項規定，輔助人及有關輔助之職務，準用民法第1098條第2項之規定。故須與家事事件法第15條第1項第1款規定，處理家事事件無程序能力人與其法定代理人有利益衝突之虞，法院得依利害關係人聲請或依職權選任程序監理人，一併研讀。

　　民國97年5月23日，民法第1113條之1，係此次立法新增法律條文，與本修正條文同步修正之民法總則編部分條文修正，新增有關成年人「輔助」之規定，爰配合增訂第1項規定，受輔助宣告之人，應置輔助人。民法第14條修正公布「成年監護制度」，重在保護受監護宣告之人，維護其人格尊嚴，並確保其權益。鑑於現行「禁治產」之用語，僅有「禁止管理自己財產」之意，無法顯示修法意旨，爰將本條「禁治產」，修正為「監護」。另民法第15條「禁治產人」，並配合修正為「受監護宣告之人」。本次修正，增訂精神障礙或其他心智缺陷未達應為「監護宣告」程度，僅為能力顯有不足者之「輔助宣告」制度，法院對於監護之聲請，認為未達民法第14條第1項之程度者，得依民法第15條之1第1項規定，為輔助之宣告，爰增訂同法第3項。

　　受監護宣告之人精神障礙或其他心智缺陷狀況改善，已無受監護之必要，惟仍有受輔助之必要者，理應准由法院據第1項聲請權人之聲請，依民法第15條之1第1項規定，逕行變更為輔助之宣告，俾簡化程序，爰增訂第4項。至於法院所為原監護宣告，則當然失效。民法第15條之1規定，為本次立法新增之法律條文，緣於現行民法有關禁治產宣告之規定，採宣告禁治產一級制，缺乏彈性，不符社會需求，爰於監護宣告之外，增加「輔助宣告」，俾以充分保護精神障礙或其他心智缺陷者之權益。受輔助宣告之人，其精神障礙或其他心智缺陷程度，較受監護宣告之人為

輕，參酌行政罰法第9條第4項及刑法第19條第2項規定，關於受輔助宣告之人之精神狀況須為「因精神障礙或其他心智缺陷，致其為意思表示或受意思表示，或辨識其意思表示效果之能力，顯有不足者」，並參照修正條文民法第14條第1項規定，列舉輔助宣告聲請權人之範圍，爰為民法第15條之1第1項規定。

民法第15條之1第1項所稱「主管機關」之範圍，依相關特別法之規定，例如老人福利法第3條、身心障礙者保護法第2條、精神衛生法第2條。受輔助之原因消滅時，法院應依第1項聲請權人之聲請，撤銷其輔助宣告，爰為民法第15條之1第2項規定。受輔助宣告之人須輔助之情況加重，而有受監護之必要者，理應准由法院依第14條第1項規定，逕行變更為監護之宣告，俾簡化程序，爰為第3項規定。至於法院所為原輔助宣告，則當然失效。又輔助宣告適用之對象為成年人及未成年人已結婚者；至未成年人未結婚者，因僅有限制行為能力或無行為能力，無受輔助宣告之實益，不適用民法第15條之1規定。

民法第15條之2於此次立法新增之法律條文，亦即受輔助宣告之人僅係因精神障礙或其他心智缺陷，致其為意思表示或受意思表示，或辨識其所為意思表示效果之能力，顯有不足，並不因輔助宣告而喪失行為能力，惟為保護其權益，於為重要之法律行為時，應經輔助人同意，爰於第1項列舉應經輔助人同意之行為。但純獲法律上利益，或依其年齡及身分、日常生活所必需者，則予排除適用，以符實際。為免民法第15條之2第1項前六款規定仍有掛一漏萬之虞，故於同項第7款授權法院得依前條聲請權人或輔助人之聲請，視個案情況，指定第1項前六款以外之特定行為，亦須經輔助人同意，以保護受輔助宣告之人。

民法第15條之2第1項第5款之「其他重要財產」，係指其重要性與不動產、船舶、航空器或汽車相當之其他財產；其所稱「財產」，包括物或權利在內，例如：債權、物權及無體財產權均屬之。另同項第6款之「其他相關權利」，係指與繼承相關之其他權利，例如受遺贈權、繼承回復請求權以及遺贈財產之扣減權（民法第1225條）等。

受輔助宣告之人未經輔助人同意而為民法第15條之2第1項所列之行為或輔助人同意受輔助宣告之人為第1項第1款行為之效力，分別準用第78條至第83條及第85條有關限制行為能力之相關規定，以避免爭議，爰為民法第15條之2第2項及第3項規定。民法第15條之2第1項所列應經同意之行為，無損害受輔助宣告之人利益之虞，而輔助人仍不為同意時，受輔助宣告之人得逕行聲請法院許可後為之，以免影響其生活，爰為第4項規定。至本項所稱「法院許可」，性質上係代替輔助人之同意；受輔助宣告之人依本項規定聲請法院許可時，無須經輔助人同意，自不待言。又受輔助宣告之人為本條規定以外之法律行為時，有行為能力，其效力不因其為受

輔助宣告之人而受影響。

在立法上為了簡捷及便利，避免重覆規定，於民法第1113條之1第2項，列舉規定輔助人及有關輔助之職務得準用之成年人監護規定。故本條文第2項規定，輔助人及有關輔助之職務，準用第1095條（監護人之辭職）、第1096條（不得為監護人之情形）、第1098條第2項（為受監護人選任特別代理人）、第1100條（監護人之注意義務）、第1102條（監護人受讓受監護人財產之禁止）、第1103條第2項（法院得命監護人提出監護事務報告等狀況）、第1104條（監護人之報酬請求權）、第1106條（另行選定監護人之情形）、第1106條之1（監護人之改定）、第1109條（監護人之賠償責任），以上準用條文，均規定在民法親屬編第四章監護第一節成年人之監護；第1111條至第1111條之2（監護人之選定、最佳利益之審酌、不得為受監護宣告人之監護人之情形）、第1112條之1（數人為監護人）及第1112條之2（監護人之登記）之規定，以上準用條文，均規定在民法親屬編第四章監護第二節未成年人之監護。

三、案例結論

依照民法第1113條之1的規定，準用第1102條（監護人受讓受監護人財產之禁止），甲、乙因有輔助人與受輔助人之法律，故輔助人不可以接受受輔助人之贈與財產。

四、相關實例

未成年人丙男因父母雙亡，又出車禍變成心智缺陷，被法院宣告必須接受輔助，法院選定丙的叔叔丁做輔助人，丁可不可以要求照顧受輔助人丙的報酬？

五、重要判解

（一）桃園地方法院99年度簡上字第169號民事判決

按對於因精神障礙或其他心智缺陷，致其為意思表示或受意思表示，或辨識其意思表示效果之能力，顯有不足者，法院得因本人、配偶、四親等內之親屬、最近一年有同居事實之其他親屬、檢察官、主管機關或社會福利機構之聲請，為輔助之宣告；受輔助宣告之人為訴訟行為時，應經輔助人同意；受輔助宣告之人，應置輔助人，民法第15條之1第1項、第15條之2第1項第3款、第1113條之1第1項分別定有明文。又因法無明文受輔助宣告人為無行為能力人或限制行為能力人，且關於輔助人及有關輔助之職務，依民法第1113條之1第2項規定，並未準用同法第1098條第1項規定，是輔助人並非受輔助宣告之人之法定代理人。惟按輔助人同意受輔助宣告之

人為訴訟行為，應以文書證之，民事訴訟法第45條之1亦有明文。經查，上訴人於本院審理中經法院裁定輔助之宣告，並由陳○○擔任其輔助人，而上訴人於上訴時，即已委任呂○○律師為訴訟代理人，其後輔助人亦委任呂○○律師為訴訟代理人，有委任狀足憑，並於100年1月11日提出書面補正狀，足證同意上訴人之訴訟行為，揆諸前揭說明，本件上訴人於本件所為之訴訟行為，洵屬合法，先予敘明。

（二）法務部民國101年3月2日法律決字第10100027670號函

民法第1113條之1、1098條等規定參照，有關遺產繼承登記為公同共有時，非屬民法第15條之2規定，自不需輔助人同意，受輔助宣告人就此行為得有效為之，又因無利益相反情形，似不必選任特別代理人。

第三節　成年人之意定監護

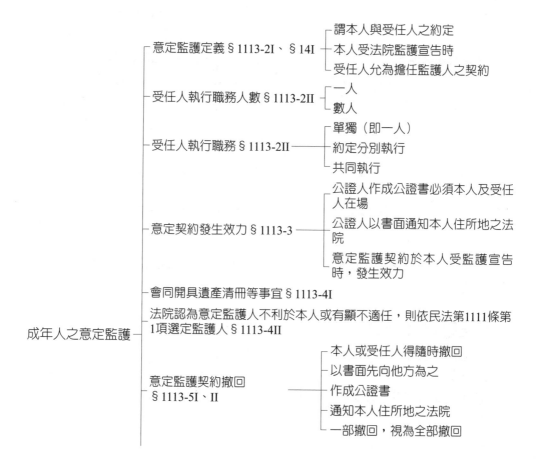

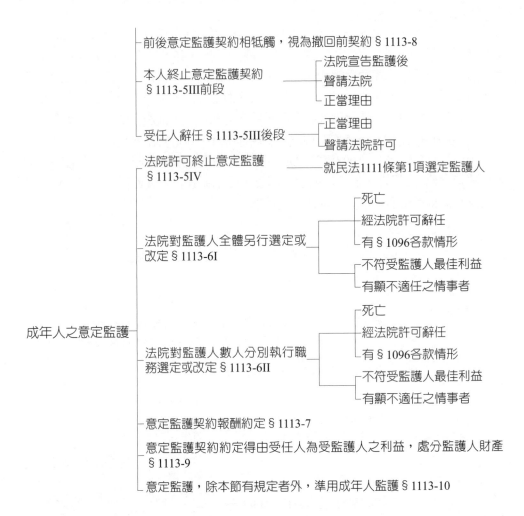

　　中華民國108年6月19日華總一義字第1080006003號茲增訂民法親屬編第四章第三節節名及第1113條之2至第1113條之10條文；並修正第14條條文，公布之。

❖ 民法第1113條之2

　　稱意定監護者，謂本人與受任人約定，於本人受監護宣告時，受任人允爲擔任監護人之契約。

　　前項受任人得爲一人或數人；其爲數人者，除約定爲分別執行職務外，應共同執行職務。

案例

> 甲今年五十歲精神狀況正常，可否與三十五歲精神狀況正常友人乙成立意定監護契約？

一、思考焦點

成年人A精神狀況正常，可否與他人成立意定監護契約？

圖示：

```
┌─────────┐   意定監護契約   ┌─────┐
│ 成年人A  │─────────────────│ 他人 │
└─────────┘                 └─────┘
```

二、問題論述

意定監護契約係當事人約定，一方於因精神障礙或其他心智缺陷，致其為意思表示或受意思表示，或辨識其意思表示效果之能力，顯有不足時，就自己生活、護養療治及財產管理等事務，委託全部或一部並就委託之事務賦予權利，他方允為處理之契約。因此，除非當事人間另有約定，否則意定監護契約將於當事人約定的事項發生時才有生效的可能。

本條第1項明定「意定監護」係於本人（委任人）意思能力尚健全時，本人與受任人約定，於本人受監護宣告時，受任人允為擔任監護人之契約，以替代法院依職權選定監護人。依當事人意思自主原則，意定監護之本人得約定由一人或數人為受任人，惟受任人為數人時，該數人應如何執行職務恐生疑義。參酌民法第168條「代理人有數人者，其代理行為應共同為之。但法律另有規定或本人另有意思表示者，不在此限。」規定之立法意旨，應認受任人為數人者，原則上受任人應共同執行職務，亦即須經全體受任人同意，方得為之；但意定監護契約另有約定數人各就受監護人之生活、護養療治及財產管理等事項分別執行職務者，自應從其約定，爰將上開意旨明定於第2項，以資明確。

現行成年監護制度，並未排除法人得擔任監護人，依修正條文民法第1113條之10準用第1111條之1第4款規定，法人亦得為意定監護之受任人。另關於第1111條之2監護人資格限制之規定，既未經明文排除準用，自仍在修正條文第1113條之10所定準用範圍中，從而，意定監護受任人資格，仍受第1111條之2規定之限制。

因意定監護係以契約方式選任監護人，因此，契約當事人必須具體明確，爰參

酌日本意定監護契約法第2條之規定，揭示意定監護契約之定義及契約主體，而契約主體包含意定監護委任人及受任人。意定監護契約之內容，包含三個要件：

（一）為本人之意思表示能力有缺陷

意定監護與法定監護不同，法定監護須於當事人無為意思表示或受意思表示之能力時，設置法定監護人，而意定監護之立法目的在於活用當事人之殘存能力。因此，本人之意思表示能力於達受輔助宣告程度即為已足。故參酌民法第15條之1受輔助宣告之規定，定義意定監護契約有關本人之意思能力狀態。至於一般的身體癱瘓者，因無意思能力上之問題，故非意定監護契約之適用對象。

（二）為意定監護契約之內容或範圍必須明確

意定監護契約主要為於本人意思表示能力有缺陷時，就自己生活、護養療治及財產管理事務之全部或一部委託受任人；且委託事務之內容原則上為法律行為之遂行，故為防止意定監護人濫用權限，必須明確其所約定之內容或範圍。因此，意定監護契約之委任事務，僅限於法律行為而不包含事實行為。換言之，實際上之照護工作（例如：協助進食、協助入浴、更換尿片等）並非意定監護人之職務。

（三）不得委任代理之事項

1.死後事務

意定監護契約乃賦予代理權之委任契約，因本人之死亡而終止，無論是依據一般的委任契約或意定監護契約，受任人或意定監護人皆應於本人之生存期間實施財產管理或身上照護事務。然而，於現實生活上仍有些事務，於本人生存中無法事先處理，而必須於本人死亡後始能代為解決，例如：於本人死亡後住院醫療費之代為支付等，或本人死亡後安養院之入居保證金之代為受領，以及因本人死亡所生之事務，例如告別儀式、埋葬納骨、祭祀供養、國民年金之停止、全民健康保險之停止等，這些與本人之死亡不可分的事務，必須於本人死亡後始可代為處理。關於此類死後事務，於有法定繼承人之情形，則法定繼承人通常會儘量尊重本人之遺願，於繼承程序中處理之。

綜上所述，意定監護之委任事項，並不包含死後事務在內。若當事人之間有約定死後事務之處理時，如前所述，僅能於意定監護契約書中，特別約定當該死後事務之條款，有別於意定監護契約而為個別的契約。

2.侵入性之重大醫療行為必須經法院許可

醫療契約之締結、變更、終止及費用之支付，以及住院契約之締結、變更、終止及費用之支付，雖得為意定監護契約之委任事項，但仍不應解釋為亦包含截肢、墮胎、器官切除、移植、器官捐贈、實施絕育結紮手術等侵入性醫療行為在內。至於醫療契約雖得以意定監護契約賦予代理權而包含在委任事項內，但有關之同意，

則與法定監護制度相同必須經法院許可，意定監護人在解釋上亦無此權限，而不能成爲委任事項爲宜。

3.居所強制變更之禁止

參酌民法第1101條之規定，於法定監護中有關影響受監護人權益之重大法律行爲（如不動產之處分、將受監護人居住之處所出租、供他人使用或終止租賃等），非經法院許可不生效力之規定，乃所謂之特別生效要件。因此，於意定監護人之監護事務中，有關居住用不動產之處分契約、安養設施之入所契約、醫療復健之入院契約等，皆包含於有關確保本人居所之事項。伴隨上述契約之生效，使得本人之居所亦發生移動，此即牽涉意定監護人是否有居所指定權之問題。關於此，若本人仍有意思能力，且對於本人居所之變更有明確的反對意思時，意定監護人即不得違反本人意思而強制指定本人之居所。此乃基於意定監護人於執行監護事務時，應尊重本人之意思，且須考慮其身心狀態及生活狀況，故尊重本人意思乃意定監護人之義務使然。

因爲居所之強制變更乃係對於人身自由的重大干涉，此種一身專屬性較強之事項，意定監護人應更尊重本人之意思。若有違反尊重本人意思之義務時，則爲本人與意定監護人在內部關係上之損害賠償問題。而在對外關係上，則仍應承認其對外效果，而成爲無權代理行爲的一種。

然而，於本人喪失意思能力時，爲保護本人之客觀利益，意定監護人於事實上即不得不對於本人之居所變更有所決定，但意定監護人仍不因此而具有對於本人居所之指定權。此時，僅可解釋爲意定監護人基於正當理由變更本人居所之行爲，具有阻卻違法的事由。

4.喪親智障子女之照護

對於家有精神障礙或智能障礙子女之高齡者而言，通常會擔心自己一旦喪失判斷能力或死亡後，其子女究竟能否繼續維持如同往昔般的安心且健全之生活環境。由於意定監護契約爲一身專屬的契約，並不適合代理締結。

且於子女本人成年後，親權人等之法定代理權即歸消滅。此時，若仍允許親權人代理形成子女本人成年後之法律關係，則屬侵害子女本人之自我決定權，自不應容許之。故對於無意思能力之成年子女本人，有關其喪親後之照護問題，不能依據意定監護，而應依法定監護制度保護之。

5.一身專屬性及其他不適合委任之行爲

例如：遺囑、結婚、離婚、認領、婚生否認等，亦不能成爲法定監護與意定監護契約之委任事項，也不能另行締結契約委任代理之。然而，有關此類一身專屬權事項之調解、判決之聲請等與民事程序相關之事務，則本人於有意思能力時當然可

以委任。

　　於意定監護之情形可否選定法人爲意定監護人？關於此，民法上所謂「人」，除係指自然人外，也當然包含法人。此外，如上所述，意定監護契約在性質上爲意定代理之委任契約，縱然意定監護契約法無明文規定，亦得當然解釋爲法人亦可以意定監護人之身分與高齡之委任人締結契約。例如，地方自治團體、社會福利法人、律師公會等法人機構擔任意定監護人。

　　此外，受任人得爲一人或數人；其爲數人者，除約定爲分別執行職務外，應共同執行職務。

三、案例結論

　　甲今年五十歲精神狀況正常得與三十五歲精神狀況正常友人乙依據民法第1113條之2第1項規定成立意定監護契約。

四、相關實例

　　意定監護契約，有哪些情形不得委任代理之事項？

五、重要判解

111年公證實務研討會法律問題提案第4號

法律問題：請求人欲就將來其有精神障礙或其他心智缺陷情況時預先選任監護人或輔助人請求辦理公證，問：一、若該契約僅約定委任人將來未達聲請監護宣告之精神障礙程度而預先爲選任輔助宣告之輔助人時，就該契約公證人應否受理？二、若該契約依將來委任人之精神障礙程度分別約定監護人及輔助人（含選任同一人爲監護人及輔助人）時，就該輔助人部分之約定公證人應否受理？

研究意見：

問題一：

　　甲說：否定說。

　　理由：1.依目前現行之民法規定（民法第1113條之2以下），僅允許委任人約定於其受監護宣告時，受任人允爲擔任監護人（民法第1113條之2第1項），並無允許委任人約定於其受輔助宣告時選定輔助人之規定。且目前公證人作成意定監護契約訂立或變更之公證書後應於七日內於司法院所定意定監護契約管理系統登錄案件（公證法施行細則第66條之1第5項），就此等意定輔助契約作成公證書後是否亦須爲比照辦理，法無明文。2.按輔助宣告係以受宣告之人因精神障礙或其他心智缺

陷，致其爲意思表示或受意思表示，或辨識其意思表示效果之能力顯有不足爲前提（民法第15條之1第1項），其與受監護宣告之人係因精神障礙或其他心智缺陷，致不能爲意思表示或受意思表示，或不能辨識其意思表示之效果（民法第14條），在精神障礙或其他心智缺陷之程度有別。於聲請輔助宣告程序中，當事人仍有表達自己意思之可能，是否有受輔助宣告之必要，仍須由承審法官及相關專業人員協助及專業報告認定，並無必要預立意定輔助契約。3.綜上，於法無明文及未有害當事人意思自由原則下，公證人不應辦理此種意定輔助契約之公證。

　　　　乙說：肯定說。

　　　　理由：基於尊重當事人意思自主決定，以及監護宣告與輔助宣告之民法規定上有共通性（民法第1113條之1第2項準用成年監護之規定）及轉換性（民法第14條第3項、民法第15條之1第3項），應肯認委任人得約定於其受輔助宣告時，受任人允爲擔任輔助人，公證人並得就此契約作成公證書。

問題二：

　　　　甲說：否定說。

　　　　理由：同問題一之否定說，公證人應命請求人除去有關意定輔助之約定始得辦理公證。

　　　　乙說：肯定說。

　　　　理由：同問題一之肯定說。

　　　　丙說：折衷說。

　　　　理由：同肯定說，公證人於此情形時應依公證法第71條規定向當事人闡明並於公證書上記載其所爲之說明，如：「本件請求人爲意定輔助之約定，其效力如何應由受理機關依職權自行審認，公證人已向請求人爲說明，請求人表示理解。」，辦理公證。

初步研討結果：問題一、二，均採甲說。

審查意見：

　　　　臺灣臺中地方法院：問題一、二，均採甲說。

　　　　理由：同研究意見甲說。

　　　　臺灣基隆地方法院：問題一、二，均採甲說。

　　　　理由：同研究意見甲說。

　　　　問題一增列丙說：折衷說。

　　　　理由：同肯定說，公證人於此情形時應依公證法第71條規定向當事人闡明並於公證書上記載其所爲之說明，如：「本件請求人爲意定輔助之約定，其效力如何應由受理機關依職權自行審認，公證人已向請求人爲說明，請求人表示理解。」辦理

公證。

研討結論：

　　問題一：多數採甲說（表決結果：實到46人，採甲說33票，採乙說0票，採丙說10票，棄權3人）。

　　問題二：多數採甲說（表決結果：實到46人，採甲說33票，採乙說0票，採丙說12票，棄權1人）。

❖ 民法第1113條之3

　　意定監護契約之訂立或變更，應由公證人作成公證書始為成立。公證人作成公證書後七日內，以書面通知本人住所地之法院。

　　前項公證，應有本人及受任人在場，向公證人表明其合意，始得為之。

　　意定監護契約於本人受監護宣告時，發生效力。

案 例

> 　　甲今年五十歲精神狀況正常，欲與三十五歲精神狀況正常友人乙成立意定監護契約，是否必須要作成公證書？

一、思考焦點

　　成立意定監護契約，是否必須要作成公證書？

圖示：

二、問題論述

　　因意定監護契約為本人事先對自己將來因精神障礙或其他心智缺陷，致其為意思表示或受意思表示，或辨識其意思表示效果之能力不足時，就自己生活、醫療及財務管理事項預先安排，為避免爭議，應以要式方式為之，並參酌民法第1007條夫妻財產制之規定，有關意定監護契約之訂立、變更或廢止，均應以經公證之書面為之。

　　意定監護契約之訂立、變更，除須以書面為之，為加強對當事人及善意第三人之保障，並須經公證，其理由如下：

　　一、意定監護契約之公證，應有本人到場或公證人直接訊問本人。藉由公證人之參與可以在制度上擔保意定監護契約乃本人基於真意所締結之合法有效之契約（公證法第71條、公證法施行細則第72條），故從預防紛爭的觀點而言，公證可成為證明契約有效性之證據方法。

　　二、於締結意定監護契約並經登記後，原則上已排除法定監護之適用，故有必要藉由公證人之參與，確認本人之真意。

　　三、依據意定監護契約所作成之公證書原本，由公證人保存，可防止竄改（公證法第18條）。

　　四、而意定監護契約於公證後，公證人作成公證書後七日內，以書面通知本人住所地之法院。乃基於意定監護契約中，意定監護人之代理權須以公證書面證明之必要性，以及意定監護契約制度優先原則，在利害關係人聲請法定監護之審理時，法院應先確認本人有無意定監護契約存在。因此，為確認意定監護契約之當事人與其他利害關係人彼此間之法律關係，於公證人依法做成公證書面後，公證人作成公證書後七日內，以書面通知本人住所地之法院。

　　五、再者依照民法第1113條之10準用第1112條之2規定，意定監護契約必須辦理登記之理由如下：

　　（一）意定監護契約之完成登記為選定意定監護人之前提要件，而藉由通知登記即可確實顯示意定監護契約之存續狀況。

　　（二）由於意定監護制度優先原則，法院在審理是否准予法定監護時，可藉由登記事項事先確認有無意定監護契約之締結。

　　（三）依據日本意定監護契約法第11條規定，意定監護人之代理權消滅非經登記，不得對抗善意第三人。基於交易安全之觀點，於意定監護人代理權消滅時，登記僅成為對抗要件，因此意定監護契約之締結以及其發生效力之要件事實即有登記之必要。

　　（四）公證人對於請求公證之內容不明瞭或有其他疑慮時，得要求當事人補正或說明（公證法第71條、72條）。例如公證人對於本人之締約能力存有疑義時，得要求其提出醫師診斷證明書。

　　另外，公證人認為意定監護契約之內容對於本人單方不利等情形，或當事人不配合文書提出或不為說明時，公證人應拒絕其公證之請求。

　　（五）為使意定監護契約之代理權範圍明確化，應依據統一之記載事項與格式作成書面，俾於制度上擔保當事人能正確記載代理權之範圍於登記事項證明書內，

以維護交易安全，並為增加意定監護契約使用率，有關意定監護契約之書面統一記載事項及格式，應由主管戶政登記機關訂定之。

又完成前揭要式行為之後，意定監護契約於本人受監護宣告時，發生效力。

意定監護契約涉及本人喪失意思能力後之監護事務，影響本人權益至為重大，故於本條第1項明定契約之訂立、變更採要式方式，除當事人意思表示合致外，須經由國內之公證人依公證法規定作成公證書始為成立，以加強對當事人之保障，並可避免日後爭議。另為避免法院不知意定監護契約存在，而於監護宣告事件誤行法定監護程序，故有使法院查詢意定監護契約存在與否之必要。又公證人屬法院之人員，民間公證人則由地方法院監督，法院應可就公證資料加以查詢，為期明確，爰明定由公證人作成公證書後七日內，以書面通知本人住所地之法院（依法院及行政機關之通例，通常均以戶籍登記住址推定為住所地），至於本人若住所無可考，或在我國無住所者，則得依第22條規定，將其居所視為其住所。又通知法院之目的，在使法院知悉意定監護契約之存在，此項通知及期間之規定，乃為訓示規定，倘公證人漏未或遲誤七日期間始通知法院，並不影響意定監護契約有效成立。公證人依同條第1項規定為公證時，應有本人及受任人在場，向公證人表明雙方訂立或變更意定監護契約之合意，俾公證人得以確認本人及受任人意思表示合致之任意性及真實性，爰為本條第2項規定。意定監護契約依同條第1項規定成立後，須待本人發生受監護之需求時，始有由受任人履行監護職務之必要，乃明定意定監護契約於本人受監護宣告時，始發生效力，以資明確，爰為本條第3項規定。

三、案例結論

甲今年五十歲精神狀況正常，欲與三十五歲精神狀況正常友人乙成立意定監護契約，依照民法第1113條之3第1項規定，必須要作成公證書，否則按照同條第3項與同法第73條規定，解釋上應為無效。

四、相關實例

當事人成立意定監護契約，要完成哪些要式行為？

五、重要判解

109年公證實務研討會法律問題提案第1號

法律問題：意定監護契約可否約定受任人之順位？

甲說：肯定說。

參照108年6月19日總統令公布修正條文總說明，意定監護制度，是在本人之

意思能力尚健全時，本人與受任人約定，於本人受監護宣告時，受任人允為擔任監護人，以替代法院依職權選定監護人，使本人於意思能力喪失後，可依其先前之意思自行決定未來的監護人，較符合人性尊嚴及本人利益，並完善民法監護制度。故本人與數位受任人預先約定順位，亦應予以尊重。法無明文禁止約定受任人順位，且實務上立遺囑人就遺囑執行人得指定順位，意定監護約定受任人順位自非法所不許。

乙說：否定說。

公證制度係為避免訟爭，基於以下理由，採否定說理由：

1.遺囑為單獨行為，遺囑執行人係立遺囑人單獨指定；意定監護係委任人與受任人雙方合意之契約行為，若約定順位，次順位受任人勢必以先順位無法就任為前提，而約定先順位無法就任之事由，恐有掛一漏萬之弊。

2.民法第1113條之2第2項規定，意定監護契約受任人可為複數，如約定數位受任人分別執行不同職務，倘又准許與受任人預先約定順位，將會增加法律關係之複雜性與實務運作之困難度。3.民法於增訂成年人之意定監護章節時，本即有意排除約定受任人順位之情形，此觀民法第1113條之4以下之規定即明。

蓋：(1)法院為監護宣告時，如認約定之受任人有不適任情事，民法第1113條之4第2項明文規定，由法院依職權就第1111條第1項所列之人選定為監護人。

(2)法院為監護宣告後，委任人聲請終止契約或受任人辭任，或有部分受任人無法執行職務情形，民法第1113條之5第3、4項及第1113條之6第3、4項均已明定法院應如何指定新的監護人之方式。故意定監護契約應不得約定受任人之順位。

丙說：折衷說。

理由：

1.民法於增訂成年人之意定監護章節時，並未就約定受任人順位之情形為規範。惟立法者是否有意排除當事人之形成自由，非無疑義，參照100年12月20日鄧學仁教授主持法務部「意定監護制度之研究」委託研究案研究成果報告書第164頁表示：「是否要排定意定監護人之順位，第一順位之意定監護不得執行職務時由誰遞補，是否要為更細膩的規範，則成為另一個問題。」似可推知，當事人非不得約定受任人之順位；惟於法律未為更細膩規範之情形，其效力如何，尚待日後實務見解之形成。

2.於此情形，公證人應依公證法第71條規定向當事人闡明；如當事人堅請辦理，公證人應於公證書記載其所為之說明，尤其如：「受任人順位之約定，效力如何，應由受理機關依職權自行審認」，及當事人就此所為之表示等，辦理公證。
初步研討結果：多數採丙說。

審查意見：

臺灣雲林地方法院：採丙說。理由：同研究意見丙說。

臺灣宜蘭地方法院：採乙說。理由：同研究意見乙說。

研討結論：多數採丙說（表決結果：實到54人，採甲說12票，採乙說7票，採丙說32票，棄權3人）。

❖ 民法第1113條之4

法院為監護之宣告時，受監護宣告之人已訂有意定監護契約者，應以意定監護契約所定之受任人為監護人，同時指定會同開具財產清冊之人。其意定監護契約已載明會同開具財產清冊之人者，法院應依契約所定者指定之，但意定監護契約未載明會同開具財產清冊之人或所載明之人顯不利本人利益者，法院得依職權指定之。

法院為前項監護之宣告時，有事實足認意定監護受任人不利於本人或有顯不適任之情事者，法院得依職權就第一千一百十一條第一項所列之人選定為監護人。

案 例

> 甲為五十歲精神狀況正常之人與三十五歲精神狀況正常友人乙成立意定監護契約，並依法作成公證書，二十年後甲被法院宣告監護，惟法院有事實足認意定監護受任人乙身患重病顯不適任。試問：法院依法應如何處理？

一、思考焦點

當事人之間成立意定監護契約，惟法院有事實足認意定監護受任人病顯不適任情形時，法院應如何依法處理？

二、問題論述

法院為監護之宣告時，受監護宣告之人已訂有意定監護契約者，應以意定監護契約所定之受任人為監護人，同時指定會同開具財產清冊之人。其意定監護契約已載明會同開具財產清冊之人者，法院應依契約所定者指定之，這立法目的是尊重受監護宣告之人之意思自主原則。但意定監護契約未載明會同開具財產清冊之人或所載明之人顯不利本人利益者，法院得依職權指定之，此立法目的是授權法院個案認定之裁量原則。

法院為前項監護之宣告時，有事實足認意定監護受任人不利於本人或有顯不適

任之情事者，法院得依職權就第1111條第1項所列之人（配偶、四親等內之親屬、最近一年有同居事實之其他親屬、主管機關、社會福利機構或其他適當之人）選定為監護人，不受意定監護契約之限制，此為意定監護之例外規定，俾以保障本人之權益，爰為本條第2項規定。

法院於監護之宣告時，針對個案，依職權選定最適當之人擔任。又鑑於監護職務有時具有複雜性或專業性，如財產管理職務需要財務或金融專業人員，身體照護職務需要醫事專業人員，為符合實際需要，法院得選定複數之監護人，並同時指定會同開具財產清冊之人，以利法院實施監督。

三、案例結論

法院依民法第1113條之4第2項規定，法院為監護之宣告時，有事實足認意定監護受任人有顯不適任之情事者，法院得依職權就第1111條第1項所列之人選定為監護人。

四、相關實例

意定監護契約已載明會同開具財產清冊之人者，法院是否完全必須受其拘束？

五、重要判解

臺北地方法院108年度監宣字第727號民事裁定

對於因精神障礙或其他心智缺陷，致不能為意思表示或受意思表示，或不能辨識其意思表示之效果者，法院得因本人、配偶、四親等內之親屬、最近一年有同居事實之其他親屬、檢察官、主管機關、社會福利機構、輔助人、意定監護受任人或其他利害關係人之聲請，為監護之宣告。受監護宣告之人應置監護人，法院為監護之宣告時，受監護宣告之人已訂有意定監護契約者，應以意定監護契約所定之受任人為監護人，同時指定會同開具財產清冊之人。

❖ 民法第1113條之5

法院為監護之宣告前，意定監護契約之本人或受任人得隨時撤回之。

意定監護契約之撤回，應以書面先向他方為之，並由公證人作成公證書後，始生撤回之效力。公證人作成公證書後七日內，以書面通知本人住所地之法院。契約經一部撤回者，視為全部撤回。

法院為監護之宣告後，本人有正當理由者，得聲請法院許可終止意定監護契約。受任人有正當理由者，得聲請法院許可辭任其職務。

法院依前項許可終止意定監護契約時，應依職權就第一千一百十一條第一項所列之人選定為監護人。

案例

　　五十歲甲精神狀況正常與三十五歲精神狀況正常友人乙成立意定監護契約，並依照民法第1113條之3第1項規定作成公證書，惟甲事後後悔，想撤回先前與乙成立之意定監護契約，依法應如何辦理？

一、思考焦點

甲事後後悔，想撤回先前與乙成立之意定監護契約，依法應如何辦理？

圖示：

二、問題論述

　　意定監護契約乃賦予代理權之特殊類型的委任契約，本可依委任契約的一般原則，各當事人得隨時撤回。法院為監護之宣告前，意定監護契約之本人或受任人得隨時撤回之（民法第1113條之5第1項）。

　　意定監護契約之撤回方式，應以書面先向他方為之，並由公證人作成公證書後，始生撤回之效力（民法第1113條之5第2項前段）。公證人作成公證書後七日內，以書面通知本人住所地之法院。契約經一部撤回者，視為全部撤回（民法第1113條之5第2項後段）。

　　法院為監護之宣告後，本人有正當理由者，得聲請法院許可終止意定監護契約。受任人有正當理由者，得聲請法院許可辭任其職務（民法第1113條之5第3項），何謂「正當理由」，尚須由法院依憑客觀情形與證據認定之。法院依前項許可終止意定監護契約時，應依職權就第1111條第1項所列之人（配偶、四親等內之親屬、最近一年有同居事實之其他親屬、主管機關、社會福利機構或其他適當之人）選定為監護人（民法第1113條之5第4項）。

三、案例結論

甲事後後悔，想撤回先前與乙成立之意定監護契約，依法應民法第1113條之5第1項規定：「法院為監護之宣告前，意定監護契約之本人或受任人得隨時撤回之」。同條第2項前段規定：「意定監護契約之撤回，應以書面先向他方為之，並由公證人作成公證書後，始生撤回之效力」。

四、相關實例

意定監護契約經本人或受任人一部撤回，其全部契約效力為何？

❖ 民法第1113條之6

法院為監護之宣告後，監護人共同執行職務時，監護人全體有第一千一百零六條第一項或第一千一百零六條之一第一項之情形者，法院得依第十四條第一項所定聲請權人之聲請或依職權，就第一千一百十一條第一項所列之人另行選定或改定為監護人。

法院為監護之宣告後，意定監護契約約定監護人數人分別執行職務時，執行同一職務之監護人全體有第一千一百零六條第一項或第一千一百零六條之一第一項之情形者，法院得依前項規定另行選定或改定全體監護人。但執行其他職務之監護人無不適任之情形者，法院應優先選定或改定其為監護人。

法院為監護之宣告後，前二項所定執行職務之監護人中之一人或數人有第一千一百零六條第一項之情形者，由其他監護人執行職務。

法院為監護之宣告後，第一項及第二項所定執行職務之監護人中之一人或數人有第一千一百零六條之一第一項之情形者，法院得依第十四條第一項所定聲請權人之聲請或依職權解任之，由其他監護人執行職務。

案 例

法院得依民法第14條第1項所定聲請權人之聲請或依職權，就同法第1111條第1項所列之人，依法在何情形下，得另行選定或改定為監護人？

一、思考焦點

民法第14條第1項所定聲請權人係指哪些人？

二、問題論述

　　法院爲監護之宣告後，監護人共同執行職務時，監護人全體有第1106條第1項（一、死亡。二、經法院許可辭任。三、有第1096條各款情形之一，例如：未成年、受監護或輔助宣告尚未撤銷、受破產宣告尚未復權、失蹤）或有第1106條之1第1項之情形者（有事實足認監護人不符受監護人之最佳利益，或有顯不適任之情事者，法院得依前條第1項聲請權人之聲請，改定適當之監護人，不受第1094條第1項規定之限制），法院得依第14條第1項（本人、配偶、四親等內之親屬、最近一年有同居事實之其他親屬、檢察官、主管機關、社會福利機構、輔助人、意定監護受任人或其他利害關係人）所定聲請權人之聲請或依職權，就第1111條第1項（配偶、四親等內之親屬、最近一年有同居事實之其他親屬、主管機關、社會福利機構或其他適當之人）所列之人另行選定或改定爲監護人（民法第1113條之6第1項）。

　　法院爲監護之宣告後，意定監護契約約定監護人數人分別執行職務時，執行同一職務之監護人全體有第1106條第1項或第1106條之1第1項之情形者，法院得依前項規定另行選定或改定全體監護人。但執行其他職務之監護人無不適任之情形者，法院應優先選定或改定其爲監護人（民法第1113條之6第2項）。亦即，意定監護契約約定監護人數人分別執行職務時有三人，其中二人有不法行爲，而其中一人合法，則依民法第1113條之6第2項但書規定，法院對於該其中一人合法者，應優先選定或改定其爲監護人。所謂不法之行爲，係指違法行爲或受社會所批判之行爲，最主要者乃侵佔本人之財產，或有爲自己利益而支出費用之背信行爲。所謂明顯之失檢行爲，係指因品德操守極端惡劣，致使對於本人之財產管理造成危險之行爲。所謂有其他事實足認受任人不符本人之最佳利益，或有顯不適任之事由，係指意定監護人有老齡、疾病、負擔過重、相隔遙遠、素行不良、管理失當、任務怠慢等具體事實，法院認爲其顯不適任意定監護人之情形，皆爲意定監護人之解任事由。

　　法院得依職權解任意定監護人，而解任之聲請權人爲本人、配偶、四親等內之親屬或檢察官。意定監護之基礎在於尊重本人之自己決定，亦即私法自治之強調，故各種聲請之聲請權人在原則上排除檢察官。然而，由於意定監護人之解任事由，有關侵佔、背信等不法行爲之偵查與起訴，檢察官有可能得知意定監護人之不適任事由，故列爲解任聲請權人。

　　法院爲監護之宣告後，前2項所定執行職務之監護人中之一人或數人有第1106條第1項之情形者，由其他監護人執行職務（民法第1113條之6第3項）。法院爲監護之宣告後，第1項及第2項所定執行職務之監護人中之一人或數人有第1106條之1

第1項之情形者，法院得依第14條第1項所定聲請權人之聲請或依職權解任之，由其他監護人執行職務（民法第1113條之6第4項）。

三、案例結論

依照民法第1113條之6第1項規定：「法院為監護之宣告後，監護人共同執行職務時，監護人全體有第一千一百零六條第一項或第一千一百零六條之一第一項之情形者，法院得依第十四條第一項所定聲請權人之聲請或依職權，就第一千一百十一條第一項所列之人另行選定或改定為監護人」。

四、相關實例

法院調查結果發現某意定監護契約約定監護人數人分別執行職務時有三人，其中二人有不法行為，而其中一人合法，依法應如何處理？

❖ 民法第1113條之7

意定監護契約已約定報酬或約定不給付報酬者，從其約定；未約定者，監護人得請求法院按其勞力及受監護人之資力酌定之。

案　例

> 意定監護契約是否為有償報酬契約？

一、思考焦點

意定監護契約性質為何？

二、問題論述

監護人得請求報酬，其數額由法院按其勞力及受監護人之資力酌定之。

意定監護契約係以賦予代理權為主要內容之特殊類型的委任契約，有關意定監護人之報酬支付，原則上應準用民法上有關委任之規定。而民法上有關受任人之報酬，以當事人有特別約定為必要（準用我國民法第547條）。若以親屬以外之第三人擔任意定監護人者，於通常情形皆會有報酬約定。此時，其報酬之約定可能為每月支付之定額報酬，或是按照特別事務之難易程度支付不同數額之報酬。

三、案例結論

依據民法第1113條之7規定：「意定監護契約已約定報酬或約定不給付報酬者，從其約定；未約定者，監護人得請求法院按其勞力及受監護人之資力酌定之」。故意定監護契約得約定為報酬契約或約定不給付報酬之契約。

四、相關實例

意定監護契約當事人未約定報酬，應如何處理？

❖ 民法第1113條之8

前後意定監護契約有相牴觸者，視為本人撤回前意定監護契約。

案例

甲先與乙完成意定監護契約，請求乙在甲受法院宣告監護後，擔任監護人；嗣後甲又與丙完成意定監護契約，請求丙在甲受法院宣告監護後，擔任監護人。試問：前後哪一個意定監護契約有效？

一、思考焦點

前後意定監護契約有相牴觸者，法律關係為何？

圖示：

二、問題論述

尚未發生效力之意定監護契約，預先阻止其生效之「撤回」而言。故前後意定監護契約有相牴觸者，視為本人撤回前意定監護契約。所稱「牴觸」，係指受任人之增減或監護內容之變動，與前契約不同者，均屬之。

三、案例結論

依照民法第1113條之8規定：「前後意定監護契約有相牴觸者，視為本人撤回前意定監護契約」。故嗣後甲與丙完成意定監護契約，請求丙在甲受法院宣告監護

後，擔任監護人之後契約有效。而甲先與乙完成意定監護契約，請求乙在甲受法院宣告監護後，擔任監護人之前契約，視為本人甲撤回前意定監護契約。

四、相關實例

前後意定監護契約未有牴觸者，則前後意定監護契約效力為何？

五、重要判解

108年公證實務研討會法律問題提案第7號

法律問題：甲與乙、丙訂定意定監護契約並辦理公證，其中甲委任乙負責日常生活與護養療治，就乙受任部分無約定報酬；同時委任丙負責財產管理，並依民法第1113條之7規定，約定丙於受任期間每月報酬為新臺幣（下同）2萬元整。嗣後，甲與乙、丙復向同一公證處（公證人事務所）請求辦理變更意定監護契約公證，將內容變更為：委任丙負責護養療治，且就丙受任部分變更為無約定報酬；委任乙負責日常生活與財產管理，並約定其每月報酬為2萬元整，其餘約定不變。試問此變更意定監護契約之公證費用應如何計算？

研究意見：

甲說：

本例屬請求就「曾於同一公證處或公證人事務所作成公證書之法律行為之補充或更正，且未增加標的金額或價額」作成公證書之情形，應依公證法第114條第4款規定收取公證費用1,000元。理由：意定監護契約之變更，乃於同一當事人間為契約內容之變更。本例，意定監護契約之委任人與受任人均與原契約相同，僅調整受任人之職務內容，性質上仍屬原契約之補充。後契約雖改訂報酬請求權人，但就後意定監護契約整體觀察，該標的之總價額，仍依每月2萬元整乘以按公證法第109條、第110條準用民事訴訟法第77條之10規定推定之存續期間計算，與原契約相比，並無增加。請求人若向同一公證處（公證人事務所）請求作成公證書時，應依公證法第114條第4款規定收取公證費用1,000元。

乙說：

本例契約當事人雖同一，惟後意定監護契約，重新約定受任人分別執行職務之內容與報酬，實已變動當事人間契約權利義務之主要內容，前後契約已失其同一性，並非單純之法律行為補充或更正。縱使向同一公證處（公證人事務所）請求公證，仍應依訂立意定監護契約之方式，重新算定公證費用。理由：1.意定監護契約，謂本人與受任人約定，於本人受監護宣告時，受任人允為擔任監護人之契約，

具委任契約性質。故如約定有報酬者,依公證法第109條及同法第110條準用民事訴訟法第77條之10規定,以報酬總額計算其價額;如約定不給付報酬或未約定報酬者,應認為其標的價額不能算定,應依公證法第112條規定收取公證費用,合先敘明。2.次按,請求就「曾於同一公證處或公證人事務所作成公證書之法律行為之補充或更正。但以不增加標的金額或價額為限」作成公證書者,收取費用1,000元,公證法第114條第4款前段定有明文。惟所謂法律行為之補充或更正,解釋上仍應以前後法律關係或給付義務具同一性者為限,而不宜過度擴張解釋,方符公證費用制度採有償主義之立法目的。3.本例,同一意定監護契約當事人,僅就先前訂立之監護內容為部分變更約定,惟後意定監護契約,不僅變動受任人分別執行職務之內容,亦對報酬部分重行約定。就委任人與個別受任人間法律關係觀之,後契約之變更約定,使原先無約定報酬者變為有約定報酬;並使原職務內容無涉財產管理之受任人,擁有財產管理權限,委任人與個別受任人間法律關係之內容業已變更。此外,參酌民法第1113條之8規定前後意定監護契約有相牴觸者,視為本人撤回前意定監護契約之法律效果,本例前後契約既已失其同一性,實無異於重新訂約之情形。故應比照訂立意定監護契約之方式重新算定公證費用,要無適用公證法第114條第4款規定之餘地。

初步研討結果:採乙說。

審查意見:臺灣臺北地方法院:建議增列丙、丁兩說。

　　丙說:

　　參考民法第1113條之8規定,前後意定監護契約有相牴觸者,視為本人撤回前意定監護契約;其立法理由「……所稱『牴觸』,係指受任人之增減或監護內容之變動,與前契約不同者,均屬之。」本件監護內容及受任人之變動,已與前契約內容相牴觸,前契約視為撤回,後契約應屬新訂立之契約,而非變更,故應依公證法第109條等相關規定重新算定公證費用。

　　丁說:

　　1.因契約當事人均相同,且部分委任事務與原契約相同(日常生活受任人仍維持乙),僅就職務分工與報酬給付改定(無報酬之護養療治與有報酬之財產管理部分受任人互換),故非單純補充,而屬變更意定監護契約。2.又因向同一公證處(公證人事務所)請求辦理,倘全部重行計算公證費,對相同契約當事人而言,恐顯不公。得僅就變動之部分,類推適用公證法第114條第4款但書,就變更後增加之部分,依第109條規定收取費用。3.本例委任事項財產管理部分受報酬者已由丙改為乙,故後契約標的金額仍屬增加,類推適用公證法第114條第4款但書,僅就增加之部分,依第109條規定核定費用。審查人採丙說。

臺灣臺東地方法院：採乙說。

理由：

依民法第1113條之8規定立法說明：「所稱『牴觸』，係指受任人之增減或監護內容之變動，與前契約不同者……」本件即屬監護內容之變動，而牴觸效果視為本人撤回前意定監護契約，且觀法條用語及同法第1113條之5第2項後段意旨（前契約經一部撤回者，視為全部撤回），視為撤回範圍應為前契約全部，故後意定監護契約性質上已非前契約之更正或補充，費用應依公證法第109條、第110條準用民事訴訟法第77條之10，或公證法第112條等規定重新核算。

研討結論：多數採丙說（表決結果：實到40人，採甲說0票，採乙說11票，採丙說20票，採丁說5票，棄權4人）。

❖ 民法第1113條之9

意定監護契約約定受任人執行監護職務不受第一千一百零一條第二項、第三項規定限制者，從其約定。

> 意定監護契約當事人得約定受任人執行監護職務不受第1101條第2項、第3項規定限制？

一、思考焦點

民法第1113條之9規定與當事人自主原則有關？

二、問題論述

民法第1101條第2、3項規定：「監護人為下列行為，非經法院許可，不生效力：

一、代理受監護人購置或處分不動產。

二、代理受監護人，就供其居住之建築物或其基地出租、供他人使用或終止租賃。

監護人不得以受監護人之財產為投資。但購買公債、國庫券、中央銀行儲蓄券、金融債券、可轉讓定期存單、金融機構承兌匯票或保證商業本票，不在此限。」係對法定監護人之處分權之權利限制。

　　然本次立法係因尊重意定監護契約當事人之自主原則，故得依民法第1113條之9規定，意定監護契約約定受任人執行監護職務不受第1101條第2、3項規定限制。

三、案例結論

　　意定監護契約當事人得依民法第1113條之9規定，意定監護契約約定受任人執行監護職務不受第1101條第2、3項規定限制。

四、相關實例

　　民法第1101條規範法定監護人與意定監護契約有何異同？

❖ 民法第1113條之10

　　意定監護，除本節有規定者外，準用關於成年人監護之規定。

案例

> 　　意定監護，除本節有規定者外，準用那些關於成年人監護之規定？

一、思考焦點

　　意定監護，在本節有哪些規定？

二、問題論述

　　意定監護，除本節有規定者外，準用關於成年人監護之規定。準用民法第1110條（受監護宣告之人應置監護人）、第1111條第2項（得命主管機關或社會福利機構進行訪視，提出調查報告及建議）、第1111條之1（法院選定監護人之注意事項）、第1112條（尊重受監護人之意思）、第1112條之2（法院應依職權囑託該管戶政機關登記）、第1113條（準用未成年監護規定）等規定。

三、案例結論

　　意定監護，除本節有規定者外，準用關於成年人監護之規定。準用民法第1110條（受監護宣告之人應置監護人）、第1111條第2項（得命主管機關或社會福利機構進行訪視，提出調查報告及建議）、第1111條之1（法院選定監護人之注意事項）、第1112條（尊重受監護人之意思）、第1112條之2（法院應依職權囑託該管戶政機關登記）、第1113條（準用未成年監護規定）等規定。

　　爲確保監護事務之有效遂行，監護事務之費用應由本人負擔爲原則，故意定監護費用之負擔應準用法定監護之規定。又爲遂行監護事務所生之必要費用，無論意定監護契約爲有償或無償皆應由本人之財產支出。意定監護人關於監護事務，應以善良管理人之注意處理監護事務（第1113條準用第1103條第1項及第1100條之規定）。

四、相關實例

　　試申論法定監護制度與意定監護制度，有哪些異同？

第五章　扶　養

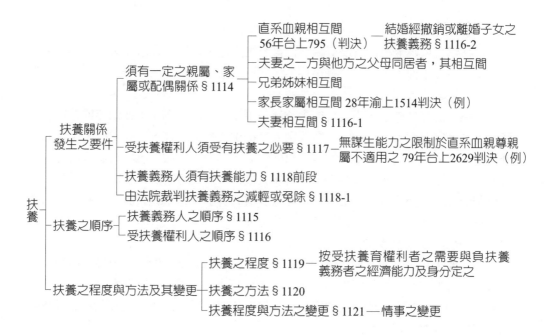

❖ 民法第1114條

左列親屬，互負扶養之義務：

一、直系血親相互間。

二、夫妻之一方與他方之父母同居者，其相互間。

三、兄弟姊妹相互間。

四、家長家屬相互間。

案 例

　　甲男已經七十歲了，重病躺在床上，唯一的親戚，是他死去的太太的妹妹乙女，但是乙自己有自己的家庭，不跟甲住在一起。請問：乙對甲，在法律上有沒有扶養義務？

一、思考焦點

什麼人互相之間負有扶養的義務？

二、問題論述

民法第1114條至第1121條有關「扶養」之規定，須與家事事件法第3條第5項第12款：「戊類事件：十二、扶養事件」，一併研讀。

（一）扶養的意義

一個人活在世界上，不太可能永遠都是平平安安的，例如：在幼年或是年老的時候，都是需要別人來照顧的、需要別人來提供經濟上或物質上的支援，才能繼續維持生活。這個提供經濟上、物質上幫助的人，必須是這個自己沒有辦法維持生活者的親人，因為國家的稅收有限，不可能去把每一個沒有辦法自己維持生活的人，都給照顧好，照顧的責任，最後還是要落到親人身上，希望親人能夠基於親情的動力，把這個沒有辦法自己維持生活的人給照顧好。

（二）扶養親屬的範圍

法律要求親屬之間發揮親情，把需要別人照顧的人給照顧好，但是這個親人的範圍，沒有辦法太廣泛，因為如果親戚關係是很遠的，親情也就慢慢冷淡了，也就比較沒有照顧的動力。所以民法第1114條規定，有四種人之間，在彼此不能維持生活的時候，互相負有扶養的義務：

1.直系血親相互間（第1款）

直系血親，就是直接或間接，被別人生出來，或是生別人出來，就是「己身所從出」或「從己身所出」。例如：自己雖然不是祖父（俗稱阿公）直接生的，但是祖父生爸爸，爸爸生我，所以祖父間接生我，祖父是我的直系血親。直系血親之間互相負扶養的義務。

2.夫妻之一方與他方之父母同居者，其相互間（第2款）

自己丈夫的父、母親，就是自己的公公、婆婆，而自己太太的父、母親，也就是自己的岳父、岳母，這幾種親屬如果住在一起的話，就互相負有扶養的義務。

3.兄弟姊妹相互間（第3款）

兄弟姊妹的意思，就是同一個父親，或同一個母親，但是如果是被人家收養的話，親生父親或親生母親所生的小孩，就不算是兄弟姊妹。

4.家長家屬相互間（第4款）

想要在一起永久共同生活下去，而住在一起的親屬或不是親屬的人，就成立一個家（民法第1122條、第1123條），其中有一位最長輩或者年紀最大的，就是家長（民法第1124條）。家長及家屬之間，也是互相負有扶養的義務。

　　除了以上四種人之間，以及民法第1116條之1規定的配偶之間以外，其他關係的人，相互之間並不負扶養義務。

三、案例結論

　　乙是甲的旁系二等姻親，法律並沒有規定乙對甲負有什麼扶養義務。如果乙要去照顧甲，只是盡道義上的責任而已，不是法律上的義務。

四、相關實例

　　丙男是丁男的岳父，但是沒有住在一起，請問：丁對丙有沒有扶養義務？

五、重要判解

（一）司法院24年院字第1226號解釋

　　前妻之子對其繼母，暨妾生之子對其嫡母，並非直系血親，如無民法第1114條第4款家長家屬關係，即不互負扶養之義務。

（二）司法院30年院字第2120號解釋

　　1.嗣子女與本生父母之關係如何，應依民法所定養子女與本生父母之關係決之，民法第1083條但書所謂第三人已取得之權利，即為養子女因收養關係之發生而喪失之權利，以子女之身分所能取得之權利，既因為他人之養子女而喪失，則以子女之身分所應負擔之義務自亦因為他人之養子女而消滅，故民法第1114條第1款所謂直系血親相互間，不包含養子女與本生父母在內，嗣子女對於本生父母自不負扶養義務。

　　2.給與遺族卹金，係以其對於遺族有法律上或道德上之扶養義務為前提，嗣子女與本生父母在法律上仍有父母子女之親屬關係，其相互間雖無法律上之扶養義務，要不得謂無道德上之扶養義務，故嗣子女之所後父母與本生父母俱生存時，其卹金固應由所後父母承領，而所後父母一方已無應受恤金之遺族時，如其本生父母尚生存，自應由其本生父母承領。

（三）司法院30年院字第2241號解釋

　　依民法第970條第2款第967條之規定，續娶之妻為前妻所生子之直系姻親，續娶後所生子女為前妻所生子之旁系血親，均非前妻所生子之直系血親，前妻所生子與父續娶之妻有家長家屬之關係者，依民法第1114條第4款之規定，雖互負扶養之義務，但前妻所生子已死亡者，依民法第6條之規定，對於父續娶之妻，即無負法律上義務之餘地。

（四）最高法院28年渝上字第1514號民事判決（例）

民法第1114條第4款所謂家屬，係指以永久共同生活為目的而與家長同居一家者而言，其身分因與家長同居一家而發生，因由家分離而消滅，徵諸民法第1122條、第1123條規定，至為明顯。

（五）最高法院29年渝上字第437號民事判決（例）

兄弟姊妹相互間應負扶養之義務，民法第1114條第3款固定有明文，而兄弟之妻與夫之姊妹相互間，則除有家長家屬之關係外，不在同條所定應負扶養義務之列。

（六）最高法院30年渝上字第360號民事判決（例）

直系血親相互間依民法第1114條第1款固負扶養之義務，惟履行扶養義務，應於扶養權利者所需要之程度為之，其以給付金錢為扶養之方法者，於扶養權利者所不需要之數額時期，扶養義務者無給付之義務。

（七）最高法院31年上字第579號民事判決（例）

依民法第1114條第2款之規定，子婦必與翁姑同居，其互負扶養之義務乃得繼續存在，若子婦自願離去夫家，則不問其原因何在，不得再向翁姑請求扶養。

（八）最高法院32年上字第1725號民事判決（例）

與家長無親屬關係之家屬由家分離後，其家屬之身分既不存在，則其基於民法第1114條第4款，請求家長扶養之權利，自亦隨之消滅。

（九）臺灣高等法院102年度家上易字第6號民事裁定

按直系血親相互間互負扶養之義務。又受扶養權利者，以不能維持生活而無謀生能力者為限。前項無謀生能力之限制，於直系血親尊親屬不適用之，因負擔扶養義務而不能維持自己生活者，免除其義務。但受扶養權利者為直系血親尊親屬或配偶時，減輕其義務，民法第1114條第1款、第1117條、第1118條分別定有明文。是以扶養權利人如為父母，扶養義務人即子女縱因而不能維持自己之生活，依法僅得減輕其義務，而不得全予免除。又扶養之程度，應按受扶養權利者之需要，與負扶養義務者之經濟能力及身分定之；負扶養義務者有數人，而其親等同一時，應各依其經濟能力分擔義務，民法第1119條、第1115條第3項分別定有明文。

（十）最高法院106年度台簡抗字第249號民事裁定

按父母對於未成年之子女，有保護及教養之權利與義務，民法第1084條第2項定有明文。所謂保護及教養之權利義務，包括扶養在內，自父母對未成年子女行使或負擔保護及教養之權利義務本質而言，此之扶養義務屬生活保持義務，而與同法第1114條第1款所定直系血親相互間之扶養義務屬生活扶助義務不同。又請求給付扶養費事件，雖為家事非訟事件，但依家事非訟與訴訟程序交錯之法理，當事人究

係依生活保持義務或係依生活扶助義務爲請求，審判長應於審理時，分析各該請求權要件，使當事人敘明其主張。

（十一）最高法院112年度台簡抗字第148號民事裁定

民法第1084條第2項乃規定父母對於未成年子女之保護及教養義務，與同法第1114條第1款所定直系血親相互間之扶養義務者不同。後者凡不能維持生活而無謀生能力時，皆有受扶養之權利，並不以未成年爲限。夫妻之一方請求他方給付家庭生活費用固得含子女教養費用在內，然係指未成年子女之教養費用而言，若子女已成年，則應適用扶養權利義務之有關規定，由子女自行請求。

❖ 民法第1115條

負扶養義務者有數人時，應依左列順序定其履行義務之人：

一、直系血親卑親屬。
二、直系血親尊親屬。
三、家長。
四、兄弟姊妹。
五、家屬。
六、子婦、女婿。
七、夫妻之父母。

同係直系尊親屬或直系卑親屬者，以親等近者爲先。

負扶養義務者有數人，而其親等同一時，應各依其經濟能力，分擔義務。

案例

甲男除了父親及一位兒子以外，在這個世界上就沒有其他親人了。甲沒有什麼財產，因爲車禍受傷，鋸掉一隻腳，也沒有能力出去外面工作，需要別人來扶養他。而他的父親及兒子經濟能力都很好。請問：甲的父親及兒子，誰應該先來扶養甲？

一、思考焦點

親屬之間彼此有義務要相互幫忙，其中如果有人不能維持自己生活、沒有能力去外面工作賺錢養活自己的話，親屬就有義務要來幫助。但是，親屬如果有很多，誰有義務要優先來伸出援手？

二、問題論述

對於不能維持自己的生活、沒有能力去外面工作賺錢養活自己的人，他（她）的親屬就有義務要來幫忙維持生活（扶養），而需要負責來扶養的親屬，當然是有親近和疏遠的分別，所以民法第1115條規定，扶養義務人之順序。如第一順位需要別人來扶養的人，他（她）的直系血親卑親屬，例如：兒子、孫子等等的人，應該要最優先來扶養（第1項第1款）；其次第二順位就是直系血親尊親屬，例如：父親、祖父等等（第1項第2款）；第三順位是家長，也就是希望一起繼續住下去的親屬當中，輩分最大或年紀最大的人（第1項第3款）；第四順位是兄弟姊妹（第1項第4款），同父異母或同母異父的，都包括在內；第五順位是家屬，也就是希望一起繼續住下去的親屬當中，除了家長以外的人（第1項第5款）；第六順位是媳婦（子婦）、女婿（第1項第6款）；第七順位是配偶的父親或母親，有就是俗稱公公、婆婆、岳父、岳母的人（第1項第7款）。前面一個順位完全沒有人，才會輪到後面一個順位，如果同樣是直系尊親屬，或同樣是直系卑親屬，以親等比較近的優先，例如：同樣是直系卑親屬的兒子及孫子，兒子的親等是一親等，孫子的親等是二親等，所以兒子要先負擔扶養義務（第2項）。如果親等一樣的話，有義務要扶養的人，大家按照經濟情況，來分擔要來扶養的錢，比較有錢的多分擔一些，比較沒錢的少分擔一些（第3項）。

三、案例結論

甲的父親是民法第1115條第1項第2款的扶養義務人，甲的兒子則是同條項第1款的扶養義務人，當然是甲的兒子應該要優先來扶養甲才對。

四、相關實例

乙男已經八十歲了，中風躺在床上，太太早就過世了，有二個兒子、三個女兒，都各自成家，而且都差不多有錢。請問：誰應該要來扶養乙？五個兒女應該怎麼樣來分擔扶養乙的義務？

五、重要判解

（一）最高法院27年渝上字第1412號民事判決（例）

家長家屬相互間依民法第1114條第4款之規定，雖負扶養之義務，而在家屬相互間，則除夫妻間應依關於負擔家庭生活費用之規定辦理外，如無同條第1款至第3款所列親屬關係，自不負扶養之義務。

（二）最高法院78年度台上字第1561號民事判決（例）

負扶養義務者有數人，而其親等同一時，應各依其經濟能力分擔義務，固為民法第1115條第3項所明定。惟同一親等之數負扶養義務者之經濟能力，如無明顯之差異時，應解為平均負擔其義務，此乃法意當然之解釋。

（三）最高法院82年度台上字第743號民事判決

負扶養義務者有數人，而其親等同一時，應各依其經濟能力，分擔義務。又夫妻互負扶養之義務，其負扶養義務之順序與直系血親卑親屬同，民法第1115條第3項及第1116條之1前段定有明文。夫妻互負扶養義務之順序既與直系血親卑親屬同，自應與直系血親卑親屬各依其經濟能力，分擔扶養義務。

（四）最高法院86年度台上字第3080號民事判決

按民法第416條第1項第2款規定，受贈人對於贈與人有扶養義務而不履行者，贈與人得撤銷其贈與。又贈與撤銷後，贈與人得依關於不當得利之規定，請求返還贈與物，民法第419條第2項定有明文。又民法第1115條第1項規定，直系血親卑親屬為第一順位履行扶養義務之人。本件姑不論系爭房地贈與契約，有無附有受贈人即上訴人二人應為扶養被上訴人之負擔，因上訴人二人均係被上訴人之女，為被上訴人之直系血親卑親屬，依法對被上訴人負有扶養之義務，其扶養方法或扶養義務如何履行，無需協議定之，況上訴人未履行扶養義務，並非扶養方法之爭議，上訴人二人既均未履行，已如前述，而被上訴人於84年11月11日已以存證信函通知上訴人黃徐某撤銷該贈與之意思表示，及以本件起訴之送達上訴人徐某作為撤銷系爭房屋之贈與之意思表示，系爭房屋之贈與既經撤銷，被上訴人依民法第179條關於不當得利之規定請求上訴人塗銷所有權移轉登記，自屬有據。

（五）臺灣高等法院暨所屬法院111年法律座談會民事類提案第7號

法律問題：甲、乙婚後共同育有一未成年子丙，甲、乙於民國108年1月1日協議離婚，並以離婚協議書約定由父親甲單獨行使或負擔丙之權利義務，並約定：「未成年子丙之扶養費由甲單獨負擔」。嗣未成年子丙於109年1月1日以自己名義，向母親乙請求自109年1月1日起至其成年日止，按月給付其1萬元之扶養費，並經法院裁准如丙之聲明而確定。則乙日後得否依前開離婚協議，向甲請求給付予其依法院裁定內容所業已給付給丙之扶養費？

討論意見：

甲說：肯定說。

（一）按父母對於未成年子女有保護教養之權利義務，且不因離婚而受影響，此為民法第1084條第2項、第1116條之2明文。是父母離婚後，自應各依其經濟能力

及身分，與未成年子女之需要，共同對未成年子女負扶養義務，不因父母之一方之經濟能力足以使受扶養人獲得完全滿足之扶養，而解免他方之義務；即令父母約定由一方負扶養義務時，亦僅為父母內部間分擔之約定，該約定並不因此免除他方扶養未成年子女之外部義務，未成年子女仍得請求未任權利義務行使或負擔之一方扶養。是甲、乙間離婚協議約定甲單獨負擔未成年子丙之扶養費用，不過為甲、乙內部間之債務承擔契約，並無免除他方扶養義務之效力，對於未成年子丙不生效力，亦即未成年子丙仍得本於自己之權利向該他方請求扶養，但於父母內部間則非無效。

（二）甲、乙約定在未成年子丙成年前所有扶養費用均由甲負擔，係其等內部約定由其中一方承擔另一方對未成年子女所負擔之扶養費用之給付義務（債務），不影響未成年子女丙之權利。

（三）故乙於法律上固不能因其與甲之間之離婚協議而免除其對未成年子丙之扶養義務，然依甲、乙之離婚協議書約定，於未成年子丙成年之前，最終之扶養費負擔義務人應為甲，故甲本應依離婚協議書約定，履行承擔乙對未成年子丙所負擔之扶養費用之給付義務（債務），詎甲未履行上開約定，致乙因法院裁定內容而給付未成年子丙扶養費，此屬乙受有本應由甲承擔此給付卻仍由其支出之損害，乙依離婚協議書約定及履行承擔契約關係，請求甲賠償其債務不履行之損害，應屬有據。

乙說：否定說。

（一）乙依離婚協議書約定及履行承擔契約關係，請求甲賠償其債務不履行之損害負擔，需以甲主觀上具有故意或過失為前提要件。而按扶養之程度，應按受扶養權利者之需要，與負扶養義務者之經濟能力及身分定之；負扶養義務者有數人而其親等同一時，應各依其經濟能力，分擔義務，民法第1119條、第1115條第3項分別定有明文。故未成年子丙以自己名義，向乙請求按月給付其扶養費，係由法院綜合考量甲、乙財產及所得概況、工作收入所得，再依未成年子丙之年齡與所需，決定未成年子丙每月所需扶養費、甲、乙各應分擔之比例後，而裁定乙每月應支付未成年子丙1萬元之扶養費，乙因法院確定裁定而給付未成年子丙之扶養金額，但此係因未成年子丙以自己名義向法院聲請且經法院裁判之結果所致，不能認為甲具有可歸責原因，自不應負債務不履行之損害賠償責任。

（二）且乙既因法院確定裁判之強制力而受拘束，致需給付未成年子丙未來按月之扶養費，此乃基於未成年子女對父母請求扶養之法律基礎，與甲、乙雙方約定關於未成年子女之扶養費，於彼此間應如何負擔，概無關連，法院裁定之扶養費金額亦非甲、乙間成立離婚協議時所能預見，乙自不得依前開離婚協議，向甲請求其

依法院裁定內容所業已給付給丙之扶養費。

初步研討結果：採甲說。

審查意見：採甲說，補充理由如下：依題旨，丙爲未成年人，且由甲單獨行使或負擔丙之權利義務，故丙應係以甲爲法定代理人，向法院請求乙給付扶養費，如認乙依法院裁定內容給付扶養費予丙後，不得就其已給付之金額請求甲給付，將使甲得以此方式脫免其應單獨負擔對丙之扶養義務，應不符合甲乙離婚協議之約定眞意。若係丙之扶養費不足而對乙請求之情形（例如甲經濟能力嗣後發生變化，已不足以支付丙之扶養費），如非甲乙另有約定，則於甲乙內部關係間，甲仍爲應負擔丙全部扶養義務之人，故乙依法院裁定支付予丙之扶養費，仍屬甲應負擔之義務，乙對甲應有請求權存在。

研討結果：照審查意見通過。

❖ 民法第1116條

受扶養權利者有數人，而負扶養義務者之經濟能力，不足扶養其全體時，依左列順序定其受扶養之人：

一、直系血親尊親屬。

二、直系血親卑親屬。

三、家屬。

四、兄弟姊妹。

五、家長。

六、夫妻之父母。

七、子婦、女婿。

同係直系尊親屬或直系卑親屬者，以親等近者爲先。

受扶養權利者有數人而其親等同一時，應按其需要之狀況，酌爲扶養。

案 例

甲男是大貨車司機，除了一位年老的父親生病需要扶養以外，另外還有一個弟弟因爲天生智障，沒有結婚生小孩，也需要別人來扶養，甲的家裡面就沒有其他親人了。但是甲的薪水只夠扶養其中一位，應該要先給誰用？

一、思考焦點

如果一個人有好幾個人要去扶養，但是錢不夠，那麼應該要先去扶養誰？

二、問題論述

一個人的能力如果不夠，扶養的對象，當然是有親近和疏遠的分別，所以民法第1116條規定，扶養的對象，以直系血親尊親屬，例如：父親、祖父，應該要最優先來扶養（第1項第1款）；其次就是直系血親卑親屬，例如：兒子、孫子等等（第1項第2款）；第三順位是家屬，也就是一個家裡面除了家長以外的人（第1項第3款）；第四順位是兄弟姊妹（第1項第4款），同父異母或同母異父，都包括在內；第五順位是家長（第1項第5款）；第六順位配偶的父親或母親，就是俗稱公公、婆婆、岳父、岳母的人（第1項第6款）；第七順位是媳婦（子婦）、女婿（第1項第7款）。前面一個順位都有足夠的錢去扶養，才會輪到後面一個順位，如果同樣是直系尊親屬，或同樣是直系卑親屬，以親等比較近的優先，例如：同樣是直系卑親屬的兒子及孫子，兒子的親等是一親等，孫子的親等是二親等，所以兒子要先負擔扶養義務（第2項）。如果親等一樣的話，要看受扶養的人需求的情形，比較有需要被扶養的人，應該要接受多一些的扶養（第3項）。

三、案例結論

甲的父親是民法第1116條第1項第1款規定的第一順位接受扶養的人，而他的弟弟是第1116條第1項第4款規定的第四順位要接受甲扶養的人，所以實在沒有錢的話，父親應該要比弟弟優先來接受扶養。

四、相關實例

乙男在台北橋下面做苦力，有人來招去做工的時候，就有收入，有的時候等了三天也沒有人來請去做工，就根本沒有收入，但是他的父母親都中風躺在床上，請問：乙應該要先扶養父親還是母親？

❖ 民法第1116條之1

夫妻互負扶養之義務，其負扶養義務之順序與直系血親卑親屬同，其受扶養權利之順序與直系血親尊親屬同。

案 例

　　甲男收入很少，需要扶養太太還有父親，請問：甲如果錢不夠，應該要先扶養太太還是父親？

一、思考焦點

　　夫妻之間是不是要互相負扶養的義務？它的優先順序是怎麼樣？

二、問題論述

（一）夫妻扶養義務與權利的順序

　　夫妻是男女希望一輩子在一起互相扶持、照顧，關係非常的密切，當然互相要負扶養的義務，而且負擔扶養義務的人如果有好幾位，配偶的順序跟直系血親卑親屬一樣，排在最優先的順位，都是一定最先要站出來挑起扶養的責任，如果一個人要扶養的對象有很多位，配偶的地位，是跟直系血親尊親屬一樣，也是優先要被扶養的。就扶養義務而言，配偶和直系血親卑親屬一樣，都是最優先的順位，要一起站出來負擔扶養的義務，但是比較有錢的，需要多負擔一些義務。就受扶養的權利而言，配偶和直系血親尊親屬一樣，都是要最先接受扶養的，但是需要狀況比較多的，應該要接受多一些扶養。

（二）夫妻受扶養的條件

　　民法第1116條之1的規定，夫妻受扶養的權利，和直系血親尊親屬一樣，而直系血親尊親屬，依照後面所講的民法第1117條第2項的規定，就算有謀生的能力，仍然可以要求扶養，所以夫妻之間，只要是沒有財產可以維持生活的話，就可以要求配偶來扶養自己，不論是不是有謀生的能力。

三、案例結論

　　甲的父親和太太，一樣都是要最優先接受甲的扶養，但是需求比較大的，應該要接受多一些扶養，但是甲不能因為錢不夠，就可以免去他扶養父親或免去扶養太太的義務。

四、相關實例

　　乙有太太和兒子需要扶養，但是錢不夠，應該要先扶養誰？

五、重要判解

（一）最高法院75年度台上字第401號民事判決

　　雷甲、雷婦為夫妻，固互負扶養義務，惟雷乙依民法第1114條第1款之規定，對其母即雷婦應負扶養義務。負扶養義務者有數人，而其親等同一時，應各依其經濟能力，分擔義務，此為同法第1115條第3項所明定，夫妻互負扶養義務之順序通說解為與血親卑親屬同，此就修正後之民法第1116條之1就此已設有明文觀之自明。故雷乙對其母即雷婦之扶養義務，不因雷甲應負扶養義務而可免除。則雷婦以其子雷乙之死亡，伊受其扶養之權利受有侵害，而請求傅某等三人連帶賠償，依民法第192條第2項之規定，自屬有據。

（二）最高法院79年台上字第2629號民事判決（例）

　　按夫妻履行共同生活，婚姻生活方能維持美滿幸福，故夫妻同居義務實乃維護婚姻生活之基本要件。履行同居生活，則夫妻非互負生活保持之扶養義務不可，扶養對方，亦即保持自己之婚姻生活，其扶養之程度與自己之生活程度相同，是為夫妻互負共同生活之義務。故74年6月3日修正公布之民法第1116條之1規定：「夫妻互負扶養之義務，其負扶養義務之順序與直系血親卑親屬同，其受扶養權利之順序與直系血親尊親屬同。」從而受扶養權利之妻或夫方，亦與直系血親尊親屬同，不以無謀生能力為必要。本院43年台上字第787號判例係就民法修正前所為之詮釋，自民法增訂第1116條之1規定後，即不能為同一之解釋。

（三）最高法院85年度台上字第363號民事判決

　　民法第1117條第1項規定，受扶養權利者，以不能維持生活而無謀生能力者為限。而同條第2項規定，前項無謀生能力之限制，於直系血親尊親屬不適用之。即直系血親尊親屬受扶養者，仍須以不能維持生活者為限。查，盧○洲、盧○○英依卷附戶籍登記簿謄本記載分別為「關廟鄉戶政事務所工友」「自耕農」（見附民卷第十一頁正面），則盧○洲、盧○○英是否確不能維持生活，而得請求盧○卿扶養，即有詳查之必要。且夫妻互負扶養之義務，其扶養義務之順序與直系血親卑親屬同，民法第1116條之1前段定有明文。盧○洲、盧○○英受扶養部分除其子女四人外，尚有配偶相互間，合計各五人，原判決認盧○卿就盧○洲、盧○○英之扶養義務各為四分之一，尚屬可議。

（四）最高法院87年度台上字第2727號民事判決

　　74年6月3日修正公布之民法第1116條之1規定：「夫妻互負扶養之義務，其負扶養義務之順序與直系血親卑親屬同，其受扶養權利之順序與直系血親尊親屬同。」夫妻互受扶養權利之順序，既與直系血親尊親屬同，自不以無謀生能力為

必要。從而夫妻之一方因交通事故死亡時，他方自得依民法第192條第2項規定，向加害人請求扶養費損害賠償，但依民法第1117條規定，仍須以不能維持生活者為限，始得請求加害人賠償。

（五）最高法院88年度台上字第2588號民事判決

夫妻互負扶養義務，其負扶養義務之順序與直系血親卑親屬相同，其受扶養權利之順序與直系血親尊親屬相同，民法第1116條之1定有明文。夫妻互負扶養義務之順序既與直系血親卑親屬同，自應與直系血親卑親屬各依其經濟能力分擔扶養義務。

（六）最高法院89年度台上字第1412號民事判決

夫妻互負扶養義務，其扶養義務之順序與直系血親卑親屬同，又此項扶養義務不得因扶養義務人不能維持自己生活而免除，此觀民法第1116條之1前段、第1118條但書等規定意旨自明。查李○堯、李○愛美係被害人李○萍之父母，渠等育有子女四人，既為原審所認定。則李○堯、李○愛美各得受扶養部分，除其子女四人外，尚有渠配偶相互間亦同為法定扶養義務人，合計應為五人，原審認渠二人各受有四分之一扶養權利之損失，自有可議。

（七）最高法院89年度台上字第1748號民事判決

夫妻互負扶養之義務，民法第1116條之1定有明文。妻因履行其扶養義務所支付夫之醫藥費，難謂係夫對於妻所負之債務。原審以兩造之被繼承人莊○榮生前未積欠債務，而為上訴人敗訴之判決，核無違背法令之情形。

（八）100年消費者債務清理條例法律問題臨時提案第5號

法律問題：債務人因消費者債務清理事件聲請更生，經查其配偶尚有相當收入，法院於審酌債務人之清償能力時，就其分擔家庭生活費用及子女扶養費之數額，應否將配偶之收入列為考量之因素？

討論意見：

甲說：肯定說。

按夫妻互負扶養義務；對於未成年子女之權利義務，由父母共同行使負擔之，民法第1116條之1、第1089條第1項分別定有明文。債務人與配偶共營家庭生活，於審酌聲請人之收入是否足敷必要支出及協商應繳金額之際，自應予以合併審酌配偶之財產所得狀況加以評估；否則將形成聲請人借款支付家庭生活費用，但聲請人之配偶不必支付家庭生活費用之不合理現象。

乙說：否定說。

法院審酌債務人配偶就家庭生活費及子女扶養費之分擔額乙節，固與民法規定相符，惟將配偶之薪資全數作為衡量債務人每月清償數額之因素，已與前述家庭生

活費、子女扶養費之分擔不同,而形同債務人之配偶亦對債權人負清償責任,對債權人保護過周而有失公允。

司法院民事廳消債條例法律問題研審小組意見:

更生方案經債權人會議可決,債務人依其清償能力有無履行可能,為法院裁定認可時應審酌之事項(消債條例第63條第1項第8款)。更生方案未經債權人會議可決,法院是否逕以裁定認可,亦應依債務人之財產及收入狀況,審酌債務人是否已盡力清償(消債條例第64條第1項),及清償額度有無符合最低清償額之限制(消債條例第64條第2項第3款、第4款),法院審酌上開事項時均應扣除債務人應負擔之家庭生活費用及子女扶養費。債務人有配偶者,依民法第1003條之1第1項規定、第1115條第3項規定,家庭生活費用及子女扶養費均應依雙方之經濟能力分擔,法院應斟酌債務人及其配偶雙方之財產、收入、負債等情狀,酌定債務人及其配偶應分擔之部分。經濟能力較高者,應分擔較高之家庭生活費用及子女扶養費,甚或全額由其負擔。法院應就債務人之財產及收入扣除其應分擔之家庭生活費用及子女扶養費後,據以認定其清償能力。至於債務人之配偶除分擔家庭生活費用及子女扶養費,或經其同意共同負擔債務(消債條例第58條第1項)外,法院不得要求以其收入為債務人清償債務,附此敘明。

(九)臺灣高等法院103年度上字第927號民事判決

夫妻互負扶養義務,其負扶養義務順序與直系血親卑親屬同,民法第1116條之1定有明文。且依同法第1117條第1項、第2項規定意旨,夫妻受扶養者,其扶養權利雖不以無謀生能力為必要,但仍以不能維持生活為限。

(十)最高法院106年度台上字第1666號民事判決

夫妻互受扶養之權利,雖不以無謀生能力為必要,然仍應受不能維持生活之限制。所謂不能維持生活,係指無財產足以維持生活者而言;如能以自己之財產維持生活者,自無受扶養之權利。

(十一)最高法院107年度台上字第1805號民事判決

按夫妻互受扶養權利之順序,與直系血親尊親屬同,自不以無謀生能力為必要,惟仍應受不能維持生活之限制。而第三人有無受被害人扶養之權利,當以被害人即扶養義務人存活盡其扶養義務時,以權利人自己現有之財產是否不能維持生活,以為判斷。

❖ 民法第1116條之2

父母對於未成年子女之扶養義務,不因結婚經撤銷或離婚而受影響。

案例

甲男十二歲，他的父、母親離婚了，約定由母親來行使親權，但是母親實在沒有錢，甲可不可以要求父親來扶養自己？

一、思考焦點

父、母親如果離婚的話，對於未成年的小孩子，是不是仍然有扶養的義務？

二、問題論述

父、母親離婚的話，不論是協議離婚、判決離婚、調解離婚或是和解離婚，通常都是會由其中一位來行使負擔對於未成年子女的權利義務，父母親的婚姻被撤銷的情形，也是一樣（民法第999條之1第2項準用民法第1055條、第1055條之1、第1055條之2），有親權（俗稱「監護權」）的一方需要來扶養未成年的小孩子，是沒有問題的，但是沒有親權的一方，畢竟還是未成年小孩子的父親或母親，當然還是有義務要來負擔扶養的責任，這和親權是兩回事，親權是在未成年子女身邊，照顧、保護未成年子女，而扶養純粹只是出錢、提供生活必需品的問題，這是可以分開處理的，所以沒有親權的一方，仍然要負責扶養未成年子女。

三、案例結論

依照民法第1116條之2的規定，甲可以要求父親來扶養自己。

四、相關實例

甲男與乙女離婚，婚姻存續之中，生有一子丙，丙今年剛就讀高中十七歲，試問：甲男與乙女離婚之後，是否對未成年丙子仍須付扶養義務？

五、重要判解

（一）最高法院103年度台抗字第448號民事裁定

父母對於未成年子女有保護及教養之權利及義務，故扶養義務不因離婚而有所影響。又父母離婚後，應衡酌各自知經濟能力及身分，與未成年子女之需要，共同對未成年子女負扶養義務，自不因父、母任一方之經濟能力已足使受扶養人獲得完全扶養，而免除他方之扶養義務。即有約定由一方扶養時，亦僅為內部分擔之約定，仍不因此免除他方之扶養義務，故未成年子女仍得向其請求扶養。

（二）最高法院110年度台簡抗字第89號民事裁定

民法第1084條規定父母對於未成年子女，有保護及教養之權利義務，同法第1116條之2規定父母對於未成年子女之扶養義務，不因結婚經撤銷或離婚而受影響。故父母離婚後，自應各依其經濟能力及身分，與未成年子女之需要，共同對未成年子女負扶養義務，不因父、母一方之經濟能力足以使受扶養人獲得完全滿足之扶養，而解免他方之義務。

❖ 民法第1117條

受扶養權利者，以不能維持生活而無謀生能力者為限。

前項無謀生能力之限制，於直系血親尊親屬，不適用之。

案 例

甲男的父親已經六十六歲了，雖然還有體力去工作，但是也很想在家裡面養老、享受一下，如果在家裡面不去工作的話，財產又不夠維持生活。甲的父親是不是可以要求甲來扶養他，然後在家裡面養老不去工作？

一、思考焦點

在什麼樣的情形之下，可以要求自己的親屬來扶養自己？

二、問題論述

需要別人來扶養的人，可以按照民法第1115條的順序，要求自己的親屬來扶養自己。但是，不是每一個人懶惰待在家裡面不去工作，就可以要求別人來扶養自己，而是真的沒有足夠的財產來維持生活（不能維持生活），而且沒有能力去外面工作來養活自己（無謀生能力），才可以要求自己的親屬來扶養自己。但是，對於「無謀生能力」的這一項條件，對於直系血親尊親屬而言，是不用具備的（民法第1117條第2項），也就是說，直系血親尊親屬只要沒有足夠的財產，就算還有能力出去賺錢，還是可以向自己的直系血親卑親屬要求扶養，而跟直系血親尊親屬有同樣順位的配偶，也是一樣，這是因為法律把扶養義務人的直系血親尊親屬以及配偶，看成跟扶養義務人關係非常的密切，密切到扶養義務人不能夠苛求自己的直系血親尊親屬以及配偶非要出去賺錢不可。但是在配偶的情形，另外還要注意到民法第1003條之1家庭生活費用負擔的問題，夫妻兩個人都要為家出錢出力，不是自己

沒有財產，就可以一味的要求配偶來養自己。

三、案例結論

甲的父親雖然還有體力出去賺錢，但是已經沒有足夠的財產維持生活，所以可以向甲要求扶養。

四、相關實例

乙在新竹科學園區做高級工程師，年收入上百萬元，他的太太罹患絕症且沒有足夠的財產來維持生活，所以要求乙來扶養她，乙說妳也是工程博士，自己不會出去賺錢，我為什麼要來養妳這些話，是不是有理由？

五、重要判解

（一）最高法院47年台上字第9號民事判決（例）

終身定期金契約與民法親屬編關於扶養義務之性質不同，自無民法第1117條、第1118條等規定之適用。

（二）最高法院72年度台上字第4792號民事判決

民法第1117條第1項規定，受扶養權利者，以不能維持生活而無謀生能力者為限，而同條第2項僅規定，前項無謀生能力之限制，於直系血親尊親屬不適用之，並非規定前項不能維持生活之限制，於直系血親尊親屬屬不適用之。是直系血親尊親屬，如能以自己財產維持生活者，自無受扶養之權利。

（三）最高法院79年度台上字第91號民事判決

民法第1117條第1項固規定，受扶養權利者，以不能維持生活而無謀生能力者為限。惟同條第2項規定，前項無謀生能力之限制，於直系血親尊親屬不適用之。故直系血親尊親屬雖有謀生能力，若不能維持生活者，仍有受扶養之權利。原審未就上訴人之財產狀況是否足以維持生活予以調查審認，僅憑國民身分證職業欄之記載，及上訴人所謂有相當經濟能力之陳述，即認定上訴人夫妻二人在滿六十歲以前，非不能維持生活而無謀生能力，即無受扶養之權利云云，尚嫌速斷。

（四）最高法院80年度台上字第782號民事判決

查民法第1117條第2項規定，直系血親尊親屬為受扶養權利者，不以無謀生能力為限，原判決僅命被上訴人賠償六十五歲退休年齡以後受扶養權利被侵害所受損害，已有未合，且以臺灣地區居民平均壽命為計算損害之依據而非以平均殘餘壽命為準，亦欠允當。

（五）最高法院80年度台上字第1638號民事判決

民法第1117條第1項規定：受扶養權利者，以不能維持生活而無謀生能力者為限；第2項規定：「前項無謀生能力之限制，於直系血親尊親屬，不適用之。」是直系血親尊親屬如能以自己財產維持生活者，固無受扶養權利。第張○坤等謂張○東正值壯年，有正當職業收入云云，均屬張○東等有無謀生能力範圍，既未主張並證明張○東等有足夠之財產足以維持生活，而張○東、蕭○係張○慧之直系血親尊親屬，不受無謀生能力之限制，揆諸前揭說明，自有受扶養之權利。

（六）最高法院81年度台上字第1504號民事判決

按民法第1117條第1項規定，受扶養權利者，以不能維持生活而無謀生能力者為限。同條第2項僅規定，前項無謀生能力之限制，於直系血親尊親屬不適用之。是直系血親尊親屬如能以自己財產維持生活者，固無受扶養之權利，第1項所稱「不能維持生活」，係指無財產足以維持生活而言。

（七）最高法院86年度台上字第3415號民事判決

受扶養權利者，以不能維持生活而無謀生能力者為限。民法第1117條第1項定有明文，雖同條第2項又規定，前項無謀生能力之限制，於直系血親尊親屬，不適用之。然不得因而謂不能維持生活之限制，自不在適用之列。

（八）最高法院87年度台上字第1696號民事判決

1.民法第1117條第1項規定；受扶養權利者，以不能維持生活而無謀生能力者為限。而同條第2項規定：前項無謀生能力之限制，於直系血親尊親屬，不適用之。即直系血親尊親屬受扶養者，仍須以不能維持生活者為限。2.夫妻互負扶養之義務，其扶養義務之順序與直系血親卑親屬同，民法第1116條之1前段亦定有明文。

（九）臺灣高等法院臺南分院102年度重訴更（一）字第1號民事判決

父母對於未成年之子女，有保護及教養之權利義務（民法第1084條第2項），所謂保護及教養之權利義務，包括扶養在內。又對於未成年子女之權利義務，除法律另有規定外，由父母共同行使或負擔之（民法第1089條第1項前段）。自父母對未成年子女行使或負擔保護及教養之權利義務本質言，此之扶養義務應屬生活保持義務，與同法第1114條第1款所定直系血親相互間之扶養義務屬生活扶助義務尚有不同，故未成年子女請求父母扶養，不受民法第1117條第1項規定之限制，即不以不能維持生活而無謀生能力為限。惟其扶養程度應按受扶養權利者之需要與負扶養義務者之經濟能力及身分定之，觀之同法第1119條自明。

（十）臺灣高等法院花蓮分院102年度上字第40號民事判決

直系血親相互間，互負扶養之義務；負扶養義務者有數人時，直系血親卑親屬為第一順序扶養義務人；夫妻互負扶養之義務，其負扶養義務之順序與直系血親

卑親屬同；負扶養義務者有數人，而其親等同一時，應各依其經濟能力，分擔義務；受扶養權利者有數人而其親等同一時，應按其需要之狀況，酌為扶養；扶養之程度，應按受扶養權利者之需要，與負扶養義務者之經濟能力及身分定之，民法第1114條第1款、第1115條第1項第1款、第3項、第1116條第3項、第1116條之1前段及第1119條分別定有明文。再按直系血親尊親屬為受扶養權利者，雖不以無謀生能力為必要，惟仍須受不能維持生活之限制，如能以自己之財產維持生活，即無受扶養之權利，此觀之民法第1117條規定自明。

（十一）最高法院104年度台抗字第776號民事裁定

父母（包括已離婚之夫妻）對於不能維持生活而無謀生能力之直系血親卑親屬，均負有扶養義務，此觀民法第1114條、第1115條、第1117條等規定即明。倘該扶養費係由一方先行墊付者，該方非不得依不當得利之法律關係請求他方返還，且此項請求乃在使受利益之他方一次返還其所受之利益，除雙方原有按年或不及一年之定期給付扶養費約定外，與民法第126條所規定「其他一年或不及一年之定期給付債權」並不相同，自無適用該條所定短期消滅時效之餘地。

（十二）最高法院107年度台上字第2183號民事判決

按被害人對於第三人負有法定扶養義務者，加害人對於該第三人亦應負損害賠償責任，民法第192條第2項定有明文。又受扶養權利者，以不能維持生活而無謀生能力者為限；前項無謀生能力之限制，於直系血親尊親屬，不適用之。夫妻互負扶養之義務，其受扶養權利之順序與直系血親尊親屬同，此觀民法第1117條、第1116條之1自明。是夫妻互受扶養權利之順序，與直系血親尊親屬同，固不以無謀生能力為必要，仍應受不能維持生活之限制。所謂「不能維持生活」，係指無財產足以維持生活。而第三人有無受被害人扶養之權利，當以被害人即扶養義務人存活盡其扶養義務時，以第三人自己現有之財產是否不能維持生活，以為判斷。

（十三）臺灣高等法院臺中分院108年度上字第456號民事判決

按民法第1114條第1款、第1115條第3項、第1116條之1、第1117條第1項、第2項規定，所謂不能維持生活，係指不能以自己之財產維持生活，專指受扶養權利者之財力、財產狀況而言。亦即，直系血親尊親屬若能僅賴其既有財產之收入（例如租金、利息、出產物等孳息）以維持其生活者，即屬有財產得以維持生活，若其維持生活須以蝕財產老本即變賣財產之方式始足為之，即非屬有財產得以維持生活。

（十四）最高法院108年度台上字第103號民事判決

子女為父母墊付費用，與子女本於扶養義務人對父母盡其扶養義務，二者不同；為父母墊付費用於父母有支付該費用之必要，子女為其先行墊付即足；扶養義務則尚須父母符合民法第1117條規定之受扶養要件，始有受扶養之權利為要件。此

外，遺產管理之費用，因具有共益性質，以由遺產負擔為公平。

（十五）最高法院108年度台上字第653號民事判決

直系血親尊親屬受扶養之權利，應受不能維持生活之限制。所謂不能維持生活，係指不能以自己之財產維持生活而言。此外，受扶養權利人請求將來受扶養者，應以事實審言詞辯論終結時之財產狀況及該財產日後可能消滅之情事，推認其得請求受扶養時之財力能否維持生活。

（十六）最高法院110年度台上字第2204號民事判決

按民法第1117條規定，所謂不能維持生活，係指不能以自己財力維持生活者而言；如能以自己之財產維持生活者，自無受扶養之權利。而第三人有無受被害人扶養之權利，當以第三人自己現有之財產計算至被害人即扶養義務人存活盡其扶養義務時，是否不能維持生活，以為判斷。

❖ 民法第1118條

因負擔扶養義務而不能維持自己生活者，免除其義務。但受扶養權利者為直系血親尊親屬或配偶時，減輕其義務。

案例

甲男靠打零工維生，除了父親臥病在床，需要別人來扶養以外，他們家就沒有其他親人了。請問：甲是不是可以說，我自己都沒有辦法活下去了，所以我不要扶養我的父親？

一、思考焦點

如果扶養義務人自己都沒有辦法維持生活的話，是不是可以不要負擔扶養的義務？

二、問題論述

依照民法第1115條的規定，有義務要扶養別人的人，如果自己都生活不下去了，需要別人來扶養的話，民法第1118條前段就規定，這個時候，就可以不用再去扶養別人。但是，如果需要扶養的對象，是自己的直系血親尊親屬，或是自己的配偶，法律認為這是人倫關係中，最親近的人，沒有直系血親尊親屬，就沒有自己的存在，而夫妻是要永久廝守在一起的，就算自己活不下去了，也要扶養自己的直系

血親尊親屬或配偶時，最多只能減輕一些責任，不能夠完全把扶養義務給免除掉（民法第1118條但書）。

三、案例結論

甲再怎麼苦，也要扶養自己的父親，最多只能減輕其義務，不能完全免去責任。

四、相關實例

乙女靠打零工維生，除了弟弟臥病在床，需要別人來扶養以外，他們家就沒有其他親人了。請問：乙是不是可以說，我自己都沒有辦法活下去了，所以我不要扶養我的弟弟？

五、重要判解

（一）臺灣高等法院暨所屬法院91年法律座談會民事類提案第9號

法律問題：甲、乙為夫妻，育有未成年子女丙，丁為甲之父，今甲、乙離婚後，丙向甲請求履行扶養義務，甲抗辯尚有丁由其扶養，而不能維持自己之生活，已無資力扶養丙，依民法第1116條第1項及同法第1118條規定，免除扶養義務，甲之抗辯有無理由？

討論意見：

甲說：

依民法第1116條第1項規定，受扶養權利者有數人，而負扶養義務人不足扶養其全體時，直系血親尊親屬受扶養順序優於直系血親卑親屬，且直系血親卑親屬亦無民法第1118條但書之規定，扶養義務人縱因不能維持自己之生活，亦不免除其對直系血親尊親屬及配偶之扶養義務，是以，在扶養義務人無力同時負擔其對於直系血親尊親屬及直系血親卑親屬扶養義務時，可免除對於直系血親卑親屬之扶養義務。

乙說：

就扶養義務中依扶養程度學說上分成生活保持義務及生活扶助義務，所謂生活保持義務係指身分關係本質不可缺之要素，維持對方生活，亦即保持自己之生活，又稱為「共生義務」，而此種義務涉及扶養者全部需要，且須供應與扶養需要者身分相當之需要，最重要者乃無須斟酌扶養供給者之給付能力，若扶養供給者無餘力，仍須犧牲自己扶養他人；反之，生活扶助義務只於扶養需要者無力生活，而扶養供給者有扶養餘力，始有扶養義務，此即親屬關係輔助要素之一，而此種義務僅須支付扶養需要者不可或缺之需要即可，且以扶養供給者能為與身分相當之生活

後，仍有餘資始予扶養，而依民法第1118條規定，學說上肯認在受扶養權利者爲直系血親尊親屬及配偶者，扶養義務者所應負擔即爲生活保持義務，至於父母對於未成年子女所應負擔扶養程度依照比較法之解釋：瑞士民法第272條明文規定父母子女間所應負擔爲生活保持義務，而日本雖無明文規定，但學說上亦有認父母與未成熟子女間應負生活保持義務之看法。查立法解釋：我國民法親屬編從民國19年訂立以後，歷經74年6月3日、85年9月25日、87年6月17日、88年4月21日、89年1月19日修正，由大家族式之立法，朝向小家庭之現代生活方式修正，其中最強調莫過於未成年子女利益優先保護原則，是以，在法律解釋上亦應掌握此一原則，對於法律條文爲有利於未成年子女利益之解釋，今我國民法雖無明文規定父母對於未成年子女應負生活保持義務，惟參酌上開生活保持及生活扶助義務之區別，本於父母與未成年子女乃係身分關係本質上具有不可或缺之要素，且對於已成年之直系血親尊親屬皆應負擔生活保持義務，何以對於尙未具有謀生能力嗷嗷待哺之未成年子女反而僅須負擔生活扶助義務，此乃非對於未成年子女利益保護最佳考量，論者或有此乃孝道之踐行，應優先於未成年子女之扶養，惟孝道之踐行並非使扶養義務者悖於常情，須犧牲下一代，以成全盡孝道，應使受撫育之未成年子女及直系血親尊親屬均置於同一順位而水平地提昇維持日常生活，因此，自應目的性限縮解釋民法第1116條第1項第2款之直系血親卑親屬限於已成年者，而將父母對於未成年子女之扶養，本諸民法第1084條第2項規定，課以生活保持之扶養義務，方符合保護未成年子女最佳利益，此從德國民法第1609條規定將未成年又未結婚之直系血親卑親屬其受扶養順序置於最優先地位，即同此理。是以，自應認爲父母對於未成年子女應負生活保持義務，且應與直系血親尊親屬就扶義權利順序，應予併列，我國親屬法學者亦贊同此一見解（參見陳棋炎、黃宗樂、郭振恭合著，民法親屬新論，第426至427頁；戴東熊，親屬實例解說，第380至381頁；戴東熊、戴炎輝，中國親屬法，第526至527、534至537頁；雷文玫，離婚後未成年子女扶養，臺灣本土法學雜誌，第31期，第109至113頁），故乃無須斟酌甲扶養義務人之給付能力，甲抗辯其無法維持自己生活，因而得免除扶養義務即無理由。

初步研討結果：

關於父母對於未成年子女之扶養義務，不論婚姻關係存續與否皆應負生活保持義務，雖無如同民法第1118條但書明文規定，但依父母與未成年子女之身分關係本質及學者間通說均無疑義，惟關於未成年子女之扶養權利與直系血親尊親屬在扶養義務人無力全體扶養時，兩者扶養順序是否位於同一，即有爭議，依目前民法第1116條明文規定直系血親尊親屬受扶養之順序優於直系血親卑親屬，且直系血親卑親屬並未區分已成年或未成年之情形下，若未成年子女與直系血親尊親屬扶養權利

發生扶養義務人無資力全體扶養時，扶養義務人仍應以扶養直系血親尊親屬爲優先。

審查意見：同意初步研討結果。

研討結果：照審查意見通過。

（二）最高法院102年台上字第854號民事判決

按民法第1118條之規定，配偶因負擔扶養義務而不能維持自己生活者，固僅得減輕其義務，而不得免除之；惟此係指配偶有能力負擔扶養義務而言，倘配偶並無扶養能力，自無該條規定之適用。不過本件當事人實際上似僅難維持生活，尚難認其無能力負擔扶養義務，依上開所述，似不能免除其對配偶之扶養義務，則原判決未予以闡明，即以當事人難以維持生活作爲理由，而認其不負扶養義務，如此自欠允洽。

❖ 民法第1118條之1

受扶養權利者有下列情形之一，由負扶養義務者負擔扶養義務顯失公平，負扶養義務者得請求法院減輕其扶養義務：

一、對負扶養義務者、其配偶或直系血親故意爲虐待、重大侮辱或其他身體、精神上之不法侵害行爲。

二、對負扶養義務者無正當理由未盡扶養義務。

受扶養權利者對負扶養義務者有前項各款行爲之一，且情節重大者，法院得免除其扶養義務。

前二項規定，受扶養權利者爲負扶養義務者之未成年直系血親卑親屬者，不適用之。

（民國99年1月27日公布立法新增條文）

案例

　　甲男與乙女是夫妻，兩個人結婚生下一子丙，乙女早逝，甲男經常酗酒並經常毆打丙子出氣，案經法院判決確定剝奪甲對丙之親權後，選定有愛心之丁男爲丙之監護人，甲男後因年老住院要求成年丙應負有照顧及扶養其之義務，然而丙卻想減輕或免除扶養對甲的義務是否可行？

一、思考焦點

甲男經常酗酒並經常毆打丙子出氣，案經法院判決確定剝奪甲對丙之親權後，選定有愛心之丁男為丙之監護人，甲男後因年老住院要求成年丙應負有照顧及扶養其之義務，而丙應秉持「天下無不是父母」的觀念，照顧及扶養甲男？

二、問題論述

本次立法增訂，受父母惡意遺棄、家庭暴力、性侵害等不法行為的受害人，可以向法院請求減輕或免除扶養父母的義務，並配合修正刑法相關規定，當減免扶養義務者，對父母不為必要的扶助、照顧時，仍不構成刑法遺棄罪。這次的立法修正鬆動了「天下無不是父母」的傳統規定，也強化扶養義務的正當性。依據現行民法第1114條第1款規定，直系血親相互間負扶養義務，而民法第1118條但書規定，僅針對因負擔對直系血親尊親屬之扶養義務，而無法維持自己生活的情形下，才能減輕其扶養義務。但是當父母對子女之行為，有家庭暴力防治法第2條第1款、第2款規定的家庭暴力犯罪情形時，足可預見父母並不重視子女的權益，如子女也無願意扶養惡意侵害自己的父母時。現行制度仍然規定，子女須對父母負撫養義務，不但不符合民眾感情，也違背了扶養義務注重教養回報的良善立法意旨。

因此，這次立法增訂民法第1118條之1第1項第1款及第2款規定，當子女受到父母虐待、重大侮辱、家庭暴力行為或是無正當理由而未受扶養時，子女得向法院請求減輕扶養義務，而同條文第2項規定，法院審酌個案情形，認為免除扶養義務較為妥當時，得免除子女對父母的扶養義務。另外，當子女不履行扶養義務時，除了父母得請求子女履行義務外，刑法第294條第1項、第295條也規定，子女對於依民法第1114條第1款規定應扶助的直系血親尊親屬，為遺棄行為或不為其生存必要的扶助、養育、保護等行為，成立遺棄直系血親尊親屬罪，處六月以上、五年以下有期徒刑，並加重二分之一刑度。為了配合民法的修正，增訂刑法第294條之1第2款、第3款、第4款規定，使得減免對父母扶養義務的子女，在不為對父母的必要扶助、養育、保護等行為時，不會構成遺棄直系血親尊親屬罪，以避免出現合法依據民事法庭決定為行為，卻反遭刑事法庭判處罪刑的矛盾現象。

本次修正代表著，扶養義務不再是絕對義務，而是需要依照個案情勢判斷的相對義務，臺灣民眾傳統上有「天下無不是父母」的觀念，這個觀念也會因為修正而產生鬆動。推動立法的民間團體人士及立法委員強調，這次修正並不會瓦解扶養義務制度下，對於直系血親間因血緣、教養等物理上或情感上密切互動，而施予回報義務的良善觀念之修正，反倒能更符合扶養義務的意旨，使得父母、子女間能真正為彼此著想，促進雙方的情感交流。

　　但第3項規定，前二項規定，受扶養權利者爲負扶養義務者之未成年直系血親卑親屬者，不適用之，是宜注意。例如：受扶養權利者爲未成年子女，而負扶養義務者爲父母，則不適用本條文第1、2項之規定。

三、案例結論

　　民國99年1月27日公布立法新增條文民法第1118條之1第1項第1款規定，對負扶養義務者、其直系血親故意爲虐待或其他身體、精神上之不法侵害行爲。故丙得依據同條第1項，向法院請求對甲減輕扶養義務或依據同條第2項規定，向法院請求對甲得免除其扶養義務。

四、相關實例

　　民國99年1月27日公布立法新增條文民法第1118條之1的立法理由爲何？

五、重要判解

（一）臺北高等行政法院100年度訴字第1612號民事判決

　　按99年1月27日增訂公布民法1118條之1第1項、第2項規定，關於負扶養義務者有法定減輕或免除之事由，須請求法院裁判爲之，而非當然減輕或免除，且法院減輕或免除扶養義務之確定裁判，僅向後發生效力，並無溯及既往之效力，因此於請求法院裁判減輕或免除扶養義務之前，扶養義務者仍應負扶養義務。是以，負扶養義務者雖提起確認扶養義務不存在之訴，並經法院判決確定，惟行政機關作成原處分，依老人福利法第41條規定，通知老人之直系血親卑親屬或依契約有扶養義務者償還老人保護及安置所需費用時，負扶養義務者尚未經普通法院依民法第1118條之1第2項予以免除法定扶養義務，故負扶養義務者仍負有償還老人保護及安置費用之義務。

（二）臺灣高等法院暨所屬法院100年法律座談會民事類提案第10號

法律問題：甲有子乙丙，甲對乙丙有故意爲虐待、重大侮辱或其他身體、精神上之不法侵害行爲；或者，對乙丙有無正當理由未盡扶養義務，且情節重大，在甲未對乙丙提起請求給付扶養費之訴時，扶養義務人可否依民法第1118條之1第2項之規定提起訴訟，請求法院判決減輕或免除扶養之義務？

討論意見：

　　甲說：

　　受扶養權利者有下列情形之一，由負扶養義務者負擔扶養義務顯失公平，負扶

養義務者得請求法院減輕其扶養義務：對負扶養義務者、其配偶或直系血親故意為虐待、重大侮辱或其他身體、精神上之不法侵害行為；對負扶養義務者無正當理由未盡扶養義務。受扶養權利者對負扶養義務者有前項各款行為之一，且情節重大者，法院得免除其扶養義務。民法第1118條之1第1項、第2項定有明文。

　　審酌民法第1118條之1的立法目的，在於使受扶養權利者與負扶養義務者間，若符合該條中任一款規定時，即得請求法院減免扶養義務，復又參照該條文文義解釋：「負扶養義務者得『請求』法院減輕其扶養義務」，是民法第1118條之1可作為請求權基礎。

　　乙說：

　　按直系血親相互間，互負扶養之義務，民法第1114條第1款定有明文，是直系血親互相間，受扶養權利之一方，自得向負扶養義務之他方請求扶養。次按「因負擔扶養義務而不能維持自己生活者，免除其義務。但受扶養權利者為直系血親尊親屬或配偶時，減輕其義務。」民法第1118條亦有明文，又民法於99年1月27日經公布增訂第1118條之1：「按受扶養權利者有下列情形之一，由負扶養義務者負擔扶養義務顯失公平，負扶養義務者得請求法院減輕其扶養義務：對負扶養義務者、其配偶或直系血親故意為虐待、重大侮辱或其他身體、精神上之不法侵害行為。對負扶養義務者無正當理由未盡扶養義務。受扶養權利者對負扶養義務者有前項各款行為之一，且情節重大者，法院得免除其扶養義務。」並於同年月29日施行；而增訂該條文之立法理由係：民法扶養義務乃發生於有扶養必要及有扶養能力之一定親屬之間，父母對子女之扶養請求權與未成年子女對父母之扶養請求權各自獨立（最高法院92年度第5次民事庭會議決議參照），父母請求子女扶養，非以其曾扶養子女為前提。然在以個人主義、自己責任為原則之近代民法中，徵諸社會實例，受扶養權利者對於負扶養義務者本人、配偶或直系血親曾故意為虐待、重大侮辱或其他家庭暴力防治法第2條第1款所定身體、精神上之不法侵害行為，或對於負扶養義務者無正當理由未盡扶養義務之情形，例如實務上對於負扶養義務者施加毆打，或無正當理由惡意不予扶養者，即以身體或精神上之痛苦加諸於負扶養義務者而言均屬適例（最高法院74年台上字第1870號判例參照），此際仍由渠等負完全扶養義務，有違事理之衡平，爰增列第1項，此種情形宜賦予法院衡酌扶養本質，兼顧受扶養權利者及負扶養義務者之權益，依個案彈性調整減輕扶養義務。至受扶養權利者對負扶養義務者有第1項各款行為之一，且情節重大者，例如故意致扶養義務者於死而未遂或重傷、強制性交或猥褻、妨害幼童發育等，法律仍令其負扶養義務，顯強人所難，爰增列第2項，明定法院得完全免除其扶養義務。又按民法第1118條之1之增訂係參酌德國民法第1611條第1項規定及法國民法第207條規定，即有於一定情形下，限制或免除扶養義務之規定。

　　綜上規定交互以參，民法第1118條及新增第1118條之1乃係扶養義務者主張減輕或免除其對扶養權利者所應負扶養義務之抗辯事由，並非請求權基礎，亦即直系血親互相間，受扶養權利之一方，訴請負扶養義務之他方扶養時，受扶養義務之他方有民法第1118條之事由，抑或受扶養權利之一方有民法第1118條之1第1項各款之事由而情節重大者，負扶養義務之他方方得向法院請求減輕或免除其扶養之義務，無以於受扶養權利之一方未訴請負扶養義務之他方請求扶養，即由負扶養義務之他方先向法院主張此等抗辯事由，而請求減輕或免除其扶養義務。又參酌德國民法第1611條亦非直接減免扶養義務，而是有規範層次的不同，原則規定扶養義務人給付合理公平之扶養費，在顯失公平時再完全免除扶養義務。由此可知，甲未對乙丙提起請求給付扶養費之訴時，乙丙不可依民法第1118條之1第2項向法院請求免除其扶養義務。

　　因認為民法第1118條之1為抗辯事由，無以於受扶養權利之一方未訴請負扶養義務之他方請求扶養，即由負扶養義務之他方先向法院主張此等抗辯事由，而請求減輕或免除其扶養義務。然現行實務上認為在此種情況下，仍可由負扶養義務之他方向法院提起確認扶養義務不存在之訴，有臺灣板橋地方法院99年度家訴字第275號判決參照。

初步研討結果：採甲說。

審查意見：採乙說。

研討結果：

　　審查意見修正為：採乙說，惟理由刪除。

　　經付表決結果：實到68人，採甲說33票，採乙說26票。

（三）高雄高等行政法院102年度簡上字第3號民事判決

　　按負扶養義務者依民法第1118條之1第2項規定，請求法院免除其扶養義務之權利，係形成權，自法院予以免除確定時起始發生扶養義務者對受扶養權利者免除負扶養義務之法律效果。故在此之前，扶養義務者因負扶養義務而具體產生之債務關係，無論是公法上或私法上之債務關係，並不因事後法院予以免除負扶養義務而變成自始或事後不存在。是以，原判決認為依民法第1118條之1減輕或免除扶養義務人之扶養義務之確定裁判，僅向後發生效力，並無溯及既往之效力，於請求法院裁判減輕或免除扶養義務之前，扶養義務人依民法規定仍負扶養義務之法律見解，並無違誤。

（四）臺灣高等法院暨所屬法院103年法律座談會民事類提案第11號

法律問題：A與B於婚姻關係存續中，育有甲、乙、丙、丁四子。事後A、B因故離婚，A於年老時對四子向法院聲請給付扶養費每月共新台幣（下同）

15,000元。經法院審理後，認為甲、乙、丙、丁之經濟狀況相仿，且A請求之扶養費符合其每月之需求及四子之經濟能力、身分地位。惟A在甲、乙成年前，無正當理由未盡對於甲、乙之扶養義務；且A更長期對甲施暴，情節重大。因而認定甲得依民法第1118條之1第2項規定免除其扶養義務；乙則得依同條第1項減輕其扶養義務至二分之一；丙、丁則不符合上開免除或減輕之事由。此時，乙、丙、丁應負之扶養費各為多少？

討論意見：

　　甲說：免除義務轉嫁說。

　　按民國99年民法親屬編增訂第1118條之1，增列若扶養權利者曾對扶養義務者為施暴或未盡扶養義務……等行為，由扶養義務者負擔扶養義務顯失公平時，得請求法院減輕或免除扶養義務之規定。立法理由謂：「民法扶養義務乃發生於有扶養必要及有扶養能力之一定親屬之間，父母對子女之扶養請求權與未成年子女對父母之扶養請求權各自獨立（最高法院92年度第5次民事庭會議決議意旨參照），父母請求子女扶養，非以其曾扶養子女為前提。然在以個人主義、自己責任為原則之近代民法中，徵諸社會實例，受扶養權利者對於負扶養義務者本人、配偶或直系血親曾故意為虐待、重大侮辱或其他家庭暴力防治法第2條第1款所定身體、精神上之不法侵害行為，或對於負扶養義務者無正當理由未盡扶養義務之情形，例如實務上對於負扶養義務者施加毆打，或無正當理由惡意不予扶養者，即以身體或精神上之痛苦加諸於負扶養義務者而言均屬適例（最高法院74年台上字第1870號判例意旨參照），此際仍由渠等負完全扶養義務，有違事理之衡平，爰增列第1項，此種情形宜賦予法院衡酌扶養本質，兼顧受扶養權利者及負扶養義務者之權益，依個案彈性調整減輕扶養義務。至受扶養權利者對負扶養義務者有第1項各款行為之一，且情節重大者，例如故意致扶養義務者於死而未遂或重傷、強制性交或猥褻、妨害幼童發育等，法律仍令其負扶養義務，顯強人所難，爰增列第2項，明定法院得完全免除其扶養義務。」由立法理由可知，增訂該條扶養義務者得以請求減輕或免除扶養義務之原因，係在於認為當扶養權利者曾有該條所列之情形時，此際仍由該扶養義務者負完全扶養義務，有違事理之衡平，故該條之重點乃著重於由扶養義務者負擔扶養義務是否符合事理之平，並未完全剝奪扶養權利者請求扶養之固有權利。質言之，該條所欲彰顯者乃在於扶養義務者個人之義務減輕或免除是否合理，係針對義務面所為之規定，與扶養權利者所得享有之權利無涉。若所有扶養義務者皆得減輕或免除扶養義務，扶養權利者受扶養之權利固然因而受損，然此係因減輕或免除所帶來之必然結果，非因此而可推論該條意旨亦在於減損扶養權利者得受相當扶養之

權利。因此，若尚有其他扶養義務者時，該受免除扶養義務者原先應負擔之部分，即應轉嫁至其他扶養義務者承擔（臺灣新北地方法院100年度家訴字第370號、臺灣嘉義地方法院101年度家訴字第8號、臺灣屏東地方法院100年度家訴字第64號判決意旨參照）。

　　次按扶養義務依扶養義務者與扶養權利者間之關係，可分為「生活保持義務」或「生活扶助義務」，前者之扶養為父母子女或夫妻身分關係之本質上不可缺之要素，保持對方之生活，即係保持自己之生活，其對方生活之程度與自己之生活程度相等稱之；後者之扶養則在於其他親屬間（如兄弟姊妹間），惟於不犧牲自己地位相當之生活之限度內，對需要扶養之他方親屬，為必要之扶助。故若父母子女或夫妻間，負有扶養義務者，自需使自己之生活程度與扶養權利者之生活程度相同。因此，縱使有部分之扶養義務者依民法第1118條之1第2項之規定，得以免除扶養義務，其他扶養義務者並未因此免除生活保持之義務，自仍應使扶養權利人之生活程度與自己相同。至於其他親屬間，負有扶養義務者亦同，亦即其所應負之扶養程度雖有不同，但亦未因其他原扶養義務者得減輕或免除扶養義務，而得免除其應負之生活扶助義務。

　　據上，本題甲雖經法院認定應依民法第1118條之1第2項免除其扶養義務，惟A並不因此使其固有之扶養權利受損，乙、丙、丁亦不應免除其為A之子女所應負之生活保持義務，而仍需共同分擔對A之扶養義務。因此，在乙、丙、丁三人經濟狀況相仿之情形下，渠等所應負之扶養費比例應各為三分之一。另乙因經法院認定應依民法第1118條之1第1項減輕其扶養義務至二分之一，則乙應負擔之扶養費比例則減為六分之一。準此，以A得請求之扶養費為每月15,000元計算，乙應負擔之扶養費為2,500元，丙、丁則各應負擔5,000元（臺灣士林地方法院100年度家訴字第35號判決意旨參照）。

　　乙說：免除義務不轉嫁說。

　　按「負扶養義務者有數人時，應依左列順序定其履行義務之人：一、直系血親卑親屬……。『負扶養義務者』有數人而其親等同一時，應各依其經濟能力，分擔義務。」民法第1115條第1項第1款、第3項定有明文。而新增訂之民法第1118條之1之規定，則明定得請求減輕或免除扶養義務之主體為「負扶養義務者」。兩條規定之主體既均為「負扶養義務者」，故依法條之體系解釋及文義解釋觀之，在扶養義務者為直系血親卑親屬，且有數人時，於認定扶養權利者得請求之扶養費數額時，自應先依民法第1115條之規定，依各扶養義務者之經濟能力，認定各應分擔之義務為何。其次始進入判斷是否合於民法第1118條之1之規定，扶養義務者可否減輕或免除扶養義務之層次。

次按受扶養權利者曾對於負扶養義務者本人、配偶或直系血親故意為虐待、重大侮辱或其他家庭暴力防治法第2條第1款所定身體、精神上之不法侵害行為，或對於負扶養義務者無正當理由未盡扶養義務之情形，若認扶養權利者仍得向扶養義務者請求扶養，顯違事理之平，始增訂民法第1118條之1之規定，剝奪或限縮其得受扶養之權利，此立法目的本即帶有懲罰扶養權利者之色彩。是以，若依甲說之見解，扶養義務者為直系血親卑親屬，且有數人時，其中有一人或數人向法院依民法第1118條之1第2項規定請求免除扶養義務獲准後，該免除扶養義務者原先應負擔之扶養比例，即轉嫁由其他扶養義務者負擔，則扶養權利者所得受之扶養數額便因而受到完全之填補，如此將無法達到民法增訂第1118條之1帶有懲罰扶養權利者之目的。且如此一來，將造成扶養權利者因曾對已免除扶養義務者所為之施暴或未盡扶養義務……等行為，而產生之不利益，反而需由其他扶養義務者為扶養權利者承擔，而變相加重其他扶養義務者之負擔，顯有失公平，亦有違近代民法以個人主義、自己責任之原則

再者，甲說之見解對於免除或減輕扶養義務者之扶養義務後，對於其他扶養義務者應負擔之扶養比例，竟為不同之處理方式。亦即若免除部分扶養義務者之義務時，其原本應負之扶養比例，即轉嫁由其他扶養義務者負擔。然在僅係減輕扶養義務者之義務時，其原本應負之扶養比例，竟未同依免除時之處理方式，亦將之轉嫁由其他扶養義務者負擔，反而由扶養權利者自行承擔此部分之不利益，其他扶養義務者並不因此增加其扶養義務。如此將形成扶養權利者曾對部分扶養義務者所為之施暴或未盡扶養義務……等行為之情節，至可免除部分扶養義務者之扶養義務程度時，扶養權利者自其他扶養義務者處所得之扶養費數額較高；然扶養權利者上開行為之情節較輕，僅至可減輕部分扶養義務者之扶養義務程度時，反而可獲得之扶養費數額較少之不合理現象。

準此，依體系解釋、文義解釋，以及自立法目的及公平性而言，遇本題之情形時，應先計算出各個扶養義務者原先應負擔之扶養比例，若其中有部分扶養義務者有減輕或免除扶養義務之情形時，再個別予以減輕或免除，並不會因而影響其他扶養義務者原應負擔之扶養比例，始為適當。

據上，本題A本得請求扶養之對象，共有甲、乙、丙、丁四人，且經法院審理後，認渠等之經濟能力相仿，因此，依A每月得請求之扶養費為每月15,000元計算，渠等每人原先應負擔之扶養比例各為四分之一，即每人每月應負擔之扶養費各為3,750元。惟A曾對甲施暴，且未盡扶養義務，情節重大，而可依民法第1118條之1第2項規定，免除其扶養義務；又A亦未盡對乙之扶養義務，然情節尚非重大，故僅得依同條第1項規定，減輕其原應負之扶養比例至二分之一。此時，依前揭說

明，甲、乙所得受免除、減輕扶養義務之數額，並不因此轉嫁由丙、丁負擔，故丙、丁所應負A之扶養費仍為每人每月3,750元，至於乙因減輕其原所負之扶養比例至二分之一，則其所應負之扶養費則為每月1,875元。

初步研討結果：採乙說。

審查意見：

　　增列丙說。

　　丙說：既經法院認定甲得免除扶養義務，乙得減輕扶養義務，則A之扶養應由丙、丁及得減輕扶養義務之乙負擔。各人應負擔額由法院斟酌A之扶養需要、扶養義務人之扶養能力及乙應減輕扶養程度酌定。

　　多數採乙說（乙說9票，丙說7票）。

研討結果：

　　審查意見→增列之丙說保留。

　　多數採乙說（實到68人，採甲說0票，採乙說35票，採增列之丙說31票）。

（五）105年度高等行政法院及地方法院行政訴訟庭法律座談會提案二

法律問題：主管機關依老人福利法（下稱同法）第41條第1項、第3項規定對老人採取短期保護安置後，以函文（下稱系爭函文）通知原告即負有扶養義務之子女在期限內償還因短期保護安置所支出費用時，原告以業依民法第1118條之1規定請求法院裁判予以減輕應負扶養義務為每月新台幣（下同）3,000元確定為由，就系爭函文循序提起訴願及行政訴訟，訴請撤銷系爭函文。

　　問題一：此是否屬民事事件而應依行政訴訟法第12條之2規定裁定移送民事法院審理？

　　問題二：若問題一採乙說，且認原告有同法第41條第1項之情事，原告訴請撤銷系爭函文中令其償還逾民事裁定所示每月3,000元之費用部分，有無理由？

討論意見：

　　問題一：

　　甲說：應裁定移送民事法院審判。

　　1.同法第41條第3項規定於96年1月31日修正之立法理由載明：「原條文第二項規定內容，主要係民事關係，不宜以行政處分之形式加以規範，另鑑於實務上以訴請求曠日費時，既然主管機關代墊費用無須虛列顧慮，為使加速償還程序，爰修正移列為第三項及第四項，並明定經定期催告而仍未償還者，得不經訴訟程序，直接移送法院強制執行。」可見主管機關對扶養義務人之費用償還請求權屬私權性質，原告就此有爭執自應循民事救濟途徑處理。

2.同法第41條第3項後段特別規定主管機關得檢具費用單據影本及計算書通知扶養義務人於三十日內償還,一旦扶養義務人屆期未履行,該通知即可作為執行名義向普通法院民事執行處聲請強制執行,參酌大法官釋字第540號解釋文意旨,此乃針對私法債權賦予執行力之特別程序設計,且該規定於96年間修正時既未變更「送法院強制執行」之規定,當無行政執行法第42條第2項規定之適用,應認系爭函文屬強制執行法第4條第1項第6款所指「其他依法律之規定,得為強制執行名義者」,主管機關可持之作為執行名義逕向法院民事執行處聲請強制執行,原告就該民事執行名義所載民事債權有爭執,依行政訴訟法第12條之2規定,自應裁定移送民事法院依相關規定審理,方能適切保障原告之訴訟權。

3.依同法第41條規定,國家在老人因扶養義務人未履行責任而有生命、身體、健康、自由遭受危害時,國家基於救助責任此時應優先介入採取保護安置措施,惟同時不應令老人得再向子女主張扶養權利而雙重得利,亦不因而免除子女依親屬法規定原本應承擔之家庭成員扶養責任,此類如全民健康保險針對交通事故受害人提供社會保險之醫療服務後,若事故加害人免除應負侵權賠償責任反而有違公平之故,全民健康保險法第95條規定令保險人取得對加害人代償請求權之設計,老人福利法第41條第3項規定以法定債之移轉方式,將老人對扶養義務人之扶養費請求權移轉給國家。準此,主管機關據此取得老人對扶養義務人之扶養費請求權本為私權性質,要不因受移轉之行使權利者變更為國家,即更異其私權性,原告與主管機關就此有爭執時,自屬私法爭議而為普通民事法院審判範圍。

乙說:此屬公法上之爭議事件,行政法院有審判權。

1.同法第41條第3項規定之前揭立法理由雖述及「主要係民事關係」等語,但該條款內容早於86年間即存在,斯時行政機關多有將公法關係作為民事關係處理之謬,再對照其後續有說明不採一般民事關係應由主管機關向民事法院起訴請求償還之途徑,反而賦予主管機關得逕以系爭函文即向扶養義務人為費用償還請求之強制執行,此為一般民事關係所無,可見前述民事關係云云之文字當僅在說明之前時空環境下,主管機關僅知得向普通法院起訴之實況。且立法理由並未經立法院之議決而乏拘束力,至多僅屬解釋參考資料之一,其內容與該法律整體解釋之本質有違時,並不足為據,尤其目前實務上主管機關通知償還費用之函文,多教示得提起訴願,訴願機關復未為不受理決定,亦有據以移送行政執行署執行之例,致有設題訴訟之存在,可見行政機關自身亦未依立法理由之旨辦理,而係以作成行政處分之方式處理。

2.同法第41條第3項關於短期保護安置費用得請求扶養義務人償還之規定,早於86年5月31日即已修正施行而存在(原條次第25條),96年修正僅配合相關規定

而略有文字調整及明確化主管機關應先行支付、請求償還得定三十日期限，依行政執行法第42條第2項後段規定意旨，同法第41條第3項關於移送法院強制執行之規定，當屬90年1月1日行政執行法第42條施行前即已存在者，有行政執行法第42條第2項後段規定之適用，亦即主管機關可就系爭函文移請行政執行署為強制執行。

　　3.再者，國家對生命、身體、健康、自由受有危害之老人採取緊急保護安置，固有基於國家應盡之救助責任，但為調和對立之「自己生活、自己負責」個人或家庭成員責任原則，依補充性原則，仍不妨礙國家可透過強化協助被救助者權利等方式督促個人責任之履行，以符合平等原則，而由民法親屬編課予子女生活保持之扶養義務，刑法第295條復以遺棄罪責相繩，均可見相較於一般義務之履行，我國就子女扶養父母義務向透過刑法促其確實履行，則國家為強制扶養義務人履行責任之考量，遇子女有疏忽、虐待、遺棄等不當行為時，優先介入為子女履行扶養義務而對老人施以保護安置，縱使兼有為履行國家救助責任之故，依補充性原則仍可令本應負責之家庭成員負最終責任，是同法第41條第3項對子女之費用償還請求權規定本質上應屬獨立之公法上請求權性質，原告就此有爭執時，自屬公法上之爭議，應由行政法院審判。

　　問題二：

　　甲說：否定說（原告不得據以減輕而僅給付民事法院裁判之扶養費數額）。

　　1.國家於原告有疏忽、虐待或遺棄等，致老人之生命、身體、健康或自由發生危難時，對老人施以暫時之保護安置以避免危難發生，但扶養義務人即原告始為法定之最終扶養義務人，同法第41條第3項規定國家因此所支出費用得請求原告繳納之目的，無非係為強迫扶養義務人負起扶養義務，此屬獨立之公法債權而與民事之扶養請求權有別，僅係此償還請求權須以受請求人有扶養義務存在作為前提（相同意旨參見最高行政法院98年度判字第541號、101年度判字第562號判決意旨），若扶養義務僅係經法院裁判減輕，其仍負有償還國家代支出費用之義務，只是嗣後就所償還費用如何對受安置老人主張扣抵之民事問題。

　　2.再者，由上述國家為扶養義務人履行扶養義務而言，國家與原告間存在公法上無因管理之關係，此時國家所履行自身救助義務之內容僅限於國家應為原告為無因管理，此方能體現前揭規定相對於家庭成員責任，國家僅基於補充性地位之意涵，則原告就管理人即國家因管理行為所支出費用本應負償還之責，至於原告與老人間之扶養義務減輕事宜，國家在急迫管理之情況而介入時，實難以確知，以老人又係出於原告有疏忽、虐待、遺棄等情事，致其有生命、身體、健康或自由之危難，主管機關方採取短期保護及安置之要件，本符合得類推適用民法第174條第2項、第175條及第176條第2項規定，國家據此得逕行請求原告償還已支出費用之

情形，並不須受原告與老人間之權義關係為何之限制，衡酌該保護安置之發動既出於原告有相當可非難性，尤其若扶養義務人業經民事裁判減輕扶養義務，其主動履行減輕後之扶養義務當不致構成疏忽、虐待或遺棄（至於其履行後若仍有不足，此時國家之介入類如無人扶養之情形，當無仍得向未有疏忽、虐待、遺棄行為之扶養義務人求償之問題），國家代其履行而支出費用後能否受償之風險，本不應由國家承擔，此時先令原告全額償還，至於原告經法院裁判減輕扶養義務者，則屬其與老人間之民事問題，由原告承擔後續自行與老人結算之風險，亦屬合理。

乙說：肯定說（原告得據以減輕僅給付民事法院裁判之扶養費數額）。

1.國家對老人採取保護安置措施之行為，實質上兼有為子女履行扶養義務及履行國家自身救助義務之內涵，國家就支出費用自當與子女共同分擔，而子女業經民事法院裁判確定僅在每月3,000元計算之定期給付範圍有扶養義務，逾此範圍者本不在子女應負擔之範圍內而類如無人扶養之情形，國家支出費用逾上開範圍時已逸脫為扶養義務人履行之無因管理事務範圍，純屬國家履行自身救助義務之問題，當亦無從請求原告償還，是原告主張僅在民事法院裁判之範圍內方負公法上無因管理之本人責任，當有理由。

2.再者，由社會救助責任之補充性原則觀點，此償還請求權僅在避免個人及家庭責任不盡履行責任，原告與老人間之履行責任既經民事法院裁判予以形成而減輕，尤其民法第1118條之1規定於99年1月7日增訂時，立法理由說明係酌採近代民法之個人、自己責任原則，在符合法定事由下賦予法院有權可彈性減輕子女對父母扶養責任，足見我國親屬法規定已改採減輕子女對父母所應負家庭責任之政策，國家介入救助後反而課予原告較高之家庭成員責任，明顯違反立法機關增訂在後之民法該規定意旨，即使嗣後子女能與老人結算扣抵，仍增加其原本並無之風險負擔，並非合理，應認原告僅在其原有之民事責任內對國家負償還責任即足。

提案法院研究意見：

問題一：採甲說。

問題二：採乙說。

高等行政法院研究意見：

（一）臺北高等行政法院：

問題一：採甲說。

問題二：不再討論。

（二）臺中高等行政法院：

問題一：採乙說。

問題二：於民事法院裁判減免撫養義務僅向後生效而無溯及效力之前提下，多

數採乙說。

　　（三）高雄高等行政法院：

　　問題一：採乙說。

　　問題二：多數採甲說。

補充說明：如本問題採甲說，則無異認為主管機關依老人福利法第41條第3項規定
　　　　　向扶養義務人求償，乃係基於法律規定之公法債權，而非代位老人對法
　　　　　定扶養義務人行使扶養請求權，而此公法上之債權與民事之扶養請求
　　　　　權有別，為獨立之請求權，從而主管機關向扶養義務人請求償還其代墊
　　　　　短期保護安置所支出之費用，扶養義務人即不得拒絕償還或主張扣抵。
　　　　　惟縱使如此，仍應考慮以下之問題，即扶養義務人既取得民事法院之
　　　　　（確定）判決，其對老人之扶養義務酌減至每月以給付新台幣（下同）
　　　　　3,000元為已足，則在此命題下，扶養義務人果真每月對老人支付3,000
　　　　　元，但主管機關卻仍依職權或老人之申請給予安置，則此時扶養義務
　　　　　人之作為，是否會該當於老人福利法第41條第1項之「疏忽」「虐待」
　　　　　「遺棄」等構成要件？非無疑義。倘答案是否定的，那主管機關嗣後請
　　　　　求扶養義務人償還因保護安置所支出之費用，即與該法條規定不符，其
　　　　　請求權即失所依據，提案之法院宜請注意。

大會研討結果：

　　問題一：

　　（一）地方法院行政訴訟庭表決結果：實到23人，採甲說8人，採乙說10人。

　　（二）高等行政法院表決結果：實到48人，採甲說15人，採乙說26人。

　　（三）地方法院行政訴訟庭多數採乙說，高等行政法院採乙說。

　　問題二：

　　（一）地方法院行政訴訟庭表決結果：實到22人，採甲說10人，採乙說9人。

　　（二）高等行政法院表決結果：實到48人，採甲說12人，採乙說19人。

　　（三）地方法院行政訴訟庭多數採甲說，高等行政法院多數採乙說。

相關法條：老人福利法第41條規定：「老人因直系血親卑親屬或依契約對其有扶
養義務之人有疏忽、虐待、遺棄等情事，致有生命、身體、健康或自由之危難，直
轄市、縣（市）主管機關得依老人申請或職權予以適當短期保護及安置。老人如
欲對之提出告訴或請求損害賠償時，主管機關應協助之（第1項）。前項保護及安
置，直轄市、縣（市）主管機關得依職權或依老人申請免除之（第2項）。第一項
老人保護及安置所需之費用，由直轄市、縣（市）主管機關先行支付者，直轄市、
縣（市）主管機關得檢具費用單據影本及計算書，通知老人之直系血親卑親屬或

依契約有扶養義務者於三十日內償還;逾期未償還者,得移送法院強制執行(第3項)。」

(六)最高行政法院106年度判字第376號行政判決

按負扶養義務者依民法第1118條之1第2項規定,請求法院免除其扶養義務之權利,係形成權,自法院予以免除確定時起始發生扶養義務者對受扶養權利者免除負扶養義務之法律效果。故在此之前,扶養義務者因負扶養義務而具體產生之債務關係,無論是公法上或私法上之債務關係,並不因事後法院予以免除負扶養義務而變成自始或事後不存在。是負扶養義務者固經民事裁定免除扶養義務,然民事裁判僅向後發生效力,並無溯及既往之效力,從而負扶養義務者就主管機關於民事裁定前對受扶養人所為之保護安置費用,仍應負擔償還。

(七)臺灣高等法院暨所屬法院111年法律座談會民事類提案第6號

法律問題:甲與前妻於民國80年間生下1子乙,甲因不耐乙哭鬧,經常以菸頭凌虐或重摔乙,82年間甲爆怒痛毆乙,致乙受有硬腦膜下出血合併全身骨折之嚴重傷害,前妻與甲兩願離婚,並約定乙之權利義務行使負擔由前妻單獨任之,其後至乙成年前,甲與前妻完全無往來,甲未曾探視乙,也未曾給付乙之扶養費。甲於83年間與後婚配偶生下子丙。乙於成年後曾在104年1月1日對甲依民法第1118條之1規定,向法院聲請免除乙對甲之扶養義務(此案以下簡稱104年案件),惟因當時甲尚有固定工作收入不須受扶養,法院因而駁回乙之請求。乙敗訴後,與甲再度失聯。甲於107年1月1日因病失能,無財產無積蓄而不能維持生活,甲完全由丙一人照顧扶養。111年1月1日甲與丙共同向法院對乙請求給付扶養費,甲向乙請求給付自111年1月1日起至其往生日止之未來扶養費;丙向乙請求其為乙自107月1日起至110年12月31日止所代墊之甲扶養費(此案以下簡稱111年案件)。乙於該案進行中,先於111年4月1日當庭抗辯「甲於乙未成年時,對乙故意為虐待且完全未盡扶養義務,情節重大」,而依民法第1118條之1規定為拒絕扶養之意思表示;其後又於111年7月1日「具狀反聲請免除乙對甲之扶養義務」。如法院調查後認為乙之抗辯及反聲請有理由(應免除乙對甲之扶養義務),試問:乙對甲之扶養義務,自何時起免除?

討論意見:

甲說:自111年案件「乙之反聲請勝訴裁定確定之日」起免除。

由立法者同時增訂民法第1118條之1及刑法第294條之1,暨於刑法第294條之1之立法理由中對民法第1118條之1規定所為說明,可知民法第1118條之1規定,係認

定負扶養義務者在法院裁判免除扶養義務之前,依民法規定仍負扶養義務,是以負扶養義務者依該條第2項規定,請求法院免除其扶養義務之權利,係形成權,自法院予以免除確定時起始發生扶養義務者對受扶養權利者免除負扶養義務之法律效果。

乙說:自111年案件「乙之反聲請提起日(即111年7月1日)」起免除。

刑法第294條之1之立法理由第10點僅謂「依民法第1118條之1修正草案之規定,扶養義務之減輕或免除,須請求法院為之,法院減輕或免除扶養義務之確定裁判,『僅向後發生效力,並無溯及既往之效力』」,並未表明須「自法院予以免除確定時起」始發生扶養義務者對受扶養權利者免除負扶養義務之法律效果。如乙已對甲反聲請免除乙對甲之扶養義務,卻須等到該案確定始可免除其對甲之扶養義務,乙之扶養義務免除始點,繫諸於法院審理時間快慢,若甲、丙故意拖延訴訟,對乙至為不公平。參酌民法第442條請求增加租金之訴亦為形成之訴,另佐以最高法院105年度台上字第875號判決要旨:「請求法院酌定地租之訴,屬形成之訴,僅得自請求酌定之意思表示時起算,不得溯及請求酌定該意思表示前之地租。」本題自111年案件「乙之反聲請提起日(即111年7月1日)」起,可開始免除乙對甲之扶養義務。

丙說:自111年案件「乙依民法第1118條之1規定抗辯應免除乙對甲之扶養義務日(即111年4月1日)」起免除。

參酌民法第442條請求增加租金之訴亦為形成之訴及最高法院48年度台上字第521號判決意旨:「房屋或土地出租人,依民法第442條提起請求增加租金之訴,如起訴前之租金並未按原約定租額付清,則法院准許增加之判決,得自出租人為調整租金之意思表示時起算。」乙於104年1月1日對甲依民法第1118條之1規定「提起免除乙對甲之扶養義務」案件(即104年案件),可視為乙已經對甲為拒絕扶養之意思表示,惟104年當時甲不需他人扶養,乙所提起之訴遭駁回確定,應認該意思表示未合法生效,故應自乙再次對甲為免除之意思表示(即111年4月1日),即乙對甲當庭依民法第1118條之1規定為免除扶養義務之抗辯日起,可開始免除乙對甲之扶養義務。

丁說:乙於104年案件,已對甲為拒絕扶養之意思表示,其扶養義務應自「甲需受扶養日(即107年1月1日)」起免除。

參酌民法第442條請求增加租金之訴亦為形成之訴及前述最高法院48年度台上字第521號判決意旨,乙於104年1月1日對甲依民法第1118條之1規定「提起免除乙對甲之扶養義務」案件(即104年案件),可視為乙已經對甲為拒絕扶養之意思表示,惟104年當時甲不需他人扶養,故該意思表示延後至「甲需受他人扶養日」

（即107年1月1日）起發生效力，乙得自107年1月1日起免除對甲之扶養義務。倘採丙說，乙於甲與前妻離婚後，即失聯多年，若要求失聯多年之乙，可未卜先知「甲將於何時陷於不能維持生活」而「適時在107年1月1日」提起免除扶養義務之聲請，顯屬不可能，亦不合情理，此使民法第1118條之1之規定徒成具文，顯非立法之本旨。

戊說：縱乙未提起104年案件，亦不曾對甲為拒絕扶養之意思表示，其扶養義務仍自「甲需受扶養日（即107年1月1日）」起免除。

（一）形成之訴所形成之法律關係或法律效果可否溯及生效，應依所形成法律關係之性質及內容而定，與形成判決之效力係判決確定時始發生者應予區別。民法第1118條之1之立法理由已明載：「受扶養權利者對負扶養義務者有民法第1118條之1第1項各款行為之一，且情節重大者，例如故意致扶養義務者於死而未遂或重傷、強制性交或猥褻、妨害幼童發育等，法律仍令其負扶養義務，顯強人所難，爰增列第2項，明定法院得『完全免除』其扶養義務。」立法者明定有符合民法第1118條之1第1項第1、2款之要件事實（以下簡稱「免除要件」），情節重大者，法院即得「完全免除」扶養義務，係考量受扶養權利人對扶養義務人「先有」符合免除要件而情節重大之「前行為」，如仍令扶養義務人負扶養義務，顯強人所難而為立法，基此立法原意之考量，本條規定之性質，本即應發生「完全免除（全部）扶養義務」的法律效果，即「自扶養義務人原須開始負扶養義務時起」免除其扶養義務，此乃適用此法律條文之性質其結果所當然，並非法院所創設，即無所謂「溯及免除」問題。從而，乙於111年案件中已主張民法第1118條之1規定之抗辯並為反聲請，縱乙未提起104年案件，亦不曾對甲為拒絕扶養之意思表示，其扶養義務仍自「甲需受扶養日（即107年1月1日）」起免除。

（二）如採丙說，乙尚須對甲給付3個月（111年1月1日至111年3月31日）及對丙給付4年（107年1月1日至110年12月31日）之全部代墊扶養費，此顯非立法原意，亦顯失公平。復且法院既適用民法第1118條之1之規定，認應免除乙之扶養義務，卻於主文諭知甲對乙之扶養請求一部准許，一部駁回，此在法律論述上顯有矛盾，亦與人民之法感情不符。

（三）若採丁說，乙須在「甲不能維持生活而需受扶養前」，即「先」對甲有拒絕扶養之意思表示，並妥為保存證據，始可於日後面對甲之請求時充分舉證，以達免除全部扶養義務之目的，此於甲、乙早已失聯20餘年、生死兩不知的情形下，顯強人所難，亦形同要求與乙相同情形之扶養義務人，一旦成年就須立即向法院聲請免除扶養義務（不問其聲請時甲是否需受扶養或可否維持生活），徒增法院大量案件負荷，顯非妥適。

初步研討結果：採戊說。

審查意見：採戊說，補充理由如下：本項法院之裁定兼具形成及確認性質，可溯及「自扶養義務人開始負扶養義務時起」免除其扶養義務。法院應依當事人之聲明，於裁定主文宣示自何時起免除扶養義務，當事人聲明如未表明，應予闡明，令其補充之。又當事人僅得就尚未履行部分聲請免除，已履行部分債務消滅，並無聲請免除之餘地，附此敘明。

研討結果：照審查意見通過。

❖ 民法第1119條

　扶養之程度，應按受扶養權利者之需要，與負扶養義務者之經濟能力及身分定之。

案例

　甲男是公務人員，每個月薪水差不多是新台幣（以下同）3萬多元，家裡面也沒有什麼財產，要養活一個太太還有三個未成年的小孩。而甲的父親今年剛滿六十歲，雖然沒有什麼財產，但是有很多張專業證照，如果出去工作，每個月至少可以賺20萬元。但是甲的父親還是不喜歡出去工作，要求甲每個月要給2萬元的生活費，是不是有理由？

一、思考焦點

　扶養義務人，應該要把扶養權利人扶養到什麼程度才行？

二、問題論述

　扶養義務人要給扶養權利人多少錢，或是要把扶養權利人扶養到什麼程度，是不一定的，不是每一個人的金額標準都完全一樣，而是要看扶養義務人他的財產、收入有多少？扶養義務人需要到什麼程度？雙方的社會地位怎麼樣？如果扶養義務人比較有充足的錢，當然就要給多一些，如果扶養權利人需要比較多，例如：躺在床上需要看護，當然扶養義務人要付出比較多，而且扶養義務人及扶養權利人的身分、地位也是很重要的，社會地位比較高的人，例如：高級職員、醫生、律師，當然要給扶養權利人比較多的錢，社會地位比較普通的，例如店員、一般的司機，就可以給少一些，但是最主要還是要看扶養義務人和扶養權利人，他們的收入及財產

到底有多少而定。

三、案例結論

甲的薪水不多，又要養一家人，而甲的父親雖然有謀生能力，可以要求甲來扶養，但是需求畢竟比較少，所以甲的父親向甲要三分之二的薪水，實在太高，如果在法院訴訟，法官應該會參考當地的物價高低、社會風俗民情，把數額減輕一些，讓甲可以養活一家人，也不會讓甲的父親完全拿不到。

四、相關實例

乙女是醫生，每個月收入20萬元，也沒有結婚，她的母親沒有財產，要求她每個月付5,000元的生活費，是否合理？

五、重要判解

（一）最高法院29年渝上字第1121號民事判決（例）

受扶養權利者患病時，必須支出之醫藥費用，為維持生活所需要之費用，定扶養之程度，依民法第1119條之規定，既應參酌受扶養權利者之需要，則此項費用之供給，自在扶養義務範圍之內。

（二）最高法院38年台上字第18號民事判決（例）

扶養之程度，應按扶養權利者之需要，與扶養義務者之經濟能力及身分定之，為民法第1119條所明定，夫不與妻同居，應由夫供給妻之生活費用，雖非同條所稱之扶養，而其供給費用之數額當準用該條定之。至生活費用給付之方法兩造如未協議時，自得由法院斟酌情形定之。

（三）最高法院40年度台上字第657號民事判決（例）

扶養費之程度，應按扶養權利者之需要，與扶養義務者之經濟能力及身分定之，為民法第1119條所明定。夫不與妻同居，應由夫供給妻之生活費用者，雖非同條所稱之扶養，但其供給費用之數額，仍應準用該條定之。至生活費用給付之方法，雙方如未協定時，自得由法院斟酌情形定之。

（四）最高法院76年台上字第1908號民事判決

受僱人因執行職務，不法侵害他人致死者，被害人之父、母、子、女及配偶受有非財產上之損害，依民法第194條及第188條第1項規定，請求該受僱人及其僱用人連帶賠償相當金額之慰撫金時，法院對於慰撫金之量定，應斟酌該受僱人及應負連帶賠償責任之僱用人，並被害人暨其父、母、子、女及配偶之身分、地位及經濟狀況等關係定之，不宜單以被害人與實施侵權行為之受僱人之資力為衡量之標準。

關於扶養費之損害，以當年度所得稅稅率條例所定扶養親屬寬減額爲請求依據，固不失爲客觀標準，惟本年上訴人馬文〇、馬文〇之請求係按每人每月5,000元計算，以台北地區之生活費而言，並參酌楊愛〇生前之經濟能力（參照民法第1119條），此項數額是否相當，仍有待事實審法院善盡闡明職責，令當事人爲適當完全之辯論。關於扶養費之給付標準，各地方之社會環境及經濟狀況不同，扶養親屬寬減額尚難認爲全國唯一之依據。

（五）最高法院104年度台上字第1434號民事判決

負扶養義務者有數人而其親等同一時，應各依其經濟能力，分擔義務；扶養之程度，應按受扶養權利者之需要，與負扶養義務者之經濟能力及身分定之。且法院對於非財產上損害賠償之量定，應斟酌加害人、被害人暨其父、母、子、女及配偶之身分、地位及經濟狀況等關係定之。此外，不法侵害他人致死者，對於支出醫療費或殯葬費之人、或被害人負有法定扶養義務之第三人，應負損害賠償責任；至於被害人之父、母、子、女及配偶，雖非財產上之損害，亦得請求賠償相當之金額，係間接被害人得請求賠償之特例，其權利係基於侵權行爲之規定而發生，自應負擔直接被害人之過失。倘直接被害人於損害之發生或擴大與有過失時，依公平之原則，亦應有過失相抵規定之適用。

（六）最高法院107年度台上字第1805號民事判決

按夫妻互受扶養權利之順序，與直系血親尊親屬同，自不以無謀生能力爲必要，惟仍應受不能維持生活之限制。而第三人有無受被害人扶養之權利，當以被害人即扶養義務人存活盡其扶養義務時，以權利人自己現有之財產是否不能維持生活，以爲判斷。

（七）最高法院110年度台上字第2478號民事判決

按民法第1119條規定，定扶養之程度應參酌受扶養權利者之需要，是扶養程度因個別扶養權利人之需要而有所不同。從而，扶養義務之內容，不以維持扶養權利人食衣住行等一般日常生活開銷所需費用爲限，尚應包括扶養權利人因年齡、身體等特殊狀況所必須支出之費用。

（八）最高法院109年度台抗字第120號民事裁定

民法第1084條第2項所謂保護及教養之權利義務，包括扶養在內，自父母對未成年子女行使或負擔保護及教養之權利義務本質而言，此之扶養義務屬生活保持義務，與同法第1114條第1款所定直系血親相互間之扶養義務屬生活扶助義務，並不相同。前者，無須斟酌扶養義務者之扶養能力，身爲扶養義務之父母雖無餘力，亦應犧牲自己原有生活程度而扶養子女。後者，其扶養之程度，應按受扶養權利者之需要，與負扶養義務者之經濟能力及身分定之，此觀同法第1119條規定即明。再

者，請求給付扶養費事件，雖爲家事非訟事件，但依家事非訟與訴訟程序交錯之法理，當事人究係依生活保持義務或係依生活扶助義務對父或母爲請求，審判長應於審理時，分析各該請求權要件，使當事人敘明其主張。

（九）最高法院111年度台簡抗字第281號民事裁定

受扶養權利者患病時，必須支出之醫藥費用，爲維持生活所需要之費用，依民法第1119條規定，定扶養之程度既應參酌受扶養權利者之需要，則此項費用之供給，自在扶養義務範圍之內。

❖ 民法第1120條

扶養之方法，由當事人協議定之；不能協議時，由親屬會議定之。但扶養費之給付，當事人不能協議時，由法院定之。

（民國97年1月9日公布）

案例

甲男的父親乙中風臥病在床，乙沒有財產，需要甲來扶養，而甲名下有一棟房子，每個月薪水新台幣（以下同）10萬元，請問：甲要怎麼扶養乙？

一、思考焦點

扶養義務人要怎麼樣來扶養需要別人來扶養的扶養權利人？

二、問題論述

扶養義務人要怎麼樣盡扶養義務？依照民法第1120條前段的規定，應該要由扶養義務人和扶養權利人先來商量一下（協議），如果沒有辦法達成協議的話，就要由親屬會議來決定（民法第1120條後段），親屬會議要看扶養義務人需要怎麼樣的方法來接受扶養，在扶養義務人能力範圍內，選擇最好的扶養方法，例如：到底是要甲一次給父親一筆錢，還是每個月給多少錢，還是給錢以外要提供一些生活必需品，例如：米、蔬菜、水果等等。如果親屬會議沒有辦法召開，或是親屬會議沒有辦法達成決議，就可以起訴由法院來決定扶養的方法。有權利召集親屬會議的人，包括民法第1129條規定的當事人、法定代理人、利害關係人，包括扶養義務人，如果對於親屬會議的決定不滿意，也可以在親屬會議做出決定後三個月內請求法院處理（民法第1137條）。惟此次修法乃在但書中明文規定，扶養費之給付，當事人不

能協議時，由法院定之。故不受限於民法第1137條規定，民法第1129條所定有召集權之人，對於親屬會議之決議不服者，得於三個月內向法院聲訴。

三、案例結論

甲應該先要和他的父親乙商量一下，要怎麼樣來扶養，如果沒有辦法達成協議，就由親屬會議來決定，如果親屬會議沒有辦法召開，或是親屬會議沒有辦法達成決議，乙就可以起訴，請求法院來決定扶養的方法和費用。

四、相關實例

丙在法律上有義務要扶養丁，丙、丁也講好丙每個月要給丁1萬元，但是丙付了三個月之後，從此就沒有下文了，請問：丁該怎麼辦？

五、重要判解

（一）最高法院26年渝上字第259號民事判決（例）

上訴人將被上訴人迎養在家，除供給衣食外，每月並給與零用銀四元，此項扶養方法為親屬會議所定，雙方業已遵守多年，縱因情事之變更致有變更之必要，亦應先與他方協議，不能協議時，應即召集親屬會議請求變更，乃被上訴人逕向法院訴請判令上訴人一次給付500元各別居住，核與民法第1120條之規定不合，不能認為正當。

（二）最高法院26年鄂上字第401號民事判決（例）

受扶養權利者，應否與負扶養義務者同居一家而受扶養，抑應彼此另居，由負扶養義務者按受扶養權利者需要之時期，陸續給付生活資料或撥給一定財產由受扶養權利者自行收益以資扶養，係屬扶養方法之問題，依民法第1120條之規定，應由當事人協議定之，不能協議時，應由親屬會議定之。對於親屬會議之決議有不服時，始得依民法第1137條之規定，向法院聲訴，不得因當事人未能協議逕向法院請求裁判。

（三）最高法院44年度台上字第205號民事判決

扶養之方法，除當事人間有協議，或雖無協議，而依當事人間歷久遵行之成例，可認為已有協議之默契。而負扶養義務者，不履行其扶養義務時，受扶養權利者，得向法院請求命其履行外，依民法第1120條之規定，應先由當事人協議定之，不能協議時，由親屬會議定之，必對於親屬會議之決議有所不服，始得於三個月內向法院聲訴。

（四）最高法院45年台上字第346號民事判決（例）

扶養方法，在民法第1120條僅定由當事人協議定之，不能協議時由親屬會議定之，至經親屬會議仍不能議定時，究應如何辦理，雖無明文規定，惟參酌立法先例及學說，應解爲由法院予以裁判方爲適當。

（五）最高法院50年度台上字第1997號民事判決

扶養之方法，由當事人協議定之，不能協議時，由親屬會議定之，爲民法第1120條所規定，對於親屬會議之決議有不服時，始得依民法第1137條之規定，向法院聲訴。

（六）最高法院51年度台上字第1076號民事判決

上訴人請求被上訴人一次撥給一定之現款，由其自行使用收益，自屬一種扶養之方法，而此方法彼此既不能取得協議，依民法第1120條，應召集親屬會議定之，如對親屬會議之決議有不服時，始得向法院聲訴。

（七）最高法院78年度台上字第729號民事判決

受扶養權利人應否與扶養義務人同居一家而受扶養，或由扶養義務人按月支付扶養費供受扶養權利人別居生活，係屬扶養方法之問題，依民法第1120條規定，應由當事人協議定之，不能協議時，由親屬會議定之，對親屬會議之決議有不服時，始得依同法第1137條規定於三個月內向法院聲訴。

（八）最高法院101年度台簡抗字第50號民事裁定

民法第1120條係規定，扶養之方法，由當事人協議定之；不能協議時，由親屬會議定之；亦即應可認，關於扶養費之給付，本屬扶養方法之一種，故該規定應可解釋爲，當事人若就扶養之方法議定爲扶養費之給付者，則其之扶養方法即爲協議完成，縱後對給付金額有所爭議時，仍無須再由親屬會議議定之。

（九）臺灣高等法院暨所屬法院107年法律座談會民事類提案第4號

法律問題：甲、乙爲配偶，丙、丁爲其等之婚生子女，甲、乙自身之資力均已不能維持生活，丙、丁則皆謀有正職，有一定資產收入。乙死亡後，甲與丙同住，甲、丙、丁之間並未達成協議以給付金錢作爲扶養甲之方法，其後，甲亦死亡，丙主張甲於生前均由丙扶養照顧，援引不當得利之法律關係，請求丁應返還丙所代墊之費用，丁以未經親屬會議爲辯，請求駁回丙之聲請，是否有理由？

討論意見：

甲說：否定說。

依文義解釋：1.按「扶養之方法」係指受扶養權利者，應否與負扶養義務者同居一家而受扶養，抑應彼此另居，由負扶養義務者按受扶養權利者需要之時期，陸

續給付生活資料或撥給一定財產，由受扶養權利者自行收益以資扶養，最高法院26年鄂上字第401號判例著有明文。次按，民法第1120條於民國97年1月9日修正前規定：「扶養之方法，由當事人協議定之，不能協議時，由親屬會議定之。」係就負扶養義務者與受扶養權利者就扶養權利及義務無爭執，唯就扶養方法發生爭議而定之解決機制。而修正後增訂但書規定：「但扶養費之給付，當事人不能協議時，由法院定之。」由其文義可知係就扶養方法為扶養費之給付已有共識，惟其金額、給付時日等不能達成協議者，規定得逕請法院以非訟程序定之。惟若非屬上述情形之其他扶養費爭議，即不在該條規定之列，自無須先經親屬會議之決議，當事人得逕向法院為請求。本件兩造對於扶養義務之有無、丁應否依不當得利之規定，返還丙已支出之扶養費及其數額等事俱有爭執，並非僅對於一定親屬間之扶養方法，例如究係扶養義務人迎養扶養權利人，或由扶養義務人給予一定金錢或生活資料予扶養權利人，或依其他之扶養方法為之等扶養方法不能協議，依照上開說明，本件應無民法第1120條規定適用之餘地（臺灣高等法院102年度家上易字第17號裁定意旨參照）。2.扶養義務人（丙）係援引民法第179條規定為據，主張其他扶養義務人（丁）應負不當得利之返還責任，而非援引親屬間之扶養法律關係，訴請丁應以給付金錢之方法扶養甲，兩者性質不同，於前者應無民法第1120條規定之適用。詳言之，丙、丁均對甲負扶養義務而其親等同一，不論丙究係以迎養、實際照顧、提供三餐、給付扶養費或其他方法扶養甲，倘若丁未依法對甲盡扶養義務，則針對丙過去之付出，應有構成不當得利返還之問題，於甲死亡之狀況下，丁所獲利益涉及是否應依民法第181條但書規定償還其價額。本件兩造間之爭點，實與民法第1120條前段所規範之不能協議定甲「扶養之方法」，並無關涉，自無庸依該條規定先經親屬會議（臺灣彰化地方法院105年度家親聲字第258號裁定意旨參照）。

依親屬會議制度之立法意旨與修正歷程：1.考以立法院於民國96年間就民法第1120條之條文進行修法審查、三讀程序時，係經綜合審酌現今社會主要的家庭主流型態為「核心家庭」，親屬會議召開不易，在現代社會之功能日漸式微，惟扶養乃扶養人與受扶養人間基於親屬或家長家屬之情感及關係所生之權利義務，基本上係建基於家庭和諧之基礎，如直接由法院公權力介入，實難再恢復往昔之圓融，極易影響當事人間及家庭之和諧，亦容易因訴訟過程中之不愉快，而影響扶養義務人確實依裁判結果履行的意願，甚至須經由強制執行始能獲得履行，對受扶養人而言未必有利；且扶養方法包含受扶養人之食衣住行，範圍極廣，項目有時甚為細微，如一有爭議即由法院介入解決，客觀上並不一定能迅速有效且經濟的解決當事人爭議，是以，基於當事人之最佳利益考量，不宜逕由法院直接立即取代親屬會議之角色，仍宜提供當事人一個更迅速便捷且能保護其等之私密、和諧的機制，以解決

其等關於扶養方法之途徑等節（立法院法律系統公布之立法歷程紀錄參照）。2.承上，親屬會議程序之制定，主要係著眼於受扶養人之利益，於受扶養人尚存活時，始有進行親屬會議之必要性，俾利受扶養人得透過迅速有效且經濟之程序，接受妥適之扶養，且得滿足其與扶養義務人間維持情感、私密與和諧之需求。惟本件受扶養人（甲）業已死亡，難認有何須先召開親屬會議，討論甲受「扶養之方法」之必要性。

依法律規範與實務見解所具備之社會教化功能：衡諸我國實務所常見者，乃扶養義務人多以其無資力、經濟困難爲由，請求減免扶養義務，扶養義務之履行甚或可能須透過強制執行程序爲之，至扶養義務人欲「先下手爲強」照顧受扶養人，日後進以請求其他扶養義務人給付金錢之情形，尚非常見。苟謂必先經親屬會議程序，否則將來一律無法向其他扶養義務人請求先爲墊付之不當得利返還，恐將造成日後各該扶養義務人均托詞袖手旁觀，致受扶養人於進行親屬會議程序之前（或法院裁定前），陷於無人願意先爲照顧之困境，嚴重影響受扶養人接受適時、適度妥善扶養照顧之權利，此等人倫悲劇顯非符合立法本旨。

乙說：肯定說。

兩造對於甲死亡以前，關於甲過去之扶養方法，既有爭議，而未曾以協議定之，或經親屬會議決議，或經法院裁定確定以給付扶養費爲甲之扶養方法，則無法認定丁應以給付扶養費作爲扶養甲之方法，丙無權片面決定全體扶養義務人對甲之扶養方法爲給付扶養費用，即丁無給付扶養費用之義務，丁無不當得利可言。丙依民法第179條規定，逕向法院聲請裁定命丁返還其所代墊之過去扶養費用，自無所據（臺灣高等法院臺南分院103年度家上易字第9號、臺中地方法院106年度家親聲抗字第38號裁定意旨參照）。

丙說：折衷說。

關於扶養之方法，倘當事人不能協議時，固應由親屬會議定之，如未經親屬會議定之，而受扶養權利人逕向法院請求判決給付扶養費，其訴雖屬欠缺權利保護要件，然倘受扶養權利人主張請求扶養費，而扶養義務人並未主張以迎養於扶養義務人之家或其他扶養方法，縱對扶養費之給付金額或給付有無理由之要件予以爭執，仍無所謂扶養方法不能協議之問題。是以，如丁並不爭執以給付扶養費作爲對甲之扶養方法，自無所謂扶養方法不能協議而須由親屬會議決定之情事（新竹地方法院105年度家親聲字第36號裁定意旨參照）。

初步研討結果：採甲說。

審查意見：採甲說結論，其理由如下：

（一）民法第1120條前段規定：扶養之方法，由當事人協議定之；不能協議

時，由親屬會議定之。係爲解決受扶養權利與扶養義務人間不能就扶養之方法達成協議所爲規定，其協議之規範對象並不包含扶養義務人彼此間就扶養義務履行所生爭議。

（二）本題係受扶養權利人甲死亡後，扶養義務人丙可否依民法第179條規定，請求另一扶養義務人丁返還代墊費用，並非扶養當事人間因扶養方法不能協議所生之爭訟，應無該條規定之適用。故丁以未經親屬會議定之爲辯，請求駁回丙之聲請，應無理由。

研討結果：照審查意見通過。

（十）臺灣高等法院暨所屬法院108年法律座談會民事類提案第8號

法律問題：

問題（一）：乙、丙、丁爲甲之子女，依民法第1114條、第1115條規定，甲爲受扶養權利人，乙、丙、丁爲對甲負有扶養義務之人，因甲不能以自己財產維持生活而有受扶養之必要，然丙、丁未曾聞問或給付任何費用扶養甲，甚且失去行蹤，均由乙獨力扶養照顧並支出扶養費用，乙、丙、丁間未曾協議定期給付扶養費用作爲甲之扶養方法，乙得否逕依民法第179條不當得利之法律關係，請求丙、丁返還其代墊之扶養費用？

問題（二）：乙、丙、丁爲甲之子女，依民法第1114條、第1115條規定，甲爲受扶養權利人，乙、丙、丁爲對甲負有扶養義務之人，因甲不能以自己財產維持生活而有受扶養之必要，然乙、丙、丁未曾聞問或給付任何費用扶養甲，甚且失去行蹤，均由與甲同住之乙之子戊獨力扶養照顧並支出扶養費用，乙、丙、丁間未曾協議定期給付扶養費用作爲甲之扶養方法，戊得否逕依民法第179條不當得利之法律關係，請求乙、丙、丁返還其代墊之扶養費用？

討論意見：

問題（一）：甲說：否定說。

按扶養之方法，由當事人協議定之；不能協議時，由親屬會議定之；民法第1120條前段所定扶養方法事件，應由當事人協議定之；不能協議者，由親屬會議定之。依法應經親屬會議處理之事項，而有下列情形之一者，得由有召集權人或利害關係人聲請法院處理之：一、無前條規定之親屬或親屬不足法定人數。二、親屬會議不能或難以召開。三、親屬會議經召開而不爲或不能決議；又親屬會議不能召開或召開有困難時，由有召集權之人聲請法院處理之。前條所定扶養方法事件，法院得命爲下列之扶養方法：一、命爲同居一處而受扶養。二、定期給付。三、分期給付。四、撥給一定財產由受扶養權利人自行收益。五、其他適當之方法。民法第1120條前段、第1132條、家事事件審理細則第147條第1項、第2項、第

148條分別有明文。又97年1月9日修正公布、同年月11日施行之民法第1120條有關「扶養方法決定」之規定，尋繹其修正之背景暨經過，既未採立法院原提案委員暨審查會通過之修正草案條文（即「扶養之方法，由當事人協議定之，不能協議時，由法院定之。」），改於原條文增列但書，規定為「但扶養費之給付，當事人不能協議時，由法院定之。」再依扶養費之給付，本是扶養方法之一種，且該但書祇將其中「扶養費之給付」部分予以單獨設其規範，應認當事人已就扶養之方法議定為扶養費之給付，扶養之方法即告協議完成，倘雙方僅就扶養費給付金額之多寡有所爭執，從扶養費給付之本質觀之，殊無由親屬會議議定之必要，亦非親屬會議所得置喙。於此情形，為求迅速解決紛爭，節省時間勞費，自應由法院介入，並依非訟事件法第140條之1規定（按本條因家事事件法第100條第1項已定有相同規定，業經刪除），直接聲請法院以非訟程序，本於職權探知以定該扶養費之給付金額，此乃該條但書之所由設。因此，對於一定親屬間之扶養方法，究採扶養義務人迎養扶養權利人，或由扶養義務人給與一定金錢或生活資料予扶養權利人，或依其他之扶養方法為之？應由當事人協議定之，以切合實際上之需要，並維持親屬間之和諧；若當事人就是否以扶養費給付為扶養之方法不能協議者，則仍應回歸依該條本文規定，由親屬會議定之，或依同法第1132條、第1137條規定暨最高法院45年台上字第346號判例意旨為之，尚不得逕向法院訴請給付扶養費。惟於當事人已協議以扶養費之給付為扶養之方法，而僅對扶養費給付金額之高低，不能達成協議時，始可依該條但書之規定，逕向管轄法院聲請以非訟程序裁判之（最高法院100年度台上字第2150號判決、101年度台簡抗字第50號、107年度台簡抗字第140號裁定意旨參照）。基上說明，如當事人間無法就扶養方法達成協議，自不得逕向法院聲請酌定給付扶養費，亦不應准許某一扶養義務人得先片面地決定扶養之方法為給付扶養費用，之後再以不當得利之法律關係，向其他扶養義務人請求返還所代墊之扶養費用，否則前揭法律規定將成具文。是以，受扶養人之扶養方法，究為：命為同居一處而受扶養、定期給付、分期給付、撥給一定財產由受扶養權利人自行收益，或其他適當之方法，依法仍需由當事人以上述之方式先予確定，使全體扶養義務人均有以其認為適當且可行之扶養方式履行其扶養義務之機會，非得由某一扶養義務人先片面地加以決定其扶養方式為給付扶養費，再於事後以不當得利之法律關係加以救濟，此乃當然之理（臺灣臺中地方法院107年度家親聲字第999號、108年度家親聲字第187號、106年度家親聲抗字第52號、臺灣士林地方法院106年度家親聲字第22號、臺灣嘉義地方法院107年度家親聲字第74號裁定意旨參照），準此，乙、丙、丁並未協議以何種方式扶養甲，則乙逕向法院請求丙、丁給付其代墊之扶養費，難認適法。

乙說：肯定說。

按扶養之方法，由當事人協議定之；不能協議時，由親屬會議定之；但扶養費之給付，當事人不能協議時，由法院定之，民法第1120條固有明文。惟觀諸前揭規範，明定應經親屬會議者，係以當事人不能協議「扶養之方法」為要件，如兩造間所存之爭執，並非其等不能協議「扶養之方法」，自不符上開要件，而無前揭規定之適用（臺灣高等法院102年度家上易字第17號裁定意旨同此見解）。況且，考以立法院於96年間就上開條文進行修法審查、三讀程序時，係經綜合審酌現今社會主要的家庭主流型態為「核心家庭」，親屬會議召開不易，在現代社會之功能日漸式微，惟扶養乃扶養人與受扶養人間基於親屬或家長家屬之情感及關係所生之權利義務，基本上係建基於家庭和諧之基礎，如直接由法院公權力介入，實難再恢復往昔之圓融，極易影響當事人間及家庭之和諧，亦容易因訴訟過程間之不愉快，而影響扶養義務人確實依裁判結果履行的意願，甚至須經由強制執行始能獲得履行，對受扶養人而言未必有利；且扶養方法包含受扶養人之食衣住行，範圍極廣，項目有時甚為細微，如一有爭議即由法院介入解決，客觀上並不一定能迅速有效且經濟的解決當事人爭議，是以，基於當事人之最佳利益考量，不宜逕由法院直接立即取代親屬會議之角色，仍宜提供當事人一個更迅速便捷且能保護其等之私密、和諧的機制，以解決其等關於扶養方法之途徑等節（立法院法律系統公布之立法歷程紀錄參照）。然而，本件乃扶養義務人乙援引民法第179條規定為據，主張其他扶養義務人丙、丁應負不當得利之返還責任，並非援引親屬間之扶養法律關係，請求其他扶養義務人丙、丁應以給付金錢之方法扶養甲，所爭執者為請求返還已墊付之扶養費之問題，並非其等不能協議甲之扶養方法，抑或乙是否片面地自行決定以給付金錢方式作為扶養方法。是以，本件自無按民法第1120條規定應先協議扶養方法，不能協議再經親屬會議定之等程序要求。遑論衡諸我國實務所常見者，乃扶養義務人多以其無資力、經濟困難為由，請求減免扶養義務，扶養義務之履行甚或可能須透過強制執行程序為之，至扶養義務人欲「先下手為強」扶養受扶養人，進以請求其他扶養義務人給付金錢之情形，實非常見，苟謂扶養義務人間如未先經親屬會議程序，即一概無法向其他扶養義務人請求先為墊付之不當得利之返還，恐將造成各該扶養義務人均袖手旁觀，不願先盡妥適良善之扶養義務，甚且可能致使受扶養權利人成為俗稱「人球」，此等人倫悲劇顯非符合立法本旨。是以，本件既為扶養義務人乙援引民法第179條規定為據，主張其他扶養義務人丙、丁應負不當得利之返還責任，核與民法第1120條所規定之「扶養之方法，由當事人協議定之；不能協議，由親屬會議定之。」等情不同，自無民法第1120條之適用（臺灣彰化地方法院105年度家親聲字第258號、臺灣基隆地方法院106年度家親聲字第67、151號、臺灣高

等法院102年度家上易字第17號裁定意旨參照）。

問題（二）：甲說：否定說。

如問題（一）否定說理由所述，如當事人間無法就扶養方法達成協議，自不得逕向法院聲請酌定給付扶養費，亦不應准許某一扶養義務人得先片面地決定扶養之方法為給付扶養費用，之後再以不當得利之法律關係，向其他扶養義務人請求返還所代墊之扶養費用，否則民法第1120條規定將成具文。是依舉重以明輕之法理，不負扶養義務之第三人豈能在扶養義務人未就扶養權利人之扶養方法為協議前，逕自採取扶養方法為給付扶養費用，之後再以不當得利之法律關係，向扶養義務人請求返還所代墊之扶養費用，準此，乙、丙、丁既未協議以何種方式扶養甲，則第三人戊逕向法院請求乙、丙、丁給付其代墊之扶養費，難認適法（臺灣臺南地方法院103年度家簡字第7號判決意旨參照）。

乙說：肯定說。

按扶養之方法，由當事人協議定之；不能協議時，由親屬會議定之。但扶養費之給付，當事人不能協議時，由法院定之。民法第1120條固定有明文。然該條既明定扶養之方法由當事人協議定之，則得參與扶養方法之協議者，應限於扶養義務人，否則若謂不限於扶養義務人均得參與扶養方法協議，無異謂任何人得對本屬他人家務事之扶養方法均得干預，此顯不合理。況親屬會議之目的，係為藉由親屬協調溝通促使扶養權利人及義務人間達成協議，所作成之決議，倘無爭執，亦僅能約束受扶養義務人及權利人雙方，效力並不及於其他人。本件戊依民法第1115條第1項第1款、第2項規定，對甲之扶養義務順序尚在親等近之直系血親卑親屬乙、丙、丁之後，可見戊對於甲之扶養方法之協議，尚非當事人，從而自亦不得以本件扶養方法未經協議，據以否認戊代為照顧甲所為之勞力支出，並致乙、丙、丁免於支出扶養費利益之事實（臺灣桃園地方法院95年度家訴字第47號判決、臺灣臺南地方法院103年度家聲抗字第77號裁定意旨參照）。

初步研討結果：

問題（一）：採乙說。

問題（二）：採乙說。

審查意見：問題（一）、（二）：均採乙說，理由如下：

（一）民法第1120條前段規定「扶養之方法，由當事人協議定之；不能協議時，由親屬會議定之。」係為解決受扶養權利人與扶養義務人間不能就扶養之方法達成協議所為之規定，其協議之規範對象不包含扶養義務人彼此間就扶養義務履行所生之爭議（臺灣高等法院暨所屬法院107年法律座談會民事類提案第4號參照）。問題（一）、（二）既非關於受扶養權利人與扶養義務人間關於扶養方法之

爭議，自均無民法第1120條規定之適用。

（二）問題（一）：甲不能維持生活，乙、丙、丁為甲之子女，依民法第1114條、第1115條、第1116條規定，對於甲均負有扶養義務，丙、丁既未履行其扶養義務，而由乙獨力扶養甲，則乙所支出扶養費用，本應由乙、丙、丁三人負擔，丙、丁因乙之支出而受有免於支出其所應負擔扶養費之利益，致乙受損害，乙自得依不當得利之法律關係，請求丙、丁二人返還其代墊之扶養費用。

（三）問題（二）：甲不能維持生活，乙、丙、丁為甲之子女，依民法第1114條、第1115條、第1116條規定，對於甲均負有扶養義務，戊依民法第1115條第1項第1款、第2項規定，對甲所負扶養義務之順序在乙、丙、丁之後，乙、丙、丁既未履行對甲之扶養義務，而由戊扶養甲，則戊所支出扶養費用，本係乙、丙、丁三人所應負擔，其三人因戊之支出而受有免於支出其所應負擔扶養費用之利益，致戊受損害，戊自得依不當得利之法律關係，請求乙、丙、丁三人返還其代墊之扶養費用。

研討結果：照審查意見通過。

❖ 民法第1121條

扶養之程度及方法，當事人得因情事之變更，請求變更之。

案 例

甲對乙有扶養義務，本來協議好每個月甲要給乙新台幣（以下同）3萬元，但是後來甲失業了，是不是可以請求法院來決定調降一些？

一、思考焦點

法院判決或當事人協議好的扶養程度或扶養方法，如果後來情事發生了變化，是不是可以調整？

二、問題論述

扶養義務人應該要把扶養權利人扶養到什麼程度，要依照民法第1119條來決定，而要用什麼方法來扶養，要依照民法第1120條來決定，但是不論是當事人協議、親屬會議決定，或是由法院來決定，也只能按照決定的那個時候，扶養義務人以及扶養權利人的情形來決定，如果日後事情發生了變化，例如說本來扶養義務人

收入很高，或是很有錢，後來突然失業了，或是週轉不靈；又例如扶養義務人本來很窮，突然中了樂透彩，扶養能力大大的增加了，這都是決定扶養程度及扶養方法當時，沒有辦法預料的情形，這個時候，扶養義務人或扶養權利人就可以要求調整，如果對方不同意，就可以向法院起訴請求調整。

三、案例結論

甲可以依照民法第1121條的規定請求調整，如果乙不答應，就可以向法院起訴請求調整。

四、相關實例

丙對丁有扶養義務，本來協議好每個月丙要給丁1萬元，但是後來丙中了3億元的大樂透頭獎，丁是不是要求丙每個月增加一些錢？

五、重要判解

苗栗地方法院97年度家訴字第18號民事判決

民法第1055條第2項之規定，法院得依主管機關、社會福利機構或其他利害關係人之請求或依職權為子女之利益改定之。原告與被告於90年7月18日協議離婚，約定未成年子女范○○之監護權及扶養費皆由原告行使及負擔，此有原告所提之離婚協議書附卷為憑，且為被告所不爭執，堪信為真。據此，原告與被告就未成年子女之扶養費既有約定，本應受該協議之拘束，不容事後再為爭執。惟查，原告期求夫妻復合不成，一時悲痛而於92年4月間在被告娘家住處前引火自焚，受有全身百分之九十燒傷併臉頸部、手部等多處疤痕攣縮，此經原告提出醫院之病歷摘要2份證明屬實，足證原告受傷嚴重，自92年至96年間均需不斷住院就醫，自需負擔龐大之醫藥費及看護費，且其因重度傷殘而工作能力減損，顯然情事已有變更，原離婚協議對子女亦有不利益。本件原告依據民法第1121條之規定，請求變更原離婚協議所約定之子女扶養費用負擔比例，於法並無不合。

第六章　家

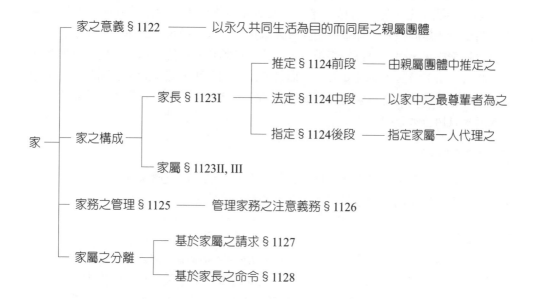

家
- 家之意義§1122 ── 以永久共同生活爲目的而同居之親屬團體
- 家之構成
  - 家長§1123I
    - 推定§1124前段 ── 由親屬團體中推定之
    - 法定§1124中段 ── 以家中之最尊輩者爲之
    - 指定§1124後段 ── 指定家屬一人代理之
  - 家屬§1123II, III
- 家務之管理§1125 ── 管理家務之注意義務§1126
- 家屬之分離
  - 基於家屬之請求§1127
  - 基於家長之命令§1128

❖ 民法第1122條

稱家者，謂以永久共同生活爲目的而同居之親屬團體。

案例

> 　　甲和哥哥、弟弟都住在同一個門牌號碼中，但是這個門牌號碼，是一個三合院的老房子，甲和太太、小孩住在中堂，甲的哥哥及嫂嫂住在右側廂房，甲的弟弟住在左側廂房，三個家庭都各自生活，錢財並沒有流通，沒有在一起開伙吃飯，請問：甲和哥哥、弟弟，在法律上是不是一家人？

一、思考焦點

在什麼條件之下，在法律上才算是一家人？

二、問題論述

　　法律上所認定的一家人，和我們生活上所認定的一家人，並不一樣。一般生活以及通俗的觀念上，兄弟各自結婚，然後分家以後，大家還是彼此叫對方是一家人，甚至只要是同姓的，都會互相講說大家是一家人，但是在法律上，「家」的觀念就比較嚴格了，民法第1122條規定，「家」必須是要兩個人以上，要一直繼續住在一起（以永久共同生活為目的），而且彼此之間有親屬關係的親屬團體。是不是一家人，在法律上是有意義的，例如家長和家屬彼此之間，就互相負有扶養的義務（民法第1114條第4款）。

三、案例結論

　　甲和哥哥、弟弟，雖然是親屬，也是住在同一個門牌號碼裡面，但是各自過生活，並不是共同生活，所以是三家人，而不是一家人。

四、相關實例

　　乙和哥哥、弟弟都住在三個不同的門牌號碼的房屋中，但是這三個門牌號碼，是連在一起的房子，三間房子打通之後，乙和哥哥、弟弟及三兄弟的太太、子女們一起開伙，一起奉養母親及父親，三位媳婦也輪流做家事，請問：乙和哥哥、弟弟，在法律上是不是同一家人？

五、重要判解

（一）司法院25年院字第848號解釋

　　稱家者謂以永久共同生活為目的而同居之親屬團體，民法第1122條定有明文，兄弟數人業已分家，雖仍同門居住，不得謂之一家。

（二）最高法院40年度台上字第1373號民事判決

　　被上訴人初與上訴人同居，固係以永久共同生活為目的，有家屬關係。嗣被上訴人已逾二十六歲，業經成年，迄未與上訴人結婚，其請求脫離家屬關係，撥諸民法第1127條之規定，不能謂非正當。

（三）司法院大法官釋字第415號解釋

　　所得稅法有關個人綜合所得稅「免稅額」之規定，其目的在以稅捐之優惠使納稅義務人對特定親屬或家屬盡其法定扶養義務。同法第17條第1項第1款第4目規定：「納稅義務人其他親屬或家屬，合於民法第一千一百十四條第四款及第一千一百二十三條第三項之規定，未滿二十歲或滿六十歲以上無謀生能力，確係受納稅義務人扶養者」，得於申報所得稅時按受扶養之人數減除免稅額，固須以納稅

義務人與受扶養人同居一家爲要件，惟家者，以永久共同生活之目的而同居爲要件，納稅義務人與受扶養人是否爲家長家屬，應取決於其有無共同生活之客觀事實，而不應以是否登記同一戶籍爲唯一認定標準。所得稅法施行細則第21條之2規定：「本法第十七條第一項第一款第四目關於減除扶養親屬免稅額之規定，其爲納稅義務人之其他親屬或家屬者，應以與納稅義務人或其配偶同一戶籍，且確係受納稅義務人扶養者爲限」，其應以與納稅義務人或其配偶「同一戶籍」爲要件，限縮母法之適用，有違憲法第19條租稅法律主義，其與上開解釋意旨不符部分應不予援用。（解釋日期：民國85年11月8日）

（四）最高法院87年度台上字第1096號民事判決

稱家者，謂以永久共同生活爲目的而同居之親屬團體，民法第1122條定有明文。而設籍僅爲行政上之管理措施，與家之概念有異。凡以永久共同生活爲目的而同居之親屬團體，縱非設籍於同一處所，仍難謂非一家。反之，數人雖設籍於同一處所，若非以永久共同生活爲目的而同居之親屬團體，仍不得謂之一家。

❖ 民法第1123條

家置家長。

同家之人，除家長外，均爲家屬。

雖非親屬，而以永久共同生活爲目的同居一家者，視爲家屬。

案例

甲和兒子乙以及兒子的未婚妻丙住在一起，丙準備要和甲的兒子乙結婚，也準備結婚之後，他們夫妻仍然要和甲住在一起，請問：甲和乙之間，是不是相互負有扶養的義務？

一、思考焦點

誰可以成爲一個家的家屬？

二、問題論述

家庭成員除了要一起繼續住在一起之外，當然在一個家裡面，有它的秩序要維持，不然的話，大家住在一起，就難免會失去它的意義，而且在一個家裡面，要有一個人來作主，最好是一位輩分最高、年紀最大的長輩，來決定有關於這個家的事

情。所以民法第1123條第1項就規定，一個家裡面要有一位家長，來負責作主、管理秩序，而家長以外的家庭會員，就是家屬（民法第1123條第2項）。假如說沒有親屬關係，但是仍然想要一直繼續住在一起的話，民法第1123條第3項規定，也算是家屬。所以，在比較早期的時代，一個有娶太太的男人，再娶第二個以上的太太，第二個以後的太太就是「妾」，妾跟這個男人要一直住在一起，雖然跟這個男人，或這個男人跟配偶（俗稱「大老婆」）所生的小孩，並沒有親屬關係，但是仍然還算是家屬。又例如前面案例所講的，丙是乙的未婚妻，還沒有跟乙結婚，和甲及乙並沒有姻親或配偶關係，但打算要一直繼續住在一起，所以依照民法第1123條第3項的規定，也算是家屬。

三、案例結論

　　甲、乙之間是家長以及家屬的關係，所以依照民法第1114條第4款的規定，互相負有扶養義務。

四、相關實例

　　丁是戊的曾祖父在清朝的時候依照「大清律令」所娶的妾，雖然戊的曾祖父、祖父、父親都已經過世了，但是丁一直和戊一家人住在一起，請問：丁、戊之間算不算是家長及家屬的關係？

五、重要判解

（一）司法院21年院字第735號解釋

　　妾雖為現民法所不規定，惟妾與家長既以永久共同生活為目的同居一家，依民法第1123條第3項之規定，應視為家屬，則其遺腹子女即受胎在妾與家長之關係存續中者，應認與經生父撫育者同。

（二）司法院22年院字第959號解釋

　　男女訂有婚約，當未結婚時，對於其父母不生親屬關係，設女因事故預居男家，未行婚禮，男若死亡，其婚約當然消滅，惟女與男之父母，若原有永久共同生活之意思，即應視為家屬。

（三）司法院25年院字第1511號解釋

　　甲在外納妾乙（如在民法親屬編施行後所納者，不得謂之妾），生子丙方在襁褓，甲即死亡，則丙自應由其行親權之母乙為之指定住所。至甲妻丁對於丙，不過為直系一親等姻親尊親屬，而其對乙因不同居，自不生家長家屬關係，其請求乙、丙回籍同居，乙自可拒絕。

（四）臺灣高等法院89年庭長法律問題研討會

法律問題：甲、乙二人爲同性戀，雙方舉行結婚儀式後，同居於甲之住所，惟乙未於該住所設籍；某日乙遭甲毆打，某乙可否主張其遭甲施家庭暴力行爲，而向法院聲請核發保護令？

研討意見：

甲說：乙不可聲請保護令。

1.我國民法對結婚當事人雖無直接明文限於一男一女之結合關係，惟學者對婚姻之定義，均認爲係「以終生共同生活爲目的之一男一女適法結合關係」，而我國民法親屬編之諸多規定，均建立在兩性結合之基礎上，是現行民法所謂結婚，應不包括同性之結合。準此，乙與甲非家庭暴力防治法第3條第1款之配偶關係，乙自不可以該關係聲請保護令。

2.又是否爲事實上之夫妻關係，宜斟酌加害人之主觀意願及客觀事實，以資認定有無一般夫妻生活之事實（參法院辦理家庭暴力案件應行注意事項壹：丙之二）。因夫妻已限定爲男女之結合關係，且立法過程中該規定皆以男女同居關係爲基礎而爲討論，故上開規定係以男女無婚姻關係而卻有同居之事實爲判斷前提，而甲、乙爲同性同居，自不具事實上之夫妻關係，尚難依家庭暴力防治法第3條第2款前段之事實上夫妻關係而爲保護令之聲明。

3.按在同一家共同生活者爲一戶，戶籍法第3條第2項前段定有明文。甲、乙實質上結婚並同居，惟乙未於甲之住所設籍，戶籍登記上僅甲一人住於該處，故登記名義上，甲、乙各居一戶而分屬不同戶籍，非在同一家共同生活，甲、乙間向非民法第1122條所稱：以永久共同生活爲目的而同居之親屬團體，亦與同法第1123條第3項：非親屬而以永久共同生活爲目的之同居一家者，視爲親屬之要件不符。乙自不可依家庭暴力防治法第3條第2款後段之家長家屬或家屬間之關係，聲請保護令。

乙說：乙可主張其與甲有家長家屬或家屬間之關係，而聲請保護令。

1.稱家者，謂以永久共同生活爲目的而同居之親屬團體；同家之人除家長外均爲家屬；雖非親屬而以永久共同生活爲目的同居一家者，視爲家屬。民法第1122條及第1123條第2項、第3項分別著有明文。故所謂家，民法上係採實質要件主義，以永久共同生活爲目的而同居一家爲要件，應取決於有無共同生活之客觀事實，而不應以登記同一戶籍爲唯一認定標準（大法官會議釋字第415號解釋意旨參照）。本件甲、乙實質上結婚並同居於甲之住所，雖乙戶籍未遷至甲處，仍應認雙方以永久共同生活爲目的之同居一家，甲、乙間應視爲具有家長家屬之關係（該住所僅二人同住）或家屬間之關係（該住所尚有他人同住，而甲、乙皆非家長）。此外，家庭暴力防治法之頒行，無非是希望讓更多人有機會接受保護令之保護及得到其他扶助、

護衛、輔導及治療,從而乙應可依該關係聲請保護令。

　　2.又我國之家庭暴力防治法係從美國移植而來(最主要為美國模範家庭暴力法),而美國關於家人或家屬之定義,有些包括現在或過去之伴侶;有些州保護之對象尚包括現在或過去分享共同住所之成年人、與施暴者有約會或親密關係者。因此,現今美國許多州之家庭暴力法有關規定中,不僅保護無婚姻或血緣關係之同居者,連同性戀有時亦在受保護之列(詳高鳳仙,家庭暴力防治法規專論,2000年2月,第16頁及第42頁之註34至36、註38)。是同居中之同性戀者,若以永久共同生活為目的而為同居,應認有家屬家長或家屬間之關係。

結論:多數採乙說。

臺灣高等法院研究意見:採乙說。

(五) 最高法院91年度台上字第1388號民事判決

　　查借用人未經貸與人同意,允許第三人使用者,貸與人得終止契約,為民法第472條第2款所明定,該所謂「允許第三人使用」者,除第三人係受借用人之指示而占有借用物之占有輔助人或借用人倫理上之同居人外,凡以使用權讓與等方式處分借用物者,均包括在內。按民法第942條所謂受他人指示之輔助占有人,僅該他人為占有人之規定,重在輔助占有人對物之管有係受他人之指示而為,至是否受他人之指示,則應就自為指示之他人與受指示者間之內部關係加以觀之並證明。原審能否因上訴人郭○㯖戶籍未設於上址及其在蘇澳鎮另有住居所,逕謂郭王○治非其同居人,已非無疑。究竟上訴人郭○㯖與其母間之內部關係是否具有民法第1123條所定家長與家屬以永久共同生活為目的而同居一家之特定從屬關係?郭王○治是否並為受上訴人郭○㯖指示基於其家務關係而占有居住該建物之輔助占有人?原審未遑詳為深究,徒以上述理由而為上訴人郭○㯖敗訴之判決,亦有未合。

(六) 內政部民國100年6月14日內授中戶字第1000060324號函

要旨:民法第1123條第2項固規定,同家之人,除家長外均為家屬,然戶籍登記之戶長及其戶內人員,與民法上所謂之家長及家屬並非必屬一致。又戶籍登記稱謂欄關於共同生活戶之稱謂,原則上按八親等表填記,其他共同居住者之有關親屬,無從填記實際身分者填「家屬」,共同居住之非親屬則填「寄居」,故共同居住之民法上姻親,於戶籍登記稱謂宜登記為「寄居」。

主旨:有關貴市五股區戶政事務所提出戶籍登記稱謂欄「家屬」定義之範圍為何一案,復請查照。

說明:

　　1.復貴局100年5月24日北民戶字第1000528721號函。

　　2.按本部50年5月8日台內戶字第58298號函釋略以:「查戶籍登記稱謂欄所

列之稱謂，僅爲該戶戶長對戶內各人關係之稱呼而已，並非各人本身戶籍登記上身分記載之重要項目，按共同生活戶之稱謂，原則上按8親等表填記，其他共同居住者之有關親屬，無從填記實際身分者，則填『家屬』，非親屬者則填『寄居』……。」；法務部86年11月18日法86律字第039308號函略以：「……民法第1123條規定『家置家長。』（第1項）同家之人，除家長外，均爲家屬（第2項）雖非親屬而以永久共同生活爲目的同居一家者，視爲家屬。（第3項）……至於戶籍登記上之『戶』乃基於戶政上之必要所設，民法上身分之成立、變更及消滅，並不以戶籍登記爲要件。因此戶籍登記之戶長及其戶內人員，與民法上所謂之家長及家屬即非必屬一致……」另按民法第969條規定：「稱姻親者，謂血親之配偶、配偶之血親、及配偶之血親之配偶。」揆諸上述民法意旨，除家長外，所有戶內人口係泛稱家屬，與戶籍資料「稱謂」欄之記載非必屬一致，故戶籍資料「稱謂」欄之記載，自應依上揭戶籍相關規定辦理。

3.另按戶籍資料「稱謂」欄，依上述僅爲戶長與戶內各人之稱呼而已，而於戶長變更時，對戶內各人之稱謂亦隨之變更。例如：(1)戶長如爲再嫁婦之翁，其隨母改嫁之子女，依上開民法規定戶長與隨母改嫁之子女並無親屬關係（爲戶長血親之配偶之血親），不宜登記爲「家屬」，宜登記爲「寄居」。(2)戶長爲妻之翁，妻之母遷入其戶內，依上開民法規定戶長與隨媳婦遷入之親家母並無親屬關係（爲戶長血親之配偶之血親），不宜登記爲「家屬」，宜登記爲「寄居」。(3)戶長爲姊姊之翁，妹妹遷入其戶內，依上開民法規定戶長與媳婦之妹並無親屬關係（爲戶長血親之配偶之血親），不宜登記爲「家屬」，宜登記爲「寄居」。

（七）法務部民國105年6月29日法律字第10503510300號函

同性伴侶雖非親屬，尚得依民法第1123條第3項規定取得家屬身分；又戶籍登記及戶政機關辦理同性伴侶註記，雖與民法家長家屬認定未必一致，仍得作爲證明方法之一種，並由權責機關依職權審酌認定。

（八）勞動部民國105年8月5日勞動條4字第1050131862號函

同性伴侶依民法第1123條第3項規定取得「家屬」身分後，自屬性別工作平等法第20條規定「家庭成員」範疇，得適用該條有關家庭照顧假之規定，至所需證明文件以證明受僱者有須親自照顧其家屬事實即已足。

（九）法務部民國106年10月16日法授矯字第10604008330號函

民法第1123條第3項等規定參照，雖非親屬但以永久共同生活爲目的而同居一家者視爲家屬，又「以永久共同生活爲目的而同居」指以永久同居意思繼續的經營

實質共同生活,而具有永久共居事實;僅暫時異居,而仍有歸回以營實質共同生活意思者亦屬之,故非親屬關係同居人雖非親屬,尚得依上述規定取得家屬身分,而有監獄行刑法第62條家屬之適用。

(十)最高法院107年度台上字第807號民事判決

輔助占有人係重在其對物之管領,係受他人之指示,至於是否受他人之指示,仍應自其內部關係觀之。又內部關係,乃民法第942條規定所指之受僱人、學徒、家屬或其他受他人之指示而為占有之類似關係。至所稱家者,則係以永久共同生活為目的而同居之親屬團體,同家之人,除家長外,均為家屬,是以家之構成員,包括家長與家屬,均須以永久經營實質之共同生活為目的而同居。

(十一)最高法院108年度台上字第2257號民事判決

民法第1123條所定家屬,係指以永久共同生活為目的而同居一家之人,非限於親屬,亦不以登記同一戶籍為必要。而所稱永久共同生活,指有永久同居之意思,繼續相當期間共同生活者而言,倘暫時異居,而有回歸之意思者,仍可謂為永久共同生活。

❖ 民法第1124條

家長由親屬團體中推定之。無推定時,以家中之最尊輩者為之。尊輩同者,以年長者為之。最尊或最長者不能或不願管理家務時,由其指定家屬一人代理之。

案例

> 甲和八十歲的祖母,以及八十二歲的外祖父三個人一起住,方便照顧還有供養,但是沒有推出家長。請問:在甲家裡面,誰應該是家長?

一、思考焦點

在一個家裡面,要由誰來做家長?

二、問題論述

在一個家裡面,只能有一個家長,這樣決定什麼事情,意見才不會分歧。誰來做家長,就是由這個家裡面的會員來互相推舉,畢竟這是一個民主的時代,政府需要有民意基礎,家長也是一樣,這樣推動家務,才比較不會有阻力。但是因為按照民法第1123條第3項的規定,不是親屬的人,也可以是家屬,而只要是家屬,就可

能會被推選成爲家長。如果家庭會員沒有推出家長，民法第1124條就規定，應該要以家中輩分最高的人來當家長，如果輩分一樣，就要以年紀最大的當家長。如果輩分最高、年紀最大的人，不願意當家長來管理家務，可以在家屬裡面指定一個人來管理家裡面的事情。

三、案例結論

依照民法第1124條的規定，甲的家裡面既然沒有推出家長，就要以輩分最高的人來當家長，但是甲的祖母以及外祖父，輩分都是最高的，不會因爲祖母是父系，外祖父是母系的長輩，而有輩分高低上的差別。甲的祖母以及外祖父都是同一輩分，那麼就要以其中年紀比較大的甲的外祖父來當家長，除非他不想做家長，而指定甲的祖母或甲來做家長。

四、相關實例

乙男和八十歲的祖母丙、以及太太、小孩一起住，沒有推選家長，而丙覺得自己年紀大了，不能夠勝任家裡面的事，也覺得乙頭腦不太靈光，可不可以指定乙的太太來做家長？

五、重要判解

司法院35年院解字第3160號解釋

某甲死亡遺有一妻一妾及妾生之子，如其家別無親屬而妻妾兩人均推妾生之子曾經某甲撫育者爲家長，則依民法第1124條之規定，妾生之子即爲家長，某甲之妻爲家長之直系姻親尊親屬，某甲之妾爲家長之母。

❖ 民法第1125條

家務由家長管理。但家長得以家務之一部，委託家屬處理。

案 例

甲是家裡面的家長，但是每天工作很晚才回家，所以關於家裡面祭拜祖先的事情，就交給他的弟弟乙去辦理。但是甲、乙家裡面的家庭成員很多，甲、乙的晚輩有十幾個人，很多不同意乙所選的祭拜祖先的日期，請問要以誰的意思爲準？

一、思考焦點

家長是不是可以授權家屬處理一些家務事？

二、問題論述

家長處理家務事，並且應該是所有事情最後能夠做決定的人，但是家長不見得能夠親自參與每一件事，有的時候，或許是因為比較忙碌，或身體狀況不好，或覺得那一件事情由那一位家屬來處理比較好，所以民法第1125條就規定這個時候，家長可以把家裡面的事情的一部分，授權由一位或幾位家屬來處理，被授權來處理這些事情的人，就有權利來作主，而其他家屬或家庭成員，就應該要尊重這位被指定人的意見。

三、案例結論

甲把家裡面祭拜祖先的事情，授權由乙來處理，依照民法第1125條的規定，乙就有權利就這件事情來作主，而其他家屬或家庭成員，就應該要尊重乙的意見。

四、相關實例

丙男是家裡面的家長，他把家裡面的一些事情，交給他的弟弟丁去辦理。但是後來，丙、丁的意見不一樣，究竟應該要以誰的意思為準？

五、重要判解

（一）最高法院33年上字第576號民事判決（例）

繼承人數人公同共有之遺產，依民法第828條第2項之規定，固非得公同共有人全體之同意不得設定負擔，惟該數人同居一家而由其中一人為家長管理家務者，如因清償共同負擔之債務，而有就遺產設定負擔之必要時，其在必要限度內就遺產設定負擔，自可推定其已得公同共有人全體之同意。

（二）最高法院42年度台上字第408號民事判決

公同共有物為一部分公同共有人侵奪或妨害時，其他被侵害之公同共有人之全體，如已同意訴請返還或除去妨害，則其當事人之適格即無欠缺。家長僅能管理家務，苟未經特別授權使之出租共有之房屋，要難以其具有家長身分，遽認其有當然代表共有人全體出租之權。

❖ 民法第1126條

家長管理家務，應注意於家屬全體之利益。

案 例

　　甲是家長，對於家裡面意見跟他一樣的家屬，就比較照顧，而對於意見常常跟他不一樣的家屬，就比較疏遠，甚至在製作族譜的時候，故意把意見比較多的家屬的名字去掉，請問：甲的作法是不是合法？

一、思考焦點
　　家長處理家務事的原則是什麼？

二、問題論述
　　一個家長是維持一個家裡面秩序的人，管理家務事的時候，也應該要為全家人著想，不能有偏心的行為，這樣才能維持一個家庭的秩序，並且使這個家能夠和諧。所以民法第1126條就規定，家長處理家務，必須要注意到全體每一位家屬的利益，不能有刻意遺漏的情形。

三、案例結論
　　依照民法第1126條的規定，甲處理家事，應該要儘量顧及家裡面所有家屬的利益，不可以偏心或濫用權力，所以甲這樣的作法，並不合法。

四、相關實例
　　乙男是家屬，老是覺得家長對他常常會有偏心的行為，而且他覺得自己雖然是家長的曾祖父的妾所生的後代，但是在製作族譜的時候，家長不可以把他的名字去掉，請問：乙是不是可以向法院起訴，要求家長把他的名字列在族譜上面？

五、重要判解
（一）司法院23年院字第1069號解釋
　　家長管理家務如為家屬全體之利益，自得處分家產，但家屬所已繼承或係其私有之財產，須得家屬同意。
（二）最高法院42年台上字第364號民事判決（例）
　　家長請求將家屬入譜，依民法第1126條規定，原係注意家屬全體之利益事項，同宗集合修譜，各家家長對於家屬入譜事項，自屬有權主持。

❖ **民法第1127條**

家屬已成年者，得請求由家分離。

（民國110年1月13日修正；自112年1月1日施行）

舊民法第1127條

家屬已成年或雖未成年而已結婚者，得請求由家分離。

（民國19年12月26日之舊法）

案 例

> 　　甲在民國初年娶了一個太太乙以及一個妾丙，後來甲和太太乙、兒女們都過世了，甲和太太乙所生的後代，也就是甲的曾孫丁，仍然和丙住在一起，丙已經一百多歲了，是家裡面的家長，丁要結婚，可不可以向丙要求分家、搬出去住？

一、思考焦點

家屬是不是可以要求分家、搬出去住？

二、問題論述

　　家屬受到家長的管理以及照顧，也和其他家屬之間發生密切的關聯，但是世界上的事情變化無常，家屬有的時候，也會想要分家，或者搬出去住，所以民法第1127條規定，家屬如果已經年滿二十歲而成年了，或是家屬要結婚，自己要去外面成立一個家，就可以跟家長請求分家。如果不是成年，也不是因為要結婚的話，如果有正當理由，也可以請求分家，例如要到中國大陸去長期工作、去美國留學並且在當地定居下來等等的情形。

　　民國110年1月13日立法院修正本條文，配合成年年齡與最低結婚年齡均修正為十八歲，爰將「或雖未成年而已結婚」等文字刪除並自112年1月1日施行。

三、案例結論

　　丁要結婚了，依照民法第1127條的規定，可以向丙要求從家裡面分離出來。一旦分出來之後，丙和丁之間，就再也不是家屬以及家長的關係了，而且丙、丁之間也沒有任何血緣關係，不是親屬，所以雖然丙已經一百多歲了，丁分家之後，在法

律上，並不是非要去照顧丙不可。

四、相關實例

戊女的兒子己，以及己的未婚妻庚住在一起，己及庚只是訂婚而已，打算結婚之後一直要住在家裡面。而戊與庚住在一起很久了，彼此就好像是親人一樣，後來己車禍過世了，庚還是繼續住在戊家裡面照顧戊，已經十年了。請問：庚想要結婚，可不可以向戊請求從家裡面分出來？

五、重要判解

（一）最高法院29年渝上字第527號民事判決（例）

家屬已成年或雖未成年已結婚者，依民法第1127條之規定，雖得請求由家分離，但該家屬與家長間別有不得請求由家分離之法律關係者，仍不在此限。夫妻如無不能同居之正當理由互負同居之義務，為民法第1001條之所明定，故夫為家長時，除離婚及撤銷婚姻時，其妻當然由家分離外，妻不得援用民法第1127條之規定，對於其夫請求由家分離。

（二）最高法院31年上字第1494號民事判決（例）

家屬已成年或雖未成年而已結婚者，依民法第1127條之規定，即得請求由家分離，不必別有正當理由。

（三）最高法院32年上字第5876號民事判決（例）

被上訴人係上訴人之女，既未成年又未結婚，原不得請求由上訴人家分離，其請求由家分離並因而請求上訴人給付分居後生活等費，自非正當。

（四）最高法院33年上字第5119號民事判決（例）

男女雙方間類似夫妻之結合關係，雙方本得自由終止，不適用民法第1127條、第1128條之規定，亦毋須訴請法院為准許脫離之形成判決。

（五）最高法院41年度台上字第434號民事判決（例）

已成年或雖未成年而已結婚之家屬，請求由家分離，依民法第1127條之規定，不必有正當理由。

❖ 民法第1128條

家長對於已成年之家屬，得令其由家分離。但以有正當理由時為限。

（民國110年1月13日修正；自112年1月1日施行）

舊民法第1128條

家長對於已成年或雖未成年而已結婚之家屬,得令其由家分離。但以有正當理由時爲限。

(民國19年12月26日之舊法)

案 例

甲女與兒子乙,以及乙的未婚妻丙住在一起,乙及丙只是訂婚而已,打算結婚之後一直要住在家裡面。而甲與丙住在一起很久了,彼此就好像是親人一樣,後來乙出車禍,受傷過世了,丙沒有找別人結婚,還是繼續住在甲的家裡面照顧甲十年,請問:甲可不可以用丙和別的男人互通情書、發生了感情爲理由,要求丙分家、搬出去住?

一、思考焦點

家長在什麼情形之下可以要求家屬分家?

二、問題論述

家屬受到家長的管理以及照顧,也和其他家屬之間發生密切的關聯,但是世界上的事情變化無常,不但家屬有的時候,也會想要分家,或者搬出去住,家長有的時候,也會想要求家屬分家搬出去,但是因爲家屬可以受到家長的扶養,所以民法第1128條就規定,家長不可以隨便要求家屬搬出去住,必須是要家屬已經成年了,或是已經結婚了,或是有其他正當的理由,才可以要求家屬分家。

配合成年年齡與最低結婚年齡,立法院民國110年1月13日修正爲十八歲,爰將「或雖未成年而已結婚」等文字刪除,並於112年1月1日施行。

三、案例結論

丙繼續在甲家裡面照顧甲十年,表示還想要繼續住下去,所以丙是甲的家屬,而丙並沒有結過婚,她有自由談戀愛,就算和談戀愛的對象發生性行爲,也沒有犯通姦罪的問題,所以丙要求甲搬出去住,並沒有正當的理由。

四、相關實例

丁男和戊女同居十年了,並且生了兩個小孩子,大家都住在戊的房子裡面,有

一天戊想要分手，就叫丁搬出去住，請問是不是有理由？

五、重要判解

（一）司法院20年院字第560號解釋

丙與甲之子雖未成婚，甲子死後，丙既以永久共同生活爲目的與甲同居一家，自爲甲之家屬，甲非有正當理由，不得令其脫離關係，丙既係無夫之婦女，其犯姦罪自不成立。

（二）最高法院26年上字第544號民事判決（例）

家長之故父所遺之妾，品行不檢，與男子互通情書時，家長令其由家分離，不得謂無正當理由。

（三）最高法院29年渝上字第2008號民事判決（例）

姑爲家長，媳爲家屬，媳於夫故後與人通姦時，姑令其媳由家分離，自難謂無正當理由。

（四）最高法院33年上字第4644號民事判決（例）

家長依民法第1128條令家屬由家分離，本無給與一定財產之必要。

（五）最高法院45年度台上字第1051號民事判決（例）

家長對已成年之家屬，雖得令其由家分離，但仍以有正當理由者爲限。

第七章　親屬會議

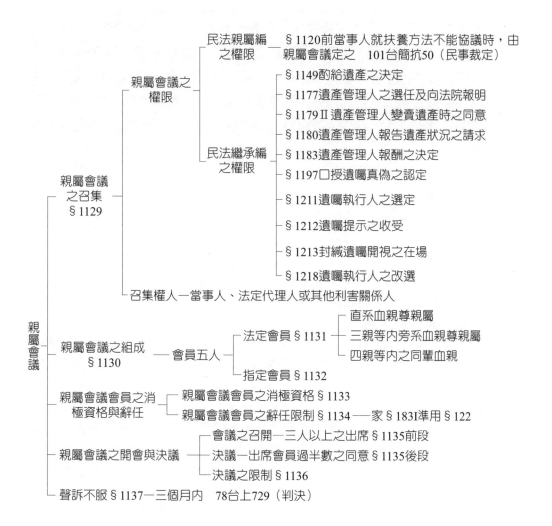

親屬會議

親屬會議之召集 §1129

　親屬會議之權限

　　民法親屬編之權限 —— §1120前當事人就扶養方法不能協議時，由親屬會議定之　101台簡抗50（民事裁定）

　　民法繼承編之權限

　　　§1149酌給遺產之決定
　　　§1177遺產管理人之選任及向法院報明
　　　§1179Ⅱ遺產管理人變賣遺產時之同意
　　　§1180遺產管理人報告遺產狀況之請求
　　　§1183遺產管理人報酬之決定
　　　§1197口授遺囑真偽之認定
　　　§1211遺囑執行人之選定
　　　§1212遺囑提示之收受
　　　§1213封緘遺囑開視之在場
　　　§1218遺囑執行人之改選

　召集權人—當事人、法定代理人或其他利害關係人

親屬會議之組成 §1130 —— 會員五人

　　法定會員§1131
　　　直系血親尊親屬
　　　三親等內旁系血親尊親屬
　　　四親等內之同輩血親
　　指定會員§1132

親屬會議會員之消極資格與辭任
　　親屬會議會員之消極資格§1133
　　親屬會議會員之辭任限制§1134 —— 家§183I準用§122

親屬會議之開會與決議
　　會議之召開—三人以上之出席§1135前段
　　決議—出席會員過半數之同意§1135後段
　　決議之限制§1136

聲訴不服§1137—三個月內　78台上729（判決）

❖ 民法第1129條

　　依本法之規定應開親屬會議時，由當事人、法定代理人或其他利害關係人召集之。

案例

　　甲死亡之前，已與太太離婚，小孩都已經過世了，不知道有哪些繼承人，但甲的親戚們都聽說甲在外面有認領私生子，也不能確定什麼時候會有誰要出來繼承甲的遺產。依民法第1177條規定，繼承開始時若繼承人之有無不明，由親屬會議於一個月內選定遺產管理人，並將繼承開始及選定遺產管理人之事由報明法院，請問：被繼承人甲的親屬會議，可不可以由甲的債權人乙來召集？

一、思考焦點

　　親屬會議應該要由誰來召集？

二、問題論述

　　民法第1129條以下關於「親屬會議」規定，須與家事事件法第3條第4項第8款：「丁類事件：八、親屬會議事件」，一併研讀。

（一）親屬會議的作用

　　一個人的親屬會議，就是由這個人的五位親屬所組成（民法第1130條）。法律設計親屬會議，最早的目的，是為了防止親權的濫用，如果未成年小孩子的父、母親濫用親權，例如：虐待未成年的小孩子，父、母親的親屬會議，就可以糾正這個父親或母親（舊民法第1090條，96年修正前條文）。如果一份遺產找不到繼承人來繼承（無人承認繼承），也要靠親屬會議選定遺產管理人，向法院報告（民法第1177條），並且監督遺產管理人（民法第1179條第2項、第1180條），以及決定遺產管理人應該要拿多少報酬（民法第1183條）。另外，親屬會議決定扶養的方法（民法第1120條）、斟酌給予被繼承人還活著的時候所繼續扶養的人一些錢（民法第1149條）、認定口授遺囑的真假如何（民法第1197條）、選定或改選遺囑執行人（民法第1211條、第1218條）。

（二）親屬會議的召開

　　親屬會議必須要有人主動來發起、召開。民法第1129條規定，當事人、法定代理人或其他利害關係人都可以召集。

（三）當事人

　　如扶養的方法，由當事人（互負扶養之人）協議，故可以召開親屬會議，由親

屬會議來決定扶養的方法（民法第1120條）。又例如受到父、母親濫用親權的未成年小孩、受監護人、監護人、繼承人、遺產管理人、受遺贈人、遺囑執行人以及親屬會議的會員，都算是當事人。

（四）法定代理人

是指未成年人、受監護人、繼承人、受遺贈人、扶養權利人的法定代理人。

（五）其他利害關係人

例如：受監護人的債權人及債務人、監護人及受監護人的繼承人、無人承認繼承或拋棄繼承時的遺產債權人及債務人、受遺贈人、有權利依照民法第1149條請求酌給遺產的人。

三、案例結論

民法第1129條規定，依本法應開親屬會議時，由當事人、法定代理人或其他利害關係人召集之。故甲有民法第1177條應開親屬會議之情形，因此甲的債權人乙得依民法第1129條規定召集開親屬會議。

四、重要判解

（一）最高法院40年度台上字第1411號民事判決

被上訴人以其初生之女鄭○瑛、未生之子鄭○，訂為鄭○仁之嗣子女，繼承宗祧，既與現行民法不採宗祧繼承制度之規定有違，據其提出鄭○銓、鄭○斌所立之承認書，又非依法由鄭○仁之最近親屬即上訴人召集親屬會議之決議所作成，自非有效，即不容被上訴人藉此爭論。

（二）最高法院44年度台上字第186號民事判決

法院依有召集權人之聲請，於其他親屬中指定親屬會議之會員，原無以年長者為先之順序之限制，此觀民法第1132條之規定自明。

（三）最高法院48年台上字第1532號民事判決（例）

被繼承人生前繼續扶養之人，基於民法第1149條之規定，依同法第1129條，召集親屬會議所為酌給遺產之決議，原應依其所受扶養之程度及其他關係而定，若親屬會議之決議未允洽時，法院因有召集權人之聲訴，自可斟酌情形逕予核定，所謂決議之不允洽，通常固指「給而過少」或「根本不給」之情形而言，但為貫徹保護被扶養者之利益，及防杜親屬會議會員之不盡職責起見，對於親屬會議已開而未為給否之任何決議時，亦應視為與決議不給之情形同，而賦有召集權人以聲訴不服之機會。

❖ 民法第1130條

親屬會議，以會員五人組織之。

案 例

> 甲車禍被送到醫院，情況一度危及，故就在民國93年1月1日，做成口授遺囑，但後來甲竟奇蹟式快速復原，並在民國93年2月1日出院，不料甲卻在隔天車禍過世。此時，甲之口受遺囑應由何單位認定？

一、思考焦點

親屬會議要由幾個人來組成？

二、問題論述

民法第1130條規定，親屬會議，以會員五人組織之。

三、案例結論

此時應由親屬會議組成五人會員而認定之。

四、相關實例

甲男是父親乙的遺產管理人，在其管理遺產的職務完成後，得請求報酬。然其報酬數額由親屬會議依甲之勞力及與被繼承人之關係酌定之。請問：依法應由何單位認定之？

五、重要判解

最高法院57年度台上字第2899號民事判決

倘上訴人與監護人間確有利益相反之情形，苟未另選監護人，能否謂上訴人請求權為可得行使之時，非無斟酌餘地。

❖ 民法第1131條

親屬會議會員，應就未成年人、受監護宣告之人或被繼承人之左列親屬與順序定之：

一、直系血親尊親屬。

二、三親等內旁系血親尊親屬。

三、四親等內之同輩血親。

前項同一順序之人，以親等近者爲先；親等同者，以同居親屬爲先，無同居親屬者，以年長者爲先。

依前二項順序所定之親屬會議會員，不能出席會議或難於出席時，由次順序之親屬充任之。

案例

甲死亡之前，已與太太離婚，小孩都已經過世了，不知道有哪些繼承人，但甲之三親等內旁系血親尊親屬伯父乙，聽說甲在外面有認領私生子，也不能確定什麼時候會有誰要出來繼承甲的遺產。依民法第1177條規定，繼承開始時若繼承人之有無不明，由親屬會議於一個月內選定遺產管理人，並將繼承開始及選定遺產管理人之事由報明法院，請問：被繼承人甲的親屬會議，甲之伯父乙，有否資格擔任親屬會議之會員？

一、思考焦點

親屬會議應該要由哪些人來組成？

二、問題論述

本次修正係配合民法第15條將「禁治產人」修正爲「受監護宣告之人」。亦配合97年5月23日修正公布民法親屬編第四章監護之有關條文之修正，故將本條文之「禁治產人」修正爲「受監護宣告之人」。

親屬會議的組成，常常是在這個人已經沒有辦法表達自己的意思，或沒有辦法好好表達自己意思的時候而形成。所以，親屬會議的會員，應該是要和這個人比較親近，而且最好是長輩或平輩，才會有意願、有能力爲這個人追求最大利益。例如：民法第1120條決定扶養方法、民法第1149條酌給遺產的情形，也是需要比較親近的親屬，最好是長輩或平輩，比較了解狀況，而能做出決定的人。所以民法第1131條規定，親屬會議的會員，應該要從需要親屬會議的人（未成年人、受監護宣告之人、被繼承人）的親屬當中去找，並且是依照下列的順位：

（一）直系血親尊親屬（第1項第1款）

不是直接把需要親屬會議的人給生出來，就是間接把他（她）生出來的人，例

如：自己的父、母親、祖父、母等等。如果一個人被人家收養去了，就是養父、母或養父、母的直系血親尊親屬。

（二）三親等內旁系血親尊親屬（第1項第2款）

例如：自己的叔叔、伯伯、姑姑、阿姨等等。

（三）四親等內之同輩血親（第1項第3款）

例如：自己的堂兄弟姊妹，或表兄弟姊妹。

依照民法第1131條第2項的規定，如果順位相同，就以親等比較接近的優先，例如有父親及祖父，就要以父親優先。如果親等一樣，就以和需要親屬會議的未成年人、受監護宣告之人或被繼承人等等的人，本來就住在一起的優先，如果親等一樣但是都沒有住在一起，就以年紀比較大的優先。如果前面一個順位的親屬會議會員，沒有辦法出席開會，就用後面一個順位的親屬作為會員（民法第1131條第3項）。以上這些就是法律上規定法定的親屬會議會員之順序。

三、案例結論

被繼承人甲之伯父乙，依民法第1131條第1項第2款之規定，乙有資格擔任親屬會議之會員。

四、相關實例

甲男與乙女結婚後，育有一子丙現今六歲，某日甲男與乙女出外旅遊不幸共同遇難死亡，甲男生前有一好友丁，欲想成為親屬會議之會員，試問：依法是否可行？

五、重要判解

最高法院55年度台上字第3156號民事判決

上訴人所稱之親屬會議，依其提出之親屬會議允許證明書記載，出席會員林○華為林○財監護人。林李○全妹、鄭○皆林○財叔母，均非林○財之血親。至於為林○財叔父之林○崙，雖為親等較近之血親，但又未參與會議。揆與民法第1133條及第1131條各規定，即屬不無違背。是該親屬會議之組織自非合法，其所為允許處分之決議，亦不生效力。

❖ 民法第1132條

依法應經親屬會議處理之事項，而有下列情形之一者，得由有召集權人或利害關係人聲請法院處理之：

一、無前條規定之親屬或親屬不足法定人數。

二、親屬會議不能或難以召開。

三、親屬會議經召開而不為或不能決議。

（民國103年1月29日修正公布）

舊民法第1132條

無前條規定之親屬，或親屬不足法定人數時，法院得因有召集權人之聲請，於其他親屬中指定之。

親屬會議不能召開或召開有困難時，依法應經親屬會議處理之事項，由有召集權人聲請法院處理之。親屬會議經召開而不為或不能決議時，亦同。

（民國74年6月3日修正）

案例

甲死亡之前，已與太太離婚，且生前欠乙50萬元，甲之小孩及長輩的親人都已經過世了，僅剩堂弟丙。但甲的朋友們都聽說甲在外面有認領私生子，也不能確定什麼時候會有誰要出來繼承甲的遺產。依民法規定，繼承開始時若繼承人之有無不明，由親屬會議於一個月內選定遺產管理人，並將繼承開始及選定遺產管理人之事由報明法院。故依法甲的債權人乙有權來召集甲的親屬會議。但依民法第1131條規定，甲親屬會議之會員只剩丙一人，乙應怎麼辦？

一、思考焦點

依照民法第1131條第1項的規定，親屬會議的法定會員，人數不夠的時候，該怎麼辦？

二、問題論述

民法第1131條第1項規定一個人的親屬會議的會員，是考慮到這些人是需要親屬會議的未成年人、受監護宣告之人或被繼承人等等人的長輩，比較有意願、有能力來幫忙決定一些事情，或比較了解事情的狀況。但是不見得可以順利找到足夠五位的親屬會議會員，有的親屬可能已經不在這個世界上了，有的親屬失去聯絡，

人也不知道到哪裡去了。如果人數不夠的話，依照民法第1129條的規定有權利來召集親屬會議的人，就可以聲請法院，在民法第1131條第1項所規定的法定會員以外的其他親屬中，來指定親屬會議的會員，這就是指定的親屬會議會員（民法第1132條第1款）。假如民法第1131條第1項所規定的親屬會議的法定會員，人數都足夠，但是會議沒有辦法舉行、或舉行有困難，例如：老是找不到大家都有空的時間來開會，或者是雖然有召開親屬會議，而沒有作成決議或大家吵來吵去不歡而散，這個時候，有召集權人或利害關係人，就可以聲請法院來做處理（民法第1132條第2款、第3款）。

民國103年1月29日立法院修正民法第1132條親屬會議會員之指定規定，其立法理由謂：民法親屬編關於「親屬會議」之規定，係基於「法不入家門」之傳統思維，為農業社會「宗族制」、「父系社會」解決共同生活紛爭之途徑。但因時代及家族觀念之變遷，親屬共居之生活方式已式微，故常有召開親屬會議時，發生親屬成員不足、召開不易、決議困難等情形，且近年來「法入家門」已取代傳統的「法不入家門」之思維，故加強法院監督及介入已成法潮之趨勢。而民法繼承編關於遺產管理（民法第1177條遺產管理人之選定、第1178條搜索繼承人之公示催告與選任遺產管理人、第1180條遺產管理人之報告義務、第1183條遺產管理人之報酬）、遺囑提示（民法第1212條遺囑之提示）、開視（民法第1213條封緘遺囑之開視）、執行（民法第1214條、第1215條遺囑執行人之職務），皆與「親屬會議」有許多關聯性，但同樣有親屬成員不足、召開不易等困難。

又原條文造成民法第1211條適用疑義有下列情形：（一）被繼承人或立遺囑人如無民法第1131條親屬會議成員，或親屬會議成員不足法定人數五人，或親屬會議不能或難以召開、或召開而不為、不能決議時，實務見解常以原條文第1項為由，駁回聲請。（二）但如不能直接適用第1211條第2項聲請法院指定遺囑執行人，（即須先適用第1132條第1項，不能直接適用第1132條第2項或第1211條第2項），只能聲請法院先指定親屬會議成員，再來召集親屬會議，不但無法預知親屬會議是否可以召開或決議，且容易形成讓與被繼承人或立遺囑人親等較遠或較無生活關聯的人來決定，不但讓親屬會議決定之原立法意義盡失，也讓法院有推案的藉口，對人民是無謂的延宕。

故本次立法將舊民法第1132條規定：「無前條規定之親屬，或親屬不足法定人數時，法院得因有召集權人之聲請，於其他親屬中指定之（第1項）」、「親屬會議不能召開或召開有困難時，依法應經親屬會議處理之事項，由有召集權人聲請法院處理之。親屬會議經召開而不為或不能決議時，亦同（第2項）」。修正為同條規定：「依法應經親屬會議處理之事項，而有下列情形之一者，得由有召集權人或

利害關係人聲請法院處理之：若無民法第一千一百三十一條規定之親屬或親屬不足法定人數（第1款）、親屬會議不能或難以召開（第2款）、親屬會議經召開而不為或不能決議（第3款）」。

三、案例結論

乙可依照民法第1131條第1項所規定，有權召開親屬會議會員召開親屬會議，但因同法第1130條規定，親屬會議須會原五人，始可召開之，故依題意親屬會議會員僅甲之堂弟丙一人而已而無法召開，因此乙即可依民法第1132條第1款後段之規定，親屬不足法定人數，聲請法院處理之。

四、相關實例

丙男積欠銀行新台幣1,000萬元，但是最近中風變成植物人，被法院監護宣告，而丙在這個世界上已經沒有任何親人了，銀行向法院起訴請求還錢，法院認為丙現在是受監護宣告之人，沒有「訴訟能力」，就把銀行的訴訟給駁回。請問：這家銀行該怎麼做？

五、重要判解

（一）法務部民國100年12月5日法律字第10000040790號函

民法第1129、1132條及民事訴訟法第596條等規定參照，生父與子女間訴訟如子女無行為能力而生父為法定代理人，應由生母代為訴訟行為；無生母者，由生母方面親屬會議指定之人代為訴訟行為，又會議不能召開或有困難時，由有召集權人聲請法院指定代為訴訟行為之人。

（二）最高法院103年度台簡抗字第143號民事裁定

按民法親屬篇「親屬會議」之規定，原係基於「法不入家門」之傳統思維，為農業社會「宗族制」、「父系社會」解決共同生活紛爭之途徑。惟為因應時代及家族觀念之變遷，親屬共居已式微，親屬成員不足、召開不易、決議困難等問題，修正後之民法第1132條規定凡依法應經親屬會議處理之事項，而無同法第1131條規定之親屬或親屬不足法定人數；或親屬會議不能或難以召開；或親屬會議經召開而不為或不能決議者，利害關係人即得聲請法院處理之。是法院以繼承人主張被繼承人無民法第1131條所定之親屬可組成「親屬會議」縱屬真實，其仍應先依修正前同法第1132條第1項規定，聲請法院於其他親屬指定親屬會議之成員，進而組織親屬會議，因認無親屬會議不能召集或不能決議之情形，而為繼承人不利之論斷，依前開說明，於法即有未合。

❖ 民法第1133條

監護人、未成年人及受監護宣告之人，不得為親屬會議會員。

甲男得了非常嚴重的精神病，甲在這個世界上，雖然是子孫滿堂，但是長輩的親人都過世了，平輩中只有一個堂弟乙還活著，但是乙也是帶著呼吸器過活，早就被法院宣告受監護宣告之人。法院要宣告甲是受監護宣告之人，要選定誰來作甲的監護人，想徵求親屬會議的意見，乙可不可以是甲的親屬會議的會員？

一、思考焦點

有什麼人是不可以當親屬會議的會員的？

二、問題論述

本次修正係配合民法第15條將「禁治產人」修正為「受監護宣告之人」。亦配合97年5月23日修正公布民法親屬編第四章監護之有關條文之修正，故將本條文之「禁治產人」修正為「受監護宣告之人」。

一個人的親屬會議，常常是在這個人已經沒有辦法表達自己的意思，或沒有辦法好好表達自己意思的時候，例如：未成年人、受監護宣告之人、被繼承人等等，來為這個人追求最大的利益。所以，親屬會議的會員，應該是要和這個人比較親近，而且最好是長輩或平輩，才會有意願、有能力為這個人做一些事情，另外有一些事情，例如：民法第1120條決定扶養方法、民法第1149條酌給遺產的情形，也是需要比較親近的親屬，最好是長輩或平輩，比較瞭解狀況，而能做出決定的人。所以，親屬會議的會員，應該是要和這個人比較親近，而且最好是長輩或平輩。但是如果是下面幾種人，依照民法第1133條規定，是不可以做親屬會議的會員的：

（一）監護人

親屬會議也可以是未成年的監護人，以及受監護宣告之人的監護人的監督機關（民法第1099條、第1099條之1、第1101條、第1103條、第1104條、第1106條、第1107條、第1112條第2項、第1113條第1項），被監督的監護人，當然不可以做親屬會議的會員，以免球員兼裁判。

（二）未成年人

未成年人，本身就需要別人來行使負擔權利義務，本身就需要人家來監護，怎麼去做親屬會議的會員來照顧、保護別人？

（三）受監護宣告之人

受監護宣告之人根本無法辦法處理自己的事情，本身就需要監護人，又怎麼能去做親屬會議的會員來照顧、保護別人？

三、案例結論

乙本身是受監護宣告之人，依照民法第1133條的規定，不可以做甲親屬會議的會員。

四、相關實例

丙男的監護人同時是丙的親屬會議會員，請問這個親屬會議所作成的決議，是不是有效？

❖ 民法第1134條

依法應為親屬會議會員之人，非有正當理由，不得辭其職務。

案例

甲男得了非常嚴重的精神病，有一個堂弟乙，依照民法第1131條第1項第3款的規定，是甲的親屬會議的會員，但是乙覺得平常很少在跟甲聯絡，也不想管甲的事情，是不是可以辭去甲的親屬會議會員的職務？

一、思考焦點

親屬會議的法定或指定會員，是不是可以隨便辭職？

二、問題論述

一個人的親屬會議，常常是在這個人（未成年人、受監護宣告之人、被繼承人）已經沒有辦法表達自己的意思，或沒有辦法好好表達自己意思的時候，來為這個人追求最大的利益。所以，親屬會議的會員，應該是要和這個人比較親近，而且最好是長輩或平輩，才會有意願、有能力為這個人做一些事情，另外有一些事情；

例如：民法第1120條決定扶養方法、民法第1149條酌給遺產的情形，也是需要比較親近的親屬，最好是長輩或平輩，比較了解狀況，才能做出決定的人。法律之所以找親屬會議來為這些需要親屬會議的未成年人、受監護宣告之人或被繼承人等等的人著想，是因為親屬之間比較親近，血濃於水，而且最好是長輩或平輩，才有意願、有能力為這個需要親屬會議的人來做一些事情，或比較能了解狀況，而且親屬會議並沒有報酬的規定，一般關係疏遠的人，通常不會願意做這些事情。如果親屬不願意出來幫忙，就很難再找出有誰可以出來做這些事情。所以民法第1134條規定，法定或是指定親屬會議的會員，如果沒有正當理由，是不可以隨便辭去親屬會議的職務的，除非真的有正當理由，例如：本身身體非常不好、沒有行動能力，或遠在國外來不及趕回等等的理由，這樣對於需要親屬會議的未成年人、受監護宣告之人或被繼承人等等的人來說，也是一個保障的規定。

三、案例結論

乙沒有正當理由，是不能夠隨便辭職的。

四、相關實例

丙男是丁女的親屬會議法定會員，但是丙最近才動過大手術，醫生交代要住院觀察，絕對不可以走動，並且少開口講話，請問：丙是不是可以辭去丁的親屬會議會員的職務？

❖ 民法第1135條

親屬會議，非有三人以上之出席，不得開會；非有出席會員過半數之同意，不得為決議。

案 例

甲男的法定親屬會議會員，是他的五位堂弟，有一天講好大家要開會，但是只有到其中三位，另外兩位遲遲不見人影，請問：到場的其中三位，是不是可以準時開會並且作成決議？

一、思考焦點

親屬會議要怎麼樣才可以開會，並且作成決議？

二、問題論述

　　民法第1130條規定親屬會議的會員是五個人，目的就是方便作成決議，如果是偶數的會員，在表決的時候，萬一贊成以及反對的票數相同，就不容易作成決議，所以是以五個人為會員，而且民法第1135條規定，是以多數決為原則，只要其中三位以上到場，就可以開會，到場的人裡面，有一半以上的會員同意，就可以作成決議。

三、案例結論

　　甲的五位堂弟，到場三位就可以開會，並且開會的其中兩位同意，就可以作成決議。

四、相關實例

　　丙男的法定親屬會議會員，是他的五位堂弟，有一天講好大家要開會，但是只有到其中四位，另外一位遲遲不見人影，後來表決的結果，有兩位贊成、兩位反對，請問這樣子是不是可以作成決議？

五、重要判解

（一）最高法院31年上字第637號民事判決（例）

　　親屬會議之會員，應於會議時自行出席，不得使他人代理。

（二）最高法院41年台上字第1580號民事判決（例）

　　凡使族眾增加負擔之決議，如非其族規或習慣有明確之規定或久經遵守之事實，足認為族眾間有以多數決定之約定者，不能認為有效，尤不容謂未經同意之族眾，亦應受該項決議之拘束。

（三）最高法院84年度台上字第2050號民事判決

　　民法第1136條規定，僅限制親屬會議會員，於所議事件有個人利害關者，不得加入決議，並未規定有個人利害關係之會員，不得算入出席之人數。原審竟援引性質、目的及會議組織型態，均與親屬會議不同之公司法有關股份有公司股東會決議，不得行使決權之股份數，不算入已出席股東之表決權數之規定。認親屬會議會員，於所議事件有個人利害關係者，不得算入親屬會議之出席人數內。並據以認定係爭親屬會議出席人數不足三人，其決議無效，而為陳○仁三人不利之判決，其見解有顯有可議。

（四）最高法院87年度台上字第1723號民事判決

　　親屬會議，非有三人以上之出席，不得開會，非有出席會員過半數之同意，

不得決議；親屬會議會員，於所議事件有個人利害關係者，不得加入決議，民法第1135條、第1136條定有明文。經查本件被繼承人陳○深既以自書遺囑指定王陳○珠、鍾○英、徐○雄三人為遺囑執行人，以杜繼承人為己利而違遺囑人之意思，又以自書遺囑將遺產贈與法人清泉獎學會董事會、香蘭基金會、生前部屬職員及特定親屬。則該遺囑之執行即與繼承人有重大利益衝突。況遺囑執行人有管理遺產並為執行上必要行為之職務；遺囑執行人因前項職務所為之行為，視為繼承人之代理，民法第1215條定有明文。顯見遺囑執行人之改選與否，與繼承人均有個人之利害關係。故陳○仁召開親屬會議，而由與決議事項有重大利害關係之繼承人陳○仁、王陳○完、廖陳○香共同參與決議解除遺囑執行人王陳○珠、鍾○英、徐○雄三人之職務，並另選任陳○仁為遺囑執行人之行為，顯與民法第1136條之規定有違，其決議依法自屬無效。

❖ 民法第1136條

親屬會議會員，於所議事件有個人利害關係者，不得加入決議。

案 例

> 甲男在過世之前，立下了一個遺囑，想要把遺產全部捐給慈善機構，並且指定他生前最信任的乙男當遺囑執行人，但是如果甲的遺產全部捐出去，他的唯一繼承人，也就是甲的父親丙，就沒有辦法拿到特留分以外的遺產了。請問：丙可不可以召集親屬會議，決議把乙換掉，由丙自己當遺囑執行人？

一、思考焦點

如果親屬會議要決定的事情，和親屬會議之中的會員有利害關係，那麼那個有利害關係的人，是不是可以加入表決？

二、問題論述

親屬會議的會員，必須要站在客觀、中立的立場，來為需要親屬會議的未成年人或被繼承人等等的人著想，如果親屬會議所要討論的事項，和會員自己有利害關係，就很難去期待這個會員會去做出對的決定。例如：在案例中，被繼承人生前立下遺囑，是希望遺產能捐給慈善團體，如此一來，繼承人丙只能拿到比較少的部

分，也就是民法第1223條至第1225條，那麼誰來當遺囑執行人，對丙而言就有利害關係，如果是甲生前所指定的乙，或許能比較客觀、公正的把錢捐出去，可以如果是由丙來當遺囑執行人，有可能會為自己著想，故意隱瞞甲還有一些財產，或故意不把一些錢捐出去，好留給自己多一些錢，所以丙本身就是利害關係人，雖然可以召集親屬會議，但是為了避開嫌疑，依照民法第1136條的規定，丙不可以在表決的時候加入投票。

三、案例結論

丙本身就是利害關係人，不可以在表決是不是要改換遺囑執行人的時候加入投票。

四、相關實例

丁男在過世之前，立下了一個遺囑，想要把遺產其中一部分全部都給自己的長孫戊男，在親屬會議決定要由誰來當遺囑執行人的時候，親屬會議會員中，戊的父親可不可以加入表決？

❖ 民法第1137條

第一千一百二十九條所定有召集權之人，對於親屬會議之決議有不服者，得於三個月內向法院聲訴。

案 例

　　甲男要求乙女扶養，但是甲、乙之間，對於乙應該要怎麼樣來扶養甲的方法，並沒有談好，所以由甲的親屬會議依照民法第1120條來決定扶養方法。親屬會議開會決定乙每個月要拿新台幣1萬元給甲，甲嫌太少，可不可以向法院起訴，請求撤銷這個親屬會議的這個決定？

一、思考焦點

有權召集親屬會議的人，如果對於親屬會議的決議不服氣，是不是可以向法院起訴，請求撤銷親屬會議的決議？

二、問題論述

（一）撤銷親屬會議決議的訴訟

提起民法第1137條之聲訴，係指依照家事事件法第38條規定撰寫起訴狀爲之，故法院對於此項聲訴，自應依家事事件法判決爲之。親屬會議是爲了需要親屬會議的未成年人、被繼承人等等的人來開會，並且做出一些決議，親屬會議基於親屬關係的感情，原則上所做出的決定，都是面面俱到，但是有的時候或許經驗不夠，或不了解事實的眞相，或其他的原因，所做出的決定，不見得都是非常的好，所以民法第1137條就規定，有權利依照民法第1129條的規定召集親屬會議的人，可以在親屬會議作成決議之後三個月內，向法院起訴請求撤銷親屬會議決議。進一步而言，如果要撤銷親屬會議的決議，必須是在兩種情形之下，第一，是召開親屬會議的程序，或是開會決議的程序，違反法律的規定。例如：沒有對一部分的親屬會議的會員發出開會的通知，或是有利害關係的人，竟然也加入表決，導致決議的結果有所改變。第二，是決議的內容不夠妥當，例如：對於監護人的報酬，核發太過於浮濫，或監護人處分受監護人的財產，明顯比市價低很多，親屬會議居然也表示同意。這些情形，在親屬會議決成決議的第二天開始，起算三個月內，有權召集親屬會議的人，都可以向法院起訴請求撤銷親屬會議的決議，這個三個月的期間，是所謂的「除斥期間」，它沒有中斷的可能，也不管有權撤銷的人知不知道親屬會議已經作成了決議，都是一樣。如果經過法院判決撤銷親屬會議的決議，並且判決確定的話，那個決議就從頭到尾失去它的效力。

（二）確認決議無效的訴訟

如果親屬會議決議的內容，違反了一定要遵守的法律規定（強行規定），例如：選定未成年人當作是監護人，而違反民法第1096條的規定，或是親屬會議的組織、決議方法不合法，例如：有先順位的法定會員，後順位的會員竟然自己就開起會來，或人數不到三個人就做成決議，或到場的會員沒有過半數同意，竟然也作成決議，這些情形，親屬會議的決議是無效的，這個無效，是從頭到尾都無效（自始無效），不管對誰來說都是無效（客觀無效），而且並沒有復活並成有效的可能性（絕對無效）。所以無論什麼時候，不限於親屬會議決議做成第二天開始起算的三個月以內，只要有確認的實際上的利益（確認利益），有權召集親屬會議的人，都可以向法律提起一個確認之訴，請求確認這個決議是無效的。

三、案例結論

甲是親屬會議決定扶養方法的當事人，依照民法第1129條的規定，可以召開親屬會議，所以依照民法第1137條的規定，甲如果對於親屬會議的決議不服氣，覺得

錢給的太少，可以在決議做出之後三個月內，向法院起訴請求撤銷那個決議。

四、相關實例

　　某銀行借給丁男上千萬元，丁過世之後，該家銀行就召集丁的親屬會議，決定遺產管理人，但是在親屬會議召開半年之後，才知道親屬會議是選戊女做遺產管理人，該家銀行懷疑戊的操守不好，可不可以向法院起訴請求撤銷那個親屬會議的決議？

五、重要判解

（一）最高法院58年度台上字第1317號民事判決

　　父母對於親生未成年子女所負扶養義務，不以父母離婚而免除，惟扶養方法不一，受扶養權利者應否與負扶養義務者同居一家而受扶養，抑應彼此分居，由負扶養義務人按受扶養權利人需要之時期，陸續給付生活資料，或一次撥付一定金額，或以其他方法以資扶養，應依權義雙方之需要及經濟能力，由當事人協議定之。不能協議時，應由親屬會議定之，對於親屬會議之決議有不服時，始得依民法第1137條向法院聲訴，不能因當事人未能協議，逕向法院請求裁判。

（二）最高法院73年度台上字第3610號民事判決

　　民法第1137條所謂「不服」及「聲訴」，應專指對無理由或理由不當之決議提起撤銷之訴而言。又數訴行預備合併者，法院非認先位之訴為無理由，不得就預備之訴為裁判。

（三）最高法院99年度台上字第2196號民事判決

　　舊民法第1120條規定，扶養之方法，由當事人協議定之；不能協議時，由親屬會議定之。又親屬會議不能召開或召開有困難，或親屬會議經召開而不為或不能決議時，則應依同法第1132條第2項規定，由有召集權人聲請法院處理之。對於親屬會議之決議有不服時，始得依民法第1137條規定，向法院聲訴，不得因當事人未能協議逕向法院請求判決。倘親屬間就扶養之方法尚有爭議而不能協議時，仍應由親屬會議定之，或由有權召集親屬會議之人聲請法院處理。受扶養權利人如未經親屬會議定之，即逕向法院請求判決給付扶養費，於法即有未合。

附　錄

● 民法親屬編施行法

【修正日期】民國109年12月25日
【公布日期】民國110年1月13日

第1條（不溯既往原則）

關於親屬之事件，在民法親屬編施行前發生者，除本施行法有特別規定外，不適用民法親屬編之規定；其在修正前發生者，除本施行法有特別規定外，亦不適用修正後之規定。

民國74年6月3日修正立法理由

不溯既往，乃法律適用之基本原則，如認其事項有溯及適用之必要者，即應於施行法中定為明文，方能有所依據。本條舊法原條文，原係本此原則而設，應予維持，且於親屬編修正後之適用問題，仍須採取同一原則，爰參照民法總則施行法第1條修正之例，在本條之末增列：「其在修正前發生者，除本施行法有特別規定外，亦不適用修正後之規定。」以期一致。

案例

親屬編施行法未配合聯合財產所有權歸屬之修正設特別規定，致夫方繼續享有修正前之權利，是否違憲？（司法院大法官釋字第410號解釋）

解釋文

民法親屬編施行法第1條規定：「關於親屬之事件，在民法親屬編施行前發生者，除本施行法有特別規定外，不適用民法親屬編之規定。其在修正前發生者，除本施行法有特別規定外，亦不適用修正後之規定」，旨在尊重民法親屬編施行前或修正前原已存在之法律秩序，以維護法安定之要求，同時對於原已發生之法律秩序認不應仍繼續維持或須變更者，則於該施行法設特別規定，以資調和，與憲法並無牴觸。惟查關於夫妻聯合財產制之規定，民國74年6月3日修正前民法第1017條第1項規定：「聯合財產中，妻於結婚時所有之財產，及婚姻關係存續中因繼承或其他無償取得之財產，為妻之原有財產，保有其所有權」，同條第2項規定：「聯合財產中，夫之原有財產及不屬於妻之原有財產部分，為夫所有」，第3項規定：「由妻之原有財產所生之孳息，其所有權歸屬於夫」，及最高法院55年度台抗字第161號判例謂「妻於婚姻關係存續中始行取得之財產，如不能證明其為特有或原有財產，依民法第1016條及第1017條第2項之規定，即屬聯合財產，其所有權應屬於

夫」，基於憲法第7條男女平等原則之考量，民法第1017條已於74年6月3日予以修正，上開最高法院判決亦因適用修正後之民法，而不再援用。由於民法親屬編施行法對於民法第1017條夫妻聯合財產所有權歸屬之修正，未設特別規定，致使在修正前已發生現尚存在之聯合財產，仍適用修正前之規定，由夫繼續享有權利，未能貫徹憲法保障男女平等之意旨。對於民法親屬編修正前已發生現尚存在之聯合財產中，不屬於夫之原有財產及妻之原有財產部分，應如何處理，俾符男女平等原則，有關機關應儘速於民法親屬編施行法之相關規定檢討修正。至遺產及贈與稅法第16條第11款被繼承人配偶及子女之原有財產或特有財產，經辦理登記或確有證明者，不計入遺產總額之規定，所稱「被繼承人之配偶」並不分夫或妻，均有其適用，與憲法第7條所保障男女平等之原則，亦無牴觸。（解釋日期：民國85年7月19日）

第2條（施行之日起一年內行使請求權）

民法親屬編施行前，依民法親屬編之規定消滅時效業已完成，或其時效期間尚有殘餘不足一年者，得於施行之日起一年內行使請求權。但自其時效完成後，至民法親屬編施行時，已逾民法親屬編所定時效期間二分之一者，不在此限。

前項規定，於依民法親屬編修正後規定之消滅時效業已完成，或其時效期間尚有殘餘不足一年者，準用之。

第3條（施行之日起一年內行使請求權）

前條之規定，於民法親屬編修正前或修正後所定無時效性質之法定期間準用之。但其法定期間不滿一年者，如在施行時或修正時尚未屆滿，其期間自施行或修正之日起算。

第4條（民法親屬編修正前婚約適用）

民法親屬編關於婚約之規定，除第九百七十三條外，於民法親屬編施行前所訂之婚約亦適用之。

修正之民法第九百七十七條第二項及第三項之規定，於民法親屬編修正前所訂之婚約並適用之。

第4條之1（民法親屬編修正前婚約適用）

中華民國九十六年五月四日修正之民法第九百八十二條之規定，自公布後一年施行。

修正之民法第九百八十八條之規定，於民法修正前重婚者，仍有適用。

第4條之2（民法親屬編修正前婚約適用）

中華民國一百零九年十二月二十五日修正之民法第九百七十三條、第九百八十條、第九百八十一條、第九百九十條、第一千零四十九條、第一千零七十七條、第一千零九十一條、第一千一百二十七條及第一千一百二十八條，自一百十二年一月一日施行。

中華民國一百零九年十二月二十五日修正之民法第九百九十條、第一千零七十七條、第一千零九十一條、第一千一百二十七條及第一千一百二十八條施行前結婚，修正施行後未滿十八歲者，於滿十八歲前仍適用修正施行前之規定。

民國110年1月13日修正立法理由

一、本條新增。

二、有關訂婚、結婚年齡相關規定之修正，直接影響十六歲以上未滿十八歲女性結婚之權利，且間接影響未成年人因結婚而具行為能力之年齡，涉及民眾生活規劃及社會觀念之改變，宜設有緩衝期間二年，以維護法安定性及人民之信賴利益，另配合民法總則第12條及第13條關於成年年齡之修正及其施行法第3條之1修正，將本次修正規定之施行日期訂於112年1月1日施行，爰為第1項規定。

三、本次民法修正成年年齡與最低結婚年齡均為十八歲，112年1月1日施行後即無未成年已結婚之情形，惟考量於本次修正施行日前結婚，修正施行後未滿十八歲之情形，其婚姻之要件及於滿十八歲成年前之身分事宜，不宜受本次修法影響，爰有關結婚未得法定代理人同意時之撤銷、是否為收養認可效力所及、是否置監護人、得否請求或令其由家分離等情形，於修正施行後至其滿十八歲之期間，仍宜適用修正施行前有關未成年已結婚者之規定，爰於第2項增訂過渡規定，以資明確。

第5條（民法親屬編施行前婚姻關係消滅時起算）

民法第九百八十七條所規定之再婚期間，雖其婚姻關係在民法親屬編施行前消滅者，亦自婚姻關係消滅時起算。

第6條（民法親屬編施行前已結婚者之夫妻財產制期間計算）

民法親屬編施行前已結婚者，除得適用民法第一千零零四條之規定外，並得以民法親屬編所定之法定財產制為其約定財產制。

修正之民法第一千零十條之規定，於民法親屬編施行後修正前已結婚者，亦適用之。其第五款所定之期間，在修正前已屆滿者，其期間為屆滿，未屆滿者，以修正前已經過之期間與修正後之期間合併計算。

重要判解

（一）最高行政法院96年度判字第936號行政判決

原判決駁回上訴人其餘之訴部分，係以74年6月4日民法親屬編修正施行前結婚並適用聯合財產制之夫妻，於74年6月5日後其中一方死亡，他方配偶依民法第1030條之1規定行使夫妻剩餘財產差額分配請求權時，夫妻各於74年6月4日前所取得之原有財產不適用民法第1030條之1規定，不列入剩餘財產差額分配請求權計算之範圍，核定死亡配偶之遺產總額時，僅得就74年6月5日以後夫妻所取得之原有財產計算剩餘財產差額分配額，自遺產總額中扣除，經本院於91年3月26日91年度3月份庭長法官聯席會議決議在案。上訴人之被繼承人戴○○遺產中，坐落高雄市○○區○○段○小段○○地號土地（以下稱系爭土地）係被繼承人於74年6月5日民法修正施行前所取得，不得依民法第1030條之1規定列入夫妻剩餘財產差額分配請求權範圍，為其主要論據。然本院上開決議既經司法院釋字第620號解釋應不再援用，該號解釋並認為適用74年6月3日增訂之民法第1030條之1規定時，除因繼承或其他無償取得者外，凡夫妻於婚姻關係存續中取得，而於聯合財產關係消滅時現存之原有財產，並不區分此類財產取得於74年6月4日之前或同年月5日之後，均屬剩餘財產差額分配請求權之計算範圍。原判決上開法律見解自屬有誤，其將系爭土地排除於上訴人之夫妻剩餘財產差額分配請求權之計算範圍，而認定上訴人漏報遺產總額為792,297元（漏稅額324,842元），被上訴人據此按漏稅額科處1倍罰鍰324,800元（計至百元止），並無不當，而在此範圍內維持訴願決定及原處分，駁回上訴人之訴，其適用民法第1030條之1規定即有不當，判決違背法令。

（二）最高法院103年度台上字第1919號民事判決

按民法第1030條之1第3項規定，雖剩餘財產差額分配請求權為一身專屬之權利，僅夫或妻得行使之，惟如夫或妻已取得他方同意之承諾者，該項請求權得為讓與，而債權人為保全債權，得代債務人行使其剩餘財產差額分配請求權。

第6條之1（婚姻關係存續中以妻之名義取得不動產法律適用）

中華民國七十四年六月四日以前結婚，並適用聯合財產制之夫妻，於婚姻關係存續中以妻之名義在同日以前取得不動產，而有左列情形之一者，於本施行法中華民國八十五年九月六日修正生效一年後，適用中華民國七十四年民法親屬編修正後之第一千零十七條規定：

一、婚姻關係尚存續中且該不動產仍以妻之名義登記者。

二、夫妻已離婚而該不動產仍以妻之名義登記者。

民國85年9月25日立法理由

一、本條新增。

二、在民國74年6月4日以前，妻於婚姻關係中非因繼承或其他無償取得之財產，均非為妻之原有財產，其所有權歸屬於夫。然而此類型案例，除本施行法有特別規定之外，不適用修正後之規定。故本條明訂婚姻關係存續中以妻之名義在74年6月4日以前取得不動產，而今婚姻關係尚存續中且該不動產仍以妻之名義登記者或夫妻已離婚而該不動產仍以妻之名義登記者在新法施行後一年緩衝期間內，得由夫妻重新認定財產之歸屬，於施行一年後，則一體適用新法，以配合登記制度並維護妻之權益。

重要判解

（一）最高法院103年度台上字第1338號民事判決

按婚姻關係，因夫妻一方之死亡而消滅。施行法第6條之1復規定，74年6月4日以前結婚，並適用聯合財產制之夫妻，於婚姻關係存續中以妻之名義在同日以前取得不動產，於施行法85年9月6日修正生效1年後，適用74年民法親屬編修正後第1017條規定者，限於下列兩種情形，即（一）婚姻關係尚存續中且該不動產仍以妻之名義登記者；（二）夫妻已離婚而該不動產仍以妻之名義登記者，始得稱之。如於上開施行法修正公布生效前，夫或妻之一方已死亡，即無婚姻關係存續，該不動產仍以妻之名義登記者，因非屬該施行法第6條之1規定之情形，自無該條適用之餘地。蓋此涉及繼承問題，關係複雜，且與第三人權義影響重大，故仍適用74年民法親屬編修正前即19年12月26日制定之民法第1017條之規定，以認定不動產所有權之歸屬。

（二）最高法院106年度台上字第2901號民事判決

按於74年6月4日前結婚，並適用聯合財產制之夫妻，於婚姻關係存續中以妻之名義在同日以前取得不動產，限於婚姻關係尚存續中且該不動產仍以妻名義登記、夫妻已離婚而該不動產仍以妻之名義登記兩種情形，於民法親屬編施行法85年修正生效一年後之緩衝期間內，得由夫妻重新認定財產之歸屬，於施行一年後，則一體適用74年修正後之民法第1017條規定，並未包括該施行法修正生效前，夫妻之一方死亡而該不動產仍以妻之名義登記之情形在內。從而夫如於74年6月4日前以妻名義取得不動產，而其於親屬編施行法85年修正生效前已死亡，縱其繼承人於繼承該不動產後，未對妻行使更名登記請求權，亦無類推適用親屬編施行法第6條之1規定之餘地。

第6條之2（民法親屬編修正前後適用夫妻財產制之法律規定）

中華民國九十一年民法親屬編修正前適用聯合財產制之夫妻，其特有財產或結婚時之原有財產，於修正施行後視為夫或妻之婚前財產；婚姻關係存續中取得之原有財產，於修正施行後視為夫或妻之婚後財產。

民國91年6月26日立法理由

一、本條新增。

二、為保障人民之既得權益，並使現存之法律關係得順利過渡至法律修正施行之後，爰增訂本條規定，俾修正前結婚而婚姻關係尚存續夫妻之特有財產及結婚時之原有財產，仍得排除於剩餘財產分配之列；至於婚姻關係存續期間取得之原有財產，則仍列入分配。

重要判解

最高行政法院98年度裁字第2444號民事裁定

民法親屬編施行法第6條之2規定，中華民國91年民法親屬編修正前適用聯合財產制之夫妻，其特有財產或結婚時之原有財產，於修正施行後視為夫或妻之婚前財產；婚姻關係存續中取得之原有財產，於修正施行後視為夫或妻之婚後財產。又婚姻關係存續中取得之原有財產，於新法修正施行後，則視為夫或妻之婚後財產，以便日後適用民法第1030條之1有關夫妻剩餘財產分配請求權時，有所依據，尚無關乎是否夫妻剩餘財產分配請求權溯及效力之問題。

第7條（民法親屬編施行前事實依親屬編規定得為離婚原因）

民法親屬編施行前所發生之事實，而依民法親屬編之規定得為離婚之原因者，得請求離婚。但已逾民法第一千零五十三條或第一千零五十四條所定之期間者，不在此限。

第8條（民法親屬編關於婚生子女之推定及否認施行前等規定適用）

民法親屬編關於婚生子女之推定及否認，於施行前受胎之子女亦適用之。

民法親屬編修正前結婚，並有修正之民法第一千零五十九條第一項但書之約定而母姓者，得於修正後一年內，聲請改姓母姓。但子女已成年或已結婚者，不在此限。

修正之民法第一千零六十三條第二項之規定，於民法親屬編修正前受胎或出生之子女亦適用之。

第8條之1（民法第1063條第2項所定期間得於修正施行後二年內提起之）

夫妻已逾中華民國九十六年五月四日修正前之民法第一千零六十三條第二項規

定所定期間，而不得提起否認之訴者，得於修正施行後二年內提起之。

民國96年5月23日立法理由

一、本條新增。

二、因原民法第1063條第2項所定法定起訴期間係「知悉子女出生之日起一年內」，而非本次修正之第1063條修正條文所定「知悉該子女非為婚生子女時起二年內」，是以，在本次民法修正前，夫妻如知悉其子女非為婚生子女時已逾「知悉子女出生之日一年」之期間，即不得提起否認之訴。惟本次民法修正條文第1063條第2項規定既已放寬至「知悉該子女非為婚生子女時起二年」，故對於修正前不得提起否認之訴者，亦宜放寬而使其得於本次民法修正施行後二年內提起否認之訴。至於本法修正施行後夫妻始知悉其子女非為婚生子女者，自應依修正後第1063條第2項及第3項規定提起否認之訴。

三、本次修正條文增列第二項子女提起否認之訴之規定，其規範目的在於取得血統真實與身分安定二者間之平衡，故子女依本次民法修正前之規定雖不得提起否認之訴，惟修正施行後如符合第1063條第2項及第3項之規定，自得依該等規定提起否認之訴，併此敘明。

重要判解

（一）最高法院102年度台上字第1517號民事判決

按民法親屬編施行法為因應民法第1063條第2項於96年5月23日，將原定：「前項推定，如夫妻之一方能證明妻非自夫受胎者，得提起否認之訴。但應於知悉子女出生之日起，一年內為之。」修正改列為第3項，規定為：「前項否認之訴，夫妻之一方自知悉該子女非為婚生子女，或子女自知悉其非為婚生子女之時起二年內為之。」乃於第8條之1增訂：「夫妻已逾中華民國96年5月4日修正前之民法第1063條第2項規定所定期間，而不得提起否認之訴者，得於修正施行後二年內提起之。」考其立法旨趣，固在使對於修正前因規定「於知悉子女出生之日起，一年內為之」，且於當時已知悉該子女非為婚生子女，本不得提起否認子女之訴者，仍得依修正後放寬為「自知悉該子女非為婚生子女之時起二年內為之」之規定，延至修正施行後二年內提起之，以資兼顧。惟夫妻於該條項「修正施行後」，始知悉其子女非為婚生子女者，本於新法之規定，其規範目的在於取得血緣真實與身分安定之平衡，自得在修正後第1063條第3項所定自知悉該子女非為婚生子女之時起二年內，依同條第2項規定，提起否認之訴，初與上開第8條之1增訂「得於修正施行後二年內提起之」之規定無涉，亦不受該修正施行後二年期間之限制，此觀民法第1063條及民法親屬編施行法第8條之1之修正及增訂理由自明。

　　（二）最高法院108年度台上字第350號民事判決

　　按中華民國96年5月23日修正施行之民法第1063條第2項增列子女得提起否認子女之訴，並於第3項明定子女提起否認之訴期間。同日修正增訂之民法親屬編施行法第8條之1，僅就夫妻已逾民法修正前所定期間得提起否認之訴者，規定得於修正施行後二年提起之，惟對於修正前不得提否認之訴之子女，未於施行法增訂其修正後得提起否認之訴期間，並於施行法第8條之1立法理由第3項載明「……故子女依本次民法修正前之規定雖不得提起否認之訴，惟修正施行後如符合第1063條第2項及第3項之規定，自得依該等規定提起否認之訴，併此敘明。」。觀法務部前於93年2月11日函陳報行政院之修正草案民法親屬編施行法第8條之1（與修正後內容相同）之說明3記載「本次修正條文增列第二項子女提起否認之訴之規定，並於第四項規定『至遲應於成年後二年內為之』，其規範目的在於取得血統真實與身分安定二者間之平衡，並為避免子女於成年後二年提起否認子女之訴，以逃避扶養其法律上父親之義務，故子女縱依本次民法修正前之規定不得提起否認之訴，惟修正施行後如已逾二十二歲，依上開理由，應不得提起否認之訴。……」，可知該次民法修正雖增列子女得提起否認子女之訴，惟立法者於施行法中僅特別就夫妻部分放寬於修正後二年內仍得提起否認之訴，而未及於未成年時知悉非為婚生子女於修正時已滿二十二歲之成年子女。準此，於修法前未成年知悉非為婚生子女之年滿二十二歲子女，本非得依修正後規定提起否認之訴者，自無否認之訴除斥期間規定之適用。又前開民法增列子女提起否認之訴及其除斥期間規定，既係立法者為平衡取得血統真實與身分安定而來，倘非婚生子女未能依該規定提起否認之訴，自應限制其提起確認與法律上父親親子關係不存在之訴，否則有關子女提起否認之訴規定，將成具文，該限制並未違反憲法保障子女人格權及司法院大法官第587號解釋理由意旨。

第9條（民法親屬編施行前所立之嗣子女與婚生子女同）

　　民法親屬編施行前所立之嗣子女，與其所後父母之關係，與婚生子女同。

重要判解

　　最高法院58年度台再字第9號民事判決

　　依照我國民法親屬編規定，法律擬制之親子關係以收養關係為限，倘出於其他關係者，除民法親屬編施行法有特別規定者外，無該親屬編之適用，民法親屬編施行前所立之嗣子女，與其所後之父母之關係與婚生子女同，因民法親屬編施行法第九條定有明文，故承認該嗣父母與嗣子女間具有親子關係，至繼父繼子或嫡母庶子關係，雖發生於民法親屬編施行前，因民法親屬編施行法就此未有特別規定，故不能認其具有親子關係。

第10條（民法親屬編施行前出生者自施行日起適用非婚生子女規定）

　　非婚生子女在民法親屬編施行前出生者，自施行之日起適用民法親屬編關於非婚生子女之規定。

　　非婚生子女在民法親屬編修正前出生者，修正之民法第一千零六十七條之規定，亦適用之。

第11條（收養關在民法親屬編施行前發生者自施行日起有所定效力）

　　收養關係雖在民法親屬編施行前發生者，自施行之日起有民法親屬編所定之效力。

重要判解

　　最高法院109年度台上字第749號民事判決

　　臺灣舊慣之過房子（養子），雖在身分上仍與其本生家保持親屬關係，惟除有一子雙挑情形，得同時繼承其養家及本生家之財產外，需待其歸宗，始回復其於本生家之繼承權，並非過房子均得同時繼承養家及本生家之財產。

第12條（民法親屬編施行前事實得請求宣告終止收養關係等規定）

　　民法親屬編施行前所發生之事實，依民法親屬編之規定得為終止收養關係之原因者，得請求宣告終止收養關係。

　　民法親屬編施行後修正前所發生之事實，依修正之民法第一千零八十條第五項之規定得為終止收養關係之原因者，得聲請許可終止收養關係。

第13條（父母子女間之權利義務依民法親屬編規定）

　　父母子女間之權利義務，自民法親屬編施行之日起，依民法親屬編之規定。其有修正者，適用修正後之規定。

第14條（監護人依民法親屬編規定）

　　民法親屬編施行前所設置之監護人，其權利義務自施行之日起，適用民法親屬編之規定。其有修正者，適用修正後之規定。

第14條之1（民法第1094條任監護人適用規定）

　　本法於民國八十九年一月十四日修正前已依民法第一千零九十四條任監護人者，於修正公布後，仍適用修正後同條第二項至第四項之規定。

第14條之2（民法親屬編第四章條文施行前所設置之監護人適用規定）

　　中華民國九十七年五月二日修正之民法親屬編第四章條文施行前所設置之監護

人,於修正施行後,適用修正後之規定。

第14條之3(民法親屬編第四章規定自公布後一年六個月施行)

中華民國九十七年五月二日修正之民法親屬編第四章之規定,自公布後一年六個月施行。本施行法自民法親屬編施行之日施行。

第15條(民法親屬編第四章規定自公布後一年六個月施行)

民法親屬編修正條文及本施行法修正條文,除另定施行日期,及中華民國九十八年十二月十五日修正之民法第一千一百三十一條及第一千一百三十三條自九十八年十一月二十三日施行者外,自公布日施行。

重要判解

最高法院86年度台上字第3601號民事判決

聯合財產關係消滅時,夫或妻於婚姻關係存續中所取得而現存之原有財產,扣除婚姻關係存續中所負債務後,如有剩餘,其雙方剩餘財產之差額,應平均分配,但因繼承或其他無償取得之財產,不在此限,民法第1030條之1第1項固定有明文。惟所得平均分配者,以夫妻雙方剩餘財產之差額為限,並非夫或妻之剩餘財產,妻或夫均得就其全部請求分配。且所稱「其他無償取得之財產」,應包含夫或妻受妻或夫贈與之財產在內,始符夫或妻原有財產之增加,因他方亦與有協力及貢獻,故雙方剩餘財產之差額應平均分配,方為公平之立法趣旨。

國家圖書館出版品預行編目資料

親屬——案例式／郭欽銘著. -- 十六版.
-- 臺北市：五南圖書出版股份有限公司，
2024.08
　　面；　　公分
ISBN 978-626-393-600-3（平裝）

1.CST: 親屬法　2.CST: 判例解釋例

584.4　　　　　　　　　113010860

1S27

親屬—案例式

作　　者 ─ 郭欽銘(245.5)

企劃主編 ─ 劉靜芬

責任編輯 ─ 呂伊真、林佳瑩

封面設計 ─ 封怡彤

出 版 者 ─ 五南圖書出版股份有限公司

發 行 人 ─ 楊榮川

總 經 理 ─ 楊士清

總 編 輯 ─ 楊秀麗

地　　址：106台北市大安區和平東路二段339號4樓

電　　話：(02)2705-5066

網　　址：https://www.wunan.com.tw

電子郵件：wunan@wunan.com.tw

劃撥帳號：01068953

戶　　名：五南圖書出版股份有限公司

法律顧問　林勝安律師

出版日期　2005年 8 月初　版一刷
　　　　　2024年 8 月十六版一刷

定　　價　新臺幣680元

版權所有‧欲利用本書內容，必須徵求本公司同意※

經典永恆・名著常在

五十週年的獻禮 —— 經典名著文庫

　　五南，五十年了，半個世紀，人生旅程的一大半，走過來了。
　　思索著，邁向百年的未來歷程，能為知識界、文化學術界作些什麼？
　　在速食文化的生態下，有什麼值得讓人雋永品味的？

　　歷代經典・當今名著，經過時間的洗禮，千錘百鍊，流傳至今，光芒耀人；
　　不僅使我們能領悟前人的智慧，同時也增深加廣我們思考的深度與視野。
　　我們決心投入巨資，有計畫的系統梳選，成立「經典名著文庫」，
　　希望收入古今中外思想性的、充滿睿智與獨見的經典、名著。
　　這是一項理想性的、永續性的巨大出版工程。
　　不在意讀者的眾寡，只考慮它的學術價值，力求完整展現先哲思想的軌跡；
　　為知識界開啟一片智慧之窗，營造一座百花綻放的世界文明公園，
　　任君遨遊、取菁吸蜜、嘉惠學子！